问道基层

——新时期基层建设创新实践经验集

中国石油天然气集团有限公司党群工作部 ◎ 编

石油工业出版社

图书在版编目（CIP）数据

问道基层：新时期基层建设创新实践经验集／中国
石油天然气集团有限公司党群工作部编 . —北京：石油
工业出版社，2021.5
　ISBN 978-7-5183-4562-5

　Ⅰ.①问…　Ⅱ.①中…　Ⅲ.①中国石油天然气集团公
司－企业管理　Ⅳ.① F426.22
　中国版本图书馆 CIP 数据核字（2021）第 060721 号

出版发行：石油工业出版社
　　　　　（北京安定门外安华里 2 区 1 号楼　100011）
　　　　网　　址：www.petropub.com
　　　　编辑部：(010) 64523582
　　　　图书营销中心：(010) 64523633
经　　销：全国新华书店
印　　刷：北京中石油彩色印刷有限责任公司

2021 年 5 月第 1 版　2021 年 5 月第 1 次印刷
710×1000 毫米　开本：1/16　印张：46.25
字数：700 千字

定价：108.00 元
（如出现印装质量问题，我社图书营销中心负责调换）

编 委 会

主　任：李家民

副主任：孙明旭

成　员：沈　中　巩　凯　程心能　艾中秋　李生儒

　　　　张　勇　宋新辉　许景慧　刘振军　徐志辉

　　　　李占彬

主　编：巩　凯

编　委：任继凯　李四广　王雄凯　陈　朋

序 言

　　抓基层、强"三基"是石油工业的优良传统。回顾我国石油工业发展史，"三基"工作始终是石油石化企业抓好生产经营、推动改革发展的重要着力点。早在二十世纪五十年代，玉门油田就提出岗位责任制。大庆石油会战时期，中一注水站"一把火烧出的问题"引发大讨论，岗位责任制得到广泛运用。广大石油职工坚持"两论"起家、"两分法"前进，全面总结大庆油田基层管理正反两方面经验，提出加强以党支部建设为核心的基层建设、以岗位责任制为中心的基础工作、以岗位练兵为主要内容的基本功训练，这就是耳熟能详的"三基"工作。随着时代发展，各石油石化企业主动适应内外部环境变化，紧密结合自身实际，弘扬石油工业优良传统，学习借鉴国内外先进管理理念、管理方法，持续丰富完善"三基"工作内涵，逐步形成了石油特色鲜明的"三基"工作体系。

　　中国石油党组历来高度重视"三基"建设工作，多次组织召开以基层建设为主题的领导干部会议，对持续加强和改进"三基"建设进行系统安排部署，形成了抓基层、强"三基"长效机制。特别是进入新时代，中国石油党组认真贯彻落实党中央、国务院决策部署，团结带领百万石油员工坚决听党话、跟党走，始终不忘"我为祖国献石油"的初心，继承弘扬石油工业优良传统，持续加强基层建设，推动改革发展，取得了显著的成效。主要表现在：思想理论建设有效加强，石油精神得到大力弘扬，企业良好形象重新树立，特色文化体系不断完善，群众创新创效成果丰硕，石油英模群体持续壮大。这些成绩是中国石油党组正确领导的结果，离不开各级组织的共同努力，凝结着百万石油员工的辛勤汗水。这些成绩也表明，无论现在还是将来，必须把"抓基层、强'三基'"这一优良传统传承下去，与时俱进，不断丰富完善"三基"基本内涵，推动基层建设迈上新台阶，不断筑牢中国石油改革发展的坚实基础。

2019年，中国石油思想政治工作部组织了基层建设调研，先后征集了115篇基层建设工作专题调研报告，这些调研报告涉及集团公司上中下游各个板块、经营管理各个领域，内容集中反映了基层单位在新的发展时期，围绕基层建设，继承发扬中国石油优良传统，立足实际，拓展思路，与时俱进，不断创新实践的好做法、好经验。这些看得见、听得到、摸得着的做法和经验，促进了中国石油以基层党支部建设为核心、以强化基础管理为关键、以提高员工基本素质为根本的基层建设工作的全面提高，具有重要的现实意义。在认真审核的基础上，从中筛选出98篇结集成书，按照基层党支部建设、基础管理、提高员工基本素质、思想政治教育等体系进行编排，内容上以经验式调研报告形式出现，重点以做法、亮点和成效为主，基本情况介绍、意见和建议为辅。

希望各单位从中互学互鉴，相知互通，受到启发，在推进基层建设进程中，理论上勇于探索，实践上大胆创新，取长补短，共同提高，进一步筑牢改革发展坚实基础，努力为世界一流综合性国际能源公司建设作出新的更大贡献！

2020年12月

目 录

弘扬大庆精神铁人精神
夯实质量效益发展根基

大庆油田有限责任公司

重视基层建设是大庆油田的优良传统。大庆油田公司组织党委组织部、党委宣传部、机关党委成立专题调研组，先后深入 18 个所属单位、44 个站队，实地查看现场管理、施工作业、内务后勤等情况，同步安排 7 个所属单位开展专题调研，先后召开所属单位分管领导责任部门负责人座谈会、机关基层双向挂职干部座谈会和基层一线干部职工座谈会，全面了解基层建设和团队作风建设情况，收集各类问题，听取意见建议，发现一批基层建设创新实践工作亮点、经验做法。

一、抓思想，坚定举旗帜、当标杆的信念，为高质量发展凝聚力量

各级党组织把统一思想、凝心聚力作为首要任务。广泛进行中国特色社会主义理想信念教育，认真落实中心组学习、"三会一课"等制度，深化党章党规、习近平新时代中国特色社会主义思想和党的十九大精神，引导广大干部职工坚定"石油工人心向党"的信念，永葆大庆红旗的政治本色。深入开展形势任务教育，各级党组织坚持以"形势、目标、任务、责任"主题教育活动为载体，引导广大干部职工认清企业面临的困难与挑战、机遇与优势，坚定信心，迎难而上，形成推进发展的强大合力。油田机关 13 个部门组成形势任务巡回报告组，举办报告会 15 场，3 万余人参加。大力弘扬以"苦干实干、三老四严"为核心的石油精神，深挖时代内涵，持续推进大庆精神

铁人精神再学习再教育，开展石油魂——大庆精神铁人精神宣讲，举办"铁人大讲堂"，组织干部职工到"两馆"、企业教育基地学习。2017年，铁人纪念馆参观人数105万人，开馆以来累计参观800万人次。

二、抓龙头，选好领头雁、带头人，加强基层班子和干部队伍建设

基层党组织注重从实际出发，着力建设高素质的基层班子和干部队伍。一些单位较好坚持了干部管理"任期制"。第七采油厂、第九采油厂结合基层党支部换届选举，同步开展基层队班子换届，每三年一个任期，任届期满"全体起立"，竞争上岗。一些单位持续加大基层正职培养培训力度。第三采油厂坚持开展基层党支部书记"五清三会"基本功训练，坚持问题导向，对234名基层站（队）长定期轮训，强化责任意识，提高带队伍能力。矿区服务事业部建立"梯队培养、定期考核、持续提升"培养机制，着力解决基层党支部书记整体年龄偏大、活力不足等问题。一些单位高度重视年轻干部选拔培养。第十采油厂拓宽年轻人才成长通道，通过公开选拔，2012年以来建立315人的人才储备库，优选109人在党支部书记、队长、副队长、技术员岗位上见习锻炼。

三、抓基础，以推广"两册"管理为契机，进一步夯实基础、创新模式，提高管理水平

油田全面推进"两册"建设，目前已有38个所属单位编制了"两册"文本，第一批14个试点单位进行了"两册"试运行。在此基础上，各单位不断创新管理模式，努力提高工作效率和运行质量。针对采油厂不同阶段对测试资料需求不均衡等实际，测试技术服务分公司建立1个班组配备3台设备、6名职工、开展6类测试项目的"1366"式复合班组，既能测井也能试井，测井试井联动施工，破解了各自为战、忙闲不均的难题。化工有限公司实施班长、运行工程师和主操、副操"立体交叉式巡检"，确保各项作业过

程始终处在受控状态，2017年以来装置平稳率达99.64%，未发生一起非计划停工。此外，油田各单位大力推广"集中化采购、标准化加工、专业化仓储、市场化运作、快捷化配送"的食堂服务专业化管理模式，饭菜品种、质量实现双提高，职工幸福指数不断增强。

四、抓典型，着眼进一步提升基层建设水平，促进老标杆不断发展，新典型不断涌现

各单位认真贯彻油田党委《关于向第一采油厂第三油矿中四采油队等基层党支部学习的通知》精神，大力加强典型培养选树，推动老典型有新发展，新典型有新作为，好典型有好经验，引领各项工作不断创出新水平。第一采油厂认真总结中十六联、中四队、北一队等标杆队工作经验，形成标准，制成模板，开展分类晋级达标创建活动。电力集团坚持开展"星火式"党支部创建活动，对25项工作进行细化量化，制定了128项具体标准，通过建设星火双培示范基地和星火行动服务竞赛等载体活动，普及星火标准，促进基层党支部建设上水平。第二采油厂大力实施典型培养系统工程，建立了各级典型信息库20个，制定典型成长路线图，建设典型成长基地，培养选树了5大类93个典型，努力营造"点亮一盏灯、照亮一大片"的良好氛围。

五、抓作风，强化服务基层意识，发挥机关桥梁纽带作用，促进管理提升

各单位弘扬"三个面向、五到现场"优良传统，推进领导干部和各级机关作风建设。油田直属机关党委组织机关部门与基层标杆单位结成了32个共建对子，定期深入基层、深入现场，帮助出思路、想办法、解决实际问题，促进机关服务基层制度化、经常化。第五采油厂坚持"厂长民主联系人"制度，从各单位推荐不同层面民主联系人代表30人，每季度召开民主联系人会议，听取基层意见建议，通报上季度意见建议整改落实情况。井下作业分公司推行"一线工作法"，7年来先后组织14批700多人次到70个基层队，累

计跟班劳动 9 万多工时，帮助基层解决安全、生产、管理等问题 50 多个。榆树林油田针对远离市区、远离家庭等实际，组建了 16 个家庭理事会，协助职工办理家庭应急事务 230 余次，为困难职工捐款 5 万余元，探望病患、慰问离退休及有偿解除劳动合同人员 979 人次，解决处理职工家庭难题近千个。

六、进一步加强基层建设的意见建议

1. 进一步加强思想教育，让"当好标杆旗帜"成为全体职工的共同理想。紧紧围绕"当好标杆旗帜、建设百年油田"，持续开展"弘扬石油精神、重塑良好形象"讨论，结合岗位实际，制定完善"标杆旗帜"的标准，以"当好标杆旗帜"为使命、为标尺、为导向，教育引导广大职工强化责任担当，干好本职工作，助力油田发展。持续开展大庆精神铁人精神再教育，让"三老四严""四个一样"等优良传统作风，入脑入心，成为广大职工行动自觉。持续开展"形势、目标、任务、责任"主题教育，让职工及时全面了解形势任务要求，引导职工积极投身实践，与企业发展同呼吸共命运。

2. 打造过硬的基层领导班子和干部队伍，为加强基层建设提供保证。积极探索基层领导班子和干部任期制，以换届为契机，集中解决一批基层班子和干部队伍建设中存在的问题，及时调整优化基层领导班子结构，进一步增强基层干部队伍活力。落实集团公司党组《关于落实全面从严治党要求 加强党的建设的意见》，注重从党务干部中选拔党组织书记或副书记，注重从优秀党务干部中培养选拔生产经营管理干部，确保畅通和拓宽党务干部的发展通道和进步空间。探索研究基层干部退出机制，对于干不满一届的，可结合基层实际安排安全监督、现场管理等岗位，进一步畅通基层干部"下"的渠道。进一步抓好油田《关于进一步规范管理和专业技术岗位职工选聘工作的指导意见》（以下简称《指导意见》）的落实，坚持《指导意见》确立的基本原则、选用标准和工作程序，以竞争上岗为主要方式，公开、公平、公正地做好选聘工作，营造人选成长于基层、来自基层的良好导向。积极研究操作岗位大学毕业生职称评定，加强与上级主管部门沟通，积极争取政策支持，通过放宽限制、增设基层专业技术岗位（如设立助理技术员）等方式，逐步解决操作岗位大学毕业生职称评定问题，更好调动和保护大学毕业生扎根基层的自觉性和积极性。搭建基层干部交流学习平台，举办基层干部论坛，鼓励所属单位、基层单位之间相互学习交流。定期组织优秀基层站队"走出去"学习其他兄弟单位经验。

3. 进一步加强相关政策研究，提高职工福利待遇。研究改进因病住院职工慰问金的审批流程，通过增加预支、借款等环节，让基层提前领取慰问金，先慰问再核销，切实体现人文关怀和组织的温暖。研究改进误餐费使用方法，允许基层将误餐费用于每年2至3次的集体活动用餐，便于基层组织春游、元旦春节期间活动等。实行集中配餐的单位，可制定相关标准和流程，由基层队提前申请，按个性化需求组织配送。职工生日蛋糕也可考虑列入配送范围，为基层队凝聚力建设提供支持。研究节假日发放少量慰问品实施办法，按照中央、国务院"对于组织好正常的党、团、工会活动，充分保障干部职工按规定享有的正常福利待遇"有关要求，建议相关部门结合实际，认真研究制定实施办法，让职工能够享受到正常的节日慰问品，切实增强职工归属感和企业凝聚力。

4. 进一步加大基层建设投入，改善职工生产生活条件。对基层生产设施、管线、设备等进行全面安全风险排查与评估，积极向上级反映情况，争取政策及资金支持，加大对陈旧老化设施设备改造力度。按照集团公司党组要求，油田公司党委《落实集团公司领导干部会议精神　加强油田党的建设工作方案》明确提出，"建立稳定的党务经费保障制度并纳入年度预算"，建议相关部门进一步加大推进力度，促进基层党务经费尽早建立，满足基层需要。

5. 加强领导机关和领导干部作风建设，进一步加大服务基层的力度。落实党员干部直接联系群众制度，完善基层建设联系点、党建"三联"责任示范点、基层站（队）安全联系点，加强监督检查，定期公开联系情况；推行"一线工作法"，实行写实管理、定期汇报，强化考核；推行基层评价机关制度，公开评价结果，促进机关服务基层水平不断提高。加大机关干部与基层干部交流力度，建立机关干部到基层任职、基层干部到上级机关任职的长效机制，促进干部队伍综合素质的全面提升。

创新载体强管理　突出特色求实效

辽河油田分公司

近年来，辽河油田坚持稳中求进，突出质量效益，抓住扩大经营自主权改革试点的重要机遇，以基层建设为抓手，扎实开展开源节流降本增效，突出发展油气主营业务，坚定实施走出去战略，不断深化内部改革，持续推动提质增效，大力推进科技创新，全力加强安全环保，连续实现勘探增储和千万吨稳产，经营业绩持续向好，外部市场实现了跨越式发展，重点领域改革成效明显，油田矿区和谐稳定，走出了一条逆势进取、改革创新、向好发展之路，为油田持续稳健和质量效益发展奠定了坚实基础。

一、持续加强基层建设工作的措施和成效

（一）坚持统筹协调，组织保障运行体系更加有效

一是加强组织保障。辽河油田一直将"三基"工作作为促进公司质量效益发展的重大工程来抓，全面贯彻落实《中国石油天然气集团公司基层建设纲要》和银川会议精神。2005 年，成立基层建设工作领导小组，2011 年调整为"三基"工作领导小组，党政一把手担任组长，分管领导任副组长，相关专业处室为成员，组织领导和统筹协调"三基"工作，同时下设"三基"工作办公室，专门设置基层基础管理科，负责"三基"日常组织、指导、考核等工作，各二级单位从实际出发，建立"三基"工作领导机构，落实主管领导、主管科室和专兼职工作人员，组织机构落实率100%，公司上下建立了一级抓一级、层层抓落实的"三基"工作组织保障体系，保证了各项工作和政策措施的有效落实。

二是优化组织运行。油田公司结合"三基"工作涉及的单位数量多、队伍种类繁杂，各板块之间、业务之间差异较大等实际，突出工作实效，将"三基"工作重心下移，把各二级单位作为工作主体，由各单位结合自身实际制定本单位"三基"工作标准、考核细则和考核办法，制定实施差异化特色化推进措施，增强"三基"工作的针对性、操作性和实效性，促进各单位有效发挥加强"三基"工作主动性和积极性，初步构建了公司统筹领导、厂处自主推进，主管部门组织管理、专业部门各负其责协作配合，上下联动、齐抓共管的工作格局，保障了"三基"工作有序开展和有效推进。

（二）坚持政策激励，初步建立了"三基"工作长效机制

一是加强政策引导，发挥薪酬杠杆作用。完善《辽河油田公司绩效考核办法》，不断加大基层队伍薪酬激励力度，努力倾斜基层一线队伍，分层建立绩效联薪分配机制，传递生产经营压力到基层、到员工。近三年，陆续出台了9个薪酬分配和考核兑现制度，组织两次推进会，总结交流推广了18个成熟和行之有效的搞活内部分配办法，有力地推动了各单位搞好搞活内部分配，有效激发了基层队伍活力，为全面超额完成油田公司各项生产经营指标，提供了有力的制度保障。各基层单位打破"大锅饭"，拉开分配差距，奖金重点向一线艰苦岗位、科研骨干和外闯市场人员倾斜，一线作业、基建岗位员工平均收入超过了正科级干部，促进了人力资源由二、三线向一线合理流动，缓解了一线员工紧缺的不利局面。加大对外闯市场人员全方位政策激励，建立外部地区施工补贴、外部施工奖励等分配政策，外闯市场人员人均年收入比在辽河油区内部同类人员增加了50%，激发了外闯市场人员积极性，有力助推"走出去"战略扎实推进。

二是完善津贴和奖励制度，鼓励员工立足岗位成材。建立高技能人才津贴制度和职业资格等级晋升制度，集团公司技能专家、油田公司技能专家、高级技师和技师分别享受3000元/月、2000元/月、500元/月、300元/月的技能津贴，技师和高级技师在聘期间享受工程师、高级工程师相应的生活福利有关待遇。对获得油田公司竞赛第一名和集团公司竞赛铜牌及以上获奖

人员破格晋升技师或高级技师，优先参加技能专家评选和各类先进评比，选派集团公司级技能专家和竞赛获奖选手到国外和其他兄弟单位进行现场考察和技术交流学习，并一次性给予 2000 ~ 40000 元不同额度重奖，营造了当专家、争先进的良好氛围。

三是完善考核办法，增强"三基"工作推进力度。为进一步强化"三基"工作推进力度，结合油田改革发展实践，公司不断调整完善"三基"工作考核办法，从实行"三基"工作办公室组织专项考核、专项奖励，改变为把"三基"工作纳入公司绩效考核体系，将油气生产、工程技术、工程建设、辅助生产、矿区服务、新兴业务和科研等七大板块 34 家二级单位纳入考核范围，考核结果与各单位年终薪酬分配直接挂钩，按年度实行严考核、硬兑现。将"三基"工作中的安全环保、节能减排、质量计量、设备管理、信访稳定等基础管理作为控制类指标，由各专业部门考核。为避免与专业部门重复考核，将基层领导班子和党支部建设、基层队伍建设、员工素质建设和日常运行管理作为营运类指标，并将基层荣誉、员工定员、工作创新作为加分项，由"三基"工作办公室组织考核。各二级单位根据实际制定"三基"考核办法，对基层单位实行自主考核，考核结果与年度业绩和薪酬分配挂钩。形成了"三基"工作办公室总体考核、专业部门专项考核、二级单位自主考核"三位一体"的考核体系，"三基"工作考核覆盖面更广、内容更加全面、操作性更强，增强了考核的激励约束作用。

（三）坚持继承创新，党支部战斗堡垒作用更加突出

一是推行党支部规范化建设。油田公司在"六个一"党支部建设基础上，开展党支部规范化建设，以公司党委"446315"党建体系为统领，以"组织健全、制度完善、运行规范、活动经常、档案齐备、作用突出"为标准，制定完善了《关于加强党支部规范化建设的实施意见》《辽河油田公司党员领导干部民主生活会若干规定》《关于严格党的组织生活制度的实施意见》《辽河油田公司基层党组织按期换届提醒督促机制》等 4 个制度文件，突出关键要素，着力强化"组织设置规范化、班子建设规范化、组织生活规

范化、党员管理规范化、组织发展规范化、功能作用规范化、机制保障规范化、阵地建设规范化"八个方面的规范化要求。2017年，召开基层党建工作推进会，6家基层单位交流了经验，编制《党建政工研究》增刊发放到基层党支部，为基层党支部开展工作提供了遵循和指南。党支部规范化建设，切实推进了油田基层党支部整体建设，使每个基层党组织在生产经营实践中都严起来、强起来、活起来，基层班子和党支部的政治引领能力、推动发展能力、服务保障能力和工作凝聚力明显增强，有效发挥了战斗堡垒作用。

二是实行基层党组织书记任职资格管理。实行基层党（总）支部书记资格认证制，制定出台了《党支部书记资格认证管理办法》，编制印发《基层党（总）支部工作500题》《基层党支部党务工作流程》等学习材料，每年集中组织党（总）支部书记进行资格考试，成绩合格的颁发资格证书。两年内没有通过资格考试的，责成其所在单位组织部找本人谈话提醒或给予岗位调整，取消评先选优资格，增强了基层党（总）支部书记学业务、提素质的主动性，带动了队伍整体素质不断提高。五年来，共组织基层党（总）支部书记资格考试38场、参加考试2744人次，1673人取得资格证书（占总数的57.9%），先后对322人进行了谈话提醒，有132人调整了岗位，基层党支部书记的整体素质明显提升，有效改善了基层党支部成员的素质结构，增强了基层班子管理能力和组织能力，促进了基础管理水平的持续提高。

三是创新管理方式，提高党员队伍建设水平。增强党员队伍身份意识，采取多种形式让党员把身份亮出来，叫响"我是共产党员"，实行佩戴党徽上岗，引导党员无论在任何岗位、任何地方、任何时候都要铭记党员身份，接受监督、立足岗位、履职尽责、争做表率。扎实开展党员干部岗位承诺制活动，引导党员牢记宗旨、规范行为，督促党员自觉履诺、践诺，提升自我管理能力。适应发展环境，创新党员教育管理，在外部市场选择相对固定的党员作为项目部的"党建指导员"，负责抓好对流动党员的学习宣传、思想动态和沟通协调工作，实现了党建跟着项目走、党组织全覆盖、党员教育不缺失。重视保障党员的主体地位，推行党务公开，重大事件先向党员汇报，对评先选优、工资考勤等事项与党员商量、张榜公布、接受监督，拓宽党员行使民主权利通道，切实保障党员的知情权、参与权、选举权和监督权，有效发挥了党员作用，激发了基层党支部活力。

四是持续深入开展"共产党员先锋工程"实践活动。以"设岗、划区、建队、立项"为实践载体，围绕企业生产经营中心工作和急难险重任务开展创先争优实践活动，引导广大党员在生产经营主战场上和急难险重任务中当先锋、创佳绩。2017年，全公司设定党员先锋岗3010个、划定党员责任区2483个、组建党员志愿服务队（突击队）860个、设立共产党员工程项目1264项，共解决突出问题和技术难题2184个，节约挖潜近1.72亿元，间接创效近2.77亿元。同时，还形成了"党员责任承诺""党员先锋井""党员安全示范岗""党员精品工程"等一批党建活动品牌，拓展了党员发挥作用的空间和舞台，切实把党组织和党员队伍的凝聚力、战斗力和创造力转化为企业的生产力、竞争力和发展力。

（四）坚持精准培训，基层员工整体素质有效提升

一是健全机制、突出特色，提升培训管理水平。实行"培训部门归口管理、专业部门分工负责、油田公司与二级单位分级实施"的管理体制和"三级计划、统筹兼顾、分类指导"的运行机制，先后2次修订员工培训管理办法，修订完善规章制度27项，提高培训工作的科学性和有效性。制定操作技能员工"一精两会"和技师及以上高技能人才"一岗精、两岗通、三岗懂"的培训标准，明确高技能人才、一线关键岗位和二、三线班组长2~3年组织开展一次能力提升培训，3~5年轮训一遍培训要求，促进员工技能水平持续提升。创新实施"任务驱动型"自主教材编写模式，建立以培训大纲为指导，主体教材、考核题库和多媒体课件相配套的员工培训教材体系，先后开发完成了2批53个主要工种的《操作岗位员工培训教材》，其中采油工、井下作业工培训教材在石油工业出版社出版发行，增强了教材的针对性和实用性。加强培训师资力量建设，选拔聘任公司、厂处、区队级三级专兼职教师5489名，为培训工作开展提供了师资保障。持续规范培训经费管理，实行"培训部门主管，油田公司、二级单位分级管理"的管理方式，2008年以

来，年均支出1亿元以上用于一线员工培训，占经费总额65%，基本实现了经费效益最大化。按照"实用实效、依托现有"原则，整合内部培训资源，建立2个公司级综合培训基地和8个专业培训中心，二级单位自建41个厂处级培训基地和670个班站练兵场，为员工培训、高技能人才培养、岗位练兵提供了良好环境。2017年，油田公司被国家人力资源和社会保障部授予"全国企业班组长职务能力培训实践基地"。

二是持续推进基本素质达标工程，促进全员素质提升。建立年度岗位员工素质评估普查常态运行和以3年为周期评估标准阶梯升级机制。2011年以来，先后评估25万人次，达标率提升了14%。将员工评估结果与员工薪酬挂钩、与单位先进评比结合，推动基层全员提升素质。强化评估结果应用，结合需求分级编制培训计划、确定培训内容，实施精准培训。严格执行"先培训、后上岗"和岗位员工持证上岗制度，扎实开展员工岗前培训和转岗培训，积极组织储气库、化学驱等新兴业务和汽车驾驶员等紧缺工种培训，年均培训2.5万人次。充分发挥基层站队培训主阵地作用，实施一线全员岗位操作技能、安全应急处置标准化培训，岗位练兵灵活多样，年均培训6万人次，岗位员工强制取证，100%培训合格上岗，基层员工的整体素质持续提高，基本满足了企业发展和生产经营对员工素质的需要。

三是搭建平台，创新人才培养模式。建立流动培训课堂和网上课堂，送安全培训到基层，有效缓解"工学矛盾"。在油田公司网页开设技能专家园地栏目，广泛开展电话网络答疑、导师带徒、技能培训、技能攻关和技能专家巡诊活动。建立技能专家工作室，创新"红工衣"与"白大褂"结对培养模式，现有技能专家工作室17个（国家级3个、集团级1个、省级2个、公司级11个），涵盖采油、热注、井下作业、维修电工、电焊工等8个主体工种，累计解决生产难题236个、带徒197人、培训近1.7万人次、申报国家专利34项、累计创效7677万元。还有劳模（职工）创新工作室40余个，举办职业技能竞赛，以赛育人，实现培养一名竞赛选手、造就一位行家里手、带动一批技能高手的良好局面。油田已连续举办9届职业技能竞赛，包括采油、井下作业等20个主体工种，参赛人员累计5600余人次，获集团公司及以上级别竞赛团体一、二、三等奖 10 个，摘取金、银、铜牌 128 枚。

目前，油田操作技能员工中有中华技能大奖获得者 1 人、全国技术能手 7 人、享受政府特殊津贴 2 人、中央企业技术能手 14 人、辽宁工匠 3 人、省功勋高技能人才 2 人、省有突出贡献高技能人才 4 人、集团公司"石油名匠"重点培养对象 4 人、集团和省技术能手 38 人、公司技术能手 307 人。培养了以束滨霞、赵奇峰、柳转阳、李桂库等为代表的一批高技能人才，油田先后获得"国家技能人才培育突出贡献奖""第一批国家高技能人才培养示范基地""全国企业班组长职务能力培训实践基地""中央企业职工技能竞赛先进单位""集团公司高技能人才培养先进单位"等荣誉称号，为企业发展提供了有力的人才支撑。

四是加强理论武装，着力提升基层员工政治思想素质。坚持把强化理论武装、提高政治素质作为首要任务，用党的创新理论武装头脑、指导实践，不断提升基层员工理论修养和思想境界。坚持把支委会集中学习作为理论武装的有效形式，形成了集中研读学、专题讲座学、务虚研讨学、专家辅导学"四学"模式。开展"千万图书送基层、百万员工品书香"活动，累计为基层配送书架 1600 个，图书 20 余万册，组织经典理论大讲堂，全员理论学习氛围更加浓厚。坚持把意识形态工作摆在重要位置，邀请专家开展专题讲座，采取现场辅导、光盘授课等不同形式对基层党总支、党支部进行全覆盖式教育，各级党员干部对意识形态工作重要性、紧迫性的认识不断加深。组织形势任务教育宣讲，对二级单位进行全覆盖式宣讲，年均宣讲 1800 多场次、受众超过 7 万人次、覆盖面接近 80%，基层员工危机意识、效益意识、改革意识、创新意识不断增强，思想政治素质得到较大提升，有力助推了企业发展。

（五）坚持典型引领，基础管理水平实现了新提高

一是深入开展基层建设千队示范工作。辽河油田以集团公司组织实施基层建设千队示范工作为契机，选树典型和标杆，通过典型带一般，以点带面，规范基层建设标准，提高基层基础工作科学化水平。辽河油田 68 个基层

队伍获得集团公司基层建设千队示范工程示范单位，通过与二级单位签订千队示范工程任务书，围绕规范基层建设标准，引导各示范单位结合自身实际不断完善形成简便、适用、有效、可推广的标准。各二级单位坚持示范、总结和推广相结合，逐步扩大示范队建设的范围和数量，通过细化和规范示范标准，采油、集输、注汽、作业、油建、供电、供水等主要队伍的基层基础管理水平得到明显提高。2013 年，曙光采油厂热注作业一区 105 中心站、特种油开发公司采油作业三区 301 中心站、油气集输公司坨子里输油站三个示范单位荣获集团公司基层建设"百个标杆单位"称号。

二是持续发挥百面红旗单位引领作用。15 年来，辽河油田 4 家"百面红旗单位"始终秉承"站排头、创一流，让百面红旗高高飘扬"的红旗理念，创新基层管理，始终保持一流业绩水平。曙光采油厂采油作业六区党总支坚持围绕"产量第一要务"中心工作，开展"党字号工程"项目攻坚、创建无违章无隐患示范岗、推行党政同责，形成六区"三种精神"，创造了连续超产 15 年、安全生产无事故、队伍稳定无上访的辉煌业绩。沈阳采油厂采油作业一区党总支狠抓班子学习力、执行力，制定党建思想政治工作考核细则，开展"叫响我是百面红旗，人人争当红旗手"活动，充分调动全员工作积极性、主动性。15 年来，实现了安全实、产量超、成本降、队伍稳的目标，48 人次荣获油田公司先进荣誉称号，输送科级以上干部 14 人。沈阳采油厂作业八队以塑造"八个一流"为标准，让"老先进"持续焕发"新活力"。15 年来，始终保持安全质量环保无事故，交井一次合格率一直保持 100%。先后获得全国"五四红旗"团支部、辽宁省"青年文明号"、集团公司工程技术服务"金牌队"等荣誉称号。钻井工艺研究院防砂所党总支坚持"争创国内行业一流"，强化现场施工"四到位"，实施"精品战略"，开展"青年提素"工程，形成"5+1"家文化，推动各项工作上水平。15 年来，共完成防砂措施 4000 余井次、累计增油 116 万吨，技术服务产值 7 亿元，创利 1.8 亿元。

三是加大先进典型先进经验宣传力度。编制《基层建设千队示范工程典型经验汇编》，发放到基层单位开展对标、学标、达标、创标，架起了单位、队伍和员工之间相互借鉴、学习和交流平台，有效扩大了示范效应。开展 2016 年"辽河榜样"评选，22 万人次通过网络、微信和报纸三种方式，投票评选出赵奇峰等 10 名"辽河榜样"。加大外部市场典型宣传，举办高秋华先进事迹报告会，营造出"坚定不移走出去、开拓市场谋发展"的浓厚氛围。组织"走南闯北辽河人"主题宣传 32 期，辽河石油报、辽河油田电视台、官方微信等媒体平台用不同形式宣传干部员工外闯市场的感人故事，激发起全员"走出辽河发展辽河"的豪情士气。在中央和地方主流媒体广泛宣传温静、李登俊、王冲等先进典型。组织开展《我是党员》微纪实电视片拍摄展播活动，挖掘和记录身边普通党员平凡而感人的故事，宣传基层普通党员的先进事迹，展现基层党员奋发向上、勇挑重担、争当先锋的精神风貌，达到了用身边的党员和身边的故事感动教育身边人的目的。截至目前，已优选出 86 部（共拍摄 160 部）《我是党员》微纪实电视片，先后在油田电视台、油田新闻视频平台播出。《我是党员》微纪实电视片已经成为辽河油田宣传党员先进事迹、教育引领党员群众的党建品牌和桥梁纽带。

二、有关意见和建议

1. 对油气田企业特别是老油田一线基层人员年龄老化和技能人才短缺问题进行专题研究，抓紧制定出台相关政策，赋予地区油气田企业采取市场化方式招录一线急需的操作人员和技能人才的权利，切实解决基层单位人员短缺难题，缓解基层员工老龄化趋势，逐步实现一线人员新老接替、有序补充的良性循环。同时，进一步完善人力资源共享调剂平台，扩大共享范围、加大调剂力度，拓展集团公司内部企业人力资源流动渠道，加快内部劳务输出输入，促进人力资源跨地区跨行业流动，解决老油田富余人员安置难题，改善员工结构，减轻人员压力。

2. 研究制定油气生产主体专业采油、集输、作业、油建施工等基层单位生活设施配备标准，明确资金渠道，落实专用资金，加快基层生活设施更新改造，保证相关设施及时维护和维修，实行标准化建设、规范化管理，改善基层一线员工生活条件，维护员工权益，稳定一线队伍。

3. 考虑老油田生产经营实际，对连续亏损油气田企业放宽设备投资限制，制定相关政策，加大对老化、落后设备更新改造资金投入，帮助老油田解决设备老化严重困难，降低安全风险，减少环保隐患，改善基层员工生产环境，提高设备科技含量和技术水平，增强老油田生存发展能力。

4.加快完善地区协调机制，强化区域协调组织管理，加强区域和辽宁省内集团所属企业之间相互沟通和协作，充分利用各企业在促进地区经济社会发展中的贡献和作用，提高协调层次，增强区域总体协商和综合平衡能力，协同解决各企业在与地区各利益相关方协调中存在的矛盾和问题，维护各企业正当权益和生产秩序，促进企地和谐共同发展。

5.统筹基层建设各项具体工作，完善工作机制和相关制度政策，加快构建加强基层建设工作长效机制，加强工作协同，增强工作合力，推动各企业深入持久开展基层建设工作，不断提升基层基础管理水平，进一步夯实企业发展根基。

完善基层建设管理体系
激发企业高质量发展活力

长庆油田分公司

长庆油田成立于1970年，主营鄂尔多斯盆地油气勘探开发业务，工作区域横跨陕甘宁蒙晋5省（区），勘探开发面积20万平方公里，现有员工7万余人。管理的油气藏具有典型的低渗、低压、低丰度"三低"特征。2013年油气当量突破5000万吨，并连续七年实现高效稳产，是目前国内第一大油气田。四十多年来，几代长庆石油人弘扬延安精神、解放军精神和大庆精神，扎根西部，为油奉献，解放思想，挑战极限，锤炼了"攻坚啃硬、拼搏进取"的长庆"磨刀石"精神，长庆油田荣获全国先进基层党组织称号。

一、主要工作及成效

自2005年集团公司颁布《基层建设纲要》以来，长庆油田认真贯彻落实集团公司决策部署，紧密围绕"稳油增气、持续发展"的目标任务，以党支部建设为核心，以队站、班组和岗位为重点，以"三标"建设为关键，以提升员工队伍整体素质为根本，以精细基层基础管理为前提，紧扣"三基"工作主题，坚持全面提升与重点突破相结合，既通过典型引导和标杆示范抓好面上工作，又突出问题导向，抓好重点单位和薄弱环节，实现"三基"工作标准化；坚持"三基"工作与专业管理相结合，将传统管理与现代管理深度融合，推进岗位职责与管理制度、业务流程和工作标准一体化建设，促进"三基"工作规范化；坚持搭建平台与健全机制相结合，充分发挥岗位责任制落实、改善经营管理建议、业务竞赛与技术比武、管理现代化创新成果推广、管理诊断服务等工作载体的作用，推进"三基"工作常态化；坚持问题导向、业务主导、分级负责、协同推进的基本路径，把"三基"工作作为实现持续稳产降本增效的主要抓手和重要手段，抓基层、夯基础、固堡垒、提素质，促使基层党建活力持续增强，基础管理更加精细规范，一线员工队伍素质显著提升，为推动5000万吨持续稳产增效提供了强力支撑。

（一）以提升发展力为重点，持续加强体制机制建设

一是按照统筹谋划、专业主导、各负其责、齐抓共管的基本思路，成立了公司、厂（处）、作业区（大队）三级基层建设领导小组，明确各级职责，明晰了基层建设的领导主体、责任主体和工作主体，构建了部门负责、横向联动、纵向互动、全员参与的格局，保证了基层建设全面协调整体推进；二是制定出台了《基层建设实施方案》和《基层建设工作规范》，坚持每两年召开一次基层建设专题会（自2006年庆阳现场会至2016年已召开8次），每年下发基层建设工作要点，做到与油田中心任务同部署、同安排、同考核，确保了重点工作取得实效。三是通过制定实施《"三基"工作考核办法》《"五型"班组考核细则》，坚持目标导向和过程控制相结合，持续将基层建设工作业绩纳入油田整体工作业绩指标体系，对考评内容、考评指标、考评方式做好顶层设计和优化、细化、量化，强化基层建设责任的落实，每年开展公司年度考评、厂处半年考评、作业区季度考评、队站月度考评的"四个一"检查考评，整体形成了"三基"工作的目标责任机制、交流学习机制、典型选树机制、研究改进机制和考评激励机制，促进了"三基"工作规范化、常态化、长效化。四是秉承"五坚持五注重"（始终坚持突出主题，凝聚发展力量，注重提升企业的发展力；始终坚持齐抓共管，密切协调配合，注重整体推进的聚合力；始终坚持相融共进，培育班站文化，注重发挥文化的引领力；始终坚持科学管理，强化制度落实，注重提高基层的执行力；始终坚持突出重点，创新载体方法，注重基层建设的推动力），积极践行"五个三"规律（建三标：标准化现场、标准化岗位、标准化操作；强三抓：抓标准、抓执行、抓示范；带三队：党员队伍、先进模范队伍、班站

长队伍；推三级：队站建设、班组建设、岗位管理；提三力：凝聚力、执行力、战斗力），创新实践形成"18字"工作模式（明责任、抓重点、树典型、推方法、强班组、创自主）。五是抓龙头转作风，持续提升机关服务基层的效能。充分发挥机关组织协调、服务督导"三基"工作的重要责任，各级领导干部和两级机关不断提升决策参谋、统领全局、服务基层的能力，牢固树立为基层服务的意识，在思想上重视基层，在作风上深入基层，在生活上关心基层，自觉发扬"三个面向、五到现场"等优良传统，大力推行干部在一线服务、情况在一线掌握、政策在一线落实、问题在一线解决、业绩在一线体现的"一线工作法"，以好的作风推动基层建设上水平。通过上下联动、持续发力，目前长庆油田基层建设工作呈现出目标思路明确清晰，组织领导健全高效，基础管理创新务实，标准严细规范统一，井站文化丰富多彩，基层条件持续改善，员工队伍团结和谐的可喜局面。

（二）以提升组织力为重点，持续加强基层建设

一是坚持用党的创新理论武装头脑。紧密结合党员队伍的思想实际，深入学习贯彻党的十八大、十九大精神，坚持用习近平新时代中国特色社会主义思想武装头脑，统一思想，指导实践，在学懂、弄通、做实上下功夫，同时，认真贯彻落实集团公司总体部署，先后组织开展了党的群众路线专题教育、"两学一做"学习教育实践活动，进一步增强了党员的党性观念和宗旨意识，实现了以学促用、学用结合。二是推进党建工作体系建设。公司成立党建工作项目组，健全党建制度体系、责任体系和考评体系，梳理制度12大类352项，明确各级领导干部抓党建工作责任制、"一岗双责"实施细则，细化8个责任清单和32项责任追究清单；实施"大党建"综合考评，建立党员领导干部联系点600多个、党员联系岗位20000多个。坚持问题导向、业务主导，健全监督信息共享、监督责任共担、监督工作共抓的大监督体系，完善"三不腐"长效机制，形成监督合力和党建工作责任共担格局。三是开展"党建质量年"活动。狠抓质量建党、质量强党，使公司党建重点任务完成率100%，党组织的政治能力显著提升。四是积极创新党组织设置方式。按

照"四同步""四对接"原则，结合油田区域分散、点多线长面广的实际，积极探索基层党组织设置方式，形成"一域一型一支部"等六类基层党组织设置新模式，构建起了"创建标准、流程、指标、管理、配置到位"的五位一体党支部建设模式。五是创新标准化党支部建设。以基层党支部"六个一"创建工作为主线，创新党支部设置和活动方式，推广党建"三联"责任示范等做法，精心打造一批标杆党支部、党支部示范点和红旗党支部，命名"六个一"标准化党支部701个，刻树党支部建设示范点64个。六是严肃党支部组织生活。严格落实"三会一课"制度，各级班子成员带头讲党课、带头过双重组织生活，进一步增强党内政治生活的政治性、时代性、原则性、战斗性。七是发挥党员干部表率作用。大力实施"双培养"工程，推行发展党员"三公一票决"制度，提升发展党员质量，充分发挥党员干部在"急难险重"中的带头表率作用。八是选好配强各级领导班子。突出政治标准，坚持德才兼备、以德为先原则，严格落实"好干部"标准，以作风和能力建设为重点，加强思想教育和实践锻炼，不断提高各级领导班子引领油田稳健发展的能力。九是不断创新党建工作载体。加快探索"互联网＋党建"，积极推进党建信息化平台建设。第一采油厂王窑作业区王04党支部以好汉坡上铸堡垒、树旗帜、建家园为重点，加强和改进党支部建设，增强党员干部引领力，凝聚员工队伍向心力，为完成井区各项任务提供了内动力；第六采油厂安五采油作业区深化"十助力"工作法，提升基层党组织凝聚力和战斗力；第一采气厂第二净化厂党支部开展"三亮四比一创建"活动，党支部工作助推安全生产，实现党建生产相融并进。水电厂创建"六大模块"信息化党支部管理平台，第二采气厂创新"131"党建联动工作法，第三采气厂实施"六化"党支部工作模式，第三采油厂"四心"管理法、第三输油处"六心"管理法、第十二采油厂"五点融入法"、长庆科技公司"三四五"工作法等党支部工作法的创新推行，使基层党建工作有声有色、活力凸显。

（三）以提升管控力为重点，持续加强基础工作

一是质量监管日益增强。扎实开展"质量管理年"活动，持续推进质量

管理体系认证工作，及时修订完善质量管理体系手册和程序文件。采油二厂建立以原油生产"五大"过程控制为导向的质量管理体系，实现质量体系与标准化管理体系的有机融合，形成涵盖生产、技术、经营、党群等各路工作的全面质量管理。采取质量体系审核与基础工作检查相结合的方式，实现了基础工作的体系化运行。伴生气综合利用项目部（庆港公司）深入开展 QC 小组活动，2017 年荣获油田公司 QC 成果 1 项、省部级 5 项。油田公司积极推进全员 QC 活动的深入开展，2017 年取得全国优秀 QC 成果 2 项、集团公司 QC 成果 10 项（一等奖 4 项、二等奖 4 项、三等奖 2 项）、油田公司 QC 成果 75 项（一等奖 10 项、二等奖 20 项、三等奖 45 项）。

二是计量检测科学精准。持续推进量值溯源体系、计量检测体系建设，进一步提高油田公司的计量检定能力、校准能力和自动化程度。技术检测中心创新发明"工业阀门智能质量检验系统"，推行以"监测运行程序化、监测操作标准化、监测分析智能化、监测溯源图像化、监测管理数字化、监测过程阳光化"为核心内容的"六化"监测检验模式，以技术创新推动管理创新，构筑起一道阀门检测"质量卫士、安全盾牌"。油气销售处计量纠纷"三重视"管理法，严把油气计量交接前、交接中、交接后三关，保障油气顺利交接，维护了油田利益和公司形象。

三是标准体系规范完善。加强标准信息发布和配备工作，推进标准配备实施工作。在生产作业现场推行以标准化监控、标准化操作、标准化巡检、标准化交接班为内容的标准化现场管理，营造了"建标准、学标准、用标准"的良好氛围。西安长庆化工集团有限公司坚持质量立身、标准先行，积极参与行业标准制修订工作，组织制修订二级企业标准 35 项，复审二级企业标准 199 项，化工集团作为第一起草单位制修订标准 13 项，标准计划工作完成率 100%。第一输油处积极倡导"让遵标成为一种习惯"理念，以"瞄准标杆、严格标准、输出标品"为目标，大力推行"三标"管理法，实施"五位一体"标准化管理，实现了全员、全要素和全过程的精细管理。第十一采油厂以标准化现场管理为重点，完善班组、井站标准化现场建设与管理标准，规范站库目视化建设标准，加强设备维修维护，建立系统高效的工作推进机制，探索形成的"3456"现场工作法得到公司的认可。工程监理公司以监理业务"四化"管理推动管理标准化。为保障建设工程质量、安全、进度、计量等全面受控，监理公司树立"系统创新"的思维理念，推行了"现场管理标准化、业务操作流程化、检查内容表单化、监理建设信息化"管理方法，使得长庆监理公司的标准化管理更加规范，监理管理基础得到夯实。

四是制度流程健全优化。加强制度建设，推进合规管理，提高规章制度的集约性和系统性。加强规章制度立项、制修订、审查和发布工作，进一步强化制度宣贯培训和执行落实。第七采油厂通过编制《班站管理手册》《岗位操作手册》，组织完成了全厂6大类208项采油班站操作规程规范以及40余项修井车组标准工序的编制和补充新建，完成了《第七采油厂操作规程管理细则》，为设备操作规程规范管理提供了制度依据。第一采气厂从管理标准化、业务流程化、工作规范化三个层面入手，深入推进"链条节点法"在全厂各路工作中的应用。

五是精细管理提质增效。组织实施精细管理提质增效工程，在精心编制精细管理三年规划（2016—2018年）的基础上，明确了公司开展精细管理工作的指导思想、总体目标、工作原则、重点任务和有关要求，着重提升油气勘探、油气田开发、改革创新、经营管理、安全环保、技术创新驱动、生产服务保障、矿区服务管理、多元经济管理、党的建设等10个方面精细管理水平，形成了责任明确、措施有力、协调配合、保障到位的工作机制。公司各单位、机关各部门密切结合单位实际和业务特点，制订工作计划，细化阶段任务，明确工作重点，推动精细管理向纵深发展。第二输油处创新推出了"2+2"基础工作依标考评机制和"6+7"站队自主培训模式及"7+7"站队精细管理模式，推动了基层建设由外延式向内涵式转变，基础工作由粗放型向精细型转变，员工培训由盲目型向精准型转变，实现了业绩目标主导、管理自主，层级考核督导、落实自主，全面提升了"三基"工作"规范化、标准化、精细化"水平。

六是安全环保筑牢防线。公司各单位坚持从源头上治理、本质上防控，紧抓风险管控、隐患排查、应急建设三件大事，严格落实安全环保责任制，推进安全生产"党政同责"和"一岗双责"。持续推进 HSE 标准化站队创建活动，努力实现"队站无事故、班组无隐患、岗位无违章"。第五采油厂深入推进 HSE 体系在基层队站扎根见效，使班组成为"三清四无五不漏"的绿色"小阵地"，成为人人有专责、事事有人管、班班保安全的"受控细胞"，2017 年打造 HSE 标准化井场 2100 个，HSE 标准化站库 222 个。第六采气厂、长北作业分公司、储气库管理处推行"四化"安全管理，落实安全层级检查与自查自纠，提升了安全管理水平。第八采油厂、长庆实业集团、苏里格南作业分公司等单位的基层站队，通过采取"四不放过、四个到位"工作法，制定 STOP 卡、实行安全管理五步法、实施工作循环分析（JCA）等措施，固化标准操作行为，确保生产安全平稳，成为中国石油"绿色基层站"。第四采气厂综合维修队创建"六严闭环"工作法，取得建队八年无任何安全事故的骄人成绩。安全环保监督处第二安全环保监督站探索总结的"13133"安全环保监管模式，以"隐患复式闭合管理法"为指导，按照 PDCA 循环削减类似隐患，及早发现问题，实现超前防范。

（四）以提升执行力为重点，持续加强基本素质培养

一是员工政治素养不断提高。认真学习贯彻落实党的十九大精神，持续开展"两学一做"和"形势目标任务责任"主题教育活动，通过组织实施重塑形象八项工程和十四项主题活动，开设"道德讲堂"、举办座谈会、专题讨论会、撰写心得体会等方式，强化员工思想教育，不断提升员工队伍的政治素养和职业操守。深化"两学一做"五项内容十项主要措施，教育党员站排头、扛红旗、创一流，充分发挥模范带头作用，引导全员立足岗位，精打细算，挖潜增效，实现了"两学一做"学习教育与稳油增气持续发展的有机融合，推动油田上下打好油气上产攻坚战、降本增效攻关战和安全环保持久战。

二是员工业务技能稳步增强。以培养知识型、技能型、创新型员工队伍为目标，持续强化以岗位执行力为重点，以提高员工综合素质为根本，建立多元化培训体系，广泛开展"技术大培训、岗位大练兵、技能大比武"活动，建设劳模（高技能人才）创新工作室 48 个（省级 7 个、公司级 17 个、厂级 24 个），培育石油"工匠精神"，培养以杨义兴为代表的集团公司级、油田公司级和厂处级技术专家（技师）队伍。油田各单位不断创新培训方式方法，增强培训工作的针对性和实效性。机械制造总厂数字化实训基地"说、教、练、考、纠"五步培训法，油气工艺研究院"五字"管理法、培训中心"六环节"培训模式、第二输油处"6+7"站队自主培训法，进一步增强了培训工作的针对性和实效性。第十采油厂探索创新的"三三三"培训模式，着力解决了"工、学、休"矛盾，有效解决了老员工不会学、新员工不愿学、基层技术人才断层的问题，员工队伍素质提升成为采油十厂快速发展的动力源泉，特别是 2017 年集团公司、油田公司技能竞赛摘金夺银，参加集团公司采油大工种、集输大工种专业大比武中荣获 2 银 1 铜，占到公司奖牌数的 75%；在油田公司采油工大比武中，荣获 1 金 3 银 1 铜、团体第二的好成绩。

三是员工创新创效成绩斐然。坚持以注重培养专业能力和专业精神为重点，持续开展以"五新五小"为主要内容的群众性经济技术创新活动，进一步提升基层作业区独立作战能力、队站自主管理能力和班组创新全员创效能力。在公司开展以"五小五新"为主要内容的群众性经济技术创新活动中，10 项员工"五小"成果获得公司科技进步奖，13 项成果推荐参评省部级奖项。第四采油厂开展创新创效活动，2017 年全厂共完成创新创效项目 29 项，极大地激发了基层员工创新创效的积极性和创造性。

四是改革创新激发基层活力。全面落实中央"放管服"改革精神，积极推进公司提效放权业务改革，先后三次组织开展调整和下放 51 项管理审批权限事项，优化审批流程，减少审批环节，提高管理效率。稳步推进简政放权经营试点改革，认真总结推广油井维护性作业区块承包试点经验，进一步控制作业频次，提高修井质量，降低作业成本。积极推广采油作业区工资总额包干试点经验做法，优化劳动组织架构，进一步调动员工积极性，激发基层活力，提高劳动效率。第九采油厂大力推进无人值守远程监控站运行管理，按照《周湾中心站试运行方案》，探索中心站业务代理新试点，形成"厂管站"扁平化管理新模式。

（五）以提升引领力为重点，持续开展特色系列创建

一是深入开展"千队示范"工程。公司各单位高度重视"千队示范"工程的实施，明确示范内容、下达示范任务、制订示范计划、靠实工作责任，以"标准化、数字化、精细化、安全本质化和人本化、自主化"为主题，构建并实施"三三三"示范工程推进机制，适时组织召开示范工程启动会、现场阶段推进会、验收总结表彰会，有序推进千队示范实践，精心打造的95个示范队站已成为基层队建设的标杆和科学管理的样板。在2013年6月集团公司召开的基层建设经验交流暨"千队示范"新疆油田现场会上，采油九厂"六项"体验式工作法作为集团公司十大案例之一，大会做了案例演示；采油三厂、采油五厂、勘探开发研究院等5个基层创建单位，成为集团公司基层建设"百个标杆单位"；采油十一厂《"四心"管理带队伍》、水电厂《变电所"八字标准管理法"》、采油七厂《周阿妮"五字管理"工作法》、采气三厂《培训"六法"》等10个案例，选入集团公司基层建设"百个典型案例"。通过实施"千队示范"工程，总结了一批具有推广价值的实用案例，建成了一批具有传帮带作用的示范队，推动了基层建设标准化规范化。

二是大力推进标准化"五型"班组建设。将"五型"班组创建工作纳入企业考核体系之中，坚持将"五型"班组创建与员工素质提升、安全生产、节能减排、降本增效和井站"六小"工程建设等紧密结合，抓好标杆班组、特色班组建设。第十二采油厂、物资供应处狠抓"五型"班组创建，立足岗位，组织发动并调动起班组每一个人的积极性，配套完善班组考评标准和考评机制，通过立标—对标—追标，开展半年检查排名，抓两头促中间，抓典型促全面，营造了班组之间比学赶帮超的良性竞争氛围。水电厂、通信处通过"一带二三"活动，充分发挥精品标杆班组的引领作用，起到了"聚是一团火、散是满'田'星"的示范效应。公司现有3210个班组达标，达标率超过98%，评选表彰公司级优秀"五型"班组累计900个。刘玲玲站荣获集团公司十大班组，评选40名公司基层建设管理能手。

三是大力推进"基层示范点"创建活动。坚持以"百面红旗""百个

标杆"为引领,以打造"基础管理的样板、人才培养的摇篮、文化传承的桥梁、方法创新的源地、支部战斗的堡垒、品牌展示的窗口"为基层建设示范点创建主题,精雕细刻、精益求精,先后分6批选树厂处级基层建设示范点298个,公司级精品示范点25个、基层建设示范点155个,促进了"三基"工作水平上台阶。采油四厂白于山联合站推行以"精细管理、标准管理、自主管理"为核心的"FSI"管理法,通过实行"制度建设、隐患削减、员工培训"3个精细化,坚持"现场、操作、巡回检查、'双标双复式'交接班、记录和安全提示"6个标准化,开展员工自主考评,打造"绿色站库"。采油七厂白155管理单元总结形成的"一人一岗一键通"数字管理法,实现了生产全过程的自动化、智能化、网络化。通信处西安总站机务运行组始终秉承"安心、专心、热心、耐心、诚心""五心"工作法,以"五力"保证法提升运行组管理水平,确保了所管辖区的故障率、投诉率大幅下降,赢得了客户满意。

四是持续总结提炼推广三基工作典型经验和特色做法。把对油田持续稳产降本增效有重大影响的优秀管理方法、好的经验典型进行总结提炼固化,变标杆为标准、示范为规范、经验为制度。总结提炼编印《长庆油田基层管理案例集萃(一~五辑)》《长庆油田基层建设管理10法》《长庆油田基层建设管理新10法》,不断探索基层建设"建三标、强三抓、带三队、推三级、提三力"的"五个三"规律,"一井一法一工艺"等精细管理法得到广泛应用。第五采气厂《基于大数据平台的超低渗透气田集成化管理创新与实践》成果,2017年获第30届全国石油石化企业管理现代化创新优秀成果一等奖(行业省部级),《数字化气田"232"精细管理模式》等10项成果先后荣获行业省部级管理创新论文及成果奖。

五是积极开展"三基"工作课题研究机制。面对国际化、专业化、市场化、数字化和员工多元化给基层建设在管理体制、运行机制、组织方式等方面带来的新课题、新挑战,长庆油田按照"择需、择重、择优"的原则,针对"三基"工作的热点、难点、重点问题,加强了基层建设工作针对性、适应性、前瞻性课题的深入研究。2007年以来,先后组织开展了《基层自主管理创新研究》《基层自主管理实践》《基层建设工作体系研究》《数字化条件下"三基"工作研究》等项目研究，较好地解决了基层建设工作中带有倾向性、普遍性的问题，有效推动了基层建设工作的纵深发展。

（六）以提升凝聚力为重点，持续推进惠民工程建设

长庆油田坚持把持续深入实施惠民工程作为激发基层创新活力、深化精细管理、谋求稳健发展的重要抓手，通过落实三年规划及方案实施，持续加大惠民工程的推进力度，实现了7大类43项惠民工程的落地生根。一是惠民工程的实施使得一线员工生活条件得到大幅改善，员工生活质量得到有效提升，增强了一线员工队伍的凝聚力、向心力和满意度。二是惠民工程的持续推进为深化企业体制机制改革创造了契机，一大批涉及企业发展和职工权益的制度得到出台、重新修订和严格执行，员工提干聘干、三支队伍建设等惠民制度进一步加强和规范。三是惠民工程的深入推进使不同利益群体的诉求得到妥善处理，职工队伍更加和谐稳定，形成了基层共克时坚、创新创效、和谐共进的发展合力，5000万吨持续稳产的基础进一步稳固。采油十厂将精细管理理念融入到后勤管理中，深入践行"五好"理念，广泛实施"十化"惠民工程，努力创建环境优雅、温馨舒适的美好家园，着力培育"感恩与奋进、敬业与爱岗"的干部员工队伍，为华庆油田持续稳产降本增效提供了强有力的保障。

二、基本认识与启示

通过深入调研和系统梳理，形成了"三基"工作的基本认识及启示：

认识一：面对新时代长庆油田稳油增气、持续发展的新形势，"三基"工作的主导思想、措施方法都在向提质增效的目标发生转变。长庆油气生产单位"三基"工作坚持"创新驱动、精细管理"的主题，按照"先打基础后精细"的节奏，强"三基"、抓精细、提质量，持续多年在基层开展"持续稳产、提质增效"主题大讨论活动。井区、班组的基础管理工作紧紧围绕质量、效益两大主题发现问题、分析问题、解决问题，探索出了"三费合

一""井站监控无人值守"等降本增效、现场管理的有效措施，三基工作有力地支撑了长庆油田持续稳产。

认识二：数字化、信息化的发展为"三基"工作提档升级打开了新通道，同时也提出了新挑战，传统的管理理念、方法、机制和模式都在向现代管理发生转变。长庆油田各单位把数字化建设作为基础建设的重要内容，持续完善SCADA系统功能，开展月度运维管理排名，数字化上线率、数据采集准确率、覆盖率大幅度上升。数字化运维管理从根本上改变了井区、班组的运行模式以及岗位的工作内容，并成为改善和影响"三基"工作的重要因素，实现了油气生产物联网与安全、生产更加紧密融合，同时也为"三基"工作提档升级提出了新课题。

认识三：针对国家安全环保的新要求、国企改革发展的新形势，油田"三基"工作在机制建设、基础管理、员工素质等方面必须以改革创新精神来推进。长庆油田推行数字化中心站建设、设备维修区域性总承包、油水井维护性作业承包、员工安全环保履职能力评估等改革试点项目，这些改革将涉及制度建设、管理流程与标准修订、员工素质培养等工作，已成为"三基"工作改革与创新的新内容。

认识四：创新培训模式，为员工安全技能实训、思想素养建设赋予新内容。采油厂以应对中心站建设改革要求为目的，创新培训模式，探索开展采油大工种培训，在员工培训站增设厂职工学校（党校）的牌子，构建了党校教育与技能实训并存、职业培训与资格认证兼顾的多层次、多类型的培训格局，着力培养技能操作硬实力和思想素养软实力"双过硬"的综合性强的人才。

认识五：以强化岗位责任制为中心的基础管理已成为广大干部员工的共识和需求。采油采气单位历经数字化建设、劳动组织架构改革、市场化操作服务的引入等这些重大变革后，迫切需要建立适应当前数字化、标准化、信息化、市场化的"四化"的新时期岗位责任制。采油三厂以弘扬"石油精神、大庆精神"为主旨，坚持在继承中发展，在创新中提升，对标大庆油田新时期继承和创新八项岗位责任制管理经验，通过不断的探索和改进，建立了以"简单实用、系统高效、执行有力"为核心的新时期八项岗位责任制，有效地提升建成较为完善的考核体系，构建基层班站管理提升长效机制，切实提升基层班站整体管理水平，有效促进第三采油厂持续稳产。

经过 10 多年的探索实践，长庆油田基层建设工作取得了丰硕成果，在不断夯实油田发展基础助推"西部大庆"建设的同时，也形成了新时期基层建设工作的五条基本启示：

启示一：加强"三基"工作必须坚持融入中心、支撑发展。发展是第一要务，也是加强"三基"工作的出发点和落脚点。加强"三基"工作，必须站在推动油田科学发展的大局中把握方向、明确定位、统筹谋划、丰富内涵、设计载体、持续深化，不断夯实长庆油田可持续发展的根基，这是"三基"工作的永恒主题。

启示二：加强"三基"工作必须坚持继承创新、与时俱进。继承是基础，创新是关键。加强"三基"工作，必须在传承优良传统的基础上，解放思想，创新实践，坚持以对标管理为手段，以标准化、数字化、精细化为抓手，实现传统管理与现代管理相融合、基础管理与专业管理相配套、刚性管理与柔性管理相统一，这是"三基"工作的不竭动力。

启示三：加强"三基"工作必须坚持刻树样板、示范引领。样板是标杆，典型是旗手。加强"三基"工作，必须坚持以点带面，典型引路，充分发挥典型的示范带动作用，形成创先争优、比学赶帮、奋发向上的生动局面，激发员工忠诚企业、岗位奉献的内动力，这是"三基"工作的重要方法。

启示四：加强"三基"工作必须坚持以人为本、构建和谐。员工是企业发展的主体，是一切管理工作的核心。加强"三基"工作，必须认真践行"基层第一、员工至上"的理念，在提升员工素质、维护员工利益、调动员工积极性、发挥员工聪明才智上下功夫，努力实现企业与员工共同发展，员工价值与企业价值同步提升，这是"三基"工作的根本宗旨。

启示五：加强"三基"工作必须坚持着眼基层、协调联动。"三基"工作源于基层，重心在基层，核心在岗位。必须以队站、班组、岗位为工作着力点，坚持关心基层、服务基层、发展基层、提升基层，促进"三基"工作真正落到实处、见到实效。同时，"三基"工作是一项系统工程，必须坚持各方协同、上下联动、横向互动、全员行动，形成整体合力，这是"三基"工作的重要保证。

三、几点思考和建议

一是注重思想认识提升。基层建设需要注重用理念统一思想、指导工作。在坚持"三老四严""四个一样""三个面向五到现场"等优良传统的同时，进一步树牢以下"五个理念"——"基层建设的核心是党支部建设""基层建设只有不断赋予时代内涵才更有活力""用科学技术提升基层建设水平""基层建设也要精细化""基层建设要全心全意依靠员工"，充分发挥理念的导向作用、认识的牵引力量。

二是理顺基层建设管理体制。集团公司"三基"工作的实践告诉我们，"基层建设的核心是党支部建设"，强调要以基层建设统领"三基"工作，而目前集团公司基层建设存在多头管理，且上下不统一，应进一步理顺现有的基层建设管理体制，真正让基层建设统领"三基"工作。

三是积极探索中心站管理模式。适应油气当量 5000 万吨用工总量控制在 7 万人以内的要求，探索完善"保安全、保产量、保效益"的中心站管理模式，对无人值守站实行"远程监控、定时巡护"，随之将带来劳动组织架构的新变化，传统的班组班站概念需要重新界定，"五型"班组创建也需要围绕数字化条件下中心站来开展工作。

四是实现基层建设考评的两个转变。即由年终集中考核评价转向阶段性评价、由公司考评小组组队考评转向专业部门考评。发挥业务部门的专业优势，强化过程督导监控，以阶段保全年、以过程保结果。

五是正确处理"六个关系"、克服"五个误区"。六个关系是：继承与创新的关系、形式与内容的关系、抓点与带面的关系、"重要"与"重视"的关系、"差异"与"差距"的关系、"要求"与"需求"的关系。五个误区是：重视"抓建制"，忽视"抓执行"的误区；重视"抓典型"，忽视"抓整体"的误区；注重"突击抓"，忽视"经常抓"的误区；依赖"上级抓"，忽视"自身建"的误区；只靠"多花钱"，忽视"花精力"的误区。

确保基层建设常抓常新、永不止步。

六是不断创新和丰富"三基"工作的平台与载体。标准化党支部创建，管理能手的评选与表彰，基层管理（工作）方法的创新与推广，"对标杆、消瓶颈、补短板、促提升"活动，基层示范单位（示范点）的创建与命名，标杆班组（命名班组）的选树与表彰，技术比武与技能竞赛，"三送"活动等"三基"工作的方法手段，需要持之以恒开展并不断创新发展。

拓宽思路创新方法
提升基层建设管理水平

塔里木油田分公司

塔里木油田围绕基层建设，精心组织，狠抓落实，及时发现和改进存在的问题，总结和推广先进的管理模式和典型经验，使基层队伍的凝聚力、战斗力和执行力得到大幅提升，为油田安全生产、油气产量、控投降本等生产经营指标的完成发挥了积极作用。

一、基层建设工作全面推进

1. "五型"班组创建工作全面完成。油田甲乙方目前共有 522 个班组"五型"班组达标创建工作已全面完成，现进入稳步推进阶段。目前工作重心是，将基层建设和基层党建工作有机结合，以基层党支部建设为核心，扎实开展基层建设工作，把班组建设工作纳入基层党建工作考核，每月开展检查讲评，实行量化考核评价，从制度上保障了基层班组建设的常态化。在实际工作中，利用各种机会与基层班组和员工面对面沟通交流基层建设工作，普及基层建设知识和理念，传播油田其他单位和班组的好经验、好做法，帮助基层单位一点一滴地改善和提高。

2. 基层站队标准化建设有序开展。谋划推进基层站队标准化建设工作，成立精干高效的工作小组，明确责任分工，扎实做好顶层设计，全力谋划推进基层站队标准化建设工作。以标准规范为依据，以业务部门为主导，坚持生产导向、问题导向，系统梳理管理制度、管理流程，依托信息化管理手段，形成自上而下、自下而上的沟通交流机制，不断优化升级实施方案和管理制度、流程，最终形成标准化的属地管理手册。围绕"提高管理效率、夯实本质安全"两个核心，按照"试点先行、突出重点、全面推进、全面覆盖、落地生根"的原则，确保基层站队标准化建设稳步推进。

3.基层党组织建设工作持续规范。按照"四同步"原则，及时建立健全基层党组织，党组织健全率、党员教育管理覆盖率始终保持100%。严格遵守党章党规，突出规矩意识和纪律意识，制定下发油田公司换届选举工作制度，有效指导19个机关党支部和21个直属党委完成换届选举工作。深化甲乙方"联合党建"，17家党工委乙方成员单位4343名流动党员逐一纳入油田公司，共同围绕生产建设和队伍稳定开展党建工作。不断总结推广"联合党建"工作模式，把甲乙方党员凝聚在一起，共同加强思想建设，共同开展组织建设，共同促进生产建设，共同开展群团工作，共同建设特色文化，为企业科学发展提供坚强组织保障。目前，油田党工委共有常委11个、委员52人（甲方37人、乙方及其他单位15人），甲方党组织有直属党委21个、党总支5个，下设党委13个、党总支37个、党支部518个，现有党员7216名，在岗党员5364名。

4.职工队伍素质能力不断提升。始终重视发挥广大基层员工的主力军作用，充分调动各族职工建设3000万吨大油气田的积极性、主动性、创造性。以"建功十三五、建成3000万"劳动竞赛为载体，各基层单位工会深入开展结合实际、各具特色的行业竞赛，充分激发了广大基层员工的劳动热情和创造潜能，油田生产建设、科技攻关、管理提升、降本增效等各领域均取得显著成绩。开展典型选树促进示范引领，大力弘扬劳模精神、石油精神，深化劳动模范选树宣传，举办庆"五一"劳模座谈会、十大杰出青年事迹报告会，选树"天山工匠"、塔里木榜样，重大节日慰问劳模代表、选派劳模参加上级工会疗养，营造了崇尚劳模、关心劳模、学习劳模、争当劳模的浓厚氛围。

二、基层建设主要成效

1.员工学习氛围浓厚，整体素质明显提升。一是建章立制保学习。建立学习制度，规定了学习时间和频次，明确了奖惩措施，制订了班组全年学习计划，配备了学习教室和书籍，有条件的班组还配备了供员工学习的电脑，改善了员工学习条件。二是创新方式提兴趣。打破传统培训方式，采取员工自学和集中培训相结合的方式，根据员工培训需求矩阵，为员工量体裁衣制订个人学习计划和培训课题，轮南集输站等班组开展了"点餐"式培训，满足了员工的不同培训需求，激发了员工的学习兴趣，员工学习实现了"五个转变"，即由室内讲解向现场示范转变，由单纯理论讲授向模拟操练转变，由"填鸭式"培训向"点餐式"培训转变，由单一讲义向多媒体培训转变，由"要我学"到"我要学"的转变，班组学习氛围十分浓厚。三是以赛促学养习惯，深化合理化建议暨全员创新创效。发挥基层站队员工的主动性，凝聚创新力量，涌现出优秀创新成果40项，职工创新工作室成效明显，3个工作室获自治区示范性创新工作室。深入开展技能竞赛、岗位练兵、导师带徒等活动，9个工种1100余人参与油田第九届职业技能竞赛，10个集体76名个人受到表彰选送优秀选手参加集团公司技能竞赛，采油工、采气工获团队项目铜奖，12人获优秀选手称号，技术技能人才实现量质齐增。四是大力开展典型选树活动。油田先进模范不断涌现，1人获全国五一劳动奖章，2人获开发建设新疆奖章，2个集体获自治区工人先锋号，87名个人和集体获油田劳动模范、先进集体等荣誉，典型的示范引领作用充分发挥。

2. 安全理念深入人心，安全文化初步形成。一是建立标准，规范行为。完善安全生产制度，严格技术标准、工作程序，修订操作规程，落实"挂签、上锁"制度。开展安全行为审核，执行班前会安全经验分享制度，对不安全行为进行曝光和纠错，逐步规范员工的行为。二是审核定级，完善管理。广泛开展安全教育、审核定级、安全里程碑等活动，培养员工安全意识，增强安全技能。加强风险管理，全面排查岗位隐患，进行危害识别，按照"五落实"原则进行动态、闭环管理，切实做到隐患治理经常化、制度化和程序化，及时消除生产设备和工作现场的不安全状态，班组安全管理水平明显提升。三是属地管理，增强意识。推行属地管理，使每个员工都变成属地的主人，肩负起属地的安全管理，堵塞了漏洞，实现了现场管理无缝衔接，充分调动了员工学习安全、参与安全的主动性、积极性，员工属地管理责任意识明显增强。"我的属地我负责"，"在岗一分钟，安全六十秒"在工作中充分展现。四是有感领导，养成习惯。班组长率先垂范，带头参与安全行为审核，开展安全经验分享，教育和引导班组员工积极参与安全文化建设，安全核心价值观得到基层员工普遍认可。

3. 生产现场规范有序，工作环境较大改善。一是建立方案，消除污染。制订低碳、环保的清洁生产方案，调整生产制度、完善工艺流程、优化工艺参数，杜绝不达标废气、废水和废油的排放，2017年班组没有发生一起污染排放事件，塔中、轮南、东河等作业区通过技术攻关和工艺改造及时关闭火炬，有效消除了生产污染。二是加强管理，控制源头。对污染源和危险源进行了识别与控制，加强管理，实行定点存放、定时处理、专人管理、申请使用的措施，从源头上杜绝对环境的污染。各单位组织班组员工开展周边环境卫生大扫除活动，拾捡烟头、纸屑和废弃物，并用废旧油桶制作垃圾桶定点收集，保护环境、爱护家园的好习惯已经养成。三是定置摆放，规范现场。生产设备、设施和办公物品定置化摆放，目视化管理，工作现场整洁规范。工艺流程图示化，运行参数可视化，装置操作程序化，不但提高了工作效率，而且有效避免了误操作，降低了安全风险。桑吉等作业区开展了"设备维修保养、生产装置检维修作业的标准化现场"工作，大幅提高了作业效率和安全保障，还涌现出了塔石化质检部、物资采办事业部仓储部定置化管理特色班组。四是自己动手，美化家园。班组员工自己动手，栽种花草树木，开辟了"五小"场地（小花园、小绿地、小果园、小图书角、小娱乐室），不但改善了生产一线员工单调的业余文化生活，而且绿化了家园，美化了心灵，使员工在环境艰苦的生产一线感受到家的温暖。一些条件较差的办公场所、边远地区居住环境等老大难问题逐步得到解决，厂容厂貌发生根本性改观，切实履行了"开发一个区块，建设一片绿洲，撑起一片蓝天"的承诺。

4. 勤俭节约蔚然成风，控投降本效果显著。一是重管理，降能耗。建立健全节能减排工作制度，对主要耗能设备、设施实行定额管理；加强计量管理，对计量器具定期校验和强制淘汰；新上项目优选先进的工艺和流程，严把节能降耗审查关；实施节能节水工程，大力降低能耗。二是定措施，控成本。按照"生产与节约并重、节约优先"的原则，采取工艺优化、流程改造、技术革新、方案调整等措施，努力控制生产成本。三是挖潜力，增效益。广泛开展修旧利废、QC活动和"金点子"合理化建议活动，增强员工节约意识，调动员工节约挖潜的主动性和积极性。实施新工艺、新技术和精细化管理挖潜增效，实现"降一项成本，增一分效益"。2017年全年节能4.35万吨煤、节水16.2万立方米。勘探事业部积极响应"绿色矿山"创建工作，正式出台了《勘探事业部绿色矿山创建工作实施方案》，将"绿色、生态"的理念贯穿于地质勘探、钻井等全工序，力争提前两年，在2020年总体达到集团公司油气田企业"绿色矿山"创建标准。

5.基层队伍和谐稳定，班组文化特色突显。一是民主管理促和谐。民主管理制度建立健全，班务公开不断深入，合理化建议广泛征集，员工的知情权、参与权和监督权等合法权益得到充分保障，民主参与渠道不断拓宽，民主管理和谐氛围形成。2017年，各单位深入基层厂站227个，走访员工3504人，现场答复和解决各类问题440项。二是党员带头争先锋。创先争优、"党员先锋岗"等活动全面开展，党内各项制度有效落实，党支部战斗堡垒作用明显，党员先锋模范作用和班组长骨干带头作用充分发挥。三是关注民生创和谐。实施基地员工食堂餐饮质量升级、生活小区改造等22项民生工程，广泛开展多种形式的帮扶慰问活动，2017年帮扶4829人次，帮扶资金721.55万元，积极争取维稳补贴等政策支持，大大增强了基层员工的获得感和幸福感。四是民族团结一家亲。"三个离不开"教育开展到班组、岗位、家庭，民族团结思想基础牢固，各族职工争做民族团结典范。广泛开展"民汉结对子"活动，互帮互助、互学互爱，共谱民族团结和谐曲。2017年开展民族团结结对认亲5692户，2家单位、2名员工分别荣获自治州民族团结进步模范单位和模范个人称号。五是班组文化显特色。凝聚员工精神内涵和价值取向的基层班组文化各具特色，员工文化素养和道德水平不断提高，哈得"家文化"、激光加工中心"激光文化"、物资采办事业部特车班"钢铁文化"等班组文化初步形成，丰富了企业文化内涵。

6.畅通员工诉求通道，切实营造和谐稳定局面。始终坚持履行维护职工权益的基本职责，积极反映和落实职工的合理诉求，切实营造和谐稳定的发展局面。一是"安康杯"竞赛扎实推进，2017年，158个基层站队踊跃参赛，覆盖员工5000余人，群众性安全生产教育和隐患排查有效推进，职工安全健康权益切实保障。二是监督履行集体合同，劳动合同签订率100%，职业体检和健康体检覆盖全员，健康休养有序实施，多渠道保障休息休假权益。职工收入稳步增长、维稳补贴待遇落地实施，各项劳动经济权益有效维护。监督执行女职工权益保护专项合同，组织2949名女工参加特殊疾病保险，"五期"保护制度有效落实。三是推进基层员工心理健康促进工作，邀请疆内专家结合地域文化和一线工作生活特点给予针对性的指导，开展团体辅导40场次，覆盖2400余人次，帮助员工树立快乐工作、健康生活的阳光心态。繁荣群众性文体活动，3200多人次参与各类文体赛事15项，搭建了广大职工交流互动、发展爱好的舞台。

三、基层典型做法及经验

油田基层党组织充分结合实际，创造性地开展"四微一体"组织生活、"3+3"联检、甲乙方新模式联合党建等活动，不断提升基层建设水平，激发了党员和群众的工作热情。

做法一：见微知著，润物无声。塔西南勘探开发分公司油气开发部党委创新形式开展党的组织生活，以微视频、微党课、微诵读、微画像的"四微"手段凝聚大能量，不断提升组织生活活力，在潜移默化中达到春风化雨、润物无声、促进落实的目的。微视频大赛，规范组织生活流程齐"纠偏"。围绕基层党组织组织生活各个主题，设置现场情景，解决工作难题，精心制作情景模拟微视频，作为油气开发部党的组织生活培训教材，进一步规范基层党组织生活制度。微党课比赛，交流基层支部经验解难点。坚持"三个方面九个讲"，即领导干部带头亲自讲：一是领导干部带头讲，讲文件、讲精神、讲措施；二是优秀党员自身讲，讲事迹、讲做法、讲奉献；三是普通党员表态讲，讲认识、讲承诺、讲干劲。手机微诵读，引领党员干部学习新风尚。开辟微信群，党员每日通过手机微信开展党务知识领读，支部书记每日跟进通报学习情况，有效解决油气生产一线党组织点多、面广、战线长、员工轮休分散等问题。"后背"微画像，组织生活会上红脸出汗净心灵。在组织生活会上，每个党员干部，在完成批评与自我批评之后，大家会帮他画个像——即这个党员干部到底怎么样，优点是什么，缺点是什么，承诺是什么，客观地、全面地指出来，使大家的意见真正符合本人的实际。

做法二："3+3"联检的党建特色目标管理。为保证制度的落实，塔里木石化分公司党委实施党建考核常态化。每月 26 日向党组织反馈公示月度考核结果，提出存在的问题及整改建议，督促整改落实；每季度全面总结工作质量、成效，细致安排重点工作，深化全面从严治党要求。在目标管理工作中，创新建立"3+3 联检模式"，每季度末，在基层党支部和机关党支部各抽取 3 名支部委员组成 6 人考核组，细化考核内容，量化考核标准，分别对机关支部和基层支部党建工作进行检查、考核，考核过程注重工作指导、督察和交流、调研，较好实现了机关与基层重点工作互相探讨、好的做法互相学习、存在的问题互相提醒等目的，也大幅提升了机关党支部组织生活水平。

做法三：加强和改进甲乙方"联合党建"模式。勘探事业部哈拉哈塘党支部打破以甲方党支部牵头搭建联合党建工作平台的常规创建模式，与乙方单位党委成立了工区联合党建工作组，并在党支部机构健全的乙方钻井队，将分散的甲方现场管理党员纳入乙方队伍党支部组织活动，少数民营企业的党员，作为"流动党员"参加联合党组织活动，制定制度保障、组织机构、活动载体、长效工作机制四项措施，形成了联合党建新模式，完善了甲乙方沟通交流平台，确保钻完井高效组织、无缝衔接、协同合作、队伍稳定。其中在丰富联合党建活动载体方面，创新开展甲方"党员责任井"、乙方"党员责任区"、甲方驻井党员和相关方流动党员参加钻井队党支部组织的"三会一课"、甲乙方联合工作小组例会等各类活动载体，把甲乙方党员凝聚在一起，促进党建与中心任务有机结合。

做法四："四个基地"结硕果。塔中联合站位于塔克拉玛干沙漠腹地，是一座集油、气、水、电为一体的综合性油气处理站，累计生产处理原油2000万吨，加工天然气55亿立方米，发电10.7亿千瓦时，污水回注及回灌1340万立方米。塔中作业区联合站作为塔里木油田分公司"人才培养基地、企业文化基地、管理创新基地和科技创新基地"四个基地建设的主要平台，累计向外输送各类人才100多名。践行"只有荒凉的沙漠，没有荒凉的人生"信念作为塔里木油田的人生观。实施"五全"管理，使各项工作走向制度化、标准化和规范化。大力开展科技创新，取得进口外输泵国产化改造、轻烃泵密封国产化等技术成果20多项，国家专利1项。

做法五："点滴"班组文化发挥大作用。塔石化分公司质检部主要承担大化肥装置各类生产原材料分析、尿素成品分析、各生产装置过程控制分析、润滑油分析等工作，涉及各类油、气、水分析项目80多个。现有员工28人，平均年龄33.7岁。在"五型"班组创建活动中，班组践行"细节决定成败"的理念，本着从细微处见成效的思想，在"点滴"中寻找灵感，形成了"做好一点一滴，打造质检标杆"的班组文化，"从一点一滴做起，严把产品质量观"的工作观，"一点一滴事关安全，做好一点一滴保安全"的安全观，使分析检测成为大化肥生产中的"眼睛"，看得清、望得远，为装置生产运行保驾护航。

做法六："四个抓好"促维稳安保工作。塔西南公司武装保卫部担负着综治安保、反恐处突、消防灭火等维护稳定任务，是塔西南公司维护稳定工作的主力军。多年来，武装保卫部始终聚焦"四个抓好"，助力维稳安保。抓好教育培训。深入开展"两学一做"、"四个诠释"、学党章、学讲话、学民族宗教政策、学榜样事迹等学习教育活动，让各族党员干部明白严峻的维稳形势和肩负的重大责任。抓好民族团结。每月组织民族党员干部在基层宣讲，深入开展马克思主义"五观"、新疆"三史"和"五个认同"教育，开展"民族团结一家亲"活动，引导各族员工和承包商队伍牢固树立"团结稳定是福，分裂动乱是祸"和"三个离不开"思想。抓好发声亮剑。基层党支部253名少数民族员工发声亮剑表姿态，揭发"两面人"，使维稳安保队伍得到了净化，带动塔西南公司的揭挖工作走向深入和高潮。抓职能练内功。大力开展"练内功，树形象，勇担当，确保公司维稳安保不出事"实践活动。消防大队战训优秀率从 2015 年的 26% 提高到 2016 年的 50%。在喀什地区技能大比武和自治区大比武中分别夺得第一和第三的好成绩。

固本强基精细管理
全力推进基层建设工作上水平

新疆油田分公司

新疆油田公司（以下简称公司）主要从事勘探开发、油气储运及销售、生产服务、矿区服务和其他辅助 5 大类 21 项业务。下属二级单位 36 个，作业区（站）337 个，班组 1290 个。下属党委 41 个，党总支 52 个，党支部 804 个，党员 28094 人，其中在职党员 12902 人，占党员总数的 46%。

一、基层建设总体情况

党的十九大以来，公司坚持固本强基、促进发展，全面贯彻落实《集团公司基层建设纲要》，着眼构建基层建设长效机制，以加强党支部建设为核心，以"百面红旗"单位为示范，大力弘扬石油精神，全力推进基层建设工作，围绕生产经营和企业管理方方面面，持续实现"五个提升"，走出了一条精细化管理、创新驱动、素质提升相结合的质量效益型发展路子，为公司改革创新、稳健发展奠定了坚实基础，使开发了 60 多年的新疆油田迈入了可持续发展的新阶段。

（一）体制机制建设

1. 强化组织领导。成立基层建设工作领导小组，党委书记任组长，党委副书记任副组长，成立办公室负责日常工作。制订了《新疆油田公司基层建设责任分工及年度重点工作任务方案》，按照方案要求，10 个机关部门理清了工作界面，落实工作责任，按照标准化、规范化要求积极推进基层建设工作。公司党委每半年研究一次基层建设工作，公司党群工作例会每月研究部署一次基层建设工作，公司周工作例会上听取基层建设工作动态，结合新任务、新要求，及时研究解决重大问题，积极创新体制机制，统筹谋划重点任务，不断推进基层建设上水平。

2. 健全规章制度。围绕基层党建、队伍建设、班组管理、培训管理、酬薪绩效和履职评估等，不断建立完善基层建设规章制度。公司层面先后制修订《新疆油田公司党委关于落实全面从严治党要求 进一步加强党的建设的实施意见》《新疆油田公司基层党建实践创新项目管理办法》等77项管理制度；各基层单位结合实际，修订完善相关制度2500余项，极大的推动基层建设工作制度化、规范化、科学化。

3. 创新管理机制。围绕基层建设，在坚持科学管理、严格管理、精细管理的基础上，力求创新发展。各基层单位及时总结经验，展现特色，树立标杆，先后探索形成了"三率""三化""1234党建项目化管理""积分制管理""三色预警工作法"等一批基层特色管理模式。

4. 明确工作主题。近五年，基层建设确立了三个主题统筹推进。一是"千队示范"主题。以2013年6月公司承办集团公司基层建设经验交流暨"千队示范"现场会为起点，全面开启学习、推广千队示范经验，扎实推进"三基"工作。二是"三化"主题。为应对低油价下严峻的生产经营形势，公司探索推广了"三化"管理模式，推动了公司有质量有效益可持续发展。三是"美丽站场"创建主题。2018年，公司以"工作区规范、生活区温馨、休闲区舒心"为目标，开展"美丽场站"创建活动。

（二）基层队伍建设

1. 强化基层党支部建设。按照从严治党的要求筑牢党支部战斗堡垒，规范基层党组织设置，保持党组织健全率和覆盖率100%。建立健全党支部书记选拔任用、教育培养、激励保障、监督管理机制，推动"一岗双责"落实，推进量化考评管理。开展星级标准化党支部创建，创建百个示范党支部，督导检查93个示范党支部。扎实推进基层党建实践创新，引入项目化管理机制，培育推广了党员目视化管理、"三色"党员政治责任区等19个基层党建特色品牌，丰富拓展"1+4+1"党员意识提升工程、党建"三联"责任示范点、在岗党员回社区志愿服务"红细胞"工程等党建特色实践活动。

2. 倾力打造"五型班组"。加强基层班组长队伍建设，注重选拔责任心强、技术熟练、作风正派、能团结人的优秀员工担任班组长，公司各单位采取公开竞争上岗、择优聘任等方式，实现班组长能上能下。以10个命名班组为标杆，以班组基础建设为重点，持续开展标准化"五型班组"创建和"安康杯"竞赛活动。"五型班组"创建达标率95%以上，全面提升了班组管理水平。

3. 关爱员工成长成才。积极创造条件，改善基层员工的各种环境。一是积极改善员工成长环境，持续投入，重点支持野外作业区改善工作和生活环境。二是建立系统的培育和评优机制，对各类先进给予在收入、休假、职称评审、提拔任用等各方面的支持。三是持续优化薪酬分配体制，使薪酬待遇向科研一线、生产一线、野外艰苦地区等员工群体倾斜。四是认真落实休假制度，合理安排职工公休、疗养等假期。五是畅通诉求渠道，在政策制定、实施、监管中发挥出职工群众的参与监督职能。近5年，公司职代会共收到代表提案269个，答复率及处理满意率100%。通过事业、待遇和感情留人，公司最大限度关心关爱员工成长，稳定员工队伍。

（三）先进典型及荣誉

1. 加大典型培育。通过"三个结合"，大力推进先进典型培育工作。一是向外取经和内部学习相结合，强化对各类先进典型的学习宣传。二是健全体系和严格把关相结合，明确评选标准、严格审查程序。三是典型选树和鼓励激励相结合，对于做出突出贡献的进行表彰和奖励。近年来，共培育国家级先进典型109个，自治区和集团公司级先进典型311个。其中全国文明单位5个，全国先进基层党组织1个，国家技能人才培育突出贡献2个，全国工人先锋号6个，全国巾帼文明岗4个，全国三八红旗集体1个，全国五一劳动奖状2个，全国模范职工小家12个。

2. 注重经验推广。高度重视基层经验总结提炼和宣传推广。《"1+4+1"党员意识提升工程》参选第四届全国基层党建创新优秀案例，成为全国石油石化行业和新疆唯一一个获奖的案例；《"文化四轮"驱动品牌文化建设》在中国企业文化研究会长沙峰会书面交流，并荣获 2012—2017 年度品牌文化建设 30 佳标杆企业；肉孜麦麦提·巴克作为全国重大先进典型在全国各领域巡回宣讲。中央主流媒体实施开展"感知责任油田行""聚焦石油红"等主题宣传，多次深入公司玛湖油田、呼图壁储气库作业区等基层一线采访报道，全面宣传展示公司基层建设成果。

3. 发扬"红旗"精神。始终秉承并不断丰富"红旗"精神。"百面红旗"采油二厂油田地质研究所坚持"走红旗路、干红旗事、聚红旗情、做红旗人"，总结提炼出"四进式"促学机制、"选育亮"培养机制、"123"服务机制、"红旗人"管理机制，全面推进红旗文化与地质研究相结合，持续发力增储上产，经过刻苦攻关，新增石油地质储量 2991 万吨，老区二次开发 5 年增油 143.43 万吨，为公司保持 1000 万吨提供了有力支撑。"百面红旗"呼图壁储气库作为全国规模最大的地下储气库，面对近年来单位重建、人员重组的新局面，作业区探索建立党群部门和基层党支部联点共建机制，统筹实施"技术、人才、管理、党建"四轮驱动，牢固树立提采保供、采气争气的社会责任感，源源不断为北疆供应天然气 49.2 亿立方米，2018 年年初成功化解冬季"断气"危机，有力保障了北疆地区约 1000 万人的用气安全。

（四）基层素质提升

1. 强化全员培训。按照"一般人员普遍培训、骨干人员重点培训、短缺人员抓紧培训、优秀人员奖励培训"的原则开展全员培训。公司层面每年举办基层作业区（站队）管理者和班组长能力提升培训班 7 ~ 8 期，培训学员 300 余人。建立"三级"培训体系，重点做好复合工种和技师、高级技师鉴定前培训，实现党支部书记每 3 年、党员每 5 年集中轮训一遍。公司每年还邀请兄弟油田专家开展技术难题联合攻关和创新成果技术交流活动，有力提升员工的技能素质。

2. 加强岗位练兵。公司采取日常师带徒、技术交流、技能培训、岗位练兵、技术比武等多种形式，不断提升员工的整体素质。连续举办十届技能大赛，涵盖公司主体生产采油、采气、集输、热注和储运等近 10 个工种，参与人数近 4000 人，267 人获奖；组织 62 人参加集团公司技能大赛，荣获 1 金 6 银 24 铜 11 优秀。加强高技能人才培育选拔工作，2018 年全年预计选聘集团公司技能专家 21 人，企业技能专家 72 人，首席技师 32 人。

3. 实施送书工程。公司高度重视员工的学习教育，按照集团公司要求认真落实"宝石花送书工程"，每年如期将配送的丛书及光碟送到 647 个基层班站。公司各作业区（站队）、班组均建立了"学习园地"、图书角、"加油站"等学习阵地。先后组织开展"每日悦读 10 分钟"、"志在必得"读书电视挑战赛、"声声悦耳"电视朗读大赛等读书活动，形成了全员读书学习的良好氛围。

4. 加强基础管理。全面启动班组 HSE 自主化管理达标创建工作，我们将在 2018 年实现 90% 的班组危害因素辨识规范化，解决风险"想不到"的问题。加强质量设备节能管理，全面规范使用标志标识，完善三级节能节水管理体系，建立油气田能效对标最佳标杆数据库和最佳节能实践库。开展井下作业环保标准化井场建设，在准东采油厂召开清洁环保技术应用座谈会，推广清洁作业技术。夯实基层维稳安保基础。搭建起横到边、纵到底、全覆盖的维稳工作网络，加强目视化管理和安保防恐风险目标对标达标建设工作。

二、总体成效

1. 基层党建质量持续提升。认真学习习近平新时代中国特色社会主义思想和党的十九大精神，坚持基层党建同企业发展同向，进一步提高了政治站位，准确认识和把握了基层党组织建设的关键点和着力点，牢固树立"四个意识"，不断增强"四个自信"，以提升基层党组织组织力为重点，突出政治功能，通过《星级管理促党支部提档升级》、"1+4+1"党员意识提升工程等，培育宣传了全国优秀共产党员、党的十九大代表肉孜麦麦提·巴克等一批重大典型，推进了基层党组织在管干部聚人才，建班子带队伍，抓基层打基础，发挥党的政治优势、组织优势、群众工作优势，弘扬石油精神，打造铁人队伍等方面全面过硬，真正把基层党组织建成把方向、管大局、保落实的坚强堡垒。

2. 基层创新能力持续提升。充分调动一线科研人员，积极致力于基础研究和高效勘探。经过 30 多年的努力，准噶尔盆地油气综合探明程度 25.7%，2017 年落实了玛湖和吉木萨尔两个十亿吨级大油区，展现一个天然气大场面。开发油气田 35 个，油井开井 20483 口，平均单井日产油 1.6 吨，可采采出程度 75.0%。原油上产稳产基础不断夯实，开发水平不断提高，原油产量连续 16 年稳定在千万吨以上。

3. 基层基础管理持续提升。公司不断强化基层站队和班组基础管理，深化注水专项治理，扩大二次开发规模，加快转换开发方式，全油田综合递减率由 2011 年 8.3% 减缓至 2017 年 6.1%，单井日产油稳定在 1.5 吨，含水上升率控制在 1% 左右，储采比稳定在 11。深入推进降本增效，2015—2017 年累计挖潜增效 49.12 亿元。2017 年桶油完全成本降幅 21%，单位操作成本降幅 33%，完全成本控制在 45 美元 / 桶，油田实现扭亏为盈。大力开展班组 HSE 自主管理和环保标准化井场建设，加强安全生产和环境保护，推动基层安全文化建设入脑入心，实现连续 17 年安全生产，2017 年，顺利通过国务院安委会专项检查和中央环保督察。公司深入贯彻中央治疆方略和新疆工作总目标，通过开展基层维稳安保标准化和维稳管理体系建设，大力加强人、物、技"三防"建设，配备维稳安保人员达 4600 人，实现了和谐稳定。

4. 员工基本素质持续提升。通过科学设置基层单位机构，合理配备人员，完善基层员工调整补充和退出机制，克服人才流失困难，实施全员培训，连续组织十届技能大赛等素质提升措施。截至 2017 年，在公司用工总量较 2011 年减少 22% 的严峻情况下，提升了员工素质，夯实了人力资源基础，保障了油田发展需要，有效支撑了现代化"油公司"建设。

5. 基层信息化水平持续提升。通过启动智能油田建设，大力推进基层信息化建设。2008 年率先建成数字油田，开发投用 140 多套应用系统，成为数字油田典范。2010 年启动智能油田建设，持续推进"两化融合"，大力推广油气生产物联网技术。风城油田实现百万吨稠油千人管理，年节约人工成本 1 亿元；采油二厂示范区降低用工需求 65%，人均劳动生产率不断提高；红山油田探索形成了"两低四新"物联网建设新模式，单井建设成本降低 50%。

三、存在问题及建议

1. 公司基层建设工作制度化、规范化还不够，体制机制还需要进一步健全完善；基层建设管理模式还存在一定差距，需要加大培育选树和宣传推广等。

2. 个别基层单位干部的理论素养、知识水平、业务本领及领导能力还不高，服务基层建设的能力还需加强；基层干部培训设计还不够灵活，未能够有效解决工学矛盾的问题；培训内容和方法还较单一，培训内容与时俱进不够，吸引力不强，缺乏新意。将加大基层队伍建设和管理，优化员工基础培训，不断夯实基层建设的核心工作。

3. 公司基层基础管理还存在薄弱环节。如部分单位对"质量至上"的发展理念认识还存在较大差距，对质量标准化工作重视程度还不足；班组风险防控方面的能力有待提升。将进一步强化质量标准化工作，进一步提升班组风险防控能力建设。

4. 近年来公司人才流失严重并呈加剧态势，员工人数入不敷出，对队伍稳定和人才接替带来很大冲击，建议上级研究新疆地区员工队伍建设和稳定政策。建议在"新时代百面红旗"典型选树中向新疆油田倾斜。

坚持以人为本　注重传承创新
不断提升基层建设科学化水平

西南油气田分公司

西南油气田认真贯彻落实《集团公司基层建设纲要》，坚持以人为本，着眼固本强基，注重传承创新，抓基层、打基础、强素质、促和谐，基层建设科学化水平不断提升。

一、基本估价

1. 基层班子战斗力显著增强。加大优秀年轻干部培养选拔力度，选好配强基层领导班子。开展"四好"领导班子三级联创，90% 以上基层班子"四好"创建达标。强化三级单位主要领导集中轮训，提高驾驭大局和处理复杂问题的能力。践行"三严三实"做表率，树立忠诚、干净、担当形象。基层领导班子政治坚定、团结协作、求真务实、奋发有为。

2. 基层党组织作用充分发挥。坚持目标牵引，突出问题导向，实施"六大党建工程"，推进"党建工作三年行动计划"，连续 4 年组织二级单位党组织书记抓党建工作述职评议，制定党内政治生活 6 个方面 24 条工作措施，开展"两学一做""四合格四诠释"等专题教育与实践活动，整肃"四风"，营造良好政治生态。党组织"三个作用"充分发挥，基层党组织健全率保持 100%，4 人以上班组班班有党员。

3. 基础管理更加科学规范。推动基层站队 QHSE 标准化建设，70.4% 的基层站队评估达标，超过集团公司下达 60% 指标。开展页岩气国家、行业标准制定，提高了在国际页岩气勘探开发领域的影响力和话语权。"开源节流、降本增效"在精细管理上见到成效，总体实现单位操作成本、桶油完全成本、员工总量"三个硬下降"。"五型"班组创建达标率保持在95%以上，班组建设向自主管理迈进。首次规范了一线场站基础资料台账，由规范前平均27种降为15种。以信息化建设应用促进"两化"融合，建成物联网系统和数据整合应用平台，基本实现自动化生产和数字化办公。

4.员工队伍整体素质优良。抓好"三支人才队伍"建设，分层次、分专业建立内部培训师队伍，优化结构和强化后备人才队伍培养，建设了一支政治素质高、善经营、会管理的经营管理人才队伍；一支精干高效、结构合理、有较强创新能力的专业技术人才队伍；一支结构合理、执行力强、技能精湛的操作技能人才队伍。率先推进专业技术岗位序列试点改革，激发科研、生产技术人员积极创新的热情。建立6个技能专家工作室、5个劳模创新工作室，促进员工成长成才。

5.生产经营业绩不断攀升。成功发现川中古隆起万亿规模气藏群，勘探取得历史性突破，储量保持高峰增长，连续14年保持储量高峰增长。磨溪龙王庙组特大型气田建设、国家级页岩气示范区建设和相国寺储气库建库达容取得阶段性成果。天然气产销量分别突破200亿和250亿立方米大关，油气经营指标连创历史新高。有效应对了全球经济低迷和国际油价持续走低的冲击，公司迎来了新的发展时期，成为集团公司最具成长性的油气田企业之一。

二、主要做法

把基层建设作为一项系统性、基础性和战略性工程，紧密结合生产经营和改革发展实际，统筹部署、深入推进。

（一）在"系统"与"规划"上重设计，基层建设工作构建新机制

坚持全局思维方式，系统思考、科学规划基层建设工作。一是落实层级责任。公司、厂矿处、基层单位三级成立了基层建设领导小组及办公室，坚持业务主导，明确职责分工，定期分析评估，形成了一级抓一级、层层抓

落实，责任全覆盖、工作无漏项的工作机制。二是健全工作制度。制定《西南油气田公司基层建设管理办法》《关于切实加强新时期"三基"工作的意见》《"五型"班组创建活动管理办法》《基层建设领导小组会议制度》等制度文件及其配套考核办法和标准。三是定期考核评估。基层建设工作成效与绩效薪酬直接挂钩，建立了每年对"五型"班组创建情况进行抽查，每三年一届"红旗单位""红旗班组"考评，每五年一届"十佳百优"班组长选拔的定期考核评估机制。四是加强督导检查。建立安全生产、党建、基层建设"三联系"方式，结合定期检查、专项抽查、自检自查等方式，常态化开展督导检查；"五型"班组创建中，按照班组自查、基层单位考核、二级单位抽查、公司检查验收的程序，实行动态管理，形成督导检查多样化、全覆盖。五是抓好统筹推进。组织开展井站基础资料、"两化"建设等调研，先后召开5届基层建设工作推进会，7次班组建设现场会，总结经验，查找不足，安排部署基层建设工作，交流推广了中心站管理、信息化建设等30余个典型经验做法。坚持做到基层建设工作谋划上下一盘棋，实现基层建设工作统筹兼顾、整体推进。

（二）在"严管"和"实抓"上出实招，基层党组织建设迸发新活力

坚持"在经济领域为党工作"理念，贯彻落实全面从严治党要求，抓实抓好基层党组织建设。

1. 锻造引领发展"火车头"。出台《关于加强三级单位领导班子建设的指导意见》，坚持以德为先、德才兼备、群众公认、注重业绩的原则，为基层遴选和配备领导班子。试点基层"3+2+1"配置模式，充实基层党建工作力量。健全干部考核评价机制、容错纠错机制，用正确的业绩观衡量干部、评价班子。坚持民主集中制，严格议事规则和决策程序，督导落实好"三重一大"决策制度。持续开展"四好"班子创建活动，进一步完善实施办法和考核体系，基层领导班子"四好"创建达标率保持在90%以上。抓好两级班子成员集中轮训，开展两级党组织书记定期述职评议，"一述两评一约谈"案

例获国务院国资委党建局高度评价。

2. 筑造攻坚克难"桥头堡"。党支部阵地建在中心井站，推行党支部书记驻站管理，党支部与中心工作结合更紧密。推行基层党支部书记"公推直选"，选好配强支部带头人，支部书记纳入股级干部序列管理，被赋予人员调配、签字报销、问题处置等权利。加强党支部书记轮训工作，练好"五清三会"基本功，党支部班子战斗力增强。90%以上基层党支部"六个一"创建达标。基层党支部逐步成为助推发展的"中流砥柱"、攻坚克难的"桥头堡垒"，"有事找支部"成为党支部的服务品牌与形象窗口。谢利平、朱霞、程艳燕等一大批优秀基层党支部书记不断涌现，作用发挥明显。

3. 打造冲锋在前"排头兵"。严格党员发展，从严把好"入口关、程序关、质量关"。严格教育管理，采取集中培训、分散自学、定期抽查相结合方式，完善学习机制。严格考核评议，围绕党性分析、作风建设、承诺践诺等方面抓好民主评议。突出作用发挥，铸造"党员突击队""党员服务队""党员示范岗"等彰显党员模范作用的品牌。川西北气矿推行党员"问题清单、责任清单、服务清单""三项清单"管理，聚合党员先锋力量。川东北气矿达州采输气作业区推行党员积分制，强化了党员日常管理。川中油气矿磨溪天然气净化厂开展"党员之星"季度评选，促进了党员模范作用发挥。

（三）在"精细"与"标准"上下功夫，基础管理工作再上新台阶

坚持精细标准要求，抓基层打基础、抓规范促提升，提高基础管理水平。

1. 持续完善标准化体系建设。主导制定的我国天然气领域第二个国际标准《天然气硫化合物测定—用紫外荧光法测定天然气总硫含量》正式发布，《天然气甲烷值的计算》等2项标准通过国际标准化组织出版，提升了行业话语权，填补我国在天然气领域国际标准制定方面的空白。开展页岩气国家、行业标准制定及标准前期项目研究，提高了在国际页岩气勘探开发领域的影响力。重庆天然气净化总厂在行业内率先出版《天然气净化生产管

理丛书》，主导起草《天然气净化工程劳动定额》等行业标准，引领了行业发展。

2.持续创新生产管控措施。结合信息化运用，推行了"无人值守、电子巡井、远程管理"的全新生产管理模式。根据页岩气开采特点，率先形成了适应页岩气生产的标准化设计及一体化橇装装置。将无人机、视频在线监控、GPS等科技手段运用到无人值守站场监控、管道巡检、重点施工现场监控中，对重点管段、站场、施工现场进行全天候管控。近年来，形成并推广了"中心井站管理""基层刚性安全管理法"等一批适用于基层的生产管理创新成果。

3.持续优化经营管理模式。优化产运销"一体化"管理模式，推动科技体制机制改革，加快合资合作和混合所有制改革进程，完成矿区服务系统机构改革，减少机构137个，分流员工6117人。建立区域财务共享中心，进一步优化人力资源配置。深化"开源节流、降本增效"工作，稳步推进资产结构优化，强化投资项目效益评价，总体实现单位操作成本、桶油完全成本、员工总量"三个硬下降"目标，经济增加值（EVA）历史性地实现由负转正。

4.持续提升班组建设水平。修订发布《生产一线各类场站基础资料模板（新版）》，平均减少资料12项，切实减轻了一线员工负担，提升了资料管理的标准化水平。大力实施"班组长千人培训"计划，坚持三年来将所有班组长轮训一次。推行班组长"竞聘＋双选"模式，选拔、培养了一大批班组建设"领头羊"。将"五型"班组创建与基层站队QHSE标准化建设相结合，促进了"五型"班组创建向"五型"文化养成转变。深化班组自主管理，引导班组完善管理举措、建立考核规则、形成自主管理文化和管理经验。输气管理处合江输气作业区榕山输气站"三化"管理被评为集团公司新时期十大创新方式方法。重庆气矿垫江采输气作业区卧南中心站实施"班校家"管理，形成班组"握手文化"，提振了精气神、展示了好形象。城厢输气站、西区集气总站、走马羊中心站、卧南中心站、自2井中心站等一大批优秀班组脱颖而出，稳固了企业发展的"压舱石"。

（四）在"融入"和"创新"上重实践，数字化气田建设取得新进展

坚持创新驱动发展战略，"两化"融合在融入性、创新性上实践运用，推进数字化气田建设。

1. 把握与生产管理相结合的根本点。推进老区信息化改造和新区数字化建设，建立信息化物联网、数字信息化管理系统及平台，气田生产管理逐步由传统人工管理向数字信息化管理转变。磨溪龙王庙气田建设中，通过"数字化气藏、数字化井筒、数字化地面"系统运用，用工总量仅为传统模式的15%。重庆气矿、川中油气矿"两化融合"顺利通过国家工信部管理体系贯标认证。川东北气矿建立电子沙盘系统，推进与数字信息化融合。川东北气矿达州采输气作业区、重庆气矿梁平采输气作业区、川中油气矿磨溪开发项目部等单位将调度室升级为生产调控中心，加强了信息化条件下的生产管理。

2. 抓住与安全管控相结合的关键点。依托数字信息化技术，建立应急管理、HSE信息、生产受控等应用平台。在生产现场，利用信息化技术，接入站场自动调节系统、紧急切断系统、闯入报警系统、视频监控系统等，实现了自动控制、紧急切断、异常报警和实时监控。川中油气矿龙岗采油气作业区、川西北气矿梓潼采气作业区构建"互联网＋隐患闭环管理"模式，管控风险隐患从发现到处置的每个关键环节。

3. 找准与管道管理相结合的支撑点。在管道过程管理、风险管控中集成应用，建立管道生产、管道站场、管道巡检等管理系统。运用高清摄像、4G网络、云端存储、红外遥感等技术，实现对管道周边施工点、高后果区的远程实时监控及闯入报警。重庆气矿研发管道GIS在线巡检管理系统，实现任务在线下达、轨迹实时监控、数据信息及时上传等功能。调研发现，输气管理处南充输气作业区、重庆气矿长寿天然气运销部等多个基层单位建立管道监控中心，利用移动天眼、即时通讯、谷歌地图等手段，加强了管道保护的过程管理和风险管控。

4. 聚焦与党建工作相结合的着力点。借力信息化平台，党建工作插上

了飞翔的"翅膀"。调研发现,多数基层单位党委借助互联网技术、移动终端、信息化平台,建立了组织管理、学习交流、工作展示、信息传播的综合平台。重庆气矿长寿天然气运销部"党员连线"、川中油气矿龙岗采油气作业区"钉钉微应用"、蜀南气矿自贡采气作业区"党员之家"等党建移动网络平台,实现了党建管理网络化、动态化。输气管理处合江输气作业区巧借新媒体,建立微信群、微党课、微视频、微电影的"四微"交流圈,找准结合点,搭建新平台,提升了党组织工作实效性。

(五)在"引导"与"培训"上添措施,队伍综合素质实现新提升

坚持人才是第一资源理念,注重思想、文化引导,着力技术培训、素质培养,实现思想和技术两个素质"双提升"。

1.思想教育形式多、内容实。开展弘扬"石油精神"主题教育,实施"社会主义核心价值观"和"百名川油人"两大宣传工程,率先在集团公司所属企事业单位中开通官方微信平台,组织"重塑中国石油良好形象"大讨论,抓好员工思想教育。输气管理处成都输气作业区"员工交心谈心室""员工交流信箱",重庆天然气净化总厂龙王庙净化厂"龙王庙净化人"微信公众号,重庆气矿长寿天然气运销部"对比教育法"等基层单位形式多样、内容丰富的思想教育方式,筑牢了凝心聚力、团结拼搏的思想基础。

2.技术培训到岗位、接地气。建立实训基地和职业鉴定机构,搭建油气田公司远程培训网络,组织编制采气、净化等专业培训鉴定教材46套,建立了覆盖11个专业共822名内部培训师队伍。以集团公司"千万图书下基层,百万员工品书香"送书活动为契机,建立基层单位及班组职工书屋,员工"每日悦读十分钟"。搭建"每月一讲"和"自主选学"两个平台,满足员工个性化培训需求。基层单位健全培训机制,以集中与自主、内部与送外相结合,分层次、到岗位、有特色地开展培训工作。蜀南气矿威远采气作业区"三个一"员工自主培训模式,川中油气矿磨溪开发项目部"点餐式"培训模式等,有效提升了员工技术素质。

3.素质培养搭平台、出人才。增设首席专家、首席技师,推进生产岗位

"双序列"改革，成立采气、净化等6个技能专家工作室，建立5个劳模创新工作室，搭建石油名匠培育计划、操作员工晋级计划等人才成长平台。川东北气矿建立3.5万题的理论试题库，开通微信在线答题"云平台"。重庆气矿梁平采输气作业区"谢利平技能专家工作室"，三年攻关难题110项。重庆气矿长寿天然气运销部技能专家工作室，三年获国家实用新型专利12项。川中油气矿遂宁采油气作业区建立以雷一中心站班组长名字命名"本学练兵场"。输气管理处合江输气作业区建立员工实训室，抓好员工常态化培训，连续两届蝉联公司输气工专业第一名。用好技能竞赛平台，以全员参与竞赛、随机抽取选手的方式，促进了队伍整体素质提升，近年来，共举办公司12个工种的职业技能竞赛，参加了集团公司4个工种技能大赛，取得6金、9银、7铜的优异成绩，涌现了第十三届全国技术能手夏仲华等一批在集团公司"立得住、叫得响"的技能专家。

4.文化引领重实效、有特色。天然气文化以"六统一"为要求，注重文化传承，体现文化特性，成功举办四川省企业文化建设示范单位（川中油气矿）现场会，川中油气矿等5家二级单位跨入四川省企业文化建设示范单位行列。经多年积淀孕育，基层形成"攻坚文化""自信文化""责任文化"等特色企业子文化，重庆气矿长寿天然气运销部卧龙河集气总站"聚气、聚人、聚神、聚心"的"聚文化"，促进班组安全平稳集输天然气900亿立方米。蜀南气矿自贡采气作业区自2井58年精耕细作，孕育了"自2井精神"，累产突破50亿立方米。川中油气矿磨溪开发项目部西区集气总站推行准军事化管理，打造以"作风意志军人化，班组管理军事化"为主要内容的"军站"文化，塑造了生产一线靓丽的班组形象。

（六）在"选树"和"示范"上求突破，典型引领作用得到新发挥

坚持以点带面整体提升，找准典型选树、示范带头突破点，发挥先进典型模范带头作用。

1.选树典型唯才是举。加强对集团公司"百面红旗"单位——输气管理处合江输气作业区的跟踪培育和督促指导，对其红旗理念、红旗业绩、红

旗风采进行传播与宣扬。对获得集团公司"标杆单位""标杆班组"的先进集体和个人,持续加大培育力度。同时,有计划、依程序、照标准地选树公司层面"红旗单位""红旗班组""十佳百优班组长"等先进集体和先进个人,选树命名基层建设示范点,"十佳班组长"同时授予公司劳动模范称号。三年来,共选树"红旗单位"20个、"红旗班组"50个、"十佳百优班组长"100个,命名19个基层建设示范点。川中油气矿、输气管理处、川西北气矿等单位深入开展先进基层单位、优秀"五型班组""优秀班组长"等模范典型的选拔培育,营造了"比学赶帮超"的创争氛围。

2. 宣传典型内外结合。实施宣传品牌战略,对内大张旗鼓宣扬。以网络、电视、橱窗等方式拓展宣传载体,以事迹报告会、巡回宣讲、文艺演出等方式,让先进典型进班组、到岗位。利用微信公众号、手机信息报、微电影等新媒体,以文字、视频、材料等方式宣传先进典型。公司建立官方"两微",输气管理处、重庆气矿、川西北气矿等10家二级单位建立微信公众号,利用新媒体加强宣传工作。对外张弛有度传播。组织新闻媒体到一线采访,通过新闻媒体的视角讲述石油人风采,开展"最美川油人"等专题报道,讲述石油故事、传播石油声音,点燃学先进、当典型、做模范的激情。川中油气矿组织编制"魅力龙王庙"文化手册,"智慧党建""精细管理""自主班建""套餐培训"等工作手册,抓好川中特色形象宣传。重庆气矿利用事迹报告会、微信公众号等方式抓好了全国最美青工谢利平、全国五一劳动奖章获得者庞宇来等事迹的广泛宣传。

3. 运用经验推而广之。通过召开基层建设工作推进会、班组建设经验交流会、征集基层建设案例、编印下发《领跑者》《榜样》等经验交流刊物等方式,抓好先进典型经验的学习交流和推广运用。近年来,井站分级分类管理、中心站建设、"互联网+采输气""工作质量标准""班组自主管理"等一大批创新的工作方法在基层经过科学实践,取得很好成效后,在公司层面进行了广泛的推广运用。调研发现,基层单位落实公司创新战略,涌现了许多创新模式和管理经验,输气管理处成都输气作业区"点线片"基层党建工作模式、重庆气矿垫江采输气作业区"倒三角"管理模式和"班校家"管理经验、重庆气矿梁平采输气作业区"五零五力"的谢利平班组管理法等创新做法提供了借鉴方案。

（七）在"凝心"与"聚力"上想办法，和谐矿区建设呈现新面貌

坚持以人为本的发展思想，凝聚人心、聚合力量，构建和谐稳定的发展态势。一是抓实民生工程建设，聚合向心力。实施生产场站标准化建设，推行基层一线食堂标准化建设，有序推进"三供一业"移交，实施小区隐患整治、老旧房屋修缮改造等惠民项目，改善员工生产生活条件。重庆气矿实施"1+1+5"食堂标准化建设，实现了两级机关和100%中心站食堂配置标准化。二是抓细诉求渠道畅通，提升感召力。不断完善厂务公开、班务公开制度，扩大覆盖面，优化公开内容。以职代会提案、热线电话、公开栏、公开信箱、意见箱等方式，进一步畅通员工诉求渠道。输气处设立"员工交流信箱""问诊记录卡"，畅通渠道广泛收集员工建议。三是抓优困难帮扶工作，增强凝聚力。持续推进"金秋助学""夏送清凉、冬送温暖"和扶贫帮困等品牌活动。5年来，投入困难帮扶专项资金2亿元，走访慰问困难群体10万余人次。开展"金秋助学"活动，资助9000余人次困难家庭子女1500余万元。四是抓牢信访稳定工作，增添驱动力。层层落实稳定工作责任制，开展不稳定因素排查，抓好重点信访事项处置，完成重点阶段的维稳信访、安保防恐工作目标，构建了"大维稳""大信访"工作格局，稳妥推进了矿服系统改革。五是抓好对口支援帮扶，形成影响力。继续对口援建四川九龙、重庆开州，组织结对捐助九龙贫困学生活动，在当地政府和群众中引起了良好反响。基层单位履行社会责任，对口支援当地贫困村社、五保户家庭，建立了定期联系帮困机制，彰显了良好形象。

三、对集团公司基层建设的几点建议

1.修订《集团公司基层建设纲要》。根据基层建设深刻变化的形势、新的发展要求，适时对《集团公司基层建设纲要》进行修订。

2.建立定期的先进典型评选激励机制。开展"百面红旗单位""标杆班

组"等先进典型的定期评选，以物质与精神奖励并重，加大奖励兑现力度，争取涌现出更多的基层建设先进集体和先进个人。

3. 加强基层建设专业化人才的教育培养。抓好基层建设从业人员的系统性培训，开展多形式、针对性的教育培训，着力培养一批高素质、专家型的从业人员。

4. 创新搭建员工学习提升的新平台。根据人们阅读习惯、阅读内容的变化特点，从集团公司层面创新搭建新的平台，建立读书 APP、读书微信公众号、网上电子图书室等载体，方便员工学习。

5. 创新搭建倡导"工匠精神"的新平台。从宣传载体、激励机制、职业通道、企业文化等方面搭建传播"工匠精神"、倡导"工匠精神"、实现"工匠精神"的有效平台，激励员工拼搏进取、实现价值。

创新基层建设路径
提升高质量发展能力

吉林油田分公司

吉林油田围绕中心工作，着眼基层、立足基层，统筹推进基层建设，促进了业务发展高质量、发展动力高质量、发展基础高质量的全面提升。

一、体制机制建设

（一）坚持重视基层

吉林油田于 1959 年发现，1961 年建矿并正式投入开发建设。现有所属单位 52 个，基层站队 551 个，班组 2872 个。重视基层建设是中国石油的优良传统，也是吉林油田建矿以来稳健发展、管理增效、深化改革的有力保障。回顾吉林油田 50 多年的发展史，可以说是一部立足基层、重视基层、持续加强和创新基层管理、不断取得辉煌业绩的历史。特别是"十一五"以来，更是将加强基层管理纳入企业发展战略，作为推动公司改革发展的重点工作之一，精心谋划了创建"六好站队"、打造"五型班组"、争当"优秀操作员工"为载体的基层建设工程，创造了具有吉林油田特色的基层管理模式。

（二）明确规章制度

加强目标管理是基层建设得以深入开展、不断提高的有效手段。"基层支部作用突出、基层班子坚强有力、基层队伍结构优化、员工素质不断提高、基础管理科学精细、基层文化和谐向上、基层环境优美舒适、基层业绩显著突出"是新时期吉林油田基层建设的长远目标，为了确保这一目标的实现，同时满足各阶段重点工作需要，我们始终坚持每年下发《基层建设工作计划》和《活动方案》，每年修订《建设标准》与《考核细则》，先后出台了9个版本的基层建设《管理手册》，形成了规范统一的基层建设模板，保证了基层基础管理始终沿着科学、规范的轨道向着最终目标全面推进。并严格开展每年两次的基层建设大检查活动，建立了监督考核机制，评价结果一方面作为年终评先选优秀的依据，另一方面与各所属单位及各级人员绩效挂钩。

（三）加强组织领导

为了确保基层建设长效机制的形成，吉林油田建立了科学、有效的组织保障体系、目标责任体系和考核评价体系。纵向上实现了由党政领导负总责，副总经理具体分管，班子层员全部参与直到基层岗位员工全员落实的全员负责制。横向上实现了专业覆盖，涉及基层工作的18个专业处室均有副处级以上领导分管本专业基层基础管理工作，并配备兼职基层建设管理人员。为了保证基层队伍各层面均有明确的建设标准和创建方向，吉林油田公司基层建设委员会从顶层设计入手定期研究部署基层建设工作，并以创建"六好站队"、打造"五型班组"、争当"优秀操作员工"为载体实施了三级目标管理，将"领导班子好、队伍素质好、基础管理好、安全环保好、文化氛围好、工作业绩好"作为站队层面建设标准；将"五型""优秀操作员工"作为班组及岗位层面建设标准，上下挂钩、环环相扣、三级联动，形成了分工负责、分类把关、注重指导、严格考核、刚性兑现，层层抓落实、人人有指标的基层建设总体格局。

（四）创新管理模式

吉林油田"三基"工作始终以基层建设为统领全面开展工作。针对多体系在基层并列运行，各专业管理标准没有完全统一的实际问题，借鉴HSE体系，打破处室界限，将不同专业的同一类别管理活动，进行整合、融合，并将相关管理要求全部转化为标准内容，实现各专业对基层管理要求的统一、协调、互补，从根本上解决了管理活动和规章制度的重复、交叉、冲突的问题，以采油队为例，管理活动降幅37.5%，基层基础资料降幅43.5%；针对各专业管理链条长短不一，两级机关服务基层职能不清的问题。明确了公司、所属单位、基层站队三个层面的管理职责，推行基层建设分级管理。在全面提高机关服务基层能力的基础上，重指导、轻考核，通过自检自查，发现实际工作中存在的问题，找到问题产生的根源，寻求解决问题的途径，使基层基础工作存在的问题逐步减少，管理水平持续提升；针对基层管理评价形式单一，机关评价基层难以全天候、全覆盖的实际问题，吉林油田建立并实施三种考核评价方式。首先是自主考核评价。坚持所属单位每季一次、基层站队每月一次、基层班组每周一次、基层岗位每日一次的自检自查、自我评价工作，确保及时发现和整改问题，提升执行能力。其次是交叉考核评价。设计360度评价指标，推动基层站队、班组之间、基层单位与机关部门之间交叉考核、相互评价，弥补自主考核回避矛盾、避重就轻的先天不足，提高考核评价的客观、公正性。最后是专家联合考核评价。成立公司基层建设专家库，采取参检人员、受检对象双随机的检查评价方式，每年两次开展基层建设专项联合检查、督导、服务工作，抽样考核结果印证自主考核、交叉考核的真实性和公正性。同时评价结果与各所属单位业绩考核挂钩，促进各单位自主管理意识全面提升。

（五）坚持载体建设

吉林油田从2006年开始，一直坚持以创建"六好站队"、打造"五型班组"、争当"优秀操作员工"为载体开展基层建设工作，十二年来坚持按照PDCA循环模式，持续开展"建标、树标、达标、提标"工作，并通过监督检查、考核激励、典型引路等措施，实现了基层管理水平和队伍素质的本质提高。平均每两年开展一次基层建设推进会及现场观摩交流会，通过学习、交流，起到了相互借鉴、取长补短作用，促进了各单位协调发展，取得良好效果。

二、基层队伍建设

（一）加强支部及班子建设

吉林油田始终坚持强核心固堡垒，加强基层党支部和班子建设。以创建

"六个一党支部"为切入点，进一步明确和完善党支部工作标准，使党支部工作有抓手、有目标，着力加强支部建设和班子建设，不断增强了党支部的凝聚力和战斗力，促进了组织自身建设有新加强，班子思想建设有新提高，干部作风建设有新转变，党员队伍建设有新风貌，进一步激发了员工的积极性、主动性和创造性，队伍的执行力显著增强。基层党支部建设达标率100%。

（二）培养基层干部队伍

本着"缺什么补什么"的原则，组织基层干部每年至少参加一周的脱产业务培训。每年选派一定数量的基层站队干部参加公司统一组织的岗位知识培训、到兄弟油田参观学习考察、到石油院校学习等各种形式的培训。公司内部采取召开基层单位现场管理经验交流会、以会代训等方式，推广好的管理经验和做法。通过培训，不断提高基层站队领导班子带队伍的能力，维护安全和稳定的能力。同时采取公开竞聘、轮岗交流、挂职锻炼等举措，选拔了一批有思路、有能力、有闯劲的优秀站队长，站队级干部平均年龄39岁，大专以上文化的达到80.2%，基层班子群众满意率达到98%。

（三）改善员工生产生活条件

尊重员工主人翁地位，畅通基层参政议政渠道，落实员工大会制度，规范站（队）务公开，组织员工代表巡查，维护员工的知情权、参与权、表达权和监督权。同时在继承艰苦奋斗、勤俭节约优良传统的同时，坚持贯彻以人为本、关爱员工的原则，积极创造条件改善基层员工的工作、生活条件，切实增强基层队伍的凝聚力、向心力，创造全面和谐的基层队伍。五年投入4亿多元新建改建了一大批队部、员工食堂、浴池和采区道路，购置了一批通勤客车和野营板房，为大部分一线站队配备了冰箱、净水器等生活设施，目前基层面貌焕然一新，队伍的凝聚力、向心力不断加强。

三、先进典型及荣誉

（一）加强示范引路

每年坚持开展"标杆站队""示范站队"和"五型标杆班组"评先选

优工作，将"千队示范"标准与"示范站队""标杆站队"建设标准有机融合，发挥典型的示范引领作用。建立了选拔机制。坚持有重点、有选择地从基层挖掘那些能够充分展示行业特点和队伍整体形象的典型，着力选树基础工作扎实、典型作法突出、工作成效显著、管理经验值得推广的站队、班组、岗位；建立了推广机制。不断加大对先进典型的宣传力度，扩大影响力，增强感召力。坚持经验交流与观摩学习活动，及时推广典型经验做法，积极开展学习活动。建立了跟踪机制。坚持关心爱护典型，坚持不懈地加强指导和帮助，使典型不断有新提高、新进步，对典型的站队、班组、岗位给予必要倾斜，为他们进一步发展提供舞台，通过典型的表率、示范作用，带动新的先进典型产生。有22个基层站队被评为集团公司"千队示范"站队，2个站队评为新时期"百个标杆单位"，新立采油厂采油五队被评为集团公司"百面红旗单位"。

（二）注重经验交流

平均每两年举办一次现场观摩交流会，各专业系统每年举行本专业现场交流会，并在吉林油田电视台以及吉林石油报等平台积极报道，同时在集团公司网页及中国石油报等媒体也有报道。

（三）发挥典型作用

新立采油厂采油五队培植孕育了特色鲜明的"五个文化"：即"工作在岗位、创新在身边"的创新文化、"做好才是做"的执行文化、"用一万分的努力预防万一的发生"的安全文化、"省一点能源就是多一点资源"的节约文化、"崇廉律已"的廉洁文化，营造了浓厚的学习氛围、创新氛围、和谐氛围。连续十年获吉林油田公司标杆站队，并获得中华全国总工会授予的"百佳班组"；省部级荣誉11项；市级荣誉2项；获得吉林油田公司级荣誉100项。

四、基层素质提升

（一）注重全员提素

修订及编制《吉林油田公司员工教育培训工作管理办法》《吉林油田公司内部培训项目实施工作规范》等 5 项管理办法及规定，并编印下发了培训管理制度汇编，推进了培训工作制度化、规范化。围绕"学习、操作、安全、执行、创新、协作"六种能力建设，全面构建技能人才培养体系。组建了由 420 名专兼职教师组成的师资队伍，投资建设了 10 个培训基地，同时采取"企院联合""现场跟岗"等方式进行分级分类培训，年均实施岗位培训近 3 万人次。特别是我们率先探索形成了基层岗位 HSE 培训新模式，达到了一次培训同时提高员工操作技能和安全环保素质的目的，这一模式正在集团公司各油气田企业全面推广。目前，吉林油田高级工占操作员工比例达到45%。

（二）以"需求型"培训为导向

以培育大国工匠精神、提高技术革新能力为重点，组织开展了公司技能专家能力提升培训；以提升班组管理能力为重点，开展了主体工种班组长培训；坚持岗位练兵及 HSE 知识相结合，开展了一线员工岗位技能培训。截至5 月底，公司共举办各级各类内部培训班 179 期，共培训 12314 人次，其中举办管理人员培训班 64 期，培训 4218 人次；举办专业技术人员培训班 17 期，培训 973 人次；举办操作员工培训班 98 期，培训 7123 人次。在集团公司2017 年职业技能竞赛中，吉林油田公司选送的 14 名选手分别参加了采油、集输、采输气三个大工种的竞赛。长春采油厂的王庆国、新木采油厂的黄小军分别摘得采油工个人全能铜牌，并在团队项目中喜获集输工铜奖的好成绩。

（三）积极开展全员读书活动

以集团公司送书工程为契机，引导员工树立"素质决定命运、学习成就未来""终身学习、全面发展"等读书理念，提高全员对学习力的认同，最大限度地引导员工投身到"双十"读书活动中来，使读书真正成为一种文化、一种追求、一种境界，形成爱读书、读好书、善读书的浓厚氛围。同时建立健全读书活动的长效运行机制。首先，建立考核机制。将全员读书活动纳入对各单位党委、基层支部的考核内容，充分调动各级组织广泛开展读书活动的积极性。其次，建立激励机制。坚持物质奖励和精神鼓励相结合，对读书活动中成绩突出的先进典型单位和个人及时给予表彰和奖励，并与评先选优工作挂钩，激励更多员工立足岗位成才。

发挥体系优势　促进管理创新

大港油田分公司

　　大港油田立足实际，充分发挥体系管理优势，抓基层、打基础，全面推进三基工作提档升级，实现了基层建设工作的常态化、持久化和有效化，推动了各项工作任务在基层落地生根，为公司质量效益发展提供了坚强保障。

一、体制机制建设

（一）总体情况

　　自 2008 年以来，大港油田公司基层建设工作全面推行体系管理，对基层建设考核的各项工作进行了权重和指标的分解，形成了一套行之有效的考评激励办法，极大调动了基层单位抓基层建设工作的积极性。经过多年的长抓不懈，各单位将基层建设作为确保企业持续发展的新的重大工程和常态化工作，摆上重要议事日程，认真研究部署，大力推动落实，严格考核兑现，基层建设的意识大为增强；认真执行基层建设体系文件，坚持抓好组织建设、队伍建设、基础管理等常规性工作，同时按照上级相关要求，结合工作实际，突出抓好树学先进典型、员工读书、"我说我岗"等重点活动，基层建设任务有效落实；基层单位的生产运行和现场标准化管理、质量管理、设备维护管理、基础资料管理越来越规范，标识规范，指示明显，各类设备实行定人、定岗、定责管理，落实维修保养和定期检查制度，设备完好率符合规定指标，基层的视觉形象日趋规范，基础管理工作切实加强；通过技能比赛、全员读书、学树先进和"我说我岗"等活动的广泛深入开展，员工在岗位知识、职业素养、安全意识、职业礼仪等方面，都彰显出了素质优良、蓬勃向上的整体形象，队伍素质明显提高；各单位普遍重视人与环境的和谐，既注重发动员工积极建设、改造、维护优美环境，又注重以优美环境影响、凝聚、激励员工，从办公区到生产区，都呈现出净化、美化的整洁场所，规范、亮丽的视觉形象，浓郁、向上的文化景观，队容队貌日益改观。大港油田公司通过强化基层建设工作，基层的执行力和创效力进一步增强，企业管理水平进一步得到提升。

（二）规章制度及落实

2008 年以来，公司将基层建设全面纳入 QHSE·IC 体系，建立完善了包括 1 个程序文件和 5 个作业文件的相关制度，形成了一套完整规范的工作体系。体系管理的推行，使基层建设各项工作形成了一种常态，如一季度召开基层建设工作讲评会，对上年度查出的相关问题进行深入分析讲评；二季度举办基层建设体系文件培训班，让基层对体系文件内容、工作方法有更深层次的理解；三季度开展基层建设达标抽查，深入基层单位进行面对面的工作指导；四季度组织开展红旗单位的审核验收等。每个阶段都有"铁"任务、"硬"指标，日常工作完全都按照程序有条不紊地推动，形成了一套行之有效的工作程序。在体系文件中明确规定基层建设考核评价的总分为 100 分，由各专业路按照权重进行考核，再由牵头部门统一汇总打分，充分体现考核评价的公正性；在考核过程中，依照相关作业文件的考评标准进行打分，不管哪一级来考核，也不管谁来考核，考核标准是统一的。各项工作任务在基层单位是否得以落实，工作成效是否显著，以考核分数就能折射出基层的整体情况。先进典型的评选，也是以分数来确定的，体系文件对此有明确的规定——"考核验收得分在 90 分及以上的为达标单位；满足达标单位条件且得分在 97 分及以上为红旗单位"，这两个分数是两个"硬杠杠"，没有丝毫弹性，达到这个标准才是先进典型。每年的 7 月与 11 月，公司几个相关部门联合组成审核验收小组，利用一个半月的时间，深入基层，对各单位基层建设工作情况进行现场的考核与打分，这一考核机制自 2008 年以来雷打不动，目前已运行了 10 年，形成了一套严格科学的考核机制。

（三）领导体制及组织构架

大港油田公司党委、公司一直非常重视基层建设工作，建立了三级基层建设网络责任体系，定期研究开展基层建设工作的情况，分析解决基层建设工作中存在的问题，制定基层建设规划，形成了党委指挥协调、二级单位指导推动、基层单位组织落实的基层建设党政工团齐抓共管的管理格局，形成了组织严密、信息畅通、层层抓落实的工作机制，确保了基层建设工作组织到位、推动有力、成效显著。一是在公司层面建立了以公司党政主要领导为组长、机关相关部门负责人为成员的基层建设委员会，由公司企业文化处（党委宣传部、团委）牵头，明确了企管法规处、人事处（党委组织部）、质量安全环保处、工会、规划计划处、财务处、监察审计处等各部门的相应职责。二是公司所属单位成立以党政主要领导为组长，以党群办、人事、安全、企业管理等部门负责人为成员的基层建设工作推动组，党群办为牵头部门，同时细化和分解了各成员部门的责任。三是基层单位成立以党政主要负责人为组长的基层建设工作组，进一步细化各基层队站（作业区）、科研室的职责。

（四）管理模式及机制创新

公司借鉴 ISO 9000 族标准，结合《集团公司基层建设纲要》相关要求与公司实际，将基层建设工作纳入体系管理，制定了一套严格的标准，形成了独具特色的基层建设工作体系管理新模式。采用体系管理的方法，从干什么、谁来干、干到什么程度、留下什么痕迹、如何检查评价、怎样激励约束等方面对基层建设予以规范，由企业文化处（党委宣传部、团委）牵头，各相关业务部门参与，制定了体系文件初稿。之后，印发体系管理部门和二级单位、基层单位征求意见，修改后又多次召开各种类型、层次的座谈会，反复研究讨论，修改完善，最后经公司有关会议审定、主管领导签发；2004 年 7 月，首次形成了大港油田公司 D 版基层建设体系文件，之后连续多次对体系文件进行了修改、完善和扩充工作，进一步提高了文件的科学性、规范性和可操作性，使体系文件更加符合实际。

由于管理体系的实施，逐步建立起一套相应的制度，使基层建设有了明确的工作目标、严格的控制程序和标准的工作流程，规范了各个管理层和执行层的行为，为构建基层建设长效机制奠定了坚实基础。一是确立了长期目标。程序文件中，结合单位实际提出了基层建设总体目标。为了逐步提升基层工作水平，体系文件规定每五年制订一个基层建设工作规划，各基层单位每年将本单位基层建设工作纳入年度工作计划，并将任务按照时间段分解，认真组织好各项工作的推动落实，充分体现了基层建设体系管理的持续改进、持续提升的原则。二是规定了"常规动作"。在体系文件中，对基层建设日常工作（党支部建设、基层工会建设、团支部建设、基层班子建设、队伍建设、基础管理等）"应该怎样做、重点干什么、落实什么工作"都有着翔实明确的规定。程序文件明确规定，基层单位每季度要开展一次自查，每年 7 月 10 日前自查完毕并上报达标单位数量，并在每年 11 月 10 日前向公司推荐基层建设红旗单位，公司将分别于 7 月和 11 月组织开展半年达标抽查和年底红旗单位验收。基层单位将这些规定动作依照程序有序地推进，使落实基层建设管理体系形成习惯、步入常态。三是建立了激励机制。激励机制可以潜移默化地激发基层干部员工的工作热情，从而有效地调动他们的积极性和创造性。基层建设体系管理以基层建设达标升级和争当基层建设红旗单位为抓手，建立起了有效的激励机制。程序文件规定，"对基层建设红旗单位进行通报表扬，并给予人均 1000 ～ 1500 元奖励"，这一机制的建立极大调动了基层单位的积极性。近五年来，各基层单位掀起了争当红旗单位的热潮，共有 182 个基层队站荣获了红旗单位的称号，公司拿出近 2000 万元进行了专项奖励。

（五）基层建设典型做法

以"我说我岗"活动为抓手，让员工通过说岗讲岗，对岗位职责更加明确，应知应会更加清晰，从而有效地引导员工熟悉岗位知识，掌握岗位技能，规范职业礼仪，增强自身素质，以此来推动基层建设工作整体水平的提升。当前，这项活动作为加强基层建设工作的一个有力抓手全面铺开。一是制定具体的活动标准。对岗位讲解的内容及标准进行了明确的规定，公司印发了《关于开展"我说我岗，我知我岗，人人都是讲解员"活动的通知》，明确了活动的形式、标准、效果等内容；录制了《"我说我岗"专题活动示范片》，对讲解中需要把握的重点、难点进行了详细说明和示范，并下发到基层单位，供基层员工对照学习。二是组织观摩交流。为使基层相关人员掌握这一活动的方法与要领，组织基层党支部书记及基层建设工作相关人员，深入到这一活动开展起步较早的基层单位进行学习观摩，约600人次参加；通过观摩，掌握了说岗讲岗的具体标准与要求，为全面推开这一活动奠定基础。三是开展具体的实践锻炼。各基层单位有效利用班前班后会、集体学习、员工间开展观摩互学等途径和形式，开展具体的实践锻炼，并通过"我说我岗"专题活动竞赛，评选出了"说岗明星""优秀讲解员"，激励员工做好说岗讲岗活动；为了鼓励员工的说岗热情，2017年在公司新媒体平台上开设了"我说我岗"视频展播专栏，展播了45个优秀的说岗视频，2.1万人次进行了观看；组织开展了"我说我岗"专项竞赛，评选出了14个"金牌讲解员"。四是不断扩大活动覆盖面。开展这一活动的目的是全面提高员工素质，2012年完成了"一个基层单位重点培养1~2个"讲解员的目标，2013年实现了重点岗位员工都能进行说岗，2014年达到了"达标单位半数以上的员工能流畅说岗，红旗单位达到全覆盖"的目标，2015年实现了岗位员工说岗讲岗全覆盖。2017年，下发了《关于进一步深化"我说我岗、我知我岗，人人都是讲解员"活动的通知》，进一步引导员工从讲职责、讲流程向发现问题、分析问题和解决问题延伸，并对如何拓宽说岗讲岗内容、拓展说岗讲岗形式进行具体要求，使员工说岗讲岗的内容更加饱满，形式更加多样，实现了员工从我说我岗到我知我岗，最终达到我爱我岗的目标。

二、基层队伍建设

（一）基层班子建设

近年来，研究出台《大港油田公司加强和改进优秀年轻干部培养选拔工作的实施意见》，配套制定《大港油田公司科级干部挂职交流工作暂行办法》，建立形成了一套涵盖年轻干部教育培养、选拔任用、监督管理的政策制度体系，稳步实施"三个一批"工程，即培养锻炼一批、分类储备一批、选拔使用一批，开创了优秀年轻干部培养选拔工作新局面。举办了1期中青年干部示范培训班，参加培训的54名学员中，已有13人走上副处级领导岗位，选派10名科级干部开展挂职锻炼。目前，35岁以下科级干部占比提高到11%，干部队伍结构持续优化。

所属各单位结合"四好"领导班子建设，不断提升班子成员的学习能力、破解难题能力、执行能力、团结共事能力，使班子成员在工作中相互扶持、鼓励，在生活中相互关心、体谅，形成强有力的核心力量。强化基层单位干部配置，持续修订完善《科职人员管理办法》，对青年人才库进行集中管理、动态关注、实施轮岗锻炼。运用组织选拔、公开竞聘、竞争上岗三种方式，合理调配基层领导班子。通过内、外聘专家及"走出去"的模式，组织管理和专业技术人员培训，持续提升干部队伍素质。

（二）基层党支部建设

1. 聚焦"三个用力"，压实党支部工作责任。重点在三个方面聚焦用力：一是在明责定责上聚焦用力。组织基层党委研究制定《党建工作责任制实施办法》，研究制定党支部书记、支部委员的工作职责、任务、目标"三张清单"，将职责量化到岗、明确到人、具体到事，作为定责、考责、追责的基本依据，从制度层面解决支部工作"谁来抓、抓什么、怎么抓"的问题。二是在履责尽责上聚焦用力。践行"直线责任、属地管理"理念，坚持党员干部抓工作必须抓党建，扭住党支部主体责任、支部书记第一责任和支部委员"一岗双责"这个"牛鼻子"，强化过程管控，确保责任落实、工作落地。三是在督导问责上聚焦用力。建立完善"支部月度自查、基层党委季度检查、公司党委半年抽查和年底集中督查"的工作督导机制，以"两学一做"学习教育、党建"三联"责任点创建、基层建设红旗单位验收等为抓手，督导党支部工作落到实处。积极推进党支部书记抓党建述职评议考核，实行书面述职每年全覆盖、现场述职三年全覆盖，并将述职评议结果作为班子和个人评优选先、薪酬兑现的重要依据。

2. 推行"三化管理"，夯实党支部建设基础。强力推行"三化管理"：一是推行工作程序标准化，聚焦支部建设内容、流程、标准、评价等方面，探索形成党组织换届选举、发展党员、党员教育管理等 7 个程序文件、158 个表单范例，拍摄组织工作情景剧，创造了一套贴近实际、简便易行，可借鉴、可复制、可推广的基层党建工作模板。二是推行教育培训常态化，建立公司党校集中轮训、基层党委定期培训、基层支部日常教育和网络平台在线教育"三维一网"党员培训体系，推动在职党支部书记和党员轮训全覆盖，全年举办党支部书记培训班 6 期、轮训 672 人，开展党员培训 72 期、轮训 5500 人，提前完成全部轮训任务；"互联网＋党建"在党员教育中的优势日益凸显，公司开设的党员学习网、党支部活动平台等网络教育阵地，在线点击学习达 25 万人次。三是推行组织生活规范化，以党支部"三会一课"为切入点，建立纪实报告检查制度，实施过程痕迹化管理，强化跟踪督导，切实解决了组织生活表面化、形式化、娱乐化、庸俗化问题。征集推广基层党支部"三会一课"创新工作案例，推动组织生活从传统模式向"体验式、互动式、创意式"转变，全年征集创新工作案例 120 个，优选推广 20 个典型案例，其中 1 个关于现场"三维"党课的案例被中组部收录至《"三会一课"案例选》，被党建读物出版社誉为企业基层党课的教科书，并在公众微信平台进行了重点推介。

（三）班组、队站骨干队伍建设

多年来充分发挥了引领作用、凝聚作用、培育作用和助力作用，组织和带领广大班站长学知识、练本领、强素质、创一流，着力发挥"大学校"作用，精心构筑学习、交流、创新三大成长平台，培养和造就了一支技能高超、创新有为的班站长队伍。先后成立采注输班站长协会、井下作业班组长协会和托幼服务班组长协会。依托班组长协会这一有效载体，广泛开展集中培训、学习交流和创新创效等系列活动。举办了班组长骨干培训班、班组长轮训班、优秀班组长职业道德与职业修养讲座等 120 余场次，培训班组长 28000 余人次；班组长中有 122 人走上了管理、技术岗位，75 人考上了技师，在集团公司、油田公司各种大赛中取得了 12 金、15 银、18 铜的好成绩。同时，还组织 80 余名班组长进行异岗交流，推荐 120 余名班组长参加专科以上在职学历教育，编发了《油井常见故障处理》《我的班组我做主经验分享》等 7000 余册，促进了班组长队伍素质的不断提高；开展"兵头将尾聚能量、提质增效有担当"主题实践、井控井喷模拟应急演练、"我想我井、我说我井、我爱我井"竞赛、"我们都是班站讲解员"和"挖潜增油我当先"等主题系列活动 50 余次，为公司保油上产做出了积极贡献。采注输班站长协会《搭建成长平台，提升班站长素质》的典型经验，荣获天津市工会创新发展成果优秀奖；《以班站长协会为载体，持续推进"五型"班组创建活动的探索与实践》被评为中国石油第五届思想政治工作创新二等奖，充分展示了大港油田班组长及班组职工的时代风采。

（四）员工队伍建设

1. 关爱员工成长。基层单位建立了员工培训管理办法、导师带徒管理办法、后备人才管理办法等制度，有力促进了基层员工的成长成才。

2. 评先评优激励。油田公司每两年组织先进集体和先进个人总结评比表彰工作，评选共设先进生产（工作）者、先进集体、标兵和标杆单位等 4 种荣誉称号。同时，所属各单位也同时组织本单位层级的评先评优工作。

3. 薪酬待遇倾斜。薪酬分配注重建立向一线倾斜的激励约束机制。一是形成基本工资制度统一规范，业绩薪酬分级管控的模式；二是利用奖金项目建立一线浮动上岗津贴制度，形成分配向一线关键艰苦岗位倾斜、实施重点激励的价值导向；三是在基层分配中坚持以基层单位效益和个人绩效考核为依据，收入与贡献大小相结合的原则。

4. 休假制度落实。2008 年大港油田公司制定了《大港油田公司员工假期管理办法》（石油港字〔2008〕158 号），油田公司员工除享受公休日、法定节假日外，还可以享受带薪年休假、婚丧假、探亲假、事假、生育假、伤病假等休假。各基层单位也建立了相应的请销假制度，保障了基层员工的休息休假。

5. 诉求渠道畅通。深化以职代会为主渠道的厂务公开民主管理工作。工会每半年发放一次职代会《提案进度统计表》，加快提案的推进与落实，保证提案件件有着落、事事有回音。积极开展和谐企业创建活动，推进厂务公开向班组的延伸拓展，逐步形成了油田公司、所属单位、基层队和班站的四级公开体系，职工的知情权、参与权和监督权得到有效保障。通过建立民情信息网，设立"工会维权电话"，开通公司领导与劳模"直通车"等形式，拓宽了管理者与职工沟通的渠道；完善厂务公开网页、及时更新相关信息，保证了职工的知情权、监督权，凡是涉及职工切身利益的重要政策、制度和规定，坚决提交职代会代表团长联席会表决通过。健全完善了基层民管会、民管组和班组民管员三级民管网络，充分发挥民管组织的作用，积极参与本单位生产经营、奖金分配、生活福利等涉及职工切身利益重大问题的审议、讨论和决定，更好地维护了基层职工的合法权益。

三、先进典型及荣誉

（一）落实典型培养机制

体系文件中明确规定："二级单位上半年开展达标自查并将自查结果进行上报，基层建设科半年组织专业路对上报的达标单位进行抽查，验收得分在90分及以上的为达标单位；年底各单位申报红旗单位，基层建设科在组织相关部门审核后，对其进行验收，最终得分在97分及以上为红旗单位。"公司年底发文对获得"红旗单位"称号的基层单位进行表彰并给予资金奖励，并在年底职代会上进行授牌。每年组织基层单位之间相互参观学习，后进学先进，先进学先进，取长补短，共同进步。

（二）积极选树典型

1. 集团公司级典型。2003年第一采油厂采油二队荣获基层建设"百面红旗单位"荣誉称号；2013年31个基层单位荣获基层建设"示范单位"荣誉称号，其中第三采油厂第三采油作业区第三采油管理站、井下作业公司第四修井分公司修井 403 队荣获基层建设"百个标杆单位"荣誉称号；先进集体 6 个、铁人先锋号 1 个。

2. 省部级典型。天津市"职工书屋"141 个、"工人先锋号"8 个、"安康杯"竞赛优胜班组 11 个、模范职工小家 4 个、模范集体 4 个、"十大示范劳模创新工作室"2 个。

3. 国家级典型。全国工会"职工书屋"3 个、全国"安康杯"竞赛优胜班组 4 个、全国"工人先锋号"5 个、中央企业先进集体 1 个、全国模范职工小家 1 个、全国五一巾帼标兵岗 2 个、全国示范性劳模创新工作室 1 个。

（三）典型经验案例

1. "四精"精神。近年来，公司结合实际，围绕老油田开发，大力弘扬"事事做到精细、处处体现精心、件件打造精品、人人追求精彩"为主要内容的"四精"精神，经过不断完善，日臻成熟。第一采油厂、第五采油厂在国际原油价格持续低迷的情况下，牢牢把握增储稳产这个关键，认真落实"一体化"发展战略，克服资源劣质化、稳产压力大、效益提升难等老油田开发矛盾问题，提高精细科学管理，完成利润值在油田公司油气生产单位始终名列前茅。

2. "四创"精神。井下作业公司自我加压，打破思维定式、技术技能、体制机制、专业领域四大禁锢，在做优油气生产保障任务的同时，研发提升技术实力，内展扩大服务领域、外拓壮大服务范围，紧紧依靠"创业、创新、创优、创造"精神，一举摆脱亏损泥沼，提前甩掉十年亏损帽子，实现变革"涅槃"重生。

3. "王徐庄模式"。王徐庄油田利用物联网技术，撤销全部计量间、配水间，统一设计标准，开展"单井—接转站—联合站"整装地面集成数字化油田建设，在网络架构、站库建设、数据采集等方面，形成了可复制的模板，形成了"王徐庄模式"。通过实时采集、集中监控、自动预警，实现了电子巡井、电子执勤、视频监控，优化了生产结构，大幅度提高劳动生产率。

"王徐庄"模式在 3 个采油厂实现规模推广，完成了 19 个小型场站和 4 个大型场站的数字化建设，实现了中小型站场无人值守、大型站场集中管控少人值守，促进劳动生产率和管理水平"两提升"、生产成本和管理费用"两下降"。

4. "六小创建"。树立"绿水青山就是金山银山"的发展理念，落实清洁生产和节能减排，实现公司绿色、低碳、可持续发展，因地制宜开展"六小"创建，利用场站、办公区域空地，突出场站 HSE 标准化建设和现场提升改造，打造小花园、小园林、小菜园、小果园、小草坪、小池塘等小而美、小而精的环境景观，营造绿色家园，达到了净化、绿化、美化，"三废"排放达标率 100%。

5. "一室一法"。第三采油厂第三采油管理站，建立公司第一个基层"数字化油藏室"，运用建模、数模软件，将油藏描述成果用图形向员工演示，使员工对油藏构造等有了更加清晰的认识。同时，依托大数据优势，整合创新油水井管护口诀，开展全员油水井动态分析，实现油水井方位导航、生产数据及时更新，上游平台有效链接，护理措施落实率达到 100%，油井自然递减率与同期相比下降了 2.62%。挖掘央企比武大赛金牌得主李国治的技术经验，总结形成"国治工作法"，包含"虚实线碰泵法"等 36 项操作方法，每周开展"国治讲堂"，通过"油井管家"开展油水井"健康查体"，构建"防护墙"，提高了员工对油水井问题的处置能力。目前管理站操作员工中、高级取证比例达到 92%，双证取证率突破 50%，4 人被聘为技能专家和技师，28 项技术革新发明获专利，21 人次荣获各类技术比武奖牌。

6. "四园文化"。采油六厂输注一队坚持打造现场文化，用文化思维拓展管理视野，用文化方法改进管理方式，用文化力量提升管理效能。一是把生产现场建成员工学习的校园。开展"岗位对口学、技术比武学、干部带头学"和"学一门技术、练一手绝活、攻一个难题"岗位练兵以及导师带徒、职业生涯设计等，实现了员工快乐学习、快乐工作。二是把生产现场建成员工工作的乐园。按照"工作目标精细化、管理制度规范化、岗位交接程式化、巡回检查责任化、现场操作标准化"管理模式，开展"今天我是班站小管家""我为班站管理献良策"等群众性互动活动，使"我骄傲，因为我是团队的一员；我欣慰，因为团队为我的发展提供了平台；我快乐，因为我的工作得到认可"的工作理念不断深入。三是把生产现场建成员工温馨的家园。以"家园"建设为载体，制定了建家愿景，总结提炼了知识强家、效益兴家等"八大家训"，创办家园小报，制作荣誉墙，推行"亲情六到"管理，使"家"的概念深入人心，增强了队伍的凝聚力。四是把生产现场建成员工美丽的花园。制作包含文化理念、工作法则、文化信念、细节管理、安全管理、亲情管理、班组文化等内容的现场文化视觉形象展牌。提出"每天清洁五分钟，一天工作好心情"工作口号，推行区域负责制，实现了生产现场清洁规范、物品工具整齐有序、设备工艺标识清晰。注重美化队容队貌，改善站内自然环境，累计种植各种树木1200余株，花卉500株，将中心站内废弃的消防池和污水站内的污水处理池建成了风景优美的荷花池。输注一队先后荣获中油集团先进班组、油田公司设备管理优秀基层单位、甲级输注队、油田公司青年文明号等荣誉称号。

四、基层素质提升

（一）完善培训管理机制

一是确立油田公司、所属单位、基层单位三级管理、分级负责的培训管理体制，实行"三级计划、三级培训、统分结合、分类实施"的培训工作运行机制，有效发挥油田公司、所属单位、基层单位三个层面的积极性。二是发挥政策导向作用，建立并完善了技能人才"双轨制"成长机制，相继出台了岗技工资挂钩、用工身份转换、竞赛激励等10余项办法，优化了专家序列的待遇政策，员工主动参加培训提升技能等级、实现自身价值的积极性明显提高。三是严格培训过程管理，实行培训项目负责制，按照培训项目管理、培训效果评估制度，加强培训需求调研、培训过程督导与效果评价；建立了培训项目管理系统，监控培训项目完成情况，确保培训计划的落实；完善了培训考核评估机制，建立了公司与所属单位两级抽考机制，提高了培训工作实效性。四是完善培训激励机制，将学员参加培训情况、培训工作开展情况纳入业绩考核，考核结果与员工薪酬兑现、与单位培训经费奖惩挂钩；建立了技师评聘分开、复合型技能人才奖励、星级员工评选等特色激励机制，进一步调动了员工学习的积极性。

（二）全面提升基层素质

围绕油田公司发展形势需要，突出基层一线培训重点，打造适用公司数字化、信息化、自动化发展趋势的技能人才队伍，开展"三化"培训工作，共计160期3700余人次。推进关键岗位人才培训，各层级年均培训班组长2000余人次。围绕岗位素质能力，实施提高安全能力、技术技能性及四新知识，分级分类开展维修电工、电焊工等特殊工种培训，年均组织各类培训25期培训960余人次，督导二级单位完成培训项目580个16000余人次。结合工作实际，集中开展了"四新"、标准化操作等岗位适应性和提高性培训以及技术研讨、故障分析、应急抢险等专业技能培训；按照"先培训后鉴定，不培训不鉴定"的原则，开展了鉴定前培训以及"一岗精、两岗通、三岗懂"复合型人才培训；利用班前班后会、"5分钟课堂"等灵活多样的培训方法，深入开展岗位培训及练兵活动。2013年以来，公司及所属单位年均举办各类培训项目2000余期，培训员工近4万人次，培训课时达4万余学时。

（三）创新师带徒模式

结合实际需求与岗位特点，师徒结对打破岗位和区域界限，实现"1对多""多对1"带徒模式，采取目标培训法、角色换位法等特色培训方式，实施目标捆绑式考核，年均结对1550对，出徒合格率在95%以上。同时，将"培训课堂"搬到生产现场，将无形经验转化为专利、课件、教材等有形成果，让更多的一线员工即时受益，推动了师带徒工作深入开展。

（四）创新培训学习平台

充分发挥集团公司、油田公司及所属单位三级网络培训平台作用，不断丰富网络培训资源，实现员工网上培训、网上考核，推动全员培训从被动开展向双向互动的教学模式转变。在大力推行远程网络培训的同时，开发员工移动学习平台，尝试微课等便利、丰富的形式，并将施工操作流程、优秀课件、培训教材以及各类习题以电子形式发布，建立"线上＋线下、移动＋固定、课堂＋现场"相结合的多样化学习平台，为员工学习提素提供便捷的快车道。

（五）发挥专家工作室优势

建立了以国家级周小东技能大师工作室为龙头，以所属单位专家工作室为支撑，以专家、技师等高技能骨干人才为核心的成长平台，加强软硬件功能建设，为专家技师开展技改革新、人才培养、技能传承创建了良好环境。实施专家带徒，培养出尤立红、赵常明等一大批国家级、省级劳模及技术能手；开展创意设计和生产疑难问题征集，年均解决生产关键难题 110 个；聚合集体智慧，开展项目攻关，创新技能成果 123 项，推广发布 32 项，获得国家专利 58 项，其中 7 个项目获得公司级 2014 年度科学技术进步二等奖，《采油树不停产查嘴掏蜡流程装置》被评为大港油田勘探开发 50 年重要技术成果之一。以油田公司博士后工作站进出站运行模式为模板，建立了以集团公司技能专家邓鲁宁工作室为代表的基层单位培养基站，并在井下作业公司创新推广技能人才培养模式，对优秀技能人才进行针对性培养，做到"进站一人、培养一人，出站一人、成才一人"。

（六）组织参与技能比赛

一是优化竞赛机制。将油田公司级竞赛按照工种人员规模、工作性质，划分为一类、二类、三类竞赛，设置不同的竞赛周期、奖励名次，竞赛模式更加公平合理。二是创新竞赛形式。举办了操作岗大学生综合素质展示活动和师带徒技能竞赛活动，两项竞赛在中国石油系统内尚属首次。三是增大竞赛辐射。由所属单位承办公司级别职业技能竞赛，竞赛范围不断拓宽，从主体工种向生产辅助工种、综合工种拓展，并鼓励和指导所属单位自行开展多形式的技能竞赛及技术比武活动，进一步扩大了培养激励覆盖面。2013 年以来连续举办公司级竞赛 4 届，涉及工种 28 个，各级竞赛参赛员工人数达竞赛工种总人数的 60%，并选拔和培养出各种技能拔尖人才 765 名，营造了良好的学技能、提水平、强素质氛围，培养了一支技术精湛、素质优良的技能人才队伍。连续多年在集团公司级技能竞赛中连创佳绩，稳居集团公司职业技能竞赛油气生产单位奖牌榜前三名。

（七）"五型"班组及读书活动

坚持以强化班组执行力为重点，以提升职工综合素质为核心，以提高基层建设水平为目标，扎实推进"五型"班组创建活动。持续加强班组长队伍建设、职工能力建设、基础管理建设、文化建设、和谐环境建设，评选表彰"五型"优秀班组 260 个，编发《"五型"优秀班组创建成果汇编》4000册，97% 的基层班组达到"五型"班组创建标准。持续深化班组读书活动，五年来共编发《班组学习简明读本》22500 册，组织开展"学读本、提素质"知识竞赛，参赛职工 60000 多人；深入开展"创建学习型组织，争做知识型职工"活动，评选"学习型组织"80 个、"知识型职工"80 名。推进"职工书屋"建设，建成油田公司"职工书屋"示范点 174 个，配送图书 15 万余册；建成天津市"电子书屋"3 个、"职工书屋"示范点 158 个、全国"职工书屋"示范点 6 个、全国职工教育培训优秀示范点 5 个。在"千万图书送基层，百万员工品书香"活动中，为 678 个基层单位配备书架 678 个、图书93087 余册，发放《石油员工心理健康手册》5000 册，为基层职工学知识、提素质创造了良好条件。

五、体会和建议

（一）立足全局、统筹谋划

基层建设是企业管理的重要内容，要加强统筹谋划，优化顶层设计，明确基层建设的战略目标和发展方向，科学规划、稳步推进。要准确研判企业面临的内外形势，明确基层建设的重要任务和主要措施，迎难而上、化危为机。要清醒认识自身的不足和薄弱环节，客观分析、对标先进，明确基层建设的重点环节和工作标准，补齐短板、固本强基。

（二）齐抓共管、系统推进

基层建设涵盖企业管理各方面，具有系统性、广泛性特点，需要上下联动、横向互动，构建协同协作、共建共创的格局，形成齐抓共管、系统推进的合力。要建立完善的领导体制和工作机制，党政主要领导负总责，分管领导负具体责任，明确牵头部门、职能部门和基层单位的职责分工，明确任务、细化责任，切实抓好基层建设各项工作的落实。集团公司每年可评选出基层建设先进典型、先进个人等荣誉，充分调动广大基层建设工作者的积极性。

（三）把握关键、分类指导

加强基层建设，核心在支部、重心在基层、关键在岗位、龙头在机关，要把握重点环节，分类指导，务求实效。基层建设的核心是党支部建设，要不断增强基层党组织的创造力、凝聚力、战斗力，切实发挥党支部的战斗堡垒作用。基层建设源于基层、实践于基层，基层是探索实践的广阔天地，也是创造新鲜经验的丰沃土壤，要始终坚持把着力点放在基层，充分发挥基层组织和员工的作用，营造全员参与建设的生动局面。各项基层建设工作归根结底要靠岗位来落实、要靠员工来执行，必须紧紧抓住"人"这个核心因素，坚持以人为本，强思想、强技能、强作风，努力打造高素质的员工队伍。机关各相关部门要提高服务基层的能力，为基层做表率，指导基层、带动基层、提升基层，不断提高基层建设水平。

（四）继承创新、与时俱进

加强基层建设，继承是基础，创新是关键。一方面要继承大庆精神铁人精神，坚持石油工业抓基层、打基础、强素质的优良传统，进一步增强基层组织的凝聚力、基础工作的支撑力和员工队伍的执行力。另一方面要结合实际，坚持解放思想、与时俱进、探索创新，注重总结新经验，不断丰富新载体，推广应用新方法，把传统管理与现代管理相融合，把基础管理与专业管理相配套，把刚性管理与柔性管理相统一。基层建设工作在一段时期内要有明确的主题、鲜明的主线、有力的抓手，通过不断创新，提升基层建设工作整体水平。

（五）典型评选，与时俱进

评选"新时代百面红旗单位"很有必要，有助于总结推广新时代基层管理新模式、新经验，要体现继承性、先进性、代表性和创新性。

聚力基层夯实基础　传承创新促进发展

青海油田分公司

为全面掌握基层建设现状，提升基础管理水平，助力公司高效益高质量发展，青海油田公司成立基层建设调研组，深入敦煌、花土沟、格尔木三地33个基层单位，采取听汇报、查资料、看现场、座谈交流等形式，对基层建设整体实施情况，进行了深入细致的摸底调研。

一、基本情况及典型做法

近年来，青海油田公司党委认真学习贯彻党的十八大、十九大精神和习近平总书记关于加强国企党的建设及改革发展系列重要讲话精神，认真贯彻《集团公司基层建设纲要》要求，明确"重点突出，整体推进"的工作思路，坚持"队站搭台，班组唱戏"的模式，以基层党的建设为统领，以建设千万吨规模高原油气田为目标，以"强基层、打基础"为重点，以"五型"班组创建和"千队示范"工程为抓手，从抓好标准制定、加强基层队伍建设和考核评价三个关键环节入手，全力推进基层建设工作，有力地促进了各项工作的扎实开展。

（一）健全机制科学谋划，强化党建引领基层建设

1. 制订基层建设长远规划。为使基层建设适应千万吨高原油气田的需要，2010年油田制订了基层建设十年规划，确定了基层建设的目标：2011—2013年，挑选13个基层队站进行示范，并取得能够推广应用的成果和经验；2015年年末，油田60%以上的基层队站实现达标，10%的队站达到优秀；2020年末，80%队站实现达标，35%的队站达到优秀队标准条件。2～3个

基层队站达到集团公司基层建设"百面红旗"标准。

2. 加强组织领导。青海油田把基层建设作为改革发展稳定的长期性、战略性工程，切实提高基层建设工作的规范化、科学化水平。各二级单位结合工作性质均成立了由党委书记、厂长（处长）为组长，班子人员为成员的基层建设领导小组，实行党政主要领导亲自抓，机关职能部门分工负责、协调配合、齐抓共管，各单位具体实施，一级抓一级，层层抓落实的基层建设工作领导体制和工作格局。领导小组利用党委会、厂务会、领导工作例会和党群工作例会等研究和部署基层建设工作，分析研究基层建设的有关事宜，选树先进典型，推广先进经验，完善各项管理制度，及时协调解决基层建设中存在的突出问题。

3. 突出支部建设夯实发展基础。严格按照党章规定，坚持"四同步"原则，持续优化基层党支部设置，党组织健全率达到100%。选精配强基层党支部书记，抓好党支部工作业务培训，落实"基层党支部书记每年集中学习培训时间不少于56学时"的要求，突出对党支部书记、委员业务素质、工作能力的提升培训。抓实党支部"三会一课"，党员教育管理覆盖率保持100%，切实提高基层党支部建设整体水平。深化"两学一做"、"创先争优"、党建"三联"示范、"五好"党支部创建、党员"亮身份、明标识、创示范"等主题实践活动，深入开展以"政治素质优、岗位技能优、工作业绩优、群众评价优"和"平时言行能看出来、困难面前能站出来、利益面前能让出来、生死关头能豁出来"为主要内容的"四优""四能"共产党员党性教育和创先争优活动，努力把党支部打造成为团结群众的核心、激励党员的学校、攻坚克难的堡垒。

（二）狠抓落实加强管控，推进基层基础工作

1. 加强制度建设。坚持统一制度、归口管理、分工负责的原则，完善已有的制度，制定新的制度，废止不适应油田发展的制度。"十二五"以来，全面梳理了油田的各项规章制度，完善了制度、流程、质量、计量、标准化五项基础业务为中心的基础管理体系，新制（修）定公司级管理制度45项，

废止不适用管理制度37项，清理各类报表资料9000余条（项），优化整合管理制度6000余条（项）。制度建设走上了科学论证、集体决策、统一管理、规范运作的轨道。

2. 健全质量管理。修订完善了青海油田《质量管理实施细则》，推进质量管理体系建设和运行，进一步落实质量责任和质量目标，制定"诚实守信、精益求精"的质量方针，建立起油田质量管理、监督、考核、兑现的激励和长效机制。严守质量红线，确保自产产品出厂合格率达到100%，不合格产品后处理率100%。格尔木炼油厂产品质量连续多年保持100%的合格率，赢得用户好评。

3. 完善HSE体系。按照"统一领导、落实责任、分级管理、分类指导、全员参与"的原则，明确各层级、各岗位的HSE职责，形成层次清晰、分级负责、覆盖全员的HSE责任体系。按照岗位技能和HSE要求，全面深入开展岗位矩阵培训，灵活运用互动式、模拟式、现场式等多种培训方法，实施小范围、短课时、多形式培训，不断提高岗位员工的HSE执行力。持续开展岗位危害识别等形式多样的风险排查、辨识活动，做到"全员、全方位、全过程"危害评估。岗位员工严格执行"作业计划书、作业指导书、巡回检查表、岗位操作卡"的"两书一表一卡"，确保了HSE体系在基层的全覆盖。

4. 创新安全监管模式。为提高生产安全水平，油田层面成立了HSE监督中心，工会建立了安全"监督哨"制度，进一步健全了班组、队站、厂处和公司四级安全监督网络，形成了"日常生产过程、钻井工程、地面建设、井下作业"四大业务板块"监管分离"格局。制定了《青海油田公司HSE监督处理办法》等12项制度，分三级确定了208个监督单位（部位），编制了6类26项检查表。重点对生产现场、基建工程、钻修井作业、作业许可、设备运行、交通安全等方面进行监督，定期发布周报和月报。油田各基层单位依据自身工作特点，创新开展了"走动管理、OSAE巡检法、6S精益管理、三项结合创新现场管理、五到位促管理"等安全管理措施，使油田整体的安全生产始终保持可控状态，安全生产事故率逐年下降。

（三）大力开展员工技能培训，推进基层建设质量提升

1.持续开展柴达木石油精神教育。青海油田63年的发展历史，就是一部艰苦奋斗、无私奉献的光荣史，青海油田始终把传承弘扬柴达木石油精神作为提高员工政治素质的重要途径，坚持开展以柴达木石油精神为主旨的教育活动。坚持每年开展"形势、目标、任务、责任"主题教育活动，组织宣讲团到油田各个基地和野外基层队站宣讲油田内外的形势，油田的工作目标和广大员工肩负的责任，提高员工的思想认识。开展柴达木石油精神训练营活动，每年组织一部分青工到"发现井""创业旧址"参观学习，向青工讲述柴达木石油精神起源、形成和发展，重走创业路，不忘创业志，激励青工继承和弘扬柴达木石油精神。创新形式，不断地拓展精神内涵，组织宣讲50多场，历时两个多月，进队站、进班组、进岗位，让广大员工深深领悟柴达木石油精神是油田的发展之魂。积极发掘宣传亮点，通过日常新闻宣传报道、重塑石油良好形象主题演讲、学习十九大征文比赛等形式，及时对各单位在生产经营、安全管理、降本增效方面的做法经验进行宣传；开展我们从奋斗中走来"好故事"宣讲活动，通过微信平台、网络等渠道，记录广大员工群体中的先进典型，讲好身边人、身边事。这些做法，不仅使石油精神理念深入人心，给员工队伍思想观念带来可喜的变化，而且促进了基层管理水平的不断提高。

2.狠抓技能教育培训。以加强三支队伍建设为重点，深化员工教育培训，不断提高员工技能教育培训水平。坚持理论培训与实践锻炼相结合、短期培训与职业教育相结合，加大了三支队伍的培训力度。每年举办各类培训班200余期，培训员工10000人以上，员工参训率超过50%。开展订单式培训，将采油、集输、井下作业等油田紧缺的技术工种列为重点培训项目，加大培训力度，满足生产需要。创新培训模式，岗位培养与派外学习相结合、每年组织500~1000人的管理干部、班组长、操作骨干到集团公司培训基地和大庆、辽河、长庆油田培训，通过走访、观摩、交流、开拓思维，拓展视野，学习掌握先进的管理方法和操作方法，提高自身素质。开展常态化的技

能培训，在班组和岗位坚持"每日一题、每月一课、每季一考、每年一评"的"四个一"技能培训，通过渐进的方法，让员工在日积月累中提升操作技能。

3.注重培养领军人才。"十二五"以来，青海油田从完善基层管理职能，充分激发广大员工工作热情和创造能力入手，培育具有持续创新能力的领军人物，引领基层建设。通过岗位练兵、师带徒、技能培训等活动，形成技能专家、高级技师、技师、优秀技能骨干和技能骨干等合理的技能人才梯次队伍，打造了一支由1000名技师、200名高级技师组成的优秀技能人才队伍。广泛开展群众性的创新实践，以基层创新实践为主体，成立职工技术创新工作室。经过层层考核，层层选拔，在基层成立了以史昆、杨永磊、王锡军等员工名字命名的职工技术创新工作室，积极引导干部员工通过技术创新工作室等平台，开展小改小革、技术创新项目多达100余项，展现出了创新创效生机和活力。经过探索实践，基本形成了机制保障日趋完善、员工参与热情高涨、技术成果精彩纷呈、创新力量不断壮大的生动局面。目前，油田已经成立了7个职工技术创新工作室，推进了群众性经济技术创新工作蓬勃开展。

（四）弘扬传统培育基层文化，推动基层建设上台阶

1.注重培育特色文化。青海油田在加强基层建设中，把培育独具特色的基层文化作为重点，用精神凝聚队伍、用理念引领管理、用品牌塑造形象。将柴达木石油精神作为扎根高原、奉献青春的文化之魂，积极探索内容丰富的文化特色创建之路，在基层建设中植入了"文化元素"。先后编印充实了《青海油田企业文化手册（1～3版本）》，集中开展柴达木石油精神规范应用排查，对创业中心、冷湖公墓、油砂山露头等重点宣传和教育部位文化展示素材及时进行更新，规范了讲解。充分发挥企业文化教育基地的作用，以大力弘扬石油精神为突破口，加快员工队伍思想观念更新，规范和引领基层企业文化的形成、提升和发展。采油一厂、工程建设公司、井下作业公司、诚信服务公司等单位结合新形势，探索实施"企业文化创新提升工程"，对

发展长期以来所形成的企业文化理念进行了总结提炼，规范了形象视觉识别系统。进行了"基层特色文化形象"试点活动。采气一厂、采油二厂、三厂等单位用战略思维催生文化创新，用主题教育统一思想，用文化理念感化员工，用文化活动融会理念，开展了形式多样的活动。这些做法使"石油精神"理念深入人心，给员工队伍思想观念带来了可喜的变化，促进了基层管理水平的不断提高。

2. 以"六项特色活动"助力基层建设。为使基层建设在规范中焕发活力，在继承中不断创新，青海油田于近年大力开展了基层建设六项特色活动，助推基层建设。（1）特色队站训鼓舞士气。各单位经过多年的文化积淀与员工的认同，提炼出了各具特色的队训站训。采气二厂南八仙试采作业区"八仙意志，雅丹情怀，心忧油田，敢为人先"、信息服务中心花土沟维护部"缺氧不缺精神、人少不乏业绩"、管道输油处格尔木配气总站"安全生产，为高原人民的幸福生活'争'气"等一大批凝心聚力极具特色的队站（队）站训，凸显了特色，丰富了基层文化。（2）特色工作方法提高实效。各单位结合工作特点和岗位特色，创新实践，总结出了一套体现自身管理特色、好用管用、具有行业代表性的工作方法和管理方法，如采油四厂南翼山采油作业区注水班"五字"工作法、采气一厂基层队站形成了"四心""五化""一二三四"管理工作法、采气二厂安全管理"三不讲"工作法等，进一步提高了工作实效性。（3）特色文化讲述融会贯通。各单位对现有岗位讲述范本进行了修订完善和充实，将企业文化理念、柴达木石油精神、岗位工作箴言、职业生涯规划活动等特色文化讲述融入岗位讲述，并认真组织"岗位讲述"观摩会、交流会和班前讲述会等活动，使"岗位讲述"活动成为落实员工岗位职责的具体体现。（4）特色文化案例指导工作。各单位对近年来培育和形成的特色鲜明促进企业管理的先进文化进行了全面梳理，尤其是对安全文化、党建文化、廉洁文化、和谐文化、走廊文化、服务文化等方面凸显出的亮点进行了挖掘和总结，引领了基层建设。（5）基层文化形象激发热情。各单位通过开展基层党建、队（站）务公开、廉洁文化建设、员工思想政治、精神文明创建、岗位练兵、技能竞赛和导师带徒等工作，进一步提升了员工队伍整体形象，激发了员工工作的积极性、主动性和创造性。（6）特色文化故事润物有声。各单位围绕不同时期涌现出的先进事迹、先进典型，通过传统媒体和新媒体等多种载体和手段进行了广泛宣传，开展"身边人讲身边事"故事会、演讲赛等活动，以身边的人、身边的事相互激励和感化，教育和引导员工学先进、找差距、赶先进、促工作。

3."家文化"打造和谐团队。在深入推动基层班组建设过程中，野外一线生产队站因地制宜、因时制宜，积极创建"家文化"，以"小网吧、小温室、小食堂、小寝室、小走廊、小活动"为内容的"六小"文化活动有声有色、喜闻乐见，形成了富有队站特色的网吧文化、温室文化、走廊文化、读书文化、安全亲情文化。激发了职工的创造热情，形成了团结奋进、拼搏奉献的和谐氛围，稳定了职工队伍，起到了凝心聚力建设千万吨高原油气田的良好效果。采油一厂各集输站、采油二厂联合站、采油四厂南翼山作业区、采气一厂涩北公寓、管道输油处沿线泵站、井下作业公司运输大队等单位的安全亲情文化、安全文化走廊、职工网吧、读书室、温室大棚，促使有形的文化现象形成了无形的凝聚力，强化了团队精神，增强了班组成员的集体归属感和荣誉感，让员工在潜移默化中接受新的安全价值观，将他们的安全理念自觉地转化为实际行动，营造了良好的队站文化建设氛围。

4.坚持以人为本深化民主管理。各单位积极为基层创造自主管理、民主管理的条件，健全民主管理机构，正常开展活动，搞好队务公开，队站重大问题民主讨论、集体决策。工资、奖金分配公开、透明，增进了员工相互之间的信任和理解，队伍的凝聚力不断增强，提合理化建议蔚然成风。积极延伸活动形式和内容，营造和谐家园，为员工创造温馨、舒适的工作环境，带动全体员工互相关心、互相帮助，产生情感共鸣和集体归属感。各单位均采取有效的措施，解决基层单位实际困难，及时化解矛盾，促进基层队伍的稳定和谐。采油三厂以"标准化现场、规范化标识"为载体，改造了5个野外值班场站，统一规范了生产、办公室场所的环境识别，今年又对8个场站进行了标准化改造，较好地改善了队站工作生活环境。井下作业公司专门架设生活水罐，安装净水设备，从根本上解决了作业队野外用水、洗澡难的问题。职工总医院经常到花土沟、涩北、南翼山等野外一线巡回医疗，保障员工身心健康，增强了职工对油田的归属感和认同感，精神面貌发生了较大变化。

5. 加大典型宣传推广力度，推动基层建设全面升级。在推进基层建设过程中，充分利用油田内外新闻媒体，大张旗鼓推广示范成果。将示范队站创建的典型及经验陆续在中国石油影视中心、《中国石油画报》、《青海石油报》、《青海油田企业文化》等油田内外媒体上刊登，集中展示示范成果，迅速传递创建经验，形成良好的示范效应，形成以点带面的良好效果。

在创建过程中，工程建设公司女工焊工班获得了全国"三八"红旗集体、"工人先锋号"荣誉称号；采气二厂南八仙采油作业区采油气班荣获全国"学习型标兵班组""工人先锋号"荣誉称号；格尔木炼油厂化工联合车间催化工艺三班、机械厂压力容器车间压容一班相继被评为"安康杯"竞赛全国优秀班组。工程建设公司班组长王锡军荣获"全国劳动模范"的荣誉；女子焊工班班长刘梦娟荣获"全国五一劳动奖章"；采油一厂班组长赵海翔荣膺"全国知识型职工"；机械厂设备维修中心电工班班长杨华在《电子报》上发表电气维修技术文章 17 篇，成为该厂"学习型"班组长的典型；格尔木炼油厂生产运行四车间工艺三班班长杨斌荣获"集团公司劳动模范"。同时，在全油田培育出了 2 个集团公司标杆单位。

二、经验与体会

（一）千队示范工程以点带面有力促进了基层建设上台阶

2011 年，在集团公司的统一部署下，青海油田在 13 个基层队站进行了 55 个综合和单项示范。通过以定任务、定指标、定成果，抓二级单位党委、抓示范单位党支部为主要内容的"三定两抓"、"双交流双考核"、分步推广等措施来推动示范工作落实。3 年的示范活动中，创新基层建设成果达到 31 个，优秀班组长工作法 11 个，为新形势下进一步加强基层建设进行了有益的探索和实践，活动成效显著。此后，青海油田从加强"三基"工作的长远战略出发，制订了十三五长远规划，持之以恒，按照千队示范工程确定的标准模式，结合安全生产、挖潜增效、质量管理、党工团建设等工作，每年开展一次示范活动，通过抓探索、抓创新、抓示范、抓成果促进基层建设。同时，优中选优，精选部分示范案例，积极交流推广示范成果。将已形成完备的制度，并经过一段时间实践，证明效果良好，具有较大推广价值的 10 余个创新成果，编印成册，在全油田推广，促进成果转化，达到各基层单位相互借鉴、相互学习、共同提高的目的，推动基层建设质量的不断提高。

（二）"五型"班组创建活动已经成为推动基层建设的强大引擎

青海油田始终把"五型"班组创建作为基层建设的着力点，坚持不懈，全面推动基层建设上台阶。2007 年以来，各单位按照"五型"班组创建活动三年达标要求，有计划、分年度、按步骤地确定创建班组，创新工作思路，制定运行大表。分行业制定了相应的班组创建活动考核细则，形成了 17 个类别的"五型"班组创建活动考核细则，采取月度抽查、季度考核、年度评议达标的措施，与其他各项工作共同安排部署，同组织实施，同检查考核。开展"五型"班组安全环保年活动，当年共查找安全隐患 1436 项，堵塞了漏洞。2 次开展"五型"班组节约创效年活动，先后完成技术革新 60 余项，发明创造 10 余项，提出合理化建议 100 余条，总结提炼优秀班组长工作法 17 个。创造经济效益近千万元，92% 的班组实现了"人均节水 1 吨、节电 10 度、修旧利废 100 元的'三个一'"目标。

"五型"班组创建活动经验和成绩，鼓舞了油田干部员工加强基层建设的信心和热情，焕发出了抓"五型"班组创建的蓬勃生机。10 年来，青海油田坚持每年 1 个活动主题，每年进行 1 次评比表彰，坚持半年考核与年终评比相结合，严抓严考严评比，持续努力形成了基层建设"重点突出，整体推进"的良好局面，油田安全环保、节能创效等工作成效明显。经过连续 10 年的创建，目前，油田已经培育了 10 个"命名班组"、200 个"十佳班组"和500 名"优秀班组长"，"五型"班组考核达标率达到 87% 以上，全面完成油田公司要求的目标。

在加强基层建设的实践中，我们体会到：

一是必须牢牢抓住党支部建设这个核心。基层建设只有党政工团组织认识统一，步调一致，才能顺利推进。党支部坚强有力，党员作用充分发挥，员工队伍才有主心骨、才有战斗力，基层建设的目标也才能得以实现。

二是必须坚持继承与创新相结合。油田各单位在基层建设上有许多优良传统，对此我们必须妥善处理好继承与创新的关系，切实做到讲传统不忘创新，讲创新又不丢掉传统，真正在二者的有机结合中实现基层建设水平的不断提高。

三是必须突出文化创新这个灵魂。队站文化是灵魂，不断创新是生命。我们必须一如既往地重视基层的企业文化建设，大力推进基层的文化创新实践。新形势、新任务要求对基层建设予以重新审视和不断创新，探索新的基层管理方式方法，结合生产实际不断创新，以健康向上的队站文化为安全生产注入新的内容，永葆基层活力。

四是必须加大人力物力的投入。完善创新创效管理和激励机制，全面调动创新工作室、命名班组、技术干部、高级技师、技师等资源，引导广大员工，强化基本技能训练，挖掘培养一批技能型人才，推动油田更好更快发展。

五是必须在班组长的选配上下功夫。基层建设的水平关键在于人员的素质提升。基层建设的落脚点在基层队站、在班组，班组长发挥着"兵头将尾"的作用，其素质能力如何，直接关系到班组创建质量的高低，影响着班组执行力的提高。

六是必须群策群力全员参与。群众的智慧是创造不竭动力的源泉。基层建设必须调动大家的积极性和创造性，只有全员参与，才能凝聚大家的智慧与力量，激发员工的创业激情和实干精神。

三、几点建议

1. 在基层建设纲要的统领下，制定统一的、具有可操作性的中短期基层建设目标，如节约型队站创建、环保型队站创建、安全型队站创建等，明确任务、责任、期限。

2. 集团公司各企事业单位基层建设水平因组织程度不同、理念不同、措施方法不同而有相当的差异，建议集团公司每年组织片区之间、行业之间的基层建设经验交流观摩活动，着重基层建设的措施、方法、路径等，促进后进单位向先进单位学习看齐。

3.基层百面红旗单位或基层百个标杆单位评选表彰时间间隔太长，不利于基层队伍建设，建议每三年评选表彰1次。

弘扬石油精神　夯实发展根基

华北油田分公司

华北油田大力弘扬"石油精神"和石油工业"三基"建设优良传统，全面贯彻落实集团公司加强基层建设的部署要求，坚持系统思考、战略谋划、创新载体、典型引领、整体推进，基层建设在传承中创新、在创新中发展，为应对困难挑战、实现稳健发展提供了坚实基础保障。

一、加强战略谋划顶层设计，站位油田全局推动基层建设

近年来，油田公司认真学习贯彻习近平新时代中国特色社会主义思想，坚决落实集团公司党组各项决策部署，始终把加强基层建设作为企业安全发展、清洁发展、和谐发展、稳健发展的重要基石，作为传承和弘扬"石油精神"的重要载体，作为强基固本、推进新时期改革发展稳定的坚强保障，纳入公司总体战略，与生产经营工作同谋划部署、同推进考核。

（一）树牢"三个理念"，夯实思想根基

企业的根在基层、目标在基层、力量在基层。公司把加强基层建设作为凝魂聚力、固本强基的根本性战略任务和重大课题，始终树牢"三个理念"，提升思想认识，统一目标行动。一是树牢"基层是企业的'生命线'，基础不牢、地动山摇"的理念。油田公司始终把加强基层建设作为长远之计和固本之策，以有作为党建系统格局推动基层组织建设，以深化精细管理夯实基础工作，以华北油田特色文化实践提升队伍素质，不断固牢企业稳健发展根基。二是树牢"抓大基层、大抓基层"的理念。油田公司从战略

高度和全局视野出发，坚持顶层设计、超前谋划，协调联动、分路推进，整体归口、分工负责，上下"一盘棋"，唱好"大合唱"，形成了企业同心、目标同向、万众同力抓基层的良好局面。三是树牢"抓基层就是保发展保稳定"的理念。基层是生产经营的主战场、最前沿，是企业发展的"压舱石""定盘星"。抓好基层建设就抓住了发展的"牛鼻子"，抓牢了稳定的"助推器"。油田公司始终坚持把基层建设作为实现企业发展战略目标的重要保障，作为打造高质量发展的能源企业标杆的根本途径，作为实现企业稳定和谐的关键举措，推动基层建设全面加强、全面过硬。

（二）健全完善制度体系，加强组织保障

制度是基层建设的根本，抓好制度体系建设就能纲举目张。一是完善公司管理体系。制定了《华北油田基层建设管理手册》，涵盖基层领导班子建设、基层组织建设、基层基础工作、基层员工队伍建设等方面136项管理内容。将基层建设作为公司全面风险管理体系的七个子体系之一，实施同管理、同推动、同考核。二是创新考核办法。公司每年开展两次专业管理内审，把基层建设纳入各级领导业绩考核，列为党政领导班子民主生活会和述职报告重要内容，严考核、硬兑现，推动了基层建设不断深化。三是建立齐抓共管机制。成立由公司党政主要领导为组长，组织、宣传、安全、企管、人事、工会等部门为成员的公司基层建设领导小组。建立了公司基层组织建设领导小组及办公室（设在党委组织部）、基础管理建设工程领导小组及办公室（设在质量安全环保处），员工基本素质建设领导小组及办公室（设在人事处），构建形成了党委统一领导、部门分工负责、上下协调联动的齐抓共管机制。

（三）打造特色模式，构建基层建设大格局

油田公司面对新时期基层建设的新目标新任务，紧扣特色地区能源公司发展战略，结合产业发展布局和基层实际，实践形成了"1221"华北油田特色基层建设模式。即以"抓基层、打基础、强技能、炼作风"为主题，以基层队站标准化建设和现场目视化管理为抓手，以基层队站示范点培育和系列创建活动为载体，以激励考核为制度保障的特色基层建设模式。按照"一年一推进、两年一表彰、三年一提升"的思路，制定实施了《推进基层建设实施意见》《加强新时期基层建设实施方案》等部署。按照"课题式研究、工程式设计、项目式管理、品牌式建设"的思路，明确各阶段主要任务、责任分工、进度要求，形成了统一部署、分步实施、分路推进、整体提升的工作格局。油田公司先后于2010年、2012年、2014年、2016年召开了基层建设推进会，制定实施了包括《加强操作员工基本功训练的实施意见》《规范生产服务系统基础资料的指导意见》等8个配套文件，解决了基层工作存在的问题，推动了基层建设上水平。

二、全面实施标准化建设，推动基层建设提档升级

基层建设是一项长期性系统性工程。油田公司坚持把标准化建设作为统领基层建设全局的重要平台，建立工作体系，实施闭环管理，突出示范带动。自2009年起连续九年系统开展基层队站标准化建设，解决了基层建设抓实落地和持续深化的问题。

（一）建立标准体系，统一基层各类规范

标准化是规范、是准则，是科学管理的基础。经过深入调研、上下结合，以队站为基本单元，制定出台了涵盖基层采油站、社区服务站、变电站、采气站、加气站、研究所等45类队站的《基层队站标准化建设标准》，包括基层组织和队伍建设标准化、基层基础建设标准化、基层管理标准化三类共33项具体标准，做到主要专业全覆盖、各类管理要求全融合。内容上，涵盖基层建设、基础工作、基本素质三个方面。比如基础建设标准化坚持"六统一"，即统一工艺流程、统一平面布局、统一模块划分、统一设备选型、统一三维配管、统一建设标准；现场管理标准化，从总体布局、设施摆放、设备安装，到警示标志配备、制度图表上墙、环境建设等方面进行统一设计、规范使用。导向上，传承大庆精神铁人精神和"三老四严""四个一样"等优良传统，体现华北油田精细管理理念和方法，融入信息化、数字

化等现代管理和先进技术的要求。要素上，既规定基层建设各方面的工作标准，又明确评分和考核细则，基层各项工作由谁做、怎么做、做到什么程度、如何考核评价等都清晰具体。各单位结合实际，进一步规范量化标准，油气生产和生产服务一线记录分别减少了近70%、50%，极大地减轻了基层负担。

（二）强化对标管理，不断向标准看齐

在基层队站层面，建立对标台账，每月对照标准逐项逐条查问题、找差距、定措施，落实整改责任人和时限要求；在二级单位层面，建立对标督查制度，机关职能部门定期检查、随机抽查，对发现的问题分类梳理，制订整改计划书，落实整改部门；在公司层面，每年组织一次综合督导，总结成绩、推广经验，发现问题、系统会诊，着重解决存在的共性问题。坚持一年一个重点，先后集中改善生产一线工作生活环境、重点规范现场基础管理、突出员工基本功训练、强力推进系统管理提升和执行力提升，全面消瓶颈、补短板。

油田公司坚持以基层组织和班子队伍建设为核心，突出基层队站HSE标准化这个"牛鼻子"，按照油气生产、矿区服务、生产服务单位等不同业务的特点，分系统编制了以"标准化现场、标准化操作、标准化管理"为主要内容的基层队站HSE建设标准及考核细则，及时分片区、分层面组织宣贯培训300余场次，引导基层员工从被动执行向主动管理转变；指导基层站队规范制定"两册一卡一表一本一档"，促进建设工作运行规范，各项措施落实有效；开展日常巡视和督导，及时分析、解决存在的问题，目前公司共有245个基层队站实现HSE标准化建设达标。

（三）注重树标引领，以点带动提升

强化示范点培育选树，层层落实创建责任，建立机关部门示范工作责任制和领导干部挂点承包制度。加大投入和政策倾斜力度，建立区片和分系统示范点定期观摩机制，突出"一单位一亮点、一专业一典型"，构建了油田公司、二级单位和工区（大队）示范点三级示范格局，持续推进基层队站标准化达标升级。几年来，先后打造出第三采油厂王四联合站、第四采油厂永清天然气处理站两个集团公司基层建设标杆单位；第一采油厂任一联合站、第二采油厂霸一联合站等35个集团公司"千队示范工程"示范单位，以及56个油田公司基层队站标准化建设示范点。

（四）追求持续提升，不断提高工作水准

本着简化内容、便于操作、量化考核的原则，结合生产经营实际，持续对标准体系进行提标完善，先后发布了四个版本《基层队站标准化建设（考核）标准》，有序推进标准化建设达标升级。坚持在90%以上队站达标的基础上，启动新一轮对标达标。健全落实分级考核机制，班组一周一检查，队站一月一检查，工区（大队）一季度一检查，二级单位半年一考核。年度公司组织相关专业部门联合督导验收，对各单位申报的达标队站进行量化考核，并将通过率纳入单位业绩考核。

油田公司通过持续深化基层队站标准化建设，形成"建标—树标—对标—达标—提标"闭环管理机制，解决了基层建设标准不统一、不规范和难以执行落地的问题，实现基层建设与各专业管理的整合衔接，增强了基层软硬件建设和管理水平，有效提升基层建设科学化、规范化、精细化水平，为企业稳健发展夯实了根基，收到了较好效果。标准化建设经验先后两次在集团公司有关会议上进行了交流。

三、推进基层组织规范化建设，全力打造坚强战斗堡垒

党的基层组织是党在社会组织中的战斗堡垒，只有基层党组织规范健全，整个党组织才坚强有力。公司党委始终以基层建设为平台，找准基层党组织服务生产经营、凝聚党员群众的着力点，以理念创新、机制创新、手段创新激发了基层党建活力。公司党委先后被评为集团公司、河北省、中央企业和全国先进基层党组织。

（一）重引领、抓制度，建立基层党支部建设规范

公司党委站在全面从严治党的高度，牢固树立"党的一切工作到支部"

的鲜明导向，推动全面从严治党向基层延伸。根据党章和党内有关制度规定，结合集团公司党组、河北省委有关精神和公司实际，制定了华北油田党支部建设规范。明确了党支部建设目标、党支部设置、党内组织生活、考核奖惩等八个方面具体内容，规范了"三会一课"等 13 项党支部日常工作流程和注意事项，梳理出党支部委员 28 项基本职责分工，制定了 18 项不合格党员认定标准和 14 条党支部常规工作备忘录。特别是进一步细化完善了党支部班子、党支部书记、全体党员、工作业绩四个方面、17 项党支部建设考核细则。公司每年对党支部建设情况进行考核验收，对考核结果不合格的支部，采取结对帮扶、重点督查、限期整改等方式促进提升。

（二）夯基础、筑堡垒，党的基层组织持续巩固发展

以提升组织力为重点，突出政治功能，努力把基层党组织建设成为宣传党的主张、贯彻党的决定、领导基层治理、团结动员群众、推动改革发展的坚强战斗堡垒。党建网络抓严密，落实"四同步"要求，党的建设同步谋划、党的组织及工作机构同步设置、党组织负责人及党务工作人员同步配备、党的工作同步开展，基层党组织健全率始终保持 100%，各级各类党组织都承担同各自定位相适应的主体责任。组织建设抓载体，启动"建合格党支部、做合格党员"活动，配套出台党支部建设规范和考核细则，坚持一年打基础、两年出成效、三年上台阶的工作思路，全面抓好组织实施和考核验收。2017 年基层党支部合格率达到 90%。支部班子抓建设，创新实施党支部公推直选试点，通过组织交叉任职、岗位轮换、集中培训，选好配强党支部书记。近年来，公司组织党支部书记集中轮训示范班 12 期、培训 1116 人次，促进了党支部书记队伍素质能力提升。基础管理抓体系，建立健全了以"三会一课"为重点的党支部工作基本制度体系，严格实施党员领导干部民主生活会若干规定、失联党员规范管理和处置机制，使基层党支部工作有章可循、有据可依。大力推广全国党员信息管理系统平台、集团公司党建信息化平台和河北 12371 党员教育服务云平台"三个信息平台"，实现了党员管理全覆盖，党务工作资源共享、高效利用。

（三）提素质、强管理，党员队伍充满生机活力

实施党员先锋工程。引导广大党员充分发挥先锋模范作用，始终做到平常时候看得出来、关键时刻站得出来、危及关头豁得出来。党员教育突出创新和继承，充分利用互联网平台，采取"网上支部""掌上课堂""微信讲台"等多种新媒体形式，重点抓好党员轮训和新党员培训，让党员随时随地融入党组织之中，随时随地接受教育培训。加强党员活动室和党员教育基地建设，先后建设命名 10 个公司党员教育基地和百余个基层党员活动室，为党员组织生活提供了阵地。组织生活突出严肃和规范。增强政治性、时代性、原则性、战斗性，严格落实"三会一课"等基本制度，扎实开展组织生活会和民主评议党员工作，党员优秀率和合格率分别达到 26.6%、99%。管理服务突出政策和人本。突出政治标准，注重从条件艰苦、任务艰巨的生产和科研一线发展党员；按照有关工作要求，合规妥善处置不合格党员，增强了党支部的战斗力，保持了队伍的先进性；建立健全党内激励、关怀和帮扶机制，坚持每年春节"七一"针对性走访慰问和日常性关爱慰问相结合，有效增强了党员队伍的荣誉感、归属感。

（四）重培养、强监管，基层干部队伍能力素质不断提升

公司始终把加强班子和干部队伍建设作为一项战略性工程，常抓不懈。严格选人标准，落实"凡提四必"举措，对拟提拔人选的干部档案必审、干部及其亲属经商办企业情况必核、纪检监察部门意见必听、线索具体的信访举报必查，大力选拔忠诚、干净、担当的干部。强化考核评价，实施"经营业绩＋党建工作＋多维评价"考核，加大绩效考核在班子和干部考核中的权重，细化油气储量、商品量、利润等关键业绩指标，鼓励增储增产、创收创效，促进责、权、利和能、绩、酬的有机统一。突出选拔培养，实施优秀年轻干部选拔"三个一"工程，即实施每两年至少举办 1 次青年干部培训班、组织 1 次年轻干部选拔、开展 1 次班子年龄结构专项优化调整，不断加强和改进优秀年轻干部培养选拔工作，确保石油事业后继有人、薪火相传。加强有效监管，先后制定修订了公司《领导人员管理办法》《实行领导人员问责

的实施办法》等 13 项制度，做到干部监督横到边、纵到底，规范了干部日常行为。

（五）建载体、育品牌，创先争优活动扎实有效

坚持"找准重点、突出特点、展现亮点"的原则，主动围绕中心任务"搭台唱戏"，积极打造"党建+"品牌，探索形成了加得紧、加得准、加得住、加得实的系列党建工作品牌。一是实施"党建立项攻关"推动稳健发展。将项目管理模式移植到党建活动中，瞄准制约公司发展的重点难点问题实施党建立项，通过"三审三核"、分层督导实现了"三个深化"。攻坚内容由"服务围绕"向"贴紧融入"深化；攻坚方式由"单兵突击"向"联合攻坚"深化；攻坚范围由"点线"向"全方位"深化。党建立项攻关开展以来，累计破解技术瓶颈 300 多项，直接创造经济价值 6000 万元以上。二是实施"党员积分制管理"激发党员热情。重点在油气生产单位基层党组织推行党员积分制管理，明确了"党员自评、支委会审核、党员大会通过、季度公示、年度公示"的立体式考核评价模式，有效解决了基层党员考核难量化、成效难体现的问题，打通了党员管理的"最后一公里"。三是实施"设岗定责进社区"促进和谐稳定。基层社区党支部广泛开展"设岗定责进社区"活动，合理设置政策宣传、治安维护、环境治理和互助服务多个岗位，形成党员认岗，公示职责，亮明身份，接受监督的完整运行链，使党员的先进性得到充分体现。目前，油田社区"设岗定责"党员占社区党员总数的 85% 以上。四是实施"干部任期制"增强干部活力。全面推行领导人员任期制，从 2018 年 2 月开始，所有新提拔任职（包括副职提任正职）的干部，全部实行任期制管理，每届任期 3 年，在同一职位连续任职最多两届，届满一般进行岗位交流或分工调整。公司党委所管理的处级干部按照组织程序，全部实行聘任上岗，激发了干事创业的潜能。基层党组织还立足实际，形成了"三清四访五必谈"制度，"一考二评三决"考核管理办法，社区党员"承诺卡、积分卡、评分卡"三卡管理等一批党建品牌，有效提升了基层党组织的凝聚力、战斗力。

（六）统大局、强保障，构建管党治党工作体系

公司党委始终坚持以党的政治能力为统领，把党的领导和建设嵌入公司治理的各环节，把基层党组织内嵌到公司治理结构之中，充分发挥国有企业"把方向、管大局、保落实"的领导核心作用，着力构建了以目标体系、责任体系、制度体系、考评体系、组织体系为核心的华北油田管党治党工作体系。在目标体系建设方面，明确了公司党委总目标和组织干部、人才队伍、党风廉政、宣传思想文化、维稳信访、工会、共青团、综治保卫等分目标。在责任体系建设方面，以落实"两个责任"为核心，建立了党建工作、党风廉政工作、意识形态工作、维稳信访、社会综治和保密工作六项责任制，形成党委统一领导、党委书记"第一责任"、党委班子成员"一岗双责"、党建工作部门牵头抓总、其他部门密切配合、基层党组织上下联动、全体党员广泛参与的"大党建"工作格局。在制度体系建设方面，结合油田公司实际情况，重点研究制定党委中心组学习、领导干部述学考评、领导干部民主生活会等 11 个方面 156 个制度性文件。在考评体系方面，建立了思想政治建设、人才队伍建设、基层党的建设、党风廉政建设、宣传思想文化工作等 10 个考核类别，梳理出党建重点工作 36 项，明确了考核内容及标准 62 条，制定了具体评价因素 133 条。在组织体系方面，设立了公司党委办公室、党委组织部、纪委监察处、党委宣传部等 7 个机关党群部门，搭建了公司党委、二级单位党委（直属党总支、党支部）、工区（大队）党总支（党支部）、班组党支部（党小组）四级党组织基本架构，为开展各项工作提供了组织保障。华北油田管党治党体系是"有作为党建""党建系统格局"是在新的历史条件下的创新和发展，是公司党建的重要成果，具有鲜明的企业特色和时代特征，推动了新形势下公司全面从严治党不断向基层延伸，向纵深发展。

四、推进现场目视化管理，努力推动企业本质安全

安全生产是人命关天的大事，是不可逾越的红线。华北油田始终把健康安全环保作为天字号工程，作为基层建设的重中之重，深入学习宣贯新"两法"，以严格体系运行为主线，以现场目视化管理为抓手，推进基层 HSE 管

理水平稳步提升，保障了安全环保形势持续稳定向好。油田公司连续 20 年没有发生重、特大安全环保事故，连续 7 年获集团公司安全生产先进企业，被评为全国安全文化建设标杆企业。

（一）创新实施现场目视化管理

企业发展需要安全高效的基础工作和科学规范的基础管理来保障。2014 年，为持续提升基础管理和现场管理水平，强化重点要害部位监管，公司把现场目视化管理作为提升基层安全环保管理水平的有效载体，在基层全面推广实施。一是坚持顶层设计。系统谋划、统筹推进，按照"简约实用、规范管理、警示风险、形象统一"原则及要求，制定公司《加强和改进生产（服务）现场目视化管理工作的实施方案》，编写了涵盖人员目视化、工器具目视化、设备设施目视化、生产作业区域目视化、应用示例等 5 个方面的《基层队站目视化管理实施手册》，明确了人员着装、准入证件、操作工器具定制化、设备状态指示牌、进站须知牌等 39 项目视化管理规范。二是实施项目管理。制订年度目视化管理推进方案，健全公司、二级单位、工区（大队）、队站四级负责推动网络，严格按照项目实施计划分月度推进落实。建立网上目视化管理达标创建平台，将基层创建队站的工作情况和进展成效纳入平台管理，实现了网上动态跟踪、对比监督、持续提升。三是突出示范引领。加强经验总结和示范点培育，宣传推广典型经验做法，组织多层次、分板块的现场观摩和经验交流，培育打造了水电厂任东 220 千伏变电站等涵盖各业务板块的 16 个目视化管理示范队站，成为引领目视化管理工作的样板。四是强化考核推动。制定了涵盖油气生产单位、矿区服务单位、生产辅助及科研单位三个板块的基层队站现场目视化管理达标（考核）标准，坚持每年开展基层自检自查和公司专项检查，采取网上平台与现场抽查等多种形式进行符合性验收，发布"目视化管理考核通报"，与专业内审和领导干部业绩考核挂钩，推动了目视化管理的持续深化，公司 65% 的基层队站实现了目视化管理达标。通过持续探索完善，公司建立起以风险防控为核心，应急处置目视化为重点的管理模式，基层风险防控水平和应急处置能力得到了全面提升。

（二）持续强化基层 HSE 责任落实

落实岗位职责是抓好基层 HSE 工作的基础。一是强化制度保障。不断完善 HSE 管理体系和安全环保规章制度，持续推动 HSE 管理体系运行，促进了"直线责任"和"属地管理"在基层有效落地。二是强化考核激励。层层签订安全环保责任书和承诺书，责任逐级分解，压力层层传递。不断提高基层员工 HSE 绩效奖惩所占比重，强化正向激励与考核约束，推动责任落实从领导带头向全员共担转变。三是强化责任落地。各级基层单位认真结合岗位工作实际，修订完善员工 HSE 责任，制定了内容详细、覆盖全面的《属地管理手册》，确保"一岗双责"要求在岗位得到贯彻执行。

（三）扎实开展风险防控与隐患治理

严格按照国家"双重预防机制建设"要求，坚持着眼基层，源头管控、靠前防范，推动风险防控和隐患治理在基层规范开展。一是创新风险防控方式方法。开展"全员写风险写承诺"活动，变以往由安全部门主导为全员亲自识别、亲笔书写、共同参与，使风险辨识结果更加符合岗位实际。广泛推广和应用作业前安全分析、工作循环分析等风险管控的先进工具方法，提升了 HSE 风险防控的科学性、系统性。二是靠实推动隐患治理。严守"四条红线"，严格执行作业许可制度，在关键生产环节和特殊敏感时段全面实施升级管理，保障了现场施工作业安全有序进行；优化工作方式，实施安全隐患五级管理，建设隐患管理信息平台，形成实时发现上报、分级审批验证、反馈整改的闭环工作机制。三是突出重点领域监管。深入开展雄安新区及周边区域风险评估，启动建设项目"三同时"，全面推广应用钻井泥浆不落地、井下作业绿色环保工艺技术，对 118 台加热炉进行燃油替代改造，彻底结束冀中地区长达 40 多年的加热烧油历史，确保重点风险可控受控。

（四）狠抓全员安全素质提升

一是以 HSE 文化站为阵地，推进安全文化建设。成立了由企业文化处、质量安全环保处、新闻中心等有关部门和单位组成的 HSE 文化工作站，组织开展系列安全活动。不断拓展宣传手段，广泛推广基层 HSE 管理的有效做法和先进经验，精心组织安全生产月、世界环境日、交通消防宣传日等主题活动。结合基层单位实际，广泛开展安全经验共享、"百名班站长讲安全""安全大家谈"电视专题访谈等活动，促进员工安全环保意识稳步提升，营造了浓厚的安全文化氛围。二是以安全生产月为载体，突出安全主题教育。以6月份全国安全生产月为契机，坚持每年一个主题，广泛开展以"5432"为核心的"全矩阵、全方位"系列安全活动，即"五个一"宣传活动、"四个一"教育培训活动、"三个一"提升活动、"两个一"总结活动。安全生产月系列活动的有效开展，增强了员工安全环保意识，提升了风险防控能力，提高了全员安全素质。三是以全员HSE培训为抓手，提升全员履职能力。抓住安全环保关键环节和问题短板，开展了特种作业、特种设备、安全资格、职业危害、硫化氢防控等专项培训，提升了基层员工防控风险的技能水平；持续开展基层员工HSE履职能力评估，将评估结果作为优化培训内容、调整工作岗位的重要依据，保障能岗匹配。

（五）推进智慧油田建设，提升基层管理水平

智慧油田借助信息技术、业务模型和专家系统，通过管理和技术手段革新，实现基层生产管理实时感知、瞬时反应、智能决策。2012年以来，公司积极顺应大数据、云计算等信息技术新趋势，瞄准老油田、老产业升级改造，把智慧油田建设摆在战略高度来谋划实施，全力构建智慧化管理新兴业态，有效推动油田安全、高效、可持续发展。一是强化顶层设计，形成符合华北油田实际的框架体系。紧紧围绕油田发展战略，以系统论指导智慧油田建设，不断丰富完善智慧油田建设重点内容和核心攻关方向，着重抓好高速智能承载网、云计算中心、大数据资源、专业软件一体化平台建设，形成了智慧地质、智慧工程、智慧管理、智慧矿区、智慧员工的建设基本框架，为基层信息化建设提供了方向目标。二是坚持示范引领，实现用新动能推动新发展。以提高全要素生产率为目标，加快创新实践，积极推动信息技术与生产经营深度融合，建成二连高寒油田数字化示范区，完成同口数字化油田建设，实现了生产现场全天监控、安全平稳和集约高效。二连示范区生产管

理层级由五级压缩为三级，减少用工 20% 以上。同口油田分流人员 46 名，增开油水井 34 口。苏 75 作业区开发了基于"集气站综合信息电子平台"的"TS 随身行软件"，实现了"单兵作战"与"联合作战"的有机结合，为推动基层扁平化管理、信息化运行树立了标杆。三是深化分析应用，充分释放数据资源的放大倍增作用。坚持把数据资源高效应用作为提质增效的有力抓手，形成了三维地质数据采集、油藏精细建模、抽油机井工况诊断与预警、非管输油气生产管控等数据分析研究与应用成熟案例，先后在 7 个油气生产单位推广应用。仅 2017 年就优化实施生产井近 2000 井次、站场 17 座，节约生产运行成本 2000 万元。

五、持续深化精细管理，推动企业高质量发展

精细管理是华北油田稳健发展的重要法宝。面对油田开发中后期的诸多矛盾，公司以总结推广精细管理方法为平台，以精细管理有形化为途径，以精细管理基层实践为抓手，推动精细管理落实到队站、班组和岗位，充分释放了基层提质增效的不竭潜能，走出了一条低成本稳健发展之路。

（一）立足基层实践，传承创新精细管理理念

认真总结华北油田 40 年的管理精华，形成了"精是科学、细是作风、创新是动力、低成本发展是核心"的精细管理思想共识。坚持"细分管理单元、量化考核指标、管理主体责权利相统一"的精细管理做法，构建完善了"全方位整体优化、全要素经济评价、全过程系统控制"的精细管理模式。近年来，通过培育精细管理文化示范点和创新典型、编写《精细管理简明手册》、组织精细管理文化故事宣讲、建设"精细管理树"等有形化手段，推动精细管理理念深入人心，引领精细管理在各层面深入践行。

（二）运用有形化方法，深入推广精细管理经验

2013 年以来，公司先后进行了三轮精细管理方法梳理总结，编制完成三版精细管理方法集，形成公司层面精细管理方法 25 个，二级单位层面精细管理方法 85 个。在此基础上，进一步固化、推广精细管理经验方法，把经验变

制度，把方法变标准，形成一套操作性强、科学实用的精细管理流程标准与方法体系，引领了基层管理增效、管理提升。按照"顶层设计、项目实施、示范引领、考核推动"的思路，公司每年开展管理提升立项攻关，实施注水专项、"网上超市"等管理提升项目760多个，促进公司上下围绕提质增效，不断推进精细管理创新。

（三）坚持全员全业务践行，深化精细管理基层实践

把推进精细管理实践作为提升效益效率的利器，结合开源节流降本增效工程全面深化。一是持续深化精细勘探。以获得更大经济规模可采储量为目标，牢固树立精细勘探、效益勘探的理念，精细区域地质综合研究、精细三维地震采集处理、精细层序地层对比研究、精细构造解释储层预测，创新发展了复杂隐蔽勘探目标精细发现、深层及潜山内幕优快钻井、潜山储层及含油气性综合判别等六项关键技术，建立多种成藏模式。在煤层气领域形成高阶煤煤层产气机理等"三大理论认识"和智能排采控制等"五大技术体系"，探井综合成功率达到52%以上，钻井成本降低37%。二是持续深化精细开发。持续深化精细油藏评价建产、精细油田注水、精细调整挖潜、精细生产系统增效"四个精细"，推进措施方案、地面建设、生产运行"三个优化"，加强勘探开发、科研生产、地质工程"三个一体化"，总结推广精细管理方法，实施"一井一法、一组一策"，把每一口油水井、每一个注采井组作为最基本管理单元，一口油水井采取一种管理办法，一个注采井组制定一套综合开发对策，实现了提高资源转化率、产能到位率、油田采收率和减缓油田递减率的"三提一减"预定目标，进一步推动了投资、单位操作成本、桶油完全成本、员工总量"四个下降"。三是持续深化精细经营。深入推进开源节流降本增效工程，"有钱花在点子上、不让每分钱沉睡、收入决定支出"的理念深入人心。在油田生产板块全面推广区块效益评价、断块成本预算等精细做法，通过对全油田54个核算区块进行效益评价，有效产量占全油田产量的94.7%。城市燃气业务突出标准化施工、智能化管控、精准化服务，形成了政企携作、点管联供、多元保障、惠及百姓的"华港模式"，

打造了全国首个天然气全覆盖、无死角的"煤改气"典范，每年可减少散煤消耗 110 万吨，减少二氧化碳排放 260 万吨。开启物资采购新模式，与知名电商京东合作开展"三集中"采购，成本降低 25%。油田公司在集团公司油气田企业产量第 10，连续 6 年创造了综合评价指标排名前五的优良业绩。

（四）构建依法合规管控机制，推动基础管理规范化运作

在持续深化精细管理的同时，积极构建完善制度流程管理与全面风险管理有机融合的管理体系，形成了人人受制度约束、事事按程序运行、项项有监督落实的科学管控机制，确保基层各项工作依法合规，有效防范各类风险。一是持续推进制度一体化整合、流程集约化再造。建立了包括 HSE、内控、质量、基层建设、惩防、思想政治保障等 7 个子体系的全面风险管理体系，要做的写到，写到的做到，做到的记到，各项生产经营活动全面受控。二是将风险管理融入管理体系。深入开展各业务领域风险排查识别，实行重大风险整改销项管理，实现全过程重大风险管控。以全面风险管理体系平台为支撑，实施一体化管理运作，形成了重要风险、控制措施、责任追究、责权利统一的闭环管理。三是着力提升制度执行力。将规章制度审核通过率纳入各单位主要领导业绩合同，其年度考核结果与各单位负责人业绩工资挂钩，同时把各单位对基层单位的审核结果，作为考核基层单位的依据，与各基层单位业绩工资挂钩，使规章制度的执行落到实处，保证了体系运行和风险管控的工作实效。

六、培育华北特色基层文化，建设高素质员工队伍

文化是企业重要的核心竞争力，建设具有特色的企业文化是凝聚员工才智、尽职履责的根本需求。公司始终坚持用华北油田特色文化鼓干劲、扬正气、炼作风，打造了一支特别讲大局、特别讲奉献、特别能吃苦、特别能战斗的员工队伍。

（一）加强思想政治建设，筑牢始终听党话跟党走的坚定信念

革命理想高于天，公司始终把坚定理想信念作为党的思想建设的首要任

务，教育引导干部员工自觉做共产主义远大理想和中国特色社会主义共同理想的坚定信仰者和忠实实践者。以加强理论武装为根本抓手，深入学习贯彻习近平新时代中国特色社会主义思想，持续推进"两学一做"学习教育常态化制度化，开展学党章党规、系列讲话等活动 8600 多场次，党组织书记讲党课 3000 多场次，从机关到基层各级党员干部查摆整改"不严不实"问题 1600 多个，5.2 万人次接受警示教育，推动习近平新时代中国特色社会思想深入人心，党性意识不断增强。以坚定理想信念为重要举措，组织开展"石油工人心向党、建功献礼十九大""辉煌历程四十年、牢记使命跟党走"主题宣传实践，通过成果展示、典型选树、劳动竞赛等活动，积极引导广大干部员工立足岗位做贡献。深化每年一个主题的形势任务教育，加强重大政策宣传，举办形势任务宣讲会、政策报告会 345 场次，统一了思想认识，凝聚了发展合力。以落实意识形态责任制为基本保障，细化完善了落实"两个清单"即责任清单、负面清单为主要内容的 135 项工作细则，牢牢掌握意识形态工作领导权，不断巩固马克思主义在意识形态领域的指导地位，巩固全党全国各族人民团结奋斗的共同思想基础。

（二）不断丰富理念内涵，持续推进特色文化建设提升

企业文化是立企之基、兴企之本、强企之源。勘探开发 40 多年来，华北油田始终坚持自力更生、艰苦奋斗，总结形成了以"创业创新、精细管理、和谐共建"为主要内容的特色文化，并在实践中不断丰富拓展基本内涵，以理念体系、行为体系、管理体系为架构，形成了"金字塔"型的特色文化体系。在理念体系方面，明确了"建设特色地区能源公司"的发展定位，"为美好生活奉献能源"的企业使命和"成为新时代能源企业高质量发展标杆"的企业愿景。在行为体系方面，规定了企业员工在政治思想、岗位纪律、安全环保、诚信合规、廉洁从业五个方面的行为准则。在管理体系方面，以华北油田专项文化为支撑，分别确立了安全管理、合规管理、廉洁管理、基层管理、人才管理五个方面的内容。通过发挥企业文化引领方向、凝聚力量、支撑战略、提升管理、推动发展的作用，华北油田先后培育形成了二连油田

艰苦奋斗精神、煤层气勘探开发执着奉献精神、勘探系统担当创新精神、华港燃气开拓争先精神。

（三）坚持用石油精神培育特色文化，保持干事创业的强大动力

油田公司深入学习领会习近平总书记等中央领导同志重要批示精神，生动诠释石油精神的核心内涵，持续推进特色文化在基层深入践行。一是开展"石油精神在华北"主题实践，深入践行社会主义核心价值观，举办"石油精神在华北·先进典型"巡回宣讲报告会，开展"石油精神在华北·道德讲堂、文化讲堂、青年讲堂"等系列活动，不断巩固"我为祖国献石油"的共同价值基础。二是开展基层队站"六个一"文化创建，提炼一个队魂站训、发现一个故事、树立一个模范、培育一种管理方法、拍摄一张全家福、完善一个文化活动角，通过开展"我的岗位我负责""我爱我岗、我讲我岗、我画我岗"等活动，培育了基层安全文化、执行文化、学习文化、廉洁文化等专项文化品牌，打造了26个集团公司、油田公司企业精神教育基地和15个特色文化示范点。三是开展丰富多彩的文化艺术活动。聚焦基层员工群众对美好生活的需求，持续开展华北油田文化（体育）艺术节系列活动，已连续举办17届。聚焦基层员工火热的生产生活实践，创作了一大批"油味"十足的文艺作品，十八大以来，近400个文学文艺作品获得全国"五个一"工程、集团公司"铁人文学奖"等省部级以上荣誉。举办"践行新思想、全员品书香"读书活动，配发图书12.3万册，建立必读、选读、精读书目库，不断增强企业发展的文化底蕴。

（四）不断拓展学练平台，锻造了一批过得硬的高素质员工队伍

开展"知岗责、学岗规、练岗能""技师大讲堂""反事故演习"等多形式岗位练兵，一线操作人员63.3%达到高级工技能等级，9人被选聘为集团公司技能专家，22人被选聘为公司技能专家，152人被评为公司技术能手，基层队伍素质稳步提升。全面推行"3+1"安全培训、"老带新、师带徒、强带弱"结对培训等特色做法，眼睛向内、苦练内功，培养造就了13名全国、央企和河北省技术能手，5名河北省"十大金牌工人""百名能工巧匠"。优化创新工作室和创新团队建设，先后培育了采油二厂靳占忠创新团队、采油四厂技师创新团队等 25 个基层创新示范团队，涌现了评价建产"智多星"黄杰、煤层气排采专家李仰民等 23 名高级技术专家、安全环保作业专家孙连会等 18 名高级技能专家，10 名李四光地质奖、黄汲清地质科学奖、孙越崎能源大奖获得者。通过精心锤炼实践，华北油田培养打造了以技能专家、技术能手、"石油工匠"、高级技师、技师为代表的一支"多岗通用型"人才队伍，成为践行新思想、建功"十三五"的骨干力量。

七、培育选树先进典型，不断增强基层建设活力

典型是时代的英雄、鲜活的价值观。公司始终坚持用好先进典型这一"精神富矿"，在基层广泛开展先进典型培育选树，充分发挥示范引领作用，更好激发建设特色地区能源公司的强大正能量。

（一）广泛开展基层建设系列争创活动

按照"层层有载体、有标准、有考核、有典型"的思路，坚持完善创建标准，持续在工区（大队）开展"红旗单位"创建，在建有党支部的基层队站开展"铁人式队站"创建，在基层班组开展"五型"班组创建，在一线员工中开展争当"五星级员工"。油田公司先后四次表彰基层建设系列先进典型，先后打造了 40 个"红旗单位"、195 个"铁人式"队站、310 个"先进五型班组"、40 名"明星员工"，进一步激发了学典型、创一流的积极性、主动性。

（二）持续深化"千队示范"工程

建成了 35 个集团公司"千队示范工程"示范单位、56 个油田公司基层队站示范点，发挥了重要引领作用，培育了一批基础扎实、管理精细的优秀基层队站。采油一厂雁翎采油作业区地处白洋淀湿地保护区，生产区域横跨任丘、安新两县市，40 多年来全体干部员工传承和弘扬石油精神，打造铁人式团队，建设淀边绿色环保油区，荣获集团公司铁人奖状。采油三厂王四联合站把精细管理融入队站建设各个方面，实现了"制度管理精细化、现场管理标准化、安全教育经常化、班组建设和谐化、环境营造常态化"，成为华北

油田基层精细管理品牌和集团公司基层建设百个标杆单位。采油四厂永清天然气处理站实行"安全风险抵押金、安全巡回检查拨表、安全操作等级、六交六清"等安全管理制度，探索形成了"一站通""练绝活平台""员工操作卡""8+2安全培训"经验做法，创造了连续安全生产10000天的纪录，入选"中国企业安全生产新纪录榜单"。

（三）打造华北油田英模群体

坚持"行行有榜样，层层有标杆"的思路，坚持立足基层、上下结合，坚持老典型提档和新典型培育接继，从公司不同系统、不同专业、不同层面选树培育典型，打造了一支数量可观、结构合理、典型辈出、影响广泛的华北油田英模群体。持续深化的先进典型培育选树机制，每年遴选推出 2 ~ 3 个重大典型，用典型的辐射带动唤起广大干部员工的石油情结，投身企业建设。近年来，华北油田先后培养选树了"中国石油·榜样"靳占忠、曹树祥，全国劳动模范张丽霞，全国五一劳动奖章获得者苏国庆、孙连会等国家级重大典型 15 名。选树宣传河北省好人张胜利、黄京生，道德模范杨兴国，集团公司优秀共产党员杨理衡等省部级典型近百人。通过评选身边的榜样、"先进典型"随手拍等形式，选树了"华北油田·榜样"30 余名。基层广泛开展"寻找身边好党员""点赞身边好党员""20 年好班长""35 年好员工""最美石油人"等评选，学习宣传了各类先进典型近千人，展示了华北油田人良好的精神风貌和时代风采，打造了群星灿烂的华北油田英模群体。

八、基层建设创新发展实践，支撑保障油田转型升级

基层建设实践使我们深刻认识到，加强基层建设是推动油田发展的永恒主题，基层建设永远在路上。只有不断改革创新，才能为公司产业转型提供有力保障，才能为公司稳健发展提供动力源泉，才能让广大员工群众共享发展红利。

（一）加快产业转型升级，推动特色地区能源公司建设

公司从战略高度和长远视野出发，把实现产业转型升级作为现实抉择，

致力于打破高度依赖油气勘探开发主营业务的一元化经济结构，建立业务多元、能源多元的产业结构。"十二五"以来，公司紧跟国有企业改革步伐，持续调整业务结构，改造升级传统产业，培育发展新兴业务，积极探索非常规资源开发利用，优化多种经营业务发展布局，提升服务业务可持续发展能力。通过大力实施"创新、资源、市场、多元化"发展战略，坚持"油气并举、常非并举、内外并举"，统筹内外两种资源、两个市场，推进"稳油增气""引进来走出去"重大举措，逐步形成了以常规油气、煤层气为基础，城市燃气、储气库、地热等新业务为补充，以油气主营业务为主体，综合服务、多种经营为两翼的发展格局。形成了勘探开发、多种经营、综合服务三大板块和常规油气、新能源、对外合作、多种经营、矿区服务、生产服务及其他六项业务，实现了从"一元独大"向"能源多元、业务多元"的转变。其中勘探开发、综合服务、多元开发三大板块经济比重分别从"十二五"的70%、20%、10%优化调整为现在的50%、20%、30%，企业综合发展实力和抵御风险能力明显增强。

（二）强化改革驱动，持续释放基层活力

改革创新是华北油田实现转型升级的"关键一招"。根据集团公司深化改革的部署要求，公司加大改革调整力度，为企业发展增活力、强动能。一是实施扩大经营自主权改革。下放投资项目立项权，二级单位在油田公司年度框架计划内，可自行组织生产立项、设计、审查并上报备案。市场化运作提升勘探开发效益，在鄂尔多斯盆地外围及苏43区块实行完全项目管理和市场化运作，预算指标单独核定，效益单独考核，自负盈亏；在新区新领域勘探，放开油气工程技术服务市场；在难动用储量区块，按市场化机制组织生产，推进油田公司难动用储量有效开发。打破勘探、开发投资分块管理模式，实行三年统一规划，自主平衡投资节奏、自主安排年度计划，建立产能建设项目池，各区块按效益排队，保障投资效益最大化。二是实施科研体制机制改革。进一步优化科研院所布局和组织模式，重点解决公司科技体制结构机构庞大、层级较多、链条较长、效率低下的问题，在实际运行中，取消专业研究室行政管理层级，由"院、所、室"三级管理转变为"院、所"两级管理。进一步推动科研去"行政化"，重点解决官本位对科技发展的积弊问题，每个专业研究所（中心）设管理岗位5个，均实行竞争上岗。进一步实施推行完全项目制，解决科研运行机制、管理模式、激励机制等方面与公司发展的不适应问题，在实际运作中，科研项目实行分类分级、动态管理。进一步深化"双序列"改革，通过建立新型技术职务体系，重点解决专业技术岗位序列改革与科研体制机制改革相匹配的问题，在实际运行中，将新型技术职务职级由高到低划分为4级，并建立技术、行政职务转化通道，让基层科研人员在更广阔的空间施展才华。三是实施"一企一策"差异化绩效分配改革。坚持一企一策，将单位的工作目标、效益指标和个人薪酬收入紧密结合，形成了"效益共同体"。油气生产单位、对外合作单位、部分经营的生产服务单位，实行"增人不增资、减人不减资"，鼓励减人增效。多元开发单位、完全经营的生产服务单位，实行"增人增资、减人减资"，鼓励积极吸纳公司其他业务单位富余人员。矿区服务、社会服务单位"人员只减不增、减人减资"。公司机关职能部门按照本处室定员挂钩核定奖金总额基数，奖金总额与定员挂钩核定，形成了有效的正激励。

（三）科学谋划战略，努力打造能源企业高质量发展的标杆

当前，华北油田处于稳健发展新时期、转型升级关键期、战略发展机遇期。公司明确提出，到"十三五"末，特色地区能源公司全面建成，油气贡献当量达到750万吨，经济总量达到350亿元，综合实力和可持续发展能力进一步提升。原油产量400万吨以上硬稳定。天然气总量扩大到40亿立方米，冀中杨税务潜山建成年产5亿～10亿立方米天然气规模，苏里格天然气年产量达到10亿～15亿立方米，煤层气产气量达到20亿立方米左右。加快燃气市场扩张，到2020年突破百亿元大关。地热综合开发凭借冀中地区400亿吨标准煤的资源优势，抓住雄安新区无碳发展的历史机遇，打造可持续发展的规模产业。充分发挥技术、管理和品牌优势，加快"走出去"步伐，不断扩大创收规模。

　　决胜全面建成特色地区能源公司，要突出"一个引领"，聚焦"一条主线"，做到"五个坚持"，坚定不移走具有华北油田特色的可持续发展道路，到 2020 年全面建成特色地区能源公司。突出以党的十九大精神为引领，坚持用习近平新时代中国特色社会主义思想武装头脑、指导实践，牢记奉献能源初心，担当国企职责使命。聚焦稳油增气提效工作主线，始终把稳油作为保持中型油气田规模、提升核心竞争力的重要基础，把增气作为扩大公司规模效益、实现"十三五"规划目标的战略举措。坚持以战略把控为关键，坚持"稳中求进"总基调，确保公司正确的发展方向。坚持以创新驱动为支撑，着力推进科技创新、管理创新、文化创新，不断激发企业发展动力活力。坚持以风险防范为前提，牢固树立底线红线意识，不断夯实企业健康发展根基。坚持以发展惠民为目的，大力推进民生工程，持续改善生产生活环境，努力将改革发展成果更多更好地惠及员工群众。坚持以党的建设为保证，认真落实管党治党责任，把方向、管大局、保落实，切实把党的思想政治优势转化为企业竞争发展优势。

　　多年来，华北油田通过持续深化基层建设，形成了系列特色做法。一是构建了华北油田特色基层建设管理模式。即以"抓基层、打基础、强技能、炼作风"为主题，以基层队站标准化建设和现场目视化管理为抓手，以基层队站示范点培育和系列创建活动为载体，以激励考核为制度保障的特色基层建设模式。二是建立了一套基层精细管理方法体系。深化"三全"精细管理内涵，推动了精细管理在基层深入践行，先后推广应用"一井一法、一组一策"等近百个精细管理方法，有效提升了效率效益。三是实施了一系列基层创建活动。以"红旗单位、铁人式队站、五型班组、五星级员工"为主要载体的基层建设系列争创活动蓬勃开展，打造了 40 个"红旗单位"、195 个"铁人式"队站、310 个"先进五型班组"和 40 名"明星员工"。四是培育了华北油田基层特色文化。以华北油田"创业创新、精细管理、和谐共建"特色企业文化为底色，培育形成以"不讲条件、不找借口、不打折扣"的安全文化，"尽心尽力、至善至美"的执行文化，"站以人为本，人以站为家"的井站·家文化等基层特色文化，打造了具有持久生命力的文化品牌。五是培育了一支传承石油基因的高素质队伍。坚持用"石油精神"铸魂育人，锤炼了队伍"艰苦奋斗、勇于奉献的品格，自强不息、顽强拼搏的斗志，科学创新、敢为人先的锐气"，打造了一支特别讲大局、特别讲奉献、特别能吃苦、特别能战斗的员工队伍。

通过持续深化基层建设，走出了一条优化调整结构、突出经济效益、加快转型升级的稳健发展之路。一是勘探开发基础不断夯实。通过高效勘探、整体勘探和科学开发、低成本开发，华北油田连续 5 年实现三级储量上亿吨，常规油气在 500 万吨规模的基础上稳中有升。二是经济运行平稳高效。华北油田上市业务综合经营指标评价、未上市业务解困扭亏任务完成情况，多年来在集团公司油气田企业居于前列，公司连续 20 年没有发生重、特大安全生产事故和环境污染事故。三是核心竞争力不断提升。探索形成华北油田独特的精细管理优势、勘探开发技术优势、人才队伍优势，成为推动公司稳健发展的核心竞争力。四是可持续发展能力全面增强。加快产业转型升级，举全公司之力发展新能源、新业务。煤层气产业实现规模效益开发，燃气业务实现一体化发展，储气库建设稳步实施，抢抓地处雄安新区的重大机遇，全面推进地热业务做强做大，持续增强公司发展后劲。五是有作为党建彰显新活力。深入学习贯彻习近平新时代中国特色社会主义思想和党的十九大精神，坚持高举旗帜、听党指挥、担当使命，基层党建全面加强，特色党建活动形成品牌，全面从严治党管党体系构建完成。华北油田公司获得全国先进基层党组织称号，华北油田和 3 个二级单位获得全国文明单位，26 个二级单位获得河北省文明单位。

聚焦"五篇文章" 夯实管理基础

吐哈油田公司党委

吐哈油田公司党委把基层建设调研作为夯实油田发展根基的有利契机，认真研究部署，周密组织实施，做到了上下联动、方式灵活、领导带头、扎实深入。调研分各单位和公司两个层面，采取"听、谈、看、查、问"等方式进行，并做到与学习贯彻十九大精神、基层建设检查督导、先进典型选树、构建"大党建"格局"四个结合"，面对面宣讲党的十九大精神，心交心倾听一线员工的心声，实打实研究和解决基层建设中存在的问题。通过这次全面系统的调研，基本摸清了油田基层建设现状，发现了存在的问题和不足，提出了建设性的对策意见。

一、基层建设主要做法及成效

公司始终把基层建设作为固本强基的战略任务，作为事关企业可持续发展的重大工程，通过做好"抓统筹引领、抓支部健脑、抓基础固本、抓素质强体、抓典型树旗"五篇文章，继承优良传统，勇于探索创新，各项工作迈上新台阶、呈现新气象，为油田稳健发展提供了有力支撑，形成了一些典型经验和创新成果。"四个一家文化"、班组建设"三步四法"等经验做法在全国专业会议上交流；以全方位降本增效为目标的系统性管理变革的实践案例，获得第二十四届全国企业管理现代化创新成果一等奖。

（一）抓统筹引领，基层建设机制不断完善

1.组织领导有力。公司和各二级单位均成立了基层建设领导小组和办公室，明确分管领导和责任部门，落实工作职责，确保基层建设组织、人员双落实，形成了公司统一领导，各单位、各部门协调配合，齐抓共管，一级抓一级，层层抓落实的良好格局。目前，公司层面领导小组由公司总经理、党委书记负总责，公司党委常务副书记、总会计师分工负责。领导小组办公室设在企管法规处。把基层建设与年度各项工作有机融合，同部署、同实施、同奖惩，公司每年至少开展一次集体研究、一次集中检查、一次综合考评、一次命名表彰。

2.策划推进有力。顺应油田改革发展形势，加强顶层设计，突出阶段性主题，坚持问题导向，补短板、强基础，促合规，激活力。在基层党组织建设上，以"服务型党组织建设"为主题，以服务改革、服务发展、服务群众为重点，制订方案，丰富载体，召开推进会、现场观摩会交流经验、以点带面，基层党组织活力进一步激发。在基层基础工作和员工队伍建设上，先后以管理提升、合规管理为主题，通过开展对标、构建合规管理体系，解决了基层标准化、安全环保、设备管理、仓储管理等方面中长期遗留的问题，企业管控能力、队伍执行力显著提升。今年以来，积极适应扩大经营自主权改革新形势，优化基层员工队伍结构，推进基层站队的标准化管理、标准化现场和标准化操作，推行油田管理数字化、智能化，深化绿色矿山建设，做到了深化改革与基层建设"两不误、两促进"。

3.制度保障有力。持续优化制度体系，2016年起按照管理制度化、制度流程化、流程表单化、表单信息化"四化"建设思路，实施流程再造，全面完成了计划、财务、勘探、开发等主要业务制度体系的顶层设计和流程再造，将462项规章制度优化整合为291项，配套业务流程429个，形成流程表单396个，涵盖公司各业务领域21类制度流程体系全部上线运行。同时，按照"强基础、促管理"要求，融合各管理体系对基层建设的共性要求，将基层建设、基础工作涉及的161项制度、流程和标准嵌入到建设标准体系、落实到基层岗位。通过制度"四化"建设，构建了适应公司提升管理水平、加强基层建设的制度流程新体系，横向上做到了业务全面覆盖，纵向上厘清了管理层级，使基层建设有章可循、科学高效。

4.考核激励有力。逐步建立了内容全面、指标明晰、检查严格、兑现严肃的基层建设考核激励机制。一是"两个办法"优势互补。坚持每年修订完善一次三基工作考核评价办法，持续优化考核内容和考核机制。在此基础上，按照从严治党的要求，从2012年起将党群工作单列，制定了独立的考核办法。"两个办法"犹如车之两轮、鸟之双翼，齐头并进，相得益彰，促进了基层建设全面覆盖、步步深入。二是考核评价严谨务实。采取日常督查与集中考核相结合，重平时、重过程、重实效。目前公司三基工作考核评价办法中日常考核与年终考核分值各占60%和40%。每年年底分别由公司领导带队，专门组成考核组，深入基层单位逐家考核，做到当场考核打分、当场指出扣分原因、当场宣布考核结果、当场签字确认，确保了考核公开透明和严肃性。三是考评结果严格兑现。将考核结果与评先选优、领导班子考评、单位年度绩效考核实行"三挂钩"，纳入公司绩效考核予以兑现，并作为公司年度企业管理先进单位、"四强"党委、"四好"领导班子评定主要依据。四是整改落实严肃认真。每次考核结束后，形成考核情况通报，指出存在的共性和个性问题，提出整改落实要求，并作为第二年检查考核的重点，引导各单位补齐短板。2017年公司三基工作和党群量化考核共发现各类问题540项，提出整改建议303条，在2018年考核办法中修订完善考核内容70多处，形成了良性循环的考评机制。

（二）抓支部健脑，战斗堡垒作用有效发挥

1.突出"严"字，提升政治引领力。以落实"三会一课"等组织生活为抓手，在教育上使真劲、在规范上出实招、在创新上下功夫，推动全面从严治党向基层延伸，进一步增强了广大党员的政治素质和党性观念，确保了油田基层党组织和党员队伍永远听党话、跟党走。

把握政治性，从严推进党员教育常态化。以习近平新时代中国特色社会主义思想、党的十九大精神、党章党规为重点，扎实推进"两学一做"学习教育常态化、制度化，形成了"六学"模式。一是引领学。每季度下发党员干部理论学习要点，每年举办3～4次专题讲座，基层党组织按要求做到时间、内容、考勤、记录和质量"四有一保证"，年终进行检查考核。二是示范学。围绕学习贯彻党的十九大精神，公司党委中心组集中学习11次，公司领导到基层调研时带头宣讲十九大精神，两级党委委员全部到党建联系点或所在党支部讲党课。三是研讨学。以严守党章党规、弘扬"石油精神""重塑中国石油良好形象""共渡难关、党员争先"等为主题，鼓励和引导党员积极发言、建言献策，强化了党员意识，提升了党性修养，凝聚了党员智慧。四是交流学。通过开展"聚焦十九大"大家谈、习近平新时代中国特色社会主义思想学习心得交流、手抄党章、知识竞赛等方式，增强了党员自主学习的积极性。五是讲摆学。通过举办支部书记党课讲摆、党员"四合格四诠释"岗位讲述、先进事迹报告等形式，增强了教育的吸引力和感召力。六是情景学。立足哈密烈士陵园和杨拯陆雕像等红色资源、吐鲁番监狱等廉政警示教育基地，以及台参一井等文化阵地，通过现场观摩和现身说法受到教育和警醒。通过"六学"，广大党员"四个意识"普遍增强，在全面履行油田经济、政治、社会、文化"四大责任"中发挥了模范带头作用。

把握原则性，从严推进组织生活规范化。突出抓好"三会一课"和支部组织生活会，使严肃党内生活成为锻炼党性、提高思想觉悟的"大熔炉"。以党性锻炼为重点，严格"三会一课"。制定出台"三会一课"实施办法，做到了内容频次、主要议题、基本流程、质量要求、监督考核"五个明确"。坚持每季度下发"三会一课"指引，细化重点工作内容。在不同单位刻画样板，组织观摩，进一步规范了党员大会的5项议题和6个步骤、支委会的10项议题和6个步骤、党小组会的4个议题和4个步骤。抓住"关键少数"，建立党员领导干部参加所在党支部组织生活报备制度和党支部全程纪实制度，2017年副处级以上党员领导干部人均参加8次以上，发挥了"头雁效应"。统一配发《党支部工作综合记录本》，建立了"三会一课"考勤、公示和通报制度。以批评与自我批评为重点，严格组织生活会。公司、各二级单位党委派出督导组，实现督导全覆盖，严把会前、会中、会后3个关口，做到"六不开"。各基层党组织着力在"查"上重聚焦，在"批"上带辣味，在"改"上见成效，批评与自我批评的氛围越来越浓，整改工作越来越实。把严的标准、严的要求延伸到党员民主评议、谈心谈话等所有组织生活上，十八大以来公司党员民主评议率保持在99%以上，慎重稳妥处置不合格党员20名。

把握时代性，从严推进教育管理信息化。推动"互联网＋党建"模式，引导在岗党员关注"学习微平台""共产党员""学习小组"等微信公众号。公司两级党委都建立了微信公众号，多数基层党组织利用企业公众号、微信公众号、微信群、QQ群等媒体开展学习教育活动。井下技术作业公司党委制定《党支部利用微信落实党内组织生活规则》，建立包括58项内容的考核表单，既打破了组织生活时空限制，又确保了规范性和严肃性。以集团公司百面红旗单位、井下技术作业公司压裂一队为例，每次"三会一课"能集中参会的党员必须集中参会，无法集中的通过支部微信群实时网络签到、全程参与，以语音或文字方式发表意见。对需要形成决议的议题，利用微信参会的党员必须以"同意"或"反对"的文字形式发表意见。支部组织委员对微信参会人员反馈的信息截图，作为基础资料保存。支部委员轮流制作微党课课件，党员微信反馈学习效果。党员毛生民在通过微信学习党课《回顾压裂铁军峥嵘史，感悟压裂铁军石油情，践行"四合格四诠释"》后感慨地说："60余载铁军峥嵘发展史，激发了我作为铁军一员强烈的荣誉感、自豪感，更加鞭策我向先进看齐、奋发有为。"在随后的泵头抢修作业中，他带头顶着40多度的高温，加班连点，优质高效地完成四部车的泵头更换，时效同比提升30％。

2.强化"融"字，提升发展促进力。开展"点区岗"活动，层层带动促发展。以服务基层、解决问题、助推发展为目的，在两级党委委员、党支部委员、党员中分别开展党建联系点、党建责任区和党员先锋岗创建活动。截至目前，共建立联系点190多个、责任区980多个，年人均解决基层实际困难10个以上，形成跟班驻点、"三包三争"走动式管理、一线工作法、民情日记、微服务等有效做法。供水供电处党委委员持续开展"跟班驻点解难题"活动，做到了"七个一"：参加一次班会、跟一个班劳动、发现一个问题、总结一个典型、提炼一条经验、解决一个难题、帮扶一个困难员工，通过与员工一同劳动、一同岗位用餐，心贴心、面对面"拉家常"交流，近三年征集意见建议 100 余条，通过分类梳理、立行立办，消除安全隐患 20 余项，化解矛盾纠纷 10 余件，兴办实事好事 20 余件，协调解决实际问题 30 余件。吐鲁番采油厂党委建立"三包三争"机制，即：党委委员包支部，争创"六好"党支部；支部委员包工区，争创"五型"班组；党员包岗位，争创"先锋"岗，形成"纵向到底，横向到边"的责任体系。各基层党支部建立党建联系点、党员责任区问题台账，采取销项管理模式，逐条办理销项，并定期公开公示，接受员工群众监督。扎实开展"四合格四诠释"岗位实践活动，共创建党员先锋岗 340 多个。

开展党支部主题活动，精准发力促发展。公司党委制定下发《关于深化党支部主题活动的指导意见》，形成"规定动作 +"模式。每年年初由各单位党委结合全年形势任务，确定主题活动"规定动作"；基层党支部围绕生产经营、安全环保、降本增效、技术攻关等工作，确定"自选动作"，使主题活动与中心工作深度融合、同频共振。勘探开发研究院党委推行"2+X"党支部主题活动：党委统一明确"一讲三促"（讲形势任务，促科技进步、促增储上产、促降本增效）和"党员金点子"两项规定动作，各党支部开展"争当五星党员，推动勘探发现"等自选主题活动 12 项，有效激发了科研人员的创造性，在吐哈盆地台北凹陷、三塘湖盆地和银额盆地取得油气勘探新突破。各单位结合实际，组织基层党支部精心设计、深入开展了"党员项目""深挖地质认识、我为井位献策""降本增效、党员争先""党员身边无事故""青工提素工程"等主题活动，从源头上保证支部工作靶向不偏、发力精准，成为推动油田稳健发展的内在动力。

开展党员先锋队活动，攻坚克难促发展。2018 年，为适应油田扩大经营自主权改革新形势，进一步发挥基层党组织战斗堡垒和党员先锋模范作用，公司党委聚焦改革发展的难点，在公司、二级单位和基层党支部三个层面组建党员先锋队，开展以"亮标准、亮身份、亮承诺，比技能、比作风、比业绩，群众评议、党员互评、组织考评"为主要内容的"三亮三比三评"活动。目前公司层面成立高效勘探、提高采收率、滚动评价和老化油处理 4 个党员先锋队，各单位围绕重点项目、重要任务、重大工程共组建党员先锋队

47 个，基层党支部共组建党员先锋队 137 个，党员先锋队已成为助推公司改革发展目标实现、促进制约油田发展瓶颈问题有效解决、发挥党员攻坚啃硬先锋模范作用、发现和培养优秀人才的重要载体和平台。高效勘探先锋队聚焦银额盆地天草凹陷，肖冬生、杨斌等 7 名党员骨干冲锋在前，连班加点提交井位，长期驻扎现场，精心组织施工，确保优快钻井，天 7 井获得高产工业油流，初步落实了一个千万吨级整装储量新区带。

3. 聚焦"凝"字，提升队伍凝聚力。形势任务教育扎实深入。公司两级党委紧紧围绕中心工作，通过讲、论、释、赛等方式，定期开展主题教育活动，统一思想，转变观念，提振信心。"讲"：每年公司"两会"后，深入开展形势任务教育，做到了公司宣讲到二级单位、各单位宣讲到基层工区（队站）、基层党支部宣讲到全员"三个全覆盖"。"论"：围绕生产经营难点、群众关注热点开展群众性大讨论活动，近两年围绕降本增效、合规管理、安全生产等开展全员大讨论，收到良好效果。"释"：在涉及员工切身利益的改革政策措施出台后，各基层党支部及时掌握一线员工所思所困，及时向上级反映，由权威部门统一做出解答，做好正面引导工作。"赛"：每年举办形势任务知识竞赛，每家单位派出 3 名员工进行现场答题竞赛，检验学习效果。

人文关怀温暖人心。公司每年举办一次全体领导班子成员参加的员工座谈会，面对面听取员工群众诉求，2017 年对征集的 59 条意见逐项落实责任部门、整改措施、完成期限，经总经理办公会讨论通过后向群众公示，做到件件有落实、有回音。制定油田《工区（队站）思想政治工作规范》，坚持公司党委每年一次、各单位党委每半年一次、基层党支部每季度一次员工思想动态分析，及时理顺情绪，化解矛盾，稳定队伍，探索形成"春夏秋冬"工作法（即春讲形势鼓士气、夏送清凉到一线、秋季助学帮贫困、冬送温暖暖人心）等油田思想政治工作"百法百例"。构建"六位一体"扶贫帮困体系，近 5 年来累计慰问帮扶困难群体 2.6 万人次、大病救助 419 人、金秋助学482 人；针对内部退养人员实施"春风行动"，帮助 142 人实现再就业，举办月嫂培训班两期、共 203 人参加，把改革发展成果惠及到了油田各类群体。

基层文化建设丰富多彩。大力弘扬石油精神和吐哈会战"四种精神"，打造基层特色文化，持续引导全体员工把"苦干实干""三老四严"等优良传统落实在岗位。近年来在持续完善台参一井展厅、红连文化园、杨拯陆雕像、"铁军"展厅等4个集团公司企业精神教育基地的基础上，涌现出三塘湖精神教育展厅、物资供应处廉洁文化展厅、特车公司瀚海舟文化园等一批基层文化阵地。以"一份喜报寄深情、一张贺卡暖人心、一封家书保平安、一堂讲座提素质"为内容的油田基层"四个一家文化"在全国政研会上交流，近年来新增"一场座谈解诉求"，形成"五个一家文化"；总结形成"指示服从制度、信任不忘制度、习惯让位制度"的合规文化、"勘探无禁区、找油无止境"的科研文化、"顶风冒雪、埋头苦干"的"拯陆精神"、"油稠人不稠、困难也低头"的稠油文化等一批特色文化理念，充分发挥了企业文化的导向、激励、凝聚功能。

生产生活条件不断改善。推进基地美化亮化工程，先后建成数码影院、体育活动室等文体场所，在三塘湖、玉东、神泉、玉果等一线生活点员工公寓相继建成投运，员工群众生产生活条件不断改善。积极做好一线文化设施改善、员工体质监测、健康知识讲座等关爱员工实事，累计投入152万元，为基层边远队站配置专业非标医疗箱60个、标准小医药箱27个，在基层一线队站开展以"小伙房、小菜园、小浴室、小书屋、小活动室"为主要内容的"五小建设"活动，为员工在戈壁大漠打造起了一座座工作家园、休闲花园和精神乐园。

（三）抓基础固本，基层管理水平不断提升

1. 持续加强基层队站HSE标准化建设，夯实了安全环保基础。着力构建"标准优先、试点先行、督导推进、循环提升、严控验收、全员测评"的闭环管理体系，2015年试点建设，2016年全面启动，2017年对标提升，2018年推广完善。发布《基层站队HSE标准化建设达标考评细则》，选取鄯善采油厂、机械厂等3个基层站队作为试点，宣贯建设方法，总结试点经验，明确努力方向。坚持每年在上、下半年各组织1轮次专项检查督导活动，指导业务，查找问题，及时纠偏，确保了HSE标准化建设在基层不走样、不变形。将达标水平按照考评得分分为三级，实行从低级向高级逐级达标，2017年开展达标验收，公司共有131个基层站队符合HSE标准化建设条件，其中107个达标，达标率81.7%，超额完成集团公司阶段目标。三塘湖采油厂推行基层工区目视化建设，安装各类操作规程、安全警示标识牌135块、流程标识124个，编制87个管理行为工作标准，制定、修订关键操作确认卡47项、一般操作风险提示卡153项，长期坚持开展岗检、日检、周检三级巡回检查，促进了现场管理制度化、操作标准化、现场规格化。油建公司推行"地面制造＋服务"模式，大力开展移动式、橇装化、标准化、模块化施工，提升了现场施工质量和水平。

2.持续加强班组建设，增强了"细胞"活力。把基层班组建设作为提升基础管理水平的重要载体和抓手，持续深入开展"五型"班组建设，探索形成"三步四法"工作法，即"定内容硬达标、选典型树榜样、提标准再升级"和"考核验收法、特色亮点法、讲摆选树法、交流学习法"，先后3次召开全局性"五型"班组创建专题交流会、讲摆会，通过介绍典型经验、讲摆创建成果、DV展播班组长优秀事迹，实现经验共享，增强创建效果。制定班组创建规划和考核标准，从"五型"创建、基础建设、班组管理、成效业绩、人员素质等5个方面制定60个打分项，将考核内容数字化、具体化，按照公平、公正、公开原则，采取班组长讲摆、评委打分、班组长互评、各单位工会主席参评等方式，对班组创建工作考核打分，并根据打分结果，到2015年共命名标杆"五型"班组30个、"金牌班组长"20名，让基层班组学有榜样、赶有目标。2016年以来，在巩固"五型"班组成果的基础上，以创一流工作、一流服务、一流业绩、一流团队为内容，深入开展"工人先锋号"创建活动，共有8个班组（基层队站）荣获全国或自治区"工人先锋号"。

3.持续推进信息化建设，提升了基层生产管理效率。坚持"统建为主、自建为辅"原则，着力推进现场采集自动化、系统应用集成化、决策管理信息化，建成覆盖勘探、开发、工程技术服务业务的生产运行管理系统，发挥了信息化在提高工作效率、降低劳动强度、强化实时监控、保障安全生产、减少用工总量方面的积极作用。2014 年启动油气生产物联网（A11）建设，划分示范工程引领、产能建设同步、老油田改造、推广实施 4 个阶段，逐步推进实施，初步实现井、间、站、厂"全数字链"覆盖，建成了覆盖全部 4 个采油厂的油水井、场站的油气生产物联网系统。围绕 A11 系统建设深化应用和推广需要，成立 A11 系统应用推广、A11 系统低成本攻关 2 支青年先锋队，发挥广大团员青年技术优势和攻关示范作用，促进了建设过程中重点、难点问题的有效解决。鲁克沁采油厂在 A11 系统建设中，坚持"两标三严"，即：标准化设计、标准化施工，严密计划、严格执行、严控安全，全面完成示范区建设，实现稠油远程自动掺稀，提高稀油掺稀精度，降低稀油消耗，操作人员劳动强度降低 80%，同时实现远程电子巡检、站场无人职守，减少用工总量，该厂新增油水井 430 口，产量从 41.6 万吨增加到 76 万吨，做到"增产不增人"。

4. 持续优化激励奖惩机制，激发了基层员工队伍活力。今年以来，紧紧围绕扩大经营自主权改革需要，以岗位靠竞争、收入凭贡献、激发基层能动性为目的，建立激励机制，彻底打破"大锅饭"，拉开收入差距，营造了全员创新、人人创效良好局面。建立工资总额与编制定员挂钩机制，超编单位增人不增基本工资、超编人员不核定绩效奖金，缺员单位减人减基本工资、按缺员人数的 50% 核增绩效奖金，鼓励各单位控用工、提效益；建立工效挂钩奖励机制，盈利单位按照超额利润 50% 比例挂钩兑现奖金，亏损单位和费用单位按照减亏额和节约费用 30% 比例挂钩兑现奖金，鼓励各单位降本增效；建立外部市场创收奖励机制，年度新开拓外部市场和新增收入，按照新增额 10% 比例挂钩兑现奖金，鼓励各单位积极开拓外部市场；建立创新创效奖励机制，对在科技、管理创新创效中做出突出贡献的集体、个人进行奖励，有效激发了基层单位创新创效的积极性。井下技术作业公司今年年初在 3 个作业队启动承包经营试点工作，随后扩大到 7 个作业队，实行经营承包的 7 个作业队总收入与去年同期同标价相比，增收 84 万元，上升 5.74%，整体减亏 94 万元，6 月底前将在剩余 18 个作业队全面推行，为油田内部自主承包经营做出了有益探索。运输工程公司全面实行单车考核兑现，将收入、利润、成本、行驶里程、油料消耗、材料消耗、设备管理等作为主要考核指标，对车辆进行包干管理，真正体现多劳多得、少劳少得，2018 年 1—5 月，油料实际消耗下降 10.76%，材料实际消耗下降 27.81%。

（四）抓素质强体，员工队伍建设持续加强

1. 深化"导师带徒"活动，传帮带效果持续显现。立足发挥优秀技术人员和高技能人才的传帮带作用，广泛开展"导师带徒"活动，通过一级带一级、一级促一级的"拉动式"培养，实现技能骨干人才队伍的良性循环和有序接替。通过师徒双选模式，技师以上技能人才在聘期内与 1 ~ 2 名操作员工签订导师带徒协议，近 3 年来，通过导师带徒活动，培养选拔技师、高级技师 46 名，高级工比例由 2015 年的 45.2% 上升到目前的 58.6%。

2. 发挥创新工作室作用，领军人才作用充分发挥。构建制度化、规范化、目标化、精细化、科学化"五化"管理模式，推进专家工作室建设，3 年来采油、井下作业 2 个工作室研发和改进新工具、新产品 20 余项，取得国家新型实用专利 15 项。建立劳模和工匠人才创新工作室 10 个，培养和涌现出一批拔尖人才和优秀成果。全国五一劳动奖章、集团公司"铁人奖章"徐志民创新工作室，针对采油工作实践先后提出小改小革 12 项、合理化建议 6 条，研发 3 项具有自主知识产权的成果，"新型套管定压放气阀"等 4 项成果获得国家专利，有 8 项技术创新项目、6 个 QC 成果获奖，累计产生 1500 余万元经济效益。

3. 开展职业技能竞赛，一批技能人才脱颖而出。积极参加集团公司职业技能竞赛，形成了宣传动员、安排部署、教练配备、集训措施和后勤保障"五个到位"集训方法，坚持层层练兵、层层培训、层层选拔，强化规范化、标准化和熟练化训练，先后在集团公司技能竞赛中获得 3 枚银牌、3 枚铜牌和 2 个"优秀组织奖"，对获得竞赛优异成绩的员工予以重奖。以采油、采气、集输、轻烃装置操作等工种为主体，每 2 年举办 1 次公司内部竞赛，同时广泛开展岗位练兵、职业培训和技术比武活动，达到了以赛促训、以赛促练、赛一个工种、培养一批技能操作骨干的效果。通过两级职业技能竞赛，培养选拔两级技能专家 4 名，技师、高级技师 35 名，技术能手 200 名，同时发现和储备了一批优秀的技能骨干人才。

4. 深化"五新五小"活动，全员创新创效热情有效激发。制订专项实施方案，紧密围绕生产经营中心工作，广泛开展主题劳动竞赛、"双立功"和"安康杯"竞赛、青年油水井分析、青工创新创效论坛，以及"勤俭节约、挖潜增效"活动，激发了广大干部员工促生产、保安全、增效益的积极性、主动性和创造性。严格创新创效成果评定，采取查资料、看现场、看成果等方式，组织专家对项目进行验收。2016 年以来共完成创新创效项目 55 项，取得国家新型实用专利 5 项，形成合规产品 800 余件，产生经济价值 717 万元。

5. 广泛开展全员读书活动，学知识、学技能氛围日益浓厚。积极响应集团公司"千万图书送基层、百万员工品书香"活动号召，先后投入资金 169 万元，共建成职工书屋 29 个（其中全国职工书屋示范点 2 个）、流动书箱 58 个，累计为职工书屋配置多媒体电脑 25 台、配送图书 3.7 万余册，全员读书网络逐步完善。建立健全职工书屋考核、评比、表彰体系，召开职工书屋建设经验交流会，广泛开展"学习在石油·每日悦读十分钟"读书征文活动，组织开展首届"火焰山"文学奖评选，营造了学知识、练技术、钻业务的浓厚氛围。

（五）抓典型树旗帜，示范带动效应得到彰显

1. 制订规划，精心推进，让新典型不断涌现。先后于 2013 年、2017 年制订下发《吐哈油田三年先进典型培养和选树规划》，以打造"吐哈榜样"典型集体和个人为重点，按照"一年发现、二年培养、三年叫响"工作思路，"突出一线、优中选优、业绩突出、新老结合"原则，实行"分级推荐、联动推进、立体推广"三推法，明确国家级、省部级、公司级先进典型培育选树的分级目标，分类逐项制订每个典型的培养指导计划。选树命名首批"吐哈榜样"5 个集体、5 名个人，先后涌现出全国五一劳动奖章、集团公司"铁人奖章"徐志民、中央企业劳模康积伦、全国青年岗位能手标兵顾仲辉、全国最美职业工人赵良喜等一批个人先进典型，"中央企业先进

集体"工程技术研究院气举技术中心、"全国五一巾帼标兵岗"供水供电处110千伏中心变电站等为代表的一批具有示范作用的先进集体。工程技术研究院气举技术中心，与油田同成长、共进步，从模仿到自主创新、从依靠进口到全部国产化，从仅依靠技术服务到凭借精益求精的技术和优良超值的服务，使一个曾经小小的气举项目组，壮大成为国内功能最全、规模最大、水平最高的气举试验基地。目前，吐哈气举技术领先世界同行，拥有专利88件（其中国家发明专利9件、美国发明专利1件），获集团公司自主创新重要产品4项，先后为国内外620口井提供技术服务，已成为吐哈人转战南北的一张绿色通行证。三塘湖采油厂牛圈湖采油工区，面对一年有300天以上风力超过5级的艰苦自然环境和工作生活条件，坚持"用精神铸魂、用文化育人"，以"固、悟、谈、讲、看、传"为基本方法，持续开展"学习杨拯陆、奋战三塘湖"主题活动，总结提炼出现场管理"四有五心"工作法，打造了一支不畏艰苦、顽强拼搏、矢志为油的战斗团队。供水供电处110千伏中心变电站，承担运行管理任务的是清一色的"娘子军"，多年来她们坚持"工作共干、责任共担、困难共帮、快乐共享"，"如红柳一样抱团成长，傲迎风沙"，总结形成《运行操作十不准》《安全操作八到位》等10余项规范规程，创造了连续12年无人为误操作运行、安全倒闸操作近13万项的新纪录。

2.巩固成果，继承创新，让老典型永远发光。高度重视"百面红旗单位"的成果巩固，对吐鲁番采油厂红连采油工区、井下技术作业公司压裂一队、综合服务中心（原哈密物业管理公司）工程维修中心等3个"百面红旗单位"，赋予新的时代内涵，持续进行跟踪培养，总结推广新鲜经验，发挥示范引领作用，在基层产生了显著的"红旗效应"。吐鲁番采油厂红连采油工区，面对开发中后期产量低位徘徊、油价低迷、员工情绪低落等严峻形势，策划开展"红连精神再提炼、红连课堂再升级、红连文化再丰富、红连故事再征集、红连环境再美化"等系列活动，持续打造个个做学生、人人当老师"红连课堂"，坚持开展每日一题、每周一课、每月一考、每季一赛"四个一"活动，并通过把员工变老师、井场变课堂、书屋变课堂、网络变课堂、固定变互动、说教变生动等"六个转变"，形成人人登台讲、人人动脑想、处处是课堂的生动局面，促进了员工队伍素质的持续提升。先后为油田输送各类人才 100 多名，其中有 30 多人走上科级、处级领导岗位。井下技术作业公司压裂一队，发扬"敬业、担当、执行、严明"铁军精神、践行"为油田服务一辈子"铁军使命，坚持半军事化管理，视纪律为传家宝，以铁的纪律而闻名，几十年如一日始终做到"行车一条龙、停车一条线、集合一声号、操作规范化、行动命令化"，坚持思想育军、作风建军、技术强军、文化领军、市场阅军，先后服务国内西部 5 省区 8 个油田，在国内市场树立起了"吐哈压裂"品牌，在塔里木油田创造了国内单井酸压施工连续泵注时间最长、入井液量最大、施工排量最高三项纪录，在吐哈三塘湖油区创造了单日压裂 7 层、单日入井液量 6400 方等多项新纪录。综合服务中心工程维修中心，坚持"员工如亲、服务唯真"的服务理念，把油田员工当亲人、家人对待，努力提供"五心"优质服务。特别是近年来，随着"四供一业"改革稳步推进，针对结构性缺员、技术力量断层、操作人员锐减等突出矛盾，他们不等不靠，用"大班制"破解人手短缺问题，用绩效考核"指挥棒"调动员工积极性，充分挖掘现有岗位人员的潜力，着力提高综合服务及时率，在深化改革大潮中依靠群众智慧，坚持抱团取暖，正在逐步突破瓶颈、走出困局。

3. 优中选优，重点培育，让先进典型提档升级。坚持从典型中树典型、先进里面评先进、特色中间抓特色，对重点培育对象，在培育升级上，组织专门力量深入基层，采取跟班调研、蹲点验证、座谈讨论、专题研讨、部门帮扶等方式，指导和帮助基层对典型进行深入挖掘、提炼；在对内宣传推广上，通过举办座谈讨论会、现场交流会、观摩学习会、先进事迹巡回宣讲等多种方式，让先进典型在吐哈叫响；在对外宣传推荐上，撰写重大典型的通讯、报告文学，制作电视专题片，积极向集团公司、自治区媒体投稿，同时邀请主流媒体赴吐哈采访，对重大典型进行多层面、多角度、多方位的宣传报道，提升知名度。特别是对"全国五一劳动奖章""集团公司铁人奖章"获得者徐志民的宣传，在全公司范围内发起学习号召，大张旗鼓召开表彰会，举办徐志民先进事迹巡回宣讲，4 名宣讲员从岗位表现、师徒情怀、家庭生活、个人努力 4 个方面进行多角度解读，营造了尊重典型、学习典型的浓厚氛围，在公司范围内树立起了操作员工典型旗帜。

4.宣传推广，营造氛围，让典型成为示范标杆。对选树的各级、各类先进典型，在报纸、电视、网络上开辟专栏进行集中宣传，通过召开推进会、座谈会、报告会等进行集中推广，营造了学典型、找差距、赶帮超的良好氛围。对选树的首批"吐哈榜样"，编印宣传画册，拍摄电视专题片，制作专题网页，举办"榜样的力量——'吐哈榜样'和'感动吐哈'人物事迹报告会"，巡回宣讲 11 场次，听众 3800 多人，引起了基层员工共鸣，扩大了先进典型的影响力和感召力。

二、意见建议

一是建议集团公司加强宏观指导，进一步明晰新时期基层建设的目标任务、工作重点、主要载体和体制机制保障，为基层单位提供根本遵循。

二是建议及时总结推广经验，加强集团公司企事业单位之间的学习交流，开阔视野，创新思路，取长补短，共同提高。

突出科学规范　推进体系建设
不断夯实现代企业管理根基

冀东油田分公司

近年来，按照集团公司党组的总体部署，冀东油田公司持续强化深化基层建设工作，促进了综合管理水平不断提升，为高质量发展奠定了坚实基础。

一、主要工作情况

（一）抓组织，突出顶层设计，基层建设主线更加明确

公司始终把加强"三基"工作作为固本强基、管理提升的重大举措，不断创新思路，丰富内涵，持续推进。一是领导重视。公司总经理、党委书记高度重视基层建设工作，利用年度工作会议、领导办公会议、基层工作调研等时机做出部署和指示，为基层建设工作提出了许多新观点、新思路和新方法。公司分管领导和各单位党政主要领导、公司机关部门负责人70余人，分批到大庆油田学习调研，做到分管工作与基层建设工作同时安排、相互融合、互为促进。二是强力推进。公司印发《关于加强"三基"工作的指导意见》，编制了"三基"工作五年规划，制定《公司"三基"典型示范工程考核细则》，进一步明确了"三基"工作的具体措施和创建标准；组织"千队示范工程"授牌启动仪式及"三基"工作现场观摩会，下达了创建任务书；组织示范基层队站干部40余人次到大庆油田、大庆石化学习参观，开展"学大庆、找差距、夯基础、上水平"对标提升专项活动；召开"三基"工作经

验交流暨管理提升工作推进会，深入交流"三基"工作阶段性成果。三是探索经验。经过几年来的探索实践，公司上下对"三基"工作方法规律的认识不断深化，总结提炼的"5453"工作主线（即突出打基础、严标准、强管理、重创新、铸品质的"五个重心"，瞄准各项工作精细化、基层建设科学化、基层建设人本化、基层建设长效化的"四化目标"，处理上与下、单与综、分与合、点与面、虚与实的"五种关系"，解决领导的基层意识、基础的基础、管理者的基本功的"三个问题"），从不同角度将"三基"工作的各个方面有机整合，形成了一个统一整体，有力推动了"三基"工作的持续开展。

（二）抓典型，突出特色培育，示范引领效应辐射凸显

以"三基"典型为标准，坚持示范与推广并举，细化工作部署，明确时间节点，把握运行进度，大力实施"三基"工作经验推广工程。一是打造标准示范点。指导各单位从基层队站、班组、岗位员工三个层面选准示范典型，制订培育方案，共选树集团公司"三基"工作示范点12个，油田公司示范点53个，处级示范点22个。把开发技术公司化验中心作为公司"三基"示范工程的样板，在其召开现场会，总结提炼的《厚基筑起九重台》访谈录被集团公司"三基"工作典型案例汇编收录。二是示范内容升级提高。公司机关各处室牢固树立为基层服务的思想，积极转变工作作风，充分发挥管理职能，开展了"一对一、结对子"典型培育工作，有针对性地打造企业文化、6S管理、安全文化、成本核算等各方面工作典型。南堡作业区、陆上作业区、井下作业公司、油气集输公司等单位专程到大庆油田学习调研，对标中十六联等先进单位，全力推进"两红旗一标杆一站库"等模范示范点建设。南堡作业区采油一区等12个基层队站被公司评为"'三基'工作模范基层队"。三是全面推广典型经验。公司"三基"工作领导小组先后4次深入各二级单位调研督导，了解各单位工作开展情况，帮助各单位总结经验、发现不足，协调解决推进过程中存在的困难和问题，对各单位"三基"工作开展情况进行全面考核验收。各单位相互学习借鉴好的经验和做法，全方位找

差距、比不足，剖析问题根源，完善思路举措，提高工作水平。

（三）抓基层，突出创先争优，支部堡垒作用有效发挥

按照"夯实基础，创新思路，稳步推进"的工作方针，不断加强基层组织建设、思想建设和作风建设，基层整体战斗力不断增强。一是健全基层党组织。按照"三同时"原则，建立健全基层党组织，做到生产经营延伸到哪里，党的组织就建到哪里，作用发挥就跟到哪里，不断健全、完善与生产经营相适应的基层党组织，形成保证和促进中心工作的保障机制。坚持"以选配好的书记为重点，以建设好的班子为核心"，配齐选好基层党支部书记和党支部领导班子，充分发挥党支部班子"领头雁"作用。2017年，根据机构调整，新建、撤销、调整基层党支部20多个，并按要求配备了专兼职党支部书记，基层队站党支部健全率达到了100%，保证了基层党支部工作的正常开展。二是提升党务工作者素养。坚持外部培训与内部培训相结合，切实加强基层党支部书记培训，2017年优选47名基层党支部书记，参加在中国石油大学（华东）青岛校区举办的基层党支部书记培训班，着力提升基层党务干部综合素质。各基层党组织主要以内部培训为主，采取"在线培训＋线下培训""集中学习＋自学""培训＋交流"相结合的方式，依托教育培训中心、党员教育培训基地等，开展基层党支部书记集中轮训。同时将专题培训与日常学习教育培训相结合，开设了党支部书记"周五课堂""机关大讲堂""每日一读"等，加强党建业务知识的经常性学习交流，提升基层党支部书记业务能力。三是严格党员教育管理。认真落实"三会一课"、组织生活会、民主评议等基本党内组织生活制度，扎实推进"两学一做"学习教育常态化、制度化，开展支部书记讲党课、"坚守初心 坚定前行"主题征文，与中车集团唐车公司等兄弟单位开展支部交流学习，进一步增强学习效果。2017年开展各级党组织书记讲党课240余场，3篇课件被评选为集团公司优秀党课课件。扎实推进全国党员管理信息系统建设，按时完成了241个党组织和3645名党员的信息采集、校核、录入、审验等工作，确保了党组织和党员信息准确、完整、规范，进一步提高了基层党组织建设水平。严把党员

"入口关"，严格党员发展备案、公示、预审等制度。认真组织召开组织生活会和开展党员民主评议，公司 3612 名正式党员被评为合格党员，参评率达 99.7%，合格率 100%。四是不断丰富党建主题活动。组织在全体党员中深入开展了"四合格四诠释"岗位实践活动，将实践活动与"创先争优""基层党建堡垒旗""党员岗位讲述"等活动有机结合，教育引导全体党员在工作中自觉践行以"苦干实干""三老四严"为核心的石油精神，激发广大党员锐意进取、攻坚克难的工作热情。深入开展"四创"党建主题活动，围绕油田发展目标任务和党建与思想政治工作中的热点、难点及重点问题，专题研究"四创"活动课题。2017 年，公司 3 个优秀"四创"项目获河北省国资委党委表彰，公司党委评选表彰了 8 个优秀"四创"项目、27 个先进基层党组织和 76 名先进个人，充分发挥先进典型的示范引领作用。

（四）抓基础，突出科学规范，企业管理水平不断提升

坚持以规范化为前提，以标准化为基础，以信息化为手段，以精细化为方向，持续推进合规管控，不断夯实企业管理基础。一是精简制度流程。公司层面制度缩减率 52%，其中 HSE 制度缩减率 45%。修订流程 238 个，调整建模 1369 个，修订控制点 1726 个，执行效率进一步提升。二是强化风险管控。突出油气资源、安全环保、工程建设、物资采购等重点领域的风险管控，以八大风险为支撑的全面风险管理体系日趋完善。三是严格质量计量。全面推进质量体系建设，井身质量合格率、自产产品出厂合格率、工程质量合格率均为 100%。严格计量器具的强制检定和周期检定，确保了油田采、注、输安全运行。四是注重标准宣贯。建立了油田网上电子版标准体系，编写集团公司标准 13 项，公司标准 193 项。实施标准化专项提升，"让责任行为符合标准，让执行标准成为习惯"理念得到了普遍认同。五是推进信息建设。推广 8 个统建系统，启动 7 个自建系统，为油田生产生活提供了有力信息支撑。六是夯实安全基础。全面推进动态安全管理体系建设，严格安全环保职责考核，更加注重安全监管实效，安全环保基础得到进一步加强。

（五）抓素质，突出人才强企，人才队伍结构逐步改善

按照政治品德好、业务技能高和管理能力强的要求，努力打造"铁人式"干部员工队伍，不断提升全员的综合素质。一是注重政治理论教育。分层次抓好十九大和习近平新时代中国特色社会主义思想学习，举办领导干部学习贯彻党的十九大精神专题研讨班，组织各层级的十九大精神集中宣讲230余场次，4800余人次参加，实现了学习全覆盖。每年突出一个主题，扎实开展"形势、目标、任务、责任"主题教育，进一步引导干部员工弘扬石油精神，重塑良好形象，立足岗位为油奉献。注重干部履职能力培训，五年来累计举办115期处、科级干部培训班，有176名功勋员工、劳模、"双十"及35岁以下的优秀青年干部走上了科级岗位。二是推进专业技术人才队伍建设。注重给青年技术骨干搭台子、压担子，一大批优秀青年技术人才在方案编制、措施优化、信息化智慧化油田建设过程中勇于创新、勇于担当，促进了技术管理水平不断提升。推行机关与基层"双向挂职"锻炼和科研、生产单位横向岗位交流，27名优秀青年人才在实践中得到历练和成长。三是强化操作技能人才队伍建设。完善了技能晋级体系，增设首席技师、助理技师等级，44名优秀操作人才取得助理技师以上职业资格。加大技能培训力度，扎实开展岗位练兵，举办井下作业等7项技能竞赛，涌现出了53名技术能手，评选267名优秀技能人才，在集团公司技能大赛上荣获1金、2银、14铜，带动了队伍整体素质的提升。四是完善科技技术创新体系。坚持内外部相结合、产学研一体化，五年来承担国家和集团公司级科研项目30项，开展公司级重大、重点及技术攻关课题503项，完成群众性技术革新478余项，创建职工创新工作室45个，一批制约油田勘探开发水平的关键性理论与核心技术取得突破与进展。荣获国家发明专利13项，省部级以上科技进步奖18项，集团公司优秀职工创新成果7项，公司级科技进步奖110项。

二、主要工作成效

多年来，公司持之以恒强基层、夯基础、提素质，不断促进"三基"工作推广升级，做到了主题不变、力度不减、频道不换，取得了阶段性工作成效。

（一）基层建设水平显著增强

认真落实党建工作责任，根据工作特点和人员情况，细化工作程序，制定工作模板，使基层党建工作更加规范有序。注重加强干部员工的教育引导，不断创新活动载体，围绕生产经营重点和难点问题，开展各具特色的主题实践活动，推动创先争优活动向纵深发展，队伍凝聚力得到进一步提升。认真开展"五型"班组管理，以"班组改善提案"为载体，认真推动落实班组改善行动，畅通了基层员工与基层管理者的沟通渠道，增进了工作交流，提高了工作积极性，促进了班组管理水平提升。

（二）基础工作管理显著提升

按照"简单有效、管理严密、易于执行"的原则和要求，持续开展制度优化简化工作，不断规范内部管理工作。严格落实公司"6S"管理要求，在清洁、清扫、整理、整顿上下功夫，现场管理水平均达到了迎检常态化相关要求，现场面貌得到持续改进。重视技术监督工作，突出质量管理，加强计量器具管理，建立完善了各项基础台账。持续强化合规管控，油田上下的合规意识明显增强，工作质量与效率不断提高。

（三）员工基本素质明显提高

高度重视员工培训和思想教育，牢固树立"培训是企业的长效投入，是发展的最大后劲，是员工的最大福利"的观念，积极开展形势任务教育、职业道德教育和思想动态分析，不断营造有利于员工成长的良好环境。近五年来，乔孟占荣获"全国劳动模范"，并被评为"河北省十佳职工发明家"，涌现出 7 名省部级以上"劳动模范"，油田内部评选"功勋集体"10 个、"功勋员工"10 人、"劳动模范"55 人。

（四）"三基"长效机制基本形成

"5453""三基"工作思维体系取得广泛共识、得到深入贯彻，"三基"典型引领机制更加完善并发挥了重要作用，示范单位好的做法和经验在150 个基层队站、科室得到全面推广，制度流程、基础资料、生产现场等各项基础管理工作更趋规范化、科学化。基层文化建设意识在各单位得到了普遍重视和提升，总结提炼了一批较为实用的工作方法、工作经验、技术成果，锻炼涌现了一批专家人才、骨干队伍，促进了勘探开发、科研生产、经营管理等各项工作不断取得新成果、新进步。

近年来，冀东油田公司先后荣获河北省"先进基层党组织"、全国"模范职工之家"、全国"企业文化顶层设计与基层践行优秀单位"、河北省"文明单位"等荣誉称号。南堡作业区采油一区荣获集团公司基层建设"百个标杆"称号，井下作业公司作业一队荣获集团公司"铁人先锋号"、河北省"工人先锋号"称号，南堡作业区采油五区荣获全国"能源化学工会工人先锋号"、集团公司"红旗班组"称号。

培元固本　夯基垒台
推动基层建设水平持续提升

玉门油田分公司

走过80余年发展历程的玉门油田有高度重视并持续推进基层建设的优良传统和有效做法。党的十八大以来，玉门油田公司认真贯彻落实集团公司的决策部署，注重培元固本、夯基垒台，以管理提升活动、"三基"工作三年推进计划、合规管理为抓手，着力抓基层、打基础、强素质，持续加强以基层建设、基础工作、基本素质为核心的"三基"工作，坚持不换频道、深入开展"4456"基层党建工程，推动了基层建设水平的持续提升，整体呈现出体制机制不断理顺，基层党组织作用发挥更加充分，队伍整体素质持续提升，综合管理水平明显提升的良好局面。特别是党的十九大召开之后，油田上下全面加强党的建设，铸牢石油摇篮稳健发展的"根"和"魂"，眼睛向内找差距，全方位推进开源节流降本增效，确立五年扭亏脱困攻坚目标，随着集团公司精准帮扶玉门油田，成功获得环庆流转区块勘探开发权，油田生存发展空间得以拓展，极大地增强了广大干部员工对老油田的发展信心，为实现扭亏脱困、建设有活力有效益的百年油田打下了坚实基础。

做法与成效

（一）体制机制更加健全

油田把以党支部为核心的基层建设，作为固本强基、强企兴企的根本性、基础性工程，纳入整体工作规划、精心安排部署、认真推动落实，构建了有力有效的基层建设工作机制。

一是组织领导有力。公司成立"三基"工作领导小组的架构，总经理、党委书记任组长，副总经理任副组长，明确三基工作由班子成员分管，形成了总经理（党委）办公室、人事处（组织部）、企管法规处、质量安全环保处、企业文化处（宣传部）、油田工会分工负责、齐抓共管的基层建设工作模式。公司党委将基层建设纳入年初"两会"报告重要内容进行部署，以重点工作要点下发基层，并以组织岗位责任制大检查、专题工作调研、日常工作检查等形式进行督促。各单位将基层建设纳入年度重点工作，建立健全了主要领导主抓、分管领导各负其责、职能科室齐抓共管、一级抓一级、层层抓落实的工作格局，定期研究制定推进计划，推动工作有效落实。

二是制度体系保障有力。在健全完善基层建设工作制度的过程中，坚持继承传统与开拓创新相结合、基层建设与油田发展相融合、制度完善与形势任务相契合，着力强化制度执行、合规管理、效能提升，不断夯实基层建设根基。注重从制度的整体设计和整体研究上统筹把关，从基层建设制度的适应性和实用性出发，在继承行之有效的已有制度的基础上，进一步完善制度，着力构建制度体系。2015年以来，油田从基层党委层面、党支部层面和党员教育管理层面，修订完善了27项基本制度，油田基层建设工作制度体系做到了全覆盖、无盲区。各单位注重制度在基层建设的刚性约束作用，紧密结合油田公司要求和围绕单位实际，建立了涵盖党建、安全、生产、经营、培训、操作等各个领域的制度体系，狠抓规章制度的宣传、执行、监督与检查，为推动基层建设提供了制度保障。

三是主题活动推进有力。油田党委紧扣年度业绩指标和生产经营重点，坚持一年确定一个主题，一年突出一个重点，扎实开展主题突出、特色鲜明的主题实践活动。党的十八大以来，分年度开展了"学理论、提素质、上水平""学理论、促攻坚、保发展""真抓实干、提质增效""聚合力、促转变、保稳健"等特色主题实践活动。各单位精心制订党建"4456"工程、管理提升活动、"三基"工作三年推进计划、合规管理等实施方案，细化工作措施，明确责任分工，狠抓工作落实，推动了基层建设向高水平迈进。老君庙采油厂精细顶层设计，遵循"一队一特色"原则，构建出了"甘油泉两期示范星、西河坝景区一条线、石油沟旧貌换新颜"的基层建设格局。油田作业公司每年确立一个主题，通过开展"基础建设年""党支部建设年""文化建设年""作风建设年""队伍建设年"，实现了基层建设与生产经营紧密对接、合拍共振。勘探开发研究院着力构建长效机制，长效常态化推进基层建设，有效助推了科研工作。

（二）队伍建设切实加强

公司党委以从严从实加强基层党组织建设和班子建设为重点，把党组织健全完善率和党员教育管理覆盖率两个100%作为队伍建设的基本要求，着力加强基层队伍建设，队伍战斗力持续增强。

一是班子建设进一步夯实。公司党委坚持机构同步设置、人员同步配备、工作同步谋划、工作同步开展的"四同步"原则，做到生产经营延伸到哪里，党的基层组织就建设到哪里，哪里有党员哪里就有健全的党组织。突出按期、按程序、按要求进行党组织换届工作，基层党支部每3年、基层党委每5年进行一次换届。严格选人用人的领导和把关，选好配强各级领导班子，全面推行干部竞争性选拔，加大机关与基层、党委与行政干部交流力度，十八大以来共调整交流169人、提拔使用57人，一批优秀领导干部脱颖而出，班子结构和功能有效改善，目前绝大多数班子组织健全、人员配备齐整。完善领导干部考核评价办法，强化领导班子和领导人员日常考核和年度绩效考核，加强考核结果应用，对综合测评居末位的给予黄牌警告、诫勉谈话和降职使用，激发了干事创业的激情和活力。

二是作风建设成效明显。油田扎实开展党的群众路线教育、"三严三实"专题教育、"两学一做"学习教育和"重塑良好形象"大讨论活动，党员干部党性观念普遍增强。迎接集团公司两轮巡视，全面细致查改问题36个，促进了工作作风转变和工作质量提高。认真开展"三超"治理""小金库"专项清查等14项专项治理，加大节日期间提醒、监督和查处力度，推动了干部作风持续转变。公司党委要求各级领导干部脚下踩泥立形象、头上冒汗树形象、原油上产固形象、提升效益亮形象，把各级干部"是否深入基层、是否扑下身子、是否带头实干、是否促进油田稳产上产、是否促进炼化减亏增效、是否遵章守纪合规管理"作为作风建设的试金石。油田各级干部以上率下、上下联动，机关为基层做表率、领导为干部做表率、干部为员工做表率、党员为群众做表率成为一种常态。油田作业公司机关围着基层转、干部围着井场转、员工围着钻台转，作业机隆隆作响"三转一响"成为一道风景。酒东油田作业区"干部一线工作法"、勘探开发研究院"工程技术人员一线服务法"等成为工作制度，以作风建设的成效带动基层建设上台阶。

三是党支部作用切实得到发挥。突出党支部建设这个核心，落实《党建责任制实施办法》等系列制度，靠实基层管党治党责任。坚持把严肃党内政治生活作为推进全面从严治党的基础工程来抓，严格落实"三会一课"、民主生活会和组织生活会等制度，切实增强党内政治生活的政治性、时代性、原则性、战斗性，推进党内政治生活进一步制度化、规范化，更好地发挥组织生活锤炼党性的熔炉作用。深入开展服务型党组织创建，形成了创先争优、"区岗点"创建、基层示范队、定基达标、走动式服务等特色做法。老君庙采油厂实施了党建责任清单制管理，青西采油厂开展"五好"支部量化跟踪考核，勘探开发研究院推行党建工作与科研工作同步考核，新闻中心主题党课特色化、常态化，这些行之有效的措施，在推进党建责任向基层延伸，提高基层党支部凝聚力，发挥战斗堡垒作用方面见到了显著成效。坚持把做好党支部书记培训和入党积极分子培训作为两个主抓手，每 2 ~ 3 年对党支部书记轮训一遍，已连续举办 16 期党支部书记示范性培训班。2015 年，采取集中示范和分片进行相结合的方式，对所属 27 个党委的 276 名党（总）支部书记全部进行了轮训。每年统一组织公司所有发展对象进行为期 3 天的集中培训，已连续举办入党积极分子培训班 19 期。

四是员工队伍保持稳定。坚持把骨干培养成党员、把党员培养成骨干的"双培养"模式，重点把生产骨干培养发展成党员，把新入职的学生党员培养成业务骨干。党的十八大以来共发展党员 752 名，将"控制总量、优化结构、提高质量、发挥作用"总要求落到了实处。注重将发展成果惠及员工，精心组织一线队站、员工食堂等项目建设，大力开展形势任务教育，切实做好解疑释惑、理顺情绪、矛盾化解等工作，大力推进厂务、党务公开，广泛开展"谈心"和意见征集活动，矿区员工生产生活条件得到切实改善，对企业的归属感、责任感持续增强。

（三）先进典型示范引领作用有效发挥

按照典型引领、以点带面的思路，大力培养和宣传先进典型，积极开展"三基"工作"千百十"创建工程，形成了一批基层建设成果。

一是培育了一批基层先进集体。党的十八大以来，老君庙采油厂、油田作业公司被评为全国企业文化建设优秀单位；综合服务处客车大队客车三小队、炼化总厂重整车间重整苯抽三班等荣获"全国工人先锋号"称号；炼化总厂焦化车间女子主操岗获"全国五一巾帼建功标兵岗"。炼油化工总厂、油田作业公司、水电厂获甘肃省"五一"劳动奖状；水电厂销售服务中心外线电工班获甘肃省"工人先锋号"；鸭儿峡采油厂党委获甘肃省"先进基层党组织"；青西联合站获"中央企业先进集体"；保卫处获公安部"全国油气管输安全保护工作突出集体"等称号。2012年以来，老君庙采油厂四工区、油田作业公司压裂队、机械厂抽油杆冷加工车间、炼化总厂常减压车间等6家基层单位获得集团公司"千队示范工程"示范单位；水电厂供电车间外线电工班获集团公司"铁人先锋号"称号；老君庙采油厂党委、炼化总厂党委被评为集团公司"创先争优"先进基层党委；老君庙采油厂党委被评为集团公司创建"四好"领导班子先进集体；鸭儿峡采油厂、炼油化工总厂催化车间被评为集团公司先进集体；油田作业公司党委获集团公司"先进基层党组织"；油田作业公司侧钻作业队 D17863 队被评为集团公司"模范集体"；水电厂热工工区党支部获集团公司"先进基层党组织"称号。同时创建了一批油田公司级示范队站和"五型"班组，使各单位基层建设学有方向、赶有目标、建有标准，典型的辐射带动作用有效发挥。

二是"百面红旗"单位辐射带动效果突出。获得集团公司"百面红旗"单位的老君庙采油厂 603 岗位、炼化总厂常减压车间、油田作业公司常规作业四小队（现为常规作业队 X04866 队）在继承中发展、在发展中引领，依然是油田基层建设的旗帜。常减压车间始终围绕企业生产经营中心，在管理上不断取得新突破，突出抓好"特色 345"，扎实推进精细管理：提素质，建设"三支"队伍；强三基，夯基础，深化"四精"管理；带作风，促和谐，培育"五种"文化。以落实岗位责任制为核心，创建了以任务有指标、步骤有程序、质量有标准、考核有制度为内容的质量管理"四有工作法"，摸索形成工艺台账"四化"管理模式，将工艺技术台账"电子化、图表化、可视化、自动化"，实现了"自动计算、决策参考、产品模拟"等多项功能，使工艺台账管理更加科学规范，取得了良好的效果。有着 55 年发展历程的老君庙采油厂 603 岗位，是传承和弘扬石油精神、玉门精神的过硬典型。该岗位1965 年被石油工业部授予"学习大庆岗位责任制过硬的样板"称号，成为石油工业战线基层岗位建设的一面旗帜。经过接续不断的奋斗，形成了以"五件传家宝"为标志的艰苦奋斗、自强不息的苦干实干精神，以"七字管井法"为代表的严细认真、科学求实的精细管理理念，以"四坚持五过硬"为核心的自觉从严、出手过硬的务实创业作风和落实"抓生产从思想入手、抓思想从生产出发"的思想政治工作方法，603 岗位实现了 55 年安全生产，成为加强基层建设的现实样板。2016 年，油田上下全面开展学习 603 岗位优良传统专项活动，先后有 2186 人前往观摩学习，促进了传统意识和优良作风的回归。

三是选树宣传了一批明星员工。在油田改革发展实践中，油田注重从各业务领域挖掘、培养、选树先进典型。全国劳动模范史玉平、刘灿，"全国石油石化系统创新先进人物"王小军，甘肃省"五一劳动奖章"获得者马建军、王昆，"石油工匠"刘春杰等一批爱岗敬业、本领过硬、认可度高的优秀员工脱颖而出，为广大员工树立了榜样和表率。公司在推进"千名员工上'双星'活动"实践中，利用三年时间选树 1004 名公司基层建设"双星"（职业操守明星、专业技能明星）员工，在生产一线起到了良好的带动引领作用。公司两级组织利用《石油工人报》、门户网站、微信平台等媒介，大力宣传先进典型的事迹，通过召开专门会议、现场观摩、典型宣讲等方式深化向先进典型的学习活动，引导员工学先进、赶先进，营造良好的舆论氛围，凝聚油田持续发展正能量。利用中国石油报、甘肃日报、甘肃工人报等媒体，组织宣传油田先进典型事迹，展示玉门石油人为油拼搏的精神风貌。

四是形成了系列成熟适用的基层管理经验。鸭儿峡采油厂以示范一口井、示范一个岗位、示范一种练兵、示范一个区块、示范一种文化"五个一"为引领，助推老油田原油日产重上了300吨，创24年来新高，实现了层层有自喷井，产量"一年一小步，三年一大步"的跨越式发展。钻采工程研究院先后总结形成了党建工作"八抓八强工作法"、"五型五化"岗位建设法等7种好经验好做法，有力促进基层建设提档升级。综合服务处"四点法"班组精细管理模式、物业服务走动式管理、青西采油厂联合站"6211"巡检法、酒东采油厂采油队"ABC"油井差异化管理和"一井一法一对策"的精细化管理法、油田作业微信平台企业号开展思想政治教育和培训、管道运维服务公司建设网上家园、农牧公司实施"全员、全要素、全过程、全方位"降本增效工程等一批特色管理经验，在提升基层管理水平方面发挥显著作用，具有较高的借鉴和推广价值。

（四）基层素质持续提升

坚持铸魂育人、成风化人，请进来、走出去，强化岗位技术技能培训，广泛开展岗位练兵和技能竞赛，员工整体素质不断提高。

一是石油精神铸魂育人见到实效。坚持大力弘扬石油精神和玉门精神，认真开展石油精神和玉门精神的再学习再教育，精心组织"源泉——玉门优良传统"主题宣讲，累计宣讲51场次、近1.3万人次接受了教育；精心制作《源泉——中国石油工业的摇篮》专题片，在主流媒体上点击量超过6万人次；组织拍摄《石油摇篮唱响"三基"之歌》等专题片，丰富发展了摇篮文化内涵；加强企业精神教育场点建设，修缮保护老一井、石油先辈居住过的窑洞、第一炼厂遗址等教育场点，拓展了摇篮文化新阵地；组织参观玉门油田展览馆、老一井等企业精神教育基地，开展"石油摇篮好故事"和"四个诠释"岗位讲述等活动，坚持用油田厚重的历史感召人，用身边事教育影响身边人，提高了员工的个人品德和职业操守，为油奉献的责任感和使命感切实增强。

二是技能培训见到实效。持续开展多层次、多渠道、多方式的技能培训，实践创新了导师带徒、协作培养、专家讲堂等特色培训方式，培训工作的针对性、有效性显著提高，管理队伍、技术队伍、操作队伍的技能持续提升。党的十八大以来，公司内部组织培训47141人次，特种作业培训14298人次，送外培训6412人次，各类人才的培训有力保证了油田勘探开发、炼油化工、工程技术业务的顺利开展。特别是老君庙采油厂员工李晨露，实现了近年来公司在集团公司主体工种技能竞赛中奖牌零的突破。强化专家工作室管理，依托刘春杰国家级技能大师工作室、史玉平劳模创新工作室、宋先帮工作室等平台，开展生产课题攻关、进行技术传帮带，形成一线创新创效成果案例，不仅解决了现场疑难，而且促进了技术成果共享。

三是全员读书活动深入开展。党的十八大以来，每年在油田宣传思想文化工作要点中，明确安排全员读书活动。油田各级组织坚持开展"学习在石油·每天悦读十分钟""每周学习两小时""阳光女性·幸福中国""智慧女性·书香家园""书香绽放魅力人生"读书征文、交流和"一封家书"写作活动，员工围绕"阅读·思考·提高"主题，撰写读后感。对征集作品择优在《石油工人报》刊发，通过读书学习活动，促进员工养成自觉学习、终身学习的良好习惯，自觉培养良好的职业道德、个人品德、社会公德和家庭美德，为全力打造知识型员工队伍发挥了积极作用。

创新方式方法　落实管理措施
努力推动基层建设持续提升

煤层气有限责任公司

　　煤层气公司按照集团公司党组的决策部署，充分发挥政治优势，紧紧围绕稳健发展主线，坚持科学发展理念、创新发展思路、固本强基管理，将"家文化"贯穿于基层建设当中，通过强化"四个聚"，抓好"十个结合"，基层建设工作取得了显著的成效。自公司成立以来，先后获得集团级"先进基层党委""先进工会组织""基层党组织""青年文明号"等集体荣誉称号10项，获集团部门级集体荣誉称号44项。

一、聚情爱家，凝聚牢固情感基础

　　（一）基层建设与扶贫帮困相结合，抓和谐共建，弘扬团结友爱精神

　　建立"夏季送清凉、冬季送温暖、节日送慰问"常态化机制，完善困难员工档案，坚持动态跟踪管理，切实做到"知情、知心、知底"，共帮扶困难员工近350人次；建立"绿色通道"，让公司所在地北京的优秀医疗资源，惠及每一名不在北京工作的员工，在员工及家属患病就医的关键时刻，大病找专家就诊通道基本建立，有效解决员工及家属看病难的问题。

　　牢固树立"资源地是第二故乡"的理念，大力支持当地精准扶贫、社会就业、教育事业、道路建设、绿化环保等工作，在依法合规的前提下投入近2000万元资金，公司所属单位多次获评地方纳税先进单位；先后赴地方老年

公寓、儿童福利院进行志愿慰问；助力贫困县产销"沁州黄"小米破万斤，成功打造具有煤层气特色的"精准扶贫"品牌，以企业实际行动向社会彰显企业担当，传递正能量。

（二）基层建设与文体活动结合，抓活跃文化，营造和谐舒畅氛围

加强团队文化建设，将团队活动作为强化员工凝聚力和幸福感的出发点和落脚点，着力增强员工的参与热情和团队意识，广泛开展丰富多彩的团队活动，如元旦联欢会、运动会、球类比赛、健步走、广播操比赛等活动，既丰富了员工业余生活，又为员工提供了新的交流平台，激发了团结竞争意识，营造了团队和谐内环境。

二、聚力建家，构建和谐家园环境

（一）基层建设与提高管理效率结合，抓机制改革，充分挖掘内在潜力

推进公司体制机制改革，继续实施机关年轻员工赴基层锻炼 1 年的轮岗计划，建成"两院一中心"为主体的科研体制，启动所属单位扁平化管理工作；深化专业技术岗位序列改革向公司所属单位推进，开展二级工程师及以下专业技术岗位首次聘任工作；全面实施公司工效挂钩绩效考核办法，将奖金增量更好地向效益好、贡献大的单位倾斜，进一步调动干部员工积极性；实施智慧气田建设工程，推广应用集气站无人值守模式。

（二）基层建设与后勤服务结合，抓硬件改善，打造温馨家园环境

持续抓好基地建设，公司按照生产经营区域，解决员工落户问题，优化工作环境，改善员工宿舍条件，形成西安、太原两大基地，提升员工归属感；加强"职工之家"建设，设置兴趣小组，购置各种活动器材，修建属于员工的"多功能"活动场所；开展基层单位食堂评比活动，加强对食品安全、卫生环境、营养搭配等方面考核，有效确保员工"舌尖上的安全"，让员工尝到家的味道。

三、聚心管家，强化岗位责任意识

（一）基层建设与道德情操培养结合，抓反腐倡廉，树立良好家风家规

把党风党纪、社会主义核心价值观和石油精神贯穿于员工学习教育的全过程，通过观看视频讲座、参加答题竞赛活动、参观廉政教育基地等多种形式，营造了遵规守纪的良好氛围，教育引导全体干部员工严守"家风家规"，保持风清气正的良好风貌。

（二）基层建设与选树先进典型结合，抓思想政治，发挥示范引领作用

选树公司第一批"十大工匠"，营造劳动光荣的良好风尚和精益求精的敬业风气，激励员工苦干实干、担当创新，积极投身公司生产经营建设；大力宣传公司三名员工在去工区途中，路遇他人突发车祸，关键时刻挺身而出见义勇为抢救生命且不留名的好人好事，三人被当地市政府评为 2017 年度标杆并被《中国石油报》、山西省电视台报道，形成了巨大的感染力和影响力，鼓舞和激励全员奋发图强、团结奋进，为公司稳健发展贡献巨大的精神力量。

（三）基层建设与民主管理结合，抓平台建设，凝聚参与管理热情

全面建立职代会制度，不断提高职代会质量，认真听取员工代表对公司发展的意见与建议，引导广大基层员工积极参与公司民主管理和民主监督，增强员工主人翁责任感；搭建新媒体宣传平台，以喜闻乐见的形式，增强基层员工对公司发展历程和成果的了解，成功使"微"平台成为传播正能量和增进沟通的新载体、新渠道。

四、聚智兴家，激发为企创效使命

（一）基层建设与岗位练兵结合，抓微观活力，活跃创先争优活动

组织青工技能比武、技能比武大赛等活动，评选了首届"十大工匠"，

造就一批技艺精湛的行业名匠和技术技能人才，为公司发展提供坚实人才保障；不断强化"五型"班组建设成效，加大在基层管理站创建"学习型、安全型、清洁型、节约型、和谐型"班组的力度，并扩大至承包商队伍。

（二）基层建设与员工培训结合，抓素质提升，树立终身学习观念

通过"请进来、走出去"、"双向"交流、挂职锻炼、新任干部"六个一"廉洁从业教育，建立了内部培训体系，拓宽了外部培训渠道，有效提升了干部队伍整体素质；启动技能实训基地建设并完成一期工程，搭建"三台一角"学习平台，为基层员工整体素质提升打下坚实基础。

（三）基层建设与宣传工作结合，抓典型带动，激发爱岗敬业热情

利用公司内网、外部媒体和新媒体平台等渠道，大力宣传先进典型事迹、发展突出成果和公司重大决策部署。通过讲"家"里的人、说"家"里的事，让广大干部员工切实感受"家兴我兴，家荣我荣"的喜悦，激发全员立足岗位做贡献的信心和决心，为公司稳健发展凝聚力量。

以党建引领基层建设
打造绿色发展新引擎

南方石油勘探开发有限责任公司

为适应新时代改革发展新要求，南方公司在深入学习习近平总书记关于国企党建及改革发展的系列讲话精神，认真落实集团公司战略部署的基础上，把全面加强基层党组织建设作为推进基层建设的主要抓手，以党的建设引领基层建设，促进了公司稳健发展。

一、机制体制建设

南方公司是立足油气勘探，以资源为基础、市场为导向，以整体优化为原则、效益最大化为目标，实施油气并举、产销一体化战略"油公司"模式的油气田企业。目前设置2个党总支、12个党支部。

在基层建设中，公司党委充分认识到，加强基层建设既是堵塞管理漏洞、防范风险隐患、提升质量效益的有效载体，也是提高管理水平实现高质量发展的主要手段。鉴此，公司首先在转变全员思想观念上很下功夫，通过广泛深入学习和层层宣传动员，使全体员工进一步认识到加强企业基层建设的必要性、艰巨性和紧迫感，打牢了加强基层建设、提升基层管理水平的思想基础。

为加强基层建设组织领导，健全完善工作体系，落实好各项工作责任，成立了由公司主要领导为组长的基层建设推进小组，相关部门分工负责、密切协作，压紧压实责任，制订推进方案，落实工作措施，形成主要领导亲自抓、分管领导直接抓、职能部门具体抓、一级抓一级、层层抓落实的工作格局。

二、基层党组织建设

1. 制作党务工作指导手册。将基层党支部基础工作进行梳理总结，编写《南方公司党支部工作指引》，以简单直观的流程图和模板示例方式，明确党支部各个环节业务流程和岗位工作职责，图文并茂、脉络清晰、直观易懂，为基层党支部标准化、规范化建设打下了坚实的基础。

2. 配强配齐支部书记。结合实际，根据业务性质和工作特点，为 2 个主要单位的党支部和党总支配备专职书记，确保党的建设各项工作全员覆盖，落实到位。同时，根据所属地方广东省直工委"双向进入、交叉任职"的要求，规范了交叉任职党支部书记的职责权限。针对党组织基础工作薄弱的短板，结合集团公司及广东省直工委培训安排，组织党支部书记专项培训，确保"书记作用好、政治素质好、团结协作好、作风形象好"的"四好"作用有效发挥。

3. 打造规范活动阵地。在阵地建设中，广泛征求意见，强化辐射功能，完善基础设施，制定统一标准，明确活动内容。通过"六有""五上墙"硬件建设，作用得到充分发挥。"六有"活动阵地是：有场所、有设施、有标志、有党旗、有书报、有制度。"四上墙"是：入党誓词上墙、支部工作职责上墙、党员权利义务上墙、党员形象上墙。通过活动实践，逐步成为党员政治学习的中心、思想教育的阵地、传授知识的课堂、议事参政的场所，效果日渐凸显。

4. 实施量化考评标准。结合集团公司党建量化考核标准，建立健全了党支部工作和党员的考评机制，研究制定《党建工作责任清单》，把基层党建基础工作和党员工作责任任务，全部量化，加强可操作性，实现了量化考核全覆盖。

5. 精干基础资料。针对基层党建资料台账过多、烦琐、过度留痕等问题，在认真调查研究基础上，借鉴其他单位做法，进行分类管理。按照组织工作类、党员管理类、党员教育类、党员发展类、党支部活动类、文件材料类、思想政治类、党费收缴类八大类进行管理。通过分类台账管理，将基础党支部工作内容和规定时间需完成的工作任务进行细化简化，减轻了负担，提升了工作效率。

三、先进典型及荣誉

南方公司主力油气田地处风景优美的海南岛，安全环保要求极高。作为身处海南的石油央企，把宣传亮点、选树典型，在海南树立好中国石油良好形象，作为一项重要工作来抓。

邀请海南电台拍摄《时光：福山油田——摘掉海南贫油帽，打造智慧型油田》专题报道，介绍了福山油田从无到有，科学发展的历程，提升了公司在社会上的美誉度。

福山油田花场油气处理中心荣获中华全国总工会授予的"全国工人先锋号"荣誉称号后，公司及时跟进，组织精干力量，在石油媒体和社会各大媒体进行了集中宣传，产生了强烈的社会影响。

福山油田采油厂作业二区荣获中华全国总工会、应急管理部授予的全国"安康杯竞赛优胜集体"荣誉称号。作业二区在安全教育方面，开展全方位、立体式的宣传教育和岗位操作技能练兵；在监督检查方面，严格制度落实，在"查、纠、改"下大力气，仅 2017 年排查各类隐患 130 多处，整改率达 100%；在应对极端天气方面，做好"防、避、救"等各项措施，做到了防护措施到位，反应迅速有效，确保了基层岗位员工的人身安全和油气生产的平稳运行。

公司还通过召开"以绿色方式提供清洁能源"新闻发布会、发布《践行绿色钻井 助力可持续发展》的报告、成立官方微信公众号等多种手段，展示南方公司在青山绿水中打造生态油田的做法，传播绿色发展的理念，提升了公司在当地的企业形象。

四、基层素质建设

1.注重年轻干部培养选拔。2017 年，公司分别在 6 月和 11 月开展了两批次中层管理人员选拔任用工作，通过严格的资格审查和规范的选任工作程序，共选拔任用部门正职 4 人、副职 7 人，改善了中层管理干部队伍素质结构和年龄结构。同时有 1 名市场化用工提拔到中层领导岗位，打破了选拔干部的身份界限，调动了市场化用工队伍的积极性。

2.强化教育培训。组织党员开展"践行四合格四诠释，弘扬石油精神，喜迎党的十九大"岗位实践活动，为党员在生产经营、安全环保、管理提升等重点工作中当先锋、做表率搭建平台，引导广大党员在本职岗位上带头弘扬石油精神，坚持苦干实干，履职尽责、优质高效完成工作任务，带动全体员工以更加奋发有为的状态，积极投身生产建设，应对新常态，推进公司稳健发展。

3.加强干部日常教育监督。及时组织领导干部学习领会党的十九大精神，不定期邀请海南党校、广东党校、知名高校等教授开展以学习领会习近平新时代中国特色社会主义理论为重点的培训讲座，对新提拔人员开展形式多样的反腐倡廉教育，引导各级干部进一步增强迎接新挑战、破解发展难题的信心和决心，进一步增强自我约束能力和拒腐防变的能力。继续强化内控管理制度，加强过程监督，提高公司管理工作的科学化和透明度。严格落实民主生活会、述职述廉和领导人员个人有关事项报告制度，加强对领导干部的组织监督和民主监督。

4.落实送书到基层工程。秉承"读书成就员工和企业未来"的理念，通过集团公司"送书活动"，丰富了广大员工精神文化生活、提高员工队伍素质、增强了企业软实力。并以此为契机，开展"争创学习型组织，争当知识型员工"活动，帮助员工制订学习计划，提供学习条件，使员工多读书、读好书，共同提高思想道德素质和科技文化素质，为公司又好又快建设现代化、数字化油气田夯实基础。

继承发扬优良传统
提升基层建设工作水平

大庆石化分公司

大庆是"三基"工作的发源地，作为大庆石油会战的亲历者，"大庆精神铁人精神""三老四严""四个一样""抓基层打基础"这些优良传统在大庆石化得到了持续的传承和弘扬，并在企业发展的不同阶段发挥了重要作用。从 20 世纪六七十年代的"三基"工作，20 世纪 80 年代的"标准化""企业升级"，到 20 世纪 90 年代的"化工装置全面达标""基层单位建设达标"，以"新区学老区，全厂学炼油，人人学标兵"为内容的"三学"活动，20 世纪后"一拖四"基层建设模式，都明确突出了加强基层建设这一主题。近几年，伴随大乙烯大炼油项目的建成投产，大庆石化步入了稳健发展的快车道。新形势下，抓基层、打基础，重视基层建设依旧是公司固本强基的重要战略举措。公司相继完善了党的建设、员工培训、基础管理、组织流程等基层建设的相关制度，制定了《大庆石化公司基层建设指导意见》《深化"提升员工素质，加强基层建设"主题活动指导意见》《大庆石化公司千队示范工程启动方案》《五型班组考核标准》《企业文化建设三年规划》。基层建设与公司 KPI 考核同步进行，每月累计考核结果，年终作为各单位评优的重要依据。

一、体制机制建设方面

1.组织架构。本着"为了基层、服务基层、建设基层"原则，建立了公司、二级单位、车间"三级体系"，做到组织、领导、责任、措施"四个到位"，形成了公司统一领导，部门协调推进，二级单位组织落实，车间班组贯彻执行，党政工团齐抓共管的工作格局。公司领导班子对基层建设给予了高度重视，将抓基层建设作为企业的基础工程，克服短期行为，不搞权宜之计。公司每年多次召开专题会议，研究基层建设工作，公司总经理、党委书记担任基层建设领导小组的组长，并参与基层建设方案的制订，在人力、物力、财力上，给予大力支持与保障。各职能部门主动进入角色，密切配合。各基层单位从解决薄弱问题入手，开展工作，使公司基层建设工作扎实推进。

2. 建设主题。基层建设涉及方方面面，为了更加有效地开展工作，公司在全面推进基层建设的基础上，结合企业实际，一定时期、一个阶段突出一个重点。去年围绕"创效益、促改革、抓创新、强党建、塑形象"的主题开展工作，今年结合职代会提出的工作重点，围绕建设中石油最具竞争力的炼化一体化企业目标，公司推出了"转作风树形象"主题活动，下发方案，细化措施，强化干部员工队伍建设。各基层单位有常年坚持一个主题，如化肥厂近五年一直围绕"转变观念，主动作为，努力建设国内一流的化肥企业"开展工作；也有每年突出一个工作重点，如化工一厂近三年的主题分别为程序执行年、素质提升年、基础管理提升年。根据基层建设开展的情况，公司不定期召开基层建设经验交流会，为基层单位搭建交流的平台。

二、特色做法

1. 抓示范。以百面红旗、千队示范为引领，深入挖掘基层的典型经验、特色做法、创建亮点，抓典型、抓示范，培育了公司基层管理、品牌文化建设、党的建设示范群体 26 个，并对这些示范单位持续维护，跟踪管理。针对公司荣获中国石油"百面红旗单位"荣誉称号的四个单位，集团公司企业精神教育基地的四个单位，重点扶持，使这些单位在开展员工教育、展示公司形象、接待内外部参观中发挥了积极作用。今年，结合集团基层建设调研要求，我们把示范单位建设作为重点调研的内容，在初步摸底的基础上，对新增的六个有基础、有业绩的单位进行了现场调研，听取经验介绍，了解创建方案，解决实际问题。公司领导和相关业务处室对六个单位的创建计划进行了现场指导，明确了各自示范的主要内容和形式。公司计划在继续巩固完善原有示范单位的基础上，结合调研情况，新增加三个公司重点基层建设示范单位，并对公司所有示范单位进行统一的投资建设，形成覆盖多个专业、不同特色的教育群。在建设基层示范单位的同时，总结推广基层典型的先进管理方法和典型经验。通过拍摄专题片，利用专题网页、新闻媒体等进行集中宣传展示，使之成为具有可操作性、推广价值的基本标准和科学管理样板。积极组织厂际之间、基层单位之间、班组之间内部参观交流和观摩学习，进行共享交流，夯实基层基础。

2. 建标准。把标准化车间建设作为提升基层综合管理水平的有效手段。选树试点单位，以抓好炼油厂催化重整车间、化工一厂 BG 二车间、化肥厂合成车间等 7 个标准化车间建设为切入点，通过制定创建标准，完善管理制度，明确工作职责，以点带面，持续推进，用车间标准化建设带动管理提升。班组建设方面，以"五型"班组创建为载体，制定下发"五型"班组创建总体实施方案和考核标准。按照石化生产、生产服务、多种经营、矿区服务四个类别，细化"五型"班组创建标准，量化考核指标。

3. 搭平台。搭建基层学习、交流、创新成长平台，依托车间主任、书记、班组长各协会组织，开展文化研讨、班组长管理论坛、实践经验共享等活动，形成良好的基层文化建设交流机制。2018 年 4 月份，公司举办"加强基层建设 筑牢企业根基"2018 年第一期班组管理论坛。来自炼油厂、化肥厂、化工一厂、化建公司、质量检验中心的 5 名班组长和化工二厂丙烯腈车间党支部书记，炼油厂党群工作部部长、班组长联合会会长先后上台发言，从分享班组管理经验、推进班组建设的具体做法和体会等不同侧面进行了深入交流。公司总经理、公司部分处室长参加了论坛交流。今年，我们计划围绕班组安全管理、青年员工培养等主题再召开 2 期论坛，努力将班组论坛持续做好、做实，做成公司基层建设的一个品牌活动。

4. 树典型。遵循"立得住，叫得响，树得牢"的原则，积极培养选树各类典型，"特级劳动模范""杰出青年""行业状元""岗位能手"等一批英模群体成为员工学习赶超的榜样。同时，紧贴基层实际，立足员工视角，挖掘和宣传"普通人"的平凡梦想，讴歌体现员工核心价值观的感人事迹和故事。2014年国庆前夕，大庆石化举办了第二届"感动石化"十大人物（群体）颁奖仪式，经过层层选拔，一个个爱岗敬业、勇挑重担、热心公益、尊老爱幼的普通员工群体走上颁奖台，赢得赞誉。2015年，结合大检修中涌现出的先进人物，启动了"身边最美检修人"先进事迹巡回宣讲活动，为一线员工传递榜样的力量。温暖、平凡、鲜活的人物，使公司倡导的文化理念更加人格化、典型化，带动更多的人理解并认同公司文化。2017年，我们结合"重塑形象活动周"组织"弘扬石油精神、重塑良好形象"先进事迹报告会，邀请不同年代、不同层面的优秀员工讲述自己的感人故事，利用微信公众号直播事迹报告会，微信直播关注达6万人次，中国石油官微给予了全程直播，引起强烈共鸣。

三、基层队伍建设

1.基层领导班子建设。贯彻落实编制内配备基层干部的工作原则，保证各基层领导班子队伍齐整，保证领导班子整体职能作用能够充分发挥。注重基层班子年龄结构优化，针对年龄结构老化的实际，坚持有序退出、择优补充的原则，实施了退出领导岗位的做法，下大力气解决基层领导班子整体年龄结构老化的问题。注重基层班子知识结构优化，加大年轻干部的选拔任用推进实施力度，优先选用基层工作业绩好、能力水平高的年轻优秀人员充实到基层各级领导班子岗位，切实改善基层领导班子活力。实施基层领导干部定期交流岗位任职，基层党政领导成员交叉任职的做法。这种做法既提升了基层干部工作水平，丰富了他们的工作经历，同时在深入实施一岗双责责任制的基础上，又提高了基层领导班子整体素质，形成基层工作党政领导齐抓共管的良好氛围。

2.基层党支部建设。截至2018年4月，公司党委下属党支部共计454个，其中离退休党员组成的党支部共计73个；党小组共计966个；党员13339人，其中在岗党员8403人。公司党委始终以"六好"党支部创建为载体，连续多年坚持开展基层示范群体达标创建活动，有力推动基层党支部建设不断提升标准化、规范化，积极履行教育党员、管理党员、监督党员和组织群众、宣传群众、凝聚群众、服务群众的职责，充分发挥战斗堡垒作用，目前公司基层党支部示范群体创建达标率达到83%以上。

3.员工成长成才。2017年7月公司下发关于印发《大庆石化公司操作技能员工技能晋级计划实施方案》的通知（庆石化人事〔2017〕5号）。在公司主体生产技术工种中，增设首席技师，完善从初级工、中级工、高级工、技师、高级技师，到首席技师、企业技能专家和集团公司技能专家八级技能人才晋升通道，配套完善操作技能人才的选聘、使用、培养、考核和激励机制，逐步建立以晋级制度为基础，以提升综合素质、打造技能领军人才为目标的操作技能人才开发工作体系，引导操作技能员工向主体生产工种和一线关键岗位合理流动，努力建设一支素质优良、结构合理、爱岗敬业、创新创效的操作技能人才队伍，为公司生产发展提供保障。

4.薪酬福利待遇。公司执行集团公司统一的基本工资制度，上岗津贴、技师津贴等高标准的岗位性津贴均设立在基层单位。为充分发挥薪酬的激励作用，公司建立了以关键业绩指标考核为中心，以专业考核和专项考核为辅助的业绩考核体系，通过考核将奖金向业绩优、贡献大的单位和岗位倾斜，调动了基层单位挖潜创效的积极性。2017年8月公司下发关于印发《大庆石化公司高技能人才管理办法》的通知（庆石化人事〔2017〕7号）。高技能人才实行技能津贴制度。技师津贴标准500元/月，高级技师津贴标准800元/月，首席技师津贴标准1200元/月，公司技能专家津贴标准2000元/月，在公司工资总额中列支。集团公司技能专家津贴每月3000元，由集团公司按年度在工资总额计划中下达，公司随工资按月发放。

四、基层素质提升

1.员工培训提素。制定下发《大庆石化公司年度培训工作方案》《大庆石化公司培训工作管理办法》《大庆石化公司兼职培训师管理办法》等，各分厂有《分厂年度培训工作方案》《分厂培训工作管理程序》《分厂培训管理工作考核办法》等制度。各基层单位从实际角度出发，有的放矢、分类施策，精心制作课件，适时按照培训计划组织员工进行培训。培训授课采取分岗位、短课时、小范围、多形式组织开展基层 HSE 培训工作；每月组织员工进行一次应急事故演练培训；将培训与集中授课、技师带徒、岗位自学、班组长联合会、"活流程"评选和技能竞赛等平台相互结合，起到了较好的效果。各分厂的培训方式灵活多样，紧贴生产实际，如：炼油厂的装置岗位"活流程"评选活动；化肥厂的打造星级员工，创建学习型班组，倡导学习之风活动；化工一厂以"五班三倒一培训"为载体，提升岗位员工操作技能水平，以大师工作室及各类竞赛为平台，加快高精尖人才队伍建设；化工二厂的"上下"同步，搭建网络平台实现高效培训；热电厂的所学即所用、学用互动的"第一课堂"现场培训等。这些活动的开展有效提升了一线操作人员整体素质。

2. 员工学习进步。将加强学习作为员工适应岗位需要、实现个人价值的重要手段，积极倡导工作学习化，学习工作化的终身学习理念，鼓励员工向书本、向他人、向实践学，通过学习，掌握政策、熟悉业务、积累经验，不断提高专业知识和文化素养，提升服务企业的能力。公司以"创建学习型组织，争做知识型员工"为主线，积极为员工搭建学习平台。成立融智学堂，坚持每季度邀请中央、省市专家就团队领导力、铁人精神与职业道德、情绪管理等内容开展专题讲座。开办"融智学堂"专题网页，设立理论前沿、视频讲座、经验交流、好书推介等 11 个栏目，投入 25 万元购买电子图书 15 万册，开辟网上图书馆向员工开放，扩展干部员工的视野，提升理论水平。广泛组织开展"双十"全员读书活动，下发方案，制作题库，交流经验。公司党委积极引导，向全体员工推荐《诫子书》《朱子家训》等名篇，《责任与忠诚》《你在为谁工作》等书籍，并在《大庆石化报》开办专题栏目，配合读书活动对公司文化理念进行宣传与探讨。共青团组织相继举办了"书香石化"大型图书展、"品味经典"名篇名段朗诵会、"读书频道"网页设计大赛、"我的读书故事"征文等活动，营造出了良好的文化氛围。

集团公司送书工程在公司得到了较好的落实，所有书籍全部发放到基层，受到基层员工欢迎。利用这批图书，基层单位开展了丰富的读书活动，如化工一厂定期举行"读书漂流"活动，倡导全员阅读理念，营造书香文化氛围。热电厂将图书分门别类添加至本单位的图书角内，方便员工随时阅读。水气厂基层单位利用早会时间开展"晨读十分钟"活动，已坚持了近5年，提升了员工读书学习的热情。

3. 员工劳动技能竞赛。公司每年组织形式多样的群众性经济技术创新、技术练兵、比武竞赛活动，对优秀技术能手分别给予重奖和晋升技术等级资格。公司每两年组织开展一次生产技术运动会，参赛工种齐全，员工参赛率高，每次都涌现出众多公司技术能手，达到了以赛促训的效果。另外，公司积极参加国家、集团公司组织的各类技能大赛，并取得了优异的成绩，如化工一厂员工2014年参加集团公司组织的柴油加氢大赛，荣获一金一铜；2015年参加集团公司乙烯大比武，荣获团体预赛第一，决赛一银两铜，团体第二的好成绩。自2010年至今，公司共取得了6块金牌、7块银牌、13块铜牌。

五、意见与建议

1. 基层建设工作要立足于企业日常工作细化、量化和标准化，不另搞一套。

2. 真正深入基层、岗位，帮助员工解决实际问题，尊重员工首创精神和劳动，让员工有工作认同感和价值感，这样才能调动员工工作积极性，基础工作才能扎实，企业发展基石才能更加夯实。

3. 主要生产单位的基层建设工作要求和工作量在逐步加大，建议恢复主要生产单位的"基层建设"岗位编制，以便能更好落实公司各项基层建设工作任务安排。

4. 基层建设投入少，基层车间基础设施不统一，应加大对基层车间的硬件投入，逐年缩小车间及班组之间的差距。

5. 建议今后能够多推送一些电子类的书籍、朗读类的书籍，比传统书籍更易于分发和阅读。

抓基层　打基础　练内功
抓实以车间班组管理为特色的基层建设

吉林石化分公司

　　吉林石化公司作为"新中国化学工业的长子"，始终将基层建设作为企业中心工作的重要抓手，在多年的创业实践过程中，坚持不懈抓基层、打基础、练内功、提素质，形成了以大庆精神、铁人精神为根，以吉化"四种精神""严细实快"作风为保证的基础管理特色，成为吉化的管理精髓和可持续发展的根本保证。

一、体制机制建设

（一）基层建设总体情况

　　吉林石化公司现有党支部 563 个，其中基层车间（站队）党支部 450 个，机关处（科）党支部 113 个；现有班组 1735 个，其中一线生产运行班组 837 个，一线检修维护班组 291 个，生产辅助班组 187 个，后勤服务班组 420 个。

　　公司坚持抓好以车间管理和班组管理为特色的基层建设，始终把基层建设的核心放在车间党支部，工作落脚点放在车间班组，筑牢管理根基。

　　一是党支部战斗堡垒作用发挥突出。创造性地实施并不间断地开展"创先争优"活动，不间断地开展党员政治轮训，不间断地开展"三会一课"组织活动，不间断地开展群众评议党员工作，不间断地开展党风党纪教育，保证了党的组织体系健全、组织制度完善、组织效能充沛，形成了基层党组织的强大凝聚力和感召力。加强基层党建工作创新，坚持把党建思想文化建设融入经营管理全过程，用好"党建项目化""党员责任区""党员好管家"等载体，做好党建管理标准化、"4+1"党支部书记素质提升、"四段式"党员教育，推进基层党建和中心工作深度融合。坚持创新新形势下基层思想政治工作方式方法，实施"岗前情绪监测，岗上心理疏导，岗下家访谈心"思想政治工作管理模式，确保思想政治工作进车间、到班组、接地气。扎实推进文化建设进车间、到班组，做到"一个车间一个品牌，一个班组一个特色，一个岗位一个亮点"，实现了企业文化在统一框架下的百花齐放，把党支部建设成为团结群众的核心，教育党员的学校，攻坚克难的堡垒，把党员队伍建设成为企业发展的优势资源，全力推动公司可持续盈利和稳健发展。

二是班组建设根基得到有效夯实。吉化始终坚持在提升班组执行力、凝聚力、创造力下功夫，连续多年抓治理整顿、抓基础管理、"创一千个红旗班组"，不断迈上新台阶。多年来，实践形成了岗位责任制、安全生产、巡回检查、经济核算、设备维护、质量检查、岗位练兵、交接班"八大制度"，为企业管理提升奠定了基础。近年来，每年分三个赛季开展贯穿全年的劳动竞赛，每个赛季制定严格的考核标准，提高班组执行力；每年公司级重大项目立项实行合理化建议重大成果和"短平快"成果"双线"并举的方法，传播"不怕项目小、不怕贡献少、就靠用心找"的"五新五小"工作理念，激发班组创造力。

随着基层建设工作扎实有效推进，企业发展根基得到有效夯实，企业可持续发展动力更加强劲。公司通过全员苦练内功、精细管理、改革创新、提质增效，一年一大步，四年大变样，实现了由巨额亏损到大幅盈利的重大转变。2017 年公司盈利 50.8 亿元、同比增加 118%，上缴税金 137 亿元、同比增加 6.1%，效益在中国石油炼化板块排名第一，创造了吉化历史上最好的生产经营业绩。2018 年前四个月盈利 19.9 亿元、同比增加 42%，效益在中国石油炼化板块继续排名第一。

（二）基层建设责任落实情况

在公司层面，吉林石化公司基层建设工作由公司党委统一领导，由党委办公室、党委组织部、党委宣传部、安全环保处、工会等职能部门分工负责，公司党委书记分管此项工作。公司党委通过月份党群部门例会和季度党委书记例会研究、安排布置基层建设工作。对于涉及基层建设的评比表彰、站队建设等重要事项，通过党委会研究部署，从顶层设计角度，对基层建设进行有效把控。

在党支部层面，公司修订了《吉林石化公司党组织建设工作实施细则》，固化具有吉化特色的党建工作方法，并通过情景再现、多维度解读的方式，总结推广15个实践案例，形成了《吉林石化公司党组织建设标准化手册》，主要解决组织建设做什么、怎么做、达到什么标准的问题，做到简洁、务实、管用、好操作，为基层党组织建设提供工作指南。同时《吉林石化公司党组织建设标准化手册》作为基层党支部考核的基本依据，由二级党委制定党支部考评细则，并组织考核，与年度党支部达标晋级工作相结合，为基层党支部建设工作提供了有效保障。

在班组层面，公司建立以岗位责任制为中心的各项制度。针对班组岗位责任制，建立《吉林石化公司员工奖惩管理规定》《吉林石化公司员工工资管理规定》《吉林石化公司手机专项管理办法》（试行）等制度，从制度层面规范班组员工行为；针对班组安全生产工作，建立《吉林石化公司"三违"记分管理规定》《吉林石化公司反违章禁令实施细则》《吉林石化公司安全标准化车间（班组）考核管理办法》等制度，夯实了炼化企业安全环保工作基础；针对岗位练兵，建立《吉林石化公司岗位技术练兵管理规定》等制度，营造了大练兵、大比武的岗位实践良好氛围；针对设备维护，建立《吉林石化公司电气管理办法》《吉林石化公司常压金属储罐管理办法》等制度，有效实现了化工设备的长周期稳定运行。

（三）管理模式创新情况

吉林石化公司始终坚持抓好以车间管理和班组管理为特色的基层建设，坚持抓好以制度规范和现场管理为特色的基础工作，坚持抓好以养成教育和岗位培训为特色的基本素质提升，形成了具有自身特色的"三基"工作管理模式。

一是坚持不懈筑牢车间班组根基。吉化始终把基层建设的核心放在车间党支部，工作落脚点放在车间班组，筑牢管理根基。在车间管理上，适应吉化厂多面广的实际，坚持同步设立车间行政、党支部、工会和团支部组织，形成党政工团围绕车间中心任务有机一体实施管理的有效模式。充分发挥车间管理独立、运转高效、自我调整、自我完善的优势，紧紧抓住车间行政管理、生产管理和党群管理三个主要环节，快速有力地完成了工厂的计划目标、工作指令和管理意图。在行政管理上，始终保持健全的规章制度、管理标准、考核体系和信息畅通机制，始终高标准地完成原始记录、统计报表和基础台账管理，始终在车间专业管理和班组管理上树立企业和行业的标杆。在生产管理上，坚持数年如一日抓好工艺管理，严格执行巡回检查制、持证上岗制、工艺规程和岗位操作法，目前进一步形成了规范科学的生产受控、"四有一卡"、持卡操作管理制度；坚持数年如一日抓好安全管理，精心组织全员教育、班组安全活动、票证书管理，并进一步强化了定置化、目视化管理和安全监护；坚持数年如一日抓好设备管理，认真执行机电仪化四位一体包机制、"五定三过滤"润滑制等制度，并进一步开展了在线离线状态监测、定点测厚等工作，建设了 EAM 设备管理平台；坚持数年一贯制抓好成本管理，每月开展车间经济活动分析，强化消耗定额管理，并进一步开展了对标管理、在线成本控制管理。在党群管理工作上，积极发挥车间党支部的战斗堡垒作用，工会的桥梁纽带作用，团支部的生力军作用，围绕车间生产管理开展好思想建设、作风建设，使企业的政治优势在基层得到充分体现，保证了车间各项工作的有效实施。车间围绕完成工厂任务目标，始终保持着旺盛的管理活力和独立作战能力。在班组建设上，明确定位班组承担着车间最核心的生产操作任务，始终把工作的落脚点放在班组，把班组建设成为安全环保、成本质量、技能作风的坚强基石。用制度规范班组行为，创立并坚持执行"八大制度"，做到任务落实到班组、经济核算到班组、量化考核到班组、民主管理到班组，在化工行业班组管理上成为典范。始终把提高班组长素质作为中心环节，坚持标准抓选配，注重实效抓培养，讲究方法抓使用，充分发挥了班组长的"当家人""主心骨"作用。激发班组内在潜力，坚持开展班组达标升级竞赛活动，以车间中心工作为导向，以职工小家建设为阵地，促进基础管理落得实、抓得牢。打通班组成长路径，在企业发展不同时期创建优秀班组、"双文明"班组、安全模范班组、标准化岗位、"五型"班组、标准化"五型"班组、优秀班组长命名班组等，推动班组管理不断升级。

二是坚持不懈磨砺现场管理功夫。吉化始终坚持把基础工作的中心放在岗位责任制落实，把工作着力点放在现场管理上，下苦功夫磨炼管理内功。坚持从化工生产的本质出发提高安全环保认识，从公司以及国内外各类事故中汲取教训，以国家关注、公众期待和遵守行业法规为企业使命。面对化工企业与生俱来的高温高压、易燃易爆、深冷剧毒等诸多高危风险，坚持倡导以人为本和企业道德操守，坚持从经验教训、行业特点中探索普遍性规律和特殊性解决方案，持续夯实特色鲜明、实效显著的基础工作。狠抓制度规范。制度建设是一切管理工作的保障和前提。在制度建设上，吉化多年来持续夯实基础工作，做到制度全、标准高、规定严，各级领导严格管理、严格把关、一抓到底；在制度执行上，各项工作"按照标准做、沿着程序走、主要抓两头"，领导带头执行，班组全面落实，不讲条件、不打折扣；在检查考核上，"大检查三六九、小检查天天有"，实施专业考核、综合考核、层层考核的一体化考核体系，严考核、硬兑现，常查常改不间断，从而形成了"事事有人管、人人有专责、工作有标准、办事有程序、事后有考核"的基础管理规范。近年来，不断实施制度建设、流程建设、ERP 建设，全面推进 HSE 体系、内控体系、考核体系、奖惩体系、监督体系、研发体系"六大体系"运行，努力实现管理理念现代化、管理流程科学化、管理手段信息化、管理行为规范化、管理效能最优化，有效提高了企业的管理自信和安全保障。狠抓现场管理。现场管理是企业各项管理的综合体现。多年来，创造性开展创无泄漏工厂、清洁文明工厂、六好企业"老三创"活动及创全面质量管理奖、无事故工厂、设备管理优秀单位、国家一级计量单位"新四创"以及档案标准化升级等创优活动。特别是 20 世纪 90 年代，"吉化经验"享誉全国。近年来，坚持"吉化经验"基本方法，不断赋予新内涵，推广新技术，运用新手段，形成新做法。特别是连续 34 年"创无事故工厂"，深入挖掘事故事件资源价值、推行"三违"记分管理、实施正向激励办法，创新抓好风险识别管理、安全预案管理等管理方法，使安全文化日臻成熟，企业管理更加自觉自信。

三是坚持不懈提升员工行为素养。坚持抓好以养成教育和岗位培训为特色的基本素质提升。始终坚持以岗位练兵为主要内容，以素质养成为关键环节，培养规矩、提升队伍。一是坚持从小事抓起。从 1980 年开始抓岗位记录仿宋化近 40 年不走样，通过班组比、车间评、工厂赛，岗位记录做到规格化、仿宋化、经常化、制度化、标准化，培养了练内功、提素质的自觉意识。坚持从抓"四室两箱"规格化入手，狠抓文明卫生常态化，形成以"一平、二净、三见、四无、五不漏"为代表的清洁文明管理规范，逐步养成习惯，并不断创新形式、提升标准，如近年来开展"设备创标准化""设备创完好"等工作，使清洁文明管理水平整体得到提高。坚持严格交接班制度，岗位交接班按照"十交、五不接"的要求，做到"三一、四到、五报"，操作人员具备"四懂三会"基本功，做到"六个严肃认真"，从而强化了生产过程管理。坚持抓科学文明检修，施工准备做到"三定、五落实、五交底"，文明施工做到"三不见天、三不落地、三个排列整齐""当班作业当班清、工完料净场地清"。近年来，突出抓好检修的"两个界面交接"和"一个条件确认"，高度重视"第一把火"和"最后一块盲板"管理，做好检修的"程序化、标准化、精细化、数字化"，增强科学文明检修意识，提高检修效率和质量。坚持狠抓安全生产纪律、工艺纪律、劳动纪律，通过讲评、奖惩、曝光、记分等形式，培养了员工遵章守纪、令行禁止的良好风气。通过长期、细致、全员性地抓小事、抓具体、抓根本，潜移默化地引导员工形成严细实快的工作作风。二是坚持抓技能提升。建厂以来，公司历届领导班子总结吉化发展历程，得出一个结论就是"企业的发展关键在于人的发展"，一以贯之地树立先进的培训理念，坚持"把培训作为企业发展战略"去实施，坚持"投资员工"作为员工的福利待遇。无论企业遇到什么样的困难，都积极保证培训资金投入，保证培训教师到位，保证培训时间充足，并有效解决好培训针对性、员工积极性等问题。坚持"干啥学啥、缺啥补啥、啥岗练啥"，长期开展正规办学、辅助办学、业余培训、岗位练兵和技能竞赛，采取脱产培训、职工业校、技术讲座以及"练兵卡""师带徒""一帮一、一对红""大练兵、大比武、评状元"等方式，培养"又红又专""一口清""活流程""一岗精、两岗通、多岗能"的技能员工。特别是近年创新实施"十百千工程"，开展五大培训（实训）基地建设，为吉化的可持续发展提供了人才保证。建厂以来，公司为全国各地输送各类人才6万余人，吉化人遍布23个省、直辖市、自治区。

（四）基层建设总结交流情况

近年来，吉林石化公司始终将标准化建设作为基层建设主题，相继开展了创建标准化党支部、基层站队 HSE 标准化创建、标准化"五型"班组建设等工作。

1.党支部创建标准化。

公司在创建标准化党支部过程中，做到上搭天线、下接地气、上下联动，推进贯彻上级精神的"标准化建设"，推进具有本土特征的"标准化建设"，对制度规范执行给出精准答案，固化吉化党建工作经验成果，构建党建工作运行体系。

一是规定动作统一标准。以求解式思维，把"三会一课"、组织生活会、民主评议党员等中央规定的党内政治生活，以及党支部达标晋级、党支部书记任职资格考核等集团公司安排部署，通过《党组织建设工作手册》串联起来，力求对上级的每项规定动作都求真叫准，细化为可具体操作的步骤，给出精准答案。将组织生活会和民主评议党员有机组合，细化为会前、会中、会后3个阶段10个步骤，并推广基层党委"双向"教育、"三讲"省身、"三评"体检、"两委"包保、"三措"并举的做法。发展党员从递交入党申请书开始，到预备党员转正后材料归档，全过程25个规定动作通过表格逐项列出，形成了路径引导图，按图索骥，深受欢迎。

二是自主管理统一目标。基层建设的目标就是调动人的积极性。做人的工作不能搞"一刀切",必须通过差别化而达到统一目标。公司给 39 个基层单位自主管理留出充分空间,引导和支持生产、辅助、科研等不同性质的 563 个基层党支部根据实际特点开展工作,以是否提高了党员素质,是否带动了群众,是否促进了工作,是否取得了实效为评价标准,充分发挥基层的积极性和创造力。

三是考评激励统一运作。党委层面考评与党委书记年度考核挂钩,与全年薪酬兑现挂钩,与评选先进党委挂钩。党支部层面考评与党支部书记任职资格考核挂钩,不合格的警示、诫勉、调离或免职;与评选先进党支部和党小组挂钩,先进党支部和党小组党员人均奖励 100 元,调动每名党员参与热情;与评选优秀党务干部挂钩,按照考评排序结果推荐公司和工厂先进;与下拨党组织活动经费挂钩,示范党支部、先进党支部、达标党支部、不达标党支部得到的活动经费依次相差 10% 以上。

近年来,公司党委组织进行了党支部建设工作交流,三届"十佳"党支部书记经验交流、党员责任区工作、党员好管家、优秀共产党员标兵经验交流等。

2.基层站队创建标准化。

根据集团公司和炼化板块统一部署,吉林石化有针对性地开展基层站队 HSE 标准化创建工作。通过将 HSE 先进管理理念、科学管理方法和实用管理工具应用贯穿于生产操作、检维修以及日常作业活动的全过程,不断强化各类风险管控,持续提升员工执行力,车间 HSE 管理水平不断提升,为安全稳定生产奠定了坚实基础。

一是创新工作标准,筑牢 HSE 标准化建设基础。在集团公司原有模板基础上,创造性地增加了"管理标准""硬件标准""特殊操作和作业标准"和"目视化标准"等模块。在"特殊操作和作业模块"中,选择了大型机组和关键设备操作、重要生产操作等六大类车间关键操作,通过制作演示视频、幻灯课件或现场目视化图板等方式,规范了员工的操作行为,强化员工技能素质。

二是深化操作培训，推进操作标准化建设。公司根据特殊操作和作业标准模块要求，组织技术骨干和操作能手，识别制作了公司大型机组和关键设备、重要生产操作的微视频，部分异常现象处置（停水、电、汽、风）PPT及机组开停机操作现场展板，丰富了培训手段，实现以影像和语音等现代化手段作为培训方式，有效提升员工日常操作技能。

三是加强现场管理，推进现场标准化建设。为满足现场环境标准化工作要求，公司对车间现场消防箱、工具箱、踏步、采样器具、手推车等全部划定了摆放区域，标注了摆放位置，使现场更加整洁、有序。同时，对现场风险提示牌、职业危害因素告知牌、盲板牌、采样牌、漏点牌等安全、环保、生产、设备等各类目视化标识进行了统一更换，在外操室、控制室等处统一配备了资料柜、资料盒、衣帽箱、桌椅、工具柜，使室内室外现场达到了管线走向清晰、设备标记准确、操作环境整洁的要求，进一步改善了员工生产生活环境，也为安全生产创造了有利条件。

3.班组创建标准化。

公司紧紧围绕基层建设，扎实推进"五型"班组创建工作，提出以班组标准化建设为重点，在巩固"五型"班组创建率80%的基础上，全面开展标准化"五型"班组创建的工作思路。

一是定标准，实现创建工作规范化。公司制定下发创建标准化"五型"班组工作实施方案，并根据公司相关生产基础管理要求，对考核标准做了进一步完善，使方案、标准更加科学、规范。

二是抓推进，不断深化班组创建工作。先后总结了"高彦峰班""丛强班""王忠伟班"等班组建设经验，连续多年组织召开标准化"五型"班组创建工作推进暨"十大金牌工人"命名表彰会。同时，结合"五型"创建工作阶段要求，还先后组织召开了标准化"五型"班组创建、创"双五"强"三基"争"金牌"等座谈会，切实加强基层班组建设工作。

三是攻难点，不断提高创建工作水平。以"我爱发明，我爱创新"为主题，以一线操作（服务）人员和班组长为主体，以安全环保、节能减排、优质服务为主要内容，围绕工作搞发明，立足岗位搞创新，举办多项成果发布会，并将发明成果应用于生产实践，为公司持续盈利打下坚实基础。

公司标准化"五型"班组创建工作，得到了上级工会组织和公司领导的高度认可。原吉林省总工会主席包秦在全省职工素质建设工程吉化现场会上，给予了公司"五型"班组工作充分肯定，提出在全省加以推广。

二、基层队伍建设

（一）基层队伍建设情况

1.基层领导班子建设基本情况。

吉林石化公司现有基层班子46个。公司持续强化"四好班子"和干部队伍作风建设，扎实推进各项部署，实现基层领导班子"政治素质、经营业绩、团结协作、作风形象"的新提升，凝聚力和战斗力不断增强。

一是坚持党管干部原则，选人用人配好班子。充分发挥党组织在选人用人工作中的领导、把关作用，不断健全完善选人用人机制，规范选拔任用程序，严格把好选人用人的"推荐关""考察关"和"决策关"。在干部选拔任用的具体工作中，坚持原则不动摇，执行标准不走样，履行程序不变通，做到了发扬民主，把好推荐关；严格标准，把好考察关；严格程序，把好决策关。

二是建立考评机制，扎实做好干部综合考核评价。近年来，公司持续完善《吉林石化公司所属单位领导班子和厂处级干部综合考核评价管理规定》。领导干部综合业绩考核评价，以重点工作完成情况的考核为主体，以年度业绩合同完成情况的考核为基础，以领导班子成员评价、中层管理人员评价、员工代表评价、机关与基层互相评价为主要内容的多维度测评为重要组成，经过定量考核与定性评价相结合，建立起科学完善的考核评价机制，考评结果也作为干部使用和薪酬兑现的重要依据。

三是发挥监督作用，加强干部队伍作风建设。为落实好主体责任，公司党委始终抓住"纪律、人事、用权、作风"四个关键，建立了职工民主监督、纪检监察监督、审计监督和巡视工作组巡察的"三监督一巡察"监督体系，推进党风廉政建设与经营管理的有机融合，规范领导干部的从业行为。树立"当头羊不当羊倌""八小时干不成吉化事业"理念，脚踏实地，谋事创业，树立领导干部良好形象。

四是注重素质培养，不断提高领导人员综合能力。公司从加强班子和干部队伍建设入手，制订科学规划，积极探索干部培养的新措施、新方法，提升队伍素质，认真落实集团公司《关于加强和改进优秀年轻干部培养选拔工作的实施意见》，在后备干部培养方面抓好年轻干部"入口"工作，每年进行一次调整，对素质好、业绩突出、群众公认的优秀年轻干部及时充实进来。加强日常管理，完善培养措施，每年组织一期处级后备干部培训班，选派基层优秀年轻后备干部到公司机关挂职锻炼，进一步提升后备干部的综合素质能力。

2. 基层组织负责人队伍基本情况。

吉林石化公司共有党支部书记（副书记）563 名，其中专职党支部（副）书记 276 人，兼职党支部书记 287 人。从党支部书记年龄来看，35 岁以下 9 人，占 1.6%；36～40 岁 51 人，占 9%；41～45 岁 76 人，占 13.4%；46～50 岁 217 人，占 38.3%；51 岁以上 214 人，占 37.7%。从党支部书记从业年限来看，从事党支部书记工作 2 年以下 123 人，占 21.5%；从事支部书记工作 2～5 年 211 人，占 37.2%；从事支部书记工作 5 年以上 234 人，占 41.3%。从党支部书记最终学历来看，大学以上学历 403 人，占 71.1%；大专学历 141 人，占 24.9%；中专学历 18 人，占 3.2%；中专以下学历 5 人（集中在公司集体企业），占 0.9%。

公司党委推行党支部书记素质提升"4+1"工程，"4"即公司党委集中轮训、二级党委系统培训、季度研讨拓展培训、评选十佳党支部书记；"1"即全年任职资格考核。

一是公司党委集中轮训。依托公司党校，精心设计十八大精神解读、十九大精神解读、党建基本业务流程、心理学讲座等培训课程，教理论、教业务、教方法，把上级党组织的精神和公司党委的要求，直接传递到党支部书记。

二是基层党委系统培训。基层党委结合本单位党支部书记队伍建设实际，本着缺什么补什么的原则，采取办培训班、网络课堂、工作交流、以会代训等灵活方式，组织经常性的系统培训，确保党支部书记队伍整体素质提升。

三是研讨拓展培训。以集团公司相关党建案例集、研究成果汇编为教材，基层党委自行选取适合的内容，组织党支部书记集中学习，在学习的基础上认真组织研讨，谈认识、谈体会、谈本单位的做法和打算，不断强化党支部书记基本功训练。

四是评选"十佳"党支部书记。公司党委坚持每两年评选一次"十佳"党支部书记，通过基层申报、现场工作考察、工作能力测试、讲党课等环节，管理型、创新型、责任型、凝聚型、伯乐型"五个类型"，最接地气、最有担当、最负责任、最暖人心、最善管理"五个最"，嵌入式、融合式、赏识式、真情式、激励式"五个工作法"等方式，把公司最优秀的党支部书记选拔出来，为全公司党务干部引路。

五是全年任职资格考核。按照党支部书记配备原则和任职条件，各单位党委每年对党支部书记任职资格进行考核。与年度党支部达标晋级考核、党支部书记述职评议、科级干部考核和民主测评同步开展，对工作能力较差、存在问题较多、群众测评满意率较低等达不到任职条件的党支部书记，进行提醒或诫勉谈话，问题严重的给予免职或调整岗位。

（二）员工队伍成才成长情况

在员工成长方面，构建独具特色的典型群体"塔式结构"，基础是员工队伍，中坚是班组长、管理干部和科技人员，脊梁是各级劳动模范，顶端是国家级荣誉获得者，形成职工和企业一起成长的生动格局。建设了技能培训的宽广平台，探索了"劳模创新工作室＋实训基地"的方法，放大最优秀工人的培养模式和精湛技术，建设了"钳工三杰、炼化群英、分析金花、自控先锋、中枢守护"五大劳模创新工作室暨实训基地，形成了对五大操作专业全覆盖的格局，不断加强对全体员工技能和素质的培训和培养。建厂以来，吉化涌现出全国先进生产者、劳动模范 33 人次；全国五一劳动奖章 24 人次；省部级和集团公司劳动模范 286 人次。钳工高彦峰在人民大会堂代表全国劳动模范宣读倡议书，受到习近平总书记亲切接见，吉化人倍感振奋、倍受鼓舞。

在薪酬待遇方面，吉林石化公司认真落实基层员工待遇，让他们既体面工作劳动，又提高生活质量。在奖金分配上，实行"三倾斜一接轨"政策，向创效单位、生产一线和关键要害岗位倾斜，主要生产单位一线班长、技术员等关键岗位奖金超过费用单位科级干部。建立科技成果奖励机制，每年奖励技术人员近千万元，个人最高奖励 10 万元以上。落实专家津贴，对中国石油和吉化的技能专家按月发放 3000 元和 1500 元技能津贴，高级技师、技师按月发放 500 元和 300 元津贴。坚持完善奖励机制，对品德好、素质高、贡献大的一线职工给予重奖，公司劳动模范每人奖励 20000 元，"十大金牌工人"每人奖励 10000 元，在各级技能大赛获奖的技术能手每人奖励 5000 ～ 30000 元；改善基层工作条件，建立疗养和带薪休假制度，重要节假日为员工发放集体福利，让想事、干事、成事的基层员工在吉化有更多的获得感和幸福感。

在畅通诉求通道方面，始终坚持依靠职工办企业，坚持和规范职工代表大会制度，保障民主权利。代表大会闭会期间，召开代表团（组）长联席会议审议涉及企业重大事项和职工切身利益的议案；开发职工代表提案电子化流程，党政领导逐件审阅批示、办理答复；畅通"心连心、面对面"渠道，召开总经理与职工代表议政会，解决员工合理诉求。"十二五"以来，召开代表团（组）长联席会议 17 次，审议各类议案 14 项，办理员工代表提案 1421 件，答复率 100%，总经理与职工代表议政会解决和答复各类诉求 108 项。公司先后获得全国模范劳动关系和谐企业、全国厂务公开民主管理先进单位、全国"五一"劳动奖状等荣誉称号。

三、先进典型及荣誉

（一）选树推用典型情况

公司党委每两年召开一次"七一"总结表彰大会，表彰先进党支部 75 个、先进党小组 80 个、优秀共产党员 100 名、优秀党务工作者 150 名等，大张旗鼓地进行表彰奖励。公司连续多年组织"四种精神"典型人物评选，每年评选"四种精神"红旗手，每四年评选一次"四种精神"代表人物。连续 5 年组织召开公司"四种精神"典型人物发布会，共评选"四种精神"典型人物 60 人次，每年分批次组织"四种精神"红旗手、新时期代表人物到进行巡回宣讲，5 年来，共组织策划巡回宣讲 127 场次，共有公司各单位、机关各部门 15600 余人次聆听宣讲，形成了典型人物的示范带动效应。

公司行政每年召开表彰大会，表彰模范车间 50 个、模范班组 100 个、优秀班组长 100 名、优秀员工 300 名等，对基层优秀集体和个人进行表彰奖励。

2014 年以来，公司涌现出省部级以上先进集体 64 个，其中，炼油厂"周军班"，被中国石油授予铁人先锋号、中华全国总工会授予全国工人先锋号，在人民大会堂接受了一线班组的最高荣誉。涌现出省部级以上先进个人 28 人，其中，建修公司李永翔入选吉林省首届十大工匠和大国工匠，并被评为全国劳动模范；炼油厂李艳入选吉林省第二届十大工匠、荣获全国五一巾帼标兵荣誉；建修公司曹宽、电石厂章玲玲参加全国石油化工技能大赛，夺得冠军，被授予全国五一劳动奖章、全国技术能手；合成树脂厂陆书来被中国石油授予铁人奖章。

（二）红旗单位作用发挥情况

2003 年，吉林石化公司乙烯厂乙烯车间和炼油厂重油催化车间荣获中国石油集团公司基层建设"百面红旗单位"。十五年来，这两个车间始终不忘初心，坚守本色，保持昂扬向上的精神风貌，各项工作均在公司站排头，发挥了先进表率作用。

乙烯厂乙烯车间。乙烯车间现有员工 201 名，党员 73 名，入党积极分子 30 名。乙烯车间在大庆精神、铁人精神感召下，发扬吉化"四种精神"和

"严细实快"作风，突出抓好安全平稳生产、提质增效和精细管理，2017年各项指标均创历史最好水平，在中国石油位居前列。车间先后获得中国石油先进集体、先进基层单位，吉林市模范集体，吉林石化公司科技创新先进车间等多项殊荣。2017年乙烯车间建成公司首批 HSE 标准化站队，成为公司的标杆。车间党支部坚持"大平稳出大效益"的理念，以不同时期工作重点、难点任务为切入点，将基层党建工作与企业生产经营实际紧密结合，以信念为动力，以责任为使命，以旗帜为方向，加强组织管理、文化凝聚、生产服务、队伍建设，通过党组织有计划地引导和党员有效参与，发挥了党支部战斗堡垒作用。先后培养了全国"五一"劳动奖章获得者姜涛、吉林市"江城工匠"徐辉、吉林石化公司两代"背山精神"红旗手张殿波和饶东臣、乙烯功臣汪德华、安全卫士李妮等先进典型人物，真正做到了红旗高扬，永不褪色。乙烯车间党支部书记庚国新获得了吉林石化公司第二届"十佳"党支部书记荣誉称号，车间党支部"党员严把催化剂装填质量关，实现火炬零排放"被评为公司"十佳党建项目化管理实践案例"。

炼油厂重油催化车间。原炼油厂重油催化车间负责 II 催化装置的生产运行，该装置1990年建成投产，是公司第一套重油加工装置。2011年4月，重油催化车间更名为催化裂化二车间，车间现有在岗员工 81 名，共有党员 39 名。多年来，车间名称改变，人员更迭，但催化裂化二车间党政同心同责，带领广大员工攻坚克难争创一流业绩的"红旗"本色始终未变。2017年，车间通过实施新建烟气脱硫脱硝设施，烟机改造，凝缩油罐、稳定塔顶回流罐、轻柴汽提塔更换，稳定四塔更换等举措解决了装置烟气排放超标、四机组振动超标等安全稳定生产难题，把投产近30年的老装置开出新水平。车间先后荣获中国石油达标装置、中国石油绿色基层车间、全国青年安全生产示范岗等荣誉称号。车间党支部建立起催化裂化二车间四机组公司级"特保特护"模范党员责任区，带出一支有集团公司技能专家1人，公司技能专家1人，高级技师2人，首席技师1人，技师5人的高素质员工队伍。

多年来，吉林石化公司党委运用"责任目标管理法""先行实践管理法""固化提升管理法"，充分发挥百面红旗单位的先进示范作用。每年给百面红旗单位落实责任目标，并针对公司不同阶段的重点难点工作，交任务压担子，在标准化装置建设、党员责任区建设、企业文化建设等工作中让百面红旗单位先行一步，在实践中锻炼工作能力和示范能力。同时认真总结和固化百面红旗单位在实践中创造的经验做法，为全公司站队做示范。这两个百面红旗单位获得了多项荣誉，培养了多方面的典型，多次在公司交流经验做法，成为公司基层单位的排头兵。

四、基层素质提升

（一）员工素质提升情况

公司以强化岗位操作技能为重点，实施全员技能提升考核，利用仿真软件、现场模拟、应急演练等有效形式，加强实际动手能力考核，基层单位拿出不低于月奖 10% 比例的奖金，作为培训专项奖，重点奖励全能或具备兼岗作业能力的技能骨干。对考核不达标的下调奖金基数，进行离岗培训。经过持续运行，员工逐渐接收认可，以高密度聚乙烯装置为例，聚合岗位培训奖每月相差 600 ~ 800 元，车间最高与最低培训奖每月相差 1500 元，促进员工从原来的"不想学、逼着学"，到现在利用岗位间歇和业余时间主动学。通过培训考核，部分排名靠后员工成绩提升明显，员工对工艺指标、操作规程等内容掌握越来越扎实，保证了装置安全平稳运行。

公司以全员培训推动职业技能提升，通过完善机制、改善条件、区分层次、突出重点，激发干部职工学习业务的积极性和主动性。在管理干部层面，重点上好政治理论课和吉化实践课，聘请公司内外专家学者，围绕专业管理的重点内容，联系吉化历史和企业现状，联系外部形势和内部环境，为车间主任、党支部书记、基层骨干授课；每年都依托北京石油管理干部学院、广州石油培训中心，举办骨干科级培训班，开拓视野，提高管理能力。在操作人员层面，重点上好炼化操作课和技能提升课，建成 5 个实训基地，以及 22 个网络培训教室，配备了先进的教学设施，2013 年以来有 40 万人次参加培训和考试；建设了由 1200 多名骨干组成的内训师队伍，每年评选一批金牌内训师和精品课件；建立培训资源库，梳理操作岗位知识点 5.5 万个，编写配套题库 45 万道、课件 5862 个，开发 33 套职工系列培训教材，建立 62 套仿真培训软件，切实提高了技能培训的针对性和实用性。吉化实训基地被中华全国总工会授予"全国职工教育培训示范点"，创成了"薛兰茁国家技能大师工作室""张澜澜吉林省首席技师工作室"，发挥高技能人才技能创新、解决难题和技艺传承作用。

公司坚持以赛代练，检验培训练兵成效，每两年组织一次大规模的职业技能竞赛。2017 年技能竞赛，有 8 个工种 1534 人参赛，最终产生 16 个优胜班组和 75 名优胜选手。近十年来，吉化员工参加国家、行业和中国石油技能竞赛，先后获得全国竞赛奖牌 13 枚、中国石油竞赛奖牌 38 枚，其中，金牌 11 枚、银牌 17 枚、铜牌 23 枚。

（二）送书工程落实情况

吉林石化公司积极落实集团公司送书工程工作部署，将集团公司的温暖关爱配送到岗位，发放到车间，每年将集团公司配送的书籍发放到班组、岗位，并由上至下地组织开展丰富多彩的全员读书活动，开展员工读书知识竞赛。先后开展了"创建学习型组织，争做知识型职工""争当学习型职工读书行动""读书交流会"等活动，依托各基层单位，组织开展形式多样的"双十"读书知识竞赛，营造了全员好读书、读好书的工作氛围。为保证活动效果，公司加大对"职工书屋"的投入和建设力度，持续改善一线职工的读书和学习条件，2009 年至今，重点建设车间级职工小家 96 个，建设工厂级职工书屋 48 个，丙烯腈厂、炼油厂等 7 个单位创成吉林省职工书屋，乙烯厂职工书屋被中华全国总工会命名为全国级职工书屋；建设车间级职工读书角 454 个，配送图书 68848 册，发放电子读书卡 6000 张。

立机制 强三基 练内功
不断提升基层管理水平

抚顺石化分公司

一、基本情况

中国石油天然气股份有限公司抚顺石化分公司（以下简称抚顺石化分公司）现有员工 21227 人，机关处室 17 个，直属单位 24 个，车间级单位 332 个，基层班组 2117 个。"三基"工作是石油工业的优良传统，是大庆精神的重要组成部分，是中国石油的独特优势。长期以来，抚顺石化分公司始终坚持高度重视"三基"工作，大力弘扬大庆精神铁人精神，紧密结合新时代基层工作特点和员工心态，立机制，强"三基"，不断夯实安全环保与效益基础。自 1982 年整合石油一、二、三厂等五家化工企业成立抚顺石油工业总公司伊始，同步谋划基层建设工作，具有 36 年的基层建设工作史，可以分为四个发展阶段。

一是基层建设规划初期（1982—2000 年）。1982—1990 年，公司开展企业整顿工作，精简整顿基层单位，实行定员定编，以练兵比武为载体，开展全员培训，制定《三基工作考核标准》《三基工作实施细则》。1991—2000 年，完善了以岗位责任制为中心的 10 项制度，开展"四查五整顿"活动（即查思想、查纪律、查违章、查隐患；整顿劳动纪律、操作纪律、工艺纪律、工作纪律、施工纪律）。

二是基层建设发展中期（2001—2010 年）。公司制定《综合大检查评价标准》《综合大检查实施办法》。创新开展了五型班组建设活动，2003 年洗化厂生产分厂、腈纶厂丙烯腈车间、石油三厂分子筛王海班荣获集团公司基层建设百面红旗称号。2005年承办辽宁省学习"王海班"暨创建"五型"班组经验交流会。2008年8月，集团公司在抚顺石化召开"中国石油班组建设研讨交流暨抚顺石化现场会"。2010年9月，全国总工会、国资委、工信部及全国工商联在抚顺召开"全国班组建设工作会议"。2008年，公司基层建设工作延伸到车间站队，创新开展了基层建设标杆单位创建活动，通过设立生产管理、设备管理等五项单项达标项目，以点带面推动基层建设深入开展，并取得较好成效。

三是基层建设延伸期（2011—2014年）。2011—2014年，公司持续开展基层建设标杆单位创建、五型班组建设等活动。四年间累计评选出339个单项标杆、17个达标车间和2个精品车间。124个车间受到奖励，占参与车间总数的50%。通过活动扎实开展，夯实了基层基础管理，调动了基层干部员工工作积极性主动性，营造了崇尚标杆、学习标杆、争当标杆的浓厚氛围。2011—2013年，按照集团公司开展千队示范工程活动要求，公司十家基层车间进行基层建设示范实践，石油二厂中转站荣获集团公司百个标杆单位。

四是基层建设升华期（2015—2017年）。公司主动适应新情况、新变化、新任务，不断赋予基层建设新内涵，探索新常态下企业基层建设的组织体系和运行机制。2016年在全面总结基层建设工作成果基础上，经过多方面研究和基层调研，继承创新推行了具有抚顺石化特色的基层建设活动新载体——"两级八星"星级评比竞赛活动（即基础管理星级有5个星：生产管理之星、设备管理之星、安全环保管理之星、党支部建设之星、现场环境管理之星；创新管理星级有3个星：最佳核算之星、和谐之星、培训之星）。旨在打造 "两型两化"车间（即：效益型、清洁型、标准化、家园化），对象就是车间站队，方法就是PDCA管理，载体就是"两级八星"，动力就是"一站到底式"擂台赛。经过四期验收评比，评出擂主4个，副擂主16个，红旗车间32个，创新星级57个，涉及15家直属单位51个车间。在先进典型的带动影响下，全公司基层车间纷纷在强化基础管理上下功夫，掀起了"比学赶帮超"的热潮，有力地促进了企业实现跨越式发展。2015年实现盈利3288万元，提前4年完成了国资委下达的重点亏损企业5年减亏目标。

2016 年实现盈利 39.5 亿元。2017 年实现盈利 30.26 亿元。2018 年一季度，实现利润 14.1 亿元，位居集团公司炼化企业第二名。

二、体制机制建设情况

（一）强化顶层设计，建立基层建设长效机制

一是公司层面。成立基层建设委员会，公司总经理、书记任主任，公司主管副总经理任副主任，公司相关机关各部门处（部）长、公司直属各单位党政主要负责人为成员，统一规划部署基层建设工作。委员会下设基层建设办公室，设在法律事务与企管处，按照长期规划、近期工作计划组织实施公司基层建设工作。根据"公司—公司机关—直属单位—直属单位机关—车间站队—班组"的组织框架现状，对应管理职能，明确管理边界，分工协作，齐抓共管。公司机关重点抓直属单位，法律事务与企管处重点抓车间，群团工作处重点抓班组，企业文化处重点抓员工明星选树。

二是直属各单位层面。成立由厂长、党委书记亲自挂帅，相关职能部门为主要成员，单位党政一把手为第一责任人的厂级基层建设委员会，委员会下设办公室在企管部，主任由企管分管厂级领导担任，将基层建设工作层层分解，建立了"班组—车间—专业—厂部"四级领导体系和责任体系，为基层建设工作的深入开展提供了组织保障。

（二）创新评选模式，有效推动基层建设活动深入开展

一是车间（站队）层面。以两级八星星级评比竞赛活动为载体，采用"5+3"的模式，在主辅车间先行先试，总结经验，逐渐推广，活动周期为 3 年。5 个基础管理星级是基础，为规定动作，每星标准分数为 100 分，由直属单位每季自评，5 星均达到 90 分以上的申报公司级评比，由公司按季组织验收；3 个创新管理星级是特色，为自选动作，由公司按季组织验收。采取一站到底式，即以季度为周期，每季度评选擂主、副擂主、红旗车间、创新星级，下一季度从零开始，重新参加擂台赛，守擂者只要排名第一就能在擂主位置上一站到底，直至攻擂者超越后被替代为止。成立基层建设验收专家

库，抽调直属单位 5 年以上的优秀管理者进入专家队伍，每季度采取抽签形式和四不两直方式组织验收，避免跑风漏气而突击迎检，力求反映真实的基层日常管理功底。

二是班组层面。以"五型班组"达标竞赛活动为载体，推行"建设一个核心、用好两个手段、筑牢一种支撑、形成一种氛围"运行模式。一个核心，是指公司和各直属单位在班组建设实践中要首先注重对班组长的培养、选拔和管理。**两个手段**，是指在班组建设和管理的实践上要将经济责任制和民主管理两种手段有机结合。**一种支撑**，是指无论是班组长还是班组成员，无论是经济责任制还是民主管理，都必须建立在过硬的员工个人技能和班组整体素质的支撑之上。**一种氛围**，是指通过以上建设措施，在每个基层班组都形成爱企业、重安全、讲学习、促和谐的积极向上的班组文化氛围。

三是员工层面。以员工明星评比活动为载体，每季度将评选和表彰的明星设置成操作、管理、学习、创效、和谐等 10 类，评选的主要对象放在广大员工身上，将评价途径定为"从群众中来，到群众中去"，"十大明星"分别是公司各方面基础性工作的突出代表。这既有效激发了广大员工的参与热情，又充分体现出明星评选活动的群众性号召力。通过对明星楷模的挖掘、奖励和宣传，阐明文化导向，带动全体员工向明星楷模学习，从主观认识与个人行为主动向模范人物看齐。三年来，共有 133 名员工荣获明星员工称号。

（三）突出典型选树，营造良好基层建设氛围

一是每年召开基层建设推进会。2016 年、2017 年，公司以视频会议形式先后组织召开 2 次基层建设推进会，公司领导、机关处室负责人、直属单位党政领导及直管干部、机关各处室代表、直属单位部门负责人、基层车间党政领导、基层车间班组长代表等 880 余人参加会议，回顾总结取得成果，剖析存在的问题，部署下一步工作任务，选树典型进行经验交流，为深入推动基层建设工作营造了良好氛围。

二是季度召开基层建设颁奖会。在公司季度首月视频会上组织召开季度基层建设星级评比颁奖会。法律事务与企管处汇报上一季度基层建设星级评

比评审情况，通报验收检查评比结果，分析当前存在的问题、不足及对下一步基层建设工作进行安排部署。公司领导对获得擂主、副擂主、红旗车间称号的车间进行现场颁奖。高规格的颁奖会，在扩大影响力与辐射面的同时，为活动深入开展起到积极推动作用。

三是开设基层建设专栏。设置基层风采、通知公告、亮点经验、共享平台、突破管理、对标管理、基层之声等七个板块，上传资料 67 篇，点击量达到 1.2 万次，为基层单位明确当期重点、指导具体工作、展示特色做法，提供了平台支撑。定期组织交流学习活动，石油一厂、腈纶厂、洗化厂、储运厂等单位组织各车间党政领导到擂主、副擂主、红旗车间进行现场观摩交流，将先进单位的好经验好做法进行复制应用，营造出"学先进、争先进、当先进"的浓厚氛围。

三、基层队伍建设情况

（一）突出能力建设，发挥整体功能，领导班子和干部队伍建设更加适应企业发展需要

公司党委坚持以提高领导班子和领导干部的思想政治素质为引领，突出思想到位、责任到位、措施到位、工作到位，不断强化党的政治纪律和政治规矩意识，严格执行中央八项规定、集团公司党组 20 条要求，严格落实民主集中制、"三重一大"、民主生活会等组织制度，努力把各级领导班子打造成为政治过硬、思想过硬、作风过硬的坚强领导集体。始终坚持德才兼备、以德为先的用人导向，积极探索坚持党管干部原则与经营管理者依法行使用人权相结合的方法和途径，建立完善选拔任用和管理监督机制，大力推行公开选拔、竞争上岗，一大批优秀人才走上领导岗位。公司格外注重加大干部交流和班子调整力度，按照年龄梯次、知识互补、专业配套、气质相融的目标，进一步优化班子结构。积极推行"党政分设，交叉任职"的领导体制，认真贯彻民主集中制原则，按照"集体领导，民主集中，个别酝酿，会议决定"的要求，做到科学决策、民主决策、依法决策。扎实开展"四好"领导

班子创建活动,强化政治素质,突出能力建设,转变作风形象,创造一流业绩,领导班子综合素质不断提高,整体功能明显增强。全面推行综合业绩考核,坚持用正确的业绩观衡量干部、评价班子,并将考核结果与干部任用和奖惩挂钩,有效激发了领导干部干事创业的热情。

(二)融入中心工作,服务发展大局,基层党支部建设更加彰显生机和活力

坚持"围绕发展抓党建,抓好党建促发展"的工作方针,紧紧抓住"科学发展,构建和谐"两大主题,努力将政治优势转化为竞争优势和发展优势。在企业深化改革、专业化重组、业务整合等关键时期,加强舆论宣传,释疑解惑,营造有利于改革发展的良好环境。积极参与企业重大问题决策,保证党和国家的路线、方针、政策得到贯彻落实,保证企业改革发展的正确方向。创新党组织活动内容和方式,深入开展"共产党员工程""党员先锋岗""党员责任区""党员包机组"等行之有效的主题实践活动,激励广大党员立足本职、建功立业,在推动企业科学发展、和谐发展中体现先进性。扎实开展"六个一"党支部创建工作。公司党委坚持打造"一个支部一个特色",基层党组织坚持结合自身抓特色,"百花齐放"赋予"六个一"党支部创建活动新内涵。目前公司"六个一"创建活动普及率达到100%,通过量化考核评价,定期检查和不定期抽查,对活动内容、形势、效果进行督导评比,使"六个一"活动不断发展,长做常新。

(三)注重抓基层打基础,强化党组织带头人队伍建设,党的基层组织更加巩固和发展

公司党委下设直属党委22个,二级党委13个,党总支40个,党支部585个。公司现有党员10449人,其中在岗党员10086人。一直以来,公司党委认真履行党章规定,认真落实"党的建设同步谋划、党的组织及工作机构同步设置、党组织负责人及党务工作人员同步配备、党的工作同步开展",实现体制对接、机制对接、制度对接和工作对接的要求,党组织覆盖率达到100%。建立健全各级党组织按期换届提醒督促机制,确保任期届满的党组

织按期换届。公司党委注重加强基层党组织领导班子特别是党组织书记队伍建设，创新选拔培养机制，坚持应专必专、宜兼则兼，积极推进交叉任职，采取上级选派、跟踪培养、群众推荐等方式，选拔党性强、能力强、改革意识强、服务意识强的党员担任党组织书记。公司现有各级党组织书记660人，其中专职党组织书记335人，兼职党组织书记325人，专职党组织书记比率达到50.8%。不断加强基层党组织书记教育培训，坚持分级负责、分类培训，提高基层党组织书记服务大局、凝聚人心、推动发展、构建和谐的能力。近年来，公司及直属党委两级培训机制，保证公司党支部书记培训率达100%。

（四）落实薪酬政策，完善激励机制，基层队伍建设取得新的成果

一是在薪酬待遇方面。严格执行集团公司和公司薪酬管理规章制度，确保整体的公平性；根据实际，修订工资动态运行办法，使工资运行更加顺畅，进一步提升制度科学合理性；坚持薪酬分配进一步向一线员工倾斜，严格贯彻集团公司津补贴各项规定，加大生产企业和生产一线分配力度，在奖金分配上，公司生产单位奖金系数达到1.98，公司二级单位最低的为1.45。

二是在休假制度落实方面。在保证安全生产、全面完成生产（工作）任务的前提下，公司直属二级单位每年初制订年度休假计划；在实施过程中，严格分期分批、统筹均衡安排员工年休假，公司员工年度带薪休假完成率达97%以上。坚持以人为本，人性化管理模式，对个别因生产、工作本年度未休带薪休假的，允许跨1个年度休假。

三是在员工成长方面。公司坚持把深入开展员工教育培训放在优先发展的战略地位。三年来，共举办培训班7000余个，培训30余万人次。注重抓好工匠带头人建设，打造了"赵林源密封工作室、刘国福大机组工作室"，为公司和兄弟企业解决难题近百项，创造了可观的经济效益和社会效益。坚持以赛促训，连续开展九届操作服务人员技术大比武，公司现有全国技术能手2人，中央企业技术能手7人，集团公司技术能手17人，集团公司技能专家6人，公司技能专家32人，首席技师23人，高级技师136人、技师388

人，为公司安全生产和可持续发展提供了强有力的人才支撑。

四、先进典型及荣誉情况

（一）健全激励机制，调动基层参与积极性

有效的激励机制是企业可持续发展的重要保障。在开展"两级八星"活动中，公司打破传统激励模式。一是加大奖励力度。对于获得擂主、副擂主、红旗、创新星级的车间，分别给予车间正副职奖励 3000 ~ 400 元 /人·月，车间员工 600 ~ 50 元 / 人·月，奖励额度之大前所未有。二是作为评先条件。公司将"两级八星"获胜单位作为公司各类先进评比，以及向上级推荐先进的优先条件，实行一票否决。三是作为提拔平台。公司将"两级八星"获胜单位作为人才成长的平台，以及干部选拔提拔的摇篮，先后有 18 名基层车间主任被提拔到厂长助理和处级领导岗位。在激励制度的影响下，基层干部员工参与活动的积极性空前高涨。同时，带动一大批技能人才脱颖而出，先后有 20 人次荣获国家行业技术比武状元、行业技术能手、团体金奖等荣誉称号。在 2017 年第九届全国石油和化工行业职业技能竞赛中，分析工许竞丹获得水质分析状元，公司荣获团体一等奖。

（二）强化示范引领，以点带面推动全局

一是两级八星评比竞赛活动方面。在活动开展过程中，典型的示范和引领作用，促进基层车间站队争先夺位，加速基层车间管理水平的提升，有力促进企业实现良性发展。"百面红旗"、2017 年一季度擂主洗化厂生产分厂坚持 20 年开展新员工"过七关"培训，培养了一大批技能操作人才，高素质的员工队伍促进了管理水平的提升，该分厂装置的物耗、能耗、高效产品收率等经济技术指标国际领先、国内首位。2017 年三季度擂主石油二厂蒸馏一车间发扬顶针精神，通过大负荷生产、技术攻关、精准操作等六大举措创新创效，装置技术指标达国内同类装置一流水平，该车间被推荐为全国工人先锋号。2017 年三季度副擂主烯烃厂高密度聚乙烯车间创新日核算工作，细致分析影响成本的因素，从原料成本、辅助材料、动力费等七个方面对成本逐

项分析，建立成本日核算表，一日一比较，一日一分析，找差距，落措施，使员工更加重视精细操作、平稳率控制，更加关注装置效益，确保装置高效优化运行，使装置能耗从 152 千克标油 / 吨降至 145 千克标油 / 吨，双烯单耗从 1023 千克 / 吨降至 1018 千克 / 吨，大乙烯综合创效水平名列集团同类装置前列，等等。

二是五型班组标准化达标竞赛活动方面。由公司试点、推广到各直属单位创新发展，在核心理念、基本模式统一的基础上，呈现出多样化局面。石油一厂根据竞赛标准，划分设备、生产、安全、现场环境、劳纪管理、政工等六个专业，开展专业人员日巡检、车间周检、月评比考核，考核累计分纳入经济责任制考核，并作为全年总评评比的重要依据。石油二厂抓"两头"（班组长、青工）、促五型，制定班组长管理办法，严把选用关；车间赋予班组长荣誉推荐权、制度参与权、管理建议权，在员工中树立班组长威信；组织青工系统性培训，快速提升技能水平，培养技能和管理骨干等。与此同时，公司在各类先进和劳模评选表彰方面，突出强调保证班组长的推荐比例。2014—2017 年度共评选公司劳动模范 126 人次，其中班组长占 41 人次，占比 32.5%；在这期间评选的 26 人次抚顺市劳动模范中，有 11 名班组长，占比 42.3%。李波、李家乐、王英等一批优秀班组长成长为各企业中层管理者；刘国富、赵林源、刁克剑、边江等一批班组长成长为远近闻名的大国工匠、技能专家。

五、基层素质提升情况

（一）突出特色载体，发挥高技能人才作用，员工队伍素质提升和成长通道更加快速便捷

一是持续开展练兵比武和技能竞赛活动。公司多年坚持每两年举办一次练兵比武和职业技能竞赛活动，将日常岗位练兵与技术比武有机融合，掀起员工学习技术、提高技能的热潮，搭建员工展示技能的平台。目前，公司已连续开展了 9 届操作服务人员职业技能竞赛，通过个人赛、班组赛、厂际

赛，参与人员达 12 万人次。推进拔尖技能人才成长，公司技能竞赛前三名可以破格晋升技能等级，公司累计有 314 人晋升为技师、高级技师，近年连续在集团公司和全国石油化工行业竞赛中创造佳绩，多次夺得竞赛金牌和团体第一。

二是促进技能创新成果向经济效益转换。公司坚持以技术创新为切入点，注重技术成果向经济效益的转化。2015 年，公司荣获两项集团公司一线操作岗位员工创新成果一等奖、两项二等奖。其中酮苯脱蜡脱油装置操作技巧成果每月可增效 150 万元。2016 年，集团公司技能专家张凤光的烯烃厂振动筛逻辑控制组态技改项目，有效减少装置非计划停工，保证装置安全长周期运行，创效达 300 余万元。

三是积极发挥专家技师引领作用。开展名师带高徒活动，将专家技师带徒工作落到实处，签订师徒合同和责任状，把徒弟的进步情况与师傅的津贴相挂钩。开设高技能人才大讲堂，围绕炼化企业生产实际，采取互动式方式，讲授操作技巧、经验成果以及安全管理等技能，使高技能经验学习覆盖全体员工，有力推进一线员工操作技能的整体提高。

四是强化职业技能鉴定管理。公司实现对所有在岗操作员工进行职业技能鉴定，并将鉴定结果与工资挂钩，将员工切身利益和未来发展相关联。形成了培训提高、鉴定促进、政策激励相互结合的良性循环，操作服务员工队伍综合素质得到进一步增强，企业的劳动生产率和经济效益不断提高。截至 2017 年年底，公司共组织职业技能鉴定 6 万余人次。

五是全面实施人才强企战略。选树国务院政府特贴张凤光等一批有示范性和影响力的高技能人才典型，发挥典型的示范、引导、辐射作用。按照"优秀人才优先培养，关键人才重点培养，稀缺人才加紧培养，一般人才有计划分层次培养"的原则，经常性举办高技能人才培训班，组织高技能人才参加各级各类脱产、半脱产培训，拓宽视野，增长见识。

（二）强化务实培训，筑牢培训基础，打造技能创新型员工队伍

一是坚持务实培训。紧贴生产操作现场，以岗位应知应会、操作技能安

全生产熟练为标准，确保一线员工岗位操作规程、HSE 知识与技能、转岗培训、新员工上岗前三级培训合格率达到 100%。强化操作人员上岗考试真实性考核，做到 100% 培训考核、100% 持证上岗、100% 掌握岗位操作技能。

二是严格依规取证。加强新入职员工、跨工种转岗员工培训，坚持"先培训后上岗，不取证不上岗"。公司教培中心积极向市安监局申报安全培训资质，承担企业及社会的危险化学品（九大工艺）及制冷等专业的培训。

三是完善培训制度建设。建立健全"公司、厂、车间、班组"自上而下的四级培训实施机制，创建职责清晰、任务明确的培训管理体系，制定《公司培训管理制度》《公司培训管理经济责任责任制考核细则》。围绕当期重点工作，先后编制 45 期培训简报，通报基层培训落实整改情况。

四是加大培训基础设施投入。建设国家级"技能大师工作室"和集团公司级"技能专家工作室"，建成了炼化装置仿真操作实训基地、通用工种实训基地、油品储运实训基地、100 台计算机的标准化机房。不断丰富培训手段，积极推进网络培训平台建设，开展了在线培训和在线考试。

五是创新培训模式。开展"千名班组长轮训活动"培训；承办集团公司班组长能力提升示范班，累计对兄弟单位 420 余名班组长骨干进行了培训。承担了集团公司油品储运调和技师培训班、机械密封培训班、乙烯和双聚专业技术专项培训班，全力助推集团公司技能人才开发工程取得实效。

从严精细管理　强化提质增效

辽阳石化分公司

一、体制机制建设

（一）基层建设总体情况

辽阳石化共有 290 个基层党支部。近年来，辽阳石化公司党委深入贯彻落实集团公司党组关于加强基层建设的有关精神和要求，深刻认识和把握基层党建工作的规律，从扭亏解困的实际出发，把基层建设作为企业发展的长远之计和扭亏解困的固本之策来抓，不断强化"四好班子""六个一党支部"和"五型班组"建设，抓机关带基层、抓干部带队伍、抓党员带群众，引导基层党组织和广大党员在继承和弘扬"三老四严""四个一样"中国石油优良传统的基础上，瞄准俄罗斯原油成本高等"三个短板和五个差距"，突出"安全生产为核心、强化价值引领、强化发展驱动、强化提质增效"为主要内容的"一个核心、三个强化"，为公司扭亏解困和产业结构调整提供了强大动力。2017 年，公司一举实现扭亏为盈，同时摘掉了上市、未上市两个特困企业的帽子，同比大幅扭亏增盈 38.6 亿元。2018 年，公司按照"一个确保、两个实现、十大提升"的总体工作思路，将基层建设纳入全面对标范围，从严精细化管理，抓重点、补短板、强弱项，发挥基层党支部在开源节流降本增效工作中的战斗堡垒作用，大力倡导"高标准、严要求、快节奏、求实效"的工作作风，公司继续保持盈利势头。俄罗斯原油加工优化增效改造项目是辽阳石化实现第三次创业目标的关键项目，项目总投资 52.65 亿元。项目开工以来，广大党员干部发扬"5+2""白＋黑"的会战精神，实施高速度高标准建设，各装置正在陆续中交，预计 6 月 30 日将全面完成，即将进入联动试车阶段，公司正在迈上高质量发展的轨道。

（二）相关制度建设

目前，除公司《综合管理体系管理手册》有"基层建设"专章规定外，公司各部门共制定 40 项基层建设方面的制度，涉及"四会"机制、薪酬管理办法、基层"四好"班子建设、标准化党支部建设、基层工会建设、基层劳动组织建设、基层员工队伍建设、员工奖惩条例、基层基础工作等方面，制度形式规范、内容适用，能够满足公司基层建设工作需要。

为了保证各项制度得到有效落实，公司在制度形成伊始就高度重视基层意见，让基层员工广泛参与到规章制度的制定环节中来；在制度宣贯培训方面，建立领导干部带头、逐级宣贯培训的新机制，做到层层学，层层考，学考结合，以考促学，有力地促进了广大员工遵章守纪意识的提升和对规章制度内容的掌握；公司严格各项监督考核，将所有制度中的关键点和可执行要素都转化为表单形式，纳入公司绩效考核体系，与生产经营工作一同检查，一同考核，形成持续改进的管理闭环。

（三）责任体系建设

公司党委一直高度重视基层建设工作，2007 年开始，公司和各二级单位就成立了基层建设工作领导小组，明确了由党政主要领导任组长，机关各部门负责人和二级单位主要领导任成员的工作体系，办公室设在组织部（人事处）。2016 年以来，公司多次就创建"放心型工厂""创先争优"等议题召开专题会议，不断推进基层建设扎实深入开展。目前，公司党委常务副书记徐晓明负责分管此项工作，领导小组办公室设在党委宣传部。

（四）基层建设内容

近五年来，公司党委一直坚持抓基层、打基层，通过强化党支部建设为核心的基层建设，凝聚工作共识，焕发基层活力，提升扭亏解困的动力。先后开展了"千队示范工程""强化管理、提升执行力""三提三降""创

'铁人'基层装置、建党员责任区、树标杆党支部""大练兵、大比武、评状元"和创建"放心型工厂"等多项主题活动,让290个基层党支部成为扭亏创效的战斗堡垒,7231名党员成为基层的先锋旗帜。

二、基层队伍建设

(一)基层领导班子建设和党支部建设

多年来,公司认真贯彻集团公司党组要求,把"四好"领导班子创建活动延伸到基层,增强辐射力和影响力,突出对党政正职管理能力、创新能力的培养和提高。各级党组织坚持以创造一流业绩为动力,把引领企业发展作为创建"四好"领导班子的根本目标。通过中心组集中学习、聘请专家学者举办专题讲座等多种形式,强化理论武装,提高认识,牢牢把握企业发展的政治方向。每年坚持举办车间主任、党支部书记培训班,提高基层干部的理论素质和管理能力。特别是推进"两学一做"学习教育常态化制度化建设,党支部轮训已经成为常态工作要求。公司党委加强以党支部"六个一"建设为核心的基层建设,以"创'铁人'基层装置、建党员责任区、树标杆党支部"为活动主线,使基层党支部成为加强基层建设的核心力量。公司党委坚持党组织与行政组织同步设立、干部同步配备、制度同步建立、考核同步进行的"四同步"原则,在基层党支部书记的选拔配备上,坚持"专职要强、兼职要好"的原则,保证基层党支部书记队伍的整体素质。截至2018年,公司290个基层党支部,专职党支部书记112人,占党支部书记总数的38.6%。各基层单位党组织能够融入生产经营中心工作,在党员队伍中,积极开展"四合格四诠释""党员责任区""共产党员工程""一名党员一面旗"等党员主题实践活动,重点强化党员能力建设、素质培养和思想政治工作,促进党员先锋模范作用的发挥。

(二)基层组织骨干队伍培养

规范基层单位选人用人工作程序,强化指导检查。根据领导干部选拔任用的新规定,公司于2017年9月修订了科级干部管理办法,对干部选拔任用程序进行明确规定，确保基层科级干部选拔任用工作有章可依。为规范基层干部选拔任用程序，自 2018 年起，结合基层党建责任制执行落实情况检查，对基层选人用人情况进行监督和考核，明确指出不足和整改措施，持续提升基层选人用人工作水平，促进"政治上有方向、工作上有本事、责任上有担当"的优秀干部真正走上领导岗位。按照《辽阳石化公司操作和服务岗位人员管理办法》规定，班组长选拔任用主要有两种途径：一是公开竞聘，主要程序是确定竞聘岗位并发布竞聘公告，岗位申报和资格审查，关键岗位人员变更评估，技能考评，领导班子研究通过，公示无问题后聘任备案；二是组织推荐聘任，聘任工作小组一致同意并书面提交推荐报告推荐拟聘任人选，岗位申报和资格审查，关键岗位人员变更评估，技能考评，领导班子研究通过，公示无问题后聘任备案。

（三）关心员工成长

一是强化培训和培养，加强基本功修炼。针对年轻干部工作经历单一、重业务轻管理等现状，公司党委与中国石油广州培训中心、北京石油管理干部学院联合举办了中青年干部培训班、党支部书记培训班等，培训优秀年轻干部、党务干部 100 余人，切实促进年轻干部丰富知识，开拓视野，启迪思维。截至目前，参培学员中已有 9 人走上领导岗位，既彰显了培养与使用相结合的宗旨，又扭转了部分干部对培训工作思想认识不到位的现象。

二是立足岗位成才，注重积累实践经验。在认真调研总结兄弟企业经验做法的基础上，公司在部分生产厂创新设置见习厂级助理岗位，把优秀年轻干部的成长台阶铺到基层去，强化岗位实践对年轻干部成长的促进作用，为优秀年轻干部搭梯子、压担子，10 名 80 后优秀年轻干部已经走上见习厂级助理岗位。下一步，公司将总结经验，继续探索车间级见习主任助理的配备模式，形成后备干部培养的完备体系。同时，公司于 2017 年年初出台了优秀年轻后备干部到公司劳动纪律检查组和维稳办挂职锻炼的政策，鼓励和引导年轻干部到关键岗位、管理难度大的岗位工作，优化年轻干部成长路径，着力打造多能化后备干部队伍；在挂职期满后，要求挂职单位对挂职人员做出全面客观的评价，为组织人事部门选人用人工作提供依据和参考。截至目前，已抽调 11 批次共 27 名优秀年轻干部进行挂职。

三是科学调整薪酬分配。公司打破长期以来形成的"大锅饭"，通过拉开单位级差、设置增效奖等措施，坚持收入向效益好、责任大、风险多、技术含量高的单位和岗位倾斜，不断拉大分配差距，一线与后勤岗位奖金最高相差 3.1 倍。同时，公司在现有薪酬体系中设立技术津贴、技能津贴和管理专家津贴等能力性津贴，发挥薪酬分配的定向激励功能。能力性津贴享受人群涵盖集团公司管理专家、高级技术专家、技能专家、公司技术（能）专家、装置（专项）专家、中青年技术骨干、高级技师、技师及各星级操作员等。

四是不断加大硬件投入。公司坚持投入专项资金，用于治理 HSE 隐患和改善硬件条件。2017 年以来，累计为在岗人员配发 31.2 万桶矿泉水；整合食堂、浴池，将员工就餐补贴增加 2 元 / 次；投入 137 万元为 39 个基层车间先期配置座椅 1057 把、外操室和交接班室排椅 391 条，改善了一线员工生产生活条件。

三、先进典型选树

（一）坚持有计划地选树先进典型

深入挖掘和选树在落实公司重点工作中涌现出的先进典型，先后重点宣传 7 个集团公司基层建设千队示范单位、5 个以班长名字命名的特色班组、历年公司劳动模范、十大标杆班长、3 名辽宁工匠、2 名中国石油榜样等先进典型事迹，营造树先进、学先进、比先进的浓厚氛围，确保完成公司业绩考核指标。

（二）坚持开展"创先争优"活动

公司每两年度组织"创先争优"表彰，2007 年以来，近 200 个党支部、150 余个党小组、240 余名优秀共产党员、40 余名优秀党务工作者获得表彰奖励。

（三）坚持典型人物示范引领

建立大师工作室，开展首届"辽化工匠"评选活动。为强化示范引领作用，促进人才队伍能力素质的整体提升，公司建立大师工作室三个，包括炼油大师工作室（国家级）、钳工大师工作室（集团公司级）和分析大师工作室（省级）。大师工作室的领军人物崔启福、岳景春和大师工作室成员张海献被评为首届"辽宁工匠"。为树立典型，突出模范带头作用，公司通过新闻媒体等形式宣传先进典型事迹，在公司营造崇尚技术、鼓励创新的良好氛围。为深入贯彻集团公司加强高技能人才培养工作要求，集中优势培养一批技艺精湛、业绩突出的技能领军人才，建立健全公司操作服务人员队伍建设工作机制，大力弘扬石油工匠精神，充分发挥引领、示范作用，公司拟在2018年开展"辽化工匠"评选活动。通过建立工作方案、细化评选条件、规范工作流程，确保评选出的工匠具有代表性并得到员工的一致认可。

四、基层素质提升

（一）创新培训形式，开展现场实训

利用转机实训基地举办《转动设备系列专题实训班》，培训人数达450人，有效提升了员工现场操作水平；为充分发挥技术专家的学术带头和"传帮带"作用，2017年举办了8期专家技术论坛，通过专家轮流做技术讲座的有效方式和载体，深入促进和带动专业技术人员的成长成才；为进一步提高专业技术干部的岗位适应能力和专业技术队伍的整体素质，2017年创新使用网络在线平台开展干部季度抽考工作，共有1225人参与了考试，切实将以考促学、以学促用落在实处。

（二）加强业务培训，提升员工素质

一是以矩阵应用为中心，推进培训管理精细化。公司结合新一轮五定工作，对岗位需求矩阵重新进行梳理、完善，并建立岗位应知应会标准，将岗位能力进行科学划分，确保培训工作的针对性和实效性。二是以提质、提素为核心，推进岗位练兵常态化，进一步加强岗位练兵台建设。岗位练兵台、

练兵卡是操作服务岗位员工日常练兵、培训的一个重要平台，针对部分单位练兵卡内容单一、试题简单等情况，要求各单位进一步规范、丰富岗位练兵卡内容，深化全员岗位练兵活动。三是以实际演练为重点，推进培训考核实战化。结合集团公司竞赛和公司"大练兵、大比武、评状元"工作，按照以赛促训的工作原则，开展全员培训工作。为增强副班培训效果，公司要求各单位进一步丰富副班培训内容和方式，以预案演练等实战化培训方式为重点，提高副班培训效果。

（三）坚持送图书到基层，开展全员读书活动

2011年集团公司组织"千万图书送基层，百万员工品书香"送书活动，在车间建立读书角，共送书10000余本，涉及石油炼制工艺、设备、安全书籍，科学技术类以及生活方面书目。2012年，集团公司组织发放《中国石油员工基本知识读本（全十册）》，人手一套，共分发1万多套，组织全体员工利用业余时间读书。2018年开始，按照集团公司"千万图书送基层，百万员工品书香活动"的统一部署，公司开展了送图书下基层活动，根据石油出版社的整体规划，按期按批次及时发放配送书籍，各基层车间把书架、图书设置在车间活动室、"共产党员之家"或党支部书记办公室，专人管理，建立图书台账和借阅登记制度，基层员工对所送书目、读书活动形式感到非常满意。各级党组织和工会，利用副班时间组织员工读书，不断提升员工的读书兴趣，提高员工的文化素养。

五、工作建议

（一）统一领导体系

集团公司近年来先后开展的"三基"工作、百面红旗、千队示范、五型班组建设等工作着力点都在基层党支部，都着眼于加强基础管理工作，但在领导机构上不统一，在基层单位有的由宣传部门负责，有的由组织部门负责，还有的由工会负责，对基层党支部的指导工作容易出现差异。建议能够从总部层面加强统一协调，明确责任部门，整合相关管理资源，统筹安排相

关工作，提升基层建设的效率和效果。

（二）构建长效机制

建议建立完善基层建设相关制度，构建考评体系，探索党建运行的新模式。可依托正在推广的党建信息化平台，形成车间、支部、班组联动的考核办法，从思想建设、组织建设、作风建设、制度建设以及主题实践活动等多个方面搭设框架，形成科学全面的指标体系。

（三）加强横向交流

党支部书记能力强弱直接影响基层组织建设水平的高低。建议以基层建设为主题，分期分批对基层党支部书记进行专题轮训，通过短期培训、以会代训、集中研讨、难题会诊等形式和途径，构建集团公司范围的党支部书记沟通交流平台，进一步提高党支部书记抓好基层建设的能力和水平。

强专业　强基础　强基层
为公司质量效益发展奠定坚实基础

兰州石化分公司

　　兰州石化公司高度重视基层建设调研活动，制订实施方案，成立调研工作组，明确任务分工和工作要求，利用一个月时间深入基层调研走访，摸清了基层建设现状，发掘总结了基层典型经验，明确了下一步努力方向。

一、总体情况

　　近年来，公司各级组织认真贯彻集团公司党组的部署要求，坚持"问题思维、缺陷管理、持续改进"的管理理念，以"强专业、强基础、强基层"为重点，应用"定标准、建机制、抓考核"的管理方法，坚持依靠基层抓基础，依靠专业抓管理，依靠机制抓考核，使基层建设取得了明显成效，为推动公司稳健发展奠定了坚实基础。

（一）加强组织领导，注重基层建设顶层设计

　　公司党委定期专题研究部署基层建设工作，坚持把基层建设中的重大问题纳入"三重一大"集体决策事项，仅 2017 年一年，公司党委会就研究决策18 项涉及基层建设的事项，先后于 2012 年 7 月、2015 年 10 月两次召开"三基"工作推进大会，总结"三基"工作的主要成效，交流经验做法，安排部署推进"三基"工作的主要思路举措，充分发挥了党组织在基层建设工作中把方向、管大局、保落实的作用。为了切实把基层建设工作落到实处，公司确立了党政统一领导，组织人事、企管和工会牵头负责，专业部门分工主

抓，二级单位承接推进，基层车间主体实施的"三基"工作管理体制。建立"三基"工作考评推进机制，坚持以党支部目标管理为重点提高基层建设水平、以岗位责任制检查为主夯实基础管理工作、以"星级工"培养和"两级专家三级骨干"为主推进基本素质提升，建立了党支部目标管理、岗位责任制检查、员工技能素质提升、"五型"班组建设"四位一体"的考核推进机制，采取分系统独立运作、分类加权评分、综合考核评价的办法，每季度对基层单位"三基"工作进行汇总打分，排出名次，综合评价，形成了党政齐抓共管的良好局面。建立了抓"三基"工作协调推进机制和责任传导机制，公司每季度召开一次党委书记例会，党群部门讲评"三基"工作中存在的问题，二级单位党委（总支）书记上台述职，党群部门负责人现场进行点评打分，增强二级单位党委书记抓基层建设的责任意识和工作能力；公司每月召开党群部门工作例会，研究工作中存在的问题，明确解决措施和责任单位，协调相关党群部门强化配合和保障；二级单位党委每月召开党支部书记例会，全面掌握基层建设工作进展情况，分析解决个性化问题，靠实责任抓好推进落实，形成抓"三基"工作的管理闭环，有力推动了"三基"工作水平持续提升。

（二）健全制度机制，为"三基"工作落实落地提供保障

公司把制度建设作为加强和改进管理的基础性工作，认真研究中央方针政策和集团公司规定要求，积极承接转化，持续修订完善制度，形成了27篇200多章150多万字的制度规定，实现了制度的全面覆盖、责权匹配、管控到位、制约有效。在全面加强制度建设的基础上，公司紧密联系基层管理和岗位操作实际，建立健全了作业许可、操作平稳率、岗位巡检等一系列制度规定，定期修订操作规程、工艺卡片、应急操作卡，形成了完善的规程体系，为基层执行制度、精准操作创造了条件。近年来，为推动全面从严治党向基层延伸，公司党委坚持把党建制度化建设作为加强和改进企业党建工作的基础性工程来抓，立足实际，创新实践，建立了"229912"党建管理体系，主要包括《党委工作制度》和《党支部工作制度》两项党建基本制度，《全

面从严治党 20 条》和《标准化党支部建设 20 条》两个基本规范，组织生活等九项工作标准，党支部分类定级和晋位升级等九项管理机制，《党建目标管理考评办法》一个落责办法，以及《党组织工作经费管理制度》和《党费收缴、使用管理实施细则》两个经费保障制度，集中编写了《国企党建创新样本》《党支部建设培训教程》《党支部建设知识题库》等图书，为基层党组织落实党建工作责任提供制度标准和培训教材。充分应用"定标准、建机制、抓考核"的管理方法，从提高管理效率、激发企业潜能、增强员工活力、管控经营风险出发，制定下发《标准制定工作指导意见》，按照一致、协调、规范、实用的原则和"流程＋表单""节点＋量化"的方式，加快推进制度"五化"建设（管理制度化、制度流程化、流程标准化、标准信息化、考核自动化），分层制定两级机关管理人员和车间技术人员适用的工作标准，明确每个岗位干什么、怎么干、干到什么程度，将上级强制性要求落实到每个岗位。

（三）强化基层党建，党支部战斗堡垒作用有效发挥

持续加强党群工作力量，在企业用工受到严格控制的条件下，始终坚持做到党组织与行政组织同步设立、机构同步调整、干部同步配备、考核同步进行，严格根据《党章》规定和精干、高效、有利于工作的原则，从各单位的性质、规模、员工队伍状况的实际出发，在员工人数较多的重要生产车间配备了专职党支部书记，增加基层党组织活动经费，保障了基层党建工作的顺利开展。持续深化以"六好"党支部、"四优"党员为主的党建目标管理，由二级党委（党总支）按 5% ～ 10% 的比例倒排整顿薄弱党支部，滚动提升党建整体水平。严肃基层组织生活，严格落实"三会一课"制度，全面推行"五小五进"微型党课，坚持个人自评、党员互评、群众评议和组织评定相结合，认真开展民主评议党员活动，广大党员的身份意识和归属感、荣誉感、责任感明显增强。强化基层领导班子和干部队伍建设，一方面注重从生产经营一线培养使用干部，党委班子成员和中层管理人员全部具有 10 年以上生产一线经历，新入职的大学生必须在一线倒班锻炼 3 年，使成长起来

的干部"接地气"、有底气，另一方面完善了以品德、能力、作风、廉政、业绩为主的 31 条年度考核标准，建立了以安全、环保、质量、廉政、稳定为底线的 12 条日常考核"能下"机制，每年对基层领导班子和领导干部从能力素质、责任担当、业绩表现等方面进行全方位全覆盖分析评价，对表现一般的及时约谈提醒，对"软懒散浮"的及时调整处理，激发了公司上下干事创业的热情和活力。实行党支部书记持证上岗，坚持理论知识考试和工作业绩相结合，每年对党支部书记履职资格进行全面考评，促进党支部书记履职能力不断提升。广泛深入开展创先争优和党支部结对共建活动，各级党组织围绕破解企业发展难题、服务基层办实事、提升经济效益指标和完成急难险重任务等，结合实际广泛开展创先争优主题实践活动，通过深化"党员难题攻关"消除生产技术瓶颈，细化"党员责任区"改善现场管理，亮化"党员先锋岗"引领精益运行，激发党员立足岗位、走在前列。2013 年以来全体党员完成各类攻关难题 1500 余项，开展义务劳动 2400 余次，在公司评选的各类先进和技术能手中党员比例占 80% 以上，成为推动企业改革发展的中坚力量。

（四）开展达标建设，基层管理基础不断夯实

持续开展岗位责任制大检查工作，坚持推进"以公司岗检为引领、以分厂岗检为主体、以车间岗检为基础"的岗检管理运行体系，形成以车间周检、分厂月检、公司季检的岗位责任制大检查模式，完善了岗检与 HSE 体系一体化考核方式，建立岗检平台，通过对岗检问题资源共享、消项管理、统计分析、定期讲评，提高了企业精细化、标准化管理水平。持续优化岗检标准，根据生产单位和矿区服务行业的特点，分别制定差别化岗检标准，将生产、质量、设备、计量、安全、环保、技能培训、现场管理、劳动纪律等方面的专业管理要求，细化为 1000 分的考评标准，实现了岗检标准与体系要素全面结合，确保各项规定要求在基层落实落地。持续推进基层装置 HSE 标准化建设，认真贯彻落实集团公司《基层站队 HSE 标准化建设工作实施意见》精神，将建设达标目标列入公司"十条龙"攻关项目，纳入公司对标指标体

系，围绕管理、操作、设备、现场四个方面内容，结合公司现有的基层周检、整治"低老坏"根治"常见病"、设备创完好等活动，全面开展基层装置 HSE 标准化建设工作。经过两年半时间创建，公司 143 套在役生产装置，有 121 套实现了 HSE 标准化达标，达标率 84.6%，实现了集团公司规定目标。通过达标的装置，现场面貌发生较大变化，工作环境、生产环境、安全环境进一步改善，设备跑冒滴漏、违章和隐患进一步减少，健康安全条件得到进一步加强，员工安全意识进一步提升，操作行为不断规范，风险管控能力得到增强，杜绝了生产安全事故，确保了装置安稳长满优生产。各基层单位结合业务实际，大胆创新实践，形成了一批基层 HSE 管理经验做法，如炼油厂溶剂脱蜡车间建立了"三四三"工作法，即车间要求管理和技术人员合理安排 7 小时工作时间，3 小时整理技术资料，4 小时深入现场研究解决生产问题，对于生产状况检查、问题处理的跟踪不少于 3 次，保障了设备和工艺问题得到及时处理，使老装置重新焕发了青春活力；乙烯厂乙烯车间建立干部生产异常情况盯守制，遇到生产波动时，生产不恢复正常当班干部不离开现场，为员工树立榜样，锤炼了干部作风；助剂厂甲乙酮车间建立了"周查明漏、月查微漏"的漏点管控机制，员工每周用肥皂水试漏，安全员每月用仪表查漏，使漏点管控落到实处；化肥厂丙烯酸车间创立"八步法"交接班制度，将交接班细化分解为班前上岗预检查、班前会上详通报、交接班前清人数、交接内容全覆盖、交接签字双确认、安全经验共分享、布置工作提要求、班后讲评重改进"八个步骤"，提高了车间生产受控的水平。管理方式和方法的创新，有力促进了基层管理水平的提升。

（五）强化岗位培训，员工技能素质明显提高

持续加大基层培训工作投入力度，以基层员工岗位技能培训为重点，坚持内部轮训和送外培训相结合、课堂教学和观摩教学相结合、夜校辅导和个人自学相结合，每年用于基层培训的经费占公司培训经费的 70% 以上，基层组织抓培训、员工参与培训的自觉性明显提高。建立"星级工"培养机制，将"星级工"培养与技能晋级考评、优化组织机构和劳动定员、优化薪酬待

遇相结合，不断培养精一岗会多岗的高素质技能人才队伍。强化基层员工岗位技能培训，以操作规程、应急操作卡为技能培训的主要内容，广泛开展师徒结对、技能比武等活动，大力推动"每日一题、每周一练、每月一考"岗位练兵，通过交任务压担子努力培养善操作、懂技术、会管理的各类人才，有力促进了员工队伍技能素质的提升。持续推进"两级专家三级骨干人才"队伍建设，通过加强日常培养、考核管理、调整选聘等动态管理，畅通了操服人员从初级工到首席技师、公司技能专家、集团公司技能专家的多级成长通道，涌现出卢朝鹏、汪艳侠、孙青先等一批受到国家、集团公司表彰的全国劳模和优秀技能专家，培养出了5名集团公司高级技术专家、10名集团公司级技能专家、24名公司级技能专家和880余名车间级技能骨干人才，近年来在集团公司各类技能竞赛中获得1金5银9铜的良好成绩。

（六）做实思想引领，干事创业的精神力量进一步凝聚

持续加强基层理论学习教育，结合"两学一做"学习教育，在抓好干部中心组学习、党员党课教育、开展岗位实践活动的同时，在全体员工中开展了"学系列重要讲话、学企业规章制度，做合格员工"的学习教育，不断用习近平新时代中国特色社会主义思想和国家法律法规武装广大党员、干部和员工的头脑，不断增进政治认同、思想认同、情感认同，引导激励广大员工坚定不移听党话、跟党走。持续传承弘扬"石油精神"、大庆精神、铁人精神和企业"高严细实"的优良传统作风，连续16年开展"我为祖国献石油、我为石化作贡献"主题教育实践活动，大力实施文化聚力工程，深入挖掘"两兰"深厚文化积淀，认真总结提炼公司管理创新实践成果，修订完善公司《企业文化手册》，组织编辑安全、环保、质量、廉洁、矿区专项文化手册，形成"1+5"企业文化体系，修缮扩建企业精神教育基地，在全公司组织开展企业精神大学习、大讨论、大宣讲、大展示、大教育活动，坚持用"自强不息、艰苦奋斗，苦干实干、兴业报国，敢为人先、追求卓越"的兰州石化精神锻造员工队伍的作风，不断丰富"石油精神"的深刻内涵，锤炼全体职工"高严细实"的作风，激发干部职工在困难条件下砥砺前行的强大力

量。坚持"抓思想从生产出发、抓生产从思想入手"，发扬"五必访""六必谈"优良传统，紧密围绕企业中心任务和大局工作，不断改进创新思想政治工作方式方法，各基层车间（站、队）通过建立员工信息档案、员工意见薄、思想晴雨表等，及时掌握员工思想动态，做好一人一事的思想工作，在基层营造了团结稳定和谐向上的良好局面。大力开展"书香漫石化、知识伴我行"全员读书活动，在做好集团公司图书配送工作的同时，专门投入资金200多万元，为基层选购配备了82600册图书、2000套音像制品和470组书柜，采取每日"悦读"半小时、读书沙龙、征文比赛、撰写心得体会、组织读书演讲等多种形式，调动员工读书的积极性，丰富了员工的精神生活。

（七）推进典型宣传，先进示范引领作用成效显著

着力加大企业不同层面、不同类型先进典型的选树和宣传力度，促进了企业各类先进典型示范引领作用的有效发挥。党委宣传部坚持每月召开新闻工作例会，协调电视、报纸、网络和微信公众平台等媒体，分阶段开设基层建设巡礼、劳模风采、石化工匠等专题专栏，持续深入加强对基层先进集体和先进个人的宣传报道，先后采写编发了300多名"最美员工"的感人事迹，拍摄了12部反映省部级以上先进典型事迹的微电影，总结推广了10个基层单位典型经验和40多个优秀工作案例，为广大干部员工树立了可亲可敬可学的榜样。党委组织部结合公司三基大会和党支部建设大会，牵头组织相关部门深入基层挖掘先进典型经验，总结提炼了29篇基层建设典型案例和18篇党支部建设案例，打造了10个标杆党支部示范阵地，通过制作案例视频和召开现场会，扩大了先进典型的宣传辐射面，提升了先进典型的感染力和影响力。公司坚持每年评选表彰劳动模范、模范共产党员、"感动石化"魅力女性，每两年评选表彰"杰出青年"，每三年评选和重奖企业"杰出员工"，以员工姓名命名"创新工作方法"，组织开展石化（行业）工匠评选活动，推进"劳模创新工作室"创建，2015年以来，共命名了炼油厂卢朝鹏重催装置开工喷油工作法等44项员工"创新工作法"，授予卢朝鹏、孙青先、杨子海等10名同志兰州石化（行业）工匠荣誉称号，挂牌10个"劳模

创新工作室"，其中"甘肃省示范性劳模创新工作室"2个，4个被兰州市总工会授予"劳模创新工作室"称号，在广大员工中掀起学习工匠精神、争当工人明星、比创工作业绩的热潮。各二级单位以公司"微美石化"微信公众平台为龙头，先后建立了40个微信公众平台，形成了上下联动的新媒体立体矩阵，以生产一线平凡岗位爱岗敬业奉献员工为重点，多维度展现普通员工的劳动之美、创造之美、奉献之美，用身边人身边事教育引导激励员工，形成了见贤思齐、赶超先进的浓厚氛围。加强与社会主流新闻媒体的交流合作，通过精心组织策划实施重点选题，先后对外推送刊发了1600余篇反映基层典型经验和先进事迹的宣传稿件，有效展示了企业一线员工的精神风貌。

（八）推进"五型"创建，班组建设持续加强

坚持把加强班组建设作为夯实三基工作的重中之重，以创建标准化"五型"班组为目标，先后制定下发《关于进一步完善创建标准化"五型"班组活动的意见》《关于开展兰州石化公司新一轮特色标准化"五型"班组创建活动的实施意见》，将"五型"班组创建活动纳入同级党委加强"三基"工作总体规划之中，建立从"星级班组"到模范、标杆班组梯级晋升模式，以班组竞赛为抓手促进"五型"班组创建活动深入开展。2013年至2016年年底，公司共有567个班组创建成标准化"五型"班组，创建率达到38%。坚持抓住班组长队伍建设这一核心，严把班组长选用关，制定《班组长管理》制度，从政治思想、作风品质、专业素养、学历技能、工作经历等方面明确了9条任职条件，设置了组织选拔和公开竞聘两种班组长选聘方式及相应的程序，确保了班组长综合素质过硬。以提高班组长带班育人能力为重点，公司专门开发班组长培训模块，每三年开展一次基层班组长集中脱产轮训，连续七年选派207名优秀模范班组长赴中油集团公司广州培训中心考察学习，先后举办班组长培训班132期，5214名基层单位班组长参加了培训，大大提高了班组长队伍的能力素质。各单位积极开展各种形式的班组长学习交流研讨活动，如炼油厂、化肥厂、橡胶厂、电仪事业部等单位工会采取班组长联合会、班组管理优秀案例评审等活动，加强车间与班组上下之间、班组长之

间沟通交流；乙烯厂打破身份限制，生产调度指挥的调度员90%从优秀班长中选拔产生，仅去年就有两名班组长通过公开竞聘走上了专业技术岗位，拓宽了班组长成长空间，石油化工厂通过长期开展"班组长论坛"，让优秀班组长事迹感染鼓舞其他班组长，带动引领班组长队伍素质的不断提升。

（九）坚持依靠方针，职工的主人翁地位得到强化

坚持全心全意依靠工人阶级办企业的根本方向，把"全心全意服务员工，全心全意依靠员工"作为公司方针，千方百计地保障职工各项合法权益，千方百计地为职工办实事，使职工的主人翁意识明显提高，尊重感、获得感明显增强。公司健全完善了以职工代表大会为基本形式的企业民主管理制度，坚持把关系企业发展的重大决策和涉及职工收入分配、职业安全健康、劳动保护等切身利益的问题，纳入职代会议题进行审议，不断拓宽民主管理领域，提高民主议事质量；在职代会闭会期间，通过召开民主议事会等形式，对公司出台的改革措施、管理制度等加强论证咨询和审议，鼓励职工建言献策，主动参政议政，保证了职工知情权、参与权、监督权和选择权的落实，使公司各项重大决策建立在科学民主、职工拥护的基础之上。大力推进厂务公开，公司制定了《兰州石化公司厂务公开实施办法》，明确了厂务公开的指导思想、具体内容及主要形式，建立厂务公开网络平台，对职工普遍关心的生产经营状况、奖金分配、入党提干、人员招聘、住房分配、职称评定等问题以及影响成本效益的物资采购、工程项目建设招投标、产品销售等工作，实行"阳光操作"，做到方案公开、过程公开、结果公开；设立职工谏言箱，建立公司总经理联络员和厂长信息员队伍，及时听取职工的意见和建议，自觉接受职工的监督，保证了职工民主监督权的落实。针对老企业利益群体多、矛盾诉求多的现实，成立群众利益诉求受理服务中心，建立网络诉求平台，畅通电话、来信、接访渠道，加大信息收集、政策研究、协调处置和督办落实力度，及时排查掌控处置各种不稳定因素。高度重视加强改革过程的思想引导工作，近年来围绕矿物服务系统"三供一业"改革、未上市业务僵尸企业改革以及炼化生产业务结构调整、人员分流等，各级组织加

大政策宣讲力度，有针对性地做好解疑释惑工作，引导员工积极转变思想观念，自觉理解、支持和参与改革，保证了队伍的稳定和改革的顺利进行。本着"合规、惠民、稳定"的原则，认真研究和正确把握涉及职工利益及各群体利益平衡的相关政策，妥善处理历史遗留和大量现实问题，积极化解各种矛盾，为公司改革发展和职工生活创造了和谐稳定的环境，信访总量、电话访、信件访总量逐年大幅下降，公司获得了国家"中央企业信访工作先进集体"称号。

二、意见及建议

第一，建议集团公司出台明确制度规定，督导地区公司严格落实国务院国资委"两个1%"的政策要求，切实加强基层党群工作人员力量配备，并适当引进一些高校马克思主义学院的毕业生，改善党群干部队伍年龄、专业结构，畅通基层党群干部的成长渠道，激发队伍工作活力。

第二，建议集团公司加大基层干部队伍素质提升力度，定期组织基层优秀年轻干部进行全脱产培训，为广大基层干部搭建相互学习、开拓思路的平台。

第三，建议集团公司加强对"三基"工作的业务指导，引导和帮助地区公司更好把握关键、突出重点、增强工作实效。

第四，"三基"工作的实施主体是基层车间（站、队），"三基"工作中包括的基层建设、基础工作、基本素质涵盖了基层管理的方方面面。建议集团公司整合基层建设纲要、标准化 HSE 站队建设、质量管理体系等众多内容，出台《关于加强"三基"工作的指导意见》和管控评价标准等，不断提高企业"三基"工作水平。

推进体系化管理 建设一流炼化企业

独山子石化分公司

独山子是我国石油工业的发祥地之一，迄今已有 109 年的石油开采史和 82 年的石油炼制史。现有员工 1.2 万名，2009 年千万吨炼油百万吨乙烯工程建成投产，具备 1000 万吨 / 年原油加工、122 万吨 / 年乙烯生产、45 万千瓦发电和 500 万立方米原油储备能力，可生产 16 大类 500 多种石化产品。

"三基"工作是石油工业的优良传统和管理基因，是企业的立身之本、发展之魂，始终是企业夯实基础管理、提高经营绩效、提升队伍素质的"压舱石"和"传家宝"。独山子石化公司始终把加强"三基"工作作为固本强基的战略任务，结合新形势、新任务，不断为"三基"工作赋予新内涵，注入新活力，努力构建深入推进"三基"工作的长效机制，全面打造中国石油炼化业务标杆企业，加快公司建设国际一流现代化石化基地目标推进。

2017 年公司克服油资源不足、市场竞争激烈、安全环保压力巨大、反恐维稳形势严峻等考验，努力"抓基层、打基础、强管理"，取得了前所未有的成绩。运营绩效再创新高。全年加工原油 738.7 万吨，生产乙烯 132.15 万吨，列全国第一。实现盈利 51.6 亿元，占集团公司利润总额的 9.7%。生产优化成果丰硕。大力实施"三增两降两优化"生产经营策略，持续开展重点装置、关键机组、主要生产线长周期运行攻关，装置平稳率 99.82%，非计划停工同比减少 8 次。专业管理持续加强。实施 118 项管理提升措施，加强标准化基层车间站队建设，84% 的车间通过了达标验收，21 个优胜车间、72 个明星班组脱颖而出。安全形势总体稳定。落实"责任、能量、教训、从严"安全管理要求，坚持开展事故规律分析、每月风险预警、专业分级检查、体系集中审核，在板块年度两次体系审核中名列前茅。环保提标成效显著。认真落实国家环保新标准，加强污染治理，加快提标改造。投资 5.7 亿元，实施锅炉烟气、硫磺尾气、污水提标改造、废碱渣池治理等环保项目 28 个。公司连续 6 年被评为集团公司节能节水、环境保护先进企业。

一、促进"三基"工作与专业管理深度融合，让"三基"工作永葆活力

公司坚持"三基"工作融入一体化管理体系的思路，使"三基"工作与日常专业管理无缝对接，把"三基"工作与推进基层管理标准化建设相结合，落实专业管理要求。以提升执行力为重点，以标准规范为依据，持续开展基层管理标准化创建活动。公司专业部门每年制定标准化实施项目，引导基层车间查找短板，构建标准模板，规范专业管理。目前累计达标装置 99 套，达标率 85%，形成了专业联动、齐抓共管的局面。

二、狠抓以党支部和领导班子为核心的基层建设，提高可战斗堡垒作用

（一）发挥党支部和领导班子引领带动作用，锻造一流"火车头"

加强党组织建设。成立党的建设工作领导小组，选优配强直属单位党组织书记，联合车间配备专职党总支书记，实现强化党建组织人员保证；季度召开党群例会，安排督导重点工作落实；梳理完善工作职责流程，先后制定《党建目标管理办法》《党支部工作规范》等 20 项制度，保障了从公司党委到基层党支部，工作有程序、管理有依据、考评有标准，打造坚强有力的战斗堡垒。抓实党风廉政建设。把党风廉政指标纳入单位经营目标、领导业绩指标，实现考评从定性向定量的转变，把考评结果与标杆车间评比等评先挂钩，实现向管理过程和结果应用转变，2017 年开展公司内部单位专项巡察，促进党员干部作风发生根本性转变。

强化领导班子建设促核心作用发挥。坚持正确选人用人导向，加大一线

干部培养使用力度。加大年轻干部培养选拔力度，2017 年，提拔 40 岁以下优秀年轻处级干部 9 名。完善制度，规范领导干部管理。要求每周召开党总支暨领导班子会。坚持领导班子民主集中制原则。每半年组织一次职工代表对领导班子的逆向测评，并将测评结果纳入月度绩效考核，督促领导班子成员有针对性地改进工作。

（二）以"五型"班组达标为平台，持续提升基层班组建设水平

首先，强化班组长培训。从 2004 年开始，每年聘请外部、基层管理专家及明星班组长授课，举办至少 10 期班组长培训班，400 名班组长全脱产参加培训，同时组织 40 名明星班组长外出调研学习，每三年对所有班组长轮训一遍，提升基层班组长履职能力。其次，务实开展"五型"班组达标活动，班组达标与绩效融为一体，每月评比，月度奖金分配主要依据达标结果。年底达标成绩累计排名靠前的班组被推荐申报公司明星班组和十佳班组。持续锻造班组长能力素质，以"五型"班组达标为抓手，以明星班组和十佳班组评比为导向，强化正向激励力度，班组建设已经形成了"比学赶帮超"的可喜局面。

（三）以重塑良好形象大讲堂为载体，让石油精神优秀基因有效落地

公司从 2015 年 8 月启动"弘扬石油精神，重塑良好形象"大讲堂活动，各单位结合实际，征集、挖掘、整理公司各个时期的感人事迹，将王继谔、谷刚、薛魁、吴利平等技能标兵、道德模范、典型人物，塑造为员工身边可敬可亲、可信可学、有血有肉的身边典型。各单位以讲好岗位故事为抓手，用员工身边的小故事诠释"石油精神"，让一线员工自己讲身边的人物、身边的事迹，赢得员工理解、认同和支持，拓展了企业文化宣贯落地的时间和空间。

近三年开展大讲堂活动 36 场，7400 人次参与其中。大讲堂活动使企业文化有了生命力和感染力，并将大庆精神、铁人精神等优秀石油基因落实到了车间、班组、个人和工作实际中。真正实现抓思想从生产入手，抓生产从思

想出发。

（四）借助新媒体，助力打造一流和谐团队

打造"独山子在线、独师"等新新媒体平台，工会、团委积极融入国际一流现代化石化基地目标建设，努力打造一流和谐团队。有机运用新媒体传播，增强对职工群众的影响与覆盖，深入落实到密切联系服务群众，激发基层员工活力，凝心聚力促进公司改革发展稳定的实践之中。通过对公司改革发展中专业管理风险评价，将健康管理作为群团组织联动基层、服务职工的重要手段，结合医院改革、医联体建设、食堂服务优化等改革措施，建成覆盖全员的职工健康评估干预平台，启动服务一线职工的"送健康下基层"培训，开通扶贫帮困网络平台、试点应用"岗位点餐APP"，用服务认同增强企业对职工的吸引和凝聚。积极引导职工参与"员工行为规范化大讨论""安全文化大家谈"，争当"隐患克星"，结合工作实践组织文艺创作和体育赛事，基层文体活动成为"民族团结一家亲"的重要载体。用这个时代职工群众最易于接受的手段激发活力，凝心聚力，打造一流和谐团队。

三、高度重视以制度体系建设为核心的基础工作，打牢发展根基

（一）建立以HSE体系为核心，风险管理为主线的一体化管理体系，提升管理效率

积极构建一体化管理体系。在充分调研镇海炼化、茂名石化等国内先进企业的基础上，启动体系融合创新工作。2013年，我们融合质量、计量、内控等多体系标准，构建了以HSE体系为核心、以风险管理为主线、共性兼容、个性互补的一体化综合管理体系，实现以一本管理手册、一套制度文件统领全部管理业务，体系管理横向到边、纵向到底、全面覆盖。近年来针对新疆严峻的稳定形势，又把维稳安保工作纳入一体化体系，坚持和生产经营同安排、同部署、同检查、同考核。

（二）注重制度为本，打造一贯到底制度体系

结合一体化体系建设，持续改进职能分配，不断提升管理效能。按照"一个体系、一套制度、一贯到底"思路，统筹编制各类制度。自上而下明确管理职责、流程和管控要求，统一规范标准，明确 1100 多项业务流程，描述业务职责 392 份，三级管理定位清晰、责权对等。明确直属单位不再制定相关制度，仅保留考核细则等 3 项共性授权制度、部分业务补充制度，减少制度 690 余份，实现了管理思路统一、流程程序一致。借助信息化手段开发了制度管理系统，规范制度修订、审批、培训、检查，实现制度全生命周期管理，促进了一体化体系的高效运行。

（三）"两线"并举，狠抓岗位责任制落实

岗位目标分解一条线。加强单位、全员全要素绩效目标分解评价，全面分解板块 KPI 指标，突出效益、安全、战略、工效挂钩等重点业务。单位突出评价经营目标责任书指标，岗位突出评价个人绩效合同。月度奖金分配主要依据绩效目标完成情况，每月评价，真考核，硬兑现，督促责任落地；审核检查监督一条线。扎实开展体系运行监督审核与专业检查。按照集团公司差异化监管、精准化监督、精准有效开展体系审核要求，每年组织 2 次内部审核，公司领导带队、内外部专家参与。内外审结束之后，公司总经理主持召开总结讲评会，分析通报问题。日常专业部门针对管理薄弱领域、重点部位、关键区域、高危作业等领域开展专项检查，2017 年，组织专项检查 67 次，闭环整改问题 1943 项。基层车间每周组织专业干部开展联合周检，重点查找现场隐患缺陷，强化内控体系自我测试，把利润、成本费用等经营类指标运行纳入测试范围，全面评价经营体系运行情况，确保法律、财务、廉政等经营风险全面受控，促进管理和操作各级员工岗位责任制执行。

（四）深入开展员工行为安全规范治理，固安全之基

2016 年 8 月，公司启动"员工行为规范大讨论"活动，收集员工不规范行为表现 4438 项，其中严重不规范行为 466 项。依据大讨论结果，确定公司级严重不规范行为 10 项，专业级不规范行为 25 项。从 2016 年 11 月至 2017

年6月，开展了为期8个月的员工行为安全规范专项治理。公司领导、相关部门、单位成立领导小组，编制治理方案，确定考核标准，开展分级治理。活动开展以来，累计发现员工不规范行为6285项，其中严重不规范行为938项（公司级108项，单位级830项）。通过对发现的员工不规范行为进行整改、分享、讲评、考核及对主动发现人的奖励，同步固化制度，培养了员工自觉遵守安全规章的行为习惯，促进了公司安全生产形势总体向好。

（五）深入推进管理创新，持续提升管理水平

加强管理创新战略引领。贯彻落实总部管理创新工作部署，按照管理创新指引要求，制定管理创新战略和管理创新制度，针对发展过程中出现的理念、机制、流程、方法等方面问题，紧盯重点业务、管理缺陷和薄弱环节，确定近三年体系运行风险管控、安全环保、绩效管理、承包商管理、合规管理、预算、信息化、物资管理、企业文化建设等12项专业管理创新任务目标措施，每年制订实施计划，季度评价落实，推进管理创新战略落地。

注重典型引领与短板提升相结合。30年来，公司坚持每年评选标杆车间、明星班组，授牌表彰生产安全平稳、绩效评价靠前、团队和谐稳定的车间和班组，营造"比学赶帮超"氛围。同时，针对绩效排名、体系审核评估定级靠后单位，制订专项管理提升方案，公司领导带队定期开展诊断帮扶，近三年共帮扶21个单位实现了管理提升。另外，针对专业管理存在问题和缺陷，每年确定管理提升项目，制订实施计划，季度检查评价。

（六）制定科学绩效考评体系，确保效益安全

按照"一个目标、两个支撑"的体系设计思路，深化经营绩效目标管理。"一个目标"是指：围绕实现KPI，全面落实财务预算和生产优化目标，突出效益和安全。"两个支撑"是指：深化开源节流降本增效及专业对标提升，加大对经营目标的考核力度，准确把握考核导向。一是经营目标与开源节流降本增效相结合，按考核值、挖潜值、奋斗值三挡设置，以基本预算为基础，鼓励各专业和单位挖潜增效。制订开源节流降本增效审核计划，年初提出方案，专题会讨论、办公会决策、工作会安排，主要领导亲自部

署，各项增效目标及措施层层分解落实。二是经营目标与对标提升相结合，将短板指标、关键指标纳入考核。公司历来重视对标工作，领导带队先后到镇海、茂名等先进企业调研，从企业对标、专业管理对标、技术对标、装置达标等四方面，结合发展能力评价，制订对标实施方案，持续开展关键指标攻关，每月开展专题分析。近期贯彻炼化业务对标研讨会精神，重新修订对标方案，补充专项攻关计划（降低非停次数、柴汽比、化工加工损失、外购用电成本、社会公益性费用、绿化费等六项）。强化对经营目标落实的分析评价，每月总经理在生产经营协调会上讲评经营情况，总经理办公会专题分析 KPI 完成情况，同时月度经济活动分析会上规划计划、财务、企管三个部门重点开展开源节流降本增效、达标对标分析评价。

四、突出差异化、精准培训，促进员工素质能力提升

坚持优先开展管理人员培训。建立站队长轮训制度，通过独立办班和中油三大培训基地联合办班相结合方式，完成三年一轮 HSE 培训、五年一轮车间主任（书记）管理能力提升培训，每年及时组织新提任科级干部培训。

坚持狠抓基层人员基本功训练。公司以安全生产能力、应急处置能力培养为重点，创新开展"四个一"传统培训模式。开展了以网络为载体的"每日一题"，以班组或岗位为单元的小型化"技术课"，以模拟实战、应急演练为核心的"每班一练兵"、以应急处置为核心的车间"每月一考核"的新型"四个一"培训方式。推行名师带徒制度。从技能专家、工人技师中推选师傅，从有培养前途的员工中挑选徒弟，签订师徒合同，不定期检查，年终验收考核。开展覆盖全员的技能竞赛。公司每两年举办一次职业技能竞赛，以赛促训，以训促练。先后 18 人次在全国石油石化职业技能竞赛中获奖，95 人次在集团公司职业技能竞赛中获奖，19 人夺得金牌或个人第一，16 次夺得竞赛团体前三名。

注重创新实践　增强基层活力

克拉玛依石化分公司

一、体制机制建设

（一）基层建设总体情况

克石化公司各级党组织以"六个一"创建、"党员双重责区"、"一名党员一面旗帜"、党员先锋岗、"榜样在我身边"、"党旗飘扬、党徽闪光"等为载体，扎实开展基层建设，通过专题辅导讲座、党建工作研讨、党员"向我看齐"承诺等形式，教育引导党员立足岗位做表率、围绕生产经营当先锋，有效发挥了基层党组织在安全生产、发展建设、和谐稳定等工作中的保障、促进作用；坚持基层党组织"三化"管理，持续推进基层党支部标准化建设，达到了"支部管理目标化、目标管理责任化、责任管理网络化"的目标；建立健全党员考评机制，切实提高广大党员素质。按照《中国石油基层党支部工作条例》，各基层党组织认真开展年度民主评议党员活动，党员评议率为98%以上，合格党员为100%。经过努力，近年来公司有3个基层党组织被评为集团公司先进基层党组织，4名同志分别被评为集团公司优秀党务工作者和自治区优秀共产党员。

克石化公司基层建设工作扎实开展，成效不断显现，有力促进了全体干部员工在复杂激烈的资源及市场竞争中，始终保持坚定决心和顽强斗志；在艰巨繁重的工程建设任务面前，始终保持迎难而上、拼搏奋战的坚强意志；在环保督察、维稳防恐等重大考验和挑战面前，始终保持担当作为、锲而不舍的政治品质，确保了企业生产经营等各项事业不断取得新成绩。

（二）制度建设情况

制定完善了《党支部建设目标管理考核标准》《党支部建设工作实施细则》《基层领导班子议事规则》，做到了"工作有目标、创建有标准、效果有考核"，党组织的约束、激励机制有效形成；以改革创新精神推进干部任用制度改革，利用深化巡视问题整改契机，修订了《领导干部选拔任用管理办法》《领导人员管理规定》等系列制度，进一步完善了选人用人标准和程序，强化了全过程监督管理，营造了风清气正的选人用人氛围；坚持基层党组织"三化"管理，持续推进基层党支部标准化建设，较好达到了"支部管理目标化、目标管理责任化、责任管理网络化"的目标。

（三）责任落实情况

克石化公司始终坚持持基层建设工作与生产经营工作同步谋划、同步布置、同步开展、同步考核。结合生产经营特点，认真抓好一线基层党组织支委成员的配备，确保基层党组织工作有人干、责任有人担，打造责任明确、领导有力、运行有效的基层支部，公司各级党组织建立健全率达到100%，党组织书记配备率达到100%；建立健全党组织建设工作目标考核责任制，明确党建工作目标和实施考核细则，定期检查、考核及通报；坚持各级领导班子成员党建工作"一岗双责"，把党建工作责任区与安全环保、发展稳定工作有机结合，创新方式方法，完善制度机制，使党建责任落实到车间、班组和岗位。

（四）工作创新情况

克石化公司以党支部建设引领基层建设，形成执行力强、富有生机的战斗堡垒。坚持"围绕生产抓党建，抓好党建促生产"的原则，推行"支部管理目标化、目标管理责任化、责任管理网络化"工作方法，形成了责任网络，党员都有"责任田"，基层党支部的战斗堡垒作用，为公司快速发展提供了强有力的组织保障。

"五必三关注"制度已成为公司党委关心关爱员工、联系群众的特色平台。三年来，共慰问员工10000多人次，爱心慰问200多万元，切实为广大员工办好事、办实事。

以基础工作为抓手，建立科学有序的 HSE 管理体系，确保生产和操作受控。建立健全 HSE 管理体系和配套制度 638 项，有力地保证了生产和操作的受控。经过 3 年的努力，全公司 144 个基层班组达到"五型"班组，达标率100%。班组管理工作更加规范，管理水平有了明显提升。

以岗位练兵和培训为载体，提升员工基本功，打牢核心竞争力基础。开展 HSE 特色培训，员工月度集中培训 2 次，完成 120 学时 / 年度。注重基层班组长培训，三年来举办 11 期班长培训班，共有 458 人参加。操作岗位员工59.2% 达到高级工以上水平；技师比例达到 6.6%。所有生产装置实行系统操作定员。

（五）经验总结交流情况

近五年，克石化公司紧紧围绕"管理提升"主题，开展基层建设精细化管理。2012 年 8 月，公司成立以总经理为组长、党委书记与分管副总经理为副组长、其他副总经理与处室领导为成员的管理提升领导小组，明确了领导小组的管理职责与工作内容。同时组织各处室和基层单位成立管理提升活动小组，建立健全管理提升活动管理体系，实现管理提升活动全覆盖。通过组织各单位开展管理诊断，查摆企业管理中存在的薄弱环节和突出问题，制订了《克拉玛依石化公司开展管理提升活动实施方案》，明确了管理提升活动重点任务，制定管理提升目标，提出 3 个阶段、6 个环节、32 项工作内容。

通过对标，查摆剖析出管理短板 122 项，明确了夯实管理基础、加强安全环保、推进管理现代化建设、完善管控模式、提升管理效率、效益等提升重点，并将规章制度、项目管理、培训管理、信息化管理、资产管理等作为公司专项提升重点领域。根据公司管理提升活动方案进一步细化推进计划，共确定管理提升目标 133 个、227 项具体工作，同时明确各项管理提升具体工作的责任人、责任单位和牵头领导，实现了工作内容、完成时间、责任单位和检查考核"四落实"。

通过健全评价机制，强化过程控制，全面落实管理提升措施。一是将管理提升工作设置成绩效指标，纳入各相关组织和员工年度绩效合同，明确量化考核标准，实行定期考核，与组织和员工的月度考核紧密挂钩，推进管理提升活动的有序开展。二是强化过程控制，持续开展实施情况检查。公司管理提升活动办公室严格按照推进计划工作节点，检查评价各项管理提升措施的实施情况和管理提升目标的完成情况，并在公司月度经营管理例会上通报检查结果，同时纳入月度考核。

按照集团公司"开展管理诊断下基层工作"的安排部署，结合基层单位提出的管理诊断需求，公司组织管理专家研究讨论后，下发《克拉玛依石化管理诊断下基层活动方案》，制定工作方法，明确工作重点。由公司主管经营副总担任诊断组长，抽调相关专业部门人员和管理专家团队成员组成诊断小组，开展现场诊断方法培训，编制现场诊断检查标准，细化现场诊断工作安排，诊断工作有序推进。

公司管理诊断小组根据业务分工分别成立了 5 个专业诊断组，贴紧公司当期开展的内部审核、专业、专项检查对公司 3 个二级单位、9 个基层车间进行管理诊断，诊断内容紧密结合处室年度工作重点，基本涵盖专业管理的主要方面。通过诊断，共审核发现各类问题 732 项，通过有效整改，及时解决了下属单位存在的各类管理问题，全面提升了基层单位管理水平。通过管理诊断下基层活动，推进了管理诊断制度化、管理提升常态化，推动了管理提升活动不断向纵深发展。

二、基层队伍建设

（一）班子和支部建设情况

公司党委目前下设 4 个基层党委、11 个党总支、58 个党支部，共有党员 1124 名。其中女党员 332 名，少数民族党员 114 名，35 岁及以下的党员 147 名。公司各级党组织建立健全率达到 100%，党组织书记配备率达到 100%。按党章及有关规定高效组织完成公司 19 个基层单位、15 个机关部门的党组织换届选举，各级党组织人员力量配备更加充实。

做好党支部建设基础工作。一是加强基层组织建设，对因人员调整变动、支委不全的党支部落实增补支委工作。二是对第四联合车间的党组织进行了改选，成立党总支和党支部，完善了党组织机构，保证基层党建工作有效开展。三是按照党章规定，每三年对党总支、党支部进行换届改选，提高党支部战斗力。

以提高领导干部"五种能力"为重点，以创建"四好"班子为目标，按照坚定、勤勉、团结、清廉的要求，紧紧围绕科学发展的主题，不断深化"争创四好领导班子、争做模范领导干部"活动，努力创新工作思路和工作方法，提高领导干部队伍的创新能力和创新水平，各级领导班子的领导管理能力稳步提高。一是加强领导班子制度建设，进一步整合、完善各级领导班子学习教育、议事规则、三重一大、党内组织生活和廉政建设等各项制度，真正把制度贯穿于领导班子思想、组织、作风建设等各个方面。二是按照集团公司党组"五个重用、五个不用"要求，坚持"德才兼备、以德为先、注重实绩、群众公认"的选人用人标准，突出"三个注重""三个优先"，不断规范动议权、提名权和决策权，严把选人用人民主推荐、组织考察、专项审核、集体决策、廉洁谈话等关键环节，公开公正选拔任用各级领导干部，做到坚持程序一个不缺、履行程序一步不错，确保党管干部原则贯穿于选人用人全过程。三是坚持"领导干部联点"制度，开展"党委委员联系党支部、党支部委员联系班组、党员联系工作岗位"的党建责任"三联"活动，坚持领导干部"四个双重"和"六个带头"（履行双重责任、明确双重身份、过好双重生活、取得双重效果，带头学、带头讲、带头用、带头查摆、带头剖析、带头整改）的总体要求，加强与基层员工的互动交流，进一步密切党群、干群关系，既保证了上级决策执行到位，也确保了各级党员领导干部表率作用有效发挥。

（二）班组、队站负责人培养选拔任用情况

认真抓好"选配一个好书记、建设一个好班子、带出一支好队伍、完善一套好制度、构建一个好机制、创造一流工作业绩"的"六个一"党支部创建工作，不断完善方案、细化标准、落实责任、强化考核，制定了《党支部建设目标管理考核标准》《党建和精神文明建设目标管理实施细则》《党支部建设工作条例》《基层领导班子议事规则》，按照各项管理制度，基层党组织做到了"工作有目标、创建有标准、效果有考核"，同时，公司定期进行检查，经常组织党建工作总结和经验交流，增强了活动的持久性和有效性，使党建工作得到了进一步加强。各级基层党组织，坚持按照示范群体建设达标的目标要求，规范基层党组织日常工作；按照"六个一"考核细则定期对基层支部进行量化考核，将支委承包运行班组工作纳入"六个一"考核内容，承包效果与支委工作业绩和经济收入紧密挂钩，较好地推进了基层党支部的整体建设水平。

按照党章要求，坚持精干、高效和有利于加强党的建设的工作原则，结合生产经营特点，认真抓好一线基层党组织支委成员的配备、补充工作，选配素质优、党性强的党员担任党支部委员，确保基层党组织工作有人干、责任有人担，打造责任明确、领导有力、运行有效的基层支部。

（三）基层队伍成才成长情况

始终把基层队伍建设、员工成长作为一项重点工作任务。克石化公司坚持待遇向关键、艰苦岗位和生产一线岗位倾斜，实行"一岗一薪、岗变薪变"的分配制度；全面推进专业技术人员队伍双序列改革，正在实施的科研技术岗位专业序列改革，大幅度提高了科研技术人员待遇；先后制定了企业高级技术专家、学科技术带头人、装置技术带头人、高级技师、技师、技术标兵和技术能手津贴标准，对技能大赛获得金、银、铜奖的选手分别进行重奖，极大激发了广大员工队伍刻苦钻研技术、多出技术成果的积极性。

始终把人才工作放在优先发展的战略地位，建立健全制度机制，畅通各类人才成长通道，先后出台了公司《博士后科研工作站管理办法》《学科带头人、装置带头人考评办法》和《技术带头人、技术专家管理办法》等系列制度。截至目前，公司已建成了由 3 名集团公司高级技术专家、6 名企业级技术专家、5 名学科技术带头人和 19 名装置技术带头人为核心骨干的专业技术人才梯队。

始终着眼员工全面成长，从事业上、工作上、生活上关心关怀。鼓励科技人员在国内外舞台崭露头角，采取技术交流、对外合作、承担重大科研项目等多种方式，不断提高工作能力、技术水平和综合素质。推进实施行政科研"双序列"改革，突出体现创新创造价值，让科技人员专心致志搞科研。

三、先进典型及荣誉

建立了两年一次的"四项十佳"（十佳班组长、十佳员工、十佳技术干部、十佳管理干部）、劳动模范、模范单位评比表彰机制；每两年评比一次工人先锋号、先进工会小组、先进工会小组长；每两年开展一次的党内先进评比（公司级优秀党员、基层单位级优秀党员，优秀党务工作者，优秀党支部）；每两年开展一次团内先进评比（五四红旗团支部、青年文明号、优秀团支部书记、优秀团员、青年岗位能手）；每年开展一次新闻宣传评比（宣传报道先进单位、优秀通讯员）。

基层组织获得的主要荣誉：炼油第一联合车间获得"全国工人先锋号"、炼油第五联合车间重整工艺一班被国资委评为"标杆班组"；炼油第三联合车间被集团公司评为"基层建设百家标杆单位""自治区工人先锋号""集团公司基层先进党组织"，炼油第三联合车间高压加氢工艺三班并评为"集团公司标杆班组"；油品储运中心被"集团公司基层先进党组织"；检验检测中心被自治区评为"工人先锋号"；热电厂被集团公司评为"先进工会组织"；炼油第二车间、炼油第五联合车间被集团公司评为先进集体。

炼油第一联合车间：实施"5S"（整理、整顿、清扫、清洁、素养）的管理模式。"5S"管理模式的推行，不仅为大家提供了整洁的作业环境，养成了大家良好的工作习惯，物品的科学布局也方便了操作人员的取用，提高了工作效率。在生产管理中，这个车间提出提出"在岗一分钟，安全60秒"的安全管理理念，通过"违章曝光台"、评比月度月度安全生产明星、"向不安全行为告别"等活动，营造人人都是安全监督员、人人都是啄木鸟的安全氛围。

炼油第三联合车间：在基础管理中以"三化"为主线，即基础管理信息化、班组建设特色化、党建工作标准化，在装置长周期平稳运行、安全环保、和谐建设等各方面都取得了较好的成绩。同时这个车间还具体运用"345"工作法。"3"是指三全：即全员参与、全方位追踪、全过程控制。车间自主开发多套信息系统，覆盖车间基础管理工作的各个环节，实现安全、生产管理制度化、规范化、透明化、效率化和标准化。"4"即四勤：即勤观察生产工艺变化，勤思考装置生产过程中的各种工艺条件，勤调整在操作中随时变化的工艺参数，勤总结装置中具有规律性的东西。"5"是五字：即在"风险评价和隐患治理"上，突出一个"深"字；在"生产运行和工艺措施"上，狠抓一个"细"字；在"检查和监督"上，体现一个"严"字；在"应急预案的处理"上，做到一个"熟"字；在落实 HSE 十大管理要素上，力求一个"全"字。

围绕"345"工作法，结合车间实际，炼油第三车间又从 2015 年 8 月份制定推行了技术干部"旁站式管理"工作法，具体做法是：班组在生产方案调整、关键作业点、关键设备维修及切换、现场危险作业、装置开停工等作业时，车间主管技术干部必须到现场监督、指导班组操作，实现作业受控。车间推行技术干部旁站式管理，班组有问题现场解决，有难题现场指导，车间的管理由原来的硬考核逐渐转变为引导和沟通，这种管理方式车间员工更容易接受，干部和员工的关系也更加融洽。

四、基层素质提升

（一）员工培训和基本功训练情况

在培训过程中，克石化公司顺应新形势培训需求，创新培训方式，提高培训效果。一是以技能专家工作室为平台，积极发挥高技能人才作用。克石化公司现建有两个企业技能专家工作室，围绕着特色产品工艺的操作，开展了一系列的攻关活动，在两名集团公司技能专家的领衔带领下，初步形成了高技能人才攻关团队。两个工作室在传授专业知识方面扮演了重要角色，承担了车间主要的培训任务和"师带徒"工作，有效发挥了传帮带作用。二是创新培训模式，拓宽培训渠道，增强培训效果。克石化公司与北京东方仿真控制技术有限公司合作，开发了适用于克拉玛依石化公司的网络培训平台及仿真培训系统。这套系统提供的培训学习平台极大地方便了员工，极大地提升了员工的操作技能和应急处置能力。2013 年 1 月，公司网络培训平台正式上线运行，实现课件和题库的远程培训（学习）与在线考试（及题库管理）功能，同时，经过努力，还实现了仿真培训软件的远程培训与考核功能，通过共享核心数据库，实现课件、题库、仿真软件等全部培训与考核资源的网络化远程应用与信息化管理集成。已投用的 15 套仿真软件基本覆盖主体装置，我公司利用此系统组织专业技术、技能人才自行编制培训试题 8 万余道，内容涵盖 HSE 通用知识、设备工艺、公用系统、特种作业和特种设备作业知识题库等 7 大部分。利用拥有的 1500 余个各类购置及自制课件，培训员工超过 6100 人次，累计 9800 多学时。三是以"考"验学，以"赛"促学。克石化每年举办不同工种技能大赛，每个工种员工参赛率达到了 90% 以上。对于竞赛中涌现出的一批技能尖子和技能能手，公司除了制定奖励政策进行重奖、大力宣传鼓励外，还将他们作为今后培养的重点，积极拓展他们的发展空间。

（二）员工素质提升典型做法

始终把员工培训作为员工素质的关键工程来抓。每年以培训需求为基础，结合公司及基层单位年度工作任务，采取"自上而下""自下而上"，双向沟通，组织需求与个人需求相结合的方式，制订公司年度培训计划，按月督促实施加大培训计划执行力度，督促各单位及时做好培训项目的落实工作，采取季初启动，季末通报以及月度培训计划落实情况跟踪的方式提高培训计划的执行效率。

基层单位培训工作采取年度计划与月度计划相结合，以在岗培训、训练为主，集中脱产培训、讲授为辅，本着"干什么、学什么，缺什么、补什么"原则开展培训工作。有大（小）班集中培训、专题讲座、班组讨论、仿真培训、网络培训、师带徒培训、岗位练兵、点单式培训等多种形式。持续开展的操作岗位员工月度培训工作，提升了员工操作技能，确保了装置安全生产。

公司历来十分重视岗位练兵和培训工作，每年都召开培训专题会议，安排布置年度培训任务；主管处室负责启动季度培训项目并督促检查落实；车间月度安排集中培训时间，这些措施有力地保障了岗位练兵和培训工作的开展。遇有重要的培训，公司领导在百忙之中抽出时间亲自讲课，这些行动极大地鼓舞了员工的学习热情，岗位练兵已成为员工的自觉行动。员工们还自我充电，积极参加学历教育。克石化公司现有员工 3521 人，其中，少数民族员工 503 人，占员工总数的 14.3%；员工平均年龄 42 岁；硕士、博士研究生 120 人，大学（含大专）文化程度 2326 人；技师及以上高技能人才 338 人，占操作岗位员工的 13%，集团公司技能专家 4 人、企业技能专家 15 人、高级技师 46 人、技师 273 人，拥有一支工种较齐全、结构较合理、战斗力较强的技能人才队伍。这支队伍是公司的宝贵财富，是我们保障安全生产和取得较好经济效益的强力后盾。近年来，公司分别组织了 5400 多人次管理技术及操作服务人员的专业技能培训和全员轮训，在中国石油集团公司技能大赛中，公司获得团体第三名，一名员工获得集团公司职业技能竞赛金奖，5 名员工分别取得了金银铜奖。

（三）送书工程落实情况

自 2000 年以来，公司已经开展十七届"全员读书活动"，共为员工选购书籍 21 余万册，投入资金 100 多万元。为了开展好"全员读书活动"，克石化公司成立了以党委书记为组长的"全员读书"活动领导小组，并设立活动办公室。形成了党委领导、主管处室、基层党委（党组织、支部）三个层面的组织保障体系。为了保证读书活动的效果，公司每年选择 1～2 本书目作为员工必读书目，鼓励员工撰写读书笔记，为员工印制统一的读书笔记本，每年开展读书活动征文评比和读书活动先进单位评比活动，至今发表征文 800

多篇，300多人次获得征文奖。编辑出版了读书征文合集《耕耘与收获》、散文集《感悟生活》。

2009年开始，克石化公司将全员读书活动融入集团公司"千万图书送基层，百万员工品书香"和"学习在石油·每日阅读十分钟"活动中。各单位将之前公司配发的书籍和集团公司配发的书籍融合在一起建立了图书室阅览室、图书角等，并建立了借阅制度。公司按照"全员读书"活动要求，每年进行检查，每两年开展一次读书征文和读书活动先进单位评比活动。

五、意见及建议

1.建议修订集团公司发布的《基层建设纲要》。

2.基层建设是一项系统工作，涉及部门和单位较多，建议成立相关的职能机构，专人负责，确保基层建设各项工作落到实处。

3.建议建立集团公司基层建设交流沟通机制，实现各企业基层建设经验共享。

推行自主管理　激发基层活力

乌鲁木齐石化公司

乌鲁木齐石化公司分三个调研组，分别由公司党委书记、副书记、工会主席、纪委书记等领导带队，公司机关相关部门参与，深入 24 个基层单位党组织，围绕体制机制建设、基层队伍建设、典型选树情况、基层素质提升、公司重点工作开展情况以及工作设想等 6 个方面开展基层建设调研活动，与基层单位党委（总支）负责人、车间党支部书记、车间主任、技术干部、班组长、党员、劳模和职工代表进行座谈交流，了解基层组织建设情况，查找在基层建设中存在的问题，制定下步努力的方向。

第一部分　党建基层建设取得的经验

近年来，公司狠抓基层基础工作，强化自主管理，充分发挥了支部战斗堡垒作用和党员的模范带头作用，调动干部员工的主观能动性，激发基层队伍活力，企业基层基础工作不断提升。

一、坚持三个突出，找准了基层组织建设的着力点

1. 突出党支部的战斗堡垒作用。一是加大对基层党支部书记的培养。按照"宜专则专、宜兼则兼"的原则，配强配齐基层党支部书记，每年举办基层党支部书记培训班，提高党支部书记履职能力。二是牢固树立"党的一切工作到支部"的鲜明导向，在创建"六个一"党支部的基础上，建立"量化考评、分类定级、动态管理、晋级升级"的党支部达标晋级管理机制。炼油厂炼油二车间打造支部战斗堡垒作用，为安全生产保驾护航。三是基层党支

部书记的换届工作有序开展，使支部生活规范化，规范"三会一课"活动。四是认真开展"两学一做"教育活动，把学习教育活动作为提升党员政治素质的有效途径，增强党员干部的"四个意识"。

2.突出标准化站队的示范引领作用。认真开展 HSE 基层站队标准化建设，每月在基层单位召开推进现场会，交流基层站队建设成果，明确 HSE 基层站队建设整体目标、推进措施，逐步推进，做到管理规范、风险受控、现场整洁，实现基层站队（车间）HSE 标准化建设落地，不断夯实基层基础。检维修中心维修一车间通过开展 HSE 基层站队建设，夯实了车间的基层基础工作。

3.突出党员的先锋模范作用。组织开展"戴党徽、亮身份"活动，广泛开展"践行四合格四诠释，弘扬石油精神，喜迎党的十九大"岗位讲述活动，公司 3500 多名党员开展了以岗位职责、先进典型、差距不足、改进措施为主要内容的岗位讲述活动。通过教育引导，广大党员立足岗位做贡献，在岗位上发挥先锋模范带头作用。设备安装公司党委时时处处要求党员发挥党员先锋模范作用，单位基层工作不断提升。

二、强化三项措施，自主管理水平不断提升

1.强化"信得过"创建活动。广泛开展"加强团队文化建设，推行自主管理，实现全员创效目标"，围绕公司重点工作目标，结合车间实际，以解决车间主要问题和矛盾为切入点，每月评选"信得过"班组，每季度评选"信得过车间"，以强化风险管控、实现全员创效为核心，通过每周、每月、季度检查，评选管理信得过，2017 年，发放专项奖励 91 万元，表彰"信得过"集体 248 个，努力营造全员创效的氛围。

2.强化工作验证力度。按照"安排工作定量化、检查确认定量化、责任追究定量化"的要求，量化细化每天工作，形成工作台历；定期到基层车间、岗位开展验证工作，对照工作标准，检查在标准在执行中存在的问题，提高工作执行力；对存在的各类问题，从管理原因追究相关责任人的责任，提高干部员工的共识，实现"工作效果自信、工作流程自信、工作责任自

信、工作应急自信"。

3.强化调动员工参与。车间和班组是企业安全生产最有效的组织机构，基层车间领导发挥引领作用，对所开展的安全管控工作敢于承诺、敢于设定目标。充分运用团队目标的激励，增强团队的战斗力，让员工感受到组织的认可。积极开展"发现身边隐患"活动。积极鼓励干部发现安全隐患，避免事故发生。2017年，公司干部员工383人次发现隐患3501起，发放各类隐患奖励20.34万元，有效避免了装置的非计划停工。检维修中心仪表一车间2018年1—5月份发现隐患59项，同比增长236%，车间参与人数超过50%，有效调动了员工发现隐患的积极性，确保装置安全稳定运行。

三、把握三个注重，激发了队伍活力

强化队伍建设，激发基层活力，让基层干部职工在"事业上有奔头、收入上有盼头、工作上有劲头"，打造一支"勤于干正事，善于干实事，勇于干难事"的干部员工队伍，增强他们的归属感和荣誉感，从而转化为推动工作开展的强大动力。

1.注重加大人才培养力度，员工事业上有奔头。一是规范干部选拔任用程序，按照"逢进必竞，逢竞必考"的原则，选拔各类优秀人才。二是加大对年轻干部的培养，开展车间主任助理选聘工作，培养锻炼年轻干部。三是加大技师的选聘工作。目前，公司拥有技师、高级技师413人，首席技师16人，集团公司两级技能专家15人，他们为企业攻难关、创效益提供了技术支持。四是在炼油厂、研究院试点技术干部双序列，提高技术人员的积极性。

2.注重强化薪酬正向激励，员工收入上有盼头。抓住想干事、敢干事这两个关键点，健全正向激励机制和以工作业绩为导向的绩效分配模式，坚持在薪酬分配、专项奖励等方面向基层一线倾斜，提高基层干部职工的经济待遇，全面激发基层干部职工积极进取、干事创业的工作热情。通过设立清晰、富有挑战性的目标，量化工作，树立奖金是挣出来的理念，逐级落实责任，正确评估干部职工工作业绩，奖勤罚懒，使之充分挖掘自身潜能，在工作中做出更大成绩。

3. 注重营造比学赶超氛围，员工工作上有劲头。一是强化员工素质提升。通过岗位练兵、技能竞赛、导师带徒等方式，不断提高员工技能水平。二是开展员工履职能力评估。炼油厂芳烃车间从日常考勤、工作业绩、知识测试和民主测评等方面全面系统评估每位员工，对不合格员工分别给予待岗、培训、调整工资等措施，让"优秀的员工有成就感、一般的员工有压力感、无为的员工有危机感"，员工由以往的被动考试变成了主动学习，由以往的干好干坏一个样变成了争当岗位能手，充分调动干部员工干事创业的积极性。三是发挥典型示范引领作用。广泛开展"弘扬石油精神、重塑良好形象"活动，举办劳模座谈会，开展杰出青年、三八红旗手、民族团结先进个人、道德模范等评选表彰活动，大力宣传在保障公司安全生产发展中的先进事迹。

四、发挥三个作用，增强员工的凝聚力和战斗力

1. 发挥思想政治工作引导人作用。一是强化意识形态工作。加强思想引导，牢牢把握意识形态领域主动权。各单位党委每季度进行一次思想动态分析，及时理顺情绪、化解矛盾。二是深入开展"走进基层、转变作风、改进工作"活动。各级机关干部深入一线，贴近基层，与员工面对面交流。2017年，收集一线员工意见建议2700余条，在掌握员工思想动态、及时排查不稳定因素、化解干群矛盾、转变干部工作作风等方面发挥了积极作用。三是畅通干部员工沟通渠道。公司、二级单位开通总经理信箱、厂长信箱，接收职工反映问题、提出意见。广大干部利用交接班会、值班等机会深入基层了解情况。

2. 发挥企业文化工作培育人作用。一是积极培育企业文化，"五个一"工作思路得到广泛认可。"五个一"工作思路，即树立"乌石化一家人"的理念、弘扬"乌石化正能量"的精神、贯穿"体系"的思维、掌握"三个定量化"的方法、达到更好的工作效果，全面提升整体生产受控管理水平，凝聚发展建设的合力。二是热爱乌石化、赞美乌石化、感恩乌石化形成共识。《爱祖国、爱我们的家》等员工来信引起强烈反响，员工纷纷通过写信、微

信留言评论等方式表达对乌石化的热爱、赞美和感恩。三是企业文化系列丛书编撰取得实效。在广泛实践的基础上，形成了《旗帜》《重生》等一系列企业文化作品，在职工中反响强烈。

3. 发挥群团组织优势凝聚人作用。围绕公司"安全、环保、效益、稳定"中心工作和重点任务，持续开展了"实现开门红""确保双过半""向全年目标冲刺"等主题劳动竞赛。加大对优秀青年的激励作用，评选"青年之星"，组织动员团员青年保安全、提素质。广泛开展各类文体活动，组织职工艺术节、文艺汇演、"民族团结一家亲""去极端化"麦西来甫、健排舞比赛、诗文朗诵会等活动，丰富职工业余文化生活。

百丈高台起于垒土，通过抓基层、打基础，基层党支部政治堡垒作用得到显著发挥，广大党员"平常时候看得出来，关键时刻站得出来，紧急关头豁得出来"，基层建设不断夯实，有效地促进了企业安全生产和经营创效工作。

第二部分　不断推动基层建设工作上水平

一、深化自主管理活动，夯实基层建设根基

1. 深入推进 HSE 基层站队标准化建设工作。充分运用团队目标的激励，增强团队的战斗力，让员工感受到组织的认可。以基层站队标准化建设为抓手，统一管理标准，确保同样的风险因素在不同单位识别评价一致、管控流程一致、管控效果一致，确保体系要求融入班组日常管理，促进体系管理有效落地。要加强边远区域、简单重复性工作岗位、间歇作业区域的风险识别，避免发生"想不到""不可能"的低级问题。在全面识别风险的基础上，要加强预案的有效性管理，充分考虑现场新变化，确保预案符合属地实际，保证处置措施可操作。

2. 提升全员落实体系思维的效果。要持续完善体系文件，分专业建立标准规范清单，定期组织合规化风险评估，保证国家法律法规、行业标准等严格执行。进一步改进各级人员检查验证的方法，科学确定采样比例，按照"必然性""偶然性"思路综合分析点评，用严谨的验证轨迹、抽样频率和

分析点评，提升问题举一反三的效果，通过不断滚动检查验证，使公司体系管理持续改进。

3.扎实推进全员履职能力评估。完善公司制度要求，将评估结果与合格上岗、奖金系数、职业成长挂钩，堵住"混日子"的漏洞，让有能力、想干事的员工实现自我价值，形成良性竞争机制。加大基层岗位人员履职能力评估，确保岗位要求和员工技能水平相符，对能力差、责任不落实的岗位员工，要采取待岗、培训、调整工资等措施，不让个别人员影响团队积极性，让尊重岗位、尊重劳动在公司方方面面蔚然成风。

二、提升员工整体素质，激发企业内部正能量

1.牢固树立责任意识。每位员工上岗都有岗位规范、操作规程。"所写所做，所做所写"，就是操作规程上怎么写就怎么做，怎么做就怎么写。要严格落实"规定动作"，杜绝"自选动作"，养成"不确认不操作"的习惯。每一位员工应该讲实话、干实事，说了就要干，写了就要做，就要做好、做到位，要对自己的言行负责。

2.搭建员工实现自我价值、成长成才平台。要加强人才培育、选拔和任用，滚动推进人才梯次实施规划，强化青年人才的培养，发掘技术骨干人才的潜力，满足技术人员自我成长成才的需求，检验认可人才的工作能力、表现和取得的成绩，增强人才的获得感、归属感，实现自我价值，促进企业良性发展。要围绕生产发展需要，提高站位，增加技能培训和技能鉴定的含金量，确保现有的实训基地、仿真系统等发挥效用，在每个专业培养一些专业技术领军人才。公司党政工团各级组织要善于发现员工的优点、闪光点，围绕公司核心工作，有组织地充分调动全员的积极性，为企业的发展奠定人力资源基础。

3.加大先进选树力度，为基层建设营造良好的舆论氛围。通过宣传先进、表彰典型、树立标兵等手段，激发和提高员工的集体荣誉感，引导全员参与管理、建言献策。

三、深化从严治党工作，提高基层党建工作水平

1. 坚持把政治建设摆在首位。要用习近平新时代中国特色社会主义思想武装头脑、指导实践，深入学习宣传贯彻党的十九大精神，在"学懂""弄通""做实"上下功夫，积极开展"不忘初心、牢记使命"主题教育。进一步增强"四个意识"，严明政治纪律和政治规矩，打造一支不折不扣地贯彻公司决策部署，关键时刻听指挥、拉得出，危急关头冲得上、打得赢的员工队伍。

2. 深入开展"践行四合格四诠释，弘扬石油精神"岗位实践活动。用担当诠释忠诚，就是要坚决贯彻落实公司的各项安排部署，关键时刻顶得住、打得赢；用实干诠释尽责，就是要立足岗位，埋头苦干，发扬钉钉子精神抓工作落实；用有为诠释履职，就是要锐意进取，攻坚克难，努力创造优异的成绩；用友善诠释正气，对同事要友善，对员工更要友善。要坚持"一家人"的理念，部门之间、单位与单位之间要把对方的需求放在自身工作的前面，要把低调做人、踏实做事作为每一位领导干部和管理人员的基本素养。

3. 发挥支部战斗堡垒和党员的模范带头作用。深入开展"走转改"活动，进一步掌握基层员工的思想动态，统一思想认识，形成党员干部带头、全员参与的合力。

4. 深入开展三级机关作风整治。组织基层单位对公司机关各部门的工作作风进行评价，并将评价结果进行通报，与各部门的考核挂钩，有效发挥基层的监督作用。公司纪委接受基层对机关作风的投诉，严肃执纪问责，切实转变机关工作作风。

抓基层　夯基础　补短板
深入推进基础管理建设工程

大连石化

为落实新时代基层建设工作新要求，大连石化公司党委成立基层建设调研组，以提升员工基本素质为切入点，以提高工作标准为抓手，以强化基层建设为落脚点，通过调研督查，摸清基层情况，发现存在的问题，寻求解决办法，制定改进措施，推动了基层建设工作持续创新。

一、基本做法

（一）以全面加强基层党组织和领导班子建设为核心，进一步提升基层建设质量

一是加强基层党组织建设，构筑坚实战斗堡垒，推进大党建格局的建立。公司坚持党建和实际生产经营工作紧密结合，围绕企业中心工作，严格落实党内制度和上级要求，力求工作既接天线又接地气，致力于产生实际效果。围绕基层党组织建设，以提升组织力为重点，突出政治功能，落实集团公司党组《关于构建"大党建"工作格局的指导意见》，持续深化党组织"六个一"建设，继续推进党建"三联"责任示范点活动，全力抓好标准化党组织创建活动。持续开展"四合格四诠释"岗位实践活动，大力实施"一线筑垒"工程，推进党组织达标晋级管理；建立了"三单三会两查两纳入"工作机制，实行党建工作闭环管理；严格落实"三会一课"、组织生活会、民主生活会、民主评议党员、领导干部双重组织生活等制度，严肃党内组织

生活，不断提高党内组织生活质量；从机构人员、职责责任、目标计划、考核评价、资源保障五方面重点构建，确保基层党建工作落实见效，不断提高党的建设质量和科学化水平，为建设本质安全型企业提供坚强保证和强大动力。围绕党员教育与引领，制定了《党员目标管理规定》，推行党员目标管理，强化党员党籍管理。深入开展了"三严三实"专题教育、"两学一做"学习教育、践行"四合格四诠释"岗位实践活动、党建"三联"责任示范点及创先争优、"5+5"党员目标管理等活动，把理想信念教育放在首位，坚定"四个自信"，确保党员和领导干部在思想上、政治上、行动上自觉地同党中央保持高度一致，立足岗位，拼搏奉献，激励党员发挥先锋模范作用，成为建设本质安全型企业的"主力军"和"排头兵"。

二是加强基层领导班子建设，打造忠诚干净担当的干部队伍。继续深入开展"四好"班子创建活动，进一步完善基层干部培养使用机制，切实加强基层领导班子建设，不断提高基层领导班子的执行力和凝聚力，引领公司安全平稳优化运行和可持续发展。坚持选好干部，坚持好干部标准，牢牢把握选人用人正确方向；完善制度，为选人用人提供制度保障；严格落实制度，规范操作选拔环节。坚持用好干部，重点对有新老交替任务、班子缺员需要补充、功能偏弱以及结构需要优化的领导班子进行考核调整并充实加强；坚持管好干部，进一步加强领导干部民主测评、履职考核及党风廉政建设工作，保证领导班子团结有力，领导干部积极有为。从严规范约束干部行为，加大组织人事部门提醒、函询和诫勉（诫勉）力度，进一步推动干部队伍担当作为，履职尽责，激发干部队伍活力，持续推进干部队伍素质提升。

三是加强基层班组建设，夯实企业生存发展根基。"基础不牢，地动山摇"，班组是企业生产的最小单元，更是企业生产的第一线，为保证基层班组建设充满活力，公司始终坚持加强基层班组建设。开展"五型班组"建设，建立并不断完善"五型班组"达标考核标准、班组管理制度和激励机制，不断完善"五型班组"考评体系，开展年度十大"标杆"班组和年度"优秀"班组评选，开展"季度安全型模范班组"评选，不断提升基层班组建设质量。加强班组长队伍建设，制定了《班组长管理办法》，规定班组长实行聘任制，任期为三年；规范了班组长的选拔聘用程序，明确采用组织选拔、公开竞聘两种方式选齐配强班组长；注重青年班组长培养，从主要生产装置及建安公司机电仪工种中优选 31 名大中专毕业生担任副班长，促使其在实干中增长才干、提高管理能力；为增强生产一线班组凝聚力和向心力，第一联合等车间组织新聘任的班组长和班组成员进行了双向选择，重新组成班组，赋予了班组长选人用人的权利；选树典型，发挥优秀班组长模范引领作用，先后推出李佩隆、董晓伟等优秀典型，并多次分层级召开优秀班组长经验交流会，积极宣传优秀班组长事例，以典型带整体，变示范为规范，全面提升基层建设整体水平。

四是加强基层工作环境建设，提高员工对企业的归属感。持续打造温馨明亮、规范整洁的工作场所，通过净化环境达到愉悦心情；通过加强生产、安全生产标准化建设、工作现场 5S 管理，培养员工良好的工作习惯；发挥直线领导作用，结合具体工作开展"形势目标任务责任"主题教育，整合"员工思想动态""五必访六必谈""职工合理化建议""党员建言献策"等平台反馈上来的意见和建议信息，及时收集、分析、研究、解决和上报员工的意见和建议，建立起班组、车间、公司自下而上地分类、分层解决问题渠道和工作流程，及时解答员工的"所思所想"、解决员工的"难事烦事"，做好"一人一事""一事一案"的思想政治工作，关注基层员工健康，健全和完善员工关爱体系，达到提高生产效率和工作效率的目的，实现安全生产、文明生产。

五是狠抓人才队伍建设，提高员工业务能力。构建人才培养机制，修订并发布了《专家管理办法》，规范技术、技能专家层级、评聘标准、考核程序，从制度层面构筑起了人才成长"双通道"。制订了技术、技能专家分级设置方案，并配套相应待遇，形成了 4 级技术人才和 6 级技能人才的人才梯队。初步建成了技术、技能两个人才库，建立并不断完善 14 个专业、120 人的专业技术人才库，将 330 余人纳入技能人才库，地区公司级技术专家 18 人，装置级技术专家 9 人，装置首席工程师 46 人，集团公司级技能专家 6 人，地区公司级技能专家 13 人，装置技能专家 21 人，技师和高级技师 210

人，助理技师 100 人。

（二）以夯实基础补短板为主线，深入推进基础管理建设工程

一是深刻吸取事故教训，不断强化基层风险管控能力。全面开展安全生产大检查，持续治理安全隐患，针对 2017 年"8·17"事故暴露出的问题，迅速开展动静设备、密封和轴承、小接管等一系列专项隐患排查，积极开展整改验收活动，强化统筹推进，完成储运车间三级防控升级、气体液化气球罐注水系统改造等隐患治理项目 26 项，对 147 台储罐增上气动紧急切断设施，重大隐患问题进一步消除；逐级压实安全责任，修订《员工奖惩管理规定》，完善依法依规从严治企的管理机制；开设网上"曝光台"，加大监督检查和"三违"行为考核力度，有效促进了员工履职尽责；加强现场风险管控，强化现场作业许可审批和危害辨识，推进作业过程表单化管理，引入上海博柯全时域开展第三方现场作业监督，强化入场前工器具完好性检查和人员资质审查，加强了承包商的全面监管；应急能力不断增强，以风险辨识为基础，修订完善应急预案，使其更具实用性和可操作性；以班组为主体，开展各类应急预案日常演练，第一时间第一现场应急处置能力有所增强。

二是以实施"2232"工程为重点，进一步完善企业标准体系，建立起全面强化企业安全生产基础工作的长效机制。"2232"工程即"转观念、转作风，查隐患、查标准，强化制度执行、强化培训教育、强化问题整改，提升人员素质、提升本质安全水平"。先后理顺调整 5 个 HSE 分委会；细化完善了各专业和各装置的 HSE 标准化建设标准及实施方案，有序推进"两转、两查、三强化、两提升"工程，不断促进人员素质和本质安全水平双提升；进一步梳理、规范和健全规章制度、业务流程和标准规范；规范了首问负责和督查督办工作机制及运行平台，促进了各项工作有效落实；积极探索标准化管理，进一步做好技术标准转化为操作规程和作业程序的工作，提高标准实施工作的有效性。

三是深入推进落实岗位责任制，构建纵向到底、横向到边的责任体系。全面规范《岗位职责描述》，明晰工作职责，量化业绩指标，实现岗位和职

责的合理对应，以抓好落实为基点，深化年度业绩指标的逐级分解，在公司内部建立起全面覆盖的职责考核体系。进一步细化量化责任目标，全面开展履职能力评价，明确职能处室专业化管理责任和基层单位属地化管理责任，纵向到底，横向到边，切实做到管理全覆盖，责任无盲区。坚持开展岗位责任制大检查，定期开展岗位责任制大检查，及时发现生产经营和管理薄弱环节，制定整改措施，持续推进整改，不断提高企业合规管控水平；坚持严格考核和问责，通过问责到人倒逼责任落实，筑牢履职尽责的责任体系。

四是坚持推进绿色发展，清洁生产水平持续提升。强化环保装置运行管控，从严执行污染物排放标准，改进环保管理和减排治理讲评通报机制，完善环保在线监测数据平台功能，细化重污染天气防治措施，环保响应能力持续增强；挥发性有机物治理取得阶段性成效；建成投用热电联合车间烟气脱硫脱硝二期项目，完成重整再生烟气脱氯、硫磺回收烟气达标排放（一期）、低压火炬气脱硫、工艺加热炉脱硝改造等项目建设，外排烟气全面满足《石油炼制工业污染物排放标准》要求；建设投用制氢装置降噪设施，积极推进污水回用、催化外排烟气"消白龙"等项目实施，环保工作得到国家环保督察组的认可。

五是持续强化专业管理，基层生产保障能力不断增强。生产运行管理切实加强，全面规范生产巡检和专业巡检管理，升级巡检管理系统，增上巡检问题处理模块，强化巡检数据的分析利用，开展全厂视频监控"补盲"，现场风险科学预判、及时发现和有效处置能力显著提升。加强对生产异常波动的管控，对报警问题进行溯源整改，报警点数大幅下降；设备管理全面升级，加强现场泄漏点治理，扩大机泵 PDM 预测性维护技术检测范围和频次，提高机泵振动的管理标准，配置便携式红外热成像仪，完善设备"日查周检"及考核机制。对循环水场增上防絮网、加密过滤口格栅，水系统的保障能力有效增强；质量管控不断提升，牵头制定了《工业用碳九芳烃》等两项行业标准，顺利获得多个牌号聚丙烯产品的第三方检验机构认证，完成聚丙烯包装物升级，进一步巩固了良好的品牌形象。

（三）强化培训管理，全面提高员工综合素质和业务能力

一是完善培训实施体系、明确培训任务。明确"谁主管的业务谁负责培训""谁管的人谁负责培训"的原则，完善培训实施责任体系；根据岗位实际需要，持续修订覆盖公司各岗位的培训需求矩阵，每年围绕矩阵实施员工岗位能力评价，确定培训需求，制订培训计划；严格落实公司、属地两级培训计划，坚持以"党的十九大精神"、HSE 管理知识和岗位通用知识等前沿理论、知识为重点，实施党组织书记、处科两级领导干部、专业技术骨干、班组长等重要群体的脱产轮训，做实公司骨干素质培养；实施"处长讲制度"和"专家讲技术"，发挥处级干部和专家的管理、技术专长，充分发挥优势资源的作用。建立并落实培训经费下拨制度，突出属地责任，加大对基层分级管理培训经费的工作支持，保证培训管理制度、流程更加规范且符合工作实际要求，三年培训经费累计支出 2085 万元，其中超 70% 用于基层培训。

二是注重基本功训练，提升员工操作技能。扎实推进副班培训制度，各车间以装置为单位，每个月拿出一整天的时间对 HSE 基本知识、操作规程、设备工艺知识、应急预案和事故事件等内容进行培训，并按季度进行培训考试验证效果；积极推行岗位练兵活动，以培训需求矩阵为基础，将岗位知识点逐条梳理成岗位题库，按月下发练兵要点，由公司、车间和装置三级考核确认，确保员工所学即所用，所用即会用。

三是坚持开展以考察现场操作、处置能力为主要指标的员工职业技能竞赛。近年来，公司先后开展过三届"学规程，画流程"知识技能竞赛，全公司同场竞技，让员工掌握流程，熟记规程，提升安全意识和能力；公司秉承"以赛促训，以考促评"的理念，组织了催化裂化、蒸馏、高压加氢、聚丙烯、重整和酮苯脱蜡专业竞赛，并在 2015 年集团公司催化裂化装置竞赛中取得两面银牌的好成绩。公司对竞赛优胜选手按制度规定破格晋级，调动员工学习积极性的同时，拓宽员工成长通道，为员工培训成才搭建平台。

四是坚持实行培训工作周检、周评、月考核。每周调度会上人事处对公司培训工作进行点评，将培训检查与公司体系审核有机结合，严抓"假考

试、两层皮"等现象，切实推动培训管理制度、流程和各项工作落到实处。通过现场抽测、定期抽测、开停工及变更测试、上转岗考试、上岗证定期检验等多种形式加强培训效果验证，同时坚持将员工10%绩效奖金用于培训，建立培训效果、能力导向。

二、先进典型及荣誉

（一）推广交流情况

通过持续开展企业形象建设工作，立足岗位，不断完善公司、机关、基层"三级"，车间、装置、班组、岗位"四层"系统的良好形象标准和岗位文明规范。与日常工作的评先选优相结合，逐步实现"良好形象"标准显性化，使"岗位形象建设"常态化、长效化，成为改善员工行为习惯、推动"三基"工作再上新台阶的有力抓手，进而不断推动企业文化建设向文化管理升级。

各基层单位以"岗位良好形象标准""岗位文明行为规范"以及"巩固扩大重塑良好形象成果，聚焦'四合格、四诠释'基本标准，坚持弘扬石油精神主旋律""践行四合格四诠释，弘扬石油精神，喜迎党的十九大"等为主题全面开展岗位大讨论、岗位实践活动和企业形象建设月专题讲座等，不仅营造了公司上下共同开展企业形象建设的浓厚氛围，同时也为总结停检工作经验，提升基础管理水平创造了良好的平台和载体。其中，三联合车间利用操作室的电视屏幕播放停检成果展示、二联合车间利用操作室的电视屏幕播放装置形象简介等方式，抓住了形象建设的核心思想，将形象建设与日常工作充分融合，对于立足岗位实际，推动一线员工树立形象意识，提高归属感、荣誉感、自豪感起到了积极的作用。

（二）百面红旗单位

2003年，储运车间、原建安总公司下属电气公司获得集团公司"百面红旗单位"荣誉称号。

1. 原电气公司

其中原电气公司是建安总公司下属的法人经营单位，2009 年随着经营机制的调整取消了法人身份变为电气车间管理，电气车间的部分业务和人员又经历了与供热车间的整合，与供电车间的分离等，随着人员和管理机制的变化，现在的电气车间不能与当年的电气公司来进行比较。

2. 储运车间

储运车间占地 73 万余平方米，共有储罐 233 台，其中球罐 20 台，总容量 252.27 万立方米，固定资产约 12.62 亿元，车间现有员工 279 人。储运车间作为公司生产环节的龙头龙尾，其安全平稳运行至关重要，基层建设对于储运车间的安全生产和质量效益起着决定性的作用。储运车间基层建设总体思路是认真贯彻落实公司及上级有关精神，强化三支队伍建设，以党建凝心和合规管理为保障，夯实基础、强化履职、苦干实干，以队伍建设和培训提升为根本、以绩效激励和改革创新为驱动，全力完成各项工作任务，重点突出"安全环保和质量效益"中心工作，以罐区标准化建设和隐患整治为重点工作，以夯实三基工作为引领，努力打造"物优其流、喜悦共享"的储运理念，为公司建设成为世界一流炼化企业做出贡献。

创新工作机制 落实主体责任
提升基层建设工作水平

大连西太平洋有限公司

一、创新体制机制，提供全面保障

最近几年，大连西太认真贯彻落实《中国石油天然气集团公司基层建设实施纲要》《中国石油天然气集团公司党支部工作条例》《中国石油天然气集团公司思想政治保障体系建设意见》《关于加强服务型党组织建设的指导意见》等一系列文件精神和工作部署，把三基工作纳入企业可持续发展的战略高度来对待，把基层建设作为三基工作的重中之重来抓，突出班子和党支部建设、队伍建设、班组建设、员工培训、基础管理工作等重点内容，制订工作方案，完善管理要求，强化组织领导，提供资源保障，构建工作机制，对三基工作特别是基层建设进行全方位深入推动。

在载体建立方面，先后组织开展了以"学大庆、找差距，抓三基、强素质"为主题内容的基层"达标创优"活动，开展了"创建安全清洁型班组、创建学习创新型班组、创建和谐进取型班组，争做红旗班组"为主要内容的班组"三创一争"活动，以及班组标准化创建活动，进而又组织实施了"达标年""创新年""推进年"，以及"管理提升年""管理巩固创新年""党建工作落实年""党建工作推进年"活动，对三基工作特别是基层建设分步骤、分阶段重点推进。

在组织推动方面，制订党政年度工作计划，召开年度、季度、月度以及定期工作会议，都把三基工作作为一项重点任务进行推动，并组织召开基层建设暨班组建设推进会、基层建设年度工作会议、班组建设经验交流会、培训工作研讨会、培训工作汇报会，开展各种经验交流和现场观摩活动，组织生产骨干和管理人员外出学习交流，强化分类指导和分层推进，确保了基层建设各项重点工作按照既定目标扎实有序推进。

在资源保障方面，设立专项资金，安排专门款项，加大费用投入，推进控制室、更衣室、用餐室、培训室标准化，推进生产装置、机泵房、配电室、仪表控制室、罐区标准化，推进主要生产装置 HSE 标准化，推进办公环境标准化。同时，以基层、班组和操作员工为主体，组织开展各种文化体育教育活动，为基层和班组下拨专项活动经费，促进基层和组织活动不断活跃，团队凝聚力、战斗力、执行力显著提升。

在成效取得方面，截至目前，公司 45 个生产班组全部达到了标准化条件，20 个党支部全部达到了标准化条件，66 个装置、机泵房、配电室、仪表控制室、罐区全部达到了标准化条件，18 套主要装置全部实现 HSE 标准化，办公环境全部达到标准化水平，并形成了一整套标准化管理制度，有效固化了基层建设标准化创建成果。

二、加强基层建设，突出重点内容

1. 抓好班子建设。把两级班子建设作为重点，扎实推进"四好班子"创建活动。落实党管干部原则，严格好干部五条标准，树立正确选人用人导向，加强对选人用人决策把关，做好年轻干部培养和选拔，根据企业改革发展和市场化需要，配齐配强各级班子，引领队伍做好工作。落实民主集中制原则，建立《"三重一大"决策实施细则》及《公司工作规则》《党委工作规则》，强化民主决策、集体决策、科学决策，确保正确的工作方向。注重批评与自我批评，开好年度民主生活会和专题民主生活会，认真剖析班子建设存在的问题，有针对性地做好工作改进，提高领导艺术与领导水平。加强班子年度述职述廉、民主评议、重要事项报告制度，全面接受员工群众对班子的监督，注重工作作风改进，紧密联系基层群众，树立干事创业形象。

2. 抓好支部建设。把"六个一"作为创建目标，把标准化、规范化、系统化作为主要抓手，以党支部建设为重点内容，开展"党建工作落实年""党建工作推进年"活动。一是明确党支部工作职责，完善岗位责任制及责任清单，进一步明确党支部干什么的问题。二是识别和转化上级组织规章制度和文件要求，研究制定内容涵盖党支部所有工作内容与要求的《党群工作管理办法》，进一步明确党支部怎么干的问题。三是逐级签订党建工作目标责任状，进一步明确党支部干到什么程度的问题。四是为党支部统一配备文件柜、文件夹、档案盒，统一印制学习记录本，统一规范记录模板使用管理，统一配备投影仪和各种学习教育设施设备，统一梳理建立党群门户及专栏，统一标识和管理要求，建立线上和线下"共产党员之家"，为党员活动提供必要的场所保障。五是对应《党群工作管理办法》要求，研究制定《党群工作考核办法》，并建立每季度一次的检查、考核、讲评、通报制度，坚持检查结果与单位及个人的年终绩效、评先评优等紧密挂钩，促进党建责任落实和党建任务落地。六是建立监督党建工作会议、季度政工例会、每两年一次"两优一先"评比表彰，建立党支部活动经费保障制度，推行"十化做法"等，对党支部建设提供方法指导和组织保障。

3.抓好班组建设。分阶段、有步骤地对班组建设进行全方位推动。第一阶段开展"创建安全清洁型班组、创建学习创新型班组、创建和谐进取型班组，争做红旗班组"为主题内容的班组"三创一争"活动，加强组织领导，组织班组长和生产骨干外出学习，开展各种班组建设经验交流活动，为班组提供专项活动经费，以班组为主题组织开展各种文体活动，2012年年底组织了活动验收，有30个生产班组被命名为"安全清洁型班组"，24个生产班组被命名为"学习创新型班组"，18个生产班组被命名为"和谐进取型班组"，10个生产班组被命名为"红旗班组"。第二阶段开展班组标准化创建活动，从2013年开始把安全环保标准化、生产受控与行为受控标准化、班组管理标准化作为主要内容与抓手，从明确标准、强化考核、定期讲评等入手，对班组建设强力促进，2015年年底组织了活动验收，45个运行班组全部达到了标准化条件。第三阶段开展班组标准化成果巩固提升活动，从2016年开始把班组建设纳入正常管理，建立了安全环保标准化、生产受控与行为受控标准化、班组管理标准化三个工作规范，并建立了相应的考核细则，把班组建设纳入月度专业绩效考核之中，重点强化管理和监督，公司各级党群组织也都围绕班组建设持续加大投入，组织开展各项活动，对班组标准化建设水平进行持续提升。"王春道班""胡文礼班"等多个班组荣获辽宁省优秀班组荣誉称号。

三、加强典型选树，注重引领带动

1. 加强各类先进典型的选树工作。采用内选和外评等办法，加强对各类先进典型的培养、挖掘和选树。公司党委每两年组织一次"两优一先"评比表彰，公司工会每两年组织一次"双文明建设先进集体和先进个人"评比表彰，公司团委每两年组织一次"优秀团支部"和"优秀青年"评比表彰。公司工会、公司党委、公司针对每年一次主要生产装置换剂消缺和每四年一次装置全面停工大检修持续组织主题劳动竞赛活动，命名表彰优秀项目、先进集体和先进个人。2016 年结合开工投产 20 周年纪念活动，组织评比和命名表彰了"二次创业""十大劳动模范"和"十大安全卫士"评比表彰活动，结合"提升幸福感、构建和谐家"主题活动，开展了"最美员工"评比活动。同时，组织单位及个人参加省市、集团公司以及行业举办的各种典型评比选树活动，构建形成劳模先进层层有、行行有、时时有的工作格局，发展壮大了生产骨干队伍，引领助推了公司实现更好更快发展。

2. 发挥"百面红旗单位"的引领作用。2003 年，原生产二区催化裂化装置因工作业绩突出，被中国石油天然气集团公司授予"百面红旗单位"荣誉称号。之后，这个单位几次更名、管理范围也发生了很大变化，但几任领导班子矢志不渝，以排头兵的标准严格要求、严格管理，始终坚持"抓班子、带队伍、促管理"的工作思路，不断创造良好业绩，其所管理的 1000 万吨 / 年常减压装置连续三年实现集团公司炼化专业达标，常减压装置首次实现加工巴士拉原油生产沥青，为增加公司产品品种、显著提升二次装置加工负荷、提升公司综合效益做出了突出贡献。280 万吨 / 年催化装置连续两个周期实现四年一修，长周期运行水平居于行业领先地位，并荣获集团公司绿色基层队站荣誉称号，该单位还荣获集团公司节能节水先进基层单位等多项市级以上荣誉称号，为公司其他单位树立了良好的标杆和样板，充分发挥了先进单位的引领作用。

四、加强教育培训，提升整体素质

1. 推进操作员工个性化培训工作。根据管控一体化和发展项目建设要求，按照"减量提质、分类施教"总体思路，推行实施"岗位培训、车间授课、集中讲座和网络学习"的"四位一体"运行模式，初步形成了一套涵盖需求管理、计划执行、效果评估、激励和约束等内容的培训管理制度，有效提升了操作员工队伍的综合素质和技能水平。特别是在分类施教、精准定位方面，通过培训矩阵的深度应用找准员工能力短板，精准投放培训资源，将操作员工培训重点由课堂培训逐步转向岗位培训，有效改善了以往培训针对性不够、时效性不强的问题。强化培训考核激励，构建以题库为主线，以集团公司远程培训网为依托，每季度进行一次计算机考试、每年一次实际操作考试的综合考评办法，考核成绩直接与个人年度浮动薪酬挂钩，严格奖惩兑现，以岗位培训实现有效激励。开展职业技能鉴定工作，促进员工职业成长，公司 2016 年首次开展职业技能鉴定，目前公司操作员工 603 人，初级工达到 115 人，高级工达到 420 人，计划今年年底前完成首轮技师鉴定和评聘工作，届时公司操作员工将 100% 取得职业技能鉴定证书。公司原油加工能力由原设计的 500 万吨 / 年提升到 1000 万吨 / 年、生产装置由 12 套增加到 18 套、管理精度不断提高的情况，没有增加一名定员，通过优化岗位设置、强化岗位培训，克服解决了操作员工短缺问题，较好地适应了企业改革发展需要。

2. 组织各种读书促进及素质提升活动。在公司信息门户建立 "读书园地"栏目，定期为员工介绍新书籍，强化图书导读。在各单位建立"读书角"，为生产单位建立"流动书屋"，设立专门资金，每年为员工购买一部分书籍。充分利用集团公司下发的《中国石油员工基本知识读本》，开展"每日悦读十分钟"活动，举办各种读书论坛和答题竞赛，促进员工养成会读书、善读书、读好书的良好习惯，帮助员工建立起人生基本知识体系和职业生涯基本专业知识体系，用知识力提升执行力、激发创造力、增强成长力。

五、有关加强基层建设的建议

1. 文件适用性应重新评估。集团公司加强三基工作和基层建设的文件印发时间间隔比较长，原有的内容与要求是否能够符合新时代发展要求，需要重新进行评估。我们建议综合制定一个内容更加全面、更具时代感和针对性的文件，进一步明确三基工作和基层建设的内容与要求，以便于指导基层有针对性地开展工作。

2. 力量保障应明确到位。有关三基工作和基层建设的人力、物力、财力的保障需求问题。三基工作和基层建设既是党建工作的重要内容，又是企业管理的重要组成部分，需要持续的人力、物力、财力投入和支撑，我们建议集团公司能否从强化顶层设计入手，以制度文件的形式对三基工作和基层建设所需的人员及费用作出进一步明确，最好明确到财务列支科目以及列支费用的比例。另外，党组织经费能否用于三基工作或基层建设也需要进一步明确，防止基层在使用过程中出现违规问题。

3. 经验交流应常态固化。需要加强对三基工作和基层建设的样板选树，经常开展多种形式实地观摩和业务培训工作，对基层单位开展这方面的工作提供经验借鉴和业务指导。

细化基础管理　强化基层建设

锦州石化分公司

一、基层建设总体情况

锦州石化公司全面加强基层建设工作，不断完善基层建设管理体制，全面强化安全生产、人员管理、现场管理、考核体系等工作，有效控制基础管理滑坡和现场管理松懈等问题。

公司设有"三基"工作领导小组、办公室和专业小组，办公室设在企管法规处。对集团公司强调的主要工作进行目标分解，明确了责任小组和主要完成单位、协作单位。各专业组、各单位每季度进行"三基"工作小结并上报"三基"工作办公室。公司注重将"三基"工作与员工教育、生产生活相结合：一是强化基层组织建设。将"三基"工作内容和要求纳入"六个一"党支部和"五型"班组建设中，提高员工责任心，打造坚强有力的基层组织。二是细化基础管理。健全完善车间各项规章制度，制定工作标准，明确工作程序，认真做好专责设备、专责区域、大型机组、定置管理、不间断巡检、操作记录、操作平稳率考核等基础管理工作。要求管理人员树立敢抓敢管的工作作风，对分管工作定目标、定措施，高标准、严要求，扎实推进基础管理。三是提高员工基本素质。进一步强化对班组长、内操重点岗位人员的专项培训，通过检查培训笔记、现场考核的方式督促学习，提高素质，保证装置安全、平稳、长周期运行。四是完善考核体系。对现有考核体系进一步量化，每项工作均做到有布置、有考核，通过考核提高管理标准，从而持续加强"三基"管理工作。五是提高 HSE 管理水平。对资料室进行细化管理，HSE 资料存档实行定柜、定层、定位管理，把好资料存档关口，严格执行公司文件记录管理规定。六是讲团结，倡奉献，创实效。要求全体员工对"三基"工作要心中有数，有措施、有办法，干工作不讲条件，加大执行力建设，进一步增强推进"三基"工作心，努力取得"三基"工作见成效，确保装置安全平稳运行。

"三基"工作的开展，规范了企业管理，提高了员工素质，为企业安全生产提供了有力的保障。

二、班子建设和选人用人情况

一是贯彻执行党的干部路线方针政策和企业选人用人制度。在选人用人工作中，严格按照中组部《党政领导干部选拔任用工作条例》和《中国石油天然气集团公司企业领导干部管理规定》《锦州石化公司中层干部管理办法》的要求，严格执行民主集中制原则和"三重一大"相关规定。干部选拔任用工作严格执行民主推荐、组织考核、沟通酝酿、上会讨论、任前公示、任前谈话等程序。

二是建立健全领导干部选拔任用和监督机制。按照中央和集团公司党组要求，根据公司实际情况，修订了《公司中层干部管理办法》，制定了《公司中层干部选拔任用工作实施细则》《公司所属单位纪委书记、副书记提名考察办法》。在完善干部管理制度的基础上，建立健全干部选拔任用监督机制，制定了《公司纪委书记全过程监督公司中层干部选拔任用工作实施细则》，实行公司纪委书记对中层干部选拔任用工作进行全过程监督。对违纪干部，严格依照《集团公司管理人员违纪违规行为处分规定》进行处理。

三是加强领导班子和领导干部述职述廉工作。公司严格执行集团公司各项规定，按照《公司领导班子和领导干部综合考核评价办法》，按"德能勤绩廉"等方面，对领导班子和领导干部进行评价考核。由人事处牵头，与机关党委、纪委监察处等部门组成民主测评工作组，按照考核程序，每年对公司基层单位领导班子和领导干部进行履职测评考核和后备干部民主推荐，应用"领导班子和领导干部考核评价系统"进行汇总分析，考核、推荐工作客观、公正。

四是注重年轻干部的培养使用。按照集团公司党组的统一部署，在培养选拔优秀年轻干部工作方面采取了许多有力的措施，有效预防和避免了因历史原因造成的干部队伍结构老化、工作热情减退、创新动力不足等不利情况，取得了比较明显的成效。近年来，公司共提拔处级干部49人，其中45岁以下18人，年龄最小的36岁，有效改善了干部队伍和基层领导班子的年龄结构。

三、党支部建设情况

锦州石化公司始终坚持管党治党，全面落实加强国有企业党的建设工作精神，有明确的党建工作的指导思想和主要目标，为加强企业党的建设指明了实践路径。推行"像抓HSE体系建设一样抓企业党的建设"，制定并运行基层党组织工作标准化考核体系，全面从严治党有效向基层延伸，党的组织建设得到加强。

1.加强基层党组织建设，增强基层党组织组织力。近年来，公司党委按照集团公司党组的统一安排和部署，从深入加强基层党组织建设和提高党员队伍素质入手，积极加强党支部建设。根据党支部的实际情况，将加强党的基础工作和发挥党员先锋模范作用作为突破口，通过加强基础资料管理，统一了检查考评体系，健全了党建工作"十项制度"；通过开展"创先争优"活动、"党员责任区"和"共产党员先锋工程"主题实践活动等系列活动来促进党员模范作用的发挥。通过经常性地开展创先争优活动，围绕争做先进党委（总支）、先进党支部、先进党小组和优秀共产党员、十佳共产党员开展党内争先创优竞赛，每年七一前，进行"两优一先"检查总结评比，树立党组织和党员队伍的先进典型，成为贯穿全年工作的一条主线。2015年以来，公司共评选表彰先进基层党组织19个，优秀共产党员标兵、十佳共产党员30人，优秀共产党员521人，有2个党组织、3名党员、1名优秀党务工作者党员受到集团公司党组、辽宁省委、锦州市委的表彰，在党内营造了创先争优的良好氛围。

2.建立健全基层党组织，为党支部发挥战斗堡垒作用提供组织保障。

公司党委注重建立健全基层党组织，近年来，公司内部机构整合变化时，公司党委按照"三同时"原则，在组建行政单位的同时建立党组织机构，在调整行政机构的同时调整党组织机构，并同时配备党组织负责人，保证了单位行政工作管理和党组织管理同步调整、同步组建。公司各级任期届满的基层支部全部完成了换届选举工作，委员发生变化的及时进行增补，建立健全了基层党组织。同时，严肃党内政治生活和组织生活，规范领导班子民主生活会、党支部"三会一课"、党员民主评议等制度，推进批评和自我批评常态化，不断提升党内政治生活质量。

3. 积极开展基层党组织规范化建设和达标晋级工作，加强党内基础工作。按照集团公司党组和锦州市委要求，结合公司基层党组织实际，组织开展创先争优达标升级工程，采取"对标定位"的方法，每年对基层党组织进行一次集中检查验收。建立"量化考评、分类定级、动态管理、晋位升级"的党支部达标晋级管理机制，坚持以争促改、以争促建；坚持规范易行、有序推进；坚持巩固先进、推动一般、整顿后进，进一步推进基层组织规范化建设。

四、薪酬待遇情况

锦州石化公司充分利用薪酬杠杆作用，加大绩效考核力度，优化内部分配秩序，发挥薪酬的激励约束作用。

薪酬发放主要包括固定薪酬工资部分和变动薪酬奖金部分。其中：工资部分约占工资总额的47%，执行集团公司统一的基本工资制度。岗位（技）工资以岗定薪，岗变薪变，易岗易薪，按照公司《岗位（技）工资动态运行管理办法》执行。员工加班按照国家劳动法及公司《加班管理办法》执行，各项津补贴设置按照集团公司的规定建立的项目和标准，主要有上岗津贴、夜班津贴、误餐补贴、技能技术津贴等，并严格执行公司各项津补贴管理办法，合规管理，没有违反规定建立的津补贴项目；奖金部分约占工资总额的53%，主要包括月业绩奖金、年度业绩奖、安全奖、科技进步奖、总经理奖励等，按照公司《业绩考核管理办法》进行考核兑现，是薪酬激励的主要手段。

公司坚持用好用活业绩奖金的杠杆作用，按照工效挂钩办法，坚持效益导向，有效地盘活工资存量，用好工资增量。通过与各单位签订业绩合同、加强独立核算单位总额控制、创新业绩考核机制、加强人工成本调控等方式，不断优化内部分配关系，重点向利润贡献大、劳动效率高的单位倾斜，向做出突出贡献的人员、业务骨干和生产一线员工倾斜，在倒班岗位达到一定年限的员工给予不同档次的一次性奖励。考核奖罚分明、落实到人，发挥精准激励和约束作用。持续拉大生产一、二、三线单位奖金差距，吸引和稳定生产一线员工队伍，使分配秩序更加科学、规范、合理，充分激发动力、活力，调动全体员工创效的工作积极性。

五、员工休息休假情况

1. 按照《国务院关于员工工作时间的规定》及公司《考勤管理办法》对员工的工作时间及休息规定如下：实行白班工作制的单位，每周工作五天，星期一至星期五为工作日，星期六和星期日为周休息日，国家法定假日11天按国家规定休假；实行倒班工作制的单位，五班三倒岗位倒班班次为一班、三班、休班、二班、付班，作息时间统一规定为一班1点至8点、二班8点至17点、三班17点至次日1点、付班8点至12点，连续倒班工作遇到国家法定假日不休假，按国家规定给予加班工资。

2. 员工带薪年休假：按照《中国石油天然气股份有限公司员工带薪年休假暂行规定》，公司制定并执行《锦州石化公司带薪年休假管理办法》，与公司签订劳动合同一年以上且在公司连续工作一年以上的在岗员工，享受带薪年休假。具体规定为：连续工龄满一年不满五年的，每年休假4天；连续工龄满五年不满十年的，每年休假7天；连续工龄满十年不满十五年的，每年休假10天；连续工龄满十五年的，每年休假14天。国家法定假日、休息日不计入带薪年休假的假期。享受寒暑假天数多于年休假假期的，不再安排带薪年休假。对新参加工作、新调入的员工，工作满一年后可实行带薪年休假。员工带薪年休假原则上每年安排一次，对于因工作需要不能较长时间离开工作岗位的员工，经批准后可以在一年内分二至三次享受。

3. 员工健康疗养：按照《中国石油天然气集团公司关于规范集团公司员工健康疗养标准的通知》，公司制定并执行《锦州石化公司员工健康疗养管理办法》，工龄满 10 年的在岗员工，享受健康疗养假。具体规定为：工龄满 10 年至 19 年的员工，每间隔 3 年疗养一次；工龄满 20 年至 29 年的员工，每间隔 2 年疗养一次；工龄满 30 年的员工，每间隔 1 年疗养一次，员工健康疗养假期不超过 15 天（不含法定假日），疗养当年，疗养假与带薪休假不能重复享受；享受寒暑假天数多于疗养假期的，不再安排健康疗养假。同时对享受健康疗养假的员工发放健康疗养费用，每次补助 3300 元，从福利费中列支。

公司严格执行员工休假制度，公司要求各级领导做好表率，年初排出休假计划。在保证完成生产（工作）任务的前提下，积极为员工创造条件，有计划、分期分批地安排好员工休假，确保每名员工的休假福利落到实处。

六、畅通诉求渠道

公司高度重视员工的思想状况，关注各群体利益诉求，结合目前的工作状况和信息社会发展的趋势，根据集团公司维稳信访部门的指导意见，多方位开通诉求渠道。公司开通了员工来访、来电、来信、网上信访、领导信箱五大通道，尽可能让员工表达诉求，达到解决问题的目的。畅通的员工诉求渠道，对稳定生产生活秩序起到了重要作用。随着时代的发展变化，员工诉求渠道也发生了新变化，公司将开通微信信访账号，使员工的诉求更加畅通无阻。

七、先进典型选树宣传情况

公司注重先进典型选树，近年来，基层建设得到集团公司认可，部分单位获得集团公司先进单位、节能节水先进单位、节能先进单位、绿色基层车间称号、铁人先锋号、质量信得过班组、先进班组、学习型班组（国资委命名）等荣誉称号。对评选的先进典型、先进经验，利用网站、报纸、电视台、橱窗、微信公众平台等各种媒体广泛宣传，使他们的示范引领作用得到充分发挥。

对外宣传取得了骄人成绩。2012年年末，锦州石化公司中国石油网上发稿量首次进入中国石油网排名榜首页，炼化行业排名第三。2015年、2016年在中国石油新闻网刊发稿件数量连续两年进入炼化企业前三名，2016年10月，在中国石油新闻网单月投稿采用率首次达到100%。2016年7月，集团公司在辽宁地区举办第四季"加油体验"第二场活动，锦州石化公司有118篇稿件在人民日报、新华网等中央媒体和新浪、搜狐、凤凰等主流门户网站刊发，刷新了锦州石化对外宣传工作新的历史纪录。2017年，在中国石油报年发稿量首次突破200篇，中国石油网发稿数量连续三年稳居炼化企业前3名。

八、"百面红旗单位"运行情况

公司仪表车间和化工一车间是集团公司百面红旗单位。两个车间始终坚持党建引领、传承红旗精神，在基层建设、改革发展中发挥着示范带头作用。

仪表车间是以锦州石化公司生产装置的仪表设备维护、装置检修、工程技改为主的专业维检修车间。2003年被评为中国石油"百面红旗单位"以来，仪表车间秉承锦石化企业精神和优良传统，坚持把红旗工作法和红旗精神融入日常工作，稳步提升基层队伍的素质和执行力，连年评为公司先进单位、先进党支部等荣誉称号。2016年车间成立"自控专业劳模创新工作室"，致力于核心技术研究、成果转化应用，以及管控一体化建设，解决了一系列制约平稳生产问题，节约资金千余万元。车间员工先后荣获"锦州市首届最美劳动者"、锦州市"五一劳动奖章"、"辽宁省职工职业道德建设十佳标兵"、辽宁省"五一劳动奖章"、共青团中央"优秀志愿者"荣誉称号。

化工一车间成立于2004年2月份，在原异丙醇车间基础上组建而成。自车间成立之日起，长期坚持以"苦干实干""三老四严"为核心的石油精神，在百面红旗的荣誉下，永不褪色，打造出一支业务能力强、责任心强、集体荣誉感强的团队，在质量效益发展中示范带头作用显著。车间先后荣获国家五一劳动奖章、全国总工会"模范小家"、中共辽宁省委先进党支部、集团公司百面红旗单位、集团公司"先进集体"、集团公司"四好班子"、锦州石化先进党支部、先进单位等各类荣誉数十项。

九、员工岗位培训情况

按照"人事处主管、业务部门主导、培训中心督导、分级组织实施"的培训管理体制开展培训工作。采取理论与实际相结合、集中培训与自学相结合的方式，对员工进行培训。理论知识培训，内容包括各岗位操作方法、操作规程、开停工方案、工艺卡片、新修订操作卡、应急预案及岗位风险识别等，采用多媒体教学，使培训内容更生动、更形象，提高员工的培训兴趣和接受度。岗位实践培训，通过应急演练、现场教学、班组安全活动、岗位练兵、岗位问答等形式全方位、多角度进行。

结合生产实际，按照工作计划、执行步骤，本着"实际、实用、实效"的原则，干什么，学什么，缺什么，补什么，有针对性地开展岗位应急培训，形成了公司主导、基层实施、上下配合、整体联动的培训格局。

2017 年公司组织参加集团公司及各行业的专业知识培训班 116 个，培训人员 245 人次；举办公司级培训班和讲座 50 个，培训近 9000 余人次，共完成多岗培训 3 千余课时，新建和修订岗位培训课件 500 件；组织开展 23 套装置开停工培训和验收；办理上岗合格证初审、复审考核 4012 人，特种作业培训和考试 1200 人次。共有 2000 余人次经过岗位培训和应知应会考试考核，取得了多岗位的上岗合格证。

十、送书工程落实情况

集团公司为每个基层车间配备了书架，下发了百余本图书，为每名员工配发了一套《中国石油员工基本知识读本》丛书，要求各单位组织员工每日"悦读"十分钟，以期达到员工在学习中进步，企业在学习中发展的目标。集团公司送书工程中，对员工自身有所帮助的内容是他们比较感兴趣的。基层单位设有专门的图书架存放各类书籍，员工随时可以借阅。一些单位还不定期开展读书分享活动，并组织座谈交流。公司党委每年都要开展全员读书工程，每年将贴近员工生产生活、对员工有教育意义的一本好书推荐给员工学习，2009 年推荐了《将责任落实到位》、2010 年推荐了《团结就是力量》、2011 年推荐了《像铁人一样工作》、2012 年推荐了《把责任落实到位》、2013 年推荐了《没有任何借口》、2014 年推荐了《执行重在到位》、2015 年推荐了《信仰如铁》、2016 年推荐了《做合格党员》、2017 年推荐了《好员工爱企如家》。同时开展一到两次读书征文活动。充分利用企业图书馆加强与读者互动，图书馆在员工中开展"我与图书馆"小故事征文活动、开展"好书推荐"活动、增设图书换书角、举办读者开放日、在石化报开辟好书推荐专栏对新书开展宣传等。

十一、对提升基层建设工作水平建议

效益与安全并行，基层建设的好与坏直接关系整个企业的整体发展，集团公司要下大力气推进基层各项建设，抓牢基层，主动作为，是基础建设的根本。首先是完善制度建设，形成一套切合实际、操作性强的基层建设制度，使日常的工作行为规范化、程序化；精简一些不必要的工作环节，例如各类计划、记录、总结过多，对于管理人员负担较重，基层管理人员既要忙现场，又要及时完成上级部门的要求，有些记录等多为重复性工作，应优化工作流程，切实提高工作质量，提升工作效率。其次，加强基层管理方式方法的创新，基层建设工作需要不断创新，载体样式多样化，不能总是沿用过去的管理模式。要细化基层建设规划，详细地制定车间、班组、员工三个层面的工作内容、标准和评价体系，使之具有可操作性。要用简单原理指导基层工作，每个层面职责以外的事情不要过多。要制订基层建设思路长远规划，建立基层建设工作长效机制，从体制、机制、措施上予以充分保证。送书工程多提供些有关生产、设备、安全、HSE、企业管理案例等方面的书籍，以便更好地服务于企业生产。

加强基层建设　实现高质量发展

锦西石化分公司

一、体制机制建设

（一）基层建设在企业管理中的地位和作用

多年来，公司坚持面向基层、服务生产，紧紧围绕控总量、提素质、调结构、创效益的总目标，持续完善一线操作员工培养、选拔和评价使用机制，畅通操作技能人才成长通道，加快高技能人才培养选拔，总结凝练和大力弘扬石油工匠精神，提升队伍素质，优化队伍结构，激发队伍活力，建设一支素质优良、结构合理、爱岗敬业、创新创效的知识型、技术型、复合型操作技能人才队伍，为公司发展提供保障。

在党组织建设方面，公司党委多年来坚持创建"学习型、服务型、创新型"党组织，坚持"以党建促发展，以发展强党建"工作思路，依托"共产党员先锋工程""党员责任区""三联"示范点等活动平台，充分发挥党组织战斗堡垒作用和党员先锋模范作用，为企业发展做出了贡献。公司党委坚持"三同时"原则，适时调整党组织设置，认真抓好基层党组织建设，及时做好任期届满的基层党组织换届改选工作，确保党的基层组织健全完整。

（二）基层建设规章制度落实情况

在制度落实方面，建立健全监督考核机制方面具体做法是：

1.完善规范班子议事规则和决策程序，先后三次修订《锦西石化公司"三重一大"事项议事规则》，确保科学民主决策。公司领导多次在生产协调会、综合协调会上对"三重一大"决策制度的学习贯彻进行安排部署。

2015年和2016年，公司把新修订的"三重一大"制度电子版下发各个单位，要求学习并制订方案，抓好落实。各单位按照"三重一大"制度要求，结合单位实际，制订"三重一大"制度实施方案，在奖金分配、先进推荐、岗位调整等基层重要事项上做到集体决策，防止"一人说了算"和暗箱操作。制定《拟上班子会"三重一大"事项申请单》，明确要求议题提出单位履行充分协商、征求意见等工作程序。

2. 建立责任体系和监督考核机制。完善党建工作责任，形成党政同责、党群部门齐抓共管、行政部门密切配合、基层党组织上下联动、全体党员广泛参与的党建工作格局。健全公司党委、党群部门、基层党组织"三级"责任体系，层层压实工作责任。2017年下半年，公司班子成员全部建立党建工作联系点，按时参加党建联系点活动。工作考核评价办法，细化量化考评内容、责任目标、评价标准和操作程序，强化全面从严治党责任的有效落实。开展党建工作督办，下发督办单，督促党群各项工作有效落实。制定党群部门考核细则，明确党群部门工作职责，督促党群部门履职尽责，开展好党群各项工作。公司党委将党建考评作为从严治党的有力抓手，制定《基层党群组织工作职责清单》，形成党建、干部队伍建设、思想政治、反腐倡廉、群团活动、维稳综治等8个专业58条专项考核内容，严格落实基层党建工作主体责任。

3. 建立党风廉政建设主体责任实施细则。全面落实主体责任、坚守责任担当，抓党风廉政建设党委"不松手"、党委书记"不甩手"、班子成员"不缩手"，切实发挥党委在反腐倡廉中的领导作用。班子成员对分管范围内涉及举报的领导干部进行提醒谈话，及时"提领子""扯袖子"，抓早抓小，及时防范，督促领导干部正确行使权力、依法合规履职。2016年，公司启动内部巡察工作，公司班子成员全过程参与巡察工作各个环节，在党委会上研究讨论巡察单位的选择、巡察方案的确定，听取巡察情况汇报，参加巡察启动会，分管领导到被巡察单位召开专项巡察反馈会，对被巡察单位通报巡察结果，提出整改要求，督促被巡察单位加强合规管理。公司领导班子成员每季度参加基层党建联系点活动，深入一线，听取基层党组织建设、反腐倡廉、思想文化等工作开展情况，点对点地提意见、做指导，促进基层党建工作水平提升。

（三）党委会定期专题研究部署基层建设工作情况

公司党委牢固树立"抓好党建是本职，不抓党建是失职，抓不好党建是不称职"的理念，严格落实党建工作责任制，逐步构建党委统一领导、党政干部共同负责、各个部门齐抓共管、党员干部广泛参与，一级抓一级、层层抓落实的党建工作格局。公司配备专职常务副书记、纪委书记，主抓党群各项工作。常务副书记、纪委书记每周组织召开党群联席会，每月召开党群例会，听取党群各部门工作总结和计划，做好统筹安排，提高了党群工作标准和工作效率。

公司定期召开党委会，研究讨论组织发展、创先争优、干部调整、党风廉政建设、集团公司巡视、内部巡察、理论学习、教育实践活动、群团工作等。坚持"围绕中心、服务大局"，党群工作开展有章法、有思路、有效果，有力推动了党建工作与生产经营、企业管理、改革发展深度融合，努力把党建工作"软实力"转变为企业发展的"硬支撑"，让党建成为看得见的生产力。

（四）"三基"工作在机制体制方面创新情况

1. 率先实行党代表任期制。2007年，党的十七大做出实行党代表任期制的决定。2008年，公司第二次党代会开始实行党代表任期制。公司党委制定了《党代表任期制实施办法》，明确党代表职责。2016年7月，中共锦西石化公司第三次代表大会胜利召开。会上，我们给260名代表发放了《锦西石化党代表任期制实施办法》，要求党代表认真学习和遵照执行。多年来，党代表在建言献策、干部测评、干部推荐、民主管理等方面发挥了重要作用。我们公司是中国石油最早实行党代表任期制的企业。

2. 党群部门负责现场文明。为建设整洁、文明、充满活力的锦西石化，公司从2013年3月开始，启动现场文明管理工作。公司党委制定《现场文明管理考核细则》，由公司党群部门牵头，明确检查内容及奖惩标准，做到月检查月讲评月兑现。公司党委先后 3 次跟进调整考核方案，从评先选优改为奖优罚劣（2014 年调整），从生产装置延伸到辅助单位、机关部门（2015 年调整），从环境卫生整治提升到员工文明习惯养成，现场文明管理检查考核机制日趋成熟和完善。通过每月检查督促，各单位文明属地建设水平不断提高，厂区日益整洁美观。现场文明管理已经成为各级党组织为企业"做美"的一项常态化工作，体现出锦西石化党的建设深入基层、融入中心的重要特色。

（五）基层建设交流总结情况

1. 积极组织职工代表巡视调研活动。为促进职代会提案工作的落实，从 2015 年开始，我们改普遍巡视为专项巡视，即针对职工代表提案中关注度较高的单位和事项进行巡视。近几年，我们组织职工代表就改善职工伙食、劳保用品、饮用水质量等问题到餐饮中心、安环处、渤海集团斯维特泉水有限公司和供水车间进行专项巡视。经过现场参观并与相关人员沟通了解，职工代表对所巡视单位落实提案工作表示满意，被巡视单位也为公司建立起与职工代表面对面沟通的平台表示欢迎。

2. 加强基层党组织交流。公司党委每周召开党群联席会，对党群部门、基层单位工作安排同步布置。同时，每周选取两家基层单位进行经验交流。同时，通过党委工作简报、分享兄弟企业工作经验，增强基层横向沟通。党委办公室定期收集整理集团公司党组、地方部门、公司党委下发文件及工作安排，形成党群工作督办单，下发到各党群部门，督促各部门及时开展工作。

二、基层队伍建设

（一）领导班子建设和党支部建设情况

1. 坚持以理论学习为重点，着力提高班子的政治素质。坚持中心组学习制度，每月至少集中学习两次，重点学习党的方针政策、集团公司和上级指示精神。近阶段重点学习了党的十九大精神、习近平总书记系列重要讲话、《中国党内监督条例》、《关于新形势下党内政治生活的若干准则》、党中央和集团公司干部选拔任用政策、党员领导干部廉洁从政相关规定等内容，为全面掌握和正确运用相关政策奠定了基础。二是进一步加强党的组织建设和党员队伍建设。

2. 认真贯彻"三重一大"决策制度，进一步加强领导班子团结。认真落实"三重一大"决策制度，制定了"三重一大"议事细则，党政领导班子自觉坚持民主集中制原则，坚持民主议事、民主决策程序。重大事项、重大部署和人事安排，做到集体研究，民主决策。会前做好沟通，会上充分发扬民主，集体讨论研究决定。班子成员分工明确，相互支持，相互沟通，团结协作，形成了团结和谐的领导团队。

3. 数十年如一日，坚持深入开展创先争优活动。主要载体有：党员责任区、"三联"责任示范点、共产党员工程、党员突击队、党员奉献日等活动。公司党委紧紧围绕生产经营建设开展创先争优活动，实现党建与生产的有机融合。

4. 以建立健全党建工作制度作为党建工作切入点，夯实党建工作基础。2017 年，公司下属全资公司、合资公司完成党建工作写入公司章程。党委完善了《锦西石化基层党组织工作制度》等 10 多项制度，制定并下发了发展党员、党员民主评议、民主生活会、党员大会、党组织换届等工作流程图，将"两学一做"学习教育作为常态化制度化纳入"三会一课"制度中。

5. 压实责任，促进党建工作制度要求抓实落地。党委每月到基层单位检查"三会一课"等各项组织制度、主题实践活动执行情况，并将检查结果纳入党建日常考核，与年度"创先争优"评比和经济责任制挂钩，使公司各项党建工作有据可依，有章可循，切实落实责任追究，实现党建工作制度化科学化。

6. 抓好民主生活会督导，提高生活会质量，提升党组织生活制度执行效果。今年，党委抽选精干力量成立 6 个督导组，对公司机关和直属单位共 62 家班子民主生活会全程督导，确保全覆盖，同时公司领导班子成员带头参加了部分单位的民主生活会。各基层单位生活会按照程序要求，做到会前准备充分，会中真诚开展批评与自我批评，会后认真制订整改方案，取得了较好的效果。

7.重视党员班组管理，注重一线班组的政治素质和业务素质建设。公司现有500多个一线班组。在政治素质建设方面，我们把班组的政治建设纳入经济责任制进行考核，重点考核无党员"空白班组"和党员班长比例两项指标。2012年年底，全部解决了"空白班组"问题。强化班长队伍的政治建设，通过对班组长进行入党启蒙教育、完善班长遴选机制、重点选拔党员当班长等措施，党员班长比例逐年上升，班长比例超过了75%。在业务素质建设方面，我们在党员中开展"学习王尚典，党员当先锋"岗位练兵活动，激励党员在工作实践中学技术做带头人，发挥先锋模范作用。

8.积极组织开展主题教育实践活动。按照上级党组织要求，我们每年积极组织开展主题教育活动。2015年开展的"三严三实"教育、党的群众路线教育实践活动回头看，2016年开展的"两学一做"学习教育活动，2017年开展的践行"四合格四诠释"岗位实践活动等，我们严格按照上级要求认真开展活动。通过组织学习、讲党课、岗位讲述、知识竞赛、民主评议、交流心得体会等方式，不断提高基层党组织战斗力，提升党员素质，增强党性观念，取得了良好效果。

9.注重质量，认真做好组织发展工作。公司党委认真贯彻落实《中国共产党发展党员工作细则》，按照控制总量、优化结构、提高质量、发挥作用的总体要求，坚持党章规定的党员标准，始终把政治标准放在首位。每年举办入党积极分子培训班。在组织发展过程中，各级党组织都能够高度重视，严格遵守发展程序，确保了发展党员质量。

10.开展多种形式的党组织书记培训，提高党组织书记理论水平和业务水平。公司党委坚持每年举办一期党组织书记培训班，讲授党建工作实务，提高党组织书记业务水平。2017年，公司组织51个直属党组织书记开展了以弘扬石油精神、开展"两学一做"学习教育和岗位实践活动中形成的特色经验做法、涌现出的先进事迹、形成的优秀案例为内容的讲党课评党课活动。各基层党组织书记积极参与，其中研究院韩崇文获集团公司三等奖，调合车间王宝泰等3名同志获优秀奖。通过开展活动，在党员受到教育的同时，基层党组织书记的业务能力和思想素质也得到了提高。

（二）培养选拔任用程序情况

公司属于扁平化管理模式，二级单位干部管理权限及干部任免由公司组织部门负责，多年来，公司选人用人工作严格按照集团公司要求及公司干部管理制度执行，干部选拔任用程序严格，严禁违规操作、严禁破格提拔、严禁超职数配备，并不断加大制度执行与监督力度，提拔任用干部前都必须经过纪委监察部门的党风廉政审查，进行干部任前公示，公开接受监督。二级单位在单位内部用人、岗位调整中也严格按照"三重一大"制度执行，班子共同研究确定人选。

（三）基层建设方面情况

1.基层队伍建设。近几年来，通过劳动竞赛、现场立功竞赛、"双星"评比、"五新五小"评比等平台有效促进了班组和职工队伍建设。一是广泛深入开展劳动竞赛。在员工中广泛开展检修现场立功竞赛、"安康杯"竞赛、安全生产月避免事故竞赛等活动，极大激发员工群众的劳动和创造热情。特别是在检修年，公司开展的现场立功竞赛，按照检修的不同阶段，每周评比，每周表奖，极大激发了员工的劳动热情，为促进检修安全顺利完成提供了有力支持。二是"双星评比"促进班组管理。我们从2015年开始开展季评"星级班组"活动，按照"生产管理星""安全管理星""质量管理星""成本管理星""团队管理星"的不同标准，每季评选"星级班组"3至5个；"学习之星"的评比则是突出复合型人才的培养，提倡一岗多能、精一会二通三，提倡学习之风、钻研之风，在全公司营造"人人学习、时时学习、处处学习"的良好氛围。这两项活动开展的时间虽然不长，但已经在各单位产生了一定的影响，每季申报的班组和个人逐渐增加，营造了很好的基层建设氛围。三是"五新五小"助力技术创新。按照集团公司要求，连续三年开展"五新五小"征集活动。2017年，有16个基层单位上报创新成果169项，经过机动、生产等各处室反复论证，最终评出一等奖10项、二等奖15项，三等奖20项，优秀奖30项，4个单位获得优秀组织奖。同时我们还有48项技术创新成果在葫芦岛市获奖，有效促进了公司提升管理水平。近几年，我们公司内的技术成果多次获得辽宁省表彰，维修车间主任张春雨提出的"可移动式机泵吊装架推广"合理化建议被评为辽宁省总工会"优秀合理化建议"；成品车间吕波提出的油气回收装置应用获得辽宁省百佳创新成果奖；焦化车间仲崇伟提出的换热网络优化改造获得了辽宁省优秀创新成果奖。四是加强员工宣教工作。员工素质的高低决定企业文化建设水平的高低。一直以来，公司把员工宣传教育工作作为促进员工素质提高的一种手段，与各项寓教于乐的活动紧密结合，形成了良好的舆论氛围。在企业内部宣传上，结合劳模标兵选树、立功竞赛评比、"双星"评比、"五新五小"征集、职工之家建设等活动，在《锦西石化报》、石化电视台等媒体上开辟专栏、专题，宣传先进事迹，弘扬奉献、创新精神，交流心得体会，促进了学先进、赶先进风气的形成。

2.评先选优。公司每年表彰公司双文明先进单位、先进党组织、先进党小组、劳模、标兵、先进生产者、优秀共产党员、优秀党务工作者、优秀团干部、优秀团员、工会积极分子等。各评选单位制定评选办法、考核细则，经过严格考核后，上报公司党委会研究，公司（党委）下发表彰决定，进行表彰。

3.薪酬待遇。公司严格执行集团公司统一工资制度即"岗位技能等级工资制"，所有工资项目都按照集团公司要求设置。在"三控一规范"工作指导下，公司津补贴都是集团公司统一设置的，补贴水平都设置在集团公司规定的范围以内，补贴标准公司根据员工岗位特点而具体设置。

目前，员工奖金收入占总收入的47%，公司不断加大奖金考核力度，坚持单位增薪靠效益、个人收入看贡献的分配理念，建立薪酬向创效水平高的单位、基层一线和贡献大的员工倾斜的分配机制，2017年公司人均收入9.54万元。

公司员工福利费支出严格按照国家和集团公司政策法规执行。主要包括社会保险、住房公积金、补充医疗保险、企业年金、离退休人员生活补贴、取暖费、防暑降温费、健康疗养补贴、独生子女费等。

4.休假制度落实。公司由于自然减员逐年增多，新员工补充受到限制，造成岗位人员紧张，尽管如此，我们要求各单位克服困难，积极安排员工休带薪年休假，保障员工合法权益。年初，各单位要上报本单位安排员工休假计划，休假期间除岗位性津补贴外，工资奖金照发。休假采取员工个人申请，单位领导批准的办法，为了使休假工作更人性化，允许员工分几次休完假期，2017年休假率超过50%。

5.员工成长。公司一直致力于培养、考核、使用和待遇相统一的激励制度的建设。持续完善一线操作员工培养、评价和选拔使用机制，畅通操作技能人才成长通道，加快高技能人才培养选拔，总结凝练和大力弘扬石油工匠精神，提升队伍素质，优化队伍结构，激发队伍活力，努力建设一支素质优良、结构合理、爱岗敬业、创新创效的技能人才队伍。开展"工匠技师"培养、选聘工作；制定公司《高技能人才管理办法》，在一线主要生产技术工种中增设首席技师，完善从初级工、中级工、高级工、技师、高级技师，到首席技师、企业技能专家和集团公司技能专家八级技能人才晋升通道，建立与公司发展相适应的梯次合理、布局科学、多元评价、动态管理的操作技能晋级体系。

6.畅通诉求渠道。这项工作主要依托于职工代表大会。一是健全组织，完善制度。目前，公司有直属工会委员会50个，工会主席50人，其中专职工会主席16名。公司有职工代表420人，职工代表团（组）95个。工会设置了评议监督、生产经营、生活保障、教育培训、企业法规、提案审查和劳动保护7个专门工作委员会，为行使职代会职权奠定了组织基础。同时有完善的《职工代表大会制度实施细则》等规章制度，加强了职代会制度建设，为强化职工民主管理、切实维护职工合法权益提供了制度保障。二是认真行使职代会职权。凡属企业重大决策、生产经营活动和涉及员工切身利益的重大问题，均做到了提前征求职工意见，并通过职代会职工代表审议后在企业实施。实行领导班子成员重要事项向职代会报告制度、职代会评议企业领导人员制度，充分落实员工知情权、参与权、选举权和监督权。职代会闭会期间发挥职代会专门工作委员会、团组长联席会等常设机构的作用，保持民主渠道畅通。三是组织员工积极参与企业管理。工作重点放在了职工代表提案上。以往的做法是职代会期间收集职工代表提案，弊端是有些职工提出的问题不能及时发现，快速解决。从 2012 年开始，我们建立了职工代表随时提案制度，发现问题及时形成提案，能解决的马上解决。

三、先进典型及荣誉

（一）注重典型示范引领

1.注重选树先进典型，发挥引领示范作用。先后树立了集团公司"百面红旗"单位、"千队示范工程"单位、千队示范工程"百名标杆单位"。2012 年，首次命名表彰了 8 名模范共产党员，2015 年，表彰了 5 名模范共产党员，作为优秀党员的典型代表。我们通过模范党员事迹宣传教育和激励，使典范引领作用在职工群众中长期保持下去。今年，我们将按照《锦西石化模范共产党员评选办法》选拔和表彰公司模范共产党员。2016 年，公司焦化车间党总支获集团公司先进基层党组织，1 人获集团公司优秀党务工作者称号，3 人获集团公司优秀共产党员称号。

2.劳模的选树和管理是公司工作的一项重要内容。近年来，公司通过基层推荐，职工评价、工会考核等形式树立了一大批先进人物，公司现有全国五一劳动奖章 3 人，辽宁省劳动模范 2 人，辽宁五一劳动奖章 5 人，市级劳模 22 人次，市五一劳动奖章 8 人次，公司级劳模 18 人。利用企业内部《阳光文化》杂志和电视报纸等媒体积极做好典型宣传工作，形成学先进、赶先进的良好氛围。同时将公司的先进人物推向企业外部，向社会输出锦西石化的正能量。《辽宁职工报》《葫芦岛日报》和市电视台等媒体都以较大篇幅报道了公司的先进人物，有效提升了公司在社会上的美誉度。建立了 1 个省级（王尚典）、2 个市级（吕海滨、董磊）劳模创新工作室，利用这一平台，把劳动精神和工匠精神发挥得更好。

（二）"百面红旗"单位情况

锦西石化获集团公司"百面红旗单位"有重催车间党支部和维修车间党

总支。

重催车间现任党支部书记高峰是 2007 年上任的。多年来，一直兼任车间设备副主任。重催装置是公司龙头装置，生产任务很重，实现了装置"安稳长满优"运行，为公司发展做出了贡献。在改革创新中，党支部作用明显，党员队伍稳定，能够在生产建设中发挥先锋模范作用。

维修车间主要负责公司转动设备的维护检修，特种阀门和安全阀的校验安装，新建装置动设备安装调试，垫片制作和设备修理配件的加工任务。先后获得集团公司首批百面红旗单位、全国企业文化建设优秀单位、集团公司先进单位等荣誉称号。员工连续多年在国家、企业等各级技术技能大赛中取得优异成绩。该车间党组织由原来机械厂党总支和维修车间党总支（"百面红旗"单位）合并而成。

四、基层素质提升方面

（一）公司组织员工培训情况

注重一线员工技能实训，全力打造一流素质的员工队伍。几年来，公司年均培训各级各类人员达 9000 人次，外送培训 800 多人次，全员培训覆盖率超过 90%。在三支队伍建设中，把占员工比重最大、安全管理最重的一线操作员工的技能实训列为重中之重，突出政策倾斜，突出结合实际，突出实践能力。一是加大投入，夯实基础，不断完善技能培训的软硬件设施。近年来，分别对钳工、仪表工、电工等培训基地投入一千多万的新装备，基地配套设施达到了同行业领先水平，随时随地开展实战练兵。二是广泛持续开展技术比武活动，在技能竞赛中选拔优秀技能人才。树立大工种、大岗位培训理念，采取以赛代练、以赛促训、网络培训、情景教学、模拟仿真等方式方法，将日常岗位练兵与技术比武有机结合，推行一线操作员工 100% 培训考核、100% 持证上岗、100% 掌握本岗位操作技能。

（二）员工培训工

通过采取有效措施，公司和基层单位开展各级各类竞赛活动产生了良好的示范带动效应。在参加集团公司竞赛中，曾获得个人金、银、铜奖26人次人、优秀团体奖8次的好成绩。参加省市行业竞赛，多次摘取金牌，获奖选手成为省市竞赛评委，多次被其他企业邀请现场技术指导。公司车工王尚典在第4届全国职工职业技能大赛中摘得车工组个人决赛第一名，并荣获"全国五一劳动奖章"和"全国技术能手"等多项殊荣，享受政府特殊津贴。建立以能力和业绩为导向，全面建立技能实训考核评价体系和激励机制。充分发挥激励机制作用，完善配套的奖励考核机制，技能等级与薪酬待遇挂钩，增加技能在奖金里的权重，对有突出贡献的一线员工进行重奖，形成尊重知识、尊重技能、尊重创造的主流价值观。同时开展员工能力评价工作与上岗技能考核、培训矩阵、安全环保履职有机结合，使全面指标与关键要素统一。公司还开展每月一家单位培训经验交流，每季度开展基层单位培训检查，各单位好的做法、存在的问题在综合协调会上逐一讲评，进行奖优罚劣。通过经验交流、培训检查、做法讲评，奖金考核等措施，增加了各基层单位互相学习互相竞争的意识，强化了培训效果，使培训工作在提升员工技能方面起到了积极作用。

五、建议

1. 建议集团公司下发"三基"工作指导意见，明确工作标准。

2. 建议集团公司增加"三基"工作培训力度，提升基层单位管理水平。

3. 由于集团公司"百面红旗单位"评选已过多年，有些单位已经不能持续发挥表率作用，建议集团公司开展新一轮评选。

夯实基层建设工作基础
助推生产经营管理上水平

大庆炼化分公司

大庆炼化公司始终把基层建设作为企业发展的重要保障，多年来紧紧围绕生产经营中心工作，强化各级党组织作用的发挥，持续完善组织机构、健全规章制度、建立标准化管理体系，通过丰富多彩的主题活动，不断夯实基层建设工作，持续为建设稳健发展的新时代优秀炼化企业提供有力支撑和不竭动力。公司先后荣获全国五一劳动奖状、中央企业思想政治工作先进单位等30多项荣誉。

主要做法

（一）建立健全规章制度，夯实基层建设工作基础

大庆炼化公司党委把制度体系构建作为稳步推进基层建设的有力抓手，坚持公司党委出思路、职能部门抓落实，总体统筹、系统规划，不断提升制度体系的规范性和管控力，做到有据可依、有令必行，有章可循、有禁必止。

一是健全组织机构。为了保证基层建设工作扎实开展，公司自上而下建立明确职责、分级负责、整体推进的格局，成立以公司主要领导为组长的基层建设领导小组，领导小组下设办公室，由公司副职领导担任办公室主任，由总经理办、企管法规处、人事处（组织部）、企业文化处（宣传部）等相关处室组成的活动办公室，从公司层面做好基层建设组织协调及推动指导工作。公司先后印发《大庆炼化公司基层建设纲要》《大庆炼化公司加强三基

工作指导意见》《在创先争优活动中开展基层组织建设年实施方案》等相关文件，明确基层建设工作推进方向。结合企业生产实际，公司班子适时召开党委会、总经理办公会听取基层建设工作推进落实情况，专题讨论解决基层建设推进中的重点和难点问题，为基层建设开展提供了组织保障。

二是完善规章制度。从制定健全规章制度上入手，强化管理体系科学性、规范性、系统性、实用性。先后制定完善了基层建设方面规章制度 21 篇 211 项，并对制度每年进行修订完善。近三年修订制度 149 项、废止 15 项、制定 18 项。在生产运行管理上，将质量管理、职业健康安全环境管理、测量管理等三套管理体系，本土化融合为一套《生产运行管理手册》。建立起了"分级管控、有效衔接"的三级管理体系，包含公司级 1 个总册和等 11 个分册，13 个专业厂级《生产运行管理手册》，85 个车间级《生产运行管理手册》，将管理的触角深入至车间、班组，保障了生产安全平稳运行，实现了生产经营活动有序开展。在党群工作中，编制完成《党群工作管理手册》，建立规章制度 64 个，制定责任制 105 个，梳理业务流程 119 个，确保党建工作在基层生根开花结果。

三是强化检查考核。为了确保制度的有效执行，通过践行"明责、尽责、考责、问责"管理理念，努力做到"明责到岗、尽责到位、考责到事、问责到人"，确保制度落地管用。公司每半年对制度执行情况进行监督检查，监督检查修订的各项规章制度是否适用，验证运行效果，完善培训宣贯、评价等相关内容，确保执行到位。每年修订《公司规章制度管理规定》，对重要业务关键环节建立标准化的流程，横向规范公司级专业管理制度，纵向规范二级单位制度，实现制度从立项、起草、制修订审批、培训、检查、评价、考核、归档、再立项的闭环管理，保障制度建设全过程融入到生产经营活动的每一个环节中。公司职能部门先后制修订生产运行、党群工作等专业考核细则 18 个，建立考核标准 2121 项，覆盖了各专业基础性管理工作和关键业务环节。

（二）细化执行标准，稳步推进基层管理水平提升

为了保证基层建设工作取得实效、不走过场，大庆炼化公司党委把标准化建设作为夯实基层建设着力点和切入点，努力做到全过程管理、全方位覆盖、全层次参与，持续提升企业管理水平。

一是开展党支部标准化创建。企业党的建设重心在基层，活力在基层，党支部建设是基层建设的核心。公司党委把标准化创建作为加强党的建设、发挥党支部战斗堡垒作用、党组织书记示范表率作用和党员先锋模范作用的有效载体，不断健全完善党支部达标考评体系，突出量化考核，进一步提升基层党建工作标准化、制度化、科学化水平。在此基础上，公司党委围绕如何提升基层党支部书记综合素质为问题导向，采取靶向措施，持续精准发力，先后制定印发《基层党支部书记履职达标考评实施方案》《党支部书记工作履职达标考评通用标准》，编订《基层党支部书记专业知识测试题库》，突出政治素质与道德品质、履职能力和履职效果三部分考评。履职达标考评实施"三轮硬淘汰"。2017年，组织对102名基层党支部书记进行了达标考评，考评达标率74.5%。通过达标考评，广大党务工作者认清了差距，感受到了压力，"既要政治过硬，也要本领高强"的意识得到了增强，党支部标准化建设得到了提升。2018年，将履职达标考评工作拓展到车间主任、副主任、工艺技术员、设备技术员和安全员等生产关键岗位，激发基层管理和技术人员学习知识、提升本领的主动性，为基层建设注入了内生动力，实现党支部标准化创建与员工行为履职达标深度融合。开展党支部标准化创建以来，公司先后树立起"百面红旗""千队示范"集团公司先进基层党组织等38个优秀党支部标杆。2016年，公司党支部标准化创建案例入选集团公司基层党建案例。

二是开展基础工作标准化创建。公司以抓现场管理工作为驱动，不断夯实企业基础管理工作，将员工行为标准化、现场管理标准化、设备作业标准化、安全管理标准化、工艺管理标准化、生产管理标准化等6项内容列为基础工作标准化创建重点推进项目。制定出台了《标准化管理推进奖励办法

（试行）》，每个季度由6个专业主管部门对参评单位进行验收打分，通过达标验收的单位予以季度奖励，排名后三位的参评单位进行末尾淘汰。公司注重人的良好行为养成，出台《员工行为标准化实施试行办法》和《员工行为标准化验收奖励试行办法》，指导公司20个二级单位、95个三级单位制定本单位员工行为标准9328条，通过巡检标准化、手机使用标准化等各类工作标准执行，规范员工行为，养成良好习惯，确保企业安全平稳生产。公司在规范人的行为同时，还注意物的改善。近几年来，累计投入1000多万元，对生产一线岗位员工的主控室、餐厅、卫生间、休息室等生产生活场所环境进行改善，为员工配备操作椅、餐桌、更衣柜、家用电器等生产和生活必需品，增强员工幸福感，激发员工工作热情。

三是坚持基层建设常态化。公司把基层建设工作作为一项长期工作，努力做到"持续抓、抓持续、常年抓，抓经常"，采取日常监督检查、各业务专项检查、年底管理体系检查等形式，保证了各项工作监督有抓手、问责有依据、整改有措施、提升有标准。公司坚持每周利用经营管理例会，进行安全、技术、生产、企管讲评，总结成绩、通报问题、查找不足，不断促进管理提升；每季度召开经济活动分析会，对标分析生产技术指标、生产运行和财务指标完成情况，研判市场、找出差距、制度对策；定期组织安委会，通报安全生产情况，梳理问题隐患、落实整改措施；每季度召开党群工作例会，听取汇报、专项讲评、研究部署、督促落实，形成一级抓一级、层层抓落实的工作格局。公司通过各部门讲评检查结果、落实监督考核，自上而下传导压力，强化规矩意识，促进基层建设管理水平提升。2017年，实施专业考核1751项次，考核扣奖42.77万元。

（三）注重载体创新，持续开展主题活动

大庆炼化公司党委始终将基层建设与企业经营管理有机融合，通过每年开展一个主题活动，不断创新工作载体，发挥基层建设助推生产经营管理的功能和作用。

一是强化思想引领。公司党委始终把抓好政治理论学习作为首要政治任务，持续推进马克思列宁主义、毛泽东思想、邓小平理论、"三个代表"重要思想、科学发展观、习近平新时代中国特色社会主义思想和党的十九大精神的学习教育。制定下发《关于认真学习宣传贯彻党的十九大精神的通知》，公司党委在带头宣讲、专题研讨等基础上，分层分期举办局处级、处科级专题培训班，387人参加了集中学习培训，不断巩固马克思主义在意识形态领域的指导地位；深入推进"形势目标任务责任"主题教育，2017年全公司召开形势任务教育宣讲会550多场次，参加9500余人次，为凝聚全员力量完成公司生产经营任务奠定坚实思想基础；组织开展职业道德教育，聘请专家进行大庆精神与职业道德专题讲座，举办"感恩炼化、珍惜工作"征文，征集岗位规范行为原创漫画，组织"强化责任、遵章守纪"职业道德教育等活动，强化以大庆精神铁人精神的学习教育，引导员工自觉摒弃职业道德陋习，养成良好行为习惯。

二是强化作风建设。基层建设工作，离不开队伍作风建设。公司将作风建设与弘扬石油精神、重塑良好形象有机结合，严格落实中央八项规定精神，持续改进领导作风和机关工作作风。建立"两学一做"常态化、制度化机制，扎实推进"四合格四诠释"岗位实践和"党员讲述"活动，以"标准履职·重塑形象·党员先行"为实践主题，进行专题教育199次，在职的3485名党员实现了全覆盖。通过组建党员课题组、攻关队等方式，解决企业生产优化、安全环保、技术创新等瓶颈问题189项。2017年运用监督执纪第一种形态，对作风不务实、表率作用发挥不到位的16名领导干部进行了提醒或诫勉谈话。

三是强化品行养成。员工队伍行为养成不是一日之功，公司立足社会主义核心价值观教育，通过举办专题讲座、组织参观爱国教育基地、召开"弘扬石油精神 讲述身边故事"典型宣讲会、开展"青年大讲堂"等多种形式，教育人、影响人、培育人。全力开展"四德"宣传教育，2018年制定印发《大庆炼化公司员工"四德"与遵纪守法教育实施方案》，计划利用三年时间，提升员工社会公德、职业道德、家庭美德、个人品德建设和遵纪守法意识，为企业长远发展提供内生动力。从2015年开始，结合企业实际，连续四年开展"中国梦·劳动美·炼化情"主题文化活动，共评选出优秀文学、漫画、书画、视频、文艺作品 1617 份，共有 6600 多人次参与活动并受到表彰奖励，主办方将获奖证书和奖品送到员工岗位上颁发，极大增强了员工荣誉感。原来有些爱说怪话、发牢骚的员工，通过特长展示被表彰，渐渐由后进变成了先进，文化育人魅力彰显。

（四）加强人才培养，提升员工综合素质能力

大庆炼化公司党委在推进基层建设过程中，坚持开展多层级的人才培养，多类型的岗位练兵，多角度的素质提升，积极为员工成长成才搭建平台，畅通渠道。

一是加强人才培养。随着干部队伍老龄化显著，公司着力加强年轻干部选拔，制定下发《优秀年轻干部培养选拔工作方案》，80 后科级干部总量由 2015 年的 20 人增加至 41 人，技术组长和主任工程师选聘工作在炼油一厂等 4 家基层单位开展试点；深化后备干部管理，制定下发《后备干部选拔管理工作实施细则》，选取"百名英才"进入后备干部序列，形成了"人才全公司选、干部全公司用"的人才共享机制。2018 年，首次实施干部双向挂职锻炼，第一批 43 名干部进入新岗位锻炼，拓宽干部培养和锻炼渠道；实施操作人才流动，制定下发《操作服务岗位高校毕业生实施内部人才流动管理规定》，加快了高校毕业生的培养与使用；实现员工梯级培训，明确不同层次、不同专业人员的培养目标、任务和激励保障措施，编制培训 5 年滚动计划推进表。2017 年，组织培训 25164 人次，培养综合人才 490 人，员工业务能力不断提高。

二是组织技术比武。公司开展多种形式的岗位练兵，不断提升员工技能。连续组织五届"咱们工人有绝活"职工技能擂台赛，有 180 余名员工登台打擂，5 名员工获得"最牛"工人称号；持续开展公司和二级单位两级技能竞赛，竞赛内容以职业技能鉴定装置操作中级工、高级工、技师的工作要求为主，设立团体和个人奖项，努力营造了"学技能、练绝活、当工匠"的良好氛围。技能竞赛开展以来，公司先后多次荣获全国、省"安康杯""创新

杯"竞赛活动优秀组织单位，有12家基层单位荣获全国、省"安康杯"优胜单位，有3名员工获得了集团公司加氢操作工大赛团体金奖，有3人次荣获省"龙江工匠"，2人荣获省"职工创新标兵"。

三是开展读书活动。公司党委把开展读书活动与提升员工的职业道德素养紧密结合，让员工能够读有所获、学有所得。起草下发了相关推进方案和考核办法，各基层党支部把读书活动纳入年度工作计划。参加集团公司"书香宝石花·点亮青春梦"中国石油青年读书知识竞赛，从百余家单位脱颖而出进入总决赛。与大庆市社会科学界联合会联合举办"读书与人生"主题演讲比赛，营造了善读书、读好书、助成长的良好企业文化氛围。组织"答人来了"电视知识竞赛，展示了公司开展全员读书活动给员工队伍带来的新变化。公司各基层党支部充分利用QQ群、微信群等平台为员工搭建交流平台，激发员工阅读兴趣。采取读书会、组织答疑指导、交流心得体会、评选读书感言、举办知识竞赛等多种形式，促进员工对知识的理解掌握，提升读书效果。全员读书活动影响着员工的思想，改变了员工的观念，提高了员工的觉悟，为企业的和谐、稳定、健康发展提供了坚实的保障。

（五）突出典型选树宣传，发挥榜样示范引领作用

一个典型就是一面旗帜，通过总结企业的先进人物、感人故事，发挥典型激励和导向作用，达到上下同欲、同心同德的目标。

一是拓宽培育渠道。公司党委坚持多渠道、多层级培育典型，每年组织劳动模范评选，不断凝聚全体员工苦干实干、奉献企业的强大力量；每年七一前夕，总结表彰优秀共产党员和模范党务工作者，激发党员干部在安全环保工作中发挥作用，在生产经营各环节勇挑重担，在科技创新过程中冲锋在前的担当精神；选树表彰"大庆炼化榜样·好工匠"，鼓励员工爱岗敬业、刻苦钻研、精益求精、不断创新，进一步弘扬石油精神、工匠精神；组织十大杰出青年，培养发现年轻人才，鼓励青年投身到公司生产经营工作当中，在奋斗中抒写青春魅力；评选"十大女杰"，表彰女性员工的模范带头作用和细致踏实的女工风采。出台《优秀班组和班组长评选管理规定（试

行）》，从制度上进行了规范和保证，首次组织开展优秀班组长评选，进一步发挥班组长的"排头兵"作用。同时积极组织先进典型交流推介，组织参加集团公司"石油名匠""大庆市十一五最具影响力人物""感动大庆·道德模范"评选，进一步发挥了典型的示范引领作用。公司成立以来，先后荣获省部级以上先进单位 27 次，涌现出省部级以上个人典型 45 人次。

二是搭建展示平台。公司努力为员工成长成才搭建展示平台。召开公司科技大会，奖励科研开发、高新技术应用、生产过程改进等项目共 336 项，近三年发放奖励费用 401.2 万元。为调动全员智慧，组织"我为企业献一计""金银铜"点子评选等活动，2015 年以来收集各类合理化建议和点子成果 2026 项，应用到生产实践中创造经济效益 2000 余万元。在"龙江最美石油人"评选活动中，一线员工何琳、陈志国分别授予"龙江最美石油人"和"龙江最美石油人提名奖"。工作成绩有平台，文化生活有展示，公司组织全民健身运动会，突破了以竞技体育为主、工会单一举办的组织模式，在比赛项目设置上做到厂、车间的全覆盖，全员参与率由过去的 21% 提升到 98%，不仅展现了全民健身运动的魅力，而且提升了企业影响力和美誉度。2015 年以来，组建了羽毛球、足球、音乐、书法等 24 个协会，开展小型多样的文体活动。先后获得国家、省、市和集团公司等各类比赛奖项 237 个。

三是打造宣传矩阵。为更好地发挥先进典型的示范引领作用，公司一方面抓牢传统媒体不放松。立足中国石油报、大庆日报、大庆油田报、大庆市电视台、大庆网等省部级以上新闻媒体宣传策划，重点深度播报公司的好人好事，形成"学先进、赶先进、当先进"的良好氛围。同时编印《榜样》《班长》《我的班组我的班》《先锋颂》等书籍，其中先进单位和劳动模范事迹汇编《榜样》已经连续出版 5 年，使大庆精神铁人精神人格化、具体化。举办"弘扬石油精神 奉献装置检修"优秀摄影作品展，展示员工苦干实干的精神风貌。另一方面抓住新媒体不动摇。建立大庆炼化微信公众号和 APP 客户端，编辑微信 366 期，发布微刊 1464 条。几年来，公司重点宣传了以全国劳动模范、全国五一劳动奖章获得者辛公华，中央企业劳动模范韩相玉，黑龙江省五一劳动奖章获得者刘甦、杨清华，"大庆炼化榜样·好工匠"赵再龙、韩文杰等一大批先进典型，达到"树立一面旗、点亮一盏灯、照亮一大片"的效果。

注重传承创新　致力固本强基
不断提高基层建设工作水平

哈尔滨石化公司

哈尔滨石化公司坚持以人为本，着眼固本强基，注重传承创新，抓基层、打基础、强素质，不断提高基层建设工作水平，企业综合管理水平显著提升。

主要做法及经验

（一）强核心、固堡垒，基层战斗力进一步增强

紧紧围绕生产经营中心，以基层党的建设和班子建设为重点，强核心、固堡垒，不断强化基层组织建设，基层整体战斗力不断增强。一是基层党组织作用充分发挥。召开第三次党员代表大会，完成公司党委和纪委换届选举工作，产生了新一届党委和纪委委员和书记。加强学习型党组织建设，进一步完善党员学习教育等长效机制，党员干部的政治理论水平和综合素质明显提高。紧密结合生产经营实际，深入开展"四诠释四合格"岗位实践活动，基层党组织的凝聚力、战斗力显著增强，党员的先锋模范作用得到充分发挥。二是基层班子战斗力明显增强。把领导班子的思想政治建设放在首位，增强领导干部的大局意识和处理复杂、突发事件的能力。坚持德才兼备，一大批政治素质好、业务水平高、管理能力强的优秀人才走上基层领导岗位。加大干部交流和班子调整力度，强化管理监督和考核评价。坚持民主集中制，严格执行"三重一大"，基层班子科学民主决策能力明显增强。按

照"管理人员能上能下、员工能进能出、收入能增能减"的要求，制定完善《领导班子及领导人员管理办法》，建立后备干部队伍，进一步优化了各级班子结构，增强了干部队伍活力。三是班组建设水平整体提高。探索大学生担任班组长的有效途径，组织班组长现场学习交流，大批 80 后青年骨干走上了班组长岗位，成为生产一线的领头雁。进一步研究"五型"班组创建活动，细化考核标准，完善创建机制，推动班组建设水平不断提高。各单位结合实际，积极探索班组建设有效途径，第一联合车间的"五心文化"等管理经验不断涌现，丰富了班组建设的内涵。

（二）建体系、促规范，基础管理水平进一步提高

强化制度的建设与执行，坚持打基础、促规范，基础管理水平迈上新台阶。一是安全环保形势持续好转。始终把安全环保作为企业生存发展第一要务，牢记安全环保"成在全体、败在一人"的理念，安全环保总体平稳受控。修订《员工岗位职责》《员工奖惩管理办法》和安全环保责任相关制度，建立分级处罚、逐级追责机制，确保安全环保严格起来、落实下去；扎实推进 HSE 标准化建设、隐患治理和合规管理；严格作业和承包商管理，实现危险作业"四票合一"，强化"十九大"等特殊时期升级管理，加大承包商监督考核力度，实现了施工作业零事故；修订发布《突发环境事件风险应急预案》和《重污染天气应对方案》，升级生产运行管理，严格应急保障，确保公司清洁生产、环保达标。二是基础管理水平持续提升。强化依法合规管理，开展规章制度修订评价、业务流程测试、审计及专项合规性检查，完善《法律风险岗位防控指引》，修订发布制度 162 项、流程 206 项、表单 524 项，突出合同、装置大检修等重点领域审计监察，查缺补漏，建档销号，经营风险管控措施更加精细。规范和强化公开招标，大幅降低了采购成本；完善以"效益、安全"为核心的薪酬分配体系，推动奖金向生产一线、艰苦及要害岗位倾斜，薪酬分配导向和激励作用有所显现。推进管理与信息化的融合，ERP 应用集成项目在第二期推广单位中率先上线应用，管理信息化水平不断提升。三是改革管理程度持续提高。持认真贯彻集团公司党

组关于转型升级、深化改革、管理创新的一系列重大部署，切实在增强发展动力，提高发展质量上下功夫。按照王宜林董事长关于"哈石化要坚持内涵式发展"的要求，制定转型升级方案，15万吨/年烷基化项目可研和基础设计顺利批复，科技大会成功召开。探索医疗服务社会化路径，圆满完成南直社区卫生服务中心社会化移交。继续推进宾县湖滨山庄、北京江滨公司资产处置工作。着力盘活人力资源，持续优化管控模式，通过调整运行工程师、值班调度运行方式，增设技术组长，进一步畅通了人才成长渠道，调动技术人员的工作积极性。调整安全监督、劳动纪律管理、计量仪表维护等专业职能，理顺了管理流程，提高了管理效率。四是企业发展软实力持续增强。认真组织党的十九大精神学习宣传和贯彻落实工作，党委委员带头讲党课，把全体员工的思想和行动统一到十九大确定的实现中华民族伟大复兴的宏伟目标上来。各基层党支部充分结合本部门实际，开展形式多样的政治理论学习活动。第三联合车间党支部定期检查党小组和党员学习情况，从严管理党员干部学习；储运车间党支部通过集中学习讨论、微信群、知识竞赛等方式，不断丰富学习形式。下发先进典型选树方案，开展"走基层、摸实情、树典型"活动，做好过程监督跟踪，用员工身边的人和事提高员工对石油精神的认同，让石油精神入脑入心；组织开展"阳光心态""集团公司领导干部会议精神解读""90后，轻管理"等文化下基层活动近20场次，实现基层全覆盖。

（三）抓教育、强培训，队伍整体素质进一步提升

坚持育人才强支撑，强化岗位技术培训，广泛开展岗位练兵和技能竞赛，员工整体素质不断提高。一是敬业精神不断增强。坚持社会主义核心价值体系教育，弘扬石油传统，深入开展大庆精神、铁人精神再教育，落实"三老四严"基本要求，唱响"我为祖国献石油"主旋律。开展以"企业兴衰　我的责任"为主题的教育活动，查找思想问题、作风问题等问题52项，全部整改完成。通过多种形式的主题教育活动，基层单位员工大局意识、服务意识、责任意识等方面都有了新的认识和提高，先后涌现出"身边好大

姐"曲雪飞，"最美孝心媳妇"徐永花，最美石油人、献血达人王秀波等模范典型。二是技能培训更具实效。坚持"干什么学什么""缺什么补什么"的原则，依托专业授课、岗位练兵、师带徒等多种形式开展全员培训；组织常减压、催化裂化、机泵维修3项公司级竞赛，为员工岗位成才搭建了平台。扎实推进全员岗位创新创效，评出了首批22项"五小"成果，维修车间、仪电车间两项"五小"成果受到集团公司表彰奖励。三是技术练兵成效显著。大力开展形式多样的岗位练兵、技术比赛、劳动竞赛，有针对性地开展突发事件应急预案演练，员工的业务技能不断提高。在2017年组织的公司级技能竞赛中，18名选手脱颖而出，分获各个项目的一、二、三等奖。技能竞赛为员工成才搭建了平台，提供了展示才能的机会。

（四）重人本、聚合力，共享和谐企业建设进一步推进

坚持以人为本，突出人文关怀，推进民生工程，在生产发展、效益提高的同时，共建共享发展创新成果，营造和谐稳定的内外部环境。推进民主管理，及时解决信访反映的合理诉求，采取座谈、走访、网上调查等方式广泛听取员工意见和建议，落实好员工的知情权与参与权，从根本上尊重、理解和关心员工。坚持全心全意依靠职工办企业，召开总经理民主联系人会议，认真倾听基层员工的意见建议，推进会展家园小区产权证办理，优化调整员工就餐运行方案，员工的就餐质量及就餐环境大幅改善，员工幸福感逐渐提升。坚持把发展成果惠及广大员工，修订《补充医疗保险实施办法》，扩大参保受益范围，提高了员工医疗保障水平。

加强基层建设　实现安全生产

广西石化公司

广西石化公司结合实际，分两个层面进行基层建设调研，通过深入基层交流、检查、座谈，掌握了基层建设现状，为新时代基层建设工作深入开展打下了基础。

一、体制机制建设情况

（一）总体情况

广西石化公司筹建于 2005 年 5 月，是中国石油布局南方的首个千万吨级炼油项目，项目一次规划、两期建设，总投资 228 亿元，一期于 2010 年 9 月建成投产，二期于 2014 年 8 月全面投产，目前共有 24 套主体装置，年加工能力 1200 万吨，成品油质量可全部达到国 V 标准。

公司组织机构高度扁平化，下设 10 个机关处室、2 个机关附属机构、3 个直属部门、10 个生产及辅助部门，另外还有 2 个受托管理单位，现有正式员工 925 人。公司党委下设 14 个党总支、36 个党支部，在岗党员 482 人，占公司员工总人数的 52%。

开厂以来，广西石化公司围绕安全生产这个中心任务，抓好各项基础工作，不断提高员工队伍的凝聚力、战斗力和执行力，在基层建设达标工作上取得了实效。2016 年，实现了投产 6 年来首次全面盈利。2017 年，实现考核盈利 29.5 亿元，再创历史新高。

（二）规章制度落实

广西石化结合杜邦安全管理22个要素，修订完善了16项制度，先后举办了工作前安全分析管理、属地管理、机械完整性及质量保证、自主管理班组建设、上锁挂签等多项工作培训共计36批次，累计培训3000余人次；开展上锁挂签等作业试点工作，在取得成效的基础上，以点带面在全公司范围内推开；颁布《保命条款》和《生产禁令》，制订了建设安全自主管理团队实施方案，推进班组安全自主管理。截至2017年年底，共51个班组通过杜邦专家的安全自主管理评估，通过率达70%，并已有5个承包商班组通过验收。为充分调动广大干部员工的工作积极性，提升公司发展质量和效益，综合绩效考核总体运行情况和公司生产经营目标，全面加强公司绩效管理，修订并完善了绩效考核办法。

（三）基层建设责任落实

建立责任机制，结合公司扁平化管理实际，建立健全关于基层党支部建设、班组建设、基础工作以及员工培训、教育和管理等各项规章制度，落实责任，细化任务，狠抓落实。

建立督导机制，定期对基层建设情况进行跟踪检查，大力选树先进典型，总结好的经验，查找问题不足，抓好整改提高。

完善考核机制，将各单位基层建设工作开展情况纳入月度和年度绩效考核，召开基层建设总结交流会，表彰基层建设工作先进集体和先进个人。

明确由党委书记主管基层建设工作，企业文化处具体负责工作落实。

（四）"三基"工作创新

从2014年开始，三年来，广西石化积极开展安全自主管理创建、实施工作，取得很大成效。通过引进先进安全理念、升级安全管理标准、完善安全管理工具、改进安全管理组织、提高安全管理技能、持续提高执行能力、健全自我完善机制、建设安全专家队伍、养成员工安全习惯、实现全员安全自主管理来持续抓好安全自主管理创建工作，开创了公司安全管理常抓不懈、安全生产全面受控、人员素质持续提高的良好局面，安全自主管理形如"抓手"，日益促进公司安全管理不断提升。

安全管理改进提升具有基础性、系统性、群众性、规范性和持续性等特点。在推行与实施安全自主管理成果的创新点方面，通过开展"转变观念、营造氛围，有感领导、七个带头，直线责任、属地管理，升级程序、提高标准，改变行为、养成习惯，自主管理、文化养成"的活动，使各种安全的作业习惯在简单的行为重复中固化，实现内化于心，外化于行的根本转变。

三年来，广西石化推行与实施安全自主管理，明确了方向、找准了定位、突出了重点，与各项工作有机融合在一起，通过开展安全自主管理，现场作业的风险得到有效识别和控制，工艺安全和设备安全管理水平进一步提升，检维修作业现场安全、规范、整洁。

至 2017 年年末，广西石化 50 个班组实现自主管理，"我要安全、我能安全、我会安全"的氛围已形成，安全管理实现了由"全员参与"向"全员管理"的转变，良好的安全文化基本形成，公司整体接近自主管理初期。

公司坚持"以市场为导向、以效益为中心、以生产平稳为基础"的经营管理理念，管理水平、经营业绩不断提升。催化裂化等主要装置达标对标位于板块第一群组前列。原油成本、现金加工费持续下降，产品结构不断改善，炼油能耗、综合损失率、综合商品率等主要技经指标显著改善，2017 年原油成本较 2015 年同口径下降 178 元 / 吨，能耗 58.9 千克标油 / 吨、同比下降 3.4 个单位。

（五）经验总结和交流

2017 年 2 月 28 日，公司召开"三基"工作经验交流会。会上，7 家单位做了经验交流或视频观摩，介绍了本单位基层党建、标准化建设、班组安全自主管理、现场作业管控、装置创新创效等方面的好经验、好做法。

会议召开的主要目的是认真贯彻落实集团公司党组的决策部署，进一步提高思想认识，明确努力方向，扎扎实实地把"三基"工作推向深入，夯实公司提质增效发展根基，为创建国际一流石化企业提供坚实保障。各单位结合自身特点，发挥各自特长，形成了各具特色的工作成果，这为持续推进全公司"三基"工作起到了很好的典型示范作用。同时，也还存在一些不足和薄弱环节，一是有些单位的领导对"三基"工作重视不够，认识不到位，没有从公司发展大局、队伍建设大局来思考和谋划"三基"工作；二是结合实际，创新方式、强化措施不够；三是工作推进力度有待加强，在继承好传统、总结好经验、创造好做法方面，针对性和实效性还不够强。

二、基层队伍建设情况

（一）基层班子建设

公司党委认真履行全面从严治党的主体责任，贯彻落实中央和集团公司党组决策部署，突出"融入中心、服务大局"，把党建工作与中心工作同谋划、同部署、同落实，切实发挥党委把方向、管大局、保落实作用，不断提升核心竞争力，为公司连续两年实现大幅度盈利，走上高质量发展之路，提供了坚强的思想政治保障。

一是加强党的组织建设。2016 年，公司按照党章规定，规范党组织设置，撤消了 8 个基层党委及 3 个直属党支部，设置了 13 个党总支，34 个党支部。2017 年在代管的广西东油沥青有限公司增设了 1 个党总支，下设 2 个党支部，做到了生产经营延伸到哪里，支部就建在哪里。增设专职纪委书记，在基层党总支中明确 13 名兼职纪检委员，党的基层组织建设不断增强。

二是党支部战斗堡垒作用有效发挥。设立党员示范岗 56 个，发挥党员的示范引领作用。综合运用集中辅导、主题党日、红色教育等方式，开展党员培训 400 余次。各党支部结合实际抓好"三会一课"、组织生活会、民主评议党员等组织生活制度落实，坚持"结合特点，发挥特长，创建特色"的"三特"党建工作法，形成了生产四部"五好党员责任区"、储运二部"中国石油样板码头"等特色鲜明的基层党建载体。

三是完善责任体系建设，压实各级党组织党建责任。首先是明确职责。公司党委制定党总支、党总支书记、党总支委员三个责任清单，明确党建责任。每年年初印发党委工作要点、党群工作要点、理论中心组学习计划，明确工作重点，落实集团公司党组各项部署。把党建工作纳入公司业绩考核，对考核内容科学量化，强化履职能力建设，鼓励工作创新，月度考核实行事件扣分制，画出红线，形成刚性管用的考核办法。其次是履职尽责。每年党委组织相关部门负责人 2 次深入基层督导党建工作的做法，层层压实党组织书记"第一责任人"职责。扎实推进党建"三联"示范点建设，领导干部认真履行"一岗双责"，定期深入示范点，及时解决思想建设、队伍稳定等实际问题，担负起分管领域党建工作重要领导责任。2017 年，派出 3 个督导组，开展落实党建责任专项督查，发现解决问题 31 个，基层党建工作水平有效提升。最后是督责问责。自 2016 年开始组织开展党总支书记党建工作述职评议以来，共有 18 名党总支书记进行了现场述职，2017 年又增加了党支部书记述职评议，同时把评议结果纳入年终业绩合同考核兑现，作为评先选优和选人用人的重要参考。严格执行党建工作月度考核制度，2017 年给予 8 个单位考核加分，15 个单位考核扣分。

（二）基层队伍建设

一是严把选人用人程序。修订完善了《广西石化公司中层管理人员管理规定》，规范选人用人的标准、程序，做到坚持原则不动摇，执行标准不走样，履行程序不变通，公司干部选拔任用工作步入了程序化、制度化、规范化的轨道。

二是坚持选拔、使用和管理相结合。三年来，组织竞聘会 14 次，选拔各级领导干部 111 人。通过对新提拔的干部进行"六个一"教育，每年举办中层干部和党支部书记培训班，每季度开展一次廉洁从业教育，切实抓好经常性的思想政治教育和业务培训；通过任前谈话等形式，抓好经常性的监督管理，努力打造对党忠诚、政治坚定、精通管理、善于经营的干部队伍。

三是大力培养使用年轻干部。通过设置生产单元，设立生产单元主任、副主任岗位，搭建年轻干部成长平台，一大批专业水平过硬、管理能力突出的年轻干部走上了生产单元领导岗位，充实了一线领导力量，80 后干部成为主角，占整个生产单元班子人数的 80%，为公司后备干部队伍建设打下了基础。

（三）创新创效

全面落实职代会各项职权，2016、2017 年共征集员工提案 80 余份，做到件件有回音。召开青年"五小"成果表彰大会，激发青年员工的责任感和使命感。以劳模创新工作室为抓手，紧紧围绕解决生产技术难题开展技术创新，2016 年度创效 4000 余万元，荣获科技进步奖 2 项、授权专利 3 项。开展夏日送清凉、新春送祝福等慰问活动，两年来累计为近 200 多人次发放救助解困等资金 30 万多元。

三、先进典型及荣誉情况

（一）典型培育选树

每两年举办一次基层建设经验交流会，不断丰富新内涵、创造新形式、推出新方法。先后涌现出了祝春强、黄聪等一批优秀共产党员和省市级五一劳动奖章获得者等先进典型，350 万吨 / 年催化裂化装置运行班、400 万吨 / 年渣油加氢装置运行班分获 2016 年、2017 年全国工人先锋号。

通过总结提炼，这些先进样板单位都以创建自主管理班组和 5S 管理为主要手段，持续开展安全管理提升活动，确保了装置安稳优生产。

（二）典型经验推用宣传

注重典型的挖掘培养宣传。先后举办了优秀共产党员先进事迹宣讲会、"学习劳模精神，争当企业先锋"劳模先进事迹宣讲会、劳模创新工作室经验交流会，大力宣传典型的光荣事迹和感人故事，传递了石油工人的正能量。

印发了《关于贯彻落实意识形态工作责任制实施方案》，构建党委领导、分级负责、齐抓共管的格局。建立对外新闻媒体沟通交流机制，围绕公司阶段性重点工作，先后组织策划重点宣传选题，展示了企业良好形象。积极开辟微信、微博新媒体阵地，2017 年公司各类新媒体发布信息 331 条，累计点击量达 22.5 万次，全面传播"石油好声音"。

（三）"百面红旗单位"建设

党建思想政治工作也有规模效应，从一面红旗到五面红旗，从百面红旗到千队示范，持续选树一个个典型，打造英模群体，在社会上形成三次"石油英模"现象，生动诠释典型和规模的效应关系。新时代是中国石油发展的重要机遇期，也是党建思想政治工作的重要机遇期，树立的典型是新时期工作的领跑者。典型是标杆，典型是旗手，加强基层队建设，树立"百面红旗"，产生"红旗效应"。

四、基层素质提升情况

（一）素质提升做法效果

一是以赛促训，提升操作技能人员应急处置能力。以职业技能竞赛为抓手，强化操作技能和应急技能演练，有效提升操作技能人员应急处置能力。牵头组织由人事处、安全环保处和各生产部门共同实施的职业技能竞赛。理论考试全部通过网络培训学校考试平台进行，由人事处直接组织实施。技能考试采取口试模拟现场考试和现场实际操作两种方式进行，由各生产部门具体组织实施，人事处现场督导。理论和操作技能 22 个工种 529 名操作人员参加了竞赛，参赛率达 88%。应急技能演练由公司专职消防队和急救站组成培训团队具体承办，采取先培训后竞赛的程序进行。以生产运行班组为单位，每个班组选拔 3 名选手组队，75 个班组 225 人参加了应急技能演练竞赛，参赛率 100%。通过培训考核与竞赛相结合，有效地提升了操作技能人员的综合素质和技能水平。

二是组织年度上岗考核工作。根据炼化板块关于加强炼化企业上岗培训和考核管理的有关要求，所有操作人员上岗（转岗）前均要 100% 参加培训，100% 掌握岗位应知应会内容，100% 考核合格持证上岗。针对操作技能人员新员工占比大等特点，公司组织开展了安全技能关、操作规程关、四懂三会关、仿真培训关、事故预案关等"过五关"培训考核活动，按照这一要求，2017年进一步完善了上岗考核题库内容，强化了公司上岗培训考核工作。

5—6月份，利用近两个月的时间，集中组织了各单位上岗考核，各生产单位139人参加了考试，合格率100%，其中优胜人员56人。为鼓励员工学习技术技能的积极性，对两科达到100分人员奖励300元，三科达到100分人员奖励500元，四科全部达到100分人员奖励1000元，考核总体上注重以正激励为主。

三是进一步完善网络培训学校功能。完善网络培训学校在线培训功能，紧密结合公司中心工作，及时收集安全管理提升、班组自主管理、5S管理、健康管理、新安全生产法和新环境保护法等学习资料60余篇，上传至公司网络培训学校主页，配合生产技术处组织全员"质量月"网校答题，配合规划计划处组织全员合规管理知识网校答题，组织40余名新任职管理技术人员履职能力培训并在网校答题等活动。网络培训学校功能进一步完善。

四是完成其他日常培训管理工作。首先是组织好外部培训。全年共组织实施外部培训132人次。培训内容涵盖了生产、经营、安全、设备、计量、特种作业取证等方面，拓宽了管理技术人员、操作技能人员的知识面，更新了知识。外部培训主要抓好外出培训质量，对外出培训人员要求每人提交一份培训知识总结，对总结较好的放到网校上实现知识共享。其次是抓好内部培训办班。全年共组织实施内部培训办班210个，累计培训7932人次，1211课时。重点组织实施了三个专题讲座。一是集中组织210名党员干部参加了习近平总书记"7·26"讲话精神专题讲座学习；二是组织175名员工集中学习集团公司党组书记"七·一"党课内容；三是组织160名员工参加党的十九大精神专题讲座学习。同时重点系统组织了16名新员工入职培训。

五是协调组织外部单位到公司实习培训相关工作。协调组织华北石化公司120余人，辽阳石化公司30余人到公司各生产部门实习，负责培训实习合同的签订、实习人员的入厂培训、现场安排协调等，并对部分实习人员组织上岗考核，参与到公司相应装置实践操作，减轻了装置人员紧张的局面。

（二）送书工程落实

送书工程全部落实到各基层单位，确保每个联合装置外操室都配备读书角，并每年定期配置相关书籍。

广西石化举办"书香宝石花·点亮青春梦"双十读书活动青年知识竞赛，竞赛活动分为必答题和抢答题两部分，必答题分三轮进行，共300道题，抢答题50题。各位选手赛前认真学习，积极备赛，在必答题环节第一轮选手略显紧张，发挥不尽如人意，但第二轮选手平复心情、摩拳擦掌、胸有成竹、应答自如。抢答题环节选手精神抖擞、争分夺秒，沉稳凝重、胆大心细。经过激烈的角逐，来自动力部贾瑞珍荣获冠军，生产二部宋鹏获得第二名，生产一部王勇获得第三名。

五、体会认识

（一）"三基"工作是石油企业的优良传统和管理基因

20世纪60年代初，针对大庆石油会战初期任务繁重而基层工作相对薄弱的突出矛盾，大庆油田及时总结基层管理的经验教训，明确提出了加强以基层建设、基础工作和基本功训练为主要内容的"三基"工作，为夺取大庆会战的全面胜利起到了十分重要的作用。十多年来，公司在传承发扬石油企业抓"三基"工作优良传统的基础上，持续推进和不断强化公司的"三基"工作，积极探索和适应新体制、新机制的管理模式，有力地保障了工程建设、开工投产和生产经营各项工作的顺利推进。弘扬优良传统既是一种定力，也是一种创新。虽然今天的"三基"工作在内容和形式上已经有了新的变化，但"三基"工作的本质和核心没有变，"三老四严""四个一样""五到现场""抓生产从思想入手、抓思想从生产出发"等优良传统不能丢。不管是过去、现在，还是将来，不断强化"三基"工作始终是我们的立身之本、发展之魂、力量之源，始终是企业稳健发展的宝贵精神财富，始终是企业夯实基础管理、提高经营绩效、提升队伍素质的"压舱石"和"传家宝"，在任何情况下都要传承好、利用好。

（二）"三基"工作是提升企业管理水平的重要抓手和有效途径

基础不牢，地动山摇，企业管理涵盖安全、环保、生产、质量、设备、队伍等诸多方面，各项工作千头万绪，强调抓"三基"工作，就是一切从基层出发，从基础入手，以提高员工素质为目标，抓住企业管理的"牛鼻子"。"三基"工作是做好各项管理工作的基础和保证，是提高企业管理水平的"总钥匙"，抓"三基"工作与其他管理工作并不矛盾，而是相辅相成、相互促进的。从公司近几年的情况来看，安全、环保、质量、队伍等领域出现的事故、事件，虽然原因是多方面的，但根子还是在"三基"工作上出了问题。所以，狠抓"三基"工作，不仅是一个抓管理的理念问题，也是一个抓管理的方法问题，把"三基"工作抓牢了、抓实了、抓好了，干工作就会得心应手、事半功倍。

（三）"三基"工作是实现提质增效发展的基础保障和有力支撑

"求木之长者，必固其根本"，推进公司提质增效发展，来不得半点虚功，必须抓实基础、打牢基础、强化管理。通过加强基层建设，建成一个好班子、带出一支好队伍，为提质增效发展凝心聚力；通过加强基础工作，进一步完善和落实岗位责任制，健全"有岗必有责、上岗必担责"的责任体系，增强员工队伍的岗位责任心和工作执行力，为提质增效发展夯实基础；通过加强员工基本素质训练，进一步促进岗位练兵、技术比武、业务培训，让员工"干什么学什么、缺什么补什么"，全面增强员工队伍的技能素质和综合素养，为提质增效发展提供智力支持。几年来的工作实践也充分证明了这一点，如果基础不牢，则根基不稳。没有"三基"做保证，开源节流挖潜增效、"五小"等活动也只能是无源之水、无本之木；没有"三基"做保证，安稳长满优运行的目标就难以实现，奋力前行的车轮就可能打滑，持续盈利、提质增效就成了无根的浮萍，就不可能真正成为国际一流石化企业。所以，管理离不开"三基"，创新离不开"三基"，发展更离不开"三基"。

强化管理责任落实　提高企业创效能力

四川石化公司

为切实抓好基层建设工作，四川石化公司将党建工作检查与基层建设调研同步开展，与检查督导帮促结合，通过听取 13 个基层党委工作汇报，与基层党支部书记、管理技术干部、一线操作服务岗位的党员和员工代表进行深度访谈，查看相关基础资料等方式，对公基层建设工作情况进行了全面摸底调研，掌握了第一手资料，为下一步加强和改进基层建设工作奠定了坚实的基础。

一、管理机制体制

四川石化作为新建企业，按照集团公司总部发展定位，全面推行新体制新机制，坚持走现代企业管理道路。

一是组织架构精干。实行"机关处室—联合装置"两级扁平化管理架构，实现了生产指挥、计划统计、物资采购、财务预算等专业的直线式、集中化管理，提升了管理效率。二是人员配备精炼。现员工总数 2900 人，其中主厂区 1700 人，主厂区一线操作员工仅有国内同类规模企业的五分之一到十分之一，降低了人工成本，提高了人均劳动生产率，增强了企业创效能力。三是装置关联紧密。实行生产装置联合，提高了装置间的紧密度和关联度，强化了物料平衡和生产优化，保证了炼油、化工、芳烃一体化综合优势，提高了生产运行的协调性。四是辅助业务外包。采取检维修、辅助操作、生活后勤劳务外包一体化模式，既充分利用了社会资源，更确保了把工作重心和主要精力放在生产组织和企业经营上，提高了主营业务的专注力。

针对新体制新机制内涵，我们确立了"树立一个理念，实施三大强化"的管理方针。树立一个理念，即牢固树立"四化"管理理念，全面推行管理过程精细化、管理技术标准化、管理层次责任化、人员能力素质化，实施三大强化，即强化党建工作，强化责任落实，强化队伍建设。从实际效果看，这个管理方针有力保障了现代企业管理模式的顺利运行。

二、基层建设情况

（一）从"悬浮"到"落地"，战斗堡垒求变求新

党组织机构日趋完善。四川石化公司党委 2007 年成立后，只设置了机关党总支，各单位全是党支部。为适应工程建设期间工作需要，公司于 2011 年 6 月成立了炼油业务部、化工业务部、公用业务部 3 个二级党委，配备了 1 名党委书记和 2 名干事，但这 3 个二级党委皆属独立机构，与行政业务没有关联，而且人员少、基础差，二级党委既管不了施工建设和生产管理，又不做人的思想工作，党建工作处于"悬浮"或"夹心"的状态。2017 年 8 月，按照集团公司巡视整改要求和新形势党建工作需要，公司成立了 13 个二级党委，配备了 12 名专职党委书记（机关党委书记是兼职），每个党委配备了 1 名专职干事。本着有利于生产、有利于管理的原则，设置了 87 个党支部，按照"宜专则专、宜兼则兼"的模式配备了 87 名党支部书记，其中专职 14 人，兼职 73 人，从机构和人员上健全了基层组织。同时，成立了审计监察处（纪委办公室），配齐专职纪检人员，并完成基层党委纪检机构的组建和人员配备。至此，四川石化的党组织机构基本健全，党务人员基本完成配备，公司党建工作基本实现了专人管、专人抓，坚强的战斗堡垒逐步落地生根。

"大党建"格局基本形成。四川石化的新体制新机制运行，其中一个最大的特点，就是实行核心业务自主经营、非核心业务一体化外包、生活后勤社会化经营的模式，即企业管理、生产销售、主体装置操作都是公司自己把控操作，设备检维修和辅助生产（固体产品包装等）等业务实行外包，与承包商单位签订业务外包合同，由承包商负责维护，公司一体化管理，要求承

包商单位与公司制度一致、管理一致、文化一致。目前，公司驻厂关联单位31家，共有18个党支部、272名党员。为确保生产经营和党建工作目标同向、部署同步、工作同力，推动四川石化和关联单位党建工作的有机融合，调动各关联单位工作积极性、主动性，公司立足实际，构建了"目标同向、内外一体、权责明晰、分级考核"的"大党建"工作格局，将所有关联单位纳入四川石化党建工作一体化统筹管理，建立"三权两参"管理模式，公司基层党组织对关联单位党组织有适度的工作指导权、工作考核权和干部建议权，关联单位党组织可以参加四川石化基层党组织的相关活动，可以参与评先选优。

目前，四川石化公司和关联单位的党建工作不断融合，"三权两参一交流"联动机制和多元化组织、一体化"大党建"工作格局已经形成，共同服务于公司"建设炼化一体化样板企业"的目标。

党建制度更加优化。2017年，公司将党建工作写入公司章程，成立了公司党建工作领导小组；修订了《四川石化公司中层领导干部管理办法》，完善了"双向进入、交叉任职"领导体制；优化了《四川石化公司党委工作活动运行表》，规定了20项活动，进一步推动党建工作常态化、规范化。制定了《四川石化公司基层党群工作指导意见》，明确了指导思想、工作原则、工作目标、运行机制、职责分工、基层党委和党支部例行工作事项等内容，为各基层党委的党组织设置、党务工作者配备和日常工作重点提供了根本遵循。与此同时，还完成了《党组织建设规定》《基层党组织工作实施细则》《领导班子民主生活会规定》等公司级党建制度修订和《四川石化党组织工作经费使用管理办法》的制订以及落实党风廉政建设"两个责任"实施办法等9项配套制度，明确了44个关键部门风险点、62关键岗位风险点。

党建活动富有特色。四川石化公司严格履行党委主体责任，严肃"三会一课"等制度，扎实开展党的群众路线教育实践、"三严三实""两学一做"专题教育、"践行四合格四诠释"岗位实践，能够紧密结合四川石化实际，开展富有特色的主题教育活动。

坚持三年一轮的中层干部送外培训，着力提升领导干部的管理能力，努力打造对党忠诚、政治坚定、精通管理、善于经营的管理团队。大力开展以"苦干实干、三老四严"为主要内容的"石油精神"教育，广泛传播正能量。以新媒体为载体的"两微一端一网"累计发布微博800余条，微信100条，阅读总量207万，总转发数字达到13550次，在2018政务V影响力峰会上四川石化微博获得了"金旗帜"央企微博最佳公众回应奖；升级打造"公众开放日""彭州工业游"等活动，已累计接待4万余人次现场实地参观。开展了"爱心献社会、和谐企地情"青年志愿者活动和"支部手拉手、党员心连心"地企共建共荣活动，做到了"开门办企业、沟通零距离"，营造了和谐的发展环境。公司还汇编了"身边的榜样——四川石化先进党支部、优秀共产党员事迹""中国梦·四川梦·企业梦·青春梦"征文汇编；召开"弘扬劳模精神、争当时代先锋"劳模事迹宣讲会，"魅力石化"和"最美检修瞬间"摄影比赛、单身青年联谊会等一系列公司级活动。

基层党建活动也开展得丰富多彩。生产一部党委注重榜样的力量，开展"月度明星员工评选"及"部门光荣榜"活动；南充厂区南充炼油厂党委在企业转型过程中突出基层党支部班子建设，注重行政机构与党组织机构同步调整，采取"一带二"等方式（一名党员带好两名群众），充分发挥党员先锋模范作用和党支部战斗堡垒作用，确保了转型期间的队伍稳定和生产安全。

（二）从"五指张开"到"握指成拳"，聚集效应日趋凸显

岗位培训实行多措并举。四川石化投产前，对新入职员工集中一个时期进行理论培训、考核淘汰后，分批向兰州石化、乌鲁木齐石化和独山子石化派出实习队，明确实习内容，明确实习标准，明确实习责任，实行全程监管，以全程考核淘汰机制激励员工争先创优，外培员工全部取得上岗资格证。投产后，公司把培训重点转到岗位练兵、技术比武、技能大赛上，多措并举，着力打造员工过硬的岗位本领。公司2013年即制定了《关于进一步加强生产操作员工培训工作的通知》文件，明确了"基层操作人员培训率达到100%，岗位应知应会、操作规程、HSE知识技能培训合格率100%，持证上岗率100%，年培训时间累积不少于12天"等要求，还要求各基层单位按照

岗位职责和岗位培训的要求，扎实推进岗位练兵活动。2017年，公司委托辽阳石化机电仪中心实施公司技能大赛。从编制方案、筹备举办到顺利实施，历时半年，涉及38个工种2200人，为选聘星级操作工和公司技能专家提供了依据。同时先后组织危险化学品、压力容器操作、压力管道巡检维护、锅炉司炉、电梯司机、空调制冷、高压电工等特种作业和特种设备操作取证复训培训班，取证314人次，复训933人次，保证了特种作业人员100%持证上岗。

各生产部结合自身实际，不断丰富岗位练兵内涵。生产三部深入推进"星级操作员""班组长轮岗互学互培"培训模式，通过"岗位练兵""培训档案""师带徒"等特色培训载体，全面提高操作人员操作水平。南充厂区抓实PTA新项目装置开工前的培训与考核，员工技能水平持续提升，在2017年南充市首届"工匠杯"百万产业工人技能大赛总决赛中，PTA员工取得了一等奖1名、二等奖5名、三等奖5名的优异成绩。

系统操作瞄准多岗全能。面对各生产装置人员编制少、生产任务重、员工休假岗位难以替换的客观实际，为达到全体操作人员具备系统操作能力的目标，四川石化提出了"一岗精、多岗通"的系统操作培训要求，鼓励员工向"多岗精、全岗通"的高标准高目标看齐，在相关单位试点的基础上，力求在2018年年底推广。

各生产部针对岗位操作人员紧张的实际，未雨绸缪，采取各种方式，积极探索推进系统操作的有效途径。生产监测部自2015年以来，全面组织开展各专业各岗位员工进行跨岗学习。为更好地达到学习和培训效果，部门工程师对跨岗学习的范围、时间和计划进行了周密的安排，切实将此项工作作为提升员工能力素质、促进员工发展、实现专业水平上新台阶的重要任务来落实。在学习过程中，各工程师精心组织培训工作，除了进行集中授课培训，还结合各岗位实际，利用一切空隙时间，在现场对理论知识、实际操作等内容，以不同的形式进行学习、练岗，特别是油品岗的辛烷值机、物性岗位的吹膜机，必须现场反复学习操作过程，真正做到一个步骤在眼中，整个流程在心中。部门还为每位学员指定一名师傅，在日常实际工作中，手把手指导，正确示范，解答学员的疑惑，规范操作手法，达到归一化水平。经过

1～3个月的培训后，部门组织上岗考试，从员工职业道德素养、身体状况、上岗理论知识、实际操作技能四个方面进行考核。除此之外，员工还必须具备相应的职业技能鉴定证书和特种作业操作证书才能获得上岗资质。生产监测部还定期组织员工能力评估，对不称职或达不到工作要求的员工进行回炉，重新培训。2018年公司大检修期间，部门制订了详细的培训方案，每名员工参加不少于10个项目的培训和考核，全员参与、实行有效的奖惩机制，以巩固"一岗精、多岗通"的质量效果。截至2018年5月，生产监测部第一岗位上岗率达到100%，第二岗位上岗率达到72.8%，第三岗位上岗率达到21.5%，各工种达到高级工水平的人数占78.6%，技师6人。

生产五部全力落实公司系统操作培训要求，2017年制订了详细的广东石化调入人员上岗培训、考试、考核方案及技能大赛方案，大力推行操作人员"一岗精、多岗通"培训，目前，三套聚烯烃装置共计操作人员113人，其中55人取得两个岗位上岗证，在2017年公司技能大赛中，3名员工荣获金奖，6名员工荣获银奖，9名员工荣获铜奖。该部2018年将继续加强系统操作培训，力争在年底之前，75%操作人员具备两个岗位操作能力，达到公司轮岗休息要求。

（三）从"规范化"到"体系化"，创新创效创一流

创新班组建设管理体系。四川石化公司基层各班组均实行大班组制，领导带班制度、十项管理制度上墙和HSE基层站队标准化建设，实现了资料摆放定置化、规章制度墙面化、班组例会视频化、操作现场目视化、达标考核信息化的"标准化管理、标准化操作、标准化现场"。公司实行"四班两倒"的劳动组织形式，彭州厂区生产部共设置37个生产班组。班组的组织建设总体上按照"一正两副一运工"的配备模式，即每个班组设班长1名，副班长2名，运行工程师1名。目前聘任在岗的160名班组长中，平均年龄38岁，具有本科以上学历的61%，具有中级职称的占48%，技能等级在高级工以上的占85%。班组长的培养，采取内训和外培相结合的培养模式，除内部按需培训外，还与专业培训机构合作，每年举办班组长培训班，分批送外脱

产培训，力争把班组长培养成为政治强、业务精、懂技术、会管理和具有现代意识的基层管理者。班组长的选拔和聘任，采取班组民主推荐、生产部领导班子集体研究、人事处审核批准的程序进行，择优聘任，动态管理。注重班组长职业生涯设计，建立了班组长横向和纵向成长机制，畅通了班组长的发展通道。

公司在所有班组开展了星级操作工评选活动，严肃执行中石油生产受控"四有一卡"要求，以培养更多的技术精湛、胜任装置多个岗位的班组操作技能人才，非计划停车和生产波动次数逐年降低，2017 年同比降低 50.5%。

创新规章制度评价体系。四川石化公司不断创新完善规章制度建立、跟踪、执行、评价、整改体系，依法制定、合规执行，彰显出制度体系的力量。一是基本完善了党建工作制度体系。近年来，先后制定了领导班子民主生活会规定和《四川石化党组织建设管理规定》《四川石化党建工作考核管理规定》《四川石化思想政治工作管理规定》等 9 项管理规定和落实党风廉政建设"两个责任"实施办法等 9 项配套制度，为各基层党委的党组织党建日常工作提供了根本遵循，通过 21 项 50 条主体责任清单的量化评价考核，初步实现党建工作体系化管理。二是先后出台了产品、质量标准、HSE 管理、生产运行、设备管理、保密等规章制度，349 个规章制度成体系涵盖了生产管理的全过程，公司还出台了《四川石化公司规章制度管理规定》和《管理创新成果和管理论文评审管理规定》，加强制度体系建设，促进企业管理不断提升。三是健全了监督体系。建立了公司纪委——二级单位纪委——党支部纪检委员三级监督机制，注重干部任前、任内和离任三个环节，努力解决不能监督、不愿监督和不敢监督的问题，并抓好年度考核测评，采取多维度评价办法，每年对领导班子、领导干部的履职情况做出评价，依据评价结果奖优罚劣，发挥激励约束作用。

创新 HSE 管理体系。HSE 管理体系是集团公司多年来推行的一套管理体系，公司不是"照本宣科"，而是紧密结合生产实际，使 HSE 管理体系得到创新性拓展。公司不仅依托南充厂区的骨干力量专门成立了生产安全综合监督站，同时还聘请第三方安全检查专业单位——博柯公司，以发现违纪违章、查找隐患问题为目的，实行 24 小时不间断巡查，现场发现问题和取证、限时通报和责令整改，奖惩坚决实施，从而形成了三方（公司、生产单位、第三方机构）互动巡查机制，HSE 量化考核积分奖惩机制落实到位，并纳入公司绩效考核范畴，每年年终评选先进集体，都以此量化打分论"英雄"。坚决贯彻安全生产"党政同责、一岗双责、人人有责"要求，深入开展领导干部 HSE 履职能力评估和全员安全意识培训，安全生产责任体系不断强化。全面深化 HSE 体系建设，2017 年完成 97% 装置的标准化建设。建立罐区、装卸车区、生产装置防爆区防火、防爆、防泄漏三项专项 HSE 内部审核年度化机制，严格管理易燃易爆物料泄漏这个石油化工生产的最大风险源。经 2015 年、2016 年和 2017 年连续三年专项审核，共查出并消除各类风险因素 10474 项，有力加强了全员风险认知能力和管控能力。严格控制污染物排放，扎实推进环保提标治理，全面实现新标准达标排放。扎实推进基层员工 HSE 培训。从 2016 年 11 月至 2017 年 3 月，每周一期，每期 5 天，每个班组每次抽调两人参加，由公司组织培训讲师专题授课，共培训 1252 人，员工的 HSE 意识和风险识别能力显著提高。

2008 年第一次大检修中，公司严格 HSE"四个不干""五个不让干"和"四不操作"管理行为规则，严格承包商管理，近九千人在厂区内实施大检修，井然有序，确保了"气不上天、油不落地"的零排放零污染要求。

2017 年，公司各项经济技术指标持续性向好。全年实现综合商品率 94.49%，炼油加工损失率 0.33%，乙烯加工损失率 0.17%，单因耗能 7.83 千克标油 / 吨，继续位列炼化板块第一集团；乙烯能耗达到 556 千克标油 / 吨，同比降低 1.5 个百分点；尤其是 PX 装置能耗达到 294 千克标油 / 吨，稳居国内第一；高标号汽油生产比例目前达到 57%，为炼化板块最高。2018 年开年后，公司继续保持持续盈利良好态势，1—2 月累计盈利 7.3 亿元，继续位列炼化板块第 3 位。同时，公司坚持走内涵发展模式，深入挖潜增效。开工以来共确立并实施 11 大类 205 项挖潜增效措施，涵盖原料组织、节能降耗、市场开拓、费用控制、运行优化、技措技改等，累计实现增效 54.8 亿元。

统筹规划　精心组织
强力推进基层建设提档升级

云南石化公司

自 2011 年公司成立以来，云南石化从零起步、建章立制，启动基层建设工作，特别是 2014 年云南石化独立运行以来，为适应工程建设、投料试车和生产运行的艰巨任务、严峻形势，加强基层建设成为迫在眉睫的战略性基础工作。公司党政领导班子强化顶层设计、统筹规划、系统推进，打基础、立长远，基层建设逐步走向制度化、规范化轨道，取得了一系列阶段性成果，为保障各项任务圆满完成、促进公司稳健良性发展提供了基础支撑。

一、基层建设现状分析

作为中国石油最年轻的炼厂，云南石化按照"新企业、新体制、新机制"要求，采用高度扁平化管理模式，除了具有装备新、技术新、管理新、队伍新的特点之外，还存在管理基础薄弱、文化传承深度不够、机制运行尚处于磨合阶段等现实问题，基层建设面临新课题、新挑战。

云南石化管理层级少，公司直管生产单元，建立简洁、高效、适用的新型基层建设体系是公司健康、协调、稳健发展的根本需求和必然选择。公司现有员工 790 人，是目前国内吨油用工最少的炼厂，生产运行呈现出信息化、自动化、集约化程度高的特点，"一人多岗、一岗多能"是公司人力资源的建设目标，也是基层建设的重要内容。就企业文化建设而言，云南石化的员工来自五湖四海，思想观念、工作习惯、行为方式不尽相同，共同的企业精神、特色的企业文化培育都需要借助基层建设的力量。

二、基层建设主要措施

围绕建设"一流现代化炼化企业"的奋斗目标，云南石化统筹规划、精心组织、强力推进基层建设工作。

1.加强顶层设计、完善体系建设。公司以"定制度、找差距、堵漏洞、严执行"为总体思路，以落实岗位责任制为抓手，理顺管理关系，完善管理机制，强化检查考核监督，统筹推进基层建设。2017年公司总体发展定位为"基础建设年"，加强"组织建设、基础建设、队伍建设"三大系统建设，为项目投产提供坚实保障。2018年，公司以"安全环保和稳定创效为中心"，以"严细实精"管理为主线，推进"基础管理、科技创新、作风形象、思想文化"四大系统建设。连续三年，云南石化都将基层建设工作列入重点任务进行长远规划、分类指导、有序推进。

在公司的总体部署和实施下，云南石化初步建立了"属地管理、直线责任、界面清晰、无缝对接"的组织责任体系；建立了"横向到边、纵向到底、人人有专责、事事有人管"的岗位工作标准体系；建立了"全面覆盖、内容简练、科学可行、控制有力"的制度体系；建立了"流程统一、控制集中、界面清晰、高效简洁"的业务流程体系；围绕"制度规程合规、操作行为规范、设备设施完好、现场文明生产"四个方面，全力推进标准化体系建设。

2.加强标准规范、推进制度落实。坚持"公司出制度、基层抓落实"原则和"管理制度化、制度流程化、流程表单化"思路，公司党委梳理思想教育、组织建设、作风建设、反腐倡廉建设等方面的规章制度和工作方案63项，2017年公司党委印发了基层党建工作检查清单，明确了基层党组织6项58条党建工作任务及检查内容，2018年进一步修订检查清单内容，检查内容调整为72项，基本涵盖了党建工作所有内容。为加强基层党组织党风廉政建设检查考核，公司纪委印发了关于基层党支部党风廉政建设检查考核清单，明确了基层党组织廉政教育、主体责任落实等4项30条工作任务及检查内容。

针对扁平化管理特点和基层党务人员少的实际情况，公司注重将上级文件制度转化为符合企业运行需要的实施细则和工作流程模板。每一项工作安排既是工作方案，又是工作细则，基层单位按流程推进、按模板执行。例如换届选举、组织生活会、发展党员等日常工作均制定了详细的工作流程，明确时间节点和相关要求，分别建立整套工作模板（换届选举 19 个、组织生活会 17 个、发展党员 23 个），让基层按照规范操作，增强了工作的科学性，提高了工作效率，推动了管理升级。

3.加强队伍建设、配强配齐基层领导与骨干力量。公司始终高度重视管理、技术和操作三支队伍建设。本着"民主、公开、竞争、择优"的原则，增强考察的深度和广度，通过公开竞聘、组织选拔，提拔调整中层干部，使埋头苦干、履职尽责的优秀人才得到重用。加强日常、动态、实践考核，实行年度和任期考核，对年度考核排名靠后的领导班子及领导人员，进行提醒及戒勉谈话，提出整改要求。通过"压担子、交任务"锻炼培养干部，不断提升干部的管理水平和领导能力。2018 年结合生产部运行实际，优化专业技术岗位设置，启动了主任工程师竞聘工作，打通技术岗位与管理岗位的交流通道，激发技术人才的工作潜能，夯实了属地责任，强化了基层建设。在注重管理技术人才培养的同时，公司加强班组长的选拔，公开竞聘 58 名班组长，52 名副班组长，实行动态管理、易岗易薪，确保工作在一线岗位有效落实。

2014 年，云南石化公司党委成立后，根据工程建设和投料试车的实际情况分别建立了党总支、联合党支部和党支部。2017 年，在生产运行转入正常阶段之后，为便于更好地落实责任、组织生产、开展活动，公司党委调整建立了进行了 23 个党支部并进行换届选举，选配支部委员 69 名，实现了组织全覆盖。2018 年，按照"宜专则专、宜兼则兼"的原则，在员工和党员人数较多的基层生产部门逐步配备专职党支部书记或副书记，加强基层党组织建设。

4.加强机制建设，促进管理提升。依据集团公司批复的机构编制定员，公司深化"五定"工作，完成了全员岗位聘任和工资套改，妥善处理新旧体系转换过程中的历史问题，规范薪酬管理，推进岗位管理，全面加强以绩效考核为中心的管理机制建设。

2016 年以来，本着"向生产一线倾斜，向关键岗位倾斜，向工作负荷大、难度大的岗位倾斜，向贡献大、业绩优的岗位倾斜"的四个倾斜原则，公司优化岗位奖金系数和单位难度系数，加强二次分配，实时动态调整、严格考核兑现。

2017 年，加大全员绩效考核力度，健全完善工效挂钩机制。设立安全专项奖，安全环保指标实施一票否决制；设立总经理嘉奖，表彰合理化建议、降本增效、避免事故事件等专项工作；按效益贡献拉开收入差距，加大机关部门和基层单位二次分配力度，对干实事、有业绩的干部员工给予重奖。

2018 年，继续细化以基础管理提升为目标的绩效考核体系，加大专业考核、督办考核力度。开展优胜流动红旗评选活动，建立生产动态目标管理体系，以月度计划和设计参数为基础，重新梳理绩效指标体系，逐步改善指标设置，逐月调整目标，以整体效率优化为目标加大专项激励力度；设置"无事故单位"、30 项技术攻关项目、"优化生产"专项奖，每月筛选影响公司整体效益的关键要素，设置二级挑战目标，激发各单位主动管理积极性；以内部考核制度建设为抓手，强化现场与班组管理，各单位分解绩效指标，促进班组与岗位竞争；推进班组成本管理，将小指标竞赛落实到日常工作中，提升公司整体运行效率。

5. 加强员工培训，提升整体素质。新企业新队伍，云南石化没有开工生产经验的年轻员工比例超过 65%，技能培训、素质提升工作至关重要。公司大力倡导"培训是对员工最大的福利、最好的奖励"培训理念，坚持"重点培训"与"普遍提高"相结合的原则，坚持"每日一问、每周一练、每月一考"，将考核结果与奖金挂钩，开展分层级、分专业、分重点的全员培训。

开工前夕，公司以赛促训、以赛促练，举行首届操作技能大赛，21 个工种、880 人参赛，评选出 14 名金牌操作手；按照"两证两考一综合一评估"总体部署，严格标准，组织操作技能人员上岗考试，1000 多名操作技能人员和业务外包单位人员全部通过上岗资格考核。

为满足长周期安全稳定运行的生产需求，2018 年公司启动了贯穿全年的"大培训大考核大练兵"活动，加大培训深度，提高培训质量。在人员少、任务重的情况下，公司坚持落实"培训休假制"，首次举办中层管理人员领导力专题培训和班组长培训，59名中层管理干部和58名班组长集中轮训、集体"充电"，提升素质和能力。在机制上，公司加大培训考核权重，与个人月奖和单位流动红旗评选挂钩，充分利用副班时间，解决工学矛盾，创造培训条件，104名专业技术人员，517名技能操作人员参与培训。各单位通过"处长讲制度、主任讲技术、技师讲操作"，发挥骨干作用，分层次、有侧重加强主体工种培训，深入开展工艺（设备）联锁、操作规程、操作卡、HSE基本技能培训，员工应急处置能力明显提高。

公司坚持从严管理是最大的以人为本，是对员工最大的关爱，加强现场作业、生产受控、劳动纪律的监督检查，对违章违纪行为全公司通报，规范员工行为，提高全员履职能力和责任意识。

6.加强思想引领，持续推进岗位实践主题活动。公司严格履行党委主体责任，严格落实"三会一课"等制度要求，扎实开展党的群众路线教育实践活动、"三严三实"专题教育、推进"两学一做"学习教育常态化制度化。

2016年、2017年，根据集团公司党组安排，结合工程建设和投料试车重点任务，持续开展了以"我是共产党员，向我看齐""我是共产党员，我为炼厂开工做贡献"为主题的"四合格四诠释岗位实践活动"，所有党员干部进行"三公开承诺"，即"身份公开、承诺公开、考核排名公开"，通过党员责任区、党员示范岗、党员包机制等创建活动，充分发挥党支部的战斗堡垒和党员的先锋模范作用。

2018年，公司以"两方案两主题一抓手"为主线（两方案：思想文化工作方案、作风形象建设方案；两主题：我为炼厂稳健良性发展做贡献、爱厂如家从党员干部做起；一抓手："五个一"活动），扎实开展"弘扬石油精神 重塑良好形象"系列活动，进一步深化"四合格四诠释岗位实践活动"，将集团公司党组的部署与要求，落实到部门，落实到班组，落实到岗位。

推进典型引路，发挥示范作用。公司每年开展先进典型评选，结合开工实际，2017年评选出以十大开工特等功为代表的一批开工先进集体和先进个人，2018年评选出公司首届十大劳动模范，先后选树云南省劳动模范、云南省国资委党委优秀党支部，集团公司劳动模范、集团公司先进集体等一批典型，营造争先创优氛围。

加强思想教育、转变工作作风。结合生产过程中的矛盾与问题，分别开展了"生产受控大讨论"和"岗位职责大讨论"，统一认识、统一思想、统一步调，坚持"问题导向、缺陷管理、持续改进"的务实管理思路，激发全体员工忠诚履职、埋头苦干、爱岗敬业、敢于担当的工作热情。

借势用力、主动发声，加强新闻宣传舆论引导。2017公司建立舆情监控平台，加强分析、研判和引导，为项目投产营造良好的宣传舆论氛围。2018年，公司进一步完善阵地建设，开通官方微博，规范运行微信公众号。通过组织云南省主流媒体驻厂采访，举办公众开放日和新闻发布会，参加集团公司"劳模·青年论坛"等一系列活动，总结成绩，正向宣传，激励人心，树立了良好企业形象。

三、基层建设成效

通过有效组织、持续推进，云南石化基层建设初见成效，为公司优质高效完成工程建设和投料试车任务，稳步进入生产运营阶段提供了基础支撑和发展推力。

1.党建管理逐步完善。公司党委和基层党支部组织构架、制度建设、信息化建设全部完成，党建工作进入规范化标准化常态化轨道。深化制度执行，定期开展党委委员联系点、支部委员联系班组、党员联系岗位工作；月度党群工作例会从机关党群部门扩大到基层党支部；定期开展基层党建工作联合督导检查，公司党委的部署要求在基层落地生根、抓实抓细。注重把生产经营骨干培养成党员、把党员培养成生产经营骨干，2014年党委成立至今，发展党员26人，做到关键岗位、艰苦岗位有党员，实现党员在生产班组的全覆盖。扎实开展群团工作，畅通民主管理渠道，良好和谐氛围有效形成。从工程建设、投料试车到生产经营，在每一个重要发展阶段，公司党委以习近平总书记系列重要讲话精神为引领，牢牢把握主方向、主旋律、主基调，示范引领全体员工攻坚克难、共度时艰，为公司平稳起步、稳健发展提供了坚强的政治、思想、组织和纪律保障。以党支部建设为核心的基层建设步入正轨。

2. 基础管理日益深入。公司制度体系进一步精简高效，全员绩效考核进一步细化完善，生产运行、技术应用、HSE 管理、设备设施、员工行为、现场监管等标准化建设日趋完备。公司依法合规管理、计划管理、计量和质量管理、产销衔接等基础工作逐步向精细化管理目标迈进。公司以"生产调度会、月度计划会、经营分析会、月度考核会"四会为抓手，重点工作逐级落实、压力层层传导，形成了闭环管理。公司强化对标管理，持续改进，装置实现安全环保平稳运行，主要经济技术指标显著改善，汽煤柴收率、高效产品收率、轻油收率、单因耗能等主要经济技术指标进入股份公司炼油业务前三名。以岗位责任制为核心的基础管理，日益发挥重要作用。

3. 企业文化认同逐渐形成。有效融合来自五湖四海的广大干部员工，形成凝心聚力、成就事业的浓厚氛围。经过不断锤炼，员工的自豪感、使命感、幸福感不断增强，培育出"团结进取，严谨务实，担当奉献，稳健高效"的开工精神，为企业稳健良性发展积累了宝贵的精神财富，提供了源源不断的精神动力。

4. 人员素质明显提升。公司干部员工在高强度、深交叉的工程建设、生产试车以及各项管理工作中，提升了能力，增长了才干，丰富了阅历，绝大多数已经成长为各专业领域的行家里手，为云南石化更高质量、更可持续发展提供了坚实的人力资源保障。

5. 各项任务圆满完成。夯实基层根基为公司不断创造历史性发展成绩创造了条件。2017 年公司实现了"安全平稳绿色一次开车成功"的目标，创造了中国石油大型炼化企业开工典范。公司快速转入正常生产经营阶段，新炼厂跑出了新速度：航煤认证和生产创造了国内新开工炼化企业最快纪录；提前执行国六汽柴油生产标准；投产三个月首次实现当月盈利。2017 年 9 月至 2018 年 5 月，累计加工原油 795 万吨，生产成品油 705 万吨，实现工业总产值近 405 亿元。2018 年一季度，对云南省工业增速贡献率达到 34%，拉动云南省工业增长 4 个百分点。

围绕中心 强基固本 推进基层管理创新

华北石化公司

基层建设是夯实企业管理和提高企业竞争力的基础，基层建设不扎实，企业发展就成了无源之水，无本之木。近年来，华北石化公司高度重视基层建设工作，牢固树立重视基层、大抓基层的工作理念，以强化基层组织建设为关键，以做好基础工作为路径，以提升基本能力为手段，全面深化改革，健全和完善重心下移、力量下沉、保障下倾的体制机制。围绕选强配优基层领导班子、强化政治功能、充实基层工作力量、增强队伍活力，全面强化基层组织建设；围绕提升工作标准、强化效能建设、促进精细化管理、促进规范高效运行，全面夯实基础工作；围绕思想教育引导、基本能力分析评价、提升专业化技能、强化实践锻炼，全面推动基本能力提升，为公司实现为"一年打基础，两年增效益，三年大变样，四年上台阶，五年创辉煌"的总体战略蓝图，建成"国际先进、国内一流"精品炼厂夯实了基础。

一、基层建设情况

1. 全面加强基层党建工作，战斗堡垒作用更加稳固。公司党委坚持用党的最新理论成果指导基层党的建设，以坚定理想信念、提升党性修养、强化纪律规矩意识为核心，采取专题教育、专家辅导、集体研讨、心得分享等方式，组织开展集中学习，特别是重点抓好习近平总书记系列重要讲话的学习贯彻，基层班子成员综合参学率达到90%以上。把学习贯彻十九大精神作为首要政治任务，以"贴近实际、贴近基层、贴近员工"为原则，坚持"领导干部带头、党支部班子成员带头、党员骨干带头"，迅速行动、精心部署、统筹推动、掀起热潮，通过"进基层、进班组、进项目建设现场、进社区"，做到了"与完成年度业绩目标相结合，与'四合格四诠释'岗位实践活动相结合，与重塑良好形象活动相结合"，达到了"五到位"，即组织领导到位、学习培训到位、宣传引导到位、督查指导到位、推动工作到位，实现了"五个全覆盖"，即二级单位全覆盖，专题研讨两级班子成员全覆盖，讲党课党支部全覆盖，学习培训中层以上管理人员全覆盖，学习宣传贯彻活动全体员工全覆盖。推进"两学一做"学习教育常态化制度化，推动党内教育从"关键少数"向广大党员拓展、从集中教育向经常性教育延伸；采取"互联网＋党建"模式，利用"网络党支部"、微信学习班等信息化平台，化解党员工学矛盾。深入开展"四合格四诠释"岗位实践活动，在内涵上紧扣"六大主题"，做到"四个带头"，在层次上区分"党员领导干部"和"全体普通党员"，在设计上把握"五个结合、五个注重"，广大党员"撸起袖子加油干"的热情不断高涨。

牢固树立党的一切工作落地支部的鲜明导向，抓基层、打基础，不断强化基层党组织建设。从基本组织、基本队伍、基本制度严起，构建起了党支部统一领导、书记第一责任、支委"一岗双责"、支部与党小组上下联动、党员积极参与的基层"大党建"工作格局。坚持"四同步"，结合千万吨机构设置，对党的基层组织进行两次调整，党支部由 18 个增加到 24 个，完成基层党组织换届，首次实现了基层党组织成员全部到位，为落实党建责任提供了组织保障。以"强基层组织，建标杆支部"为目标，以争创"党员模范岗"为载体，对 49 个党员模范岗挂牌上岗。开展党支部资料管理"标准化"建设，以 10 项党支部工作制度和 12 项党建经常性工作为基础，为各党支部统一配发支部工作手册、党小组会记录本、党员干部谈心谈话记录本、党务资料档案盒，基层党务工作不断完善规范。坚持将作用发挥在"主战场"，开展"大检修"和"项目建设"系列劳动竞赛，有效激发了全员和参战单位的干事创业热情；在 2017 年大检修期间，组建 28 支"党员突击队"，283 名共产党员带头冲锋在急难险重第一线，19 名青年员工向党组织递交了入党申请书和请战书，7 名表现突出、符合发展条件的积极分子在检修现场"火线入党"。开展"讲党课评党课"活动，2017年各党支部局处级党员干部带头讲党课145次，两篇党课分获集团公司党课评比一、二等奖。坚持做好"把党员培养成骨干，把骨干培养成党员"的"双培"工程，党员总数增加到712名，占到员工总数的34.06%。

2. 全面深化组织机构改革，建立科学规范运行顺畅的组织架构。2014年以来，按照集团公司《炼化企业组织机构设置规范》要求，根据企业自身各种环境条件的需要及生产经营管理运行实际，全面改造华北石化组织架构，以"设置规范、精简高效，从严要求、因事定编，职责清晰、便于管理，责任靠实、管控有力，整体规划、循序渐进"为指导原则，确立了"一级行政两级管理"的模式，完成了公司机构调整与定编定员工作，所有的机关处室和基层单位都进行了重新调整。机关处室由16个减少到10个，基层单位由13个减少到11个，形成了"从上到下一级对一级施行管理，从下至上一级对一级负责"的运行顺畅的管理架构和运行体系；千万吨新区组织架构全部建立，管理界面、职能职责全部明晰。

3. 全面深化干部人事制度改革，形成"干部能上能下、人员能进能出"的选人用人机制。以"全员竞聘，择优上岗"为突破口，所有人员的工作岗位全部经过竞聘上岗，组织全员竞聘会465场，3646人次参加竞聘，中层管理人员由207人降至107人；公司出台了《华北石化公司中层管理人员退出领导岗位管理办法（试行）》《华北石化公司员工内部退出（退养、离岗）管理办法》，2014年以来，23名中层干部主动退出领导岗位，内部退养和离岗歇业63人；改革劳动组织形式，抽调100多人从事千万吨项目群管理，优化出168人到新建装置。

4. 全面深化分配制度改革，形成"易岗易薪、工效挂钩"的薪酬分配体系。公司以全面执行集团公司基本工资制度为根本，依据《中国石油天然气股份有限公司基本工资制度改革方案》《关于完善员工工资制度的通知》等相关文件要求，先后出台了《华北石化公司工资制度改革办法》《华北石化公司工资制度改革办法补充规定》《华北石化公司工资制度改革办法优化方案》，员工收入由岗位（技）工资、津（补）贴、绩效奖三个单元构成，做到了与集团公司基本工资制度的完全接轨。同时精简了津补贴项目，使津补贴发放标准及范围得到了全面规范和调整。结合绩效考核情况，实行工效挂钩分配模式，建立了绩效管理、工效挂钩的正向激励机制，"基础工资"以外的薪酬全部纳入工效挂钩体系，正向激励、奖优罚劣，一月一工效挂钩考核兑现，全年绩效考核总兑现。形成了"易岗易薪、工效挂钩"的正向激励分配格局。业绩奖金最大限度向生产一线、"苦脏累险"岗位倾斜，二级单位同岗位员工月平均绩效奖相差达到1000元；各基层单位在公司深化改革方案的基础上，积极推行内部改革，细化岗位系数，加大班组长分配权，进一步拉开收入差距，真正体现了多劳多得、收入凭贡献。

5.全面深化责任体系改革，形成责任主体清晰、责任目标明确的正向激励机制。废除了2014年以前"负激励"的管理模式和"谁主管谁尽责、谁监督谁负责"的错误管控方式，依据《集团公司关于加强全员绩效考核工作的指导意见》，出台了《公司绩效管理（考核）办法》，明确了职能处室专业化管理和各运行部属地管理的界面，全面落实了"谁主管谁负责，谁的属地谁负责"的管理理念，突出"事事有人管，人人有专责"的属地责任，与单位（处室）和中层管理人员签订绩效合同，将公司绩效指标层层分解到单位和中层管理人员。对单位（处室）实行了月度工效挂钩考核。单位与班组、员工签订岗位绩效卡，将绩效指标分解到每一名员工。做到了绩效指标层层分解，横向到边，纵向到底，形成了"千斤重担大家挑、人人肩上有指标"的管理格局。公司依据各单位考核指标完成情况分配绩效奖总额，各单位依据员工岗位绩效卡得分分配绩效奖金。全公司形成了"班班拔指标、天天拔指标、周周拔指标、月月拔指标"的良好氛围，呈现出责权明确、正向激励、岗位尽责、主动工作的良好局面。

6.全面优化体制机制改革，促进各项经营管理工作科学化、规范化和制度化。公司坚持科学严谨、层级分明、链条精短、主体明确、责任清晰的原则，强力推进体制机制建设，2014年以来，每年组织公司各业务主管部门，按照国家最新法律法规要求，贯彻落实集团公司、股份公司规章制度和地方政府相关规定，开展规章制度的"立、改、废"、评级评价和流程再造工作，共完成了676项规章制度的"立、改、废"和546项管理流程的再造；调整倒班方式，彻底解决岗位员工上班期间轮流睡觉等重大安全隐患。

7.持续深化三支人才队伍建设，为企业科学稳健发展提供人才保障。深入落实干部选任规则和"凡提四必"要求，聚焦"动议提名、民主推荐、考察、讨论决定、任职"等关键环节，2014年以来，共完成260人次副科级以上管理人员的选拔任用及任职交流调整，"过筛子"式选拔25名35岁以下优秀人才走上副科级以上岗位，45%的二级单位实现了"80后"进班子；拓宽干部成长和选材路径，探索实践生产单位副职从装置长、操作班长中选任的模式。从严加强干部管理监督，开展一年两次360维度综合考核，结果在升降任免、业绩兑现、评先选优、工资晋档等各方面进行综合运用，对排名靠后的干部进行提醒谈话和经济处罚。完善考评机制，目前在聘高技能人才56名；推进"一岗精、二岗通、三岗懂"复合型技能人才培养，在主体装置操作岗位中择优评出"二星级员工"15名，三支队伍的精神面貌持续好转。

坚持把技能培训作为人才培养的有力抓手，推行"管业务必须管培训"管理机制，做到培训计划逐级分解、严格考核，每季度岗位培训抽查考试，员工抽查比例40%；强化基层员工岗位培训、练兵活动，基层单位运用集中授课、技术交流、应急演练、经验分享、每日一题、班员轮流讲课、仿真练习、装置实习、轮岗学习、师带徒等培训方式，开展岗位培训，员工人均学时每年96课时以上；新装置紧跟项目建设步伐，开展理论知识、工艺流程、仿真练习、现场流程和装置实习等培训，以专项考试、月考等形式检验培训效果，成绩与个人绩效挂钩；坚持以练促训、以赛促训，员工技能稳步提升，在2015年集团公司催化裂化装置操作工技能竞赛中，有毒气体泄漏心肺复苏紧急救护项目获得金奖，在集团炼化专业一线创新成果评选中，获三等奖2项，优秀奖3项。

8.注重"三基"建设的传承与创新，推动公司管理水平的提升。2015年以来，公司按照中石油集团公司党组、集团公司《关于全面加强"三基"工作的若干意见》的要求，全面推进"三基"建设常态化长效化，针对公司管理工作的现状，制定了公司"三基"建设管理制度和实施方案，明确了组织机构，确定了"三基"建设指导思想、基本原则和工作目标，开展"三基"建设"基础年"、"建设年"、"纵深年"活动，将制度流程管理、标准化管理、专项工作管理、体系融合、领导评价、绩效考核等创新性融入"三基"建设，形成了"三基"建设大检查标准695条，专项管理提升178项，台账、报表等基础资料163。《"三基"建设大检查标准》共695条，识别通用标准59条，管理标准944条，技术标准1056条，共计2059条；坚持每年开展两次"三基"大检查，不断完善检查和评价标准，开展"回头看"，分析成因、制定措施、抓好整改，形成了"全体员工懂三基，日常工作重三基，管理水平看三基""把标准当习惯"的文化氛围。

注重全面系统总结"三基"建设工作成果，推广特色做法和典型经验，不断激发创新活力。运销运行部班组长竞聘和班长班员双选制，一联合运行部细化岗位绩效分配系数、开展劳动竞赛等经验在公司范围内推广，三联合运行部党支部"五五六"工作机制案例入选集团公司基层管理案例。近三年来，公司基层单位获得多项荣誉：一联合运行部2015、2016年两次获得集团公司先进基层单位荣誉称号，运行部党支部获得2016年集团公司党组先进基层党组织，运行二班被评为2016年度集团公司绿色基层队（站）、车间（装置）；三联合运行部被评为2014年度集团公司绿色基层队（站）、车间（装置），S Zorb岗位被评为2016年度集团公司青年文明号；公用工程运行部污水处理场运行二班曾获中国石油天然气集团公司2016年度绿色基层队（站）、车间（装置）；公用工程运行部MTBE装置被评为2014年度集团公司青年文明号；环境监测站被评为2014年度集团公司绿色基层队（站）、车间（装置）；仪电运行部变电运行一班被评为2017年度集团公司质量管理信得过班组等。

9.全心全意依靠员工群众办企业，实现发展成果共建共享。

（1）改善生产设施条件。升级办公电脑，为外操室更换操作岗位电脑服务器，更换电子巡检系统，购置先进的化验分析仪，增加罐区自动控制阀和自动脱水器，装置增加密闭采样器，开展操作室标准化建设等，既满足了标准化建设要求，也有效降低了员工劳动强度，提升了工作效率。

（2）畅通群众诉求渠道。建立总经理民主联系人工作制度。每年召开2次总经理民主联系人座谈会，发挥总经理民主联系人出谋划策、建言献策的桥梁纽带作用；全面落实职代会各项职权，职代会提案、代表意见与建议分解落实反馈率100%；开展职工代表巡视活动，组织职工代表对本单位生产经营、民主管理和厂务公开、工程项目建设、员工劳动保护和休息休假、困难家庭帮扶救助及员工关注的热点问题进行巡视，充分倾听员工意见、建议、批评。

（3）开展评先选优活动。为更好地发挥先进集体和先进个人在公司两个文明建设中的骨干带头作用，公司制定了《先进集体和先进人物评选工作管理办法》，形成了党委统一领导、行政支持、工会组织实施、员工积极参与的先进集体和先进人物评选工作格局。每年组织开展公司年度评先选优工作，评选出先进单位、先进集体等综合奖项和安全生产先进单位、环境保护先进单位等专项专业类奖项26个，每年受到表彰的集团公司先进个人、公司先进生产者和专业类先进个人等先进人物200名以上。截至目前，公司共选树省部级以上劳模10名、公司级劳模80名。通过召开表彰会、先进典型座谈会，举办先进人物风采展，报道先进事迹等形式，宣传先进人物的爱岗敬业精神，营造苦干实干的良好氛围，先进集体和个人规模不断壮大，成为引领广大员工在公司发展建设中充分发挥主力军作用的中坚力量。

（4）关心关爱员工。针对员工最现实、最关心、最直接的、最急需解决的问题，加强协调，提供服务，为员工排忧解难。为基层购置送餐车，配备冰箱、微波炉、洗衣机等生活设施，进一步美化工作环境，开展帮扶救困及员工慰问，组织"春送关怀""夏送清凉""秋送助学""冬送温暖""生日送祝福"和退休送相册等系列活动。以建设发展三十周年为契机，组织成果展、主题征文朗诵比赛、文艺演出、宣传片拍摄、编纂企业文化丛书等一系列活动，形成了凝心聚力、爱厂奉献的良好氛围；落实集团公司送书工程，建立和完善员工图书室，为基层单位配备图书架，开展"双十"读书活动，同时发挥基层党组织、工会组织、共青团组织的作用，通过读书会、交流会、微课堂、知识竞赛等形式，努力营造爱读书、读好书、善读书的良好氛围，有力推动学习型组织建设，培育知识型员工；以文联体协为依托，持续开展丰富多彩的文体活动，营造健康和谐的文化氛围。员工工作条件、生活质量、幸福指数持续提升。

二、改进举措

深化改革、持续创新是提升基层管理水平，进而全面提升企业核心竞争力和整体管理水平的金钥匙，要按照公司改革改造的总体思路、总体原则、总体目标，在理顺体制、健全机制、完善制度等方面下功夫。

1. 振奋精神，全力打好持续深化改革攻坚战。一是进一步深化管控体系改革。优化各级组织职能，更好地发挥机关部门在资源配置、二级单位在运行管理中的作用。规范基层单位机构设置。确立与千万吨规模相匹配的行政规格，优化新建系统管控模式。二是进一步深化适应新管理体系要求的运行机制改革。优化新建装置开工模式，实行部分保运业务外包。健全完善适应全新组织架构和管理体系的制度流程体系。三是进一步深化劳动组织改革。深入开展"五定"，深度内部挖潜，将富余人员充实到缺员单位和新建装置，缓解结构性缺员。四是进一步深化干部制度改革。严把入口，创新试点，在重视成熟干部的选拔使用基础上，加大培养选拔任用年轻干部力度，建立后备干部推荐机制，持续优化班子结构，推行专业技术岗位"双序列"改革。五是进一步深化人事制度改革。稳定一线、引导二三线人员向一线流动，建立基层员工竞争上岗机制，基层单位根据实际开展"双向选择、竞聘上岗"。六是进一步深化分配制度改革。加大正向激励力度，强化工效挂钩，激发员工潜能。完善"增人不增资、减人不减资"政策，业绩奖金最大限度向生产一线倾斜、向"苦脏累险"岗位倾斜、向贡献突出、技能技术水平高的人员倾斜。加大基层单位内部分配改革，建立更为科学的岗位绩效系数体系。七是进一步深化培训制度改革。以开好管好炼好千万吨为目标，完善责任体系、健全运行机制，创新培训方式，建立实训基地，加快完善仿真系统，开展"师带徒"评估考核，提升技能水平。

2. 培养优势，推动科技创新。紧抓集团公司实施"炼化业务转型升级方案"的历史机遇和"窗口企业"的目标定位，编制和推进"华北石化转型升级方案"，逐步由"燃料型"向"材料型"企业发展。要不断创新自动化提标，提高仪表自控率、视频监控率、设备完好率、联合巡检率、联锁投用率"五率"水平，为生产经营保驾护航；要加强技术攻关，紧跟产品质量升级步伐，针对短板、瓶颈，形成华北石化的核心技术系列、特色技术系列、主体技术系列、储备技术系列；要注重科技成果转化及应用，大力推进装置数字化、网络高速化、数据标准化、应用集成化、感知实时化的智能化工厂建设；要充分发挥科技项目发现培养人才的平台作用，鼓励开创性研究，在创新事业中磨炼一支能够"把工艺脉、医装置疾"的技术人才队伍，造就一批高、精、尖的科技领军人才；要加大科技先进工作者和科技成果的宣传力度，突出正向激励，在公司上下营造了解创新、尊重创新、追求创新的良好科研氛围。

3. 融入中心，推进党建创新。一是完善创新机制。做到有目标、有制度、有责任、有程序、有保障，通过学习先进经验，优化工作方法，探索出典型成为先进，先进形成经验，经验变成标准，标准固化为制度的创新机制。二是加强制度创新。健全完善党支部标准化建设、党组织建设考评、支部书记抓党建考评、基层政工员队伍建设、党建专项经费管理等制度，不断提升基层党建规范化、科学化、标准化水平。三是加强阵地建设。建设标准化党员教育基地、党员活动室、职工之家，两年内实现全覆盖；推进"党建工作平台"开发上线，将党员学习教育、监督评价和支部组织生活、工作记录、工作展示、责任落实、工作考核等有机融合；深化"互联网+"模式，利用"网络党支部"、微信学习班等信息化平台，化解党员工学矛盾。

4. 强基固本，推进基层管理创新。结合基层管理存在的突出问题，突破传统思维、加大创新力度，以点带面、融入全局，全面提升精细化管控水平。一是加快构建管理创新体系。坚持目标引领、问题导向、博采众长、融合创新，明确公司、专业部门、基层单位工作职责和重点任务；制定出台管理创新制度、流程和标准规范，推动管理创新规范化科学化。二是引导基层主动发力。切实转变观念、强化管理，以"管用实用、解决问题"为目标，认真思考适合对路的方法措施，搞好管理创新，实现消除瓶颈、提质增效、队伍和谐的目标。三是做好管理创新成果评选推广。鼓励先行先试大胆实践，尊重基层首创和实践精神，研究制定相关支持政策和优秀成果奖励政策，保护和调动基层推进创新的积极性主动性创造性；总结好经验、好做法，开展管理创新成果评选和推广应用，提高管理效益，召开现场会，立标杆、做示范，建立互学互评、持续改进的工作机制。

5. 以人为本，推进企业文化再创新。一是创新特色文化。紧扣发展主题，在现有企业文化的基础上，再总结、再提炼已成熟成型、被干部员工广泛认同的合规文化、班组文化等专项文化，推动先进文化理念与改革发展、经营管理的深度融合。二是加强品牌建设。把握正确舆论导向，突出正面引导，巩固拓展宣传阵地，聚焦重点工作，讲好石油故事、传播向上声音、宣传先进典型；优化资源配置，构建新媒体矩阵，搭建与主流媒体常态化沟通联系机制，正确发声、主动发声、及时发声，为公司稳健发展营造良好的舆论环境。三是强化典型引领。选树一批石油精神的优秀传承者和模范践行者，营造崇尚先进、学习先进、争当先进的氛围，形成每个层面、每个系统、每个单位有典型的格局，用榜样的力量激发活力、提振士气。

加强基层建设　打造精品企业

呼和浩特石化公司

呼和浩特石化公司现有员工 1981 人，有 6 个直属单位、8 个二级单位，98 个基层班组。近年来，公司通过狠抓基层建设，实现了企业稳健发展，取得了一定的成绩。公司既基层单位班组先后荣获中华全国总工会"工人先锋号""西部大庆"劳动竞赛先进集体、"铁人先锋号"班组等荣誉称号。

一、加强基层建设，建立健全规章制度

公司围绕"建设精品炼厂、构建和谐企业"目标，不断深化企业改革，细化经营管理，优化生产组织，逐步形成了一整套基层建设规章制度、细则、方案等，主要有《呼和浩特石化公司业绩奖励工资管理办法》《呼和浩特石化公司全员绩效考核管理办法》《员工教育培训管理办法》《呼和浩特石化公司岗位资格考核管理办法》《呼和浩特石化公司员工行为管理暂行办法》《呼和浩特石化公司员工处分管理暂行办法》《呼和浩特石化公司竞赛管理实施细则》《呼和浩特石化公司操作技能骨干聘任管理暂行办法》《呼和浩特石化公司员工继续教育管理（暂行）办法》《呼和浩特石化公司"创先争优"工作实施办法》《呼和浩特石化公司"四好"领导班子创建实施办法》《呼和浩特石化公司基层党支部工作细则》《呼和浩特石化公司班组绩效管理信息系统运行维护暂行规定》《呼和浩特石化公司创建"五型"班组活动实施方案》等。

二、加强基层建设，打造过硬的基层领导班子

公司领导班子认真贯彻集团公司党组决策部署，将 2018 年定为公司基层班组建设年，坚持不懈抓班子、带队伍，抓典型、做示范，抓基层、打基础，按照"四好"班子的考核标准，加强基层领导班子建设，充分调动基层组织创先争优的热情，有效激发了干部员工干事创业的活力，充分发挥了基层组织的政治核心作用、党支部的战斗堡垒作用和广大党员的先锋模范作用，为公司加快稳健发展步伐提供了坚强的组织保障。

三、加强基层建设，培育高素质的员工队伍

重视员工个人价值，提高员工综合素质，强化队伍工作作风，是打造"忠诚担当、敬业实干、进取贡献"的高素质员工的关键因素。一是注重基层技术人才的培养，建立劳模（专家）创新工作室，发挥各级技能专家、模范人物在技术攻关、技术创新和技能人才培养方面的引领示范带动作用。二是完善员工教育培训工作机制，积极开展形式多样的培训和岗位练兵，推行"精一岗、通多岗"的轮岗锻炼制度，通过举行技能大赛、岗位练兵等，营造良好工作氛围。三是充分发挥技术人员的业务优势，建立技术人员与班组培训联系点制度，不断提高班组整体的操作水平。四是积极开展群众性劳动竞赛活动，注重提升员工创新意识，拓宽渠道，丰富内容，提高劳动竞赛活动的针对性和实效性，持续开展"五型"班组创建活动，及时命名表彰"工人先锋号""明星班组"，引导员工树立创新观念，增强创新意识，提高创新能力。

四、加强基层建设，强化和注重细节管理

完善基层建设的长效机制，不断增强基层团队的学习能力、实践能力、执行能力、创新能力和管控能力。一是建立健全制度体系，完善基层基础管理。健全并落实岗位专责制、交接班制、安全环保生产责任制、质量负责制、设备维护保养制、巡回检查制、岗位练兵制、班组绩效考核制、思想政

治工作制、文明生产制等管理制度，结合二次绩效分配和绩效考核工作，建立一套员工参与、奖惩并举、公开透明、合理有效的考核机制。二是强化队伍建设，建立完善培养、选拔、使用、考核和激励机制。通过公开选聘和民主测评相结合的方式选聘好基层骨干，注重基层骨干管理能力的培养，制定基层骨干日常工作标准化流程，提高日常管理效率。三是深化基层绩效系统应用。完善深化基层班组绩效系统功能，借鉴兄弟单位成熟经验做法，搞好试点，明确绩效考核目标，层层传递压力，实现公开、公平、公正、透明管理，充分调动基层班组参与管理的积极性，不断提升基层管理水平。四是强化 HSE 体系建设。按 HSE 体系建设标准和生产受控要求，严格执行安全生产规章制度和操作规程，加强安全操作技能培训，增强一线员工安全操作技能。五是强化安全环保文化建设，推动企业文化建设向基层延伸。举办安全环保文化活动，调动员工参与安全环保文化活动的积极性，开展"企业文化管理年"活动，实现文化建设向文化管理的迈进，使"忠诚担当、敬业实干、进取贡献"的理念在班组落地生根。

构建基层建设长效机制
打造现代化特色精品企业

辽河石化公司

在中国石油建设世界一流综合性国际能源公司进程中，辽河石化以"建设稠油加工基地，打造现代化特色精品企业"为长远发展目标，将"素质好、贡献大、受尊重、可信赖的优秀企业"作为具体努力标准，认真落实集团公司党组决策部署，大力弘扬"石油精神"，始终坚持抓基层、打基础，抢抓机遇、稳健发展，在基层建设方面按照"基层管理精细化、基础工作规范化、员工队伍专业化"的工作思路，以加强基层党支部和班子建设为核心，以夯实基础管理为重点，以提高员工基本素养为根本，以促进企业与员工共同发展为目标，不断丰富完善基层建设工作内涵，着力打造具有凝聚力、执行力、创新力的高效团队，为公司稳健发展、特色发展提供强大动力和根本保证。

一、做法与成效

（一）体制机制建设方面

1.完善党支部建设体系和运行机制，夯实党支部工作基础。一是抓根本，健全组织体系。公司党委把加强党支部建设作为党建工作的重点，结合生产经营实际，合理设置党支部，在机构调整过程中，严格按照集团公司党组"四同步"（党组织与行政组织同步设立、干部同步配备、制度同步建立、考核同步进行）的要求，做到党组织与行政组织同步设立，党组织建立健全率达到 100%，做到了基层党支部"全覆盖"。二是打基础，规范制度体系。2011 年以来，先后健全和完善了《辽河石化公司领导班子成员、副总师落实党风廉政建设"一岗双责"若干规定》《辽河石化公司党风廉政建设工作管理考核暂行办法》《辽河石化公司党建工作责任制实施细则》等 24 项党建工作制度。三是强机制，创新工作方式。建立监督考评机制，公司党委将党支部日常组织生活开展情况进行细化，纳入组织建设考核细则，每月检查考核，并在月度党群工作例会上进行点评，考核结果纳入经济责任制考核，作为评选先进的依据。建立健全党组织激励、关怀和帮扶机制。基层党支部每年进行一次困难党员大排查，建立档案，随时掌握情况，定期开展帮扶慰问。四是丰富活动载体，提升党支部的凝聚力和吸引力。开展创建党员示范岗活动，不断激发共产党员的责任感、荣誉感和使命感。制定考核细则，不定期跟踪检查，掌握活动开展情况，"七一"进行总结表彰。开展建功立业活动。围绕装置开工、检修等阶段性重点工作，开展立功竞赛活动，组织党员、青年突击队，促进工作任务的完成。创新开展结对共建工作。创新开展了以组织结对建坚强堡垒、党员结对建先进模范、管理结对建合规环境、项目结对建特色品牌、文化结对建和谐氛围为主要内容的"五结五建"党支部"结对共建"工作，激发了党支部生机活力，实现了党建工作和企业发展的双赢。2016 年，《在共建双赢中激发党组织活力》作为优秀案例入选集团公司《企业党建创新实践案例集》。每年七一前夕，开展纪念建党系列活动。近年来先后开展了优秀党课评选、党员微故事征集、"普通党员上讲台"微党课竞赛、"我身边的共产党员"DV 大赛、"党员故事会"等活动。通过开展丰富多彩的活动，强化创先争优意识，进一步发挥了党支部的战斗堡垒作用和党员的先锋模范作用。

2. 强化制度管理，提高管理体系科学性。严格执行"三重一大"制度，领导班子规范审定重大事项 61 项。持续整改制度"四不"问题，以问题为导向，创新制度设计，推进管理制度化、制度流程化、流程标准化、标准信息化、考核自动化。健全考核激励机制，提高管理体系的引导性、约束性。进一步完善了综合管理考评体系，围绕公司业绩合同，设立"公司关键业绩指标专项"，进一步发挥了绩效考核和专项奖励的导向激励作用。加强考评小组队伍建设，统一了机关部门定性指标的考核方式，每月召开考评会，提升了考评结果的权威性。突出工作落实和反馈，加强了督察督办工作，认真执行重点工作动态追踪、及时通报、严格考核制度，保证工作落地。2017年，下发了《关于加强工作落实的督办与考核的通知》，综合部门先后对公司部署的255项重点工作进行了跟踪督办，对7项完成效果较好的工作给予了嘉奖。每两个月一次，定期向公司领导提供《分管工作督办落实提示表》，涉及工作内容420项，做到公司重要决策部署落实情况全面受控，工作任务件件有着落，事事有回音。2013年，出台了基层文化建设指导意见，确定了"分类管理、分步实施"的基层文化推进思路。将各基层单位按照文化建设水平的不同分为三类，基础较好的单位先行一步，形成特色亮点，条件可以的有所提升，基础薄弱的充分调动，消除死角。按照"共享统一理念，促进文化落地"的基层文化建设原则，在公司企业文化建设总体框架下，制定了《辽河石化公司基层文化体系建设框架》，全面推进基层文化建设。

3. 构建"三严"管理体系，提升员工队伍执行力。在推进基层建设工作中，公司准确把握加强员工队伍执行力建设这个关键点，突出员工责任意识、使命意识、奉献意识的培养，以"三严"（"严控风险作业，严控生产波动，严肃岗位责任制执行"）管理将基层建设不断引向深入。一是严控风险作业，深化安全环保绩效考核。制定实施《风险作业公告管理规定》，及时公告风险作业信息，通报风险作业管控情况。推行风险区域、风险作业点干部包干责任制，规范各类风险作业管控流程。编印下发《员工安全手册》，创立员工个人安全业绩档案，制定个人安全业绩考核办法，对安全行为突出的员工颁发"总经理安全奖"，多角度、全方位地培养员工安全环保标准意识，规范操作行为。二是严控生产波动，确保装置平稳运行。牢固树立"安全是最大的效益""大平稳就是大效益"的观念，建立生产经营"日优化、周评价"体系，合理筹划每个阶段的原料计划和生产方案，以周保月，以月保季，以季保年。建立考核激励机制，定期对生产单位执行指令情况进行评价、考核。三是严肃岗位责任制执行，加强行为建设。出台《总经理办公会制度》《加强公司两级值班工作的规定》，专门组建岗位责任制检查办公室，加强劳动、工作、工艺、操作和施工"五大纪律"管理。推行"干部走动式管理，员工高标准巡检"，设置76个"手机存放站"，从公司领导到机关处部室管理人员、基层岗位员工，全面加强行为习惯管理，做到设备运行有故障到现场、现场作业有风险到现场、厂区内外有异常到现场，形成了全方位、全天候的管理保障体系，强化岗位责任制的执行。

4. 建立基层建设工作责任制。一是建立组织保障。公司成立基层建设工作领导小组，负责基层建设的推进和指导。组长由公司主要领导担任，副组长由公司副职领导担任，11个处室党政主要领导为小组成员。基层建设领导小组下设办公室，办公室设在企业文化处（党群工作处），具体负责基层建设日常事务的组织协调。各基层单位成立由党政领导班子组成的基层建设工作组，确定专兼职工作人员。企业文化处（党群工作处）作为牵头部门统筹协调各单位的基层建设工作，形成公司班子统一领导、主管部门负责组织、各职能部门分工落实、有专人负责工作格局。二是建立责任保障。将基层建设的主要内容、思想政治教育、文化建设、班组建设、劳动竞赛、组织阵地建设、培训教育等方面内容纳入经济责任制考核体系，每月进行考核检查，考核结果与奖金挂钩。同时确定公司各单位党政主要领导是基层建设的第一责任人。要求他们把基层建设作为一项重要的工作纳入日常管理工作范畴，明确基层建设的目标任务及各级管理者的职责，做到基层建设与生产经营工作同规划、同部署，统一实施、统一考核。三是建立物质保障。加大基层文化教育培训、宣传阵地、活动阵地、文化工程等建设投入，不断改善员工的工作生活环境。

5. 融入中心，服务大局，推进基层建设不断深入。公司党委坚持在谋划全年工作的同时研究部署"三基"工作，融入公司年度工作目标和公司发展思路。尤其是在基层党组织建设方面，随着全面从严治党向纵深发展，党组织设置形式、"三会一课"等党内组织生活开展形式、融入中心方式等均结合企业实际不断创新。如，以组织结对建坚强堡垒、党员结对建先进模范、管理结对建合规环境、项目结对建特色品牌、文化结对建和谐氛围为主要内容的"五结五建"党支部"结对共建"活动，结合公司中心工作每年分阶段开展主题劳动竞赛，如"团结一心、攻坚克难、群策群力、实现目标"劳动竞赛；"做岗位建功楷模，为提质增效助力"为主题的"六比六赛"（比质量，赛工程优良率；比速度，赛工程进度；比团结，赛协作精神；比管理，赛组织计划、文明施工；比安全环保，赛遵章守纪无事故；比敬业，赛岗位奉献和良好作风）检修劳动竞赛；"以安全环保为基础，以提质增效为目的，以作风建设为保障，确保全年任务目标圆满完成"为主题的劳动竞赛等。2015年以来，以创建"放心岗位、放心班组"活动为载体，促进员工自觉履责，遵章守纪，截至2017年年底，共创建"放心岗位"64个，"放心班组"14个。

（二）基层队伍建设方面

1.坚持党管干部原则，加强干部队伍建设。一是规范领导人员选拔任用。紧密围绕公司干部队伍建设实际，持续深化干部制度改革，严格领导人员选拔任用条件，规范领导人员选拔任用程序，提高了干部选任工作的制度化、科学化水平。在报批报备事项方面，依据集团公司《干部任免报备审查的说明》文件精神，对中层领导人员任免事项严格履行报批报备制度。近年来，选拔任用领导人员工作做到了程序规范，过程严谨，平稳有序。二是加强日常监督管理。认真组织开展党员领导干部个人有关事项报告工作。规范领导人员请销假程序，进一步严肃纪律、转变作风。加强干部走动式管理，下发并严格执行了《辽河石化公司干部走动式管理实施细则》，效果良好。三是强化综合考核评价。对公司所属单位领导班子及领导人员实行360度考核，通过个人述职、民主评议（上级考评、专业联评、下级测评）等方式对公司所属单位领导班子和副科级以上领导人员进行全方位考核。四是强化干部教育培养。公司提出"想为、敢为、会为、体现作为"的履职要求，增强各级干部干事创业的信心与动力。通过大庆精神铁人精神再学习再教育和加强企业文化建设等举措，增强领导干部的责任心和领导能力。近几年，公司党政班子有计划地组织各级干部进行学习交流，通过以会代训、研讨务虚、现场观摩等方式，进行引导和理念灌输，促进了干部成长。与大连理工大学、北京中国石油管理干部学院等高校院所合作，分期分批对公司副科级以上领导干部进行综合管理知识的脱产培训。2016年，与北京石油干部管理学院合作，完成2期共计106人领导人员培训；2017年、2018年，与辽河油田党校合作分别举办了3期领导干部党的十八届六中全会精神教育培训班和党的十九大精神培训班，培训处级领导人员及纪检委员共计151人，干部的政治理论水平和履职能力得到加强。

2. 强化党员队伍建设，提升党支部战斗力。一是抓好入党教育和入党积极分子队伍建设。在发展党员工作中，全面实行公示制、预审制和票决制，各党支部按照"控制总量、优化结构、提高质量、发挥作用"的方针，严把党员入口关，确保发展党员质量。探索推行"把骨干培养成党员，把党员培训养成骨干，推荐优秀党员进入中层管理岗位"的"双培一推"工程，促进队伍素质提高和干部快速成长。2011年以来，共有43名优秀党员被推荐到了领导岗位。二是认真落实"三会一课"制度，加强对党员的教育管理。坚持和完善"三会一课""党员活动日"等党员学习制度，确保广大党员及时、长期、经常、有效地接受教育，强化党员的党性意识、理想信念和宗旨意识。各级党组织通过举办党员培训班、知识竞赛等多种形式，组织党员学习《党章》、党的基本知识、党的历次全国代表大会精神和习近平总书记系列重要讲话精神。三是注重党支部书记能力和素质的提高。年初制订党支部书记的培训工作计划，坚持教育培训与实践锻炼并重的原则，采用集中培训、外出交流等多种形式，加强对党支部书记本职业务、现代企业经营管理知识、党务知识等方面的培训，使党支部书记的综合素质和工作能力不断提高。对于新提拔的党支部书记，要求必须参加岗位培训，年度培训不少于24学时。定期组织党支部专题工作现场会，向支部书记展示推广典型经验，切实提高支部书记解决实际问题的能力。

3. 加强员工队伍建设，凝聚整体合力。一是坚持典型引路，注重培养选树推广先进班组。公司现有基层班组247个，定期开展"放心班组""先进班组"评选活动，以正向激励、先进带后进的原则，促进班组管理水平整体提升。每年选树典型班组 56 个。二是成立基层协会组织，激发员工队伍活力。2016 年 4 月，成立班组长协会。定期开展培训和经验交流活动，共同探讨班组管理的新方法、新思路。2017 年 3 月，成立后勤服务管理委员会。针对公司员工食堂、公寓、浴池、车队、超市、文体中心、新闻中心六个单元的精细化管理发挥监督检查职能，促进员工与后勤服务部门之间的双向交流和相互沟通，提高服务水平。2012 年以来，成立"欢喜"文体协会，现设游泳、跑徒、羽毛球、毽球、乒乓球等 14 个分会，员工参与度达到 60% 以上。三是健全完善人才管理制度，畅通人才职业生涯通道。不断创新工作方法，进一步激发人才队伍活力，制定《辽河石化公司班组运行工程师岗位设置实施指导意见》，对操作服务岗位大学毕业生实行操作服务和专业技术双序列管理，从事操作服务岗位工作，执行专业技术序列岗位工资，畅通职业生涯通道；制定《辽河石化公司助管助研实施办法》，鼓励一线操作岗位大学毕业生工作之余协助公司机关、研究院、设计所开展管理和科研设计工作，在薪酬上予以倾斜，以缓解操作岗位人员短缺的矛盾，更重要的是为加快青年员工成长提供平台；制定《辽河石化公司高技能人才管理办法》，根据集团公司操作员工晋级计划，完善从初级工、中级工、高级工、技师、高级技师、首席技师、企业技能专家和集团公司技能专家八级技能人才晋升通道，优化人才队伍结构，引导员工向主体生产工种、一线关键岗位合理流动。四是充分发挥薪酬的激励导向作用。严格按照工效挂钩的政策，重点向指标完成好，效益贡献大及劳动效率高的单位倾斜，保证业绩奖金随效益考核浮动发放，最大限度激励员工重业绩、创效益。五是改善生产生活设施，提升员工归属感。提高员工公寓服务水平，完善服务项目，增设饮料机、便民服务箱等便民服务设施。定期对员工浴池维修改造，改善洗浴条件。合理规划通勤车线路，满足员工通勤需求。持续推进健康管理工程，投入使用员工健康管理工作站，为员工提供血压、血糖、心电图监测等健康服务，通过远程诊疗同各大医院的专家教授面对面在线交流，为员工健康提供保障。文体中心为员工提供更优质的健身服务，加强科学健身的宣传和指导，为员工开展体质测试服务，出具个性化的健身配方；进一步改善员工工作生活环境，修缮改造员工休息室，添置空调、微波炉、洗衣机等用品；提高厂区绿化卫生管理标准，实现裸露地面全覆盖。六是制定完善《辽河石化公司员工休假管理规定》，由人事处、岗检办联合监督检查各单位制度落实情况。员工请销假严格履行审批程序，填报《员工请销假审批表》，单位建立《员工请销假登记台账》，纳入单位经济责任制考核。七是畅通员工诉求通道。建立《总经理联系人制度》，每半年召开一次总经理联系人座谈会，征求员工意见建议，汇总整理后，提交总经理，安排责任部门进行整改落实。认真执行职工代表大会制度，每年按照要求召开职工代表大会，代表团进行分组讨论，围绕企业发展、生产经营、提质增效、安全环保、企业管理、人力资源、薪酬管理、民生、员工培训等方面提出问题，经整理汇总后，提交公司领导班子，召开专项会议，要求各个主责部门逐条进行整改落实。2015年以来，持续开展群众性合理化建议"金点子"征集评选活动，389个"金点子"在生产经营中广泛推广和应用，为公司创造了可观效益。

（三）先进典型选树与培养方面

1.大力培育并发掘党员中的先进典型。在每年"七一"期间，推荐评选一批先进党支部、先进党小组、优秀党务工作者、优秀党员、模范党员、优秀党员示范岗进行集中表彰，给予奖励。同时，通过公司网站、广播、报纸、微信公众号等平台加大典型宣传力度。先后通过组织召开先进人物座谈会、"我身边的共产党员"微视频大赛和党员故事会等形式广泛宣传他们的先进事迹，提高其知名度和荣誉感，在全公司树立榜样标杆，形成创先争优的浓厚氛围。同时，积极向集团公司和辽宁省委进行推荐，近年来，共有3个党支部和5名党员受到了集团公司和辽宁省委的表彰奖励，进一步激发了党员的政治荣誉感和工作积极性。

2.弘扬石油精神，重点培养青工典型。每年"五四"前夕，开展团（青工）系统评优，结合全年工作成绩和实际情况，评选出先进集体和先进个人，并给予表彰。每两年开展一次公司"杰出青年""石化新秀"评选，遵循公开、公平、公正的原则，评选10名"杰出青年"和5名"石化新秀"，并给予宣传和表彰，不断激发青工的工作热情。近年来，涌现出集团公司级先进团（青工）集体 4 个，先进个人 6 人次。其中，青工潘显良、时丕斌获得"中国石油天然气集团公司优秀青年"荣誉称号，第一联合运行部南蒸馏操作一班获得"中国石油天然气集团公司铁人奖状"。

3. 重视技能人才典型选树，充分发挥引领作用。2015 年以来，公司共评选模范共产党员 34 人、劳动模范 34 人、杰出青年 20 人、石化新秀 10 人。其中，管理人员占 21.4%、专业技术人员占 44.9%，操作技能人员占 33.7%，这部分典型人才在公司各个角落、各个领域发挥了显著的引领作用。集团公司高级技术专家黄鹤，几年来先后主持并完成了"改性沥青的开发与应用""乳化沥青系列产品的开发与应用""水工沥青的开发与应用""机场沥青的开发与应用"等多项集团公司与股份公司重大科技项目，为辽河石化开发出了重交沥青、改性沥青、机场沥青、水工沥青、A 级沥青等多个系列三十余种沥青产品，大部分产品在投产之初填补了国内的空白，为中石油的沥青产品创立民族品牌做出了较大贡献。林辉同志作为辽宁省百名大工匠之一，在岗位上解决仪表维护多项难题的同时，发挥了技能骨干的传帮带作用；2017 年，作为教练员带队参加第九届全国石油和化工行业仪表工职业技能竞赛，荣获仪表工团体一等奖，三名选手均获得了"全国石油和化学工业行业技术能手"荣誉称号。

（四）基层素质提升方面

1. 完善人才培养机制，推进人才工程有效实施。采用联盟式培训方式，发挥行业高校的桥梁纽带作用，组织各二级机构的技术人员和专业处室、直属部门的技术骨干，参加全国石油炼化行业专业技术骨干"微专题"研修班，近三年完成了 10 个专题，35 人次的培训。以《辽河石化公司加速大学毕业生培养有关问题的暂行规定》为指导，建立大学毕业生入职辅导制度，加快大学毕业生成长，近三年大学毕业生入职辅导转正定级 39 人。建立操作工人奥林匹克队员培养机制，建设仿真培训基地、钳工实训基地、电工实训基地、仪表工实训基地、分析化验工实训基地，强化基本功训练。公司参加的国家级、省部级技术比赛取得了骄人成绩，在500万吨炼化企业中遥遥领先。2000年以来，员工在参加国家和集团公司级各类职业竞赛中荣获11项团体优胜奖，荣获个人金牌15枚、银牌16枚、铜牌11枚、一项第1名。2014年公司组织机构优化整合后，组织机构由58个减少到38个，精简幅度达34.5%。在此基础上，加强管理人员、专业技术人员和操作技能人员通岗培训，为推行"大机构，一体化"业务整合奠定人才基础。2015年以来，实现不同工种不同业务单元间转岗人员和并岗人员共计71人，有17人通过2017年职业技能鉴定取得了第二工种技师级等级证书，真正达到了机构整合、业务整合、人员整合的目标。强化骨干技能人才综合素质提升，2016、2017年，公司与石油大学（华东）合作共举办5期班组长培训班，培训班组长141人，完成了生产一线班组长的全员轮训，提升了一线班组的现代化管理水平。

2. 强化示范引领作用，促进人才队伍能力素质整体提升。一是创建技能大师工作室站，实现技能有效传承。2014年以来，共建大师工作站4个。其中，辽宁省示范大师工作站1个，公司级大师工作站3个。工作站参与公司重大技术攻关项目，解决生产实际难题，总结推广创新成果、绝技绝活，强化人才创新能力，成为高技能人才的孵化室。二是与中国石油大学（北京）合作，建立研究生工作站，每年有2～4名研究生进站学习。校企联合，不仅拓宽公司科研人员的眼界，提高综合素质，还为科技创新提供有效支持。

3. 深入开展读书学习活动，提升员工队伍文化素养。2013—2017年，公司深入开展"学习在石油·每日悦读十分钟"活动，全体员工通读政治经济、法律、科技、管理、石油、历史、地理、文学艺术、生活、健康等十册《中国石油员工基本知识读本》及集团公司送书工程配发的图书。公司制订统一的读书推进计划，各党支部将读书时间要求和阅读量要求相结合，也制订了行之有效的读书方案和计划，确保读书进度。为保证读书活动的整体协调推进，采取集中开展活动与各单位自行开展活动相结合的方式，确保读书活动取得实效。2013年以来，公司集中开展读书强化素养，知识成就梦想——读书心得体会征文评选活动、读书感言征集评选活动、个人读书手抄报评选活动。在公司网站主页建立"石化飘书香"读书交流平台,报纸开辟读书体会专栏,展示员工读书所感、所得、所悟,开展学习成果共享,促进员工文化素养整体提升。

4.深入开展教育活动,不断完善素质提升载体。以"两学一做"学习教育、"四合格四诠释"岗位实践活动等重点工作开展为契机,引导广大干部员工勤学习、提素质。一是深入开展 "两学一做"学习教育,强化党员教育管理。2016年,按照中央、集团公司党组和辽宁省委的要求,扎实做好专题党课、班子层面"六学六做"六个专题、基层支部"四讲四有"四个专题学习研讨等各项规定动作;两级领导班子以上率下,带头学做,带头从严落实党内组织生活,为各级组织和全体党员干部做好表率。各级党组织集中学习党章104次,研讨187次,学习习近平总书记讲话185次,各级党组织上党课累计60次。引导广大党员立足岗位做奉献,带头在公司改革发展稳定中发挥先锋模范作用。在庆祝党的生日期间,组织开展"学习毛丰美、实干促增效"、"两学一做"答题竞赛、义务劳动等"纪念建党95周年,向党代会献礼"系列活动。二是认真开展"四合格四诠释"岗位实践活动,紧紧把握"四个坚持",推进"两学一做"学习教育制度化常态化。2017年,按照中央和集团公司党组工作要求,结合企业实际,认真开展"四合格四诠释"岗位实践活动,推动"两学一做"学习教育常态化制度化。坚持以"学"为基础。举办三期领导干部党的十八届六中全会精神教育培训班,培训副处级以上领导干部63名。党委书记以《深入学习贯彻党的十八届六中全会精神,以提质增效、稳健发展新业绩,迎接党的十九大胜利召开》为题,为210名党员领导干部讲了学习贯彻党的十八届六中全会精神专题党课。组织编印了《党的知识400题》,组织开展了"喜迎十九大,合力促增效"党的知识竞赛、"学习贯彻党的十八届六中全会精神,牢记入党誓词"书法作品征集及"默写入党誓词"等活动。坚持以"做"为关键。组织开展党员结对树形象、岗位对标、"党员故事会"讲述、党员奉献服务周、在职党员进社区等活动,引导全公司广大党员干部向先进看齐,争当"四个合格"、做好"四个表率"。坚持以"改"为重点。以开展"四讲四赛"(即讲工作职责,赛明晰工作内容；讲工作流程，赛流程熟练掌握；讲存在问题，赛勇于自我剖析；讲整改措施，赛责任分解到位）活动为抓手，抓好问题整改。坚持融入日常、抓在经常。把"两学一做"学习教育纳入"三会一课"作为基本内容，将集中讲党课作为严肃党的组织生活的重要内容和推动"两学一做"学习教育常态化制度化的有效载体，组织开展党支部书记讲党课活动。公司党委班子成员均以普通党员身份参加了所在党支部的党员岗位讲述活动。

通过以上四个方面工作，辽河石化基层建设水平得到切实提升，"三基工作"整体效能得到不断彰显。公司先后荣获沥青行业民族品牌贡献奖、石油和化工企业"绿色工厂"、集团公司统计工作先进单位、节能节水先进单位、环境保护先进企业、辽宁省平安建设示范单位等荣誉称号，"劣质超重油改质、加工成套技术研究开发及工业应用"成果荣获集团公司科技进步特等奖。

就基层建设整体情况来看，呈现出以下 4 点成效：

1. 提升了企业的整体实力。基层建设是公司持续发展的基石。将"三化（基层管理精细化、基础工作规范化、员工队伍专业化）建设"、打造"三力（凝聚力、执行力、创新力）团队"引入思想，植入行为，融入管理，凝聚人心，鼓舞士气，进而推动各项工作全面发展。

2. 确保生产经营、安全环保态势良好。构建"三严"（"严控风险作业，严控生产波动，严肃岗位责任制执行"）管理体系，有利于 HSE 管理体系有效运行，生产运行和施工作业安全风险得到有效管控，敦促员工养成尽职履责的良好行为习惯，增强岗位责任心、执行力。

3. 促进员工素养提升。通过利用有效载体，搭建多种平台，畅通职业晋升通道，增强广大干部员工强修养、增素质、提水平的主观能动性，在第九届全国石油和化工行业职业技能竞赛中再获殊荣。（公司仪电运行部 3 名选手参加了仪器仪表维修工比赛，分别位列第 10 名、第 12 名和第 14 名，荣获"全国石油和化工行业技术能手"称号，并在团体项目的比赛中荣获金牌。）

4. 队伍建设不断加强。基层建设以大庆精神、铁人精神为感召，积极倡导"干"字精神，培育宣传"工匠精神"，打造了一只积极向上、能打硬仗的干部员工队伍，员工的家园意识逐步增强，企业社会形象更加良好。

二、对策与建议

1. 从严要求，抓实抓细，持之以恒推进作风建设。牢固树立"作风建设永远在路上"理念，建立领导班子和领导干部作风状况定期分析机制，纳入班子和干部年度考核，推动作风建设制度化、常态化。

2. 以落实党建工作责任制为抓手，加强制度建设，提升党建工作质量。对照中央精神和集团公司党组要求，对现有党建制度进行梳理，根据新要求建立完善新制度。根据集团公司和《辽河石化公司党建工作责任制实施细则》，建立抓党建工作责任清单，明确公司党委和党支部两个层级的党组织书记、委员的抓党建职责，实现责任到岗位、任务到人头。建立和完善党建工作责任制的检查考核和监督机制，明确考核评价的内容、标准、方法、程序。将党建工作纳入本单位的绩效考核体系，加强对各党支部党建工作责任落实情况的日常监督检查，确保党建工作与单位中心工作一致性，将全面从严治党落到实处。

3. 持续完善干部日常考核机制，建立考核档案，推进考核工作常态化。在领导干部年度考核的基础上，注重干部日常考核，通过干部走动式管理、民主生活会等方式，采取谈话考核、调查问卷等手段，充分了解领导干部日常表现，建立领导干部日常考核档案，把日常考核、年度考核、提拔使用考核结合起来。

4. 结合岗位和领导人员实际，推进干部交流常态化。对在关键要害岗位任职时间较长的领导人员进行全面梳理，依据岗位任职条件结合领导人员专业特长和领导干部年度考核结果及工作业绩情况，公司制订有序交流计划，用机制激发干部的工作积极性。

5. 大力推进人事制度改革，有序实施"五定"工作。利用 2015 年人力资源优化项目结果，积极有效地开展定岗定员工作，建立起组织机构进一步优化整合的管理体制，建立起用有效的薪酬杠杆调动科研骨干和一线操作骨干工作积极性的激励机制，建立起关键技术岗位和操作岗位的优胜劣汰机制，建立起提高劳动生产率和工作效率缓解人员紧张的用工机制。

6. 跟随企业发展的新要求，不断完善典型培养选树机制。一是建立系统规范的典型责任机制，把先进典型培树工作纳入各级党、政、工、团重点工作范畴，形成党、政、工、团联动的工作运行态势。二是建立考核机制。将培养、树立和宣传先进典型与党建工作目标责任制考核和绩效考核结合起来，把各党支部和各级领导干部抓典型工作纳入考核评价体系。三是建立奖励机制。多关心先进典型的生产生活，解决典型的后顾之忧。在政策、财力、人力等方面对典型所在单位有所倾斜，努力为先进典型创造良好的内外部条件；将培养、树立先进典型与培训学习、外出深造和各项奖励结合起来，使先进典型既有精神奖励又得物质奖励，在单位形成崇尚先进、学习先进、争当先进的良好风气，切实增强员工队伍的凝聚力和荣誉感。

加强基层建设　扎实有效推进
为打造"示范型城市炼厂"夯实根基

长庆石化分公司

长庆石化公司结合基础管理现状，认真研究，确立了基层建设阶段性工作思路、目标任务，明确提出"三年打基础、五年上台阶"的发展规划，确定以"基层建设年""管理提升年""文化建设年"推进基层建设全面提升的工作方式。几年来，公司边干边总结、边干边丰富、边干边创新，基层建设工作得到了有效的加强，运营和管理的效率、效能得到了较大的提升，为打造"示范型城市炼厂"夯实了根基。

一、体制机制建设情况

面对复杂多变的内外部市场形势和严峻的安全环保生产压力，围绕破解"城中厂"的发展难题，公司结合基层管理实际，坚持问题思维、持续改进、目标管理的理念，抓规范、抓管理、抓成效，持续夯实基层基础工作，生产运行、安全环保、队伍建设等取得了丰硕成果，为建设"示范型城市炼厂"夯实了根基。

（一）加强组织领导、健全体制机制

公司成立"基层建设年"活动领导小组，公司主要领导任组长，公司领导班子成员任副组长，成员由各部门各单位主要负责人组成，负责"基层建设年"活动方案审定、工作部署、指导、纠偏、考核和成果评定。在企管法规处设立领导小组办公室，办公室主任由公司主管领导兼任，具体负责活动

的动员、组织、协调、督办和总结评价工作。同时机关部门、各二级单位成立了以主要领导为组长的工作机构，明确组织人员及职责，形成了主要领导抓总、分管领导负责、逐级落实责任、层层分解任务的工作局面，确保务实推进，取得成效。

（二）强化顶层设计，找准建设方向

按照"七分筹划、三分落实"的工作思路，为做好顶层设计，了解、掌握基层单位的管理现状，找准管理的薄弱环节和运行存在的主要问题，提高"基层建设年"活动总方案的适用性、针对性和科学性，公司活动领导小组在年初组织专业部门全面开展基层访谈调研工作。对各公司各二级单位、直属部门目前的管理现状、存在问题以及"基层建设年"的建设方向、工作思路、方案内容进行充分的调研、讨论，在广泛征求意见的基础上多次进行建设方案的修订，最终确定了基层建设年重点建设内容主要从六个方面、29项具体工作组织开展，并对每一项建设工作确定了牵头领导、责任部门、试点单位，同时要求各专业处室、二级单位依据公司建设总方案，编制专业建设分方案，在建设初期完成了基层建设体系构建。

（三）强化专业引导，坚持工作重心下移

为有效提高基层建设质量，进一步强化机关处室的指导服务职能，人事处、规划计划处、质量安全环保处等专业处室为有效疏通基层与机关的沟通渠道，提高勾通效果，与各二级单位建立了重点工作协调会议机制，坚持工作重心下移，把指导帮助解决基层的实际问题作为机关的重要任务，统筹协调相关资源，与基层单位一道研究解决问题，为基层提供专业、适用、贴心的服务，着力引导各二级单位进行建设方案的编制和活动推进工作。

（四）坚持试点先行，以点带面有序推进

针对公司人员少、机构新、基础弱等管理实际，为提升活动建设效果和效率，公司决定基层建设年工作按照试点先行、以点带面的原则进行，根据各二级单位的人员结构、能力水平和管理现状，将基层建设年29项重点建设内容按照牵头领导、责任处室、配合部门、试点单位进行工作分工,明确了工作职责和建设目标,集中人力和资源实现单项突破。活动推进工作中及时跟进、分析、总结活动存在问题和困难,加强统筹协调,强化工作总结,并多方位、多角度地报道"基层建设年"活动开展情况,积极推出了《基层建设年活动简报》《基层建设落地践行》《"四合格四诠释"岗位实践》等宣传专栏,及时、有效宣讲"基层建设年"各项试点工作的推进情况和建设经验,让基层优秀的工作典型在更大范围、更深层次得到传播和落地。通过舆论引导、典型带动,"基层建设年"活动在公司员工中达成共识,引导全体员工精细管理,率先垂范,争做标杆,增强建设示范型城市炼厂的信心和决心。

(五)注重全员参与,激发创建活力

广大干部员工是基层工作执行者和推动者,是决定基层工作成败的关键,只有把员工的积极性、主动性和创造性激发出来,让广大员工参与到基层工作的管理实践中来,基层建设才能具备广泛的群众基础,才能真正使广大员工的智慧和力量成为企业固本强基的活力源泉。总经理、党委书记李汝新在动员讲话中指出"基层建设年"是基础工作,不是依靠一个部门、一个人就能完成的,要全员动员,齐心协力,为"三年打基础、五年上台阶"打好基础,为示范型城市炼厂建设、员工利益、公司发展贡献力量。

按照"大会发动、学习驱动、调研推动"的前期工作思路,公司各单位多次组织"基层建设年"专项工作学习研讨,带领广大员工学深、悟透公司基层建设年会议精神,深刻认识活动的重要性和紧迫性,统一思想、明确方向、凝心聚力,迅速形成基层建设创建热情。

二、队伍建设情况

(一)基层班子建设情况

公司基层领导班子建设贯彻执行集团公司新发展理念,树立"四个意识",围绕稳健发展和提质增效主线,保障示范型城市炼厂建设在基层有坚

强的领导集体。

一是公司把提高基层领导班子的战斗力作为一项重要任务来抓。根据工作实际需要和考评结果，不断加大调整力度，大胆选拔使用年轻干部，改善基层领导班子的年龄结构和文化结构；积极倡导建设"学习"型班子，通过处科级培训班、十九大精神专题培训班、专家专题讲座、中国石油在线培训平台、送外培训、集中辅导等形式，切实加强政治理论学习和专业、管理知识培训，提高基层干部政治理论水平和业务素质；规范基层班子的考核和管理，健全约束激励机制，激发基层干部工作的积极性和创造性；加强班子的自身建设，强化民主管理和民主监督，使基层领导班子成为朝气蓬勃、团结协作、凝聚力强、群众信赖、能够带领职工打硬仗的坚强领导集体。

二是公司制定出台《加强和改进优秀年轻干部培养选拔工作的实施意见》和《关于进一步加快年轻干部培养管理办法（暂行）》。注重干部资源上下统筹，打破部门化、地域化倾向，精心"选苗"；坚持基层岗位实践锻炼，把年轻干部放在重点项目中增长才干、锻炼提高，注重在急难险重任务中培养和发现优秀年轻干部，严格"墩苗"；坚持完善"赛场赛马""日常表现""一线考察"等工作机制，坚持必要台阶、递进式培养，择优"用苗"。2015年来，共有5名40岁以下的优秀年轻干部进入基层单位领导班子，加快了基层领导人员队伍的"换血"速度。2017年，80后年轻干部的代表，运行四部主任、党支部副书记李航获集团公司第九届"十大杰出青年"称号。

三是通过请进来、送出去等方式，举办了一系列培训班和专题讲座。在基层单位领导班子中选派4人分别参加集团公司中青年干部培训班、集团公司与人民大学合办的工商管理高级研修班和国家安监总局举办的化工安全复合型人才高级研修班，有效地提高了领导干部的思想政治素质、业务技术素质和综合管理能力。同时，公司为基层单位每名班子成员购买学习书籍，按月提出学习要求，保证了班子成员的学习效果。

四是突出从严管理，进一步加强对管理干部队伍监督考核。强化干部日常监督，对政治上不坚定、廉洁上不干净、工作上不作为、作风上不端正、能力上不胜任的各单位领导班子成员，坚决进行组织处理。三年来，依据年度考核结果对相关管理人员问责调整 4 人次，诫勉谈话 2 人次，提醒谈话 32 人次，达到了"问责一个，警醒一片"的效果。同时，制定出台了《对中层干部从严经济处罚的六条规定》，注重抓早抓小、抓苗头抓预防，共经济处罚 27 名管理干部，金额 5.2 万元。

五是加大领导干部综合考核评价"定性"和"定量"力度。不断健全科学的绩效考核和综合评价体系，加大干部考核工作中"定性"和"定量"问题的研究力度，持续推进干部考核常态化，变"软指标"为"硬杠杠"，既注重考核成绩，更注重结果的导向作用。通过对年度考核成绩为后两名的领导班子和结果为末位 10% 的处科级干部分别谈话，将考核结果直接与年底的绩效奖金挂钩，打破了"干多干少一个样、干好干坏一个样"的传统思维，体现了"实"的导向。

六是持续为优秀年轻管理干部成长成才创造有利条件。通过加强理论培训、业务培训、实践锻炼、轮岗交流、谈心说事、说写提升等形式，有目的地给优秀年轻管理干部压担子，有计划地安排参与重点工作、重点工程、重点项目建设和急难险重任务，提高应对复杂局面、处理复杂问题的能力。注重上下联动，加强统筹协调，有计划地组织开展跨部门（单位）竞争上岗。对缺少基层工作经历、或者基层工作时间较短，以及工作经历较为单一的优秀年轻干部进行轮岗锻炼。使其在岗位上锻炼，在锻炼中成长，在成长中成才。

（二）基层党组织建设情况

公司现有基层单位党支部 8 个，支部班子成员共计 37 人。在基层建设中始终坚持把中央及集团公司党组要求融入基层党支部思想政治建设中，基层党组织的引领力不断增强。

一是集中"体检"，问诊把脉，开展党建工作督查调研。通过"四看"及召开座谈会、听取工作汇报，调研各党支部党建工作与生产经营工作融合情况，了解"两学一做"学习教育常态化制度化、党组织生活、党员教育管理等工作开展情况、实地查看党员活动（教育）室建设、使用情况，进一步提升各二级单位党组织对党建与生产经营、重点工作、重点项目的深度融合。

二是明确方向，坚持标准，狠抓基层单位标准化党支部创建工作。去年以来，共组织实施了 17 项工作任务，制定基层党支部工作任务清单，以"具体化、清单化、精准化"为目标，把"六个一"标准化党支部创建同二级单位生产运行实际结合起来，选准切入点和着力点，按照有标识、有党建元素、有硬件设施、有档案资料、有学习资料的"五有"标准，指导基层党支部通过悬挂党旗、张贴入党誓词、设置荣誉风采展示区、提供党建学习资料等形式，高标准建成 8 个基层党员活动（教育）室。

三是创新载体，现场学习，持续加强党员的党性和宗旨意识。去年以来，充分利用关中地区丰富的党史资源和一大批红色爱国主义教育基地的优势，以开展岗位实践活动为契机，分批次组织广大党员到照金陕甘边革命纪念馆等红色教育基地进行参观学习。通过重温入党誓词、听讲解、观看图片、视频及珍贵文物资料，使党员接受了一次深刻的党性教育和传统教育的洗礼，党员的党性得到了锤炼，宗旨意识得到了强化，更加坚定了理想信念。

四是细化落实，务求实效，岗位讲述活动顺利开展。运行一部采取"六结合六讲述"，激发党员践行岗位职责、做好安全生产；运行三部开展"三个一"活动，签订"党员先锋项目"承诺书，引导党员成为"项目任务我先行，急难险重我来干"的"排头兵"；油品运行部"带头讲、随时讲、深入讲、集中讲"，提升了讲述的意义；运行保障部开展"三比两无"活动，立合格党员标尺，树党员先锋形象，围绕做强做优电仪，岗位讲述纵向到底、横向到边；质量检验部发扬"钉子精神、一条线标准、网兜氛围"，岗位实践真正融入到日常生产中。

（三）基层队伍建设情况

一是全面开展员工职业化建设。将班组长培养作为公司核心骨干队伍的重要组成部分，确定每位员工动态的职业生涯规划，使其成长更有方向性。建立上下级沟通、协商确定职业生涯规划的机制，使每个班组长及其后备人选的职业目标更加清晰。同时确定班组长的关键岗位性质，并与关键岗位继任者培养计划相结合，确保班组长岗位形成有序的人才梯队。

二是落实《专业技术职务任职资格评审工作管理规定》，启动工程技术岗位职称改革工作。围绕完善管理流程，细化评价标准，调整各层级权限等关键环节，深化职称管理改革，严格参评人员从事专业（岗位）申报参评系列，机械专业调整为公司推荐评审，对具备三年基层工作经历且参评职称仍在二级单位专业组和班组的运行工程师等专业技术人员（含倒班大学生），晋升专业技术职务任职资格时，可免试外语。三年来，累计取得副高级职称26人、中级职称61人、初级职称32人。

三是完善专业技术人员补充选拔机制。将市场化员工中第一学历为主体专业本科及以上学历暂纳入技术干部序列管理，满一年评定助理级职称。对非主体专业第一学历为本科学历的市场化员工，参照主体专业毕业生，满一年进行助理级职称评定，但在晋升高一级职称时，必须取得与从事岗位相符或相近的第二学历。市场化员工聘到技术岗位上，将按合同化技术干部同等管理，弥补技术人员不足，促进人才梯队的有序形成。

四是推动技术创新创效工作，发挥技术人员的技术引领作用。开展以解决装置瓶颈为抓手的技术攻关工作，组织两年一次的公司级科技进步奖的评审，坚持开展专利申报和优秀科技论文评审奖励活动，促进技术学习与交流。三年来，共申报省部级科技奖励5项，获得集团公司科技进步三等奖1项，获石油和化学工业联合会科技进步二等奖1项；评审公司科技进步奖62项，奖励20项；收集科技论文179篇表彰54篇，鼓励26篇；提交"五小"成果34项，申请实用新型专利26件，已有15件获得授权。充分激发技术人员参与技术攻关和科研开发的热情，促进创新工作氛围的形成。

五是建立技术人才队伍选拔补充新机制，推动专业技术队伍的梯队建设。通过机构优化调整，在二级单位设置生产运行、机动设备、质量安全三个专业组，负责专业技术工作，同时规范技术岗位设置，明确技术岗位人员编制，完善运行工程师职责，组织技术岗位选聘。通过对技术队伍进行调整充实，加快人员能力提升培养，形成了直线管理和属地管理相结合的管理技术运行模式。三年来，专业技术人才队伍增加26人，总数达到152人，其中运行工程师 25 人。

六是强化顶层设计和制度引领，规范技能人才队伍培养方式方法。制定出台《长庆石化公司职业技能鉴定管理办法》和《长庆石化公司职业技能竞赛管理办法》，搭建多平台、打开多通道、分类分级开展员工技能晋升计划，持续加快操作技能人才队伍建设。

七是推进"炼化工匠"培养工作，发挥高技能人才的骨干作用。落实《集团公司高技能人才管理办法》，制定印发《长庆石化公司高技术人才管理办法》《长庆石化公司高技能人才管理办法》，加强高层次技术技能人才培养、评价和选拔使用，畅通技能人才成长通道，瞄准重点对象，集中优势资源，进一步打造技能领军人才队伍。目前，公司已选聘一级技术专家 2人，首席技师 2 人。

八是依据集团公司"工效挂钩"和工资总额预算管理办法的要求，围绕提质增效，按照自上而下和自下而上相结合的预算模式，采用工效挂钩的办法测算工资总额，并反推年度业绩最优目标，推动业绩优异完成和员工收入的稳步提升。

九是"突出重点、总额受控"，强化重点专项奖励。进一步激励关键性和挑战性工作中成绩突出、贡献较大的集体和个人，研究制定设立标准化班组、员工培训（职业化）、事故隐患报告、项目推进、科技进步、提质增效、设备创完好等重点专项奖励，奖励覆盖所有基层单位，进一步提升绩效考核作为促进管理提升的重要手段作用。

十是强化对核心人才的薪酬激励，拉开与一般员工的收入差距。通过职业化测评，将收入向技术含量高、工作难度大、安全风险高的核心岗位倾斜，打破了以往的分配方式。目前，一线核心员工收入是员工平均收入的1.48 倍，与后勤服务人员奖金差距达到 2 ~ 3 倍，一线班长收入是机关科级人员的 1.1 倍，生产一线工程师的收入与机关科级人员收入基本持平。

三、先进典型及荣誉情况

把先进典型的选树和宣传作为弘扬劳模精神、工匠精神，激励员工拼搏进取、力争上游的重要手段，不断发掘公司优秀员工和集体的先进事迹。

（一）树立先进典型，凝聚榜样力量

通过多年来不断探索努力，公司逐渐形成了培养先进模范的良好机制。一是公司各级共青团组织通过评选青年岗位能手、优秀共青团员等方式发掘各方面表现比较突出的青年员工作为部门的重点培养对象。二是通过三至五年的锻炼和培养，选派优秀的青年员工参与公司先进生产工作者、先进标兵的评选。并积极推荐参加咸阳市青年岗位能手、优秀共青团员、劳动竞赛先进个人等活动。三是积极争取省部和国家级的荣誉。

公司积极组织参加咸阳市、陕西省、集团公司等各个层面劳动竞赛，多个集体获得了先进荣誉。2013 年，公司荣获全国"安康杯"竞赛优胜单位，运行二部催化区块荣获全国工人先锋号，运行三部污水处理区块荣获建设"西部大庆"劳动竞赛铁人先锋号。2015 年，质量检验部成品分析班荣获全国"五一"巾帼标兵岗，运行一部汽柴油加氢区块荣获集团公司先进集体。2018 年，运行二部运行三班荣获陕西省劳动竞赛先进班组。在此基础上，也涌现出了一批先进个人。2013 年，油品运行部邵新旗荣获建设"西部大庆"劳动竞赛标兵、咸阳市劳动模范，运行一部范亚军荣获建设"西部大庆"劳动竞赛先进个人，运行一部魏长序荣获陕西省优秀工会积极分子，运行保障部王敬原荣获中央企业劳动模范。2014 年，运行二部赵剑涛荣获全国五一劳动奖章。2015 年，运行三部贺建勇荣获集团公司劳动模范。2018 年，运行二部孙晓飞荣获陕西省劳动竞赛先进个人。

公司加强与集团公司和地方团组织的沟通联系，不断发掘、培养公司优秀青年和集体的先进事迹，并积极向外推荐。2014 年，长庆石化公司团委荣获集团公司五四红旗团委，运行保障部团支部荣获集团公司五四红旗团支部，运行保障部钳工三班荣获集团公司青年安全生产示范岗，运行三部硫磺回收区块荣获集团公司青年文明号，运行二部气分区块荣获陕西省青年安全生产示范岗。2015 年运行二部催化区块荣获集团公司青年文明号，运行一部团支部荣获陕西省五四红旗团支部。2016 年，运行一部团支部荣获集团公司五四红旗团支部。2017年运行一部加氢裂化装置荣获陕西省青年安全生产示范岗。同时，广大青年员工立足岗位、踏实认真、不断进取，获得了一系列荣誉。2013年，运行一部陈洪获得集团公司"百优青年"。2014年，质量检验部冯长顺荣获集团公司优秀共青团干部，运行一部赵洁荣获集团公司优秀共青团员，运行一部王磊荣获集团公司青年岗位能手，油品运行部王伟荣获集团公司青年岗位能手。2016年，运行四部王阳荣获集团优秀共青团员，运行二部梁勇荣获集团公司优秀共青团干部。2017年，运行四部李航获得集团公司十大杰出青年。运行一部田君军获得陕西省青年岗位能手，质量检验部田昕获得"丝绸之路青年学者论坛"咸阳市分论坛"优秀青年讲解员"。

（二）加强宣传引导，促进沟通交流

公司大力宣传报道获得荣誉的集体和个人，努力营造劳动光荣、争当先进的良好氛围。每年召开隆重的表彰大会，并通过宣传展板、门户网站、微信公众号等方式展示先进形象，宣传劳模事迹，充分发挥先进的模范带头作用。

为进一步弘扬劳模和工匠精神，激发广大员工干事创业的热情，为员工技术交流提供平台，公司2016年12月以运行二部运行三班班长孙晓飞名字命名"孙晓飞劳模（技师）创新工作室"。工作室以攻关课题为依托，定期组织技术人员和操作骨干进行技能培训、技术分析和问题讨论。

公司不断加强与地方的沟通交流，把先进人物和集体的事迹及时报道出去，把长庆石化的好做法、好传统宣传出去，让更多的人了解长庆石化、了解中国石油。多次组织参加参加咸阳市、陕西省劳模座谈会、技术交流、经验分享等活动。2018年5月，公司全国劳动模范尉勇应邀参加陕西省总工会召开的"学习习近平总书记给中国劳动关系学院劳模本科班学员回信重要精神座谈会"，陕西省总工会主席白阿莹参加了会议。会上，尉勇作为6名劳模代表之一交流了学习习近平总书记回信重要精神的体会，他讲道："今天学习总书记回信重要精神，让我对'劳动最光荣、劳动最崇高、劳动最伟大、劳动最美丽'有了更深刻的理解，这是对劳动的最高赞美、对劳动者的最高鼓舞、对劳模的最高褒奖。作为劳模，就是要用干劲、闯劲、钻劲鼓舞更多的人成为新时代的奋斗者。"尉勇的发言得到了与会人员的一致认可和高度赞扬。

2018 年 4 月，孙晓飞劳模（技师）创新工作室被命名为咸阳市职工（劳模）创新工作室，孙晓飞代表被命名的十个职工（劳模）创新工作室在会上做了交流发言，汇报了劳模创新工作室近年来的工作，表示要从小做起、踏实作为、服务生产、开拓创新，弘扬劳模精神，引领基层员工爱岗敬业、钻研创新，通过辐射带动，建立一支懂技术、能创新的新型员工队伍，为长庆石化公司"示范型城市炼厂"建设和咸阳市经济发展贡献力量。

四、基层素质提升情况

公司在基层素质提升方面持续开展多层次、多渠道、多方式的岗位练兵、技术比武、技能竞赛等活动，积极开展业务技能培训和岗位练兵，提升员工队伍综合素质。

一是牢固树立"管人管事必须管培训"的工作理念。通过明确属地单位的培训工作主体责任，将培训与生产、安全、业务放在同等重要地位，并建立培训定期通报和奖惩机制，强化培训督导考核，确保培训工作落到实处，形成了"人事部门归口管理、职能部门密切配合、属地单位主体落实"，公司上下责任共担的培训工作新局面。

二是改善培训软硬件设施，提升培训效果。积极组织集仿真培训和远程培训为一体的多媒体教室建成投运，8 套主装置仿真软件导入使用；将仿真和远程培训等纳入其中的网络培训学院即将建成投运；电仪、实操演练等岗位练兵实训基地功能持续完善。

三是推动员工技能晋升计划，提升技能人才创新能力。将催化裂化装置操作工、常减压蒸馏装置操作工、汽（煤、柴）油加氢装置操作工等 17 个工种纳入集团公司技能晋级计划，首次一年内完成覆盖公司全部 22 个工种的职业技能鉴定。开展一线创新创效活动，产生了运行一部"创新达人"田君军，其发明的多功能 F 钩、空冷水位控制器、油品颜色在线观察器及新型导淋接头均已在装置现场试用，得到操作员工的一致好评。

四是建立技能竞赛常态化机制，为高技能核心人才培养搭建平台。2017年组织历时3个半月的公司职业技能竞赛，参赛人数达到197人，比赛设置主要工种4个，赛事26场次，评选出公司级金奖4名，获奖36人，其中得奖选手中1人晋升高级技师，7人晋升技师，进一步调动广大员工学习技术、钻研业务的积极性，加速了岗位融合，也为后期选送参加集团公司层次的技能竞赛打下了坚实的基础。

五是创建劳模（技师）创新工作室，积极发挥工作室的领军作用。为弘扬新时期劳模精神、激发员工劳动热情、推进技能创新，以咸阳市劳动模范、高级技师孙晓飞名字命名了"劳模（技师）创新工作室"，建立了工作制度，制订了工作计划，定期开展技术交流、培训讲课，为提高运行效率、队伍素质发挥了重要作用。工作室成立以来，开展攻关课题2项，主题活动6次，仿真培训280人次，征集PPT课件70个，完成"五小"攻关6项，征集合理化建议200多条。

六是创新培训方式，加强岗位培训，突出重点培训。开展了以"读懂装置、读懂制度"为目标的全员岗位培训，组织了物资采购、二级单位综合业务、设备及仪电、生产工艺技术、标准化班组长等专业性培训，形成了处科级干部培训、党支部书记培训、班组长培训、培训师培训等常态化的重点培训，建立起了重点培训、专业培训和岗位培训等多层次、多渠道的大培训格局。运行一部结合现场需求，改应急演练为应急拉练，实行"演练时间不通知、演练内容不通知、演练装置不通知"，进一步明晰了演练就是实战的思路，不断提升人员的应急响应处置能力。运行二部充分利用"副班培训""专业组轮训""专业技能培训""班组自主培训"等机制，开展生产设备安全综合培训、班长问答、岗位融合练兵、交接班授课、桌面推演、预案演练、模拟操作等多形式培训活动，让培训成果为装置安全环保生产保驾护航。

七是持续推进基层站队HSE标准化建设。充分调动和发挥基层员工的积极主动性，通过在基层单位的建设实践，最终实现管理标准化、现场标准和操作标准化，做到管理合规、设备完好、现场整洁和操作规范。

试点建设阶段，策划了《长庆石化公司基层站队 HSE 标准化建设工作实施方案》，确定了 16 套主要生产装置的达标创建计划，2016 年完成 4 套，2017 年完成 8 套，2018 年完成 4 套。验收后主要生产装置达标率为 75%，操作标准化和管理标准化建设达到所有二级单位与班组全覆盖。2016 年第一批试点的 4 套装置通过了达标验收，凸显出了好多亮点及优秀实践，形成了二级单位和班组管理手册的模板。2017 年进入全面推广阶段，在公司 40 个班组全面开展 HSE 标准化建设工作。制定了二级单位 HSE 标准化评优标准和基层班组 HSE 标准化评优标准。建设过程中通过标准化建设交流会，由试点单位介绍经验，交流典型做法，沟通疑惑等形式拉动整个班组 HSE 标准化建设工作。为固化推广班组 HSE 标准化工作形成的典型实践，持续开展典型实践征集工作，征集典型实践 91 项，通过"三级评审、集中审查"的方式，确定 10 个优秀实践。通过基层班组 HSE 标准化建设的推进，班组管理能力得到了提升，现场面貌得到改善，生产操作更为标准规范。

八是坚持开展读书学习交流活动，鼓励广大员工多读书、读好书。公司工会成立了文学爱好者协会，定期组织会员开展阅读、交流、参观历史古迹等活动，并在门户网站上搭建了"读书与交流"专题，共发布员工读书交流文章 1200 余篇，各部门门户累计发布员工文章两万余篇。同时积极将员工书写的好文章整理成册，先后形成了《春风抚柳听弦动》《碧荷摇曳蛙共鸣》《银装素裹庭院静》等多本文集。

认真落实送书工程，连续多年为 9 个基层队站送书，5 年来送书 50 套，共计 600 本。同时公司团委积极与相关部门沟通协调，积极争取青年休闲书吧建设项目，经过多方的共同努力，青年休闲书吧于 2017 年 5 月投入使用，为广大员工读书、学习、交流搭建了平台。

抓基层　打基础
以基层建设助推企业稳健发展

庆阳石化分公司

庆阳石化公司地处甘肃省庆阳革命老区，设立机关部门 10 个，直属单位 4 个，二级单位 10 个，党支部 26 个，基层班组 48 个，现有在册员工 1260 人。近年来，公司三次荣获全国"五一劳动奖状"，荣获国家级"守合同、重信用企业"荣誉称号，被评为"全国文明单位"，公司党委荣获中央企业及甘肃省先进基层党组织，涌现出了全国劳动模范、全国"五一劳动奖章"、中央企业劳动模范等先进个人及全国"五一劳动奖状"班组、"工人先锋号"班组等多项荣誉。

一、基层建设基本情况

（一）体制机制建设

"三基"工作是中国石油夯实基础管理，推动企业发展的传家宝，是以"三老四严"、苦干实干为核心的石油精神的重要载体，多年来，庆阳石化公司三基工作以"全面加强、全面覆盖、全面提升"为总要求，通过"过紧日子"、"制度·标准管理年"、"改进工作作风年"、管理提升等一系列活动为载体，坚守安全环保底线，突出增效核心，创新管理模式，靠实责任主体，以专项提升为抓手，抓基础管理、基层建设、基本素质及管理提升工作，取得了一定成效。公司新厂建成投运以来，三基建设工作机制逐步完善，工作目标更加具体明确，工作标准更加科学规范，与生产经营实际结合更加紧密，干部员工的制度意识持续提高，按制度、标准、流程办事的风气正在养成。基层建设是"三基"工作的重要组成部分，公司党委高度重视基层建设，把基层建设工作纳入公司党委日常工作，由党委书记亲自负责，通过党委会、工作会、周协调会（领导班子成员、各单位、部门党政负责人参加）等会议进行研究部署，年底工作会对基层建设工作情况进行总结报告，2014—2017 年召开党委会 48 期，研究部署基层建设相关议题 44 个。公司在基层建设方面颁布了《庆阳石化公司党支部达标晋级管理实施细则（试行）》《庆阳石化公司基层党支部工作实施细则（试行）》《庆阳石化公司生产运行班组管理细则》等 10 项规章制度，为推进基层建设奠定了强有力的制度保障。

（二）基层队伍建设

基层领导班子是公司改革发展的直接领导者、组织者和推动者，庆阳石化公司持续深入开展"四好"班子创建活动，努力把各级领导班子建设成为坚定贯彻党的路线方针政策、善于引领科学发展的坚强领导集体。以加强基层领导班子和党支部建设为核心，以加强班组长队伍建设为重点，以提高员工基本素质为根本，不断夯实基层基础管理，促进企业与员工的共同发展。各二级单位基层党支部设支部委员 5 名，含党支部书记兼安全监督 1 名，党支部分管基层工会、女工委、团支部工作。二级单位负责人及班组长均通过公开竞聘程序产生，中层管理人员、班组长、星级员工均享受一定的奖金系数，公司薪酬分配向一线艰苦岗位倾斜，形成了岗位靠竞争、收入凭贡献的良好氛围。

认真贯彻执行以职代会为基本形式的厂务公开、民主监督制度，每年召开职工代表大会征集职工提案议案，不定期召开不同层面的职代会代表座谈会，听取、征集代表意见和建议，加大职工提案承办落实力度，公开责任部门、办理措施、实施进度、办结时间，强化承办工作质量，职代会提案落实率 90% 以上。公司在门户网站建立了总经理信箱、党委书记信箱、意见建议专栏，在官方微信平台开通互动论坛和建议意见专栏，员工利益诉求渠道畅通，公司门户网站、员工微信平台已成为职工了解公司信息、发表自己观点、反映利益诉求的有效载体。同时，公司积极改进员工生产生活条件，为岗位员工配备了就餐区，职工食堂免费送餐到岗位，为员工创造良好的工作生活环境，执行国家待薪休假制度，落实集团公司疗养管理办法，待薪休假期间工资照常发放，奖金享受正常工作的 50%。公司每年开展全员健康体检工作，并不断增加健康检查项目，提高体检费用标准，改善安全环保设施，削减职业病危害，保障了员工的身体健康。

（三）先进典型及荣誉

从 2005 年开始每年召开公司级表彰会，表彰奖励各专业先进集体及个人。每逢"三八""五一""五四""七一"，公司对女职工、团青、党建工作先进集体及个人进行评选表彰奖励。同时，公司积极向集团公司及省市推荐先进典型，近年来，公司质检计量部荣获全国"工人先锋号"、全国"三八红旗集体"及全国"五一巾帼奖"等 5 项省部级以上荣誉；运行一部荣获全国"工人先锋号"、集团公司"先进单位"及集团公司"基层建设标杆单位"；运行二部荣获集团公司"先进单位"；运行三部荣获集团公司"先进基层党组织"；运行一部丁班荣获全国及甘肃省"五一劳动奖状"；动力运行部乙班荣获全国"工人先锋号"、甘肃省"创新型班组"；3 个班组荣获全国"五一巾帼标兵岗"，3 个班组荣获甘肃省"创新型班组"，2 个班组荣获甘肃省"工人先锋号"。公司基层单位、班组的先进典型事迹和经验多次在省市相关部门和媒体推广宣传。2018 年，运行一部甲班的先进事迹被中国石油报，甘肃工人报，庆阳电视台、甘肃工人报微信、庆阳青年等媒体对公司先进集体都进行了推送报道，经验交流材料《"三心四勤五到"+"事故预想法宝"保安全 促和谐 创标杆》被集团公司进行了推广。

（四）基层素质提升

狠抓人才队伍建设，注重培养、开发、使用各类人才，成立了员工培训中心，配备基层专职培训员，选聘兼职培训师，完善培训制度，健全激励机制，强化"3+1"四支队伍建设，加大员工培训力度。每年组织培训项目 200多项，人均培训频率达到 2 次 / 年以上。技能鉴定工作计划落实率、员工上岗考核率、岗位员工持证上岗率和特种作业人员持有效证件率均为100%，近三年来操作人员技能鉴定通过率平均达到48.9%。持续推进岗位练兵活动，围绕加强员工岗位培训、提升员工操作技能，积极开展各类岗位练兵、技术比武及劳动竞赛活动，激发员工的学习积极性。基层单位结合装置生产运行实际，通过集中办班、现场指导、班组培训、师徒帮教等方式对工艺技术、操作规程、应知应会、疑难问题、技术进步、设备维护与保养、安全技术规程、装置事故处理及应急预案、事故案例、HSE等知识进行培训。公司积极组织员工参与集团公司组织的各类职业技能竞赛，2014年，1名员工获得集团公司汽（煤、柴）油加氢装置操作工职业技能竞赛铜牌，3名选手获团体13名；2015年，3名员工参加集团公司催化裂化装置操作工职业技能竞赛，获得团体第9名，荣获集团公司优秀组织奖，1名员工获得"优秀选手"称号。

落实集团公司"千万图书送基层、百万员工品书香"工程，及时更新送书站队信息，接收集团公司配发图书500余本。积极开展全员读书活动，建立健全了读书活动长效机制，通过开辟网络专栏、举办读书知识竞赛、组织研讨交流等形式交流员工读书心得。对为期三年的"双十"全员读书活动进行总结考评，表彰奖励优秀征文。通过读书活动的开展，广大干部员工基本养成崇尚读书、自觉读书的良好习惯，理论水平、工作能力、综合素质等各个方面均有明显的提高。

二、取得的成绩及典型经验

近年来，在集团公司的坚强领导下，持续推进以基层党支部为核心的基层建设工作，抓基层，打基础，强化领导干部能力，加大员工培训力度，引导全员技术创新，调动员工工作热情，在探索实践中，总结形成了一系列独特的管理方法和运行模式，为推进基层建设不断创新、夯实安全生产基础、改善经济技术指标做出了积极的贡献。

（一）党委直接抓党支部，发挥了党支部战斗堡垒作用

公司共设有26个党支部，由公司党委直接领导。党委对党支部建设、基

层班子建设、党风廉政建设主体责任履行情况、基层党支部建设、基层"创岗建区"、支部书记队伍建设、党支部评先奖优、党员教育管理、基层队伍结构优化调整、队伍素质提升、员工培训、基层长周期劳动竞赛等工作进行统一研究部署。

一是结合公司实际情况，配备了专职党支部书记和支部委员，使党建工作从组织上得到了保证。根据企业安全生产实际，基层党支部书记兼任本单位安全监督，使支部工作与安全生产更加紧密地结合起来。

二是坚持每年召开"七一"庆祝大会，回顾党的光辉历程，并命名表彰基层"优秀党务工作者""优秀共产党员"，挂牌命名"党员先锋岗"和"党员责任区"，组织新吸纳党员宣示仪式，集中宣传在本职岗位上做出突出贡献的基层先进集体及个人，助推支部的战斗堡垒作用和党员的先锋模范作用有效发挥。

三是支部建设坚持抓基层、打基础，深入推进党支部"六个一"创建工作，以健全党支部班子、选好配强党支部书记为重点，以注重品行为导向，把政治素质好、热爱党务工作、懂生产、会管理的同志选拔到党支部书记岗位。建立健全基层党支部书记培训机制，按照循序渐进、以点带面、逐步实施的方针，采取内外结合的方式，全面加大培训力度，突出培训的针对性、实用性和务实性。

四是按照"科学、适用、简化、规范"的原则，统一基层党支部各项制度，公司党委建立完善了《庆阳石化公司党支部书记队伍建设实施办法》《庆阳石化公司党支部达标晋级管理实施细则（试行）》《庆阳石化公司基层党支部工作实施细则（试行）》等规章制度，加强监督和检查，努力提高执行力，确保制度落实。

（二）狠抓员工学习培训，员工素质得到不断提升

以学习党的十九大精神及习近平总书记系列讲话和党性教育、提升岗位履职能力为重点，将人的能力提升、素质提升、责任心提升、规则意识提升当作核心工作来抓，做强"3+1"四支队伍。

一是按照生产装置安全平稳高效运行要求，分析岗位需求，制定提升全员素质的"培训目标"，结合员工队伍建设实际，坚持"干什么、学什么，缺什么、补什么"的原则，每年年初通过培训需求矩阵分析方法，编制完成年度员工培训计划，有针对性地确定培训项目并组织实施。

二是根据重点工作开展长周期劳动竞赛、岗位练兵及技术比武活动，结合岗位人员实际，按照交接班提问培训、一日一题培训、手机 APP 自测、班组应急演练等方式，开展专业性、务实性培训工作，有效提升了岗位员工技能水平。

三是在公司主要业务领域，结合生产技术难点，通过"请进来"专题培训、"送出去"交流培训，脱产进修培训等方式，重点推进三支队伍核心骨干人才培训，努力培养具有开拓创新精神、管理能力较好的经营管理人才，具有较好应用能力、创新能力的专业技术带头人，具有绝技绝活、现场处置能力强的技能操作型拔尖人才。目前，公司有公司级技能专家 3 名，装置级技能专家 17 名。2017 年选出首届"庆化工匠"4 名。

四是破解难题，应急处置技能逐步提升。结合装置特点，通过岗位练兵、名师带徒、难题攻关等灵活多样的方式，强化员工技能培训，促使岗位人员操作技能逐步提升，解决了装置运行中的部分疑难问题，为安全生产运行奠定了基础。

五是精细操作，装置运行水平不断提高。通过强化班组现场培训和内操监盘培训，狠抓工艺操作参数执行力，以岗位操作规程和应知应会为主，加强员工风险辨识培训，岗位人员操作水平和处理异常问题的能力明显提高，装置运行平稳率不断上升。

（三）以创建"标杆班组"为载体，班组建设持续推进

针对基层基础管理工作现状，从班组建设入手，以加强班组管理为核心，不断提升基层基础工作水平。在规范班组日常管理工作的基础上，2004年开始开展"安全标班"创建活动，强化班组管理；2008 年按照集团公司统一安排部署，以"学习型、安全型、清洁型、节约型、和谐型"班组建设为重点，开展"五型班组"创建工作；2014 年在"五型班组"创建全部达标的基础上，开展争创"三佳"活动，以争创"最佳班组、最佳班长、最佳操作手"为重点，引导班组岗位"创新、创效、创优"，从而推进企业精细化管理和规范化管理，2017 年以来，启动开展"标杆班组"创建活动。

标杆班组"创建活动在二级单位班组中开展，以"比安全，赛环保达标；比指标，赛质量效益；比成本，赛节能降耗；比技能，赛学习培训；比作风，赛队伍建设；比现场，赛标准化建设"的"六比六赛"为主要内容，制定"标杆班组"创建考评细则，实行 1000 分量化考评，在一票否决的前提下，从生产技术、设备设施、安全环保、员工技能、作风建设、标准化建设六个方面对各班组进行量化打分评比，每月各单位按考评结果给予第一名班组每人 200 元奖励，第二名班组每人给予 80 元奖励。通过有效的激励奖励机制，激发了班组员工争创标杆的积极性，取得一定成效。

一是创建考核目标突出了隐患治理管理，班组能够自觉以考核目标为导向，开展不间断巡检，认真开展查漏治漏，及时发现和消除隐患，装置操作平稳率进一步提高。

二是班组自主管理意识增强，极大地提升了班组凝聚力。班组针对本班工作的具体弱点，狠抓自己班组的工作，动员班组每个成员积极工作，鼓励员工培养自己的兴趣爱好，积极进行文学创作，参与公司的各类文体活动，员工积极投身到活动中，提高了班组活力。员工自觉规范自己的行为习惯，安全意识、劳动纪律等方面自觉性大幅提升。

三是全员齐抓共管安全意识初步形成。班组人员能够查隐患、杜绝违章，加强对承包商的管理。监护人对现场作业及票证加强管理。现场标准化管理初步得到规范，外操室、内操室及手机定置管理达到要求。员工自身安全防范意识加强，节能减排环保意识加强。

四是实行班组管理指标量化，涉及班组方方面面，直观地体现班组、班员的工作表现动态，形成班班比指标、天天比指标、人人比指标的"比、学、赶、帮、超"氛围，实现量化管理、日常化管理和绩效管理有机结合。这些模式的开展成为班组建设的有效载体，成为推动企业基层基础管理上台阶、生产经营持续发展的重要手段。

持续的班组建设使员工的思想观念有了转变，员工认识到自己是班组不可或缺的一分子，个人的每一步行动将会产生"多米诺效应"，深切感受到了班组整体力量的重要性，树立起了"班组是我家，建设靠大家"的思想。只有员工具有了过硬的岗位技能，具备了优良的职业化操守，公司基础才会更牢靠！

三、改进工作举措

1.强化基层建设基础工作，把工作做到更加扎实、细致，借鉴兄弟单位基层建设好经验、好做法，梳理思路，对基层负责人进行培训，要在基层树立起"做得好、说得也好"的理念，善于积累工作中的素材，总结各种成功经验模式，并固化形成文化，推广并且传承。

2.公司党委会制定具体措施，公司层面加强宣传思想工作和意识形态工作，完善细化对基层党支部的管理和考核，并督促基层通过培训、党课等形式，加强对普通党员的教育、管理、监督和约束，提高党务干部素质，进一步加强党的自身建设。

3.不断完善基层建设相关制度体系，加强制度学习宣传力度，通过对年度规章制度宣贯培训计划督办落实，督促各单位、各部门以多种形式开展规章制度学习、宣贯；定期对管理制度进行评估和分析，保持管理制度的有效性、先进性和可操作性；通过内控测试、审计、HSE审核及日常检查，对不按照规章制度执行情况加大考核力度。

4.按照公司履职能力评估管理办法及方案，进一步加强员工履职能力评估工作，对员工的履职能力做到全方位的统筹与掌握，分析岗位需求，制定提升全员素质的"培训目标"，从内容、形式、广度、深度上下功夫，树立起"培训是提高技能水平的前提和保障理念；培训是对员工最大的关爱和奖励理念；培训代价高，但不培训代价更高理念"的三大理念，增强员工学习意识。

抓住核心　抓实岗位
筑牢建设一流化工销售企业发展根基

东北化工销售公司

为深入贯彻落实集团公司《关于开展基层建设调研活动的通知》精神，公司党委高度重视，紧扣调研主题，坚持问题导向，广泛听取各方意见建议，对公司机关和公司所属二级单位进行了深入翔实的调查研究，系统总结基层建设中具有靶向作用的典型经验和突出做法，研究制定改进措施，为全面提升公司基层建设工作水平提供基础性支撑。

一、基层建设的总体状况

通过此次调查研究，我们了解到，公司及所属单位都能牢记自身肩负的使命，坚持弘扬石油行业优良传统，立足企业改革发展实际，始终抓实基层这个重点，始终抓稳党支部这个核心，始终抓牢岗位这个关键，围绕强三基、人为本，建组织、定制度、精管理、硬素质、树典型、育文化，持之以恒推进基层建设，企业的发展力、组织的凝聚力、队伍的战斗力持续增强，为公司实现稳健持续发展提供了有力支撑。

1.基层组织重覆盖、有活力。基层党组织是党一切工作和力量的基础。公司党委及所属党委、党总支都把基层党组织建设当作头等大事，严格遵循"三同时"和"一切从实际出发"的原则，依据行政机构设置、党员总量，综合考虑党员分布、管理单元属性等实际，建立并持续推进基层党组织设置、优化，在实现党的组织覆盖率 100% 的同时，为经营工作与党建工作的同频共振创造了条件。目前，公司党委下设基层党组织 37 个。其中，基层党委 5 个、基层党总支 3 个、基层党支部 29 个。

配强基层班子是基层组织建设的首要任务。公司党委及所属党委、党总支高度重视基层党支部班子建设，严格按照组织规定，依时依规进行党支部换届选举，注重选拔党性强、作风正、政策水平高、组织能力强的党员干部，担当基层党支部的带头人，凝聚起一支具有引领力、激发力的"堡垒"核心主脉。抚顺分公司利用基层党组织换届之机，优选理论水平高、愿意从事党建、有干劲激情的骨干党员进入党支部书记和支委岗位，并将他们从事党务工作的经历和表现，作为职级调整和职务晋升的加分项，为党支部班子成员心无旁顾干事创业搭台鼓劲。吉林分公司以"五心"定位党支部书记标准，开拓选用渠道，以党员和组织"双推"方式，把党员信任、群众公认的人选选拔为党支部书记，增强了党支部的黏性和驱动力。

规范基层组织运行是基层组织建设的重点要求。公司党委及所属党委、党总支注重基层党组织运行管理，坚持把机制建设放首位，建立了"三会一课"制度、民主生活会制度、民主评议党员制度、党员教育制度、党费管理制度、党内政治生活考勤考核制度，严格落实党支部书记例会和党支部、党员季度、年度考核评价机制，坚持不懈开展"六好党支部""共产党员工程""四合格四诠释党员示范岗"创建活动，基层组织管理规范务实、融入效果明显。吉林分公司以规范建设助推战斗堡垒作用提升，突出"五化"功能建设（五化，即开展工作综合化、基础台账标准化、实际工作特色化、展示效果形象化、学习交流常态化），抓好"六好党支部"创建工作，先后涌现集团公司、省国资委党委级优秀党支部 2 个、公司级优秀党支部 4 个。辽西分公司深化"四双"理念，在党总支、党支部及党员三个层面，推动实施"双身份、双职责、双规范、双绩效"管理考核，明晰职责任务，重日常抓经常，推动了基层党建工作的全面提升。抚顺分公司以"夯基础、深融入"为目标，创建党建考评推动机制，对党支部、党员各层面党建工作定期检查考评，考评结果与薪酬分配、职务晋升挂钩，鼓励先进、帮扶后进，基层党组织战斗堡垒作用更加凸显。营口分公司、大连分公司注重党员干部示范机制创新，在打造放心罐区和区域塑料市场开发等重点任务攻坚中，以党员责任区和党员工程为载体，鼓励党员干部亮身份当先锋做贡献，发挥了良好的模范带动作用，助力了重点任务的快速突破。大庆分公司坚持开展的党员佩戴党徽活动，让党员在聚光灯下诠释党员角色，广泛接受群众监督，增强了党员身份意识和"合格"意识。

2. 基层管理重规矩、有抓手。基层管理是企业管理的重心。公司及所属各单位都把基层管理制度化、系统化、标准化、信息化建设作为长期性工作，把制度建设贯穿基层管理全过程，严格按照"系统管理、专业做精、合规运行"的要求，立足销售、调运、管理、党建工作实际，不间断开展建章建制、整章改制，不断筑实各层级岗位责任制，建立起比较系统、科学、实用的基础管理制度体系，靠制度管人管事、靠制度规范运作的意识和行为不断深入。目前，公司及所属分公司现行规章制度 333 项，其中，公司级制度 184 项，包括营销类 24 项，调运类 8 项，综合管理类 141 项，党建类 11 项。分公司级制度 149 项，包括营销类 6 项，调运类 51 项，综合管理类 141 项，党建类 12 项。通过调研了解，公司各基层单位都把制度执行作为管理的重点工程。大庆分公司坚守"有制度按制度办，特殊情况制定制度合规办，合规管理按流程办"的管理思路，建立健全规章制度 16 项，经营管理、业务操作一切靠制度说话，事事有章可循、件件有据可依。营口分公司以深化落实岗位责任制来推动规章制度有效执行，坚持日查、周捡、月评比，检查评比内容涵盖生产管理各个方面，与经济责任制考核直接挂钩，实施 4 年来，从未间断。

基础管理体系建设是基础管理标准化、上水平的重要抓手。公司及所属各单位建立并持续推进 HSE 体系、质量体系和内控体系建设，本着"讲求实际、务求实效"原则，着眼效能优化、责任落实和质量提升，在全系统内率先启动 HSE 体系、质量体系和内控管理体系整合，并把制度建设、流程优化融入其中，有效提升了基础管理体系规范化运作水平。吉林分公司持续深化基础管理体系融合、执行与落实，结合业务管理实际，今年以来对 HSE 管理体系量化审核标准 6 大审核要素、20 个审核专题、371 个评分项进行了"本土转化"，确定实施了 13 项基础管理提升工程，始终保持基础管理体系接地气、运转高水平。营口分公司以"打造放心罐区"为平台，全面推进基层管理标准化建设，以操作管理规范、风险管控科学、设备设施完好、现场目视清晰为目标，规范下发了57项基础管理制度，精耕细作基层现场管理"责任田"，使企业管理短时间内迅速迈上了新台阶。

信息化建设是基础管理提升的助推器。公司及所属各单位都积极以基础管理信息化建设为助力，结合业务流程和管理特点，建立并实施了ERP系统、公文管理系统、用户管理系统、电子商务平台、财务FMIS等业务管理系统42项，信息化建设已经延伸到销售、调运、管理等各个方面、各项工作，升级了管理、体现了创新，大大提高了工作效率和企业管理的科学化水平。

3.基层班子重建设、有干劲。领导班子是引领企业改革发展的"头雁"。公司及所属各单位都充分认识到基层班子建设的重要性，始终把加强基层班子建设摆在突出的位置，坚持不懈以"四好班子"创建活动为载体，盯紧班子整体功能提升发力，抓思想、转作风、强合作、拼业绩，两级领导班子的功能和力量不断增强，班子建设也得到集团公司年度考评组的积极认可，公司领导班子2014年被集团公司评为优秀"四好"班子。

抓建设，配强基层班子。公司及所属各单位都能坚持以政治为先，综合考虑领导干部的年龄、特点，科学配置基层领导班子。重视基层干部成长、选拔，建立并落实干部培养、选拔、任用、交流、管理制度，突出业绩和能力考核，注重优秀年轻干部培养，敞开干部"能下"出口，成立两级咨询管理委员会，畅通领导干部退出渠道。两年来，公司提拔任用处、科级干部30人，交流54人，18名处级、科级干部提前退出现职领导岗位，基层领导班子成员的知识结构、年龄结构不断优化。大连分公司着眼解决科级班子年龄结构问题，重点加强七零后、八零后干部和业务骨干的培养，在抓好传帮带的同时，提供更多的锻炼平台和锤炼机会，使干部队伍年龄结构有效改善、基层班子更具活力。

抓功能，聚力基层班子。公司及所属各单位都建立了《党委理论中心组学习制度》，积极用习近平新时代中国特色社会主义思想和党的十八大、十九大精神武装头脑，以制度保障推动政治理论学习不断深入，基层班子

"四个意识"更加牢固坚定。严格执行民主集中制，集体领导、民主集中、个别酝酿、会议决定原则得到广泛认可和严格遵循，重大事项全部实施集体决策，决策的科学性和正确性得到保证。定期召开民主生活会，深入开展批评与自我批评，加强了沟通，增进了团结。深化"一岗双责"，明晰落实班子每名成员的党政责任，搭台补台，形成了合力。抚顺分公司、辽西分公司按照大党建的要求，对班子成员党内责任进行细化分工，班子合力共抓党建的局面有效形成，推动了一岗双责的扎实落地，为基层党员干部做出了榜样。

抓作风，锤炼基层班子。公司及所属各单位都建立了领导班子作风建设机制，领导岗位责任制和收入申报、离任审计、约谈报告制度健全。都广泛实施党风廉政"两个清单"运行机制，明晰了两级班子党风廉政责任。建立健全了"四风"防控机制，督促两级班子成员主动向"四风"宣战，带头执行中央决定和集体公司党组要求，带头整治"三超"，力戒形式主义、官僚主义、享乐主义和奢靡之风。抓纪律规矩，从班子成员和处级以上干部严起，确保了规章制度和纪律要求的有效落实，两年来处罚有章不循、拖拉散漫等违反劳动纪律、工作纪律行为90余次，涉及处级干部6人，导向作用持续发力，"清、高、严、细"正能量快速凝聚。

4. 基层提素重实战、有创新。人是企业发展的根本要素，提素是企业追求卓越的关键一步。公司及所属各单位都视员工为最宝贵资源、视提素为最重要工作，按照贴近岗位、贴近市场、贴近实际的"三贴近"原则，始终如一地抓好员工提素工程，队伍综合素质不断提升。

普遍开展形式多样的岗位培训。公司及所属各单位都积极采取专题培训、岗位练兵、劳动竞赛、导师带徒等方式，培训与岗位需求紧密衔接。去年一年，公司上下组织营销、调运、管理、党建各类培训、练兵、竞赛124次，员工参与7809人次。吉林分公司以产品"两肋两力"市场分析为实战平台，组织业务员全方位开展市场调查、研究、分析、议策，编写市场报告，对标市场走势，让市场当主考、做评价，增强了业务员对市场的掌控力。辽阳分公司注重建设长期培训"课堂"，坚持部门讲市场、专家讲应用。今年以来，通过针对性培训，有效发现了高强聚乙烯防弹衣材料应用的新领域，开辟了新市场，打开了销量、效益再提升的新增点。营口分公司以提升员工操作技能为落脚点，加强实战培训和岗位练兵，每年组织开展"安技杯"知识技能比武活动，助推了岗位人员操作水平的快速提高。辽西分公司通过全面深化对标分析，科学搭建员工自我培训舞台，鼓励每名员工上讲台做先生，有效提升了干部员工学习的主动性和解决问题的针对性，推动了队伍整体业务能力的共同进步。

持续开展营养丰富的专题教育。公司及所属各单位都结合本单位实际，以企业报和门户主页为平台，以党支部和部门、科室为阵地，组织党员干部、群众，紧紧围绕学习宣贯党的十九大精神、习近平总书记系列讲话要求，及集团公司、公司各项要求部署，以"全员"党课、报刊解读、专家讲座、实地参观、案例教育等多样化方式，积极开展政治理论学习、思想宣传和形势任务主题教育活动。大庆分公司与大庆市委党校结成合作伙伴单位，利用党校和铁人纪念馆等优势资源，推动干部员工思想政治教育常态化、规范化、高质量，两年来累计培训党员、积极分子近150人次。营口分公司创新学习教育载体，建立党员微信教育平台，经常性开展学习讨论互动活动，在增强党员队伍凝聚力战斗力的同时，也为解决企业工作区域分散、集中开展学习教育难等实践问题提供了解决方案。吉林分公司精心组织"手抄党章、学思渐悟""精学党规党纪"专题学习教育活动，每年集中一段时间，每日雷打不动强化学习半小时，使党员干部规矩纪律意识显著增强。抚顺分公司围绕助力营销，深化形势任务教育，引导干部员工树立为地方发展服务意识，强力推进门口销售、就近销售，区内市场销量、效益快速增长。

5.基层文化重传承、有典型。文化是民族之根、企业之魂。公司及所属各单位都坚定不移落实"文化强企"战略，认真践行《集团公司企业文化建设纲要》的总体要求，坚持以弘扬石油精神为己任，结合化工销售企业实际，持续不间断开展石油精神扎根企业系列教育活动，不断固化"价格体现价值、畅通体现整体、双赢体现大局"的经营理念，大力锤炼"思路清、标准高、管理严、监督细"的工作作风，具有石油特点、化工销售特色的企业文化已然形成，干部员工士气高昂、企业发展充满正能量。

调研中我们真切感受到，公司各基层单位都积极以文化提管理、促发展、聚人心、树形象。吉林分公司在发展实践中总结提炼的"出精品、创一流、扛红旗、争第一、站排头、当先锋"的企业精神和"五心服务"（即精心为生产服务、细心为客户服务，尽心为市场服务，诚心为社会服务，真心为员工服务）的企业理念，厚植了企业高质量发展的文化根基，激发了干部员工的责任意识、担当精神，获得了地方、生产、用户各方认同和广大员工热烈响应。抚顺分公司、大庆分公司积极推进以家文化为核心的企业文化，聚力全员智慧，建设高水平的党员之家和员工之家，充分发挥了干部员工工作"服务所"、学习"加油站"和生活"大本营"的巨大作用。辽阳分公司根据企业发展和员工精神状态实际，以提升员工责任心和主人翁意识为发力点，全面强化团队文化熏陶，着力推进"三个一样""六个尊重"的营销团队建设，激发了干部员工的主人翁责任感，增强了企业凝聚力和向心力。营口分公司提出以筑牢"四抓"理念（即抓安全从本质安全抓起，抓管理从管理人员抓起，抓基础从管理制度抓起，抓服务从服务意识抓起），践行"清高严细"作风，助力了现场管理标准化水平的快速提升。大连分公司坚持履行社会责任为己任，长期坚持"爱心公益事、增辉宝石花"活动，打造出独具特色的爱心文化，党员干部和团员青年积极注册加入到大连市慈善总会，成为地方敬老、扶贫、助学公益事业中最为靓丽的"宝石花"力量。

调研中我们也真切感受到，公司各基层单位都注重弘扬劳模精神和先进文化，让模范做示范，让先进领前进。抚顺分公司以增强活力为牵动，坚持典型引路，狠抓"选树学"常态化，形成了"学先进、赶先进、当先进"的良好氛围。辽西分公司注重典型培养激励，坚持开展先进党支部、优秀党员季评选活动，并抓好宣传交流平台建设，促进了先进经验在基层党支部和科室之间的共用共享。吉林分公司借力创先争优岗位实践，抓实育、选、推、树等各环节，使老典型本色不改、新典型持续涌现，激发了干部员工创一流、争上游的进取意识，为企业事业发展注入了强大动力。

二、加强基层建设的几点措施

基础实，企业兴，基层建设是企业稳健发展的基石。公司将以此次基层建设调研为基础、做起点，深入贯彻落实"思路清、标准高、管理严、监督细"的总要求，坚持弘扬传统与问题导向并重，盯核心、抓重点、稳根本，持续不断抓基层、打基础、上水平，努力开创基层建设全面加强、基层管理规范高效、基本素质整体优良的新局面，为东北化工销售公司加快建成一流化工销售企业筑牢发展根基。

1. 围绕"核心"精准布局，加强引领保障，推动基层建设全面增强。坚持融入中心做工作、进入管理起作用，持续推进新时代以党的建设、班子建设为主要内容、党支部建设为核心的基层建设。抓实基层领导班子建设，以深化推动"三结合"（政治建设和能力培养结合、班子共进与个体创绩结合、跟踪评价和任用调整结合）为抓手，全面加强领导班子、领导干部理论建设、能力建设、作风建设、制度建设，强化班子整体功能，发挥好"头雁"引领作用。2018 年年末，基层"四好"班子达标率达到 100%；抓实基层党建工作，以深化落实《党建工作职责》为主线，全面推行党建工作清单制度，构建更加科学的党建运行、考核、推动机制，着力提升基层党建工作运行质量。2018 年年末，基层党建综合考核优秀率达到 90%；抓实基层党支部建设，以党支部达标晋级为载体，推进党支部标准化规范化建设，配强抓实基层党务干部和党支部带头人，盯住"创新""提质""服务"下功夫，实施互联网＋党建工作模式，全面提升组织生活质量、服务群众水平和助力"中心"效果，推动"六好党支部"创建再上新台阶。2018 年年末，基层党支部达标晋级率达到 100%；抓实基层廉洁风险防控。以落实好"两个责任"清单为牵动，加快岗位"认责、明责"、监管"考责、问责"机制建设，注重教育、管理、监督等环节质量，提升廉洁风险防控水平。2018 年年末，基层廉洁风险防控覆盖率达到 100%。

2. 围绕"重点"精准发力，强化精细管控，推动基础管理规范高效。坚持把建设科学的基础管理体系作为提升企业管理的发力点。顺应新形势新要求，推进基础管理体系建设，动态做好质量、HSE、内控、风险防控等管理体系再融合再转化工作，确保基础管理体系系统、配套、简约、全覆盖；跟进基础管理体系建设，抓好管理制度体系支撑，结合工作实际，以规范精细、简单优化、执行高效为目标，对现行规章制度、流程标准进行及时修订、补充、完善，确保各项流程制度业务覆盖、符合实际、运行有效；持续加强基层岗位管理，从岗位职责说明书抓起，统一版本，抓好明责，深化落责，严肃追责，确保基层事事有人管、人人有专责、人人必尽责；深化基础工作痕迹管理，以宣讲、培训、检查等方式，锤炼提升干部员工痕迹化管理意识。以规章制度为先，进一步清晰痕迹管理标尺，在细、在实、在准、在日常上做文章，不断提高基础工作痕迹化质量。

3. 围绕"根本"精准定位，力求创新深入，推动基层素质整体提升。坚持理想信念教育，以习近平新时代中国特色社会主义思想为理论学习的重中之重，开展形式多样的主题宣讲、教育、研讨和岗位实践活动，学以修身、学以致用，以经营管理实效检验学习实践成效，努力做到学懂、弄通、做实；深入开展社会主义核心价值观教育，坚持弘扬石油精神和石油优良传统作风，持续开展内涵丰富的大庆精神铁人精神再学习再教育和石油精神扎根企业系列活动，教育广大干部员工坚定"我为祖国献石油"的核心理念，践行好"思路清、标准高、管理严、监督细"的作风实践要求；积极开展经常性业务培训和岗位练兵，紧扣工作和岗位实际，采取以干代练、以老带新、以赛增技等办法，实现岗位培训与业务实战无缝对接，稳步提升队伍整体素质；有序加强员工队伍梯队建设。以"三项制度"改革为突破，健全完善员工培养、使用、管理、考核、交流等机制，盘活存量，消冗补缺，优化结构，激发活力。以专才、专需为主，有效增补新鲜血液。抓好青年员工培养，压担子、师带徒，做好传帮带，助力生力军快速成长。

抓三基　精管理　强素质
推动公司经营管理业绩稳健提升

西北化工销售公司

西北化工销售公司（以下简称西北化工销售）是中国石油旗下6家化工销售企业之一，其业务归中国石油炼油与化工分公司（即炼化板块）垂直管理，主要承担着中国石油兰州、独山子、乌鲁木齐、宁夏、庆阳和塔里木石化6家炼化企业化工产品的销售和调运职责，是集销售与物流运输组织于一体的营销企业。

公司成立以来，以基层建设为抓手，以基层党组织建设为核心，不断变革创新企业运营管理机制，逐步形成具有自身特色和更具效率的管理模式和营销方略。特别是近两年来，公司更加重视基层建设与经营效益、发展质量的创造与提升，以追求"至善"为宗旨，将"精益"思想和"精品"意识贯穿公司运营各环节，强化合规性过程管控，保持应对市场变化的敏锐度，持续完善绩效管理机制，激励员工认真做事、踏实做事、高效做事，员工和公司休戚与共、相互成就，迸发出昂扬向上的进取活力，推动公司经营管理业绩稳健提升。

一、公司组织机构和基层建设基本情况

公司从成立以来，一直按扁平化来设置组织机构，目前共有9个职能处室、6个业务处和6个分公司，共有员工425人，其中党员308人，占比近72.5%。

（一）精减机构，瘦身健体

从 2015 年开始，利用 3 年时间分步撤销 13 个销售部建制，并对人员进行了有序转岗分流。持续优化机关处室机构设置，撤销贸易处，将合成树脂处拆分为合成树脂一处和二处，全面取消 7 个业务处和财务处的科室建制 27 个。逐步缩减分公司科室机构，将宁夏、兰州、乌鲁木齐、独山子 4 个分公司综合科和管理科进行合并，实现分公司科室精简高效。通过以上机构的撤并和压减措施以及调整用工形式等手段，公司员工总量由 2017 年的 482 人减少至 425 人，减员 57 人。

（二）优化党支部设置，强化工作责任

目前公司党委下设 1 个直属党委、6 个分公司党委，共设有 32 个党支部。2016 年，为进一步提升党支部的工作活力，将直属党委所属的党支部进行了调整，按照每个处室单独成立党支部的原则，共设置了 16 个（直属机关）党支部，同时新增了直属党委退休党支部，以加强对退休党员的日常管理。

（三）强化制度建设，完善管理体系

从 2016 年下半年开始，公司集中组织开展制度流程梳理优化和合规管理专项整治活动，其中涉及内部员工管理、考勤薪酬以及党支部建设、安全环保等与基层建设相关的多项规章制度。公司建立了在每周公司经营例会上进行制度宣讲的机制，从中层领导做起，对公司制度进行宣贯学习。2017 年，公司累计制修订制度 97 项。目前公司共有各类规章制度 214 项，有关基层建设方面的制度有 38 项。

二、基层建设工作举措

（一）着力加强党支部建设

今年以来，为深入贯彻党的十九大精神，落实新时代党的建设总体要求和重点任务，进一步加强和改进党支部工作，推动全面从严治党向基层延伸，公司党委组织部认真落实集团公司《2018 年党的建设工作要点》《关于进一步加强党支部队伍建设的指导意见》《关于推行党支部达标晋级管理的指导意见》等文件精神，牢固树立"党的一切工作到支部"的鲜明导向，大力强化党支部工作标准化建设和支部书记队伍建设，持续夯实党支部基础工作，党支部达标晋级取得明显成效。

一是着力加强党支部工作统筹安排。年初，公司党委下发《关于加强党支部工作的通知》，确定工作目标要求，明确了学习贯彻十九大精神、支部书记队伍建设、党支部基础工作、党支部晋级管理、党建主题活动等重点工作，以"书记抓、抓书记"为着力点，强化党建第一责任人职责，切实加强以基层党支部建设为核心的基层建设，着力扩大基层党支部和党的工作、党的活动覆盖面，努力将党支部建设成为组织机构健全、支部班子坚强、党员作用明显、基础工作扎实、思想工作有效、保证监督有力，成为能够团结带领党员群众在公司改革攻坚、提量增效、经营管理等各项工作中创新奋进的战斗集体。

二是着力开展党支部工作标准化。公司党委组织部牵头制定了《基层党支部标准化工作手册》，对党支部换届选举、专题组织生活会、民主评议党员、支部党员大会、党支部委员会会议、讲党课、党员发展、党费收缴使用和管理、党员信息系统使用及维护、党支部工作手册、宣传报道、党支部结对子、党员学习教育等13个方面的支部工作进行规范，明确各项工作的基本要求，确定工作流程，规定留存资料目录，并提供参考模板。

三是着力加强党支部书记队伍建设。进一步完善基层党支部组织机构，先后成立直属党委退休党支部、庆阳分公司咸阳销售部党支部，撤销合成纤维处党支部。推进"双向进入、交叉任职"，选派处室长、科长担任支部书记，使党支部书记既熟悉党建思想政治工作，又掌握经营管理工作，直属党委、庆阳分公司党委先后完成6个党支部书记及支委的改选。加强以党支部书记为主体的党务工作者培训，先后于2018年1月份、4月份开展两期中层领导人员、党支部书记十九大精神和党务工作集中培训，每期培训4天。所属各党委每季度坚持召开党支部书记例会，总结一季度支部工作，安排下阶段支部工作重点，使党支部书记能够及时了解上级党委工作部署，掌握支部工作动态，自觉将支部工作贯穿日常工作之中。

四是着力夯实党支部基础工作。组织学习集团公司《党支部工作条例》，推动完善党支部"三会一课"、民主评议党员、党员党性定期分析、党员教育管理、党员联系服务群众、创先争优和发展党员等工作制度。落实"三会一课"制度，为每位党员配备专门的"三会一课"记录本，将政治学习与"三会一课"记录分开，避免"一本通"记录。启动支部晋级管理工作，建立"量化考评、分类定级、动态管理、晋位升级"的支部达标晋级管理机制，依照"未达标党支部、达标党支部、优秀党支部、示范党支部"四个级别，按照支部自评、组织考评、审核定级的程序，建立起"示范党支部"由公司党委考评审定、其它级别由所属党委考评审定的定级规范。

五是着力开展党建主题活动。开展"红色主题活动"，组织党员进行红色基地教育，进行爱国主义教育、革命传统教育和党史教育，促进革命精神薪火传承，使党员在缅怀革命历史中进一步坚定信仰，目前共有5个党支部开展红色基地教育。开展党支部结对子活动，各党支部结合实际，分别与公司内部的党支部和公司外部有业务往来关系的单位党支部（包括中国石油系统、地方党委、客户单位等）结对子，相互进行对标提升，共同开展党组织活动，互促互进推动党支部建设，公司党支部共结对子60个。开展党建主题活动，各党支部围绕本单位年度目标、中心任务、重点工作以及攻坚克难任务等，确定一个党建主题活动或主题党日活动，充分发挥党支部战斗堡垒作用和党员先锋模范作用，全面推动公司经营管理持续发展。其中，乌鲁木齐分公司党委坚持"一支部一品牌、一支部一特色"，各党支部党建主题活动别具特点。调运党支部开展"企铁共建手拉手，优化运营提效率"为主题的岗位实践活动，综合财务党支部开展"文明伴我行，双创我出力"活动，业务管理党支部开展"结对子、挖市场、促销量"主题实践活动。同时各党支部重新梳理党员责任区，真正"让党旗在一线飘起来、让党员身份在一线亮起来、让党员作用在一线展现出来"，党员的旗帜标杆作用进一步发挥。

六是着力加强党支部工作检查考核。充分利用党员信息系统，将各党支部工作纳入中层领导人员每月的绩效考核，督促各支部在日常管理中及时维护好党支部工作基础信息，完善党支部基础资料，健全党支部管理台账。今年5月集中组织一次党建工作检查，依据《党建检查内容清单及评分标准》，现场查阅资料、访谈等方式，完成对所有7个二级党委的检查，促进党支部建设水平。

七是着力加强基层特色文化建设。针对基层业务特点，公司党委确立了创建"和睦、和谐、家和、进步"为理念的"家文化"品牌。各分公司在办公区域开辟了"家文化"长廊，宣传先进模范人物，展现基层文化特色。加强党员活动室建设，配套学习书籍、报纸杂志，改善教育阵地环境。

（二）着力加强员工培训工作

一是紧盯培训需求，落实培训计划。对集团公司层面的培训计划，结合公司实际，选报培训项目。近三年公司每年选报并参加45个左右项目的培训，培训人数每年65人次左右。公司层面的内训，年初制定年度员工培训计划，主要包括公司组织的重点培训项目和各部门组织的业务技能培训，覆盖公司各级领导人员和全体员工。近3年来，公司举办业务培训42项、党员学习教育28项。

二是抓好党务工作者的集中培训，为基层党组织建设提供保障。公司党委认真贯彻中央和集团公司有关文件精神，把党务工作者的培训作为提高单位党建工作的重要工作来抓。近年来，先后在广州培训中心举办了2期中层领导干部学习十八届六中全会精神、习近平系列讲话精神集中培训班，以及2期中层领导人员及党务工作者集中培训，培训对象从中层领导延伸到分公司各党支部书记、支部委员层面，让基层一线的党务工作者开阔眼界，提升理论水平，学习期间还与华南化工销售公司进行了交流活动。

三是坚持"请进来"的培训方式，组织高端培训项目。结合学习贯彻党的十八届四中、五中、六中全会精神和十九大精神，公司每年邀请专家学者来公司授课，让员工接受最专业、最权威的解读课程。三年来，公司先后邀请了集团公司和甘肃省委组织部、党校和当地高校的专家学者共9人，为全体党员授课，取得良好效果。同时结合公司主营业务的跟进发展和营销模式创新等，近三年来共邀请 7 名专家学者，先后从进出口业务、国际贸易、国际金融、期货知识、新产品技术处服务、橡塑新产品生产应用等方面，为业务人员开展授课，取得了较好的效果。

四是坚持"送出去"的培训方式，对中层领导人员、公司业务骨干、优秀青年干部开展脱产培训。近三年来，公司每年选派 65 人次左右参加集团公司组织的专业培训。为了提高公司中层领导人员、业务骨干的岗位履职、谋划发展、驾驭全局和国际化经营等方面的能力，近三年先后选派 21 人参加北京石油管理干部学院举办的领导力基础培训，取得好的效果。按照中国石油西部人才开发工程要求，结合公司实际，选派 3 名中层领导人员参加甘肃省国有企业管理人员创新发展专题研讨班、强化发展新理念、培育发展新动能和落实"三去一降一补"专题培训班。结合公司"一队一库"人才队伍全面建设需要，选派 48 名青年骨干，参加公司在北京石油管理干部学院举办的青年骨干培训班。先后选派 2 名优秀青年员工，到业务相关单位中国联合石油有限责任公司学习期货等专业知识，为期 1 年，极大地丰富了优秀青年员工业务知识，拓展了知识面，也大大提高了年轻员工的工作积极性。

五是固化"三会一课"，抓好党员的学习培训。公司充分发挥内部培训作用，通过形式多样的培训方式，丰富党员的学习内容，加强对党员的学习培训，提升党员党性修养和岗位履职能力。各级党员领导干部以身作则，率先垂范，带头参加学习讨论，带头谈体会、带头讲党课。党支部立足"三会一课"，找准"两学一做"学习教育切入点，不断创新载体，丰富形式，以微型党课、交流讨论、微信平台、答题互问等多种形式开展学习，形成长效机制。根据公司员工绩效管理办法和公司"两学一做"学习教育方案，各党支部学习教育的责任由各党支部书记承担，履行情况的考核得分与个人绩效相结合。对党支部学习计划完成情况和党员学习笔记进行不定期抽查，作为年度党建工作考核的一项重要指标，也作为评先选优的重要依据。

（三）着力加强员工岗位优化及绩效评价

一是坚持人岗相适，自下而上开展岗位优化工作。公司采取岗位优化、交流轮岗等方式积极推进岗位体系建设，要求各单位制定轮岗人员名单和轮岗计划，除个别敏感岗位，按照"一人多岗""定期轮岗"的方式，每隔1年半至2年必须合理安排单位内部员工进行轮岗。同时通过调整优化机构设置、岗位设置，提升人岗匹配能力，精减冗余人员，实现人力资源的优化。

二是突出刚性考核，循序渐进优化员工薪酬分配。认真落实集团公司工效挂钩政策，加强指标分解，突出刚性考核，逐步改进员工薪酬分配方式。坚持"指标不变、刚性考核"的原则，围绕年度经营目标，细化各类指标分解，突出效益指标的引导作用。学习借鉴先进考核理念和工具，建立起由"关键指标""关键任务""关键行为"三部分内容构成的《员工岗位业绩卡》考核方式，实现了从业绩计划制定、跟踪监控、业绩评估、反馈面谈、奖惩兑现到业绩改进的闭环管理，实现员工绩效考核100%全覆盖，严格实行月考核、月兑现，拉开差距，真正发挥考核的激励作用。推进绩效考核信息管理系统建设，实现绩效管理的即时录入、即时考核、过程控制、日清日结等工作，更加有效地进行绩效考核结果的分析研究及运用。

（四）着力加强基层领导班子建设

公司现有32个党支部，支部书记等支部委员均按照要求进行统一配备。为强化干部高质量配备，公司在基层干部的选人用人上，注重班子的合理搭配、优势互补，注重将品德好、有才干、年富力强的人才选拔到基层正职岗位上来。在基层干部作风建设上，认真落实"抓源头、抓重点、抓关键、抓惩处"的要求，建立健全强化预防、及时发现、严肃纠正的工作机制，改进对基层班子成员的考核方式，强化班子自我约束力；加大民主评议力度，广泛开展批评与自我批评，自觉接受群众监督，提升班子的战斗力。

一是严格执行基层干部选拔程序，强化干部选拔监督。公司严格执行干部选拔工作纪律，不超职数配备、不超机构规格提拔领导干部，不违反规定设置职务名称和提高干部职级待遇，按规定经过公司党委会集体讨论决定。在干部选拔中，严格遵守公司干部选拔"三项"制度，坚持组织选拔干部、岗位竞聘选拔干部规定程序推荐、考察、酝酿和讨论决定提拔干部。强化选人用人廉政监督，严格干部档案审核，严格考察拟提拔人选对象的党风廉政情况，坚持组织考察前听取纪检监察部门对考察对象的党风廉政建设意见。

二是加强干部考评。按照 360 度考核要求，对各单位领导班子做好月度绩效考核和年度集中测评，并及时向测评单位及领导班子反馈考核测评结果。根据不同单位、不同类别的干部，分类设置考核内容和指标，凡是能量化的必须量化，不能量化的作出明确具体的定性要求，把"软指标"变成"硬杠杆"，进一步树立重敬业、重实绩的导向，切实为想干事、能干事的干部搭建干事创业的平台。

（五）着力加强安全环保管理

各基层分公司牢固树立安全发展观，严格落实"环保优先、安全第一、质量至上、以人为本"的质量健康安全环保理念，贯彻"有感领导、直线责任、属地管理""管业务必须管安全、管经营必须管安全"的基本原则，认真抓好安全生产管理。

一是加强安全工作部署安排。分公司坚持制定 HSE 年度工作计划、收集员工个人安全行动计划承诺、签订岗位安全环保责任书，认真开展全员危害因素、环境因素识别及风险评价，每月坚持召开安全月例会，总结上月安全工作、部署下月安全工作安排，并新增加安全经验分享专题内容。

二是按照行业要求，加强各分公司安全资质和技能培训。各分公司每年按期组织相关岗位员工参加铁路货运危化品运输培训、危险化学品经营资质培训和考试取证。

三是加强全员安全培训。分公司和公司本部结合办公环境特点多次举办消防知识讲座，举办火灾事故安全演练，增强员工防护自救能力。

四是加强危化品安全管理。严格落实《超限运输车辆行驶公路管理规定》等运输安全制度，严禁超载超限，加强公路危化品运输安全监管，加大对中国石油运输、承运单位安全检查，严格承运单位资质审查，实行"一车一单""一车一卡"，规范装车，做好易制毒产品运输备案证和运输台账检查，确保危化品安全运输。

五是在疆分公司全力抓好维稳防恐工作。乌鲁木齐、独山子和库尔勒分公司严格落实自治区对维稳安保的各项要求，及时向全员传达维稳安保的新要求，开展全员防暴恐技能培训和预演练战，加强干部值班值守和监督检查，按要求从人防、物防、技防等方面加大维稳安检设施投入，加强安保维稳工作，对食堂、门岗、员工网络信息管理等关键部位和事项进一步加强管控，确保维稳工作万无一失。

三、获得荣誉情况

多年来，公司先后荣获全国五一劳动奖、全国厂务公开民主管理先进单位、全国重合同守信用企业、中国企业文化建设优秀单位、全国模范职工小家、全国"工人先锋号"等 8 项国家级荣誉和 25 个集团公司、甘肃省荣誉称号，有 98 人次获得集团公司和甘肃省五一劳动奖章等各类先进个人荣誉，有 5 名同志获得全国五一劳动奖章、全国五一巾帼标兵等国家级个人荣誉。

重心下移　强化管理
切实提高基层建设工作水平

华北化工销售公司

为全面深入贯彻党的十九大精神和习近平总书记关于国企党建及改革发展的系列重要讲话精神，适应新时代集团公司改革发展的新要求，华北化工销售公司积极开展了基层建设调研活动。公司各部门、各单位从基础管理制度、内部管理流程、党支部班子建设、支部党员工作和思想现状、部门员工思想动态、员工岗位履职、业务能力提升等方面认真梳理总结，提炼典型经验，分析共性问题，明确工作方向。

一、明确责任目标，强化制度建设，规范基层管理。近几年来，公司党委始终坚持"抓好党建是最大政绩"的理念，注重将党建工作与生产经营工作的有机统筹和深度融合，聚精会神抓党建、一心一意谋发展，始终保持全面从严治党的使命感和紧迫感，坚定不移贯彻中央大政方针，不折不扣落实集团公司党组决策部署。

公司在基层建设管理制度方面，陆续组织制定并丰富完善了《华北化工销售公司部门职责》《华北化工销售公司党支部工作考评方案》《党支部工作评分细则》《中国石油华北化工销售公司纪委落实党风廉政建设监督责任实施细则》等制度，进一步明确了部门行政职责和党建责任，使各部门、各单位有了清晰的职责界面，推进了以明责、考责、问责为重点的党建工作责任体系建设，推动了全面从严治党主体责任落实，强化了各单位落实党风廉政建设责任考核体系，使基层建设规范化、程序化、制度化进一步加强，为公司业务发展提供了坚强的组织保障。

二、梳理优化部门设置，完善党支部组织体系，持续加强基层队伍建设。2015年，按照"职责明确、界面清晰、协调便捷、管理规范"的原则，公司全面梳理机构职能，将原市场处进行拆分，新成立了计划调运处、价格信息处、技术服务处，将原调运处的仓储职能剥离成立了仓储配送部，进一步完善了机构设置，推进了业务整合，提升了管控模式。同时，强化了价格管理在经营工作中的导向作用。另外，技术服务处的成立，在推进产、销、研、用协调发展方面，起到了至关重要的作用。仓储配送部的成立，更加强化了专业管理和服务水平。

为加大河南市场的开发力度，公司研究成立河南分公司并按程序组建了河南分公司党支部；今年初，为应对华北石化千万吨炼油装置的扩能投产带来的一系列变化，公司设立任丘调运部并设立临时党支部。党务工作围绕生产经营开展，目前，两个分公司的工作成效明显。

为进一步加强基层党支部建设，完善党支部组织体系，实现党的组织、党的工作和党员作用的全覆盖，提高基层党组织的创造力、凝聚力和战斗力，公司党委于2016年对党支部设置进行了重新划分，由原来的9个党支部调整为15个党支部，各支部在2016年8月全部完成了换届选举工作。在各党支部换届选举过程中，公司党委制定了换届选举流程，党政主要领导和党委委员深入到各支部给予指导帮助，对支部委员候选人人选认真把关，把"爱党建、懂党建"的人选拔了出来，为建设一个能够团结带领职工群众推进企业改革发展的坚强战斗堡垒打下基础。

三、坚持抓班子，带队伍，为基层建设提供组织保障。多年来，公司不断完善干部选拔、任用、管理和监督考核机制，持续优化干部队伍结构，大胆选拔重用想干事、能干事、干成事的业务骨干，体现了注重品行、崇尚实干、业绩突出、群众公认的选人用人导向。自2015年至今，提拔中层干部12名、岗位交流34名、转任重要岗位1名。选拔年轻后备干部30人，建立健全了人才发现、培养、储备、使用的长效机制。同时，公司坚持党员发展，提高发展党员质量，优化党员队伍结构，近三年来，共培养发展党员6名。

公司非常重视干部培训工作，一是在中层干部和后备干部的培训方面积极创新，相继与东北化工销售公司、西南化工销售公司联合举办中层干部培训班。培训采取理论学习与参观学习相结合、企业交流与座谈讨论相结合的形式，通过培训，让中层干部从"石油精神"中汲取力量，始终做到政治本色不变、优良传统不丢、奋斗精神不减，履职能力持续增强。二是公司已连续四年组织了党务工作者培训，显著提升了公司党建工作水平。培训班邀请了中央党校教授和系统内具有实践经验的专家为学员们授课。着重从《中国共产党章程》解读、《中国共产党党内监督条例》和《关于新形势下党内政治生活的若干准则》的学习、如何做合格党员、"三会一课"实务、如何做好一人一事的思想政治工作、支部书记"五清三会"、如何开展党支部"六个一"达标工作，如何加强基层党组织建设、如何将支部工作与企业管理更好融合等主题开展集中学习。通过培训，帮助党务干部进一步理清开展党建工作的思路，提高党务工作者工作水平，促进公司基层党建工作水平再上台阶。

基层建设重在日常，公司在加强企业党的建设工作方面不断深化"两学一做"学习教育，持续推进"六个一"党支部、"四优"共产党员争创活动，抓好标准化党支部建设。各党支部积极抓好健全工作制度、组织学习讨论、开展党员民主评议、"三会一课"、机制建设等各方面基础性工作，让支部真正成为团结群众的核心、教育党员的学校、攻坚克难的堡垒。

四、注重典型选树推用，激发创新发展正能量。多年来，公司一直坚持深入挖掘基层部门和岗位人员的智慧，发挥典型示范作用，实现以点带面的做法。每年，公司都要组织召开优秀党员、优秀党务工作者座谈会。大家围绕"两学一做"学习教育的认识感悟、岗位实践活动、学习十九大报告等一系列活动，交流学习发挥共产党员先锋模范作用和基层党组织战斗堡垒作用的经验，畅谈党建与业务工作相互促进的深刻体会。通过系列活动的开展，进一步坚定石油工人心向党的信心和决心，教育引导广大党员干部做爱岗敬业的先锋、攻坚啃硬的先锋、提质增效的先锋、遵章守规的先锋，在企业改革发展中建功立业。2016年至今，有4名同志分别荣获集团公司和直属党委"优秀共产党员"和"优秀党务工作者"荣誉称号，山东分公司党支部被直属党委评选为"先进基层党组织"。

在弘扬典型示范作用的同时，公司紧紧围绕主营业务的发展，在新闻舆论宣传方面下大力气，琢磨新点子，充分展示公司员工积极向上的良好精神面貌。

一是依托公司官方网站主平台，开通官方微博、微信公众号，着力打造新媒体宣传平台。"1+2"模式的联动效应在集团公司、兄弟单位、内部员工、公司客户等社会群体之间得到了广泛好评。截至目前，微信公众号推出了 24 期节目，关注粉丝 390 余名，粉丝点赞、留言、转发朋友圈和微信群积极性逐步在提高。2018 年 4 月，集团公司所属各企事业单位新媒体矩阵排行榜上，公司官方微信公众号名列百位行列（第 86 位），连续 2 个月名列 6 大化工销售公司之首，取得了良好的公司形象新闻宣传影响力和品牌推广力度。

二是牢牢把握官方网站作为主要新闻宣传的平台，每年年初按照集团公司网站严格的评级要求，全新大幅度改版 2 次以上。版面上所涉及的子栏目，紧跟公司业务发展的需求，符合集团公司要求的版面随时要进行设计，以及栏目内容的维护与更新，稳定的网站维护，让公司员工登录网站即可进行日常工作中重要平台的点击链接与操作，浏览公司要闻，及时关注到公司内外新近发生的工作动态和集团公司所属各企事业单位的最新情况。

三是发挥公司企业文化展室的宣传作用，在接待集团公司各级领导视察指导、中国石油各兄弟单位企业、重要客户的来访与交流、员工回顾公司发展的历程、新招聘员工了解公司概况等重要工作方面，润物细无声，潜移默化宣传公司正面文化的桥梁作用。

四是随着公司业务发展与员工队伍的不断壮大，在原有宣传片基础上，2017 年 12 月，重新拍摄时长 15 分钟的公司企业宣传片，在对外宣传方面起到了锦上添花的作用。

五是建立了年度公司先进集体和先进个人光荣榜、企业文化长廊，全方位展示了公司员工在工作与生活中勇于拼搏、积极进取、热爱生命、多才多艺的美好人生，很好地起到了凝聚人心、鼓舞士气的作用，营造了公司上下和谐向上的良好企业文化氛围。

五、营造良好学习氛围，互帮互助亮点纷呈，实现基层全员素质提升。公司扎实开展"践行四合格四诠释，弘扬石油精神，喜迎党的十九大"岗位实践活动。一是组织研究制定实施方案，确保整个活动扎实有效开展；二是从公司党委班子做起，以上示下、以上率下，带头落实各项要求，带头到所在党支部和基层联系点，参加岗位讲述活动，取得了非常好的效果。

党的十九大召开后，党委中心组集中多次专题学习。党委书记、总经理分别为公司全体党员做专题辅导。各基层党支部周密部署、密切配合、精心组织开展讲党课评党课活动。所属15个党支部书记也都分别为所在党支部党员讲党课。党员通过党课学习，加深了对党的理论知识的理解，增强了干事创业的积极性。推荐三篇优秀党课材料上报了集团公司党组组织部，其中两篇分获一等奖和优秀奖。

公司强化宣传引导，把握舆论导向。一是利用公司网站加强新闻宣传；二是开通了官方微信、微博及党支部微信公众号，加强了与广大员工的互动；三是通过各种新媒体讲好石油故事、传播石油声音，为企业形象建设注入正能量；四是组织建立了网络评论员队伍，积极完成集团公司网评任务。目前，员工队伍积极向上，形成了和谐稳定局面。

2011—2017年，集团公司下发了思想政治工作、宣传工作优秀案例等方面的图书若干册。比如学习出版社出版的《中央企业党建思想政治工作优秀研究成果文集》上、下册；集团公司党组宣传部下发的石油工业出版社出版的《实干塑形象》《榜样领风尚》《奋进的目标》《石油老照片》等；由人民日报评论部出版的《习近平讲故事》等。公司认真贯彻落实集团公司下发图书深入开展学习的要求，积极想办法让大家一起学。为了丰富公司员工的精神文化生活，组织号召团员青年发动起来，在公司专门建立了公司图书阅览室。图书阅览室月月有开放日，以便更好地满足员工在精神文化需求方面的追求。阅览室日常维护工作由团员青年按照时间计划表安排进行轮流维护设施、保管和借阅图书。目前阅览室内配套设施齐全，藏书种类近百种，政治、经济、文化、历史、地理等各方面图书琳琅满目，给员工提供了一个知识充电的安静场所，深受员工们的喜爱。

　　各基层部门围绕员工履职能力提升也积极想办法、定措施，亮点纷呈，取得了较好的效果。天津分公司开展季度评选"增量标兵""利润标兵""推价标兵"活动，"以老带新""以强带弱"，激发员工主观能动性。山东分公司开展支部委员与党员、党员与群众结成对子，积极发掘回访市场走访，比学赶帮，实现了发展。湖北分公司定期组织员工开展案例教学、互相取经等活动，把员工在工作中的好方法、好点子、实践经验与同事共享，达到互相学习、互相提高的目的。

精心组织　扎实推进
为企业高质量发展提供坚实保障

华东化工销售公司

华东化工销售公司始终把基层建设摆在突出位置，坚持弘扬石油精神、大庆精神，严格落实集团公司基层建设部署要求，精心组织，扎实推进，抓住关键少数、在领导班子建设上下功夫；抓牢战斗堡垒、在队伍建设上下功夫；抓实基本制度、在科学管理上下功夫；抓准工作方向、在提质增效上下功夫；坚持继承创新、与时俱进，不断夯实基础工作，努力提升基本素质，积极适应新形势、新任务、新要求，为公司建设具有核心竞争优势的化工销售企业打牢根基。

一、完善体制机制，为企业稳健发展提供坚实基础

1.突出组织保障，狠抓基层建设责任落实。公司成立基层建设工作领导小组及办公室，明确由总会计师分管、由企管法规处牵头负责基层建设工作，狠抓责任落实。公司党委定期专题研究部署基层建设工作情况，强化对基层领导班子的日常指导、考核监督和综合评价，切实把两级班子建设成为引领公司发展的坚强集体。深化民主集中制，遵循领导班子议事规则和决策程序。五年来，公司召开议事决策会议116次，集体研究决策生产经营、干部调整、员工薪酬福利等近300次，切实形成靠制度管人、按程序办事的工作局面，有效提升班子的科学决策能力。

为了抓好基层建设工作，公司主要领导亲自带队，组织相关部门负责人多次到华南、西南、西北等先进单位学习交流取经，不断完善公司的管理体

制和机制。基层建设工作领导小组坚持紧抓主题助推基层建设。2017年，公司开展"基础管理年"活动，成立七个专项工作领导小组，着重规范提升基础管理标准，对经营管理中的重点、难点、痛点精准施策，在年度工作思路研讨会上，专门汇报、逐一点评，使基础工作得以进一步夯实。2018年，公司开展"党建质量提升年"活动，落实全面从严治党要求，强化基层党建，夯实基层基础，促进干部员工思想作风持续转变。

2. 突出制度保障，推动基层建设工作规范化、制度化。按照统一规划、分级制订、专业化管理的原则，逐步建立起经营、质量、HSE、党建、廉政建设等8大类160项规章制度组成的制度体系。强化制度执行落实，开展各种专业性现场检查、综合大检查活动，检查制度执行情况，解决制度的操作性弱和执行不到位的问题，严格考核奖惩，切实提升整体管理水平。每年对销售业务、经营管理、基层党建等各项工作制度进行梳理，及时更新。2016年以来，修订完善了《公司"三重一大"决策制度实施细则》《公司二级单位领导班子和中层干部综合考核评价实施细则》《公司绩效考核管理办法》《公司员工培训工作管理办法》《公司员工奖惩管理暂行办法》等30余项管理制度。

3. 突出干部管理，紧抓基层建设"关键少数"。公司认真贯彻执行党的干部路线方针政策，坚持党管干部原则，管标准，管机制，管考核，管程序，强化督办落实、目标管理、素质培养和考核评价，不断提升干部的执行能力和创新能力。落实全面从严治党、从严管理干部的要求，努力建设一支信念坚定、为民服务、勤政务实、敢于担当、清正廉洁的高素质中层干部队伍，保证公司持续稳健发展。根据党章党规、法律法规及集团公司企业领导人员管理规定等制度，结合公司实际，制定《公司干部管理暂行规定》。对干部职数、任职资格、任免过程中的动议、民主推荐、考察、讨论决定、选拔方式等程序进行了明确的规定。建立健全二级单位领导班子和领导人员综合考核评价办法，全面、科学地考核评价二级单位领导班子和领导干部。严格按照德才兼备、专业素质精、领导能力强、群众信任度高、工作业绩突出的原则配备好基层领导班子，强化对中层干部的监督考核以及激励约束机制，对经营管理不合格，生产和经营业绩差的班子及时进行调整，对于考核排名落后的干部进行专门谈话，形成了"职务能上能下"的干部队伍管理机制。五年来，共调整交流干部39人次，11名会管理、能担当的同志走上领导岗位。严肃正风肃纪，仅2017年就立案查处管理人员1起，行政处分管理人员1名，组织处理领导干部2名，诫勉谈话1人，提醒谈话2人，有1名党员干部受到党纪、政纪"双开"处分，在公司上下形成强烈震慑。

4.突出队伍建设，严格选人用人。公司坚持以"抓基层、打基础、强技能、练作风"为重点，加强基层人才队伍建设，注重后备力量培养，逐步改善干部队伍结构。出台了公司《优秀年轻干部培养选拔实施办法》《分公司经理助理培养选拔实施办法》，先后分三批选拔20余名青年骨干到分公司经理助理岗位锻炼，使其在销售一线岗位中增长才干、锤炼作风。有6名35岁以下青年走上了领导岗位，11名年轻员工被评为公司优秀员工。

二、坚持以党建带队伍，不断夯实工作基础

1.创新支部建设新途径。以开展"六个一"党支部创建为基础，以"统一标准、示范带动、重点建设、整体提升"为创建思路，以"党支部委员素质好、工作业绩好、党支部基础工作好、党员队伍教育管理好、职工队伍精神面貌好"为创建内容，以"样板"辐射、带动全公司党支部标准化建设水平的整体提高，该活动入选中国石油新时期党建思想政治工作特色案例。

2.狠抓党建制度落实。严格落实党章党规、集团公司基层党支部工作条例，不断完善以"三会一课"为主要内容的组织生活制度，落实参与生产经营管理的有效机制，全面梳理了6万字20余项党建工作制度，制定《民主评议党员制度》等管理规定，使基层党建工作向制度化、标准化迈进。推行"一名支委联系两个普通党员、一名党员联系一个普通群众"的"121"联动工作法，建立起有困难找书记，有心事找党员的沟通渠道，增强党建思想政治工作的亲和力和吸引力。公司将党建工作与企业改革发展同步谋划、党的组织及工作机构同步设置、党的负责人及党务工作人员同步配备、党的工作同步开展。2017年，公司党委优化整合了总部20个党支部，成立了3个联合

党支部，设置了专职支部书记，选举了新的支部委员，配强强配了支部工作力量。

3. 优选支部一把手。坚持"注重基层、注重实干、注重公认"的用人导向，采用党员推荐、组织考察、直接选举相结合的方式，挑选政治可靠、业绩突出、群众公认并善于做思想政治工作的人担任党支部书记。按照"控制总量、优化结构、提高质量、发挥作用"的原则，每年按照上海市经信委党委部署安排，扎实做好党员发展工作。

4. 开展创先争优活动。以主题教育活动为抓手，加强党员干部学习教育的同时，每年开展党员先锋岗、党员示范区、党员责任区创建活动。公司级"先优模"党员比例始终保持在99%左右，18名省部级先进个人中党员比例达100%，8名党务工作者和党员得到集团公司党组和地方党委表彰，5名党员被授予中央企业劳动模范及集团公司、上海市劳动模范、先进科技工作者等荣誉称号。

5. 健全党建工作考核机制。加强对党支部工作的动态管理和日常监督，将考核结果纳入KPI考核，并严格兑现。增加党支部书记的奖金系数，提高支部书记的待遇。每季度召开党群工作例会对所有支部、党群各部门的工作进行点评，对下步工作进行部署，全面开展了对基层分公司及党支部的巡查工作，有效促进了党建基础工作全面展开。

三、加强宣传思想工作，为基层建设增添新动力

1. 突出特点，聚焦主营主业。以公司"1225"工作思路为指引，紧紧围绕全年任务目标，有针对性地做好新闻宣传、舆论引导工作，凝聚鼓足新时代干事创业、攻坚克难的精气神，为公司加快建设具有核心竞争优势的化工销售企业鼓与呼。

2. 把握重点，抓好主题宣传。因地制宜组织开展系列主题活动的宣传教育活动，重点抓好"形势、目标、任务、责任"主题教育宣传活动，把干部职工的思想行动统一到公司年度工作会议精神上来。组织好"重塑良好形象"宣传活动，加大品牌建设和宣传力度，全方位推进公司形象建设常态

化、长效化。

3. 发现亮点，做强正面宣传。新闻宣传工作坚持定位于基层、基础，笔端向下、镜头向下，以公司党的建设、改革创新、销售经营、安全环保等为重点，加强宣传公司先进典型、工作创新、工作经验，弘扬正气，激励后进，充分发挥激励和导向作用，切实调动和保护好干部员工的工作主动性和创造性。五年来，累计在公司门户网页上发表信息稿件 1600 余篇，在集团公司、上海市经信委党建网、《中国石油报》等上级媒体发表文章近 200 篇。

四、坚持以人为本，凝聚基层组织合力

1. 加强民主管理，建立员工诉求渠道。公司拓宽多种渠道，便于员工反映问题、提出合理化建议，提升公司民主管理水平，营造和谐稳定的工作环境。每年收集员工合理化建议和职工代表提案建议，并由专门小组进行整理分类，由相关的主管领导负责，分解到具体部门落实，并将结果反馈给建议人。多年来，员工的合理诉求和合理化建议做到件件有落实，件件有反馈，满意度达到 100%。同时在办公大楼楼道设置收集群众意见的意见箱，在公司门户网页设置党委书记、总经理邮箱，收集员工意见和建议。

2. 切实关心员工身心健康，全面推行员工健康疗养和带薪休假制度的实施。公司制定了《员工健康疗养实施办法》，并认真有效执行。并根据公司实际情况，及时完善健康疗养制度，组织职工开展制度培训。每年详细了解员工健康疗养需求，制定本年度健康疗养方案，公布符合疗养条件的人员名单，及时跟踪督促员工健康疗养，每年完成率高达 98% 以上，使工以更加健康的体魄开心上班，努力工作。对没有及时疗养的员工，会逐一进行谈话了解情况。领导班子带头带薪休假，对因工作需要不能休假的员工，创造条件补休。

3. 保护员工合法权益，优化员工薪酬福利。公司党委抓住职代会、劳动合同、集体合同三个关键，积极关注员工利益。随着企业 KPI 指标超额完成，使员工薪酬稳步增长。推进合同化、市场化员工同工同酬。改善员工工作环境和驻外人员住宿条件。为员工建立统筹保险等多重保护屏障，推动形

成兼顾国家、集体、个人三者利益的保障机制。

五、抓好典型培育选树，发挥示范引领作用

1. 健全典型选树保障机制。一是管理机制。把典型选树工作纳入公司决策议事日程，明确责任归口部门，从行政、党建两个方面定期开展先进典型选树工作。制定完善选树工作方法、标准、程序，坚持自下而上，把基层民主推荐作为必经程序，注重在职工群众中、日常工作中、急难险重工作中发现先进典型。二是培育机制。建立内部培养、外部推送相结合的先进典型培育机制。内部培养是在公司范围内选树年度先进集体、"四好"领导班子、先进党支部等先进集体，以及先进个人、优秀党员、优秀党务工作者、优秀青年等先进典型。外部推送主抓两条线，一是向集团公司推送；二是向上海市等地方政府及主管部门推送，提升典型的层次和影响力。三是激励机制。坚持精神激励与物质激励并重。精神激励上，不仅授予荣誉称号进行表彰，还大张旗鼓地宣传。物质激励上，除了给予一定的物质奖励，在事业发展上支持先进典型，在职务晋升等方面优先考虑。在学习培训方面优先组织先进个人参加各类专题培训，深入上游生产企业参观学习；在福利待遇方面，建立先进奖励疗养制度，为先进创造放松身心的机会。通过各种激励手段，引导更多的人加入到学先进赶先进的队伍中来。

2. 重视基层先进典型选树。公司牢固树立"典型评选在一线、引领发展在一线"的思想意识，重视基层先进典型选树的示范作用。近年来，公司基层单位获得了一系列荣誉。2013年7月，杭州分公司被集团公司评为"基层建设百个标杆单位"；2015年4月，杭州分公司荣获集团公司先进集体称号；2016年6月，上海仓储分公司党支部被集团公司党组评为"先进基层党组织"；2016年6月，上海仓储分公司党支部被国务院国资委党委评为"中央企业先进基层党组织"；2017年4月，上海仓储分公司被集团公司授予"铁人先锋号"称号。

3. 抓好先进典型推用。高度重视先进典型的示范引领作用，注重推广交流，注重以点带面，注重线上线下联动，内部外部统筹，起到"点亮一

盏灯，照亮一大片"的辐射效应，扩大先进典型、先进经验的影响力与引导力。坚持面向全员。针对公司人员少规模小的实际，让先进典型在全员范围进行推广交流，拉近了典型与群众的距离，打牢了先进典型的群众基础，注重以点带面。做到既宣传推广有普遍意义的典型，也宣传推广具有特殊性的典型，采用抓点带面、解剖麻雀的方法，实现典型与员工共同提高共同进步的目的。做好线上线下联动。充分利用公司门户网站、微信公众号、抖音、办公平台等新媒体，让先进典型与员工线上互动交流；同时，线下通过座谈宣讲、表彰大会、观摩学习、书面交流、联合检查等渠道，全方位、多层次交流，拓展典型辐射效应、带动效应。抓好内部外部统筹。注重先进典型、先进经验的积累提高，优先在内部推广交流，确保选树的典型经得起考验。待条件成熟，抓住时机，将立得住、叫得响的先进典型向社会推广介绍，参加社会上的经验交流互动，扩大典型影响，树立公司品牌形象。

六、强化学习培训，推动员工素质持续提升

面对新形势、新任务、新机遇和新挑战，公司坚持从实际需要出发，采取多种有效措施，促进员工队伍素质不断提高，为公司发展提供人才支撑。

1.注重思想教育，凝聚发展合力。抓好员工思想教育是提升队伍整体素质的前提。贴近实际抓学习，注重政治理论学习与理论研讨的双向结合，采取集中与自学、通读与座谈、内培与外送相结合的办法，做到"规定动作"与"自选动作"相互衔接协调，努力提升政治理论水平和实践认知能力。采取课题攻关、分片交流、网上发布等形式，拓展理性认识，探索发展举措，提高研究效果，努力为公司发展提供智力支持。

2.完善培训机制，营造良好氛围。公司认真落实集团公司有关规定，结合实际，制定员工培训工作管理办法，每年详细制定培训计划和激励机制，并认真贯彻落实。坚持培养与使用相结合、激励与约束相结合的原则，把员工参加培训的效果与晋升、薪酬、奖励紧密结合起来，逐步使员工转变"让我学"为"我要学"。完善培训效果的评估机制。把培训效果评估作为培训工作重要一环，及时准确做好各项培训记录，完善培训后续调查，通过采用

填写培训效果评价表，听取培训学员的反馈信息、撰写培训体会等方式，对培训效果进行综合评价，提高了培训的针对性和实效性。

3. 精心组织系统培训，提升培训实效。深化全员基本功训练和人才动态管理，广泛开展岗位练兵、技术比武、现场培训、市场论坛、师带徒和劳动竞赛活动，搭建员工技能展示平台，调动员工成长成才的积极性，促进员工整体素质的提升。先后有 32 名同志获得岗位标兵称号，有 82 名同志荣获岗位技能能手。

4. 抓好重点人员培训，丰富培训内容。根据形势任务需要，公司不断加大培训工作力度，强化培训工作的针对性和实效性，提高组织各项培训工作的频率，在培训项目数量、质量、接受培训人次等方面都有一定增长。一是扎实推进处级干部培训，实现全体党员领导干部十九大精神学习全履盖。2018 年 4 月 9 日至 13 日，公司党委在上海市委党校第五分校举办党的十九大精神专题培训班，用十九大精神武装头脑、指导实践、推动工作。公司副处级领导干部、党支部书记共 40 余人参加培训。发挥远程培训学习的作用，加强对十九大精神的学习。公司制定党的十九大精神学习培训计划，有序组织党员认真进行网络学习、网络考试，并及时进行跟踪考核。二是分两期组织全体中层干部分别于 2017 年 9 月 24—30 日、10 月 9—15 日赴北京石油管理干部学院进行了脱产培训学习。三是 2017 年 8 月下旬与 9 月初，公司分两期组织了 60 名青年骨干赴吉林石化、兰州石化进行实地培训，使青年骨干增长了见识，开阔了视野。

5. 推进全员阅读，打造书香企业。公司认真落实集团公司送书工程，制定"双十"全员读书活动实施方案。根据实施方案，3 年中完成了 10 本书的学习，共开展 3 次读书答题活动，共 321 人参加活动，收到试卷 3210 份。通过"双十"全员读书活动，有效提升了员工文化素质与知识水平。在集团公司团工委举办的主题为"书香宝石花·点亮青春梦"的"双十"读书竞赛活动中，公司代表队荣获读书知识竞赛总决赛三等奖。

思考与建议

1.大兴调查研究之风，推进新时代基层工作。要开展经常性调研，深入基层、深入群众，及时了解在上面难以听到、不易看到和意想不到的新情况新问题，掌握第一手资料，总结群众的经验和创造，发现问题和触及矛盾，以利于不断推进和深化各项工作的落实。

2.不断完善干部业绩考核评价及退出机制。要找准定性与定量的平衡点，适当增加定量考核，优化定性考核。要根据干部不同工作性质和不同工作分工，进行考核指标分设，实行分类考核，准确评价工作贡献。同时，希望集团公司出台干部提前退出岗位政策，优化干部队伍结构，让年轻有担当、有能力的干部尽早走上领导岗位。

3.着力完善企业党建工作机制，为党建工作提供保障。要完善党建干部人才的选用配置、成长激励机制，为党务工作者成长、成才搭建平台，加大政治关怀。希望集团公司切实制定措施，解决专职党支部书记的职级问题。要完善党务干部与业务干部的交流机制，畅通干部双向流动渠道，避免党建工作虚化、弱化，提高干部员工对党建工作的重视程度，推动党建工作与中心工作深度融合。

4.完善员工培训机制。培训是增强员工能力素质的重要手段。一方面公司层面要优化培训计划，合理设置培训目标，增加个性化培训项目选项，丰富员工培训选择。创新培训方式，让受训者乐于参与。另一方面要建立培训效果评价体系，探索学员培训学分制，建立学员负面言行清单，警示学员消极怠慢行为，切实提高培训效果。

5.推动基层建设标准化。在顶层设计上制定基层易理解、易操作的具体目标、要求和标准等，强化监督执行落实，杜绝执行内容、工作范围、标准要求的层层衰减和简略现象。

6.不断完善激励机制。不断完善薪酬分配、职位晋级和评先选优等激励机制。无论是物质激励还是精神激励，要做到员工付出与回报相匹配，使员工既任职负责又心情舒畅，激发员工出干事创业的劳动热情。

加强基层建设　夯实管理基础

华南化工销售公司

华南化工销售公司在基层建设调研中，通过召开座谈会，广泛征集基层意见建议，全面掌握基层状况，分析了形势和任务，并就进一步加强基层建设提出对策和建议。

一、基层建设情况

1. 深化基础管理，强化制度建设。公司以提高规章制度执行力，提升合规管理水平为目标，积极开展规章制度建设和管理工作。一是规范了公司规章制度在立项、审批环节的工作要求，简化了审核程序，提高了工作效率。二是开展全员学制度活动。通过全员学制度活动的持续开展促进了公司规章制度执行力的提升。三是开展公司规章制度清理、评价工作。对现行规章制度的适用性、合规性、有效性进行评价，开展规章制度制修订工作，2017 年公司新增制度 7 项、已修订制度 30 项，废止制度 3 项，公司现建有规章制度 134 项。

2. 加强基层班子和员工队伍建设。公司把加强基层领导班子建设作为稳健发展的根本保证，以建立基层领导班子管理长效机制为核心，不断加强基层领导班子的理论武装、选拔配备、能力建设和考核评价工作，切实提高基层领导班子的服务发展能力、整体突破能力和业务创新能力。一是注重班子结构搭配，选优配强基层领导班子。在各二级班子配备过程中，公司落实班子配备年轻干部的相关要求，注重班子成员间年龄结构、专业所长、能力互补等因素，确保优秀年轻干部在班子调整补充时占有一定比例，以事择人、人岗相适、用其所长，做到优势互补、气质相容，进一步充实和加强了公司二级班子力量，整个班子更加充满生机和活力，促进了带队伍、抓管理的能力提升，使公司干部队伍年龄结构更趋合理，年龄梯度更趋科学，以老带新格局初步形成，不断锤炼年轻干部辨别能力、政治定力、实践能力和优良作风，年轻干部培养机制初步建立。二是加强履职考核，提升履职尽责能力。公司以管理职责为依据，以工作目标为载体，合理设置考核指标，紧紧围绕二级班子和干部落实公司各项决策部署及日常履职尽责情况，通过采取分层次、多维度、多视角的民主测评、员工访谈、问卷调查等方式量化打分，将年度综合考核评价和日常了解掌握情况相结合，与一贯表现进行比较、相互印证，确定二级班子和中层管理人员综合考核评价等级，形成包括履职总体情况、指标考评情况、部门服务满意度情况和后备干部民主推荐情况等内容的综合考核评价报告。通过不断改进考核和监督管理工作的方式方法，公司各二级班子和中层干部责任意识显著增强。

公司树立了"注重品行、崇尚实干、重视基层、群众公认"的用人导向。一是注重从一线艰苦岗位、从优秀青年员工中选拔干部。从一线岗位提选拔优秀年轻干部走上领导岗位，扭转了公司中层干部年龄偏大、年龄相对集中、年龄结构断层的问题。二是开展干部岗位刚性交流。按照集团公司和公司干部交流相关规定，为丰富阅历、提升素质、激发热情、防范风险，不断培养锻炼干部、促进公正履职，公司结合干部岗位调整，经过系统性整体性设计，积极稳妥推进了中层干部交流工作。三是加强后备干部队伍建设。大力推进"人才强企战略"，建立了包括处级、副处级和正科级，平均年龄36.6岁的后备干部队伍，从年龄结构、专业熟度等方面均形成合理的结构，储备了一批数量充足、结构合理、素质优良的后备接替力量。

党委下设10个党支部，其中4个机关支部和6个分公司党支部；共有党员130人，占员工总数的55.31%。各基层支部深入开展"六个一"党支部创建工作，落实"三会一课"制度。建立党建工作责任制，扎实推进"四合格四诠释"岗位实践活动，开展创先争优活动，紧紧围绕公司发展大局，推动党建工作与经营深度融合。

3. 完善措施，保障员工切身利益。认真落实集团公司和公司惠及员工的各项政策。落实员工健康疗养、带薪休假、探亲休假、健康体检等制度，管理好使用好"员工同心互助基金"，充分发挥企业补充医疗保险作用，切实提高员工医疗保障水平。关心群众生活，了解群众困难，组织员工进行健康疗养等活动，增强员工归属感，营造工作和生活的双和谐，坚持为群众诚心诚意办实事使企业的发展成果惠及每一名员工。一是进一步优化人力资源配置和创效能力。严格按照精干高效原则，优化岗位设置，优先保证关键要害岗位人员配备，组织机构运行精干、高效，确保了公司营销调运主营业务的有序高效运行。二是强化工效挂钩，调整内部分配关系。持续完善以效益为中心的激励约束机制，进一步健全完善员工岗位管理和薪酬分配配套机制，坚持效益导向，合理优化分配关系，加大工效挂钩以及薪酬分配与考核结果的挂钩力度，有效发挥了绩效考核的激励约束作用，引导员工牢固树立了"效益升薪酬升、效益降薪酬降"的理念。三是充分保障员工休假权利。制定了《公司考勤和休假管理办法》及《公司考勤和休假管理办法补充规定》，全面落实年度休假制度，保障员工身心健康，维护了公司正常的工作秩序，确保了各项经营活动顺利进行。四是加大评先选优工作。结合公司经营管理工作涌现出的先进典型，评选季度党员先锋岗、营销标兵、服务标兵、年度先进工作者、优秀共产党员、优秀党务工作者、五四优秀青年。

4. 弘扬石油精神，强化干部思想教育。公司党委始终把抓好干部的思想理论教育和综合素质培训放在首位，以"两学一做"教育、"四合格四诠释"教育活动和党组织建设等为契机，举办中层干部培训班、党务干部培训班、专题辅导讲座和外出参训等，分期分批组织培训，引导干部坚定理想信念、增强党性观念，树立正确的权力观、事业观、业绩观和名利观，有效提升了广大干部员工队伍整体素质。

5. 加强员工培训，实施素质提升工程。公司按照"覆盖全员，突出重点"的要求，紧紧围绕打造国内一流精品化工销售企业的发展目标，坚持教育培训以集团公司年度培训计划为主线，以公司年度两级培训计划为依托，以理想信念、党性修养、政治理论、政策法规、道德品行教育培训为重点，并注重业务知识、科学人文素养等方面教育培训，积极采用"请进来"与"送出去"、集中培训与岗位学习等相结合的方式，组织基层岗位管理人员进行培训，有效提升了基层队伍整体素质，为不断提升公司综合竞争实力提供了保障。一是建立健全管理机制，使基层教育培训工作进一步规范化。公司加大基层培训教育考核力度，将各部门、各单位培训教育工作开展情况纳入绩效考核体系，人事处对各部门、各单位培训教育计划执行情况不定期地进行现场督查、指导，实行一级抓一级，层层抓落实。二是认真开展多种形式的教育培训。在认真组织和引导党员干部学习法律法规、安全环保、电子商务、期货、保密管理、国防知识等各方面知识的基础上，对新入职大学毕业生，在做好入职培训教育的同时持续推行导师带徒的方式加强岗中培训，签订师徒合同书，明确师徒的职责、权利和义务、合同期限、教学计划与传授内容。通过老员工传帮带作用的发挥来提高新入职大学毕业生的岗位履职能力；着力实施炼化企业生产现场培训，选派新入职大学毕业生和部分年轻业务管理人员，分三批先后到大庆炼化、大连石化、广西石化等炼化生产企业进行现场学习交流，实现了对化工产品由理性认识到感性认识，加强了对石油精神的传承，丰富了岗位业务知识，业务能力不断提高，文化建设不断加强。通过汲取知识，更新观念，做到学以致用，真正把学习培训转化为自身素质技能的提高和熟练驾驭市场的本领，营造出了公司上下齐心协力、奋发进取，干事业、求发展的良好企业文化氛围；加强员工在岗、转岗培训，尤其对转岗人员开展了转岗培训和危化品资质证书培训，提高员工岗位素质，为有效实施岗位轮岗，达到"一岗精、多岗通"提供了保证；组织开展岗位练兵活动，开展劳动竞赛、合理化建议征集等活动，持续深化读书活动，营造"悦读人生、品味书香"良好氛围，进一步丰富员工的专业知识。

二、持续加强基层建设，夯实管理基础

通过开展基层调研活动，发现基层单位好的经验做法，同时也发现工作的中不足。

1.钦州调运分公司以"三化"促安全环保，以"四结合"促员工成长。

通过经营管理标准化、安全环保信息化、业务安全融合化的"三化"建设，构建了科学的本质安全保障体系，使安全环保管理精细化水平显著提升，为经营管理提供了基础保障；通过把信任放权与强化指导相结合、在岗学习与轮岗练兵相结合、集中学习与自主学习相结合、内部培训与委外培训相结合的"四结合"人才培养模式，培养出一支业务精湛、作风过硬的精英团队。

2.南宁销售分公司在思维创新、知识更新、服务用心上下真功夫。一是破除"从众思维""经验思维"，培养团队独立思考能力、创新意识，建立团队容错机制，鼓励尝试，激励挑战，运用新思维、新方法、新工具切实提升工作效率和工作质量。二是注重知识更新。加强与总部技术人员及生产企业专家的业务交流，邀请技术服务专家现场讲解相关产品知识。三是服务用心。加强售前沟通，挖掘客户需求，做好售前服务。由被动等待客户向主动引导客户转变；为客户传递有价值信息；倾听客户需求，提供最优解决方案，把潜在需求转化为实际成交，做好售中服务；快速响应，及时解决客户提出的问题，热情主动在情感上疏导客户不满情绪，树立专业形象，提升客户满意度，做好售后服务。

3.分公司突出阵地建设，发挥党建活动室功能。本着"规范、实用、节约"的原则，充分利用分公司现有办公条件，突出阵地功能，突出标准化管理，建设功能齐备、管理规范、特色鲜明的"党员之家"。即集组织生活和党员学习教育场所、党建基础资料管理、党支部荣誉陈列展示、党员读书角、活动展示、厂务公开和宣传阵地等功能于一体；明确专人负责日常管理，实现文件柜和桌椅摆放定制化，党建基础资料管理分类化、目视化、责任化，报刊书籍等党建学习资料分类管理、规范借阅；突出国有企业大党建格局宣传特点，强化阵地宣传作用，把党员活动室打造成外界认识分公司的窗口和分公司员工认识分公司历史、荣誉的窗口，增强基层集体荣誉感和团队凝聚力，进一步提升分公司党建工作规范化、制度化水平，积极推动分公司党建工作与经营活动深度融合，促进分公司和谐稳健发展。

抓基层　打基础
推进基层建设工作持续创新

西南化工销售公司

西南化工销售公司高度重视基层建设工作，把基层建设作为夯实发展基础、实现企业提质增效的重要抓手，坚持抓基层、打基础，推进基层建设工作持续创新，增强发展活力，取得了较好成效。

一、注重加强基层支部建设

1. 选优配强支部班子。坚持全覆盖，按照"三同时"原则，做到业务工作延伸到哪里，党的工作就开展到哪里，充分发挥基层支部战斗堡垒作用。公司在 8 个基层单位均建立了党支部，按时做好支委换届改选，选优配强基层支部书记，充实基层党务干部，选举政治素质好、业务能力强的干部担任支部委员，发挥支委一班人的带头表率作用。对一些工作能力薄弱的基层班子及时进行调整，推进基层党建工作、经营业绩、内部管理显著提升，政治生态持续向好。在党支部班子的配备上，公司鼓励年轻同志参加支部管理和建设，在新改选的支部中，年龄在 35 岁以下的支部委员占到了总数的 24%，党支部力量得到持续增强。

2. 组织开展支部达标晋级活动。坚持"党的一切工作到支部"的导向，以支部达标晋级为载体，开展创建党支部标准化工作。制定党支部达标晋级实施方案和考核评价标准，加强党建基础工作，建立党员活动室、党建宣传阵地，各基层支部结合实际组织富有特色的活动，如贵州支部开展"一面旗、两手抓、三块板"等活动，加强党性锻炼，较好地统一了党员思想认识，通过党员的模范作用激发全员主动工作的热情，产品直销率、市场占有率分别达到 60% 和 70% 以上，较好地促进了业绩提升。处于销售一线的业务三处党员发挥带头作用，坚持深入客户调研走访，扎实做好四川石化和云南石化液体产品的销售，在不足 10 人的情况下，党员干部个个独当一面，2017年销售产品 151 万吨，同比增加 40 万吨，创效 1.5 亿元。

3. 扎实开展专题教育实践活动。按照党委统一部署，先后组织开展党的群众路线教育实践活动、"三严三实"专题教育、"两学一做"学习教育、"四合格四诠释"岗位实践等主题活动，以及"重塑良好形象"大讨论活动。通过学习教育、专题研讨，组织专题民主生活会、专题组织生活会、民主评议党员等活动，密切联系实际，深入查找问题，不断整改提高，坚定了党员理想信念，纯洁了党员干部队伍，密切了党群干群关系。

4. 持续强化党内监督。坚持全面从严治党向基层延伸，高质量召开基层支部组织生活会，全程督导、严格把关，深入对照检查，切实解决问题，增强了基层班子战斗力；开展对所属分公司的党内巡察，促进"两个责任"落实和干部作风转变，推进从严治党向基层延伸。首个接受公司党委政治巡察的陕西支部深受触动，领导班子带头提高政治站位，增强了团结协调，营造了风清气正的良好环境。针对销售企业廉洁风险高，四川分公司班子带头加强自我净化，坚持按制度办事，强化纪律规矩意识，主动接受群众监督，提高了队伍的免疫力。

二、注重完善基层建设体制机制

1. 狠抓基层建设责任落实。公司党委定期专题研究部署基层建设工作情况，强化对基层领导班子的日常指导、考核监督和综合评价，切实把两级班子建设成为引领公司发展的坚强集体。深化民主集中制，遵循领导班子议事规则和决策程序。公司主要领导亲自带队，每年多次组织相关部门负责人深入基层调研指导，帮助基层解决实际问题，对经营管理中的重点、难点、痛点精准施策，专门召开基层建设工作研讨会，开展工作交流，推广典型做法，使基础工作得以进一步夯实。

2.基层建设工作规范化、制度化。按照统一规划、分级制订、专业化管理的原则，逐步建立起经营销售、财务、价格、技术服务、安全环保、人事劳资、党建等15个类别166项规章制度组成的制度体系。强化制度执行落实，开展制度培训，检查制度执行情况，解决制度的操作性弱和执行不到位的问题，严格考核奖惩，切实提升整体管理水平。每年对销售业务、经营管理、基层党建等各项工作制度进行梳理，及时更新。2016年以来，修订完善了《公司规章制度管理实施办法》《公司"三重一大"决策制度实施细则》《公司内控与风险管理实施细则》《公司劳动用工管理办法》《公司一般管理岗位职级聘任办法》《公司全员绩效考核办法》等40余项管理制度。

3.狠抓基层班子建设。公司认真贯彻执行党的干部路线方针政策，坚持党管干部原则，管标准，管机制，管考核，管程序，强化督办落实、目标管理、素质培养和考核评价，不断提升干部的执行能力和创新能力。落实全面从严治党、从严管理干部的要求，努力建设一支信念坚定、为民服务、勤政务实、敢于担当、清正廉洁的高素质中层干部队伍，保证公司持续稳健发展。根据党章党规、法律法规及集团公司企业领导人员管理规定等制度，结合公司实际，制定和修订了《中层干部管理暂行规定》，明确了中层干部选拔任用工作规范，强化党委、分管领导和组织部门选拔任用和考察识别干部的责任。对干部职数、任职资格、任免过程中的动议、民主推荐、考察、讨论决定、选拔方式等程序进行了明确的规定。严格按照德才兼备、专业素质精、领导能力强、群众信任度高、工作业绩突出的原则配备好基层领导班子，强化对中层干部的监督考核以及激励约束机制。匡正选人用人风气，近两年先后对7个基层单位班子进行了调整充实，交流干部10名，基层领导班子涣散、员工队伍士气低落的状况迅速扭转，面貌焕然一新，提升了员工满意度，新提拔中层干部民主推荐得票率平均达到73%，信任投票赞成率平均达到95%。

4.加强人才队伍建设。公司坚持以"抓基层、打基础、强技能、练作风"为重点，加强基层人才队伍建设，注重后备力量培养，逐步改善干部队伍结构。搭建员工成长成才平台，夯实发展根基。结合基层实际，组织开展特色鲜明、亮点突出的教育培训，建立完善了专业培训机制，仅2017年，自主开展各类培训45场次，基层员工受培训面达100%。公司还邀请大连交易所、上海信息平台等机构的专家开展期货知识、煤化工产业现状与发展、化工市场发展趋势等专题讲座，拓展员工知识和视野。同时，将培训和岗位实践锻炼相结合，理顺了员工凭借素质能力和岗位贡献晋升的通道，启动了中断多年的岗位职级聘任工作，将职级晋升向基层倾斜，公司23名基层员工职级得到晋升，解决了员工长期关切的遗留问题，稳定了员工队伍，激发了员工提升岗位技能的内生动力。

三、注重基层思想文化建设

1. 把思想政治建设放在首位、落到基层。推进"建设学习型组织、争当学习型员工"活动，坚持每季度制定学习计划，按月编发学习资料，深入学习习近平新时代中国特色社会主义思想，深入开展社会主义核心价值观教育和理想信念教育，将学习教育和研讨相结合，不断丰富形式、创新方法，让学习入脑入心，提升基层干部员工思想境界，促进观念转变。

2. 传承弘扬石油精神，增强使命担当意识。深入开展大庆精神铁人精神再学习再教育，弘扬石油传统文化，构筑共同的价值取向。邀请"石油魂"报告团成员来公司作专题报告，组织专题研讨。紧密联系基层和员工实际，开展员工上讲台、岗位讲述、经验分享、主题征文等活动，让员工讲创业故事、讲创新故事、讲身边故事，两年来各基层单位组织活动累计达210多次，基层员工岗位讲述60余场，报送主题征文稿件50多篇，其中近40篇在公司报刊网络刊载交流。开展先进评选和青年先锋推荐活动，选树标杆，发挥先进典型的带动和榜样引路作用。通过传播西南化工声音、讲好西南化工故事，传递正能量，激励干事创业激情，干部员工普遍接受了一场思想大洗礼。

3. 深入开展主题教育活动。广泛开展主题宣讲，开展"忆传统、谈责任、话发展"活动、老员工讲述公司创业发展历程，新员工话体会感想，增强对企业的认同感和责任感。两年时间公司领导带头深入基层调研宣讲20余场，与员工谈心交流、答疑解惑，让干部员工全面认清所面临的形势，全面了解集团公司决策部署，全面把握企业发展的目标任务和工作要求，提振了精气神，增强了发展信心。

四、注重建设和谐团队

1. 推进"家"文化建设，构建人企价值相统一的和谐文化。落实《中国石油企业文化建设工作条例》，遵循集团公司"六统一"要求，制定员工行为规范，总结提炼具有公司特点的企业理念，培育形成具有自身特色的基层文化，开辟文化宣传专栏，建立文化学习园地和企业文化教育基地。搭建沟通平台，公司先后举办青春朗读者、员工摄影书画展、职工运动会，持续组织员工户外健身、素质拓展、球类比赛等，做到员工参与有载体、创新有舞台、教育有阵地。通过团队活动，培养员工积极乐观、健康向上的阳光心态，形成团结协作、包容感恩、和谐友善的人际关系，增强了企业凝聚力和向心力。

2. 开展"凝心聚力重塑形象"主题活动。结合集团公司"弘扬石油精神 重塑良好形象"活动，各基层单位按照公司党委部署要求，组织开展"凝心聚力、塑造形象"主题活动，狠抓思想统一、队伍融合和班子建设。湖南支部突出领导干部这个"关键"，从领导班子、领导干部抓起，扎实推进"三比三看"，靠真抓实干凝聚人心，用经营业绩汇集力量。云南分公司突出推进发展这个"主题"，咬定青山不放松，克服了报价、结算、认证等诸多困难，经过不懈努力，今年5月份成功实现聚丙烯打入东南亚市场。四川支部突出化解矛盾这个"根本"，组织员工谈心谈话60余人次，收集问题建议44条，全部落实解决。彭州调运部突出文化引领这个"灵魂"，帮助员工养成爱岗敬业、诚实守信、团结协作、包容感恩的品格。

3. 以化解矛盾为着力点，切实解决员工合理诉求。广泛开展交心谈心活动，着力了解基层员工所思所想，去年以来，基层干部员工之间开展交心谈心270多人（次）。通过谈心交流，沟通思想、增进理解、消除误会，融洽了干群关系。开展影响稳定和制约发展的因素大排查，着力从思想认识上挖根源、从作风行为上找差距，查摆存在的突出矛盾和问题，通过自查和调研、征集意见建议、问卷调查等方式先后梳理出问题清单 221 项，制定整改措施 181 条，员工比较关注的选人用人、会风奢风等问题得到整治，普遍关心的薪酬分配、住房补贴、办公环境等诉求逐一解决，基层员工反映的夫妻两地分居、生活补贴等个性化问题也得到较好落实。化解了企业多年积淀的矛盾和问题，员工心气顺了、信心足了，工作热情也高了。

五、注重改革创新

1. 推进改革创新，激发基层活力。坚持问题导向，推进目标管理，2017 年公司确定的 8 个方面 13 项改革课题，其中 11 项涉及基层，推进的各项管理创新工作全部与基层相关。在改革中巩固和深化区域化销售模式，实施简政放权，优化业务审批流程，扩大基层自主权，下放审批权限 54 项，年减少公司领导审批逾千次，更好地适应了化工市场瞬息万变的特质，提高了工作效率。探索建立以差异化、模拟成本核算为基础，资源配置与业绩指标"双评价"考核体系方案，较好地促进了基层单位提质增效的主动性和积极性。公司将分散在分公司、业务处的结算业务集中管理，剥离基层单位的调运、仓储职能。重庆分公司仓储业务剥离后，全力开拓市场，设立 8 名客户经理岗位，落实"四个一批""两轮驱动"举措，新开发终端厂家 9 个，直销率从原来的 32% 提高到 50%。彭州调运部精简优化岗位，员工总量从 30 多人精减为 18 人，提高了工作效率。

2. 统筹区域发展定位，打造区域销售新优势。聚焦销售主业，充分发挥基层贴近市场、贴近用户的优势，进一步下沉营销重心，强化"专业化管理、区域化销售"经营模式，采取一地一策、因地施策，提出了川渝做大做强、云贵做精做优、湘陕做专做细的思路。2017 年，所辖各基层分公司不论销量还是利润均实现了较快增长，并在营销中较好地体现出自身特色和优势。四川、重庆分公司销量分别突破 55 万吨、30 万吨，营销主市场地位得到巩固；贵州分公司销售 17.5 万吨、增幅达 26.5%；云南分公司量效并重，价格到位率保持领先；陕西、湖南分公司地处煤化工前沿、中国石化腹地，直面煤化工和中国石化等激烈竞争，生存发展空间受到严重挤压，党支部组织党员群策群力、以变制变，趟出了一条"人无我有、人有我特"稳量增效的路子，去年陕西管材料销量突破1万吨，湖南销售聚丙烯专用料比例达到28%。

六、加强基层建设的思考与建议

1. 大兴调查研究之风。基层建设总是在持续改进中提升，而深入基层调查研究正是了解情况、发现问题、把握规律、推动工作的重要渠道和工作方法。要开展经常性调研，深入基层、深入群众，及时了解在上面难以听到、不易看到和意想不到的新情况新问题，掌握第一手资料，总结群众的经验和创造，发现问题、触及矛盾，不断推进和深化各项工作的落实。

2. 着力完善企业党建工作机制。落实全面从严治党是企业肩负的重要责任，将党建工作融入中心，推动企业改革发展，需要在完善企业党建工作机制上下功夫。要完善党建干部人才的选用配置、成长激励机制，以及党务干部与业务干部的交流机制，畅通干部双向流动渠道，为党务工作者成长、成才搭建平台，提高干部员工对党建工作的重视程度，推动党建工作与中心工作深度融合。希望集团公司制定措施，解决专职党支部书记的职数及职级问题。

3. 推动基层建设标准化工作。从基层组织设置、班子队伍建设、工作目标、工作载体、运行机制、保障机制等方面建立标准，回答怎么建、建成什么样等问题，在顶层设计上制定基层易理解、易操作的具体要求。

4. 不断改进和考核评价机制。行之有效的考核评价体系在调动干部员工积极性，推进企业发展方面具有重要作用。在考核评价中，要找准定性与定量的平衡点，能量化的尽可能量化考核，优化定性考核，因地制宜进行考核指标分设，实行分类考核，准确评价工作贡献。发挥薪酬分配的激励作用，修订全员绩效考核办法，建立更加符合实际的考核指标和管理模式，试行基层单位变动薪酬按定员管理，鼓励各单位减少用人，提高劳动生产率。建议集团公司研究出台一些指导意见。

立足新时代　展示新作为
实现科学化管理水平新提升

东北销售分公司

东北销售分公司党委始终高度重视基层建设，坚持问题导向，针对基层建设整体开展情况、制度执行、基础工作、基层党组织作用发挥等环节，以落实党建工作责任为抓手，采取有效措施，全面推进基层建设，有效提高了科学化水平。

一、基层建设基本情况

公司党委依据集团公司《基层建设纲要》建设，制定印发了基层建设实施细则，确定基层建设标准，成立由公司主要领导为组长，班子副职、助理为成员的基层建设领导小组，明确基层建设办公室设在党群工作处，设立基层建设管理岗，以加强基层领导班子和党支部建设为核心，以夯实基础管理为重点，以提高职工基本素质为根本，全面加强基层建设，基础管理进一步夯实，员工队伍基本素质不断提高，公司整体管理水平持续提升。目前，公司各级基层组织机构健全，队伍精干高效。

二、基层建设典型做法及成效

（一）健全基层党建责任体系

基层建设的核心是基层党的建设，公司党委牢固树立"抓好党建是本职，不抓党建是失职，抓不好党建是不称职"的责任意识，努力构建一级抓一级、一级带一级、一级对一级负责的责任体系，形成层层重视党建、事事融合党建、处处依靠党建的良好局面。

1. 明确责任分工。公司党委细化党建分工，在先行明确公司7名班子成员党建责任分工的基础上，指导所属22家基层党委班子和80个党支部班子全面完成了党建责任分工。通过明确党建职责，促使各党组织班子成员既担当分管行政业务领域的党建工作总体责任，又担当党组织统一分配的党建工作专项领导责任，有力推动了党组织书记"第一责任"和党组织班子成员"一岗双责"的有效落实。

2. 健全责任清单。公司党委精心编制上下贯通、层层压紧、环环相扣的基层党建工作责任清单体系。依据年度党委工作要点，每年初编发任务分解表，明确各级党组织、党委相关部门和党组织书记、部门负责人的党建工作责任清单。每月初，分解下发月度重点工作任务分解表，每月末考核通报重点工作完成情况，有力促进了党员干部种好党建工作"责任田"的思想和行动自觉。同时，制定党风廉政建设责任清单，明确公司两级党委、两级纪委、业务部门等五个层级的36项党风廉政建设责任，层层签订《党风廉政建设责任书》和《领导干部廉洁自律承诺书》，促使各级领导干部自觉承诺践诺，主动接受监督。

3. 创新机制推进落实。经过多年实践，公司党委建立并完善了"党建工作会议部署、年度工作要点统领、季度工作例会推动、月度分解考核督办"的党建工作运行机制。做到每两年召开一次全系统党建工作会议，安排部署一个时期的党建工作；每年精心研究制定年度党委工作要点，安排全年党委重点工作；每季度召开党委书记工作例会，专题研究阶段性重点工作；每月安排党委重点工作，月末通报考核结果。这一工作运行机制，为党建工作责任的有效落实提供了可靠保障。

4. 完善制度体系。以党章以及中央、集团公司下发的法规制度为依据，健全完善公司党建工作制度体系，先后下发基层党支部工作条例、党员干部深入基层调查研究制度、思想政治保障体系建设实施细则、党支部达标晋级管理实施细则、党支部书记队伍建设管理办法等制度，为公司基层党建科学化水平的持续提升提供了制度保证。

5. 丰富载体推进落实。公司党委每年确定一个工作主题，每年明确一个载体，不断提高党建工作科学化水平。2014年，开展公司机关作风建设活动，着力培养忠诚干净担当的党员干部队伍。2015年和2016年，先后开展"作风建设提高年"和"强作风、树形象"主题活动，持续巩固作风建设成果，推动作风建设常态化长效化。2017年，围绕"一年提高、三年规范、五年达标"的支部建设规划，开展"党支部建设提高年"主题活动，以《党支部工作手册》规范支部建设，每季度评选表彰10个先进党支部并颁发流动红旗。2018年，开展"党支部建设规范年"主题活动，以"九规范、九抓好"为主要内容，不断夯实基层组织基础，推进各党支部在工作规范上有新进展、工作活力上有新提升、服务发展上有新成效。

6. 强化督查推进落实。建立落实党建责任专项督查机制和党员干部指导联系机制，成立由4个党委职能部门和机关党委牵头的5个专项督查组，每季度分片区开展落实党建责任专项督查考评，形成督导全覆盖工作格局，切实把党建责任层层压实、环环扎紧。

（二）强化基本组织

坚持健全规范与务实管用相结合，抓组建、抓规范、抓提升，在21家基层单位和公司机关设置基层党委22个；基层党委下设党支部，覆盖机关科室（处室）、油库、班组；结合实际设置党小组，组织结构清晰规范、运行高效。按期组织两级党委和党支部开展换届选举，2016年下半年，公司94个党支部和22个基层党委严格按程序规范完成了换届选举，在此基础上于2016年12月末召开公司第三次党代会，完成公司党委、纪委换届选举。2017年公司"五定"完成之后，各基层党委及时根据部门和人员调整情况，同步调整党支部设置和党员归属，支部数缩减为80个，并全部配齐党支部书记、组织纪检委员和宣传委员，促进了党支部战斗力不断增强。注重党务干部能力建设，每年举办集中培训，有效提高了党务干部党性素养和工作水平。

（三）发挥典型引领作用

公司党委将"创先争优"作为公司党委工作主线，纳入"111359"总体工作思路，制定公司《先进评选及奖励管理规定》，坚持每年"七一"前后表彰"两先两优一模范"，每年职代会上表彰年度先进单位、安全管理先进单位、标杆油库和劳动模范、员工标兵，每两年表彰一批青年文明号、杰出青年等，经常性评选表彰季度主题活动先进集体和竞赛标兵等，不定期评选表彰各专业线先进集体和个人，围绕中心、服务大局，以党工团为主体，以专业线为补充，基本构建形成了每个单位有先进典型、各个层级有先进典型、每条专业线有先进典型的创先争优工作格局。

坚持在顶层设计时定标准、定程序，在基层推荐时严把关、重民意，在评选过程中普遍采取基层投票、专业线评价、外部客户评价、公司领导评价相结合的方式，以绩效考核为重要参考依据，在此基础上，严把纪委审查关、党委讨论关、群众公示关，对于提名对象，坚持向基层一线班组和普通员工倾斜。通过一套严密的制度体系，确保选拔出来的先进典型能够得到各方面认可，先进典型的可信性和影响力、组织工作的权威性和公信力都能得到充分保证。

2013年以来，公司累计评选表彰年度先进单位24个，表彰年度先进基层党委24个，表彰年度先进基层党支部30个，表彰劳动模范62人次，表彰模范共产党员40人次，表彰"十大杰出青年"20人次，表彰"东北销售公司榜样"11名，一批又一批的先进集体和先进个人，为公司各个单位、各级组织和全体党员干部员工树立了标杆和典范，为公司各项工作开展提供了强大的精神动力和榜样力量。

近年来，公司先后荣获中央企业先进集体、辽宁省精神文明创建文明单位、辽宁省（中）直企业先进基层党组织、辽宁省（中）直企业党的建设目标管理责任制优秀单位等荣誉称号。先后涌现出集团公司"百面红旗单位"，集团公司青年文明号营口分公司质量计量科，"中国石油十大标杆油库"龙凤油库，集团公司劳动模范、辽宁省雷锋奖章、中央企业先进职工时丕军，集团公司劳模谢明田，辽宁省五一劳动奖章获得者王凯等先进集体和个人。

（四）夯实基础管理

1. 建好阵地推进落实。按照"设施完善、标识统一、管理规范、活动经常、作用明显"的要求，在全系统建立 26 个党员活动室（工人讲习所），统一做到党旗上墙、党员义务权利上墙、入党誓词上墙、廉洁自律准则上墙，配齐会议桌椅和多媒体设备设施，确保活动室主题鲜明、功能完善、庄重肃穆，为各级党组织开展党内组织生活提供了规范化的场所，促使广大党员更加强化了党性观念和党建责任意识。

2. 强化现场班组管理。在有油库的基层单位设立仓储安全环保部和运行服务中心，分别负责油库运行日常监管和油库设备检维修、后勤保障，提升了对油库的服务保障力度。全面实行油库主任负责制，打破原有按专业分班组的方式，统一推行以调度为中心的大班组运行模式，逐步实现了油库班组运行操作管理的集中统一。

在各油库以推行"岗位操作卡"使用为核心，以推行"工艺流程多岗复核确认制"为重点，推广实施"手指口述安全操作确认法"，强化生产作业前、作业过程中、作业完成后的流程设计、复核与确认，确保作业安全受控。推行公路付油"8 步法"和"公路付油作业现场监护板"，确保现场作业过程安全、高效。

以油库运行为重点，结合三江口油库"9S"管理试点推广等工作，组织编制了油库班组管理暂行规定、油库运行指导手册，针对通用性、普遍性管理内容编制"制度落实指导工作标准"和"油库作业及设备操作视频短片"。"手册、制度、标准、视频短片、操作规程"五位一体、有机协调、简练实用的制度体系初步建成。

（五）提升基本素质

1. 打造综合型现场管理队伍。公司采取"走出去、请进来"的方式，组织基层油库管理人员对西北销售西固油库、四川彭州和 104 油库、公司机关运行监控室等系统内外先进油库调研交流学习，分层次、分类别组织以油库规范标准、油库设备管理等为主要内容的专项培训，提升油库管理人员综合素质。

2. 提高岗位综合素质。强化现场操作、设备状态辨识、应急处置等基本技能培训，采取理论与实际、讲解与互动、文字与视频相结合方式，定期派人"送教上门"。在 2015 年销售公司组织的技能比武活动中，公司员工取得油品储运调和工金牌的好成绩。在基层班组推行"一岗多能、一人多证"，油库相关工种双证率 38% 以上。油库岗位员工发挥主观能动性，将 10 多项"小发明、小点子"转化为油库的"生产力"。

3. 打造专家型技术骨干队伍。严格筛选，重点培养，设立骨干津贴，利用制度编写、专项检查、技术方案论证、油库投用验收等锻炼队伍，在实现系统人才资源共享的同时，为公司油库管理提升提供人才保障。2018 年公司首次对基层班组长进行"全覆盖式"培训，帮助基层班组长掌握更科学的基层建设知识，自身素质、管理水平及应急处理指挥的能力得到进一步增强。

4. 强化监督与考核，建立有效的激励约束机制。针对一线员工工作任务重、承担风险大、作业环境相对艰苦等客观实际，始终坚持各项薪酬福利待遇向基层一线倾斜的政策，积极鼓励员工到基层、到一线锻炼。将"1 主 1 副"2 名调度岗位中的"主调"由操作岗位转为管理岗位，在突出油库调度的核心枢纽作用的同时，提升岗位员工下基层工作的积极性。结合公司月度绩效考核、年度岗检等工作，以制度执行与落实为落脚点，逐步细化完善考核细则，强化现场检查指导督促。组织编制《油库管理综合检查手册》，统一了检查标准、方法，明确了关键控制点。开展油库管理"达标创先"检查与评比工作，并将评比结果作为评选"标杆油库"的重要依据。

创新管理模式　推进基层建设

西北销售公司

　　西北销售公司长期以来把基层建设作为一项重要工作经常抓、反复抓和持久抓，按照集团公司总体部署，立足企情企况，以战略规划为引领，以加强党支部战斗堡垒建设为核心，以强化岗位责任制为中心的基础工作为关键，以加强员工基本功训练为切入点，以夯实班组建设为落脚点，持续推动基层建设深入开展，基层建设有声有色、各具特点、彰显活力，为公司稳健发展提供了强有力的支撑，为生产经营和管理活动有序开展打牢了根基。

　　1. 坚持战略规划落地到基层，促进基层建设服务大局有新保障。面对基层建设工作的新形势、新特点、新要求，公司党政深入分析业务辐射范围广、资源保供战线长、组织管理节点多的特点和实际，加强顶层设计，强化目标引领，紧紧围绕集团公司建设世界一流综合性国际能源公司总目标，遵循稳健发展的总方针，立足中国石油产业链整体价值最大化，编制了公司"十三五""1558"发展规划，提出"全面建成国际水准成品油物流企业"的奋斗目标，确立"党建、科技、人才、服务、合规"五大支撑。公司党委立足实际，编制党建"1466"工作规划，确定"抓班子、带队伍，强基层、夯基础"的党建工作思路，提出并实施"固本强基、先锋引领、人才强企和文化筑魂"四大工程。"两个规划"明晰了公司的发展方向，巩固和发扬了基层建设的优良传统，突出强调了基层建设的重要性，形成了"公司党委牵总头、主要领导亲自抓、分管领导重点抓、基层单位具体抓"的基层建设格局，为加强基层建设指明了努力的方向，提供了不竭动力。为确保战略规划深入落地到基层，公司创新工作机制，开发《综合计划管理系统》，推行全面综合计划管理，形成了公司"长期有战略规划、短期有发展目标、年度有工作计划、月度有跟踪盘点、项项有督办考核"的综合计划管理模式，建立起"公司—分公司—部室—员工"四级综合计划 PDCA 闭环管理模式，有效保障了战略规划在基层落地生根。得益于坚实的战略规划保障，公司历届领导班子一茬接着一茬干，始终保持了基层建设的连续性。在历年的基层建设中，公司先后荣获"全国五一劳动奖状""甘肃省先进基层党组织""基层建设'千队示范工程'示范单位"等荣誉称号，4 人分获全国劳动模范、五一劳动奖章、巾帼建功标兵，14 人获得省部级荣誉。

2. 坚持战斗堡垒覆盖到基层，推动基层党支部作用发挥显新活力。紧紧围绕中心工作，大力实施"固本强基"工程，以基层党的建设为关键，以党的支部建设为核心，强堡垒、增内力、强基础、增动能，不断强化基层党的建设。坚持党建工作与公司战略目标相一致、发展模式相匹配、经营管理相协调"三同步"原则，制定印发了《关于进一步加强和改进党的基层组织建设的决定》，明确了基层党组织设置基本规范及 4 个方面 15 项具体落实意见，完成了三级 92 个党组织换届选举，基层党组织覆盖率达到 100%。以贯彻落实全面从严治党要求为主线，制定印发了《关于落实全面从严治党要求加强党的建设的决定》，分 10 个方面确定了 36 条党建规范和要求，制定落实党建责任制实施细则，明确了三级党组织以及书记、委员等党建责任清单 133 项，构建起完善的党建责任制体系。实施党建基础工作"标准化、规范化、流程化、表单化、手册化"管理，统一编印实施《基层党支部工作规范化指导手册》《党委（党总支）工作手册》《基层党支部工作运行手册》《党组织活动阵地建设规范》，形成了"手册指导、阵地保障、记录支撑"的党建基础管理体系。加强党支部"三会一课"制度落实，建立"书记工作日""书记例会"制度，组织开展党组织书记述职述廉，进一步提升了支部书记责任意识。建立实施发展党员"三公一票决"制度、民主生活会整改清单制、承诺制、公示制，规范了管理，改进了工作。大力推进"先锋引领"工程，以支部增活力、固堡垒，党员亮身份、当先锋为重点，以创建"四强"党组织、"六个一"党支部、"四优"共产党员和"五心"党支部书记为载体，推进"三联"责任示范点建设，设立党员责任区、党员示范岗200余个，固化推广党员"六个一结对子""一诺三评三公开"等成功经验做法，构建了创先争优的长效机制，基层党支部的凝聚力、战斗力和党员队伍的生机活力显著增强，形成了"一个支部一个堡垒，一名党员一面旗帜"的良好局面。

3. 坚持体系融合满足于基层，推动基层制度流程优化结新硕果。以整章建制为抓手，以体系融合为手段，以解决基层体系多、交叉多、执行难、负担重为突破口，首创了基于业务流程的风险综合防控体系。按照"按需设事、因事定制、嵌制入流、制流一体、规范标准、表单承载、数字管理、网络运行、量化评价、综合控制"的总体要求，突出系统管理、全面风险管理、流程管理思想，以"提升效率"和"防控风险"为目标，以"多体系优化融合、全流程风险防控"为建设思路，以业务能力分析为切入点，以要素对照为方法，以业务流程梳理为主线，建成了"上下贯通、全面覆盖"的一体化风险综合管控体系。将分散交叉的质量、HSE、内控、法律风险防控、惩防、规章制度等全面融合，优化形成了133项以业务流程为导向和全面风险管理为核心的程序文件，1套作业文件。充分识别公司所有业务活动，全面梳理出418个流程，压缩流程环节，有效提升管理效率。创建风险数据库，将1445个风险逐一分级并嵌入到业务活动中，在日常管理及作业过程中有效防控风险。开发了支撑体系运行的配套信息系统，实现了对体系学习使用、体系运行管理及操作层面手持终端"步步确认"三个层面的系统支撑。通过体系融合创新，基本实现了"体系全覆盖、制度全整合、流程全优化、风险全受控、信息全支撑"的目标，成为公司全面覆盖各领域业务活动的有效管理体系，为基层建设提供了强有力的制度保障，使基础管理模式实现了"质"的突破和飞跃，受到评审专家和集团公司总部的充分肯定，先后在兄弟单位开展经验交流10余次，获得集团公司管理创新成果二等奖。

4. 坚持人才引领服务于基层，推动基层队伍全面发展有新面貌。深入贯彻和落实"以人民为中心"的发展思想，扎实推进"人才强企"工程，以"三支队伍"建设为支撑，以"基本功训练"为方法，全面推动基层队伍整体素质提升。坚持党管干部、党管人才和以人为本、服务基层的原则，实施并建立起"人力资源规划、任职资格、员工素质和能力评价、员工培训与开发、领导人员评价、薪酬激励"等六大系统，使各级基层干部的决策力、执行力、管理水平显著提升，基层专业技术队伍力量明显增强，基层操作队伍技能水平逐步提高。召开公司首次人才工作会议，举办人才培养与发展论坛，确定了"十三五"人才工作目标和具体措施。召开团青工作会，表彰奖励优秀毕业生，激励大学毕业生到基层一线去建功立业、施展才华。借助集团公司管理干部学院、广州石油培训中心和高等院校等高层次平台，坚持每年举办读书班、处级干部和青年干部培训班，提升基层干部队伍水平；采取挂职锻炼、轮岗交流等方式，把年轻优秀干部放在基层一线、艰苦地区、复杂环境中锻炼成长，增强基层人才保障。加强基层培训需求矩阵体系建设，持续开展技能鉴定、岗位练兵、技能比武、班组长轮训，形成紧贴基层生产实际需要的岗位培训模式，建成百名内训师队伍，中高级工占到操作服务人员的78%，主体工种"双证"持有率达到58%、三证率达到18%，员工本科及以上学历提高到56%，中高级职称提高到40%，有71名员工被销售板块考核鉴定为技师。坚持正面引导，开展职业生涯规划，举办基层JAVA培训班、建立技师工作站、开办"技师讲堂"，加强员工素质能力建设，建成较为完善的岗位管理体系，初步建成公司人才库，确定首批入库人才64人，夯实了基层后备人才储备工作。

5.坚持创新驱动靠实到基层，推动基础工作精细管理有新水平。深入落实集团公司"创新驱动"战略，大力营造"敢为人先、争创一流、崇尚创新、宽容失败"的创新氛围，引导基层员工树立创新"人人可为、处处可为、时时可为"的理念，激发了基层创新创造的活力。公司完善创新工作机制，由以前"零散的、偶然的"创新模式，发展到现在"有组织、有计划、成体系"的新模式，由原来"头痛医头、点到为止"的局部创新，发展到现在"注重全局、点面结合"的系统化创新，创新模式和方法更加全面、更成体系、更加科学。为保障公司创新工作规范化运行，公司制定公司科技与管理创新工作程序，成立创新成果评审工作领导小组，全面负责公司创新管理工作。公司搭建广阔的创新研究平台，鼓励各层级、各专业领域人员积极创新、自主创新、专业创新。公司成立企业管理、物流、储运工程技术等 6 个专业学会，各基层单位成立 QC 专业小组，每年通过拟定研究课题、组织项目研究、开展成果评选、向上推荐申报等措施，助推各专业领域创新工作稳步实施。大力倡导"一线工作法"，提出了"到一线去推动工作、到一线去排除隐患、到一线去解决问题、到一线去化解矛盾"的走动式工作法，帮助基层生产一线有效解决问题达 200 余项。以职工自主创新为目标，以"科技创新""管理创新""五小革新"为载体，广泛开展群众性经济技术创新活动。2017 年公司首次召开创新成果发布大会，对 35 项科技、管理及"五新五小"成果进行了表彰。在近年的创新工作中，公司有 1 项课题荣获"集团公司科学技术进步奖"，8 项课题分别荣获全国石油石化企业管理现代化创新优秀成果一、二、三等奖，4 项课题获得集团公司 2017 年度管理创新优秀成果奖，30 余项 QC 成果获得集团公司、甘肃省和行业协会优秀奖。大量创新思路、创新举措和创新成果在基层得以实践应用，为公司基层建设、提质增效做出了突出贡献，近三年来，公司累计实现降费增效近 83 亿元。

6. 坚持标准建设植根于基层，推动基层现场管理提升有新收获。近年来，公司坚持按照"组织机构扁平化、人员专业综合化、运行操作智能化、辅助业务专业化"的工作思路，以油库 HSE 标准化建设、油库全流程诊断与优化、6S 目视化管理为支撑，精准实施基层油库标准化管理工作，深化国际水准油库创建，打造强大基层管理现场，有力推动了平安油库、绿色油库、数字油库和效率油库建设。压缩管理层级，推行"大班组"运行，实现管理扁平化，10 座油库用工总量均控制在销售公司先进油库定员标准之内。西固油库连续 4 届荣获中国石油十大"标杆油库"称号，长沙油库是销售公司人员配置最少的大型油库。以强化班组执行力为重点、以夯实班组基础管理为根本、以打造创新型班组为目标，持续深化推进"五型班组"建设，规范完善班组创建内容、评比标准、评比程序，建立可视化"五型班组"展板，使"五型班组"建设有载体、有平台，"五型班组"创建率达到 80% 以上。持续加强班组长管理，全面推行班组长、操作人员"双选"模式，优化了班组人员结构，提升了班组运行效率。兰州分公司油库生产运行班荣获"中央企业学习型红旗班组"荣誉称号；西固油库荣获集团公司基层建设"百个标杆单位"荣誉称号；郑州分公司郑州油库生产运行班、宁夏分公司铁路运行班荣获甘肃省"工人先锋号"荣誉称号，兰州分公司业务部管道运行组、武汉分公司武汉油库生产运行班荣获甘肃省"创新型班组"荣誉称号。

7. 坚持文化引领丰润于基层，激发基层职工队伍活力有新气象。深入实施"文化筑魂"工程，传承弘扬"苦干实干""三老四严"为核心的"石油精神"和公司长期发展过程中积淀的丰厚精神财富，总结提炼形成以"服务创造价值"为核心价值观、以"五种精神"等为核心内容的"销售摇篮"文化，指导和推进基层单位加强团队建设、激发团队活力。立足公司职责，坚持服务至上，全力打造服务产销的"金桥工程"，在基层单位深入开展服务产销实践活动，深化"五位一体"产销服务机制，开展基层文明窗口、岗位、员工创建活动，倡导"超前服务、周密服务、热情服务、危情服务和平顺服务"，培育了基层员工"遵守职业操守、坚守从业底线"的良好职业素养。在广大基层单位深入开展"弘扬石油精神、重塑良好形象"主题活动和送文化到基层活动，各级党组织不断拓展活动形式，通过现场互动、参观交流、红色教育等形式，丰富了活动内容。发挥内部网络、电视、报纸、微信"四位一体"宣传平台优势，编辑出版公司志、员工文集、企业文化手册、形象画册及宣传片，为基层建设"摇旗助威"，唱响了主旋律，发出了好声音，凝聚了正能量，营造了好氛围。以"千万图书送基层，百万员工品书香"为载体，组织开展"双十"全员读书、"青年读书节"、文化宣讲等活动，近年来向基层单位、班组配备各类书籍10000余册，建成了一批管理规范、内容丰富、深受广大基层职工群众喜爱的"职工书屋"。深入推进"身心健康"工程，为基层单位建设"职工之家""青年之家"和职工活动室，适时组织寓教于乐的文体活动，丰富基层员工文化生活，夯实构建了基层和谐稳定的发展基石。

分析和总结以上成绩，公司在基层建设工作中主要靠实和抓牢了"五个关键"：

一是始终抓牢党支部战斗堡垒建设这个关键。把党的政治建设摆在第一位，层层落实党建工作责任，推动党支部标准化建设，推进基层党建与生产经营紧密结合、同频共振，进一步筑牢和发挥了党支部的战斗堡垒作用。

二是始终抓牢观念更新和作风转变这个关键。持续发挥一人一事的思想政治工作优势，做好意识形态和思想教育工作，摈弃旧思想、更新新观念、树立新作风，发扬苦干实干石油精神，持续营造了风清气正、干事创业的良好基层工作氛围。

三是始终抓牢基层和基础管理创新这个关键。牢固树立"创新驱动"的意识，尝试新方法，运用新技术，推动基层建设、基础管理和基本功训练升级。激发一线职工的创新创造潜能，给机会、搭平台、压担子，推动形成了一批具有自主知识产权、具备公司特色、产生良好效益的创新成果。

四是始终抓牢党员和领导干部带头这个关键。构建公司党委牵总头、把方向，基层单位抓执行、保落实的三基工作责任机制。基层党委书记履行抓"三基"工作第一责任人的职责，班子成员按照分工抓好各自分管领域的"三基"工作，党员领导干部率先垂范，带头抓、亲自抓，形成全员抓"三基"的带头示范效应。

五是始终抓牢基层油库和班组细胞这个关键。以油库 HSE 标准化建设和"五型"班组建设为抓手，激发班组活力。发挥一线操作队伍的能动性和创造力，深化师带徒、QC、五小等革新活动，推动了基层油库和班组管理水平持续提升。

持续创新　精准发力
为管理提升夯实坚实基础

燃料油公司

燃料油公司成立于 1997 年 1 月，是中国石油天然气股份有限公司的全资子公司，是一家集资源进口、销售、加工、仓储、物流、期货、服务等为一体的专业化能源公司，年油品销量 3000 余万吨、中转量 2000 万吨。公司党委全面深入贯彻党的十九大精神和习近平总书记关于国企党建及改革发展的系列重要讲话精神，围绕基层建设，采取多种方式，在全公司范围内开展调查研究，制定整改措施，为新时代基层建设创新发展和全面提升打下了坚实基础。

一、关于体制机制建设的情况

（一）基层建设顶层设计

公司管理层把基层建设看作是各项工作的出发点和落脚点，明确由党委书记主管、领导班子成员按照职责分工分管，党委会 / 总经理办公会定期专题研究部署基层建设工作。公司从战略发展需求出发，围绕"班组、经营部、党支部"等基层组织，加强顶层设计，开展了"制度建设、岗位责任制大检查、管理提升、管理诊断、转型发展"等基层建设主题活动，切实做到"重心下移、保障下倾"，落实"做细管理"发展定位。通过体制改革和三项制度改革，高效配置人财物等各类资源，不断提升公司市场化程度和市场化运行管理水平；创新"生产经营及管理活动看板、督查督办、绩效"等管理机制，不断提高生产经营管理的效率和效益，持续提升员工队伍的整体凝聚力、向心力和战斗力，努力探索具有燃料油公司特色的管理经验。基层建设的实践不仅彰显了公司各级管理者的思想理论水平和管理能力，也积累了宝贵的管理经验。

（二）基层建设主题活动

1.制度建设。

针对 2009 年重组整合后的基础管理现状，结合集团公司基础管理建设工程和板块精细化管理的要求，公司将 2011 年定为"规章制度建设年"，全面启动规章制度体系建设，借鉴兰州石化制度建设成果，搭建新的规章制度框架，制（修）订 20 个专业管理类别总计 189 项制度。七年来，公司把制度建设作为基础管理和基层建设的重要抓手，持续完善制度管理体系，兼顾二级单位的制度适用性，减少基层对制度的转化量，进一步改进"职责、标准、流程、接口、操作性"等问题，构建了符合公司生产经营管理需要的制度管理体系，目前规章制度总计 316 项。

为确保制度真正落地，公司编制年度宣贯计划，创新宣贯形式，推行远程视频培训，组织网上答题，定期开展制度施行情况专项检查，对制度的有效性进行跟踪评价和量化考核，形成闭环管理。目前，公司正在开展与系统内外部、国际同类企业的对标，修订完善已有规章制度，进一步增强制度的有效性和可操作性。

2.岗位责任制大检查。

2011 年，公司贯彻落实集团公司领导干部会议关于"三基"工作的部署，以"岗位责任制大检查"为抓手，自上而下地推进"三基"工作。2011—2014 年组织了 6 次大规模集中检查，共发现问题 880 余项。建立公务出差审批流程，开展动态岗检；推进岗检工作信息化，利用基础管理信息平台开展了 3 次岗检。四年间，在公司基础管理水平还不扎实的情况下，开展岗位责任制大检查活动，集中发现了公司基础管理工作中存在的漏洞，部分整改成果已经固化为管理制度、管理标准。

3. 管理提升活动。

2012 年，公司贯彻国务院国资委关于中央企业开展管理提升活动的要求，按照集团公司整体工作部署、板块的精细化管理安排，以"流程建设"和"持续提升创效能力"为主要内容，组织开展公司的管理提升活动。2012—2013 年历时两年集中对流程进行了梳理，明确各环节工作程序和交接界面，强化了重点领域和薄弱环节的风险控制，促进了质量管理体系、规章制度体系、内控管理体系、HSE 管理体系、ERP 信息系统建设的有机融合。以降本增效为导向，制定《提升创效能力具体落实方案》，强化生产、运输、销售、资金使用等各环节管理，完善一体化价格传导机制，活动当年，吨油营销成本和加工成本分别比业绩合同指标下降 1.25 元、2.72 元，财务费用同比减少 24706 万元。在有效控制总体运营成本方面，积累了宝贵的经验。

4. 管理诊断。

2014 以来，国际油价下行，国内经济增速放缓，油品市场需求不振，公司经营陷入困境，利润大幅下滑，基础管理和基层建设存在的问题也充分暴露出来。为了实现转型发展，公司聘请管理咨询行业中与石油行业联系比较紧密的中智公司做管理诊断。公司与中智公司历时 3 个月，通过基层调研、分层级访谈、征集合理化建议、调查问卷等方式，从构建"以客户为中心的端到端流程管理模式"的视角出发，理性审视公司管理现状，编制了客观详实的诊断报告，提出了"提高战略转化度、提高协同效率、建立有效的激励机制、提升员工履职能力"等四方面建议，为公司转型发展提供了有益参考。

5. 转型发展。

针对面临的严峻形势和基础管理薄弱的实际，公司提出转型发展理念，提炼形成了"提升重质油品整体价值服务公司"的愿景目标，"做精原油、做强沥青、做专加工、做实服务、做细管理、做优团队"的发展定位，"市场化、低成本、差异化、国际化"的发展战略，"客户至上、诚信为本、服务为根"的营销理念，"恭、勤、严、新、实"的公司作风等核心价值理念，在最困难时期激励了员工斗志、鼓舞了士气，提高了全员的市场意识和危机意识。

在理念创新的引领下，公司 2016 年提出全面创新工作思路，坚持问题导向，寻找转型发展的着力点，以市场化为原则全面创新原油销售、以"八统一"为核心全面创新沥青销售、以提升价值为目标全面创新馏分油销售、以管理精细化为方向全面创新管理，取得了力挽狂澜的业绩，2016 年利润同比增长 16%，2017 年油品总销量突破 3400 万吨，利润同比翻番，建立了市场化运营机制，形成了以原油为龙头，带动沥青、馏分油业务跨越发展的新格局。

2018 年，在全面创新实践的基础上，公司自我加压，提出精准创新工作思路，制定了"目标定位准、实施精度高、实际效果好"的工作要求，拟用 3 年时间深入开展管理精细化活动，目前已编制《开展管理精细化活动工作方案》《管理创新工作办法》《关于持续深化改革和加强管理创新工作落实建议方案》，相关工作正在有组织、有计划、有步骤地全面推进。

（三）管理机制创新

1. 看板管理。

为进一步强化计划的严肃性和执行力，2015 年公司推行生产经营及管理活动看板管理，14 个处室及直属单位、16 家二级单位按年、季、月制定工作计划，统筹谋划重点业务工作、例行工作、党建工作、HSE 管理工作、综合督办工作，统一公开发布；看板管理流程延伸到各基层组织、各具体岗位，要求每名员工及时总结并规划个人工作；在执行控制上，公司以旬为执行期限单位，强化计划落实节奏，统筹优化执行安排；细化考评办法，针对日常计划、临时新增、创新工作在考评权限上给予侧重，调动创新积极性；实施通报机制，加强考评兑现，强化导向作用。通过三年运行实践，公司持续细化完善看板内容和完成评准，有效解决了"计划内容变动大、预见性不高、对生产经营管理指导辅助效果不明显"等难点问题，确保各项工作有计划有跟踪有总结，公司年度经营及管理活动主题和方针目标有效贯彻到基层并顺利完成，团队执行力和工作效率明显提高。

2. 督查督办管理。

为进一步提高公司整体运行效率，确保各项重大决策部署得到有效贯彻落实，2015 年公司推行督查督办管理，全面督办公司重大决策部署、公司领导安排的日常重点工作，重点督办"协调难度大、落实难度大、推进速度慢、紧迫而重要"的难点问题。确定责任单位、责任人和反馈时间，根据"决策督查、专项督办、调研督查、口头督办"等类型分别以短期跟踪反馈表和系统反馈两种形式跟进，定期向公司领导反馈。公司每月在生产经营视频会上通报督办事项办理情况，年底以办结件数、办结率为基础分数，以"办理效率、效果、反馈及时性"作为减分项进行考核评比，确保形成闭路循环。2017 年督查督办在协同办公系统上线运行，减少了大量线下工作，进一步提高了流转、反馈、跟进的效率。3 年来，年均督办事项 550 项，年内办结率 80%。

3. 绩效管理。

为进一步激发基层活力，公司突出业绩导向，重新修订业绩考核指标和全员绩效管理实施细则，结合各单位（部门）各自特点，科学设置考核指标和权重，与各岗位的业务量、工作时效和难易程度挂钩，突出业务部门销量和利润的考核权重，加大客观量化部分的考核权重，统一非量化指标考核标准。合理拉大各岗位层级间的薪酬，加大变动薪酬与效益指标挂钩力度，使变动薪酬分配向效益贡献大、创效水平高的单位倾斜。建立动态考核机制，加大考核结果与奖金兑现、薪酬晋级、职务晋升、评先选优的挂钩力度，使个人所得与对公司价值贡献相匹配的导向更加明确，促进优秀员工向安全压力大、创新压力大、效益贡献压力大、事关公司发展的一线岗位和关键岗位流动。

为实施精准激励，更好地发挥总经理奖励基金等专项奖励基金的激励导向作用，公司出台生产经营优化奖励方案，针对运营及管理中的重点难点，设立 18 个单项奖和运营管理创新奖，制定科技奖励管理办法，调整安全风险抵押金奖励方案，实施生产视频会表扬事项奖励，及时奖励销售、研发、创新创效等各方面取得突出业绩的集体和个人，充分发挥引领示范作用。3 年来各类奖励累计达 1611 万元，累计奖励生产、研发、销售一线员工占 80% 以上，对销售做出突出贡献的个人年度累计最高奖励达到 13 万元，充分调动了员工积极性，有效提高了运营效率和效益。

二、关于队伍建设和素质提升情况

（一）基层组织建设

1.党组织建设。

在集团公司直属党委的指导支持下，2018 年 2 月，公司所属 11 个二级单位党总支升格为党委，16 个基层单位党委全部完成换届。各二级单位成立纪委，按照"宜专则专、宜兼则兼"原则，明确了纪委书记设置。增设党群纪检监察部，将党建、党群、纪检监察工作从原有的综合管理部门独立出来，配备专职党建、党群、纪检人员。公司党建、党群、纪检干部人员达到 80 人，占总体人员的 4%。公司计划在"十三五"期间培养各级党务工作人员骨干 110 人，占员工总数的 5%，其中处级骨干 20 人，科级骨干 30 人，其他各类党务工作骨干 60 人。

各二级单位认真贯彻落实公司党委的工作部署，党政负责人按照"一岗双责"要求，强化党风廉政建设责任制"主体责任"落实，将党风廉政建设工作同业务工作一起部署落实；各单位重新修订了"三重一大"制度，进一步完善了决策程序；按要求开展党风廉政建设约谈、专题教育和检查考核，每年向公司党委及时上报落实党风廉政建设责任制情况报告。在执行党的纪律、遵守党的规矩、持续贯彻中央八项规定精神等方面的落实情况较好。

2.支部建设和党员管理。

公司所属 68 个支部于 2017 年 1 月至 2018 年 2 月陆续完成换届，配齐了党支部书记和支部委员。各党支部严格执行公司统一制发的《党支部工作手册》《标准化党支部建设工作手册》，规范开展标准化党支部建设。严肃党内政治生活，定期组织开展"三会一课"、组织生活会和民主评议党员，推进"两学一做"学习教育常态化制度化。开展"三联"活动，建立联系支部责任点 56 个，联系站队班组责任点 16 个，党员联系岗位责任点 162 个，推进支部工作与生产经营工作有效融合，各党支部逐渐成为研究解决新问题的试验点。

公司建立党务工作人员"有为有位"机制，出台《关于进一步加强公司党务工作人员队伍建设的实施意见》，在机构设置、人员配备、选拔培养、保障激励、待遇薪酬（党务人员与经营管理人员同级同酬，兼职党支部书记、副书记每月发放专项奖励金，书记调高一级薪酬水平）、评先选优、职称评审等方面予以明确的规定，进一步提高公司各级党务工作人员的相关待遇，促其积极投身党建工作以"有为"换"有位"，以"有位"促"有为"。

公司党员队伍规模占员工总数的比例达到 38.6%，长期以来，广大党员立足本职岗位，深入开展"党员先锋岗""党员责任区"等活动，充分发挥先锋模范作用，确保了重点工作顺利进行。公司根据"调控总量、优化结构、发挥作用"的原则，将发展指标向基层一线工人、市场营销一线、科研一线和关键骨干力量倾斜，力求党员发展计划精细精准，防止指标失控滥用。各基层党委能够严格履行发展程序，做到保质保量发展党员，未出现违规违纪问题和不正之风，从源头上保证了党员队伍先进性。2017 年公司所属基层党委共发展预备党员 15 人，有 10 名预备党员转正。属地化基层党委发展预备党员 8 人，9 名预备党员转正。目前公司所属基层党委有积极分子 92 人，属地化管理党委有积极分子 26 人。

3. 优化组织机构设置。

公司利用人力资源系统新增模块功能，落实机构编制的实质管控。为逐步建立科学合理的基层组织架构，大力支持各二级单位根据经营管理需要和员工队伍现状，调整优化内部机构设置和人员配备，充分挖掘机构人员潜力。华南公司将综合办公室和企业管理部合并为综合管理部，增设客户服务部，有效提升了技术服务和销售服务能力；秦皇岛公司和高富公司撤销其他管理部门后，增设调运部，进一步加强产品调运工作；西北公司将市场一部、市场二部合并为市场部，增设安全环保部，有效应对持续加重的安全环保压力；研究院推进"双序列"改革，合理设置管理和专业技术岗位。上述创新举措在实际运行中均取得了良好效果。今后公司将突出营销和服务职能，持续优化组织结构，为转型发展提供科学合理的体制机制支撑。

（二）基层队伍建设

1.基层领导班子建设。

公司党委因企施策，按照全面从严治党、从严管理干部要求，配齐配强各二级单位领导班子。修订《中层领导人员管理办法》《中层领导人员选拔任用工作规范》，进一步规范干部选拔任用的程序；突出政治标准选拔干部，严把政治关、品行关、廉洁关；突出领导干部专业素质，充分考虑其所学专业、工作阅历、工作业绩、能力学识、性格气质和工作作风，构建结构合理、优势互补的基层单位领导班子；稳妥有序地调整交流中层领导人员，促进干部丰富阅历，增长才干。强化日常管理和监督，推行多维度考核，加强考核结果的有效运用，加大对不称职基层班子成员的调整力度。2015—2017年提拔使用23名处级人员，交流使用52名处级人员，完成14家二级单位安全总监的聘任工作，调整、新任13家二级单位的纪委书记，调整不称职的干部1名。

2.班组、经营部负责人队伍建设。

公司下属四厂三库共有21个车间，下设94个班组，有班组长169名，平均年龄37岁，其中，9人是技师，118人是高级工，35人是中级工；各销售分公司共有39个经营部，经营部负责人39名，平均年龄45岁，其中大专以上学历38人。公司下属二级单位基层负责人是一支力量精干、专业较精、战斗力较强的基层队伍。在班组长的培训成长方面，为了进一步提升班组能力建设和班组长自身素养，2017—2018年，公司集中在广州培训中心组织开展了5期基层班组长培训班，实现班组长两年内全部轮训一遍。各二级单位提高标准，严格按照《中层管理人员管理办法》来选拔任用经营部负责人和班组长，近年来一大批优秀员工走上了基层组织负责人的岗位，成为公司基层建设的重要力量。为了进一步提升这支队伍的能力素养，公司制定了班组长三年内全部轮训一遍的目标，2017—2018两年间集中开展了5期班组长培训班，班组长在自身角色定位、与基层员工有效沟通、团队建设等方面有了长足进步。强化经营部负责人营销能力建设，分期分批组织其参加沥青专业知识、营销能力、沥青期货等专题培训，全面提升了市场开发和营销能力。

3. 用工管理。

公司积极推进各二级单位"五定"工作，明确各单位人员编制、岗位设置和职责规范，将编制管控范围由三级机构下沿至班组。2017年，外委咨询机构在高富公司试点开展"五定"工作。2018年，公司将在此基础上全面完成基层单位的"五定"工作。

为有效缓解部分二级单位一线缺员的矛盾，根据各单位存在的人员结构不均衡、余缺程度不同的现状，公司改革调配思路，2016年搭建了统一的公开招聘平台，缺员单位通过平台在公司范围内发布岗位招聘信息，运用岗位招聘与组织调配双重手段，科学调配人员余缺，搭建员工流动平台，引导二三线人员向一线有序流动，为均衡配置人力资源开辟了有效途径。两年来，各二级单位基层岗位通过平台调配28人，满足了人员需求，稳定了一线队伍。此外，公司积极推进后勤劳务人员转业务外包，减少直接劳务用工。

4. 薪酬分配及休假制度。

公司在实施工资总额管理的基础上，加大工效挂钩力度，鼓励二级单位在经营管理、员工成长等方面进行创新，进一步调动基层员工的积极性、主动性和创造性。下属东北公司制定《奖金发放管理实施细则》，实行沥青销量提成的奖金计提方式，激发了销售人员的工作热情，提高了客户服务水平，销量实现大幅提高。下属秦皇岛公司制定《操作员工月度技能津贴分配方案》《论文奖励管理办法》《教育奖励管理办法》等制度，有效激发了员工岗位成才的积极性。

公司坚持以人为本，结合国家和集团公司规定，制定了《考勤管理办法》，明确规定工作时间、休假条件和休假天数，规范请销假程序，对事假、病假、探亲假、产假、计划生育假、年休假、补休假、护理假、婚丧假、学习假以及旷工进行了详细说明。公司全体员工严格按照此办法执行，做到了休假规范、考勤透明、管理有序。

（三）基层素质提升

1. 培训。

公司以培养"政治坚定、品德高尚、技能精湛、服务真诚、绩效优秀"风范的员工为目的，坚持有计划、分层次培养原则，统筹利用各类培训资源，强化"按需施训"。科学制定各层级培训计划，建立直线培训体系和分级轮训模式，完善"两级管理、三级计划、四级培训"机制，围绕安全管理、炼油技术、工程管理、市场营销等 12 个类别 27 个专业项目，系统开展岗位技能、专业资质、系统操作和特殊工种培训，并利用年终业绩考核促进培训计划的刚性兑现。丰富拓展培训内容，开展大庆精神铁人精神再学习再教育活动，加强理想信念、形势任务和职业道德教育，将公司发展战略、压力管理、情绪管理等方面知识纳入培训范畴，兼顾政治素养培训，努力提升员工的综合素质。创新培训方法，完善内训师制度，建立内训师库、教材库和题库、员工个人 ERP 培训档案库，搭建培训资源的共享平台，强化培训效果。

2017 年，公司与兰州石化公司、大庆石化公司建立"点对点"技能人才委托培养机制，通过"走出去"方式，组织技术骨干到大型炼化企业集中"学艺"；通过"请进来"方式，邀请高级技能专家来公司开展专项培训。采取"理论知识学习、仿真操作演练、交流研讨"等方式，重点培训行业新技能、新知识、新工艺，有效提升了公司基层技术骨干的业务能力。

公司着力推进"科研、工程技术、管理、高技能操作，期货、营销和党务工作者"七支人才队伍建设，2017 年举办各类公司级培训班 26 个，培训 1171 人次；各二级单位组织培训项目 380 个，培训 7097 人次。其中在大庆举办 2 期党支部书记培训班，基层 66 名党支部书记全部轮训一遍，进一步提高了基层党支部书记的业务知识和工作能力。

公司下属江苏公司创新开展"开放式课堂"，由车间员工提出工作中遇到的实际问题，所在车间或班组讨论确定解决方案，并整理相关内容（问题、产生问题的实际案例、产生的原因分析、解决方案），各车间内训师根据整理内容归纳建立《车间常见问题手册》，作为内部培训教材。

2. 基本功训练。

公司下属四厂三库定期组织岗位练兵和考试，持续提高员工的理论知识水平和实际操作技能。对新录用和转岗的技能操作人员，通过自主培训或委托培训等方式，开展以"基本技能、安全知识、操作规程、规章制度、从业素质"为主要内容的岗前培训，增强培训的针对性和有效性。下属高富公司利用交接班日志开展"提问、作答"式岗位练兵，在交接班时间由各操作岗位员工循环提问、作答，切实将岗位练兵融入日常工作，已形成长效机制。

自 2012 年公司成立职业技能鉴定站以来，依托内外部资源开展了 5 届技能鉴定，工种范围涵盖常减压蒸馏装置操作、油品储运调和操作、油品计量、油品分析等 18 个工种；举办考评员培训班 3 次，培养考评员 96 人，除个别工种外，主要工种考评员都达到 3 人以上；2017 年 455 人参加集团公司操作技能人才培养开发实施情况评估，346 人顺利通过，其中：3 人取得技师技能等级资格，195 人取得高级工技能等级资格，46 人取得中级工技能等级资格，102 人取得初级工技能等级资格，通过率达 76%。

公司为技能人才搭建切磋技艺、交流经验的有效平台，在 2015 年和 2017 年举办了油品计量、仪表维修、常减压蒸馏操作、油品分析 4 个工种的技能竞赛活动，下属四厂三库的 50 名员工参加竞技，展示了优秀的技能水平。竞赛优胜选手中，2 人晋升技师等级，2 人被授予"公司技术能手"荣誉称号，4 人被授予"公司岗位能手"荣誉称号，开辟了技能人才快速成长通道。

三、先进典型及基层文化建设情况

（一）先进典型选树

1. 评先选优机制。

2011 年以来，公司逐步建立了以"年度先进集体与个人评选、七一"一先两优"评选、专业性先进集体与个人评选"为主要内容的评先选优体系，建立了民主推荐和优中选优等评选机制，覆盖面较广、层次较为合理。公司新近制定了公司先进典型选树和培养工作实施方案，但先进典型选树工作制度还未正式发布。2018 年，公司将尽快推进相关制度建设，进一步规范评先选优工作，集中选树一批"叫得响，站得住，树得牢，传得开"的先进典型，利用三到五年时间打造公司先进典型梯队，力争培养出更高级别（集团公司级、省部级）的先进典型。

2. 先进典型评选。

目前，公司评先选优体系能够覆盖到车间、班组、经营部、党支部等基层组织，尚未开展基层建设先进典型的培养表彰专项工作。各基层单位基本上是按照公司评先选优的总体规划开展先进评比表彰，只有部分单位结合实际做了自选动作。例如：下属高富公司 2014 年起开展党员"每月一星"评选，已开展 46 期；2016 年起开展"服务之星"评选，已开展 9 期；2017 年制定"高富榜样"典型选树活动方案，推选出首批榜样员工 7 人，任期三年；2018 年成立了"榜样工作室"，加强对榜样员工的培养，打造适合榜样人才成长的绿色通道。华中公司自 2017 年起，建立了月度专项工作先进个人评先选优工作机制，至今共评选了 17 期。今后，公司将在已有的评先选优体系中，探索开展基层建设先进典型专项培养表彰工作。

3. 获得荣誉。

公司基层组织获得的集团公司级、省部级和国家级荣誉有：高富公司仪表班获得 2006 年广东省先进集体称号；高富公司沥青车间获得集团公司 2008—2009 年度、2010 年度、2012 年度"绿色基层队（站）、车间（装置）"称号及中国石油油品销售系统 2015 年劳动竞赛先进集体称号；高富公司动力车间获得中国石油油品销售系统 2016 年劳动竞赛先进集体称号；温州公司 QC 小组获得中国石油集团公司三等奖。目前，公司对以上先进样板单位的核心管理经验或管理模式尚未系统地总结和提炼。今后公司要加强对先进典型事迹的深入挖掘总结，有效发挥基层建设先进典型的示范引领作用，真正体现公司基层建设成果。

4. 经验宣传推广。

2017 年以前，公司主要通过门户网站宣传先进典型和先进经验，利用每年的工作会宣传部分先进典型事迹。2017年，《燃料油报》创刊，公司微信公众号运行，建立了"报、微、网"联动的宣传平台。2018年，公司召开"践行十九大·岗位建新功"主题报告会，在全公司范围动态宣传先进事迹。加大外部宣传力度，秦皇岛公司陈东魁先进事迹被销售板块微信公众号"油站驱动力"选用，江苏公司油品计量工陈茂喜"火眼金睛检油样"人物宣传报道刊登在《中国石油报》的《天南地北石油人》栏目，秦皇岛公司2018年有9人被授予河北省能工巧匠，秦皇岛市金牌工人、岗位技术能手、开发区五一劳动奖章、优秀工会工作者、优秀工会积极分子等荣誉，公司部分先进人物在更高平台上得到了宣传。2018年，公司召开了先进典型选树工作座谈会，就今后更好地推广交流先进典型与先进经验进行了深入探讨。

公司下属各基层单位利用内部期刊、内部网络、宣传橱窗、文化展厅等资源宣传典型。秦皇岛公司编制《风采录》，高富公司制作党员"每月一星"、员工"服务之星"宣传展板，成立榜样宣讲团、开展榜样事迹报告会、榜样大讲台活动，对榜样员工进行深层次宣传。下属销售分公司受限于单位规模、员工人数，缺乏推广交流的有效载体，水平参差不齐，有待进一步提高。

（二）基层文化建设

1. 公司文化建设。

2015年，公司正式启动企业文化建设。经过深入调研、广泛征求意见、精心酝酿，于2017年发布《文化手册》，迈出了公司文化建设里程碑式的一步。不断创新和丰富文化宣传载体，抓好以文化手册为主要内容的宣贯活动，开展文化宣传周、文化展示、征文、知识竞赛等主题活动、"不忘初心，牢记使命""践行十九大，岗位建新功""弘扬石油精神，重塑良好形象""践行四合格四诠释"等主题教育，推动公司文化入脑入心。注重在生产经营和管理活动中践行公司文化，注重在市场推广、商务活动等对外交往中传播公司文化，不断丰富文化体系的内涵。坚持以文化塑造队伍，用文化团结和凝聚人心，逐步形成"领导班子引领、中层管理人员带头、员工自觉践行"的团队建设氛围。鼓励基层单位结合实际开展特色文化建设，丰富员工文化生活，加快促进公司文化落地生根。公司下属四个基层单位创办了内部期刊（秦皇岛公司《金鹿之声》，湛江公司《湛江仓储》，宁波公司《甬海扬帆》，江苏公司《中油江苏之声》），成为本单位文化建设的重要载体。高富公司2014年建立了本公司的企业文化体系，2015年建立了企业文化展厅，2016年提炼了车间（部门）文化，并通过文化橱窗定期展示企业文化建设成果。

2.送书工程和读书活动。

公司将集团公司送书及时邮递到各基层单位，优先将书籍送到操作岗员工、经营部员工手中，将专业性书籍发放至一线技术岗位。各基层单位集团公司送书建设并丰富了党员活动室、员工阅览室、图书角，丰富了员工的精神生活。下属秦皇岛公司建立了"电子书屋"，实体图书室在2018年被秦皇岛市评为示范型职工书屋。

2015年以来，公司组织了《未来企业之路》《台塑"合理化"管理理论与实践研讨班学习总结报告》《苦难辉煌》《浴血荣光》等三次大型全员读书活动。公司团委每年开展"学习在石油·读书成就未来"青年读书活动。

3.民主管理和员工福利。

公司健全两级工会组织，坚持做好以职工代表大会为基本形式的民主管理，规范员工参与管理程序，切实维护员工权益。2016年推行总经理信息员工作机制，每年至少召开一次会议，由各基层单位信息员直接向公司总经理反映诉求、提出意见建议，成为公司畅通诉求渠道、开展民主管理行之有效途径。部分下属二级单位也创新开展了民主管理，高富公司在每个车间部室设置《合理化建议本》，按季度汇总统计员工提出的合理化建议。宁波公司组织开展"职工民主恳谈日"活动，充分征求意见后再调整制定年度工作计划方案。其他基层单位在畅通诉求渠道、开展民主管理方面稳健有余、创新不足，"自选动作"开展较为有限。

公司成立了文体协会，发挥党工团合力，组织参与面广的工间操、健步走、竞技比赛、书法摄影等活动，丰富员工业余文化生活。修订《日常慰问管理办法》，发布《困难员工帮扶管理办法》，完善帮扶救助机制，定期慰问困难职工，传递组织温暖。公司下属四厂三库在员工福利方面的工作较为细致。高富公司自建绿色养殖基地，提高伙食标准。开通夜班通勤班车，修缮宿舍，为常白班员工提供了午休房，确保长期倒班员工单间住宿，不断改善员工的生产、生活条件，持续建设"美丽高富"。秦皇岛建立员工"心灵驿站"，成立了贫困救助基金，开展"职工大病互助"活动，对员工家中红白喜事做到"三到四访五谈"。湛江公司为 17 名员工及家属落实了集体户口和子女上学问题，增强了员工队伍稳定性。宁波公司坚持"五必访、六必谈"，为单身员工组织外单位联谊。华南公司重点为驻外经营部提供优质后勤保障，让扎根市场的一线员工安心工作。员工获得感、安全感、幸福感进一步增强。

持续加强基层建设　不断夯实发展基础

润滑油公司

　　三基工作是科学发展的坚强保障，是石油工业的优良传统，是大庆精神的重要组成部分，是中国石油的独特优势。多年来，公司高度重视三基工作，持续加强基层建设，不断夯实发展基础，取得了丰硕成果。基层党建和班子建设得到加强，管理基础更加扎实，员工队伍素质明显提高，推动了改革发展的顺利进行，促进了经济效益的逐年提高，向集团公司交上了一份圆满的答卷，为润滑油产业链创造了价值，为昆仑品牌和宝石花形象增光添彩。

一、体制机制建设

　　1. 健全规章制度。为全面推进基础建设，2010 年 6 月，公司下发了《润滑油公司关于全面实施基础管理建设工程的通知》；2010 年 11 月，下发了《关于进一步推进润滑油公司基础管理建设工程实施的通知》；2012 年 4 月，转发了《中共中国石油集团公司党组　集团公司关于印发〈关于全面加强三基工作的若干意见〉的通知》，根据此文件公司各二级单位分别制定了本单位"全面加强三基工作实施细则"；2012 年 9 月，公司下发了《加强三基工作、开展管理提升、推进精细化管理工作方案》（油润字；针对党支部建设，公司于 2015 年 1 月下发了《中国石油润滑油公司基层党支部工作条例》，2012 年 9 月下发了《中国石油润滑油公司开展党建"三联"示范点工作实施细则》（油润党字；针对 HSE 标准化站队建设，于 2016 年 6 月印发了《中国石油润滑油公司基层站队 HSE 标准化建设工作实施方案》（油润字；还修订完善了《安全事故隐患管理规定》《环境保护管理规定》《危险化学品管理规定》等 35 项 HSE 管理制度，形成 HSE 管理制度体系。

这些制度得到很好的落实。其中，专项工作都做到了有方案、有部署、有检查、有交流、有考核、有兑现，实现了闭环管理。针对党建工作制度的落实，建立了公司党群工作例会制度，每季度组织全公司性的党建工作检查，检查中综合打分排名第一的和排名最后的要在全公司党群例会上作正反两方面典型发言，以鼓励先进、督促后进，促进公司党建工作水平全面提高。针对 HSE 管理制度的落实，公司和各单位每年都要组织多次 HSE 大检查、HSE 体系审核和"安全生产月"等安全主题活动，确保制度得到不折不扣的落实。

2. 落实建设责任。建立了公司统一领导、党政齐抓共管、企管法规部门组织协调、有关部门分工负责的基层建设工作格局。公司指定一名副总经理专门负责此项工作。党的建设由人事处（党委组织部）负责，党群工作处（党委宣传部）和审计监察处（纪委办公室）配合；制度建设由企管法规处负责；HSE 体系建设由质量安全环保处负责；员工教育培训由人事处（党委组织部）和昆仑学校配合。

二、加强基层党建和班子建设

紧紧围绕中心工作，以基层党的建设和班子建设为重点，强核心、固堡垒、做表率，不断强化基层建设。坚持"三同时"原则，实现了基层党组织覆盖率 100%。加强基层班子建设，积极探索并不断完善基层干部选拔任用和激励约束机制，一大批政治素质好、业务水平高、管理能力强的优秀人才走上基层领导岗位。加强学习型党组织建设，健全完善理论学习制度和党员干部培训轮训制度，特别是通过扎实开展党的群众路线教育、"三严三实""两学一做""四合格四诠释"等活动，党员干部的政治理论水平和综合素质明显提高。努力创建"六个一"党支部和"五型"班组，不断深化"党员责任区""党员先锋岗"等活动，积极发展新党员，基层党组织的凝聚力、战斗力和党员队伍的生机活力显著增强，充分发挥了"一个支部一个堡垒，一名党员一面旗帜"的作用。

三、着力完善 HSE 体系

深入开展以"强三基、反三违、严达标、除隐患"为活动，推行有感领导、直线责任和属地管理，全面推进生产受控管理，持续改进和提升管理体系，强化岗位培训，定期组织安全环保大检查，HSE 管理水平不断提高。层层签订《安全环保责任书》，将责任分解落实到单位、班组、岗位和个人，安全环保指标与领导业绩、单位工资总额挂钩，形成了有效的激励约束机制。大力加强执行力建设，严格执行《反违章禁令》《HSE 管理原则》，广大员工遵章守纪、令行禁止的执行意识明显增强，规范操作的行为习惯正在逐步养成。强化应急管理，分级制定综合配套的安全环保应急预案，定期开展演练，推行经验分享，应急处置能力不断提升。强化安全环保监督管理，突出重点领域、特殊时段、重要活动和重大项目监管，严肃责任追究。建立完善企业职业卫生档案和员工健康监护档案，员工健康保障体系基本形成。

四、深入推进标准化工作

积极参与国行标制修订工作，2017 年牵头承担完成并发布实施的行业标准 6 项、参与完成并发布实施的国家标准 7 项、行业标准 1 项，2018 年新申报的国家与行业标准 11 项待审查，充分彰显了中国石油在润滑油研究领域发展和标准化工作的实力；强化企业新产品标准制定与实施，有力促进新产品推广应用。2017 年召开 3 次企业标准审查会，发布实施企业标准 89 项，废止 6 项。目前使用的标准共计有 1156 项。其中，国家标准 194 项，行业标准 410 项，企业标准 547 项（其中集团公司企标 23 项，润滑油公司企标 524 项），其它 5 项，均瞄准国际先进标准水平，处于国内领先地位，有力地配合了公司市场开发和科研成果尽快转化工作。

五、全面加强员工教育培训

坚持用大庆精神铁人精神育人铸魂，广泛开展再学习再教育再深入活动，大力加强理想信念、形势任务和职业道德教育，开展深入细致的思想政治工作，不断增强"我为祖国献石油"的政治责任感和历史使命感。持续开展多层次、多渠道、多方式的业务技能培训，创新内容和方式，借助"管院在线"，开通"昆仑网校"，开展网上远程教学，培训的普遍性、针对性和实效性不断增强。加强基层人才队伍建设，初步建立了以公司级技能专家为龙头、技师和高级技师为骨干、中高级工为主体，专业分布优化、梯次结构合理、业务技能突出的技能人才队伍。积极开展"千万图书送基层、百万员工品书香"等活动，鼓励员工学知识、学技术、钻业务，努力创造学习有氛围、岗位能成才、工作求创新的良好环境，队伍学习能力、知识水平和业务技能不断提高。

六、经验总结和交流

2012 年，结合集团持续开展的"精细管理、对标管理、管理提升"三大主题活动，将主题活动与加强三基工作紧密结合，以对标管理为重点，将三基工作、管理提升、精细管理整合为"三项工作"，统筹推进，使"三项工作"形成一个拳头，相互促进，相辅相成，避免了目标和精力分散，既推动了各分项工作的开展，又促进了整体联动效应的发挥。

2013 年，组织开展"管理诊断下基层"活动。由 16 人组成的专家组，对华东润滑油厂 8 个业务领域、65 个方面、234 项工作业务，进行现场诊断，发现和有待进一步改进和解决的问题 53 项，并帮促制订了整改标准。专家组在现场诊断结束后，对诊断工作进行了系统的汇总分析，提炼归纳了诊断方法和管理经验，编制了《润滑油公司管理诊断业务指导》，下发给所有二级单位组织推广，并取得了良好效果。

2014 年，开展贯穿全年始终的"制度建设年"活动，印发了《2014 年规章制度建设工作规划及实施方案》，修订了《规章制度管理规定》，对失效和不适应公司发展的规章制度进行明确废止；对因业务调整或职能变更不能满足业务发展需要的规章制度进行补充、修订和完善；对因业务交叉、职能重叠造成多头发文、重复制定的制度，进行整合统一；对新业务领域未能及时制定的制度，及时补充完善。当年共梳理集团公司有效制度 406 项，润滑油公司有效制度 223 项，修订制度 81 项，新制订制度 52 项。

2017 年，组织开展制度与流程优化提升活动，印发《2017 年制度与流程优化方案》。按照方案，组织二级单位编制制度与流程优化方案 20 个，对标进行流程测试，并将好的经验与做法在公司周一例会上进行分享，形成长效机制，提升了公司管理水平。

七、基层骨干培养选拔

目前，公司共有基层站队 111 个，员工总数 1954 人，其中合同化员工 1168 人，市场化员工 786 人；站队负责人中，正科级 57 人，副科级 69 人。站队长的选拔任用目前主要有考察和竞争性选拔两种方式。一是考察选拔方式是按照基层单位对员工日常表现的掌握情况，由基层班子直接提出或经民主推荐产生推荐人选，再经考察和信任投票程序，正式任命为班组长。二是竞争性选拔方式是参照干部竞争性选拔程序，经发布竞聘公告、报名、资格审查、召开竞聘会公开竞聘、产生优胜人选、考察和信任投票等程序，正式任命为班组长（片区经理）。

八、员工成才成长

按照公司人才发展战略的要求，构建公司人才成长"四大通道"，即管理人才通道、研发人才通道、销售人才通道、技能人才通道，突出政治标准，把对党忠诚、牢固树立"四个意识"作为人才队伍建设的首要要求和前提条件。目前，公司首席科学家已聘任到岗，享受与公司总经理同等待遇。

公司始终坚持以人为本，在评先选优、薪酬待遇、休假疗养、办实事等方面，严格执行相关政策，并充分发挥激励机制，向效益好、贡献大的单位倾斜，向表现好、负责任的员工倾斜，极大地调动了广大员工的工作积极性和干事创业热情。

九、典型选树培育推广

制定《先进典型选树实施方案》，规范了典型选树的组织领导、类别范围、条件、原则、方法、步骤、表彰奖励和宣传办法等步骤。在选树方式上，建立了典型发现推荐、网上投票、公司活动办公室联评、公司微信公众号投票、公司党政联席会审议和先进典型名单公示等评选机制，使典型评选工作更加公开透明，选出典型更加真实可信，达到了"树立一个典型，点燃一盏灯，照亮一大片"的示范效果。近年来，大庆润滑油二厂大庆油田用油专业化服务中心 2016 年获得集团公司"青年文明号集体"荣誉称号。兰州润滑油厂调合装置团支部 2016 年获得集团公司"五四红旗团支部"荣誉称号。充分发挥典型的示范带动作用，对产生的各级各类先进典型，加大宣传推介力度，通过拍摄事迹专题片、召开表彰会、座谈宣讲、网上推送等形式，扩大宣传界面。

抓基层　打基础　强根基
提升基层建设工作水平

四川销售分公司

为适应新时代集团公司改革发展的新要求，四川销售分公司党委组建调研组，围绕调研内容，在二级公司开展了基层建设调研活动，通过实地检查和座谈交流，掌握了现状，发现了亮点，找到了不足，为下步工作开展提供了一手资料。

一、体制机制建设

1. 抓教育、重引领，基层建设不断发力。坚持把学习宣传贯彻习近平新时代中国特色社会主义思想和党的十九大精神作为首要政治任务来抓，通过党委中心组学习、领导干部读书班、专场宣讲会、专题学习班、讲授专题党课、"每周一学"等方式多层次、全覆盖学习，广大党员干部在思想上、政治上、行动上与党中央保持高度一致。按照上级党组织要求，深入开展党的群众路线教育实践活动、"三严三实"专题教育、"两学一做"学习教育，围绕集团公司关于开展"形势、目标、任务、责任"主题教育统一部署，结合企业实际，组织开展了"斗严寒、促转型，坚决打赢降本增效攻坚战"主题教育、"形势怎么看·工作怎么干"双月主题教育、"践行新思想，展现新作为，焕发新气象，向决胜率先建成千万吨级销售企业全速迈进"主题教育等系列教育活动，统一思想、凝聚共识，助推了企业转型升级、稳健发展。

2. 抓基层、打基础，规范管理持续推进。制定《党建工作责任制实施方案》《党建工作检查考核办法》，明确党建责任清单，细化二级单位党委考核指标，党建工作制度化水平不断提高。切实做好"基层党组织按期换届、党费收缴、党员组织关系集中排查、党代会代表和党员违纪违法未给予相应处理排查清理"等四项重点工作，21个二级公司党委和242个党支部按程序和纪律完成换届，举办党费工作业务培训班，如期补缴党费222万元。召开党支部建设推进会，出台《关于进一步加强党支部建设的意见》，定期对党支部书记队伍进行轮训，组织优秀党支部书记赴大庆参观学习。深入开展"四合格四诠释"党员岗位讲述活动，党员先锋模范作用在促销上量、应急保供、抗灾救灾中得到彰显。扎实开展党员干部交心谈心谈话，队伍更加团结和谐。

3. 健体制，明架构，管理责任不断夯实。公司党委组织架构健全，党委委员分工明确，由党委书记分管基层建设工作，按职责分工合作，共同推进公司党建工作有序开展。修订《"三重一大"决策制度实施细则》《党委理论学习中心组学习制度》，强化公司领导班子建设，严格执行决策程序，提升决策水平。切实做好基层党组织按期换届、党费收缴、党员组织关系集中排查等重点工作，确保上级党组织各项决策部署在基层落地生根。每月组织召开党建联席会，按月下发党群工作要点，通过一系列措施明确基层党支部工作清单、主要目标和推进节点。

4. 抓载体、促发展，三基工作成效凸显。公司"三基"工作的管理模式简要概括为：解决一个问题，抓好两个结合，实现三个提高，突出四个重点，做到五个加强。即：解决好对"三基"工作的认识问题；"三基"工作与精细化管理有机结合，与管理体系相结合；提高基层执行力，提高全员综合素质，提高效率和效益；突出质量、计量、安全、服务；"三支队伍"建设、党的建设、企业文化建设、信息化建设、"五小工程"建设得到加强。特别是将"三基"工作融入中心工作，连续四年不换频道，深入开展以领导挂点、部门挂站、干部挂职为主要内容的精准"挂包帮"活动，将"双低站"作为帮扶重点，制定3年"脱帽"计划，落实"七必做"帮扶举措，实行绩效、晋升、评先"三挂钩"考核，形成了"千名干部下基层、千座油站促提升"的生动局面，39座双低站提前两年"摘帽"。组织开展专题劳动竞赛，每月评选"纯枪上量先锋党支部"，发布典型案例，党支部的服务功能进一步强化。全覆盖签订党支部责任令，有效促进特殊时段的维稳信访、反恐安保、防汛抗洪、环保督察、施工安全等重点工作落地。下发《党员项目攻关创效实施办法》，组建党员攻关团队，凸显了党员攻坚啃硬的骨干带头作用。开展"关爱员工行动计划·防范加油站输入性风险"主题活动，通过专题学习讨论、组织输入性风险排查、举办专题培训教育、开展员工岗位讲述、组织应急演练等措施，提高全员安全主体意识，逐步形成企业安全文化理念。

5.明主题、勤交流，定期进行总结提升。以党建工作会、党建联席会、党支部书记抓党建述职评议会、党支部标准化打造推进会等形式为抓手，定期组织二级公司党委开展经验交流，宣传管理亮点，确保各项党建基础工作落到实处。

二、基层队伍建设

1.基层领导班子建设和党支部建设基本情况。一是加强班子建设。以开展"领导班子和干部队伍建设年"活动为抓手，组织领导干部赴井冈山、中共一大会址、西柏坡、大庆油田学习考察，增强干部"四个意识"、坚定"四个自信"。认真执行民主集中制和"三重一大"决策制度，严格党内政治生活和党内监督，召开"严明党的纪律和规矩，全面推进依法治企、合规管理"专题组织生活会，采取述职述廉、民主测评、年终考评、精神洗礼等方式，促进干部履职尽责，班子的团结力、凝聚力和战斗力持续增强。每月坚持中心组学习制度，结合分管工作进行深入思考，切实增强"关键少数"政治意识、大局意识、核心意识、看齐意识。认真开好民主生活会，切实解决职工群众关心的问题。严格执行双重组织生活制度，班子成员均在所在党支部以普通党员身份参加组织活动和集中学习，并带头讲党课、谈体会、做分享。严格执行"三重一大"决策制度、请示报告制度和约谈提醒制度，促使"四个责任"推进。二是加强党支部建设。以抓支部、强基础为举措的基层党建更加扎实，通过开展"六个一"支部创建活动，公司党委、党支部、党小组覆盖所有机关部门、销售片区油库及离退休职工群体，组织健全率达到100%。设立24个基层党委、2个党总支部、270个党支部，党员6265人，其中在职党员4592人。在历次重大抢险救灾中，弘扬四川销售分公司抗震救灾精神，一大批优秀基层党组织和党员受到中央、四川省委、省国资委表彰奖励。持续开展创建"五强"党支部活动，推行党支部标准化建设，制定出台了《基层党支部标准化建设实施意见》，从党支部组织设置标准化、党内组织生活标准化、党员教育管理标准化、阵地基础建设标准化、工作载体建设标准化、工作运行机制标准化等6个方面制定了实施标准，按照标准打造样板党支部，今年底实现公司基层党支部标准化建设达标率达到50%以上。以落实党建工作责任制为基础，严肃党内政治生活，对支部开展"三会一课"、民主评议党员、学习教育等进行指导、监督与考核。坚持把班组建设作为基层建设的着力点和突破口，通过实施党建"三联"示范点、"五型"班组建设、千队示范工程建设等多种形式和途径，持续加强和改进班组建设，形成了一些具有特色、富有成效的好做法。泸州公司龙马加油站荣获"全国工人先锋号"称号，仓储公司104油库、成都公司金牛坝加油站分获股份公司十大标杆油库、十大标杆加油站，成为公司基层建设的一面旗帜；在此基础上，进行跟踪选树，公司19个班组受到省部级表彰。绵阳公司董家沟油库等19个库站，被集团公司确立为基层建设千队示范工程示范单位。深入开展"五型"班组创建活动，认真组织达标验收，95%的班组实现三年达标目标。

2. 基层组织负责人队伍的基本情况。坚持党管干部原则，落实好干部"五条标准"和国有企业领导干部标准，进一步突出干部选任的实干导向、群众公论和廉洁底线，全面考察干部，公正选拔干部。延伸干部选任监督层级，集中出台干部选拔任用和管理制度，制定了《选人用人工作监督检查实施细则》，实施专业线公开竞聘，选人用人工作进一步制度化、科学化。完善干部管理，出台《试用期满人员转正考核办法》和《挂职人员期满考核办法》，规范了干部试用期满和挂职锻炼考核评议工作。推进干部上挂下派、党政轮换、异地交流，进一步健全完善班组长选拔、培养、使用和激励机制。培养选拔党支部书记，换届时按《中国共产党章程》规定选举产生，届中调整时，按照集团公司《关于印发〈中国石油天然气集团有限公司企业领导人员管理规定〉的通知》和省公司《领导人员管理规定》等文件，严格执行组织考察、讨论决定、报上级公司报批报备、公示、任职等程序选拔，坚持干部任命和选拔的公开、公平、公正。

3. 在基层队伍建设、员工成长、薪酬待遇、休假制度落实等方面的具体措施。基层队伍建设及员工成长：实施"全员提素"计划，致力于打造一支"爱学习、强技能、重执行、懂感恩、守纪律"的铁人式员工队伍。广泛开展人事、党群等9大系统岗位练兵和技能鉴定、专业培训，3名同志被聘为集团公司管理专家，252人晋升专业技术职称，1514人晋升职业技能资格，员工队伍整体素质稳步提高。组织开展岗位练兵、技能竞赛和技能鉴定，涌现出一大批操作技能人才和岗位技术能手，公司现有初级工3017人、中级工2660人、高级工575人、技师32人。

薪酬待遇：严格遵守国家法律规定，执行集团公司薪酬制度，突出效率效益导向，将二级公司增量工资全额与利润指标挂钩，利润指标考核权重提高到15%，指标完成率封顶线由130%调整到150%，对完不成利润指标的单位，按实际差额同比例扣减工资总额，初步建立了以效益为中心的工效挂钩机制。紧紧围绕"两个翻番"目标，制定了2014—2020年薪酬改革路线图规划，为实现加油站一线员工人均收入"翻番"奠定了基础。着力突破机关薪酬分配格局，平稳实施机关新进人员薪酬改革，机关与基层的收入差距进一步缩小。大力调整合同化与市场化员工收入增长结构，加大向市场化员工倾斜力度，2017年合同化员工人均收入增长5.57%，市场化员工人均收入增长13.85%，进一步缩小了收入分配的身份差距。

休假制度落实：结合国家请休假规定，及时修订公司请休假制度，保障员工应有权利，为保证员工正常休假，年初各单位填报休假计划，有计划性地安排落实。

生产设施改善：不断加大惠民工程建设力度，大力实施"十大民生工程"，将企业改革发展创新成果惠及员工群众，尽职尽责为员工群众多办好事、多办实事。修建大学生周转房、离退休活动中心（站、室）、员工食堂，整治办公区生活区安全隐患，直接惠及员工和离退休人员1万余名。实施库站"五小"工程，海拔4000米以上加油站已全部装上空调，基层一线员工生产生活条件持续改善。

畅通诉求渠道：制定下发《党员干部员工交心谈心谈话暂行办法》，定期组织党员干部员工开展交心谈心活动，要求各片区、油库、加油站及时倾听诉求，加强沟通交流，排查化解矛盾纠纷，防止群体上访事件发生。

三、先进典型及荣誉

1.选树川销好榜样。注重先进典型培育，形成了以"十大金花加油站经理""十大金雄鹰加油站经理""十大最美加油员""十大道德模范"为代表的先进英模群体，以公司成立60周年金奖银奖获得者为代表的发展功臣群体。一批先进集体和个人受到上级隆重表彰，陈小玲荣获全国劳模和集团公司特等劳模，并当选党的十九大代表，集团公司劳模扎西彭措入围"中国网事·感动2015"年度候选人，公司道德模范余章华被评为"全国向上向善好青年"。陈小玲参加集团公司专题巡回报告，直接受众3万余人，川销故事全国传播；龙马加油站案例入选全国MBA教育指导教学案例，劳模效应逐步放大。公司两度荣获"全国五一劳动奖状"，并获得全国企业文化建设50强单位、四川省先进基层党组织、四川省国有企业创建"四好"领导班子先进集体、四川省国资委系统先进基层党组织、四川省文明单位等殊荣，公司工会被评为集团公司"模范职工之家"，公司团委被授予集团公司"五四红旗团委"称号。

2.传播川销好声音。注重舆论引导，加强和改进新闻宣传工作，形成了网站、报纸、刊物、微信、视频"五位一体"的宣传大平台。公司记者站四次蝉联六星级记者站。依托传统媒体，每周编辑出版《四川加油报》一期，每旬制作发布《川销新闻播报》视频节目一期，创办发行更加贴近客户的《加油吧》DM杂志。积极运用新媒体，设立微信企业号，不定期推送信息，结合点多面广的企业特点，构建各层面的微信群，第一时间晒动态、晒亮点，选送作品斩获集团公司新媒体大赛多个奖项。

3. 百面红旗单位现状。绵阳公司董家沟油库获得集体公司"百面红旗单位"，该油库按照"守好库、管好油、带好队伍保安全"的基本工作要求，按照高效率低成本的运行方式、智能化的信息平台、现代化的仓储设施、专业化的仓储队伍的发展方向，加强油库专业化管理，持续发挥了先进的表率作用。

四、基层素质提升

1. 班组等基层组织员工参与岗位培训和基本功训练的机制建立情况。完善省公司、二级公司和基层库站三级教育培训体系。其中人事处负责制定公司总体培训计划，统一管理培训师资、教材和基地建设。各专业部门负责提出培训需求、按培训计划实施培训，开展评估及反馈。二级公司按照公司培训计划，结合本单位实际，具体负责组织开展主营业务、上岗转岗等培训。基层库站主要开展本库站员工应知应会和岗位培训。按照"1 个本部学院、5 个区域分院、6 个配套实践基地"的建设模式，推进经理人学院建设，形成网格化、全覆盖的培训网络，具备覆盖全省员工的培训能力，主要承接客户经理培训、加油站经理提升培训、中青年干部培训、专业线骨干人员培训和班组长轮训。年培训经理人 600 人次以上，培训专业线骨干及班组长 2000 人次以上。

2. 基层员工素质提升、技能比赛等方面情况。依托"岗位培训、技能鉴定、岗位练兵、技能竞赛"四位一体的技能培训体系，员工练就了过硬的岗位基本功，岗位胜任能力和技能操作水平全面提升。2005 年至今，在集团公司和板块技术比武中，公司共获得 74 个团体奖项，366 个个人奖项，其中 50 枚金牌，多次在销售公司名列第一。

3. 集团公司送书工程在本单位的落实情况。以集团公司实施"千万图书下基层、百万员工品书香"工程为契机，组织开展"学习在石油·每日悦读十分钟"全员读书活动，为基层单位配发书架 1480 个，配送图书 45 万多册，基层单位采取好文廉文荐读、读书演讲、学习交流、读书心得展评、学习论坛等形式，广泛开展学习读书活动，在企业内部形成了比较浓厚的学习氛围。大力推进员工素质建设，公司认真组织完成集团公司送书到基层活动，目前送书已覆盖所有基层单位，并且各党支部按照时限和内容要求，组织全体员工进行了读书活动。建议：信息化时代，可以电子图书馆的形式，推送网站和公众号，号召员工利用电脑和手机网上学习。

创新工作方式　探索有效途径
为建设国内一流销售企业提供坚强保障

辽宁销售公司

辽宁销售公司围绕中心服务大局，持续加强基层建设，由"传统管理模式"向"现代管理模式"转变，认真研究"三基"工作新情况、新要求，转变工作方式，探索有效途径，注重精细化，以提升队伍整体素质为目标，切实做好统一思想、凝心聚力的工作，培养适应现代化管理需要的高素质员工队伍，理顺各项基础制度流程，为建设国内一流销售企业提供坚强保障。

一、体制机制建设

为保证三基工作有效落实，辽宁销售公司成立三基工作领导小组及办公室，主要领导担任组长，分管领导担任副组长，办公室负责具体组织协调实施工作。通过领导例会、逐级宣贯、召开现场会等方式，公司员工深入领会集团公司会议精神。相关处室结合实际工作，制定《辽宁销售公司三基工作实施方案》，提出四大措施，强化三基工作。

1. 规范和完善培训制度建设。分层次、有重点地抓好全员培训，为员工提供政治营养和技能的直接通道。集中做好销售业务手册的培训、抓好对省市公司两级领导干部和机关营销人员的培训、抓好基层员工一专多能、一人多岗的培训。重点系统抓好基层加油站经理、便利店长、油库主任的再培训、再教育活动。保证全员人均年培训率达到100%。确保在岗员工岗位应知应会、操作规程、HSE 知识技能培训合格率达到100%。加强对新员工和转岗员工的岗前培训，一线新增人员、关键岗位人员100% 持证上岗。

2. 加强"五型"班组和基层建设"千队示范工程"创建工作。重点抓库站、抓标准、抓执行、抓示范、抓特色，不断总结在党支部建设、班子建设、队伍建设、思想政治工作、基层文化建设、基础管理、基层环境建设、工会和共青团工作等方面的示范经验，持续推进"五型"班组建设，充分发挥基层先进典型的示范作用，增强班组战斗力，全面提升基层建设整体水平。

3. 强化规章制度实施的检查监督。建立公司和各部门、各单位内部两个层面的规章制度贯彻实施的检查制度。加大规章制度执行的监督力度和违规行为的处罚力度，保证规章制度的严格执行。注意从违章案例中总结教训，及时教育和警示广大员工引以为戒，避免同类违章行为重复发生。

4. 规范各类记录、台账标准化。辽宁销售公司为强化基础管理，确保各类记录、台账的标准满足实际工作需要，便于各岗位应用，优化基层岗位记录，消减不必要的重复项目。通过基层调研，明确辽宁销售公司的记录、台账等标准化的适用范围，鼓励员工对于可合并使用或撤销的记录、台账提出建议，根据上级单位下发的专业管理规范，制定《辽宁销售公司记录、台账等应用标准》。进一步深化精细化管理理念，提高工作效率，提升企业竞争力。

二、基层组织建设

不断强化以层层压实"两个责任"为主要内容的基层组织建设，提升了以政治素养和业务技能为主要内容的员工队伍基本素质。

1. 开展党支部规范化建设。树立党的一切工作到支部的鲜明导向，明确2017 年为"党支部规范化建设年"，围绕省国资委党委提出的组织健全、制度完善、运行规范、活动经常、档案齐全、作用突出这 6 个方面标准，提高党支部规范化建设水平。

2. 抓好基层党支部组织建设。一方面，探索创新党支部设置。继锦州分公司党委在万吨站上建立党支部并取得成功经验后，沈阳、大连、营口等分公司相继在万吨站建立党支部，截至目前，辽宁销售系统已有 10 余座万吨站相继成立了党支部，绝大多数万吨站实现了管理和销量双提升。公司党支部建在万吨站的做法受到辽宁省国资委和集团公司党组组织部的充分认可。

不断完善基层党支部建设格局，充分结合公司业务发展特点、基层库站党员人数及管理实际，大力推进基层党支部设在万吨加油站、片区工作，切实做到经营网络延伸到哪里，党的组织就建到哪里，哪里有党员，哪里就有党组织，使党组织健全率达到100%。另一方面，健全基层党组织。结合公司巡察发现的基层党组织存在的问题，从政治素质好、业务能力精、群众基础好的党员干部中选拔党支部书记，建立一支结构合理、敢抓敢管、素质优良的党支部书记队伍。2017年新配备党支部书记32名。抓好党支部书记轮训工作。2017年，两次举办基层党（总）支部书记培训班，142名基层党（总）支部书记参加培训。

3. 严格党的组织生活制度。制定下发《辽宁销售公司党委关于严格党的组织生活制度的实施办法》，对基层党支部组织生活制度落实进行指导，推动"三会一课"等制度逐步步入常态化轨道。

4. 抓好主题党日活动。公司各级党组织通过主题党日，开展党的工作，缴纳党费等。同时，利用主题党日组织党员义务奉献、重温入党誓词等，唤醒党员意识，增强了党支部的凝聚力、战斗力。2017年，全系统共开展主题党日活动924次，每个"党日"都有"主题"，每名党员都有"收获"。

5. 强化基层基础保障。完成全国党员信息系统数据采集、录入等工作，入库信息完整度达100%。大力开展"共产党员之家"综合服务阵地建设。围绕"有场所、有标识、有设备、有资料、有档案、有荣誉、有制度、有文化元素"等"八有"标准，为党员教育、管理、活动打造新阵地。共建设"共产党员之家"72个。

6. 坚持把党员培养造就成骨干，把骨干发展成党员。结合网络扩张、库站增加，有计划、有目标、有重点在油库加油站一线业务骨干、销售能手、优秀员工和共青团员中培养发展党员。形成并完善了"基层党支部建立在油库、经营部、片区、万吨加油站，支部书记专兼职"的公司基层党组织建设基本思路，开展了党支部"六个一""党支部规范化建设""党员责任区""党员示范岗"等创建活动，基层党的工作步入了规范化、标准化轨道。

三、基层班组建设

以"五型"班组创建为载体，扎实推进"五型"班组创建活动。认真学习石油系统先进班组经验，把"五型"班组创建工作纳入企业管理体系，加强"五型"班组标准化、规范化、科学化建设。持续改善基层员工工作和生活环境。深入开展"五小工程"建设，重点提高"五小工程"设施设备完好性和使用率。积极参加销售公司举办的"促发展、上规模、增效益"劳动竞赛、技术比武活动，丰富竞赛内涵、创新竞赛方式，增强感召力和吸引力，把竞赛作为开拓市场、提高质量、降低成本、优化结构、精细管理的重要途径，最大限度地把全体员工组织到竞赛活动中来。广泛开展创新创效实践活动和青年岗位能手选树活动，发挥优秀青年集体和个人的示范带动作用，为公司发展多增销量、多创效益、多出人才、多出经验。

始终坚持以打造"学习型、安全型、清洁型、节约型、和谐型"班组为目标，不断深化班组建设。一是加强学习培训。引导员工牢固树立"终身学习"理念，增强员工学习意识，各班组利用班前会学习各项规章制度、进行典型案例分析等。组织开展岗位练兵、技术比武等，提高了员工业务技能水平和岗位竞争能力。二是加强安全清洁管理。各班组严格落实 HSE 管理体系各项制度要求，开展"我为安全做诊断"活动，每日进行安全巡检，做好巡检记录。开展安全生产宣传咨询日活动，发放安全生产法手册、安全常识等宣传资料。组织开展应急预案演练，提高了员工应对突发事件处置能力。积极推行"6S"管理，开展卖场定置化管理和加油机、罩棚立柱、卫生间形象集中治理行动，现场环境明显改善。三是加强节约管理。强化员工节约意识，积极开展劳动竞赛、合理化建议等活动，实行费用定额化管理。大力开展"开源节流，降本增效"活动，引导员工从节约一滴水、一度电做起。创新节约手段，鼓励员工进行小发明、小创造、小革新等，努力把班组建设成为节约的"低耗单元"。四是注重和谐稳定。坚持以人为本，积极组织员工参与文体活动。加强民主管理，落实班务公开，增强员工民主参与意识。加强职业道德建设，规范员工行为，确保员工遵纪守法。

四、岗位精细化管理

把岗位精细化管理作为加强企业内部管理、提升企业核心竞争力的有效手段，在消化、吸收石油石化行业岗位管理经验基础上，注重与现代管理理念、方法相结合，完善以岗位责任制为基本制度的规章制度体系，加强岗位责任制与 HSE 体系、内控体系的有机融合，使传统管理方法在新的时代背景下与时俱进、蓬勃发展。同时结合销售企业实际，开展"三项活动"，充分发扬石油精神，着力培养员工的岗位责任心，制定岗位责任制精细化考核标准体系，建立岗位责任制大检查精细化管理体系，不断丰富岗位责任制的内涵，实现岗位精细化管理，促进企业各项工作目标的实现。在 2017 年，持续推进依法合规治企，开展制度体系量化评价，完成 158 项制度文本与业务流程匹配，审核规章制度 24 项。开展内部控制自我测试，发现例外事项 193 项。修订采购、招标管理制度，规范审批流程和权限，全年招标采购 217 项估算额 2.89 亿元，节约资金 5000 万元，居板块前列。

五、人才队伍建设

大力实施素质提升工程，加强技能培训和能力培养，深入开展创新活动，努力推进知识型、技能型、创新型员工队伍建设，争当岗位能手。全面推进全员业绩考核，大力开展岗位练兵，不断提升员工履行岗位职责的能力。健全操作人员技能评价机制，继续做好新入职员工初次鉴定和晋级鉴定，推行职业技能鉴定制度化，促进一线操作技能员工"一岗多能"，提高队伍整体素质。落实培训体系目标，造就高素质的员工队伍。完善现有培训基地软件建设，建立培训基地规范化管理标准。进一步完善培训师队伍建设和管理办法，做好兼职培训师的选拔、培养、使用和考核，建立系统内培训师交流共享机制。在 2017 年持续加强加油站经理人队伍建设，出台加油站经理人积分评级和聘用管理办法，建立全方位量化分级评价体系和选聘机制，着力打通加油站经理人职业发展通道。组织开展各类培训 504 期，培训 3.6 万人次，职业技能鉴定 2084 人次。

六、推进典型选树

按照"一单位一亮点、一层级一典型、层层有载体、级级抓创建"的工作思路,深刻认识先进典型在企业各项工作中的导向、示范、激励、带动作用,把选树先进典型和加强先进典型管理工作列入重要议事日程,建立和完善发现、培养、宣传、关爱、激励等工作机制。用先进典型引导人、激励人、鼓舞人,带动广大员工人人争先进、个个当先锋。

1.注重发现、挖掘先进典型。结合当前的扩销增效、强化管理、优质服务、保证安全等重点工作,通过大力开展创建青年文明号、"立足岗位、创业建功"、青年岗位能手、销售能手、服务标兵等活动,把那些工作刻苦、服务优质、管理创新、业绩突出的基层单位及个人纳入选树典型的范围,严格筛选,及时总结推广,使典型成为广大员工学习的榜样,使选树典型与促进基层建设有机融合。

2.注重培养、引导先进典型。注重加强典型管理,严格要求,正确引导,帮助典型做到"三个正确对待",即正确对待成绩、正确对待荣誉、正确对待他人。并帮助他们查找不足,自觉加压,确定新的目标,提出新的要求,使典型始终保持不断前进的动力。

3.注重支持、关爱先进典型。始终坚持做到政治上关注、工作上关心、生活上关爱,让他们体会到了组织的温暖。不定期与典型谈心、帮助典型解决困难,使典型时刻体会到组织的温暖,进一步激发典型的干劲和斗志。

4.注重宣传推广先进典型。典型宣传是选树典型工作的重要环节,只有使先进典型的模范事迹和高尚思想广为传播,才能使职工群众受到教育,得到启迪。公司在门户网站开辟先进典型事迹专栏,通过座谈会、职工代表大会等形式选取典型代表作经验交流。通过《中国石油报》《油商周刊》及辽宁销售公众号等媒体加大典型宣传力度,把典型精神展示出来,让员工知道学什么、怎么做,积极对外展示公司良好形象。

七、凝心聚力育人铸魂

1. 加强思想文化建设。每年组织开展"形势任务目标责任"主题宣讲，发挥好企业文化展馆主阵地作用，把员工的思想和责任引导到大力弘扬石油精神、推进质量效益发展上来。

2. 开展文明单位创建活动。按照要求，制定方案标准，完善考核体系，大力开展文明单位、文明社区、文明家庭、文明员工创建活动，取得了良好效果，广大员工文明程度明显提升。公司有4家单位获得"文明单位"荣誉称号，5家单位获得"文明单位标兵"荣誉称号。

3. 加强意识形态和新闻宣传工作。全面落实意识形态工作责任，加强阵地管理。抓好宣传报道队伍建设，每年在中国石油新闻媒体盒地方新闻媒体发表新闻稿件300余篇，传播辽宁销售声音，讲好辽宁销售故事，汇聚干事创业的强大力量。

4. 提升全员读书活动质量。以"千万图书送基层、百万员工品书香"读书活动为契机，在员工中开展"双十"读书活动，共配发图书940套，制定读书计划，确保读书活动顺利开展取得实效。举行"书香伴我行，共筑中国梦""双十"读书知识竞赛，丰富了读书活动形式，增加了读书的乐趣，调动了员工参与读书活动的热情。抚顺分公司成立了"悦读会"，把阅读爱好者中的骨干聚合起来，互相推荐书目、交流心得，带动广大员工挤时间读书。

5. "百面红旗单位"建设。2003年，昆山加油站在全国近20000座中国石油加油站中脱颖而出，一举夺得集团公司颁发的最高荣誉——"百面红旗单位"荣誉称号，多年来始终坚守"四争"和"四个第一"的理念，即争服务标兵、争加油状元、争零售客户、争文明加油站，质量第一、服务第一、客户第一、信誉第一。分公司党委高度重视，认真提炼，宣传到位，持续发挥昆山加油站的先进表率作用，在该站成立万吨加油站党支部，建立党员学习教育室大力加强党建工作、思想政治工作和各项基础工作建设，充分发挥共产党员的先锋模范带头作用。

取得的成效：

辽宁销售公司面对内外部环境的不断变化，坚持和继承石油精神，围绕中心任务，夯实基层组织建设，突出发挥战斗堡垒作用；围绕精细化管理，完善管理基础；围绕队伍建设，搭建培训与竞赛平台，提升员工整体素质。通过不断实践与探索，取得了较好的成效。

一是基层党组织建设全面加强。为所有队伍配置了专兼职的支部书记，增强党支部活力，提升基层队伍战斗力和执行力。发挥党员干部的先锋模范作用，不断深化"党员责任区""创先争优""党员先锋岗"等活动，加强基层党组织的凝聚力、战斗力和执行力，为完成生产经营任务发挥积极的作用，营造风清气正的良好政治生态。

二是基层建设不断强化。经营指标持续攀升，销售质量显著改善，投资工程有序推进，公司网点布局得到优化，进一步增强了公司持续发展后劲。在2017年合作推进网络开发。成立高速公路、沈阳地铁、宝来等合资公司，分公司成立合资公司7个，开发建设加油站9座，与地铁合作模式受到集团公司肯定并在板块推广。

三是安全环保受控运行。持续推进HSE体系建设，全员安全环保意识明显增强，完善应急预案，增强应急反应能力。严格数质量管理，确保数质量100%合格。着力加强库站损溢油管理，吨升密度盈余、管理盈余成效显著。在2017年推行"全面""重点""直线"三位一体管控模式，将单仓超耗纳入考核，公路运输损耗较2015年治理前减少3038吨，损耗率下降0.075个百分点，位居板块前三位。

四是基础管理进一步夯实。全面推行精细化管理，积极推进内控体系建设，优化业绩考核办法，企业基础管理更加规范。丰富大预算管理，建立了规划与预算结合协调机制，实现发展规划精准落地，企业管理更加科学规范。在2017年开展会计核算"三集中"，完成核算管理"五统一"。会计档案电子化试点首家通过国家验收，被集团公司评为创新性突破。持续推进提质增效，全年挖潜增效6.24亿元。提升加油站、便利店基础管理水平，持续开展双低站治理，做好全流程诊断与优化，持续推进加油站6S建设。

五是非油业务迅速发展。非油业务从无到有，从单一便利店经营到餐饮、润滑油换油中心、维修店等多种经营，经营范围不断扩大，发展势头良好，处于板块领先水平。

六是信息化管理持续加强。建成投运以 ERP 系统为核心，加油站管理系统、业务运行信息系统、客户管理系统、基础应用系统等集中统一的信息系统平台，并逐步转向"建用结合"阶段，在提升生产效率、降低员工劳动强度等方面发挥着重要作用。

七是和谐企业建设稳步推进。规范薪酬分配，拓宽福利渠道，完善健康保障，加大分配向一线倾斜力度，实现了员工收入的合理增长。积极建设培训体系，拓展培训项目，培养内部师资队伍，员工队伍整体素质进一步提高。开展扶贫帮困温暖工程，员工队伍战斗力、凝聚力持续增强，涌现出了以党的十七大、十八大代表、全国劳模王萍，集团公司优秀共产党员徐义龙为代表的一批先进典型。

八是建设国内一流销售企业建设效果明显。探索创新现代化管理模式，大力提升企业管理手段和管理方式，推行精细化管理、搭建信息系统平台、构建以客户为中心的营销体系，成立专业油库管理公司、客户服务中心、调度运输中心，建立起了业务专业化、管理集约化、运行信息化的成品油营销管理体系，有力地促进了企业的持续快速发展。

强基固本筑堡垒　凝心聚力促发展

广东销售公司

广东销售公司在集团公司的领导下，以基层建设为重要抓手，建立有效的工作机制，全面提高基层建设水平。公司全面结合建设"广东地区最具价值油品综合服务商"的奋斗目标，求真务实、科学管理，把加强基层建设工作与精细化管理紧密结合，全面提升基层管理水平和员工素质，持续提高销售能力和盈利能力，近五年来累计新增投运油（气）站151座，在运营油（气）站总数达到1117座；销售规模突破770万吨，五年增长近三分之一；盈利能力显著增强，经营管理不断迈上新台阶，不断开创广东销售公司各项工作新局面。

一、提高政治站位，夯实党建基础，筑牢基层堡垒，基层领导班子和党支部建设成果卓著

公司高度重视基层工作。主要领导提高政治站位，亲自挂帅，成立基层建设工作领导小组，全面负责基层建设工作的组织领导工作。各地市分公司均成立基层建设工作机构，加强对本单位基层建设工作的组织领导，并落实专人负责该项工作。各单位充分发挥党政工团各方力量，明确各方面工作责任，形成推动基层工作的整体合力，确保基层建设工作持续有效开展。公司按照制定并下发的《三基工作方案》的总体部署，以加强基层领导班子和党支部建设为核心，以夯实基础管理为重点，健全完善党委工作基本制度和党支部工作制度，构建基层建设长效机制，推动基层组织建设科学全面发展。

1.强化组织建设，筑牢基层堡垒，实现基层党组织全覆盖。基层党组织

是贯彻落实党的路线方针政策的战斗堡垒，是执行上级党组织命令指示的基本单元，是基层建设的神经中枢。公司党委制定印发《党建工作目标管理办法》，明确两级党委党建工作职责，建立党建工作责任清单。立足二级单位经营管理和库站布局实际，坚持按"三同时"原则建立健全基层党组织，做到生产经营延伸到哪里，党的组织就建到哪里，作用发挥就跟到哪里。公司目前共设置基层党组织 238 个，其中，一级党委 1 个，二级党委 20 个，党支部 217 个，共有党员 2206 人，其中，管理人员党员 923 人，操作人员党员 1259 人，两级党委实现了党组织健全率 100%。所属股权企业同步建立党组织，部分股权单位完成党建入章程工作。调整地市公司党群干事岗级，增加专职党群干部比重，按照宜专责专、宜兼则兼原则配备党务干部及专兼职党务工作人员 651 人，20 个二级党委设置专职党委书记或副书记岗位，保证党组织工作有效开展。

2. 压实党建责任，推进"四好"领导班子建设，基层组织坚强有力。构建基层建设的长效机制，必须牢牢抓住加强基层领导班子和党支部建设这一核心工作。在公司党委领导下，公司各级党组织旗帜鲜明坚持党对企业的领导，层层压实党建责任。持续推进"四好"领导班子建设，坚持建设坚定、勤勉、团结、清廉的基层领导班子，合理设置基层领导岗位，建立科学考核评价体系，完善基层干部培养选拔任用机制，不断优化基层领导班子结构，提高班子整体功能，增强班子引领科学发展能力。认真落实民主集中制，健全基层领导班子工作制度和议事规则，保证领导班子协调高效运转。开展理论教育和业务培训，提高基层领导人员"听、看、说、写、做"五种能力。大力推进"四合格四诠释"岗位实践活动，高质量召开基层领导班子民主生活会、组织生活会，政治生活更加严肃规范，基层领导干部的思想政治素质和理论水平显著提高。

3. 推进专题教育常态化，创建学习型、创新型党组织，基层党建硕果累累。围绕企业发展目标，认真组织开展党的群众路线教育实践活动和"三严三实"专题教育，深入推进"两学一做"学习教育常态化制度化，各级干部和广大党员"四个意识"牢固树立，理想信念更加坚定、党性更加坚强。为进一步增强企业责任感和使命感，公司党委不断深化基层学习型、创新型党组织建设，深入开展"六个一"党支部创建、"党员先锋岗""党员责任区""我为党旗添光彩""党员安全示范岗"等主题活动，不断健全创先争优长效机制。近五年来共创建"共产党员示范岗"455个，创建"党员之家"38个，21个基层党组织和党员受到上级表彰，公司党委表彰党员21人，先进党支部61个、先进个人260人，基层党建成绩彰显，硕果累累。

二、强化全员培训，规范人才选拔，优化人才结构，建强"三支队伍"，基层员工素质全面提升

加强基层建设，夯实基础管理是重点，提高员工基本素质是根本。公司坚持把打造高素质专业化干部队伍作为基层队伍建设首要任务，抓班子、带队伍、聚人才，促进了全体员工与企业的共同发展。

1.强化全员培训。按照服务发展、培训先行、突出重点、注重实效的原则，创新培训内容方式，大力加强员工政治素质、业务技能的培训，着力培养造就一支高素质员工队伍。综合运用各种形式，广泛开展岗位技能培训，积极培育一专多能、一人多岗的"复合型"人才。不断完善师带徒制度，加速后备技能人才的成长。建立培训激励机制，将员工的培训、考核结果与使用、待遇相挂钩，不断增强员工学习的主动性、积极性。

2.规范人才选拔。牢固树立"为党和人民事业选干部"的思想，充分发挥党委领导和把关作用，落实民主集中制，按照"对党忠诚、勇于创新、治企有方、兴企有为、清正廉洁"20字要求，严把"动议提名、民主推荐、考察、讨论决定、任职"等关键环节，切实做到"凡提四必""三个不得上会""两个不得""五个不准"，规范选人用人工作。加强领导班子自身建设，班子成员自身要求严、工作氛围好，公司政治生态和政治文化呈现新气象。

3.抓实干部考核。截至2017年，公司已全面开展二级单位党委书记、纪委书记基层党建述职评议工作，进一步压实基层党建工作责任。认真开展

中层领导班子和领导人员年度述职测评和考核谈话工作，通过点评打分、综合评价、书面反馈、督促整改，不断提升领导班子和领导干部理论素质和工作能力。开展选人用人、履职待遇和业务支出专项检查，严肃组织纪律，规范薪酬管理，优化激励机制，全面推行全员绩效管理，有效激发人才创新活力。

4.重视干部培养。加大干部能力素质培养，开展中层领导干部领导力素质测评，为针对性设计培训课程和方案奠定基础。分批选送 158 名中层领导干部，在北京石油管理干部学院和广州石油培训中心集中进行领导力培训。优化领导班子和干部队伍结构，制定《后备干部管理暂行办法》，加大优化调整力度，努力形成老中青相结合的合理梯次配置。制定《高技能人才管理办法》，努力培养"石油工匠"。制定《一般管理岗位人员管理暂行规定》，调整分公司组织层级，增设部门经理，顺畅人员发展通道。

5.建强"三支队伍"。以人才战略推进党务工作开展，着力打造党支部书记、党务工作者及党员"三支队伍"。出台进一步加强党支部书记队伍建设实施办法，建立健全党支部书记选拔任用、教育培养、激励保障、监督管理机制。按"有作为"方向加大党务干部选拔任用力度。按照健全党务机构、配强党务干部原则，单独设置二级党委党群工作部。坚持把政治标准摆在首位，科学制定规划，抓好党员发展工作，保持一支数量较多、素质较高、结构合理的入党积极分子队伍，确保党员发展工作质量。

三、规范管理流程，完善规章制度，建构长效机制，强化执行落实，确保公司运行安全高效

近年来，在公司新一届领导班子的带领下，广东销售全体员工以打造"顾客认可、网络完善、效益优良、员工满意"为内涵的"广东地区最具价值油品综合服务商"为发展目标，奋发有为，盘活存量、做大增量、提高质量，公司发展与经营呈现出队伍面貌焕然一新、经营质量持续提升、销售能力不断增强、网络开发成效显著的良好态势。

1. 加强 HSE 为重点的体系管理。牢固树立"环保优先、安全第一、质量至上、以人为本"的理念，全面推进 HSE 管理体系的实施，加强安全环保工作，有效遏制各类事故的发生。健全 HSE 制度和标准，全面落实安全环保责任制，扎实做好 HSE 宣贯工作。贯彻"安全第一，预防为主"的方针，严格执行集团公司有关安全生产的规章制度，强化基层安全风险管理，突出重点领域、关键环节、要害部位，以及新业务、新模式下的安全环保监管，确保生产受控运行和员工生命安全。

2. 加强生产运行标准化管理。为确保安全生产，公司已建立较完善的公司标准体系，规范工作内容、程序、标准，将标准转化为岗位操作规范。标准的可操作性和有效性，极大地推动着两级机关管理水平提升和工作作风转变。

3. 加强现场管理。确保生产作业场所设备、物品的干净整洁和有序摆放，营造井然有序的作业环境。推行油库加油站定置化管理，规范工作展板、宣传栏的标准和内容，美化工作环境。加强加油"十三步曲"、收银"六步曲"、汇报模板的基本功训练，在服务过程中整体体现、合理使用，展现训练有素的员工形象。完善基础管理信息系统，把油库、加油站的日常管理纳入信息系统，规范实物资产、设备运行和维护、巡检、演练等工作，不断提高基础管理水平。

4. 加强基层成本管理，广泛开展资源节约活动。健全全员参与的成本控制网络，加强可控成本的管理和控制。适应发展循环经济的要求，坚持"开发与节约并举"，强化全员能源、资源节约意识，积极开展基层节能节水降耗活动。建立节奖超罚的考核机制，因地制宜推广运用节约能源、资源的新技术、新工艺，不断提高生产过程中资源综合利用效率和效益。

5. 加强规章制度建设，提高制度执行力。按照集团公司"集约化、专业化、一体化"管理要求，公司不断完善规章制度体系，建立起管理体系完善、管理内容科学，符合公司发展方向与水平的规章制度体系，形成依制度操作、按制度办事、靠制度管人、用制度管企业的良好格局。

6. 优化管理流程。已建立并持续完善符合广东销售公司业务实际和满足风险控制要求、涵盖经营管理全部工作的业务流程，全面提升流程的执行力和执行效率。实现了流程管理制度、架构目录、描述规范和管理平台四统一，重点领域和薄弱环节风险清晰、控制明确、责任落实，管理职责、工作内容、管理权限、业务衔接和监督标准五清晰，运行保障机制措施健全、可执行。

四、发挥文化引领，突出铸魂塑形，践行民主管理，强化群团工作，凝心聚力确保企业持续稳定发展

1. 弘扬大庆精神铁人精神，发挥典型示范带动作用。公司各级党组织始终把大庆精神铁人精神作为公司持续发展的精神力量，并不断赋予新的时代内涵，坚持不懈地用大庆精神铁人精神教育干部员工，用石油精神凝魂聚气、固本强基，构筑广东公司员工的共同思想基础。开展"弘扬光荣传统、重塑良好形象"石油文化进库站活动，推进企业形象建设，增强石油文化感召力，营造良好舆论环境。注重发挥先进典型的示范带动作用，培养及选树了以许立国等为代表的一大批先进典型，在全公司营造了学先进、争先进的良好氛围。五年来公司荣获中央企业先进集体 1 个、集团公司先进集体 13 个，被评为"全国企业文化竞争力优秀单位"和"中央企业先进集体"。加大对外宣传力度，复办《广东销售》报，加强与广东省各级政府、地方媒体、国内重点网站、论坛的沟通协调，积极宣传公司先进事迹，赢得了社会公众广泛认可，获得集团公司党组和各级地方政府的充分肯定。

2. 践行民主管理，强化群团工作。坚持职代会制度。积极推行厂务公开，民主管理得到进一步深化。坚持职工群众主体地位，健全职工民主管理制度体系，深入推进厂务公开，企业重大决策、重大改革举措、重大政策必须通过职代会审议，切实维护职工权益。健全员工收入正常增长机制，在企业效益增长和劳动生产率提高的同时实现员工收入同步增长。落实国家有关政策，积极关注惠及员工群众的切身利益。举办丰富多彩的文体活动，丰富员工业余生活。共青团组织持续深化"青"字号工程，青年实践活动扎实推进，2 家单位被评为国家级青年安全示范岗，24 家单位被评为省市级"青

年文明号"。严格掌控思想动态，做好答疑释惑，有效化解矛盾，完成各个重点阶段的维稳工作任务。落实"政策上惠民"的要求，贯彻"以人为本"理念，以"十件实事"为载体，全方位构建"上下联动、纵横交叉"的员工关爱体系。坚持为员工办实事、办好事，组织全员健康体检，开展"送温暖""送凉爽""金秋助学"等活动，五年来累计发放帮扶资金 120 多万元，帮扶困难员工 1400 人。履行国有企业社会责任，精准扶贫揭阳市惠来县赤沃村，累计投入扶贫资金 300 万元。关心离退休员工生活，为退休人员解决医疗保险等问题。

3. 推进"五型"班组创建活动，畅通基层反馈渠道。认真学习石油系统先进班组经验，把"五型"班组创建工作纳入企业管理体系，加强"五型"班组标准化、规范化、科学化建设。持续改善基层员工工作和生活环境。深入开展"五小工程"建设，重点提高"五小工程"设施设备完好性和使用率。结合集团公司"千队示范"工程，加强标杆油库、标杆班组（加油站）建设，建设了一批标杆示范油库、班组和加油站，带动基层建设整体工作上水平。根据基层实际，简化工作内容，减轻员工负担。注重人文关怀和心理疏导，畅通基层反映问题、表达诉求的渠道。认真落实"五必访"（员工及家庭成员大病住院必访，员工家庭成员去世必访，员工家庭出现矛盾必访，员工家庭遇到特殊困难必访，员工重大节日值班必访）、"六必谈（员工执行重要工作时必谈，实施相关政策措施出现不同意见时必谈，员工家庭出现实际问题时必谈，员工间出现隔阂时必谈，员工工作岗位有较大变动时必谈，员工受到较大奖惩或情绪有较大波动时必谈），做好一人一事思想工作。

加强基层建设　筑牢发展根基

内蒙古销售公司

公司党委高度重视基层建设，以精细化为基层建设主题，持续加强以党建、班子建设为主要内容的基层组织和队伍建设，充分发挥基层党组织的战斗堡垒作用，激发基层员工的活力，将之作为企业发展的重要保障。

一、体制机制建设

1. 加强党务基础工作管理。公司党委将切实加强基层建设作为落实从严治党主体责任的重要内容，经常研究基层建设。建立党务工作例会制度，每月定期召开，党委书记主持，党务部门负责人总结汇报上月工作，安排部署下月工作，印发会议纪要加强跟踪落实。

2. 加强党建基础制度建设。2016 年，公司党委组织编制印发了《党群基础工作规范手册》，包括党委、党支部、工会、共青团、互联网＋党群等五个部分，从制度、流程、表单等方面进行统一，推进党建各项基础工作规范化、制度化。

3. 加强"三会一课"制度落实。建立党支部"三会一课"季度通报制度，各单位以党支部为单位，将会议记录扫描件上传，公司党委组织统计并通报，通报制度收到积极成效，有效压实了基层党组织党建主体责任，树立了一切工作到支部的鲜明导向，推动了从严治党向基层延伸。2018 年一季度，党员大会、支部委员会、党小组会、党课落实率分别较 2017 年四季度提高 6.4 个百分点、26.3 个百分点、43.1 个百分点、40.67 个百分点。

4. 加强党建量化考核工作。2017 年，公司党委组织印发了《中国石油内蒙古销售公司党委基层党建工作量化考评办法》，从政治建设、思想建设、组织建设、作风建设、纪律建设、群团工作、综合工作等七个方面进行量化考评，考评结果纳入年度业绩考核，占年度业绩总目标5%的权重，有力推动党建有机融入经营工作。

二、基层队伍建设

1. 加强基层领导班子建设。坚持党管干部原则，结合"升级版"地市公司建设，公司党委将干部队伍建设置于公司战略层面谋划思考，着力在配备梯次、专业结构、整体合力优化提升上下功夫，干部队伍的综合业务素质和引领发展能力得到大幅提升。两年来提拔使用处级干部48名，其中80后干部26名，有序推进干部队伍年轻化。

2. 加强党的基层组织建设。按照"工作业务发展到哪里，党组织就发展到哪里"的要求，统筹考虑撤销市区零售片区后人员分流实际，创新推进市区加油站党支部和联合党支部建设，新成立33个党支部（联合党支部），配备专兼职党支部书记33人。

3. 加强后备人才队伍建设。启动人才培养"百人计划"工程，加大后备干部人才库建设，将2004年以来引进的大学生群体进行重点培养，通过理论考试、民主推荐、组织考核等环节，将第一批150名优秀人才选拔进后备干部人才库，在参加培训、岗位晋升、机关补员等方面予以倾斜，适时调整充实到重要岗位。

4. 加强员工成长通道建设。推进用工一体化改革，打破用工身份界限，实现同工同酬，增强员工队伍的凝聚力和忠诚度。注重改善员工工作生活条件，开展"五小工程"建设，特别是加强小厨房建设，配备炊具餐具，让加油站一线员工吃上热乎饭。在专业人才队伍建设中，推行归队管理，发挥大学生专业优势。将35名油气储运专业大学生集中三个月培训，择优配备到油库主任工程师岗位，在加强石油储运专业后备人才培养、提升油库管理现代化水平方面发挥了积极作用。举办信息运维队伍培训班，分批次将学员抽调到公司运维岗进行岗位锻炼，专门印发加强运维队伍建设的指导意见，在待遇、培训、晋升等方面进行明确，有效提升了运维队伍的整体素质，调动了工作积极性。加油站经理实行聘任制，竞争上岗，一批优秀市场化员走上管理岗位。

三、先进典型及荣誉

1. 培养表彰先进典型。组织印发了《选树先进典型实施细则》《评先评优管理细则》，紧密围绕企业中心任务，建立健全先进典型及时发现、重点宣传、适时推出的工作机制。2016年以来，公司评选表彰了51名劳动模范，2名员工荣获内蒙古自治区五一劳动奖章。公司获得第五届"全国文明单位"荣誉称号；阿拉善分公司中港加油站荣获"全国工人先锋号"称号。巴彦淖尔临河油库获集团公司"铁人奖状"称号，是销售系统唯一获此殊荣的先进集体。赤峰分公司张枫创新工作室被自治区产业工会命名为职工创新工作室。这些样板单位弘扬石油精神，推进精细管理，充分发挥示范带动作用，成为树得起、立得住、叫得响的标杆。

2. 总结推广先进典型。组织劳动模范赴兄弟企业学习好经验好做法，并快速复制，加快成果转化。在月度经营分析会上，请先进集体和个人代表做典型发言，充分发挥典型的引领带动作用，营造了比学赶帮超的良好氛围。通过印发劳动模范先进事迹汇编、在门户网站、企业微信公众号、办公楼电视等载体深入宣传，在《中国石油报》《油商周刊》对先进典型进行专题宣传等方式，弘扬劳模精神，宣传劳模事迹，在全系统营造学习劳模、尊重劳模、崇尚劳模、争当劳模的氛围，唱响改革发展主旋律，凝聚团结奋斗正能量，进一步激发职工群众的劳企业稳健发展建功立业。

3. 持续培育"百面红旗单位"。呼伦加油站2003年被集团公司授予"百面红旗单位"，2006年被共青团内蒙古自治区委员会和内蒙古销售公司联合授予"青年文明号"先进集体，2003年、2004年、2007年被评为中国石油内蒙古公司"青年文明号"，2011年被评为自治区级"青年文明号"集体。近年来，呼伦加油站在内蒙古销售公司和呼伦贝尔销售分公司的关怀与指导下，继承和发扬优良传统，紧跟销售步伐，牢牢把握旅游商机，认真发掘和拓展形象、语言、服务、文化四张"特色牌"内涵，并将抓紧筹备、付诸实践，2017年该站完成销量12404吨、实现非油收入125万元，较好完成各项工作任务目标的同时，通过示范带动，进一步提升了精细化管理水平，树立了中国石油"百面红旗站"的良好形象。

四、基层素质提升

1. 加强技能鉴定工作。加大操作技能人才队伍建设，技能鉴定合格证有效期由3年调整为5年，建立技能津贴，调动一线员工提高技能的积极性，一线岗位持证率提高到84%，124名一线员工晋升技师资格，技能鉴定工作高分通过集团公司人事部验收。注重加强鉴定前培训，利用远程培训网、岗位练兵、技能竞赛等多种形式，提高操作服务水平。

2. 加强员工培训工作。公司将停运油库改造成员工培训中心，配备电教室、教学器材等设备设施，满足内部培训需要。2017年培训中心投运以来，先后举办培训班47期，培训2180人次。特别是针对需求下降、价格下滑、竞争激烈的严峻市场形势，举办"打造强大现场服务创造价值"加油站经理人主题培训班，每期培训21天，已举办9期培训650人，有效提升了加油站经理人队伍的竞争意识和综合素质，积极推动了公司扩销上量。

3. 读书活动开展情况。深入推进"千万图书送基层、百万员工品书香"活动，历年来共为全系统库、站配发图书56万余册，组织印发了《"学习在石油·每日悦读三十分钟"全员读书活动方案》，培养崇尚读书、自觉读书的良好习惯。按照集团公司《关于配发〈中国石油员工基本知识读本〉丛书有关事项的通知》的要求，给每位员工配发了政治经济、法律、科技、管理、石油、历史、地理、文学艺术、生活、健康等十册《中国石油员工基本知识读本》，帮助员工建立起人生基本知识体系和职业生涯基本专业知识体系。下发了《关于开展"双十"全员读书活动的通知》，明确读书学习活动的组织领导、方式方法、考核考评等内容，要求每日悦读三十分钟、三年通读一遍员工基本知识读本十册丛书，注重全员性，活动覆盖到全体员工；把握系统性，通读精读十册图书，搭建基本知识体系架构；立足实效性，掌握读书方法，统筹时间安排，提高读书的效率和效果，让广大干部员工在读书中感悟，在学习中进步，在实践中成长。2018年，公司与呼和浩特图书馆合作，在机关建立了呼和浩特图书馆中国石油内蒙古销售公司分馆。分馆2000余册图书全部由市图书馆提供，为机关员工办理的借阅卡，既可以在分馆借阅，也可以在全市十家公共图书馆、已纳入图书馆总分馆体系的社区图书室借阅图书。公司以分馆为平台，通过组织开展形式多样的活动助推员工读书学习，引导员工将读书的成效落实到提高素质、推进工作上，进一步增强了企业软实力、聚积了发展正能量。

五、工作设想及建议

1. 加大基层党务工作者培训力度。党要管党、从严治党要求越来越高，要求牢固树立一切工作到支部的鲜明向导，从严治党向基层延伸。基层党务工作者理论水平、业务能力、综合素质还不能完全适应新形势下的要求，还需要进一步提高，建议加大基层党务工作者培训力度，多创造交流、学习、研讨的机会。

2. 发挥典型的示范带动作用。充分发挥先进典型的示范带动作用，形成典型示范引领基层建设的局面，推动基层基础建设工作取得新进展。利用门户网站、企业内刊、经验交流会等形式，大力宣传基层建设先进单位的典型经验，不断掀起学先进、赶先进的高潮，同时激励先进单位在基层建设方面不断创新、不断深入，形成基层建设比、学、赶、帮、超的良好氛围，促进公司基层建设整体水平的不断提升。

3. 加强年轻党员党性教育。牢固树立共产主义远大理想和中国特色社会主义共同理想，坚定马克思主义信念，用社会主义核心价值观和石油精神教育广大年轻同志，使其理念信念更加坚定。

不断完善措施　持续改进提升
努力开创基层建设工作的新局面

新疆销售有限公司

为加强和推进基层建设工作，新疆销售公司在各单位在对基层建设自主调研基础上，公司成立调研组，制定调研方案，细化调研提纲，围绕五个方面15项内容进行专题调研，分析研究存在的不足，制定整改方案及措施，总结典型经验及亮点，研究制定下步工作设想，为全面提升公司基层建设工作水平奠定了基础。

一、基层建设总体情况

近年来，公司党委高度重视基层建设工作，主要体现在以下四个方面。

（一）充分发挥了党委在党建及基层建设中把方向、管大局、保落实的作用

搭建起了党委主体责任、书记第一责任、班子成员各司其责、党建部门牵头抓总、相关部门齐抓共管、基层组织上下联动、一级抓一级、层层抓落实的基层建设工作格局，形成系统完备、责任明确、有机衔接的工作机制。

（二）充分发挥了基层党组织战斗堡垒作用

一是宣传党的主张，用好了"三会一课""岗位讲述"等载体，把学习宣贯党的路线方针政策作为首要任务，使党的意志、党的声音、党的要求及时到达基层库站；二是贯彻党的决定，基层党支部充分发挥了承上启下作用，既保证了上级精神、决策制度落地见效，又发挥主观能动性创新开展工

作；三是领导基层治理，党支部工作与经营管理同谋划、同部署、同考核，做到有机衔接、良性互动，提升了基层治理水平；四是团结动员群众，在密切联系、热心服务员工群众中了解诉求、解决问题、汇集力量；五是推动改革发展，党支部主动思考设计，积极组织开展了各类主题竞赛活动，以基层党组织工作成效推动各项任务的落实落地。

（三）充分发挥了党员队伍先锋模范作用

启动了"将党员培养成骨干、把骨干培养成党员"的培养机制，公司有党员的加油站和油库占库站总数的 80% 以上。推行控股公司、业务外包用工党员实行组织关系一方隶属、多重管理模式，实现党员管理无空挡，公司连续 10 年荣获自治区党内统计全优单位。通过开展"两学一做""弘扬石油精神、重塑良好形象""四合格四诠释"等规定动作，广泛开展亮身份、建品牌、责任区、示范岗等专项工作，有效增强了党员的责任感、荣誉感，进一步发挥了党员队伍的先锋模范作用。

（四）充分发挥了群团组织的桥梁纽带作用

一是搭建了员工维权平台，坚持党对群团组织的领导，工团组织按照各自章程有序开展工作，持续深化民主管理，公司重大决策部署听取员工群众意见。深入开展三级企务公开，落实和维护员工群众"四项权利"。二是搭建了员工建功平台，持续开展劳动竞赛活动，公司各项竞赛指标创优达标，积极组织"安康杯"竞赛活动，连续 8 年荣获全国"安康杯"优胜企业，组织"开口营销""做实服务""龙虎榜"等营销竞赛活动，开展创新创效、"号手岗队"等创建活动，全员立足岗位建功立业。三是搭建了员工关爱平台，在全系统 800 多座加油站完成了"五小工程"建设，落实员工健康疗养和体检制度，常态化开展员工运动会及各类文体娱乐活动，有效落实稳定工作责任制及离退休人员各项待遇，连年荣获集团公司嘉奖，持续开展困难员工帮扶救助，维护了企业和谐稳定。

二、制度建设情况

为进一步加强基层建设，先后修订完善了党建及基层建设等 6 大类 45 项规章制度，2017 年印发了制度汇编，内容涵盖基层党组织目标管理、加强基层党支部建设指导意见、党组织工作经费管理办法、党组织生活制度、党支部建设考评定级实施办法、党支部书记资格认证、考核考评、述职述廉管理办法、党员教育管理制度、党务公开、企务公开、民主管理、扶贫帮困、劳动竞赛、"安康杯"竞赛、精神文明建设等制度。公司党委在工作实践中不断修订完善各项制度，做到切合实际、科学有效，各级党组织及时组织学习宣贯，树立科学的制度理念，做到有章必循、有据必依，进一步规范了基层建设工作，提升了基层建设整体水平。

三、组织建设情况

（一）强化组织领导

成立了由党委书记和总经理任组长的基层建设领导小组，领导班子成员为组员，基层建设领导小组下设办公室在党群工作处（党委宣传部），由办公室（党委办公室）、人事处（党委组织部）、审计监察处（纪委办公室）、企业法规管理处等相关部门配合。党委书记具体分管基层建设工作，并定期专题研究部署基层建设工作情况。2018 年先后三次召开会议专门研究基层建设工作。党员干部按照分管业务，深入联系点开展调查研究，了解基层建设情况，听取基层意见，解决督导实际问题，帮扶生活困难员工。

（二）强化管党责任

既抓好领导班子建设，又加强对基层建设的领导和指导，对基础较弱的企业、销售片区进行联系帮扶，教育引导党员开展岗位承诺。明确要求各基层党支部书记每年向所属党委书面报告一次抓基层建设工作情况，用制度确保基层党建工作的顺利推进和有效实施。召开支部书记座谈会，进一步学习交流基层建设好经验、好做法。

（三）强化目标考核

坚持将党的建设与经营工作的"三同时"，印发了基层党组织目标管理等一系列管理考核制度，各直属企业党委与基层党支部签订了标准化党支部建设工作责任书，将责任目标细化分解到相关单位，全面推行目标管理，把各党支部抓基层建设工作情况纳入干部考核内容，在每年年底与销售任务一同进行考核，实行月考核、季总结、年兑现。结合考核结果，开展评先选优活动，每年 6 月和 12 月分别组织评选党内和行政类的先进集体和先进个人。

四、基层活动开展情况

坚持把基层建设工作向纵深推进、向基层延伸，持续强化基础工作、基层建设和基本素质的提升。

（一）将党内重大活动与基层建设相结合，不断深化基层建设工作

扎实开展"三严三实""两学一做""四合格四诠释"等工作，在"三严三实"专题教育中，公司党委抓实"关键少数"，围绕四个"关键动作"，制订实施方案、建立协调机制、开辟门户专栏，党委书记带头讲党课，两级机关作风得到了明显转变。在"两学一做"学习教育中，公司党委紧盯关键环节、落实规定动作、突出问题导向、重点抓好整改，组织了学习研讨、讲授党课、知识答题、演讲征文、总结表彰等系列活动，召开了现场推进会，承办了中国石油"开展两学一做，重塑良好形象"报告会乌鲁木齐专场，全体党员切实做到"四讲四有""八个不能忘记"。在"践行四合格四诠释，弘扬石油精神，喜迎党的十九大"岗位实践活动中，评选了 18 名党员岗位讲述案例，并进行集中展示，教育广大党员增强了党性观念，改进了岗位工作，提升了能力素质。

（二）将企业文化建设与基层建设相结合，不断丰富基层建设内涵

坚持开展石油精神、"滚桶精神"等优良传统的学习教育，开展企业发展历程和发展成就的常态化教育。编制了"十三五"企业文化发展规划，办好《昆仑山下》和《实践与创新》两种内刊，加大企业宣传力度，公司门

户网站考核排名处于销售前列，公司记者站名列销售公司前三名。完成了政研会课题研究，荣获销售板块政研课题成果一等奖。开展了典型选树活动，加强了 95504 客户投诉管理，推进了安全、廉洁、诚信、服务等专项文化建设，企业形象力不断提升。

（三）将群众性活动与基层建设相结合，不断拓展基层建设载体

持续开展社会主义核心价值观、"形势、目标、任务、责任"主题教育，广泛开展各类技术比武、岗位练兵、主题演讲、道德讲堂、竞赛、论坛、"6S"管理，持续征集"创新创效""五新五小""宝石花金点子"成果，积极争创"五一劳动奖状"、工人先锋号、精神文明单位、文明加油站，培育选树全国、自治区、集团公司劳模先进，激发了企业活力，提升了企业竞争力。

五、基层队伍建设

（一）加强班子支部建设

坚持党的一切工作到支部的理念，针对党支部工作持续配强力量创新设置，对 139 个党支部，按照应专必专、宜兼则兼的任职原则，选优配强 70 名基层党支部专职书记，严守"讲政治、重品行、敢担当、懂业务、能融入"五条标准，选优配强 400 余名党支部书记及支部委员，消除了基层党支部工作力量挂"空挡"现象；召开了党支部建设座谈会，出台了支部书记任职、考核、述职等管理办法，消除基层党支部制度上的"空白"现象；开展基层党支部标准化建设，规范"三会一课"、主题党日、党员发展、专题教育的内容和频次，开展党建"三联"及"1211"联动工作法，组织全覆盖党建督查巡察，防止基层党支部工作程序上的"空转"。

（二）库站、班组建设

目前公司运营加油站 800 多座，站经理 800 余人，班组 2400 多个，直属企业党委以销售片区（或经营团队）、油库为主要形式共设置 139 个党支

部。近年来，公司持续加大对库站、班组等基层负责人培养力度，着力解决加油站骨干力量缺乏的问题。一是把好人才关，对高校毕业生和社聘员工分公司、片区、库站三级进行培训，全面了解公司主营业务。二是在油库主任、加油站经理、机关管理人员选拔时，采用公开竞聘，注重把经验丰富、优秀的业务骨干选拔到管理岗位，保证后备站经理队伍充足。三是开展标准化党支部创建工作，并定期开展专项检查指导，以培训示范站为依托，充分利用内训师、技师、高级工、优秀站经理等师资力量，以集中学习、现场教学、员工自学等形式开展加强库站、班组等基层员工岗位培训和基本功训练，不断提高培训水平和效果。

六、典型选树及荣誉

完善评先选优管理办法，建立发现、筛选、培养、宣传、激励先进典型的 5 种工作机制，开展行政、党工团及各专业多序列先进评选表彰。十八大以来，近 500 个集体、2000 人分别荣获全国、自治区、集团公司以及地市级等各级各类先进荣誉，成功选树了全国"五一劳动奖状"、全国青年文明号、全国学习型班组、集团公司先进班组、自治区工人先锋号等先进集体，自治区劳动模范、优秀党员、集团公司十大杰出青年等先进个人。全系统掀起了学赶先进热潮，营造了唯旗誓夺、永争一流的创先争优浓厚氛围。

在先进典型选树上形成了一套经验及模式。一是落实制度。制定印发评先选优管理办法，根据党内、行政、各专业不同类别，结合实际有针对性的设置程序、明确范围、标准及奖励，优化评先选优流程。二是挖掘典型。围绕公司中心工作，定期开展"基层采风"活动，结合不同阶段主题活动和重点工作，本着抓重点、抓特色、抓亮点、抓经验、抓成效的原则，及时走入一线，挖掘基层在生产、经营、管理、服务、安全等各方面的典型。三是宣传典型。每年召开宣传思想文化工作，部署先进典型采写、宣传、交流工作。针对不同层面典型，对内借助公司门户、内刊、板报、学习园地以及企业文化宣传栏等进行宣传交流，对外利用主流媒体报刊进行传播推广，为统一思想、明确目标、强化管理、提升服务起到了积极的推动作用。四是总结表彰。公司借助季度、半年、年终表彰大会，大力推广先进典型经验交流，提升先进典型的自豪感和成就感。五是维护成长。在选树宣传各层面、各领域的先进典型的同时，加大了"先优模"长效性维护管理，为其提供成长平台，充分营造学习先进、关心先进、争当先进的氛围。近年来，先后选树了自治区劳模周庆兰、开发建设新疆奖章获得者孔凡萍和葛梅花、创新能手塔依尔江·巴吾墩、民族团结先进典型好人阿山江·吾买尔等一大批先进典型，4 家单位被评为自治区级文明单位，9 家单位被评为地市级文明单位，263 座加油站被评为公司文明加油站，扩大了公司的社会影响。

七、"百面红旗单位"示范效应

2004 年，公司南城加油站荣获集团公司"百面红旗加油站"荣誉称号；2015 年被评选为全国级"青年文明号"；2017 年，南城加油站主油连续 18 年突破万吨，便利店连续 9 年突破百万元销售，首次突破 300 万元销售。

2003 年，红山路加油站荣获集团公司"百面红旗单位"荣誉称号。加油站主油连续 17 年突破万吨，便利店突破 800 万元销售额，连续 10 年破百万元。先后荣获中国质量协会"全国用户满意，服务明星班组"、中华全国总工会"安康杯竞赛优秀班组"、共青团中央"青年文明号"、集团公司"先进集体""中国石油标杆班组"、股份公司"百座红旗加油站""中国石油十大标杆加油站""五星级加油站"等多项殊荣。

目前，这两座红旗加油站作为与客户联系最紧密、与市场距离最接近的中国石油的一个示范"窗口"，其特有的典型性、示范性和精品性管理模式，仍然发挥着表率示范作用。

八、基层素质提升

把库站员工的岗位培训和基本功训练，作为衡量党员领导干部履职能力的重要指标，作为库站评先选优的重要参考，作为员工晋升的基本要素。2017 年开展各类培训 112 次，参加人员达到 1452 人次，通过外送轮训、挂职锻炼、岗位练兵、技能竞赛等活动，有效提升了干部员工队伍的综合素质。举办党支部书记及党务干部等培训班，开展"党群大讲堂""支部小课堂""指尖微课堂"等系列党课教育活动，做到认识上有新提高，难点上有新突破，作用上有新发挥。加油站利用晨训、周例会学习培训、加油业务实操等方式，对员工进行培训，片区和公司机关开展培训下基层，科室专业培训等方式加强员工业务知识的提高。不定期组织开展技能竞赛活动，通过开展开口营销、技能比武等活动，进一步加强了技能人才队伍建设，全面提升了技能操作人员素质能力。

在培训方法上，一是定期对基层员工培训需求进行摸底，根据员工业务需求实行"订餐制"培训，有效提高了培训内容和培训对象的针对性。二是公司开展内训师或业务骨干"送培训下基层"活动，合理解决基层员工工学矛盾。三是充分利用远程培训平台组织开展员工业务培训和业务知识测试，提升培训效率。四是常态化开展"微培训"，通过微信群等形式开展业务交流、工作进度跟踪，方便高效解决日常工作中的问题。五是利用好"微视频"，积极下发各类"微视频"对员工进行培训，同时将基层一线遇到的困难问题制成"微视频"进行模拟现场教学。六是做好二次培训，参训人员培训结束后撰写心得，并根据需要开展再培训，及时将新业务、新知识传达至员工。

九、推进送书工程

采取多种形式开展全员读书活动，大力营造"爱读书、读好书、善读书"的浓厚学习氛围。一是扎实做好集团公司"千万图书送基层、百万员工品书香"活动，以及业务需要购买书籍配发到库站一线，在全系统掀起全员读书活动。二是开展"双十"读书活动。为基础库站班组发放了员工基本知识读本，开展每日悦读十分钟活动，翻译了员工基本知识读本，发放到全系统3000余名少数民族员工手中。组织了"双语·双十"读书知识竞赛，参加了集团公司组织的知识竞赛活动，荣获了优秀组织奖。三是以"两学一做"学习教育为契机，深入开展党章、党史、党的知识学习活动，配发了《习近平新时代中国特色社会主义思想三十讲》《新时代新使命新作为读本》《习近平总书记系列重要讲话读本》《中华人民共和国宪法》等学习书籍 60 余种，增进了党员干部对党的历史、党的知识和党的路线方针政策的学习掌握。四是全覆盖设置员工书屋，全系统设置员工阅览室、小书屋 800 余个，常态化组织道德讲堂、世界读书日等活动，开展送书活动，分享读书心得，共享读书快乐，引导教育党员干部树立全员学习、终身学习的理念。

围绕中心　创新载体
努力取得基层建设的新成效

陕西销售公司

根据集团公司《关于开展基层建设调研活动的通知》要求，陕西销售公司党委高度重视，制定推进计划时间表，由党群各部门组建调研组，通过听取汇报、现场察看、检查资料、座谈讨论等方式，相继对 11 个分公司在实际工作中如何加强基层组织、基层队伍、基本功训练进行了专题调研。

一、实事求是，客观分析，准确评价基层建设呈现的新特点

近年来，公司以改革创新为动力，以"互联网 +"为引擎，以过硬的作风为保障，大力实施"品牌塑造、网络建设、信息支撑、人才培养、从严治党"五大战略，全力打赢"争市场份额、保纯枪增长、促非油提升、抢油站投运"四大攻坚战，综合实力不断增强，员工队伍和谐稳定，社会地位与影响力逐步提升，连续六年荣获"陕西省顾客满意度测评"第一名。

（一）突出强基固本，全面加强体制机制建设

基层是党的执政之基、力量之源。公司基层建设工作由党委统一领导，党委书记亲自负责，党委组织部、党群工作处、企管法规处等部门各负其责抓落实，其他部门积极履行"一岗双责"。

建立完善的基础管理体系。编制有《陕西销售公司基层建设实施细则》，将基层领导班子和党支部建设，基层基础管理，基层队伍建设，基层企业文化建设和员工民主管理，基层员工工作、生活条件的改善和福利待遇

的提高等五方面内容逐一进行了细化。制作了"机关各部门基层建设职责划分表"，建立了领导主体、责任部门、责任主体、工作主体四级管理体系，形成了基层建设工作统一的指导规范。将内部控制管理体系、HSE 管理体系、规章制度管理体系、法律风险防控管理体系、党建质量管理体系、党建项目评价体系有效融合，使管理手册、体系文件、流程规范、操作规程、应急预案、制度规范共同组成了较为完善的基础管理体系。出台《"三重一大"决策事项实施细则》，明确了 73 个决策事项的议事规则，开展深化改革大讨论，征集有价值的基层意见建议 165 条。规范管理党组织信息管理数据库，实现党员信息数据化电子化，及时总结各单位基层建设的经验做法，借助现场取经、视频分享、交流学习推广创新。

调整组织设置优化基层建设。制定《关于进一步加强基层党组织建设的实施意见》，根据销售企业特点，按照"一部一区一支部"设置党支部。目前，公司党委下设 1 个机关党委，11 个基层党委，20 个党总支、219 个党支部，党员 3920 人，其中在职党员 3053 人。去年召开公司成立 60 多年来的首次党代会，全面完成两级公司党委、党支部三级换届，试行党代表常任制和提案制，共征集基层建设等 8 大类 19 项，办理提案 9 项，增强了组织的政治功能。下发《关于增加分公司机关内设机构名称和人员编制的通知》，明确分公司党群部门设置，落实专职党群副主任、纪检、维稳、离退管理专干和党群专职人员 58 名，增强了党建工作力量。建立党群部门负责人周碰头会、党建联席半月会、党委书记季研讨会，定期研究推进基层建设重点工作。出台《党组织工作经费管理办法》，2017 年预算党务经费 1016 万元，2018 年预算 1249 万元，从组织、经费等方面给予基层党组织建设全方位的保障。

出台配套措施促规范落实。下发《党（总）支部达标建设实施细则》，统一印制《党支部工作手册》，以"六个一"基础工作标准化和"五统一"基础建设标准化，打造党员活动的主阵地，建立党员活动室 157 个，计划年底创建达标党支部 71 个，示范党支部 15 个。坚持把基层建设与推动中心工作紧密结合，明晰基层党组织日常工作内容、关键指标，将"三会一课"、支部书记持证上岗、"党小组 +"建设、党员"点区岗"创建等纳入协同二期一体搭建，形成部署、推进、落实、记录、检查、归档等一套完整体系"工作链"，建立党建"三联"示范点 157 个、党员责任区 530 个、示范岗 547 个。全力实施"互联网＋党建"战略，开发启用陕销党群通 APP，探索推进"服务型、学习型、创新型、引领型、战斗型"五型支部升级管理，统筹促进基层建设的规范提升。

逐级建立目标责任考核。公司成立党建工作领导小组，依据《党建工作责任制实施细则》，与各基层党委签订《党的建设目标责任书》和《责任状》。建立完善党建和经营"双百复合、一体考核"的三级考核体系，基层建设工作作为党建重要工作被纳入《党建工作目标责任书考核实施手册》进行量化，每季度基层考核结果与党支部书记、党员分别挂钩 20%、10% 的绩效。将从严治党主体责任纳入分公司班子《责任状》，每季度按照复合权重 30% 的比例严考核硬兑现。每半年开展一次党建基础工作大检查，推动党建责任层层落地。2016 年以来共扣除基层单位党建考核绩效兑现奖 853 万元，对考核得分低于 90 分的单位党委班子集体警示约谈，对考核排名环比降低的单位党政主要领导提醒谈话，对公司分管领导发送"提醒函"，有效传导了责任压力。

抓实制度建设的补白补弱。作为 60 多年历史的区内公司，近些来经济转型升级，企业管理越来越精细化，有些制度建设已不适应企业发展需要。公司党委下发《深化党的建设制度改革实施方案》，确定了 135 项制度建设项目，一方面实施制度建设补白，通过新建 40 多项制度来填补过去某些制度方面的缺失；另一方面抓好制度建设补弱，对现行一些不适应、不健全的制度，重新梳理、整合、优化，党建制度"缺口"逐步缩小。为了使出台的制度严谨可用，公司下发《规章制度管理办法》，每项制度从制定起草、征求意见、六部（人事、财务、信息、企管、审计、质安）会审、会议研究、宣贯发布 5 个步骤进行了规范，通过这些措施逐步健全完善"靠制度管人，按程序办事"的运行机制和"凡事必规定，规定必执行，执行必记录、记录必考核、考核必兑现"的管理模式，实现了管理制度化、制度程序化、流程信息化、运行标准化和考核可量化。

（二）突出内外兼修，从严建强基层队伍

坚持党管人才原则，注重强化基本队伍管理，突出"选、用、管"三个环节，规范队伍的培养、选拔、任用程序，畅通能上能下通道，健全人才激励机制，提升队伍的整体素质。

坚定基层队伍的理想信念。把学习贯彻习近平新时代中国特色社会主义思想和党的十九大精神作为提高基本队伍政治站位的首要任务，修订完善《公司党委中心组理论学习管理办法》，坚持每月一次集中学习。大力开展领导干部理论培训，从 2016 年开始，公司副处以上干部每年轮训 1 次，聘请知名教授、学者，坚持每月举办干部视频大讲堂，目前已举办 29 期，5000 余人次参加了学习。十九大召开后，公司党委成员组成 7 个宣讲组，深入 11 个党建联系点集中宣讲 11 场次，邀请中央党校教授、党的十九大代表现场视频宣讲 2 场次，基层参与学习 1400 多人次；分公司党委成员深入基层库站报告式宣讲 124 场次，基层参与学习 2049 人次。两级公司党委集中学习 207 次，党组织书记讲党课 646 场次。持续开展"两学一做""四诠释"岗位实践活动，发布学习简报 123 期、基层动态 101 条，学习资料 41 份。

树立正确的基层选人用人导向。坚持政治标准、德才兼备、敢于担当、攻坚克难、业绩突出、群众公认的用人导向，严格选拔任用程序，落实党委会研究干部的制度，规范基层干部队伍的"选用、任期、考评、回避、容错纠错"。先后制定《中层管理人员管理办法》《中层管理人员选拔任用工作规范》《组织选拔中层管理人员管理实施细则》《干部选拔任用工作问责管理办法》等制度。基层单位聚焦"动议、民主推荐、考察、讨论决定、任职"5 个关键环节，将政治上靠得住、工作上有本事、作风上过得硬、干部员工信得过的基层优秀管理人员选拔到领导岗位上来。2016 年以来，组织开展了 195 名基层中层管理人员及加油站经理的任职回避专项治理、人事档案专项审核。在干部选拔任用工作中，落实了纪委书记从动议、推荐考察、讨论决定、任职等 4 个环节实施监督的要求，有效发挥对干部选拔任用工作的监督管理。公司党委每年在职代会上专题报告选人用人情况，2017 年度首次在分公司实行选拔任用工作"一报告两评议"，强化对基层干部选拔任用工作的民主监督，提高选人用人公信度。

吹响队伍建设改革的"冲锋号"。出台了《加快推进干部队伍年轻化实施意见》《中层管理人员退出实职岗位实施意见》等系列政策。2017年调整交流处级干部55人次；17名处级干部、103名科级干部退出实职岗位，处、科级干部同比分别减少16.8%和26.6%，探索出了一条两级公司中层管理人员正常退出的路子，在改善中层管理人员结构，畅通"下"的出口，为优秀年轻干部提供岗位平台方面发挥了积极作用，累计压减处级机构12个、科级机构22个，分别压缩27%、12%。以内部培养选拔年轻干部为主，适度引进优秀年轻干部为辅，进一步拓宽选人用人视野，从集团公司系统内发现和引进优秀人才3人，为快速调整和弥补人才的结构性紧缺打开新路。公司中层管理人员平均年龄较2016年初下降3.7岁，分公司领导班子成员平均年龄较2016年初下降4.2岁，3名35岁以下优秀年轻干部进入公司中层管理人员队伍，干部队伍年龄结构得到改善。

加强基层后备干部选拔。建立完善了两级公司基层中层管理人员后备干部推荐和动态管理，督促分公司注重在基层发现和培养综合素质好的优秀年轻干部，形成了50名分公司中层正职和84名分公司中层副职的后备队伍。两年来，有序安排两级公司之间、分公司之间、机关和基层之间交流中层管理人员79人次，占调整任免干部47.3%，尤其对公司机关主动申请下基层锻炼的一般管理人员搭建成长平台，促进年轻干部更好更快成长成才。另外，把好招聘"入口关"，落实培养"责任关"，把近年招聘的高校毕业生作为加油站经理后备力量进行培养，量身定做培养计划，配备见习指导师傅，力争1年后培养为加油站经理助理，2年内补充到加油站经理人队伍。

（三）突出真学真用，全面提升基本功训练

员工基本功训练坚持"完善一个体系，做好一个结合，突出两个强化，实现两个目标"，即完善公司、分公司、片区（库站）三级培训和各专业线分类培训的纵向到底、横向到边的培训体系，将组织要求、岗位职责和个体需求有机结合，突出强化问题导向、强化业务驱动，最终实现培训100%全覆盖、实现队伍素质明显提升。

突出加强"三个重点""三个要素"。截至今年4月，公司共有在册员工8413人，大学本科以上学历1462人，员工平均年龄41.4岁。围绕队伍实际情况，修订完善员工教育培训管理制度，对基层员工基本功训练突出加强"三个重点"，即突出重点人、重点业务和重点项目，每年初制定全员培训计划及技能鉴定年度计划，探索集中培训、情景模拟、岗位跟班、业务交流、实操训练等形式多样的基本功训练方式。发挥信息化平台优势，将传统和创新相结合，加强"三个要素"的建设，即平台建设、课程建设和师资建设，实行分级分类培训，加强师资及课程建设的统筹推进。将加油站经理讲堂大PK、服务挑战赛、劳动竞赛等作为重点项目强化公司层面的顶层设计，并将各单位培训落实率纳入年度业绩考核，形成长效机制。另外，努力打造创新型团队，相继成立杨普创新工作室、莎莎艺SHOW工作室、知心大姐工作室等，为企业人才培养、技术创新、队伍发展、文化建设提供了新动力。

抓牢两支骨干队伍的培养。注重提升党支部书记业务素质和履职本领，制定《关于进一步加强党（总）支部书记队伍建设的实施意见》《党（总）支部书记持证上岗实施意见》等制度，2017年组织162名党支部书记进行抓党建现场述职评议，举办党支部书记培训班3期，累计培训228人，今年又选派100名党支部书记参加集团公司组织的培训班。把加油站经理作为核心骨干人才，纳入党管人才范畴，持续整合、盘活内部教育资源，深化横向纵向交流，开展全系统技术大比武，组织岗位技能竞赛，在薪酬分配、培养使用、职称评定等方面给予政策倾斜，让加油站经理、加油明星等基层骨干有更多的获得感，努力打造"陕销工匠"。

按需对症施培促成效。建立《一般管理岗位人员非领导职务管理办法》《一般管理岗位人员非领导职务首次晋升实施意见》，本着"缺什么补什么"的原则，举办安全、运维、财务、数质量、办公等专业线培训班和专题培训班。依托北京石油管理干部学院和广州石油培训中心等机构，连续两年举办处级干部、青年干部培训班。以"走出去、请进来"的方式，组织508

人参加了"加油站经理业务轮训"，百名加油站经理驻站交流，58 名优秀青年加油站经理分赴云南、贵州兄弟公司挂职交流，针对企业内训师队伍建设需要，举办内训师培训班、技能鉴定考评员培训班，99 名学员顺利通过了初级内训师考试。两级公司去年组织、落实各级培训 284 期，累计培训 14680人次。

加强专业技术人才的培养。每年制定职业技能鉴定运行方案，采取"以赛代训""以赛促训"方式，组织开展"开口营销"服务技能竞赛、"服务达人"技能竞赛、"加油站现场服务挑战赛""加油站经理讲堂大 PK""优秀站经理巡回演讲"等岗位练兵活动，调整优化绩效考核指标和方式、提高吨油考核奖励系数、提高市场化用工薪酬标准、建立库站技能等级绩效薪酬及考核兑现机制，目前，公司管理岗位高级职称 34 人，中级职称 207 人，初级职称 502 人；库站操作岗位技师 21 人，高级工 904 人，中级工 2058，初级工 769 人。建立联动机制、上考下联，建立对标机制、比学赶超，通过主题竞赛和专题竞赛相结合的方式，在全系统持续开展劳动竞赛活动，共表彰加油站 607 座次，油库 6 座次，便利店 90 座次，投入奖金 2977 万元；先后有14 座加油站、2 座油库、2 座便利店、13 个业务单元受到销售公司的表彰。参加销售公司决赛的 9 名选手有 5 人获奖，取得了 1 枚银牌、2 枚铜牌、2 个优秀奖的良好成绩。

（四）突出改善民生，切实维护企业和谐稳定

公司在推进自身发展的同时，高度关注民生工程建设，建立员工收入与经营业绩同步增长机制，真正做到发展为了员工，发展依靠员工，发展成果与员工共享。2017 年，员工收入实现历史性增长，人均增长 11.8%，其中加油站员工同比增长 14.8%，公司机关员工同比仅增长 2.8%。

维护员工权益。深化以职代会为基本形式的民主管理工作，制定《企务公开工作管理办法》，建立起公司、分公司、片区和库站四级公开目录，为员工知企情、议企事、建良言、献良策提供平台。广泛征集广大员工的意见建议，围绕经营管理、队伍建设、质量安全、企业文化、生活福利等方面立

项提案 28 项，提案答复率达 100%。为员工全面办理重大疾病医疗保险、意外伤害保险，完善住房公积金和企业年金制度，严格落实员工带薪休假制度。做好员工非职业性健康体检工作，对体检工作管理办法进行修改完善，提高了体检标准。根据每个员工的性别和年龄特点，制定个人体检方案，提升体检项目的针对性、实用性和体检质量，三年来，体检员工人数 30326 人次，投入资金 2785.96 万元。

关心员工生活。持续关注基层员工库站生活设施建设，修订完善《"五小工程"建设管理办法》，规范加油站小食堂、小淋浴、小宿舍、小活动室、小卫生间设施设备的配置管理，将"五型班组"创建与"五小工程"相结合，提升了员工的归属感和幸福指数。提高加油站员工收入，增加员工伙食补助，近年来，共评选"五好食堂""文明宿舍"各 79 座。公司工会被授予陕西省能源化学地质工会系统模范职工之家。

培育选树典型。建立《陕西销售公司先进经验应用模范体系》，制定《先进评比表彰奖励管理办法》，完善培养、选树、宣传、学习典型的工作机制，结合实际，坚持每年在"七一"前夕，组织开展党内"两优一先"评选，选树公司级"十佳共产党员"；在年底开展"双先双模"评选，选树公司级"十大劳动模范""十大模范集体"。近年来，先后在基层培育了集团公司先进集体 3 个，百座红旗加油站 5 座，"铁人先锋号" 1 个，基层建设千队示范工程示范单位 14 个；劳动模范 3 名，铁人奖章 1 名，十大杰出青年 1 名，优秀青年 1 名，陕西省五一劳动奖章 1 名，陕西省劳动模范 1 名。通过劳模事迹报告会、典型人物访谈、门户网站报道、手机客户端推广等形式广泛宣传，使先进典型在刊物上有名，视频上有影，大会上有声，营造了崇尚先进、学习先进、争当先进、比超先进的深厚氛围。

推进送书工程。落实集团公司"千万图书下基层，百万员工品书香"活动，三年来共计为 985 座库站配送图书 2933 套，在文化建站基础上，以"创建学习型组织，培育知识型员工"为目标，持续开展"学习在石油·每日悦读十分钟"全员读书活动。相继在基层推出的每周悦读一篇好文章、每月撰写一篇心得体会（讲述读书心得、工作经验和人生感悟）、每季出一个好点子（围绕加油站经营管理、挖潜增效、提高销量、提升服务等方面）等系列活动，为了鼓励员工多读书、读好书，及时通过内刊内网刊登员工学习体会文章，展示读书成果，协助基层组织举办读书会、分享读书心得、评选学习标兵等活动，提升读书效果，公司被命名为全国职工书屋示范点。

重视品牌建设。公司坚持履行"政治、经济、社会"三大责任，组织基层员工广泛开展了抗洪救灾、义务植树、关爱老人、关爱留守儿童、关注自然环境等多项社会公益活动。围绕解决贫困人口解困脱困目标，开展"对口包扶"工作，对外捐赠赞助资金近1000万元。助力老区脱贫攻坚，为延安延川地区产业扶贫捐赠资金950万元。今年重塑形象周里，启动"爱心驿站"公益项目，首批精选的50座"爱心驿站"挂牌亮相，以"环卫工人温暖服务、走失儿童临时救助、爱心应急专用通道、捐赠书籍文化扶贫"为服务内容奉献爱心，新华社陕西分社、陕西日报、华商报等8家驻陕主流媒体进行深度报道，陕西省委宣传部、精神文明办、公安厅等10家单位现场指导。

二、认清形势，把握要求，清醒认识基层建设存在的新问题

当前，公司改革发展进入了向二次创业目标奋力开拓的新阶段，所处的经营环境日益复杂，改革创新任务艰巨繁重，只有持之以恒地抓好强基固本工作，不断蓄实基层持续内涵发展的后劲，才能保障公司提质增效、转型升级、稳健发展。通过调研，我们也发现，公司基层建设对照集团公司要求，与先进兄弟单位相比，还有很大差距，还存在一些问题和不足，表现在思想认识上，有的单位对基层建设工作不够重视，重安排轻落实、重形式轻效果等现象依然存在；责任落实上，部分单位基层建设工作流于形式，"三会一课"敷衍了事，"两个责任"落实不到位，基层组织在实践中的作用有待深化；基础工作推进上，公司党建和经营工作融合不紧密，融入中心、服务发展体制机制不健全，"两张皮"现象依然严重存在；力量配备上，基层党群机构不健全、力量配备不到位，部分党务干部能力不足，党群队伍建设和管理体制与新时代党建工作不相适应；理论研究上，更多的是侧重于方法、路径的碎片化探索，新时期如何从创新方式方法、完善制度机制方面加强和改

进还有很大的实践空间。对此，我们将突出问题导向、突出全面从严、突出责任落实、突出改进创新，认真对待，切实在今后工作中认真研究解决。

三、结合实际，创新载体，努力取得基层建设的新成效

结合新时期企业发展需要，基层建设工作要紧贴发展实际、紧扣重点工作、紧靠广大员工，围绕中心，创新载体，在打赢二次创业的奋斗目标中实现新成效。

践行宗旨，在以学修身中树形象。始终把政治理论学习放在思想建设的首位，坚持用党的十九大精神和习近平总书记系列重要讲话精神武装广大党员干部的头脑。按照 2018 年"两学一做"学习教育重点内容，及时总结、提炼基层成功经验、典型做法，持续抓好党章党规、习总书记系列讲话精神的学习，夯实全体党员思想根基，指导基层单位采取专题讨论、党课辅导、知识测评、"红色教育"等措施，引导广大党员不忘初心、践行宗旨、砥砺品质、遵章守纪，在工作、学习和社会生活中发挥先锋模范作用。

建章立制，在固本强基中促规范。以提升组织力为重点，突出政治功能，推动党的一切工作落到支部、依靠支部，推动党的一切工作落到党支部书记、依靠党支部书记。结合公司《党（总）支部达标建设实施细则》，以开展达标党（总）支部建设为基础、以争创星级党（总）支部为手段、以创建优秀、示范党（总）支部为目标，结合智慧党支部建设，力争打造 1～3 个叫得响、立得住、可复制的党支部；深入开展党员联系点、责任区、先锋岗为重点的"联点建区创岗行动"，加快推进"党小组+"建设，建立标准、优化设置、健全制度、规范管理、拓展功能，激发党支部"神经末梢"的活力。

择优配置，在素质提升中强队伍。紧紧围绕公司特点和战略定位，优化人才培养计划，吹响各类英才服务公司改革发展的"集结号"，按照建设高素质专业化干部队伍的要求，坚持应专必专、宜兼则兼和交叉任职的原则，选配"政治强、业务精、作风硬"的党支部书记，明确各级党组织负责人、委员、小组长的待遇，不断激发各级组织"带头人"工作积极性。强化基层

核心骨干人才建设，做好大学毕业生的择优引进与跟踪培养工作，为公司稳健发展储备坚实的后备人才队伍。深化干部人事制度改革，推进领导干部任期目标责任考核，推进去行政化和"干部能上能下"改革，突出岗位管理，探索建立优秀人才在专业技术序列与管理序列间双向流通机制。

更新思维，在创新发展中抢先机。树立互联网思维，创新基层建设的工作方法，拓展基层建设的工作阵地，依托党建信息化建设平台、陕销党群通APP，探索微党课、网络党课等灵活便捷的党员教育活动新方式，不断增强基层建设工作活力。围绕企业经营、管理、服务中的难点重点，创建员工创新工作室，组织员工在各领域、各专业线开展以新技术、新工艺、新材料、新装备、新方法和小革新、小发明、小改造、小设计、小建议为主要内容的"五新五小"群众性经济技术创新活动，在基层形成创新思维不断迸发、创新方式不断丰富、创新成果不断涌现的生动局面。

对标高位，在打造典型中站排头。进一步完善评先选优工作机制，完善培养、选树、宣传、学习典型的工作机制，加大先进典型培养选树力度，增强激励机制的时效性、针对性和规模性，搭建起更为规范化、科学化、流程化的竞争激励平台。持续组织开展好"十佳共产党员、十佳青年、金牌员工、十大模范集体和十大劳动模范"评比，把真正的榜样选树出来，把榜样的作用发挥出来，使典型效应成为群体效应、社会效应，不断积蓄企业发展的正能量，影响带动广大员工在岗位上建功立业。

练好内功，在比学赶超中求突破。持续深入开展全员主题劳动竞赛活动，竞赛形式要由过去追求"体力型、速度型、数量型"向"智能型、效益型、质量型"转变。围绕油库、加油站主体工种，扎实做好岗位练兵、技能培训、技术比武活动，强化赛前培训和人才选拔，培养和选树出一批执着专注、一丝不苟、精益求精、追求卓越的陕销工匠队伍。通过师带徒、技能传播等形式，逐步实现技术工种全覆盖、技术岗位全覆盖、技能人员全覆盖，由"精英赛"向"全员赛"转变，引导和激励广大员工不断提高自身业务水平，打造一支高绩效专业团队和高技能员工队伍。

真情关爱，在维护员工利益中出实招。建立完善矛盾纠纷排查化解机制，成立基层员工劳动争议调解小组，做好政策解释、利益调解，维护员工的合法权益。探索在两级公司建立起心理咨询网络、设立心理咨询热线或"爱心大姐"等关爱员工组织，聘请心理辅导专家，通过微信平台、热线电话、心理辅导、上门调解等方式，对员工进行心理疏导。持续落实好员工福利待遇、职业健康体检、带薪年休假疗养假以及劳保用品的配发，大力实施"送温暖、送清凉""扶贫帮困""金秋助学""员工互助""员工慰问"等"暖心"工程，多为员工解难事、办实事、做好事。

四、意见建议

结合新时期基层建设工作需要，建议多加强对销售企业的工作指导，多组织开展党群工作者的业务培训，推动各单位相互学习交流，共促基层建设工作上台阶。

发扬传统 创新实践
夯实建设现代一流零售企业根基

甘肃销售公司

在集团公司党组的正确领导下，甘肃销售公司党委认真贯彻落实党的十八大、十九大精神和习近平总书记关于国企党建及改革发展的系列重要讲话精神，在企业改革发展中，公司党委面对企业经营机制发生的新变化，采取切实可行的措施，"围绕经营抓党建，抓好党建促发展"，始终坚持以加强基层党支部建设为核心，以库站、班组建设为重点，以提高员工素质为根本，不断细化基层建设，通过各种形式检查指导推进基层建设工作的具体措施和标准，充分发挥先进库站、班组的示范引领作用，努力将示范变规范、示范成普遍，基层党的建设工作在继承中创新，在改进中不断加强，有力地保证和促进了企业的改革发展。

一、积极适应企业经营机制的新变化，及时建立健全基层党组织

一是按照集团公司党组的要求，公司党委坚持党的基层建设做到"三同时"。即在建立行政班子的同时建立党组织；在明确行政负责人的同时，明确党组织的负责人；在安排检查行政工作的同时安排检查党建工作；保证企业业务开拓发展到哪里，党支部和党的工作就延伸覆盖到哪里，哪里有党员，哪里就有健全的党组织。目前，公司基层党组织健全率、党员教育管理覆盖率均保持100%。

二是结合公司库站分散，点多面广、战线长的实际，公司党委主动适应管理流程和劳动组织架构新变化，积极探索基层党组织设置模式。按照党章要求，结合企业经营实际和党员分布情况，本着活动便于开展、党员便于管理、作用便于发挥的原则，打破地域界限，按销售业务半径，横向划片成立联合党支部，调整合并党支部设置，把基层一线党支部主要设立在销售片区一级。对控股公司和参股公司，设置党委或党支部，确保不出现任何遗漏点、空白点，并将党建工作总体要求写入《公司章程》，明确党组织的地位和作用，把加强党的领导和完善公司治理统一起来，实现了党组织发挥作用的制度化，为进一步加强基层党建工作，进一步规范化运作和改革发展奠定制度基础。

三是按照党组织关系属地化管理原则，甘肃销售公司党委所属党组织关系都归地方省、市党组织管理。为了加强基层党的建设工作，在销售企业大部制改革中，公司党委着眼政治和长远，在机构优化中，始终保留两级公司党群工作部门，实行统一管理，一个口对地方党组织，比较好地理顺了党组织的隶属关系，并进一步加强和指导库站一线基层党的建设，确保了党的基层建设稳健发展。

二、抓支部建设，强化基层建设核心

始终坚持党的领导，充分发挥党支部的战斗堡垒作用，是基层建设的核心内容，也是抓好基层建设的重要保障。目前，甘肃销售公司党员有3120多名，在职在岗党员占职工总数的34.8%。把党支部建设好，把党员先锋模范作用发挥好，就会形成推进企业改革发展的强大力量。近年来，甘肃销售公司党委积极适应新形势下党建工作的新任务和新要求，全面贯彻落实《集团公司基层党支部工作条例》，不断加强基层党组织建设，努力营造创先争优的浓厚氛围。

一是不断完善"123456"基层党支部建设模式。多年来，甘肃销售公司党委持续开展"一创二亮三比"、"四优"共产党员、"五心"党支部书记和"六个一"党支部创建活动，努力实现把思想政治工作、教育管理党员和群众工作落实到支部的要求，强化党员党性意识，发挥先锋模范作用，党支部发挥战斗堡垒作用。公司党委组织统一制定下发了《基层党支部工作手册》，建立全面直观、简洁易懂的工作流程和工作表单，为党支部开展各项工作提供规范指南。每年组织开展"党委联系党支部、党支部委员联系班组、党员联系岗位"的党建"三联"责任点工作，组织党员在节假日驻站帮扶，帮助基层加油站排忧解难，发挥党员干部的模范带头作用，引导基层员工逐步强化服务意识，为实现建设现代一流新零售企业的愿景而努力。

二是全面推行标准化党支部建设，积极开展"示范党支部"创建活动。在2016年相继建成兰州西固西路加油气站、天水桥南加油站标准党支部的基础上，按照"一年夯基础、两年抓提升、三年上水平"的思路，公司党委制定《甘肃销售公司党支部达标晋级管理实施办法》，开展党支部达标晋级管理。2017年，在各销售片区、库站党支部进一步更新健全党支部阵地，建成兰州分公司桃树坪加油站党支部示范点，集团公司领导及兄弟单位在桃树坪站多次调研中，对党支部建设工作给予了充分肯定，集团公司思政部对党建形式、内容、理念给予了很高评价；甘肃省经贸工会组织所属的24家省属国有企业到桃树坪加油站调研学习，扩大了企业影响，宣传了中国石油良好形象。2018年计划创建完成和选树命名一批"示范党支部"建设示范点，培育"示范党支部"16个，"优秀党支部"32个，把基层党支部建设成为坚强战斗堡垒。

三是坚持理论武装学习，不断增强基层党支部的思想政治引领作用。甘肃销售公司党委始终把加强理论武装摆在突出位置，近年来，公司各级党组织落实规定动作，丰富自选动作，分层次全方位深入开展"党的群众路线教育""三严三实"专题教育、深化"两学一做"学习教育、"党的十九大精神"学习，开展"重塑中国石油良好形象大讨论""大庆精神铁人精神的再学习再教育""形势、目标、任务、责任"主题教育、"践行四合格四诠释，弘扬石油精神，喜迎党的十九大"岗位实践等活动，在全公司2500多名在岗党员中，以"立足岗位做奉献，喜迎党的十九大"为主题，自下而上，逐级推荐、竞赛选拔，组织开展"党员岗位讲述"演讲比赛活动。充分发挥"互联网+"党建学习模式，探索基层党建工作新方式，结合互联网信息技术，建立了甘肃销售公司"一微两端"（党建平台微信公众号、甘销云书院和手机党建 APP 客户端），有效解决了党员远程教育和分散管理难题，有效提升了公司党建工作信息化水平，通过"党员每日一学"，实现在线开展党员党性教育，巩固夯实基层党建根基，有效发挥党组织和党员的服务、带动作用，激发了基层党建工作的新活力。通过抓党委中心组学习、党支部"三会一课"集体学习，组织专题研讨和多种形式的培训、辅导，全面深入学习贯彻党的十九大精神和习近平总书记系列重要讲话精神；举办全系统党委书记和三期党支部书记脱产培训，增强职责意识，提升履职能力，各级领导班子和党员干部的政治意识和大局观念不断提升，员工队伍的思想更加统一，步调更加一致，应对新挑战、促进新发展的信心和决心更加坚定。把政治标准放在发展党员首位，注重从一线发展党员，努力把业务骨干培养成党员、把党员培养成业务骨干、把党员骨干选送到重要岗位。近年来，公司共发展党员 67 名，基层党员占比 80% 以上。

四是全面落实基层党建工作责任制。积极探索切合公司实际和管用的考核评价办法，细化量化考评内容、责任目标、评价标准，统筹推进基层党的建设工作。公司党委全面贯彻落实集团公司《关于进一步加强党支部队伍建设的指导意见》精神，抓好党支部书记队伍建设，开展党支部书记轮训，试行党支部书记持证上岗，在配齐配强专兼职党支部书记的基础上，公司党委先后制定了《党建工作责任制实施细则》《党建工作目标管理考核实施细则》等制度，全面推行党建工作目标管理三级（党委、党支部、党员）考核体系，积极构建党建与经营绩效"双百制""双融合"考核机制；每年与各党支部书记签订《党支部建设目标责任书》，从党建工作、思想政治工作、企业文化建设、群众工作四大方面坚持开展党支部工作检查指导。2017 年，对所属 22 个党委（总支）、161 个党支部、2500 名在岗党员，组织开展年度党建工作全覆盖考核和民主评议；2018 年，在基层各党支部全面开展以"经营业绩好、服务质量好、安全环保好、文化建设好、作风形象好"的"五好"党支部创建活动，以及油品、非油品"销售能手"竞赛活动，进一步完善"双百制""双融合"考核机制，有效推动了基层党建工作责任制的有效落实。严格落实党员民主评议工作，每年组织开展以"四讲四有"为主要内容的党员民主评议活动，评议党员在政治、思想、作风、组织纪律和党性观念等方面的表现情况，有效促进党员在本职岗位上带好头、做表率，提高了基层党组织的凝聚力、创造力和战斗力。

三、抓队伍建设，提高员工整体素质

打造一支忠诚事业、业务精湛、作风过硬、奉献石油的高素质员工队伍，促进企业与员工的共同发展，是加强基层建设的根本目的。近年来，公司党委不断加强基层队伍建设，使基层员工整体素质得到明显提高。

一是抓库站，树立基层建设标杆。基层库站是销售企业生产经营管理的最基本单元。抓好库站建设，就是要使基层库站成为安全的基石、效益的源泉、温馨的家园。近年来，我公司多措并举，狠抓油库加油站建设工作，进一步加强基层文化建设，切实开展"小食堂、小浴室、小图书、小娱乐、小绿地""五小"工程建设，不断改善一线员工的生产、生活和学习条件。扎实开展学习型党组织创建，积极开展党的十九大精神、《习近平的七年知青岁月》学习活动，深入推进"千万图书送基层、百万员工品书香"工程，将全员学习融入工作生活。通过定期组织集体学习，宣贯会议、活动精神，构筑基层员工统一的思想基础。着力提升基层员工业务技能，通过开展开口营销竞赛、安全技能竞赛等广泛的群众性岗位练兵和技术比武活动，鼓励员工学技术、钻业务、立足岗位成才；每年公司统一评比表彰各类优秀加油站、加油站经理和服务明星，树立行业标杆，进一步强化激励作用，发挥先进模范的示范作用，使基层员工身边的典型成为员工队伍的领跑者，最大限度地挖掘和调动全体员工的工作潜力和积极性，进一步增强队伍的凝聚力、战斗力和执行力，充分发挥了基层队伍在经营生产中的重要作用。

二是抓班组，打牢基层建设基础。班组是企业的细胞和发展的根基。加强班组建设是一项战略性任务和基础性工程。近年来，甘肃销售公司认真落实集团公司《关于创建学习型、安全型、清洁型、节约型、和谐型班组的实施意见》，定期召开班组建设经验交流会，总结了一批优秀加油站班组建设的经验。2017 年以来，公司积极转变管理理念，从加强责任心、主动管理等方面着力提升加油站经理和前庭主管的履职能力，鼓励各加油站经理和前庭主管将管理做"精"、服务做"特"、营销做"活"，取得了较好的效果。在条件较好的加油站，组织员工录音，采用现场播音与员工推介相结合的方式推进自助加油工作，卡销比达到了 70% 以上；加油站经理和前庭主管积极落实 6S 管理工作，加油站基础管理水平和服务形象进一步得到提升。

三是抓培训，提升基层队伍综合素质。在抓好基础知识培训、专业技能培训的基础上，公司注重内外部培训结合、培训效果评价，开展"一月一练、一月一赛，开口营销"培训、举办职业病、安全资格及管理能力、便利店业务、HSE 体系量化审核、特种设备管理操作培训及政治理论培训，切实增强培训的针对性和实用性。在甘肃省委学校、兰州财经大学等省内高校，举办了党的十九大精神宣贯及基层管理人员综合能力提升培训班，2017 年全年共组织各类培训 27 期，4751 人次进行轮训，培训人数、培训期数为历年最高。通过培训，目前公司基层科级干部及加油（气）站经理均取得了安全生产知识及管理能力考核合格证，库站员工考取了特种设备管理及操作合格证书，全面提升了干部员工业务技能水平，基层队伍结构进一步优化。在坚持党管干部原则的前提下，公司党委积极改进选人用人方式，按照配精配强的原则，注重基层干部的培养和选拔，层层推行公开差额竞聘制、交流轮岗制、任职试用制、任前公示制，优化基层干部队伍，实现了基层科级干部、加油站经理、管理岗位全部竞聘上岗，形成了一种新的用人导向和干部选拔任用机制，一大批政治思想坚定、有专业知识、有改革创新精神的优秀年轻干部走上基层领导岗位。

四、抓先进典型培育，引领基层党建水平不断提升

多年来，甘肃销售公司党委注重抓先进典型培育，选树各类先进典型，促进了职工队伍建设和基层党组织建设，引领基层党建水平不断提升。

一是加强制度建设，厚植基层党建工作根基。甘肃销售公司党委坚持继承和发扬中国石油优良传统，探索基层建设工作规律，将成熟经验变制度、

把示范变规范，总结出许多成型的经验做法，率先引入 ISO 9001 质量管理体系的编写理念和方法，参照内控制度体系流程规范要求，在销售系统率先颁布实施《党群工作体系文件》，内容涵盖了党建思想政治工作的职能责任、工作内容和操作程序，以经常性工作为主线，汇编了 33 项管理程序、63 项管理制度、34 项工作流程、107 个工作记录，内容包括了领导班子建设、党建工作、思想政治工作、党风廉政建设、企业文化建设、精神文明建设、群众工作及员工队伍建设八部分。《体系文件》的宣贯执行，进一步推进了公司党群工作的程序化、规范化、制度化和科学化水平，为公司基层党建思想政治工作开展提供了依据和标准，实现了工作内容标准化、操作程序化、考核科学化、改进持续化的管理目标。

二是加强企业文化建设，提升基层建设发展的软实力。甘肃销售公司党委始终把建设先进的企业文化作为抓员工思想塑造、行为规范、促企业稳健发展的有效载体，把建设"家文化"为核心的库站文化作为企业文化建设的着力点，充分考虑企业经营管理特点、员工队伍思想特点、市场竞争特点和经营网点布局特点，秉承"把员工当家人、视客户为亲人"的理念，抓好库站"家"文化试点建设。贯彻《集团公司企业文化建设纲要》，把为快乐加油的企业愿景，服务做特、管理做精、企业做强的企业定位融入"家"文化建设之中，探索"家"文化建设新路径，丰富完善"家"文化内涵，培育行为文化新体系，先后完成兰州新区加油站、定西西川加油站"家"文化建设示范点，建立健全了评先选优机制。近年来，共有 12 名员工分别被评为甘肃省和集团公司劳动模范，有 18 名同志分别被集团公司党组和甘肃省委授予"优秀共产党员"荣誉称号；先后培育了以中央企业先进集体武威金三角加油站、全国工人先锋号兰州建新加油站、集团公司百座明星站经理霍红梅为代表的一批在系统内外知名的先进典型集体和个人，展示了员工队伍积极向上的精神面貌。梳理经营管理活动中的先进经验和特色做法，总结提炼出了霍红梅"三心服务法"等一批工作方法和服务理念，树立了良好形象。

三是加强先进典型的宣传推介，展现基层建设良好形象。近年来，甘肃销售公司党委全面贯彻落实集团公司《关于深入推进重塑公司良好形象工作的意见》，把形象建设作为公司一项长期战略任务，纳入企业发展规划，巩固运用重塑中国石油良好形象大讨论活动成果，积极组织落实好开展重塑石油良好形象"回头看"及相关专题活动，在公司上下形成了持续推进企业形象建设的良好环境。积极开展了年度内集团公司"中国石油榜样"等各层面系列先进典型的推荐申报工作，在全公司范围内选树表彰"甘肃销售榜样·好工匠"20名，并向当地省委省政府、集团党组和其他社会团体推荐了一批先进典型，所属9家单位被甘肃省委、省政府评为省级文明单位，企业文化发展史展室被命名为集团公司企业精神教育基地。拍摄年度电视专题片，记录企业发展历程，创编《兴业之路》《打好三大战役筑牢价值高地》等电视片在集团公司精细化管理会议、企业管理创新会议上播放，获得广泛好评。公司每年走进甘肃人民广播电台"阳光在线"直播室，通过电波与全省客户直接对话，倾听客户心声，解答客户疑问，宣传"中国石油"品牌，努力塑造忠诚担当、风清气正、守法合规、稳健和谐的良好形象。今年5月，举办首届媒体开放日活动，邀请人民日报、新华社等国内40多家媒体记者采访报道，是公司近年来外宣工作政企合作最深、采访规模最大、传播范围最广的一次新闻宣传活动。截至目前，新媒直播、融媒互动，通过国内的电视、报纸、广播、微信、微博、微视等各类媒体发出展示公司党的建设、改革创新、安全环保、服务客户、降本增效、队伍面貌等稿件100多篇，累计浏览阅读、收听收看180多万次，向社会公众展示了负责任、有担当的国有大企业形象。近三年来公司先后获得"中央企业先进集体"，甘肃省"五一劳动奖状"等省部级以上荣誉20多项，先后十三年被集团公司评为"安全生产先进单位"。兰州分公司桃树坪等4座加油站被评为"中国石油油品销售百座示范加油站"；酒泉分公司玉门甘店子加油站被股份公司评为"十大标杆加油站"。在今年甘肃省庆祝五一国际劳动节暨表彰五一劳动奖大会上，甘肃销售创新工作室荣获甘肃省"创新型班组"荣誉称号，兰州分公司桃树坪加油（气）站荣获甘肃省"工人先锋号"荣誉称号，白银分公司泰运加油站经理何晓玲荣获甘肃省"五一劳动奖章"荣誉称号，桃树坪加油（气）站经理霍红梅荣获甘肃省"五一巾帼奖"荣誉称号。

围绕发展目标　加强基层建设
为推动公司高质量发展打下坚实基础

山东销售公司

山东销售公司党委面对低油价带来的一系列挑战，在加强基层建设、充分激发基层活力上狠下功夫，努力调动基层干事创业的积极性，为推动公司稳健发展打下了坚实基础。

一、扎实推进基层党的建设

出台基层党委党建履职规范，着力推进党的工作目标、责任、制度、考核、信息、保障"六大体系"建设，基本形成全面覆盖、责任清晰、协同配合、制约有力的党建工作体系，保障公司发展始终朝着正确的方向推进。烟台分公司细化完成了目标、制度、考核、责任等四大体系建设；济南公司持续实施"11262"提升工程，层层压实党建责任；淄博公司出台党建工作"六个建设"目标，形成 8 个大项，51 个分项；济宁公司确定了"四从一规范"党建工作思路，明确了党建工作走在"两个前列"的目标。

二、持续加强基层党组织建设

创新推进基层党组织建设，撤销加油站片区建制，完善基层党支部设置，由支部履行"抓思想、保安全、促经营"的职能；发挥党员先锋模范作用，带头组建党支部小团队，发扬党员"五加二、白加黑"的奉献精神，活跃在客户开发、汽油站打造、低效站治理的最前线，成为弘扬"石油精神"的排头兵、创先争优的示范者、攻坚克难的突击队。烟台公司推行

"765432"模式,明确基层党支部的工作目标、工作抓手和工作职责,将支部工作与生产经营有机融合。青岛、枣庄分公司从顶层设计入手,制定了《基层党支部工作指导手册》;潍坊公司推行基层党支部"661"铸星计划,激发了基层源动力;济南公司在十九大期间和上合组织青岛峰会期间,组织党支部维修小团队全面检查安全升级管理措施落实、禁令执行、设备完好状况,发挥了突出作用。

三、严格落实基层党建制度规范

规范"三会一课"、民主生活会制度,支部每月一次支委会和党小组会、每季度一次党员大会、每半年一次党课,班子成员按时参加所在支部的民主生活会,保证了支部生活的正常化。制定《党支部工作实施细则》,涵盖员工访谈、请示汇报、民主评议党员等12项制度,每名党员每月访谈1名员工、每季度汇报1次思想工作、每年接受1次民主评议,保证了党员作用的正常化。出台《党支部绩效考核实施意见》,明确34条党建类考核内容,实行整改事项清单制,落实整改承诺制、公示制,持续加强监督检查和考核评价,使组织生活真正严起来、实起来。

四、认真做好党员发展和教育工作

修订《山东销售公司发展党员工作实施细则》,制定年度党员发展规划,积极向省直机关工委争取名额,坚持向基层一线、岗位骨干倾斜。严把党员发展入口关,通过看入党动机、业务能力、作风建设、作用发挥的"四看"方式,着重解决思想入党问题,确保发展党员质量。近年来发展的150名党员中,基层一线员工98名,占总发展人数的65.33%,女性党员80名,35岁以下年轻骨干120名。拓展党性教育内容,开展重温入党誓词、参观红色教育基地、讲专题党课、组织专题研讨等活动教育广大党员。积极开展民主评议党员活动,结合"两学一做"学习教育,采取自我评价和支部评议、党员评议与群众评议、个人评议和组织评议"三结合"的办法评议党员。

五、抓实党建带工建团建

规范群团组织管理，制定下发了《关于进一步加强和改进党的群团工作的指导意见》，党委定期研究群团工作，听取群团工作汇报，明确专兼职工会主席、团委书记的配备和级别，将共青团的经费全部列入财务预算管理。完成两级公司团组织的换届选举工作，配齐配强团干部队伍。工会引导参与上级公司并组织本单位的劳动竞赛，促进全年工作任务目标的实现，公司连续三年获板块劳动竞赛先进单位，78 个集体、149 名个人荣获"先进集体""先进个人"称号。

六、认真开展职工之家建设

大力开展"五小工程"和职工之家建设，为加油站配齐厨具、消毒柜、热水器等生活设施设备，安装碳晶板取暖设备，确保员工能够夏季清凉、冬季保暖，吃上热饭、洗上热水澡；制定出台了员工健康体检制度，确保员工体检全覆盖；在加油站、油库开展 WIFI 建设工作，解决员工业余时间上网问题，受到了基层员工欢迎。突出抓好员工情绪管理、健康体检、困难帮扶和日常生活等工作，在济南、青岛分公司试点建立了 EAP 心理咨询室，制定 EAP 心理帮扶计划，在淄博、潍坊分公司试点建设"网上情绪看板""网上站务公开"；开展丰富的文体活动，工会牵头成立足球、篮球、台球、摄影、健身、书画、棋牌等 8 个文体协会，建立文艺工作室，先后组织"送文化下基层"、"三八"文艺联欢、女工才艺展、职工观影等活动，选派有特长员工参加省直机关篮球赛、乒乓球赛、大众网足球赛，既丰富了员工业余生活，又传播了石油文化，展现了员工精神风貌。

七、广泛开展全员创新活动

去年 3 月，公司党委把创新作为升级管理的新引擎。创新成为员工热语，创客成为员工热词。每天，创意的点子挤满微信，新鲜的故事接踵而来。青岛 123 站员工坐进村里广播站向农民介绍春耕惠农政策，济南 122 站员工躺在地上为便利店货架安装 LED 灯，烟台龙口党支部员工用废旧床板做成商品陈列架，淄博 21 站员工设计出"压力罐止回阀安装过滤网"。便利店处处是赏心悦目的堆头，货架上的毛巾也被员工叠成一个个小动物。员工创新的劲头，成为最有力量的思想政治工作。自创新工作启动以来，员工累计提出 2.6 万条创新建议，1000 多个项目转化落地，35 个项目获国家专利。

八、大力开展热爱企业建设

倡导"为爱加油"理念，全部加油站挂牌"爱心驿站"，向环卫工人开放站内休息室、厨房、淋浴间等设施场所，活动得到环卫部门和工会系统的认可，全省 5000 多辆清洁车定点到中国石油加油站加油，与各地工会合作累计发行 4 万多张"工会惠员卡"。省委宣传部领导调研时表示，"中国石油环卫工歇脚点，在全省是最大规模的、也是最系统的，彰显了央企风范。"我们把这份爱延伸到社会，与山东夏津特殊教育学校长期开展"微笑点亮生活"爱心义卖活动，德州公司献血团队连续 11 年献血 11 万毫升，沂蒙姐妹志愿服务队坚持 9 年照顾一对高位截瘫夫妇，济宁公司连续 3 年慰问福利院聋哑儿童，菏泽、德州分公司连续 3 年派驻"第一书记"帮扶贫困村，一大批像他们这样的爱心使者，将石油人爱的名片洒遍齐鲁大地。

通过狠抓基层建设，夯实了企业根基，打牢了质量效益发展的基础。公司先后获得了全国文明单位、中央企业法制宣传教育先进单位、中央企业管理提升活动先进单位、山东省改革开放 30 年优秀企业、履行社会责任示范企业、省级消费者满意单位等荣誉，选树了以集团公司"十大杰出青年"刘学霞、集团公司"十大志愿服务标杆集体"沂蒙姐妹志愿服务队、山东省劳动模范高才为代表的先进典型。

健全基层组织 落实各项措施
在保持员工队伍先进性上求突破

江苏销售公司

江苏销售公司高度重视基层建设，始终把抓基层、打基础作为公司发展的永恒主题，努力在提升基层组织的有效性、联系服务员工群众的实效性、保持基层队伍的先进性以及增强制度建设的长效性上求突破，不断推进基层建设工作上台阶，取得了一定成效。

一、基层建设总体情况

1.优化模式、增强功能，不断健全基本组织。江苏销售公司下设12个处室、3个附属中心、13个地市分公司、2个专业公司，下辖控股单位21个，参股单位13个，用工总量6588人。设基层党委13个，党总支3个，党支部78个，党员967名，党组织关系实行属地化管理。以方便党员参加活动、发挥党组织作用为原则，在总结过去基层组织建设经验的基础上，根据公司点多面广线长和员工比较分散的特点，在片区、库站设立了党支部、党小组，保证了党组织的全覆盖和党的工作的有序开展。这种设置模式主要是从地域、单位考虑，是一种以"块"为主的横向模式。随着公司规模的扩大，党员数量的增多，这种模式已经无法适应公司党建工作的需要。为此，公司党委对组织设置模式进行了创新，根据党员的流向、业务的性质，在以地域、单位为主设置基层党组织的基础上，采取主要专业线单独组建、分公司机关和库站联建等纵向设置形式。分公司党员领导干部根据分管业务，在片区、库站党支部参加活动。这样，既便于进行形势任务的宣传、各项政策措施的解释和具体业务的指导，又有利于干部深入基层了解情况、倾听员工意见和密切干群关系。对党员人数少和没有党员的加油站，采取"输血"和"造血"的办法，力争实现组织设置无盲区，党的工作无盲点。通过组织设置的优化和创新，形成纵向到底、横向到边、条块结合的网络化布局，扩大了基层党组织的覆盖面和影响力。2017年以来，按照"三同时"原则，新成立1个党总支，调整党委（党总支）书记9人。对二级单位书记岗位职责进行明确，书记不再兼任经营工作，一心一意抓党建。党员发展向一线倾斜，全年发展党员34名，基层占73.5%，库站党员覆盖率达到72%。

2.提高素质、增强活力，不断建强基本队伍。持续开展"四好"班子创建活动，一批"政治素质好、团结协作好、作风形象好、经营业绩好"的先进集体得到了上级表彰。坚持领导班子民主生活会和双重组织生活会制度，严格执行班子议事规则和"三重一大"决策制度，班子合力得到充分发挥。形成了一批班子建设、干部管理方面的制度成果，出台了领导人员管理、综合考核评价、问责机制等方面的办法和细则。有计划组织干部集中培训，先后开展各种类别、各个层次的干部培训11期，培训科级以上干部700多人次。连续3年，对科、处级干部进行脱产培训，进一步增强干部的"三种意识"和"五种能力"。加大干部交流和班子调整力度，按照年龄梯次、知识互补、专业配套的原则，进一步优化班子结构，先后对72名干部进行了交流调整，分公司党政一把手基本实现了交叉任职，班子结构更加合理。坚持实行公开、平等、竞争、择优的选人用人机制，加大年轻干部的培养力度，不断完善选拔任用和管理监督体系，先后有56名优秀人才通过公开选拔和竞争上岗走上了科处级岗位。拥有专业技术职称的人才队伍不断壮大，近80%的基层员工取得技能等级资格，涌现出一大批以刘蕾蕾、杨树才等优秀员工为代表的操作技能人才。全面推行业绩考核，坚持用正确的业绩观衡量干部、评价班子。实行考核结果与干部任用、奖惩挂钩，有效激发了干部员工干事创业的热情。几年来，两级公司领导班子民主测评平均满意度95.7%，中层干部年度考核平均优秀率达到96.8%，领导班子的综合素质不断提高，整体功能明显增强。

3.建立体制、健全机制，不断完善基本制度。从2011年起，江苏销售公司就成立了基层建设工作领导小组，办公室设在党群工作处。近几年来，公司开展过"加强三基工作，提升发展质量""在创先争优中开展基层组织建设年活动""基层基础岗位责任制大检查"等"三基"专项工作。围绕专项活动开展，不断建立健全体制机制，完善工作制度。按照"职责明晰、标准规范、流程顺畅、接口严谨、操作性强"的原则，对基层建设各项规章制度进行梳理完善，先后制定下发了《党建工作责任制实施办法》《基层党建工作目标考核办法》《基层党委书记抓党建工作述职评议考核办法》等10多项规章制度，构建了符合公司基层建设管理需要的制度体系，形成了涵盖基层党组织建设、干部管理、人才培养、党风廉政建设、新闻宣传工作、和谐稳定工作、群团建设等方面的制度措施，为实现用制度管人、管事、管责任落实提供了保障。为推进制度落实，在健全责任体系、严格监督检查上持续发力，认真抓好党委主体责任、党委书记第一责任人责任、党委领导班子成员"一岗双责"责任、党务部门职责范围内的监管责任，推进以明责、考责、问责为重点，党委全面负责、书记"第一责任"、党委成员分工负责、党务部门各负其责的党建工作责任体系建设，推动全面从严治党主体责任落实。强化责任层层传导，将党建责任向基层党支部延伸，规范了党支部6项工作职责。为督促各级组织和专兼职党务干部更好地履行岗位职责和"一岗双责"，2017年试行了党建工作考核，制定了《党建工作目标考核实施细则》，从2018年起，将全面实行年度党建工作报告和党组织书记述职评议工作。

4.注重学习，强化教育，不断提升基本素质。始终把加强理论武装摆在突出位置，以党的十八大、十九大，以及习近平新时代中国特色社会主义思想为重点，以创建学习型党组织为抓手，采取专家授课、观看视频讲座、开展专题研讨等方式，组织党委中心组集中学习和党员培训轮训，坚定党员干部理想信念，进一步增强道路自信、理论自信、制度自信和文化自信。连续组织24期"提升引领科学发展能力、促进干部理论学习"系列讲座，举办支部书记和党务人员培训班13期，培训1900余人次，有效提升了干部的理论水平。以基层党支部和库站为单位，系统组织学习集团公司编发的员工基础知识读本，构建员工人生基本知识体系和职业生涯知识体系。以"千万图书下基层、百万员工品书香"活动为契机，为 600 多座库站配置了书柜，在两级公司机关建立了图书室，先后配发图书 200 余种 40000 余册。持续开展"学习在石油·每日悦读十分钟"和"读书征文""读书之家评选"等活动。通过学习，进一步提高广大干部员工的理论素养、履职能力，也更加坚定了对企业可持续发展的信心。围绕企业改革发展目标，持续开展"形势、目标、任务、责任"主题教育，凝心聚力，鼓舞士气，不断增强发展的责任感和使命感。围绕保持党的先进性和纯洁性，以"加强党的建设、弘扬石油精神、重塑良好形象、推进稳健发展"为主题，以反"四风"、转作风为抓手，扎实开展党的群众路线教育、"三严三实"专题教育和"两学一做"学习教育。两级公司领导班子开展专题研讨 300 多场次，落实整改"四风"方面问题 93 项，修改完善相关制度 73 个，有效解决了思想、作风、纪律以及在基层党建工作中存在的突出问题，进一步增强了新形势下做好基层建设工作的能力。

5. 抓好载体，培育典型，大力弘扬石油精神。始终坚持传承好、发扬好石油精神，把以"苦干实干""三老四严"为核心的石油精神作为持续发展的政治优势、攻坚克难的不变良方，突出"干""实""严"三个字，用石油精神凝魂聚气、固本强基。不断赋予大庆精神铁人精神新的时代内涵，把大庆精神铁人精神作为员工入企入职的第一课，各类学习培训的必讲课；多次组织观看大庆精神铁人精神宣讲报告会，学习新时期铁人王启民、大庆新铁人李新民等人的先进事迹；利用大庆油田发现 50 周年，开展"爱国、爱企、爱岗"主题教育活动，构筑广大干部员工共同的思想基础。注重先进典型的培养和选树，形成了以"中央企业红旗班组"南京积善加油站、"江苏省五一劳动奖状"苏州分公司为代表的模范集体，以"全国五一劳动奖章"邵从海、江苏省"五一劳动奖章"张可珍为代表的英模人物群体，以集团公司"十大模范油库主任"杨树才、"十大金花加油站经理"闫静芝为代表的经营管理榜样群体，以"江苏省文明职工"徐海峰、"青年岗位能手"邵云霞、杨雯等为代表的基层服务明星群体。一大批先进集体和个人受到中华全国总工会、江苏省政府、省国资委、省总工会、团省委和集团公司的表彰。几年来，采取公推公选的方式先后选拔了 300 多名岗位能手、200 多名先进生产者和先进管理者，开展了四届劳动模范、三届"邵从海式加油站经理"和标杆班组的评选，形成了不同层级、每条专业线都有典型的局面。

二、基层建设形成的特色

1. 自发成立团队。早在 2012 年年底，江苏销售公司首次提出加油站团队管理概念。把一条线、一个圈、几座站编成网、组成团；让一群人为了一个共同的目标，运用集体的智慧，充分发挥整体优势，抱团打天下。2013 年 1 月底，江苏销售公司成立了第一个加油站经理人管理团队—城东团队。该团队选取 20 公里范围内、相距半小时车程、位于同一条线路和商圈内的 5 座加油站，组成了一个结构扁平、资源共享、团结协作、相对独立的管理单元，正式开始试点运营。经过 1 年的试点，城东团队用工同比减少 18 人，节约人工成本 70 万元；新增单位客户 26 家，月增销售能力 596 吨；纯枪销量同比增长 22%，日均销量达 170 吨，同比增加 28.3 吨，相当于 1 年新增了 1 座万吨站；非油销售收入 1003 万元，同比增长 41%；实现利润 2287 万元，同比增加 722 万元。2013 年 5 月，江苏销售公司在南京又相继成立了恒友、积善团队。团队管理、运作模式和考核方式也在不断健全和完善。从南京分公司 3 个管理团队 18 座加油站经营数据看，他们以 1/3 的加油站数量实现了分公司 2/3 的总销量和 4/5 的利润。

这个团队不是一级组织，开始时也不是公司要求设立的，完全是加油站为了集聚优势、集合力量自发成立的，这是充分发扬基层民主、发挥基层员工创造性的结果。

2. 开展 EAP 帮扶。近年来，公司不断探索，引入 EAP 。EAP 译为"员工关爱（帮助）计划"，本世纪初从美国引进，关键词在"关爱"上。与传统的关爱员工相比，它的内容更加广泛、更加深入，层次也更高，它关注的是员工的心理健康和生命质量，涵盖员工的心理需求。这项工作 2012 年启动、2013 年试点、2015 年铺开，收到了很好的成效。目前公司有持证心理咨询师19人，EAP管理师10人，职业生涯规划师2人，内部员工成长指导师60多人，已经初步形成了一支专业的EAP培训师队伍。这几年，先后开发EAP培训课件40多个，开展EAP下基层活动110多期，参与人数3900多人次。不仅EAP工作者自身感到身心愉悦，变得更加积极乐观，而且也帮助其他员工摆脱心理困扰，提升了幸福感。

2017年公司开通了心理咨询热线和邮箱，组织员工成长指导师与基层库站开展"心连心"挂点服务，进一步畅通员工心理诉求渠道，使员工心理压力和情绪困扰能够得到及时化解。为了更好地推进这项工作，公司还把EAP纳入到党支部的工作范畴，组织开展了新员工"职场起航"、最美女工评选、"读一本心理学书籍，分享一个心理咨询案例，说出自己故事"等特色活动，同时将EAP工作的开展情况纳入党支部考核内容，促进EAP常态化运行，确保EAP工作落地生根。通过这几年的努力，我们逐步构建了江苏销售公司EAP工作长效机制。在两级机关管理人员中，开展经常性的嵌入式培训，提升管理人员的工作能力和沟通技巧。在一线员工中，开展适用性的多样化辅导，提升员工的"心理资本"和应对问题的能力。此外，结合基层员工归属感不强、流失率偏高等问题，开展座谈、访谈，运用专业知识，解疑释惑，化解矛盾。针对库站经营任务重，年轻员工家庭琐事多、情绪不稳定等情况，送EAP下基层、进库站，普及心理健康知识，帮助员工找到缓解情绪压力的方法和途径。通过边实践边总结，逐步形成了内容贴近员工成长需求，形式契合公司发展实际，模式具备复制推广的EAP工作机制。

三、基层建设工作意见建议

1.持续加强基层组织建设。进一步优化组织设置，各级党组织继续按照"四同步"要求，进一步健全党的组织体系，以有利于开展工作为原则，动态调整组织设置。推进合资公司、股权单位党组织建设工作，进一步扩大党的工作覆盖面，真正做到党建工作和经营管理工作同步延伸、同步覆盖。要加大在库站一线、业务骨干和优秀青年中发展党员力度，注重在急难险重任务中发展党员。注重加强支部建设，严格落实《基层党支部工作条例》和

《关于加强基层服务型党组织建设的指导意见》，持续深化"六个一"党支部、"四优"共产党员、"五心"党支部书记等争创活动和党建"三联"责任示范点工作。严肃党内政治生活，认真执行"三会一课"、组织生活会、民主生活会和基层党组织按期换届选举等制度。定期开展党员组织关系集中排查，严格处置不合格党员。继续开展"党员先锋岗"和"党员责任区"等主题创建活动。

2. 切实加强基层基础建设。通过组织开展基层建设调研，全面摸清公司基层建设情况，广泛征集意见建议，提出有针对性的措施建议。征集基层建设优秀案例，挖掘好经验、好做法，汇编成册，交流推广。组织开展向集团公司"百面红旗""百个标杆""千队示范"单位学习活动，选树先进典型，积极发挥示范引领作用。征集基层建设工作优秀案例，进一步挖掘好经验、好做法，通过遴选，汇编成册，交流推广。加强以党支部为核心的基层建设，以基层建设统领"三基"工作；以提高凝聚力、战斗力、执行力为重点，强化标准化"五型"班组建设，充分发挥班组长的"排头兵"作用，筑牢改革发展基础，促进基层建设提档升级。持续推进党建信息化平台建设。按照集团公司统一部署，有序推进平台推广应用。各级党员干部要带头学网、用网，发挥"互联网＋党建"作用，强化党建大数据研究，推进互联网、信息技术与公司党建工作的深度融合。

3. 着力提升员工队伍素质。进一步加强员工队伍建设，努力打造一支有理想守信念、懂技术会创新、敢担当讲奉献的员工队伍。以集团公司送书工程为契机，深入开展全员读书活动，充分利用网上在线阅读平台，激发和调动员工读书学习热情，使员工在学习中进步、企业在学习中发展。加强员工岗位责任心教育，激发和调动广大员工岗位成才、贡献企业、人企双赢的积极性主动性。发扬工匠精神，培育岗位能手，组织开展多工种、多层次、多渠道的岗位练兵和技能比武等活动，积极为员工搭建成长平台。

规范上下功夫　提质上见效果
打造以加油站为窗口的综合服务平台

河北销售公司

河北销售公司高度重视基层建设调研工作，通过组建督导组，开展督导检查，召开交流会、推进会等形式，基本摸清基层建设情况和存在的突出问题。同时，把调查研究与帮促提升相结合，抓规范运行，抓重点特色，抓示范推动，抓工作实效，做了一些积极的探索和实践。

基层建设开展情况

1.着眼一个"全"字，完善体制机制建设。一是持续健全组织制度。结合实际，创新党建工作"三化三一"标准运行机制，规范基层党建制度20章110多条，明确二级党委"135311"基础工作重点，打造基层党支部样板30个；建立定期党建督查机制，细化6个方面38类125项督查内容，督查汇总出5大类69项问题，问题整改率达96%；制定党建工作"走在前列"实施方案，明确5项具体目标，推行"八步走"措施；设立了党建课题研究组，定期研讨交流，加强委托转制、劳务外包流动党员管理，确保全覆盖。二是持续规范组织生活。落实"支部建在站上"要求，强化库站联合党支部建设，通过规范"三会一课"、创建"六个一"党支部、"三联"责任点、党员责任区等活动强化党建管理，组织党建工作考核，严格党内组织生活。开展基层组织梳理、党员关系排查、党费收缴清查，组织民主评议党员、党支部定档晋级，发展党员416名，所属党组织100%按期换届，党员优秀率达到95%。公司党委先后被集团公司党组和河北省直工委授予"先进基层党组织"荣誉称号。三是持续推进"三基"工作。坚持不变频道、不换口号、不变主题，一年一推进，一年一总结，一年一提升，滚动运行，持续提高，形成了"121"的工作推进模式，即：以一个"主题实践活动"为重要载体，以系列创建活动和示范点打造为两个抓手，建立一套适用有效的"三基"工作考评机制。公司领导班子深入基层调研，亲力亲为，靠前指挥，部署指导"三基"工作示范培育工作。先后制定了《"三基"工作要点》，编制了《"三基"工作指南》，对112座站库进行督导检查，召开讲评会13次，完成118座加油站达标验收，有效促进了公司基层建设工作整体上水平。

2.把准一个"严"字，狠抓基层队伍建设。一是从严干部管理。规范干部职级调整，严把"上"的入口，调整提拔干部近百名；强化推荐任职、挂职交流、驻村帮扶干部管理，得到合作单位、挂职企业和帮扶地方的认可和肯定。制定《中层领导人员退出办法》，畅通"下"的渠道。制定并落实《加强和改进优秀年轻干部选拔工作方案》，让优秀年轻干部进入班子、扛起担子，给干部队伍注入"新"活力。二是稳步推进改革。以组织人事改革推动公司改革创新，优化整合机关处室设置，成立雄安分公司，成为首家在雄安注册成功的油气企业。召开公司2009年上划以来首次组织人事工作会议，出台"转职能、转方式、转作风"机构体制改革指导意见等制度文件，管控规范流程，推动机制创新。强化干部管理，深化人才队伍建设，组织技能鉴定1.83万人次，公司获得中高级职称员工363人，干部职级调整稳妥推进。三是推行党支部书记工作法。即党支部书记"五个三"工作法。是河北销售公司党委针对当前基层党支部存在的相关问题，开展的以"三知、三观、三管、三联、三促"为主要内容的一项党支部书记工作方法的延展和创新。有利于基层党支部书记进一步提升素质、把清脉络、瞄准方向，在党建工作"走在前列"的整体统筹下，让一部分人（党支部书记）"先走起来"，继而带动更多的人"都走起来"，促进基层干部员工队伍建设。

3.突出一个"优"字，推进典型示范建设。一是构建企业文化理念。系统梳理公司文化发展脉络，将"争雄、争气、争光"确定为企业文化理念，建设企业文化展厅，成立刘运峰、刘慧慧、于泓工作室，成为企业形象展示

502

窗口和企业精神教育阵地。组织新媒体大赛，开展微电影展播，公司微电影作品分别荣获集团公司新媒体大赛一、二等奖，亚洲微电影大赛大国工匠单元二等奖。推动全员创新，组建创客团队，5项创新成果和论文荣获石油石化管理创新奖项。二是突出典型示范作用。推选系统内外先进集体、优秀个人200多名，评选"服务明星"178名，选树集团公司"铁人先锋号"邯郸一站、"十大杰出青年"刘慧慧等一批标杆典型，树立身边榜样，打造服务品牌。公司评选百名优秀党员和先进党组织，承德分公司党支部书记张孟被授予河北省直"百名好书记"称号，党员考核优秀率90%以上，党支部评定优秀率达到85%。三是发挥群团组织优势。荣获板块劳动竞赛先进单位22项次。积极参与四川地震等公益捐助，下拨专项资金230万元，扶贫帮困、慰问一线。创建"青"字号工程，组织青年活动月、青年文明号开放周，参与"阳光义工"、捐资助学等志愿服务活动，公司荣获各级青年文明号集体24个，选树第七届"双十"青年典型，23个集体和个人荣获集团公司直属团委表彰，公司团委荣获"央企五四红旗团委"称号。

4.注重一个"活"字，强化基层素质建设。一是实施千人培训计划。与东方物探、承德石油学校联合办学，发挥内部培训基地优势，实施千人培育计划、操作员工技能晋级计划、创新创效能力提升计划，全面推广站经理积分制管理，完善联合培养培训机制，打造重点培训项目和精品培训班。建立经理人培训常态化机制，形成公司内训师队伍，选拔优秀内训师50名，培训计划落实率达到98%，实现培训全员覆盖。二是打造培训示范基地。优化移动加油学院运行，推动"线上线下"双向培训渠道融合。出台内部培训师管理办法，打造10座以上加油站培训示范基地。完善职业技能鉴定质量管理体系，打造12座技能鉴定样板站。建立各层级培训基地62个，组织各类培训12.7万人次，积极开展劳动竞赛、技术比武，累计获得流动红旗24项次，员工队伍综合素质持续提高。三是开展全员读书活动。发放各类图书5万多册，形成了全员阅读的浓厚氛围。石家庄中油公司、辛集中油公司党组织举办"三三三"读书会、"书香润心灵，阅读促成长"读书活动，提升员工文化涵养。

创新管理方法　提升管理水平

北京销售公司

一、基层班子建设情况

1.建立健全各项制度。为切实加强公司所属分公司、控股公司、机关处室领导班子和领导干部队伍建设，保证公司改革发展战略目标的实现，公司结合实际，先后制定了《关于加强所属单位领导班子和领导干部队伍建设的意见》《关于所属党组织进一步发挥政治核心作用的实施意见》《所属单位领导班子和领导人员综合考核评价办法》。通过不断完善制度建设，确保两级领导班子方向明确、目标清晰、效果量化、重点改进，班子整体合力得以充分发挥。

2.提高选拔任用工作质量。一是准确把握选人用人工作导向。严格落实党管干部的原则，坚持正确用人导向，坚持"德才兼备、以德为先"的理念，严格执行干部选拔任用工作流程和规定，坚持公道正派，秉公用权，以好的作风选作风好的人。二是坚持标准选好配强班子。根据公司面临的形势和发展现状，切实加强公司机关处室和分控股公司领导班子力量，从发挥特长、培养锻炼、交流轮岗、年龄结构、知识结构等方面选拔和调整干部，把合适的人放到合适的位置，为公司主营业务顺利开展奠定组织基础。三是持续开展选人用人专项检查和选拔任用"一报告两评议"工作，对干部群众反映强烈、选人用人工作满意度明显偏低的单位进行重点分析，约谈主要领导及组织人事部门负责人，责令整改，并视情况追究责任，切实提高选人用人公信度和满意度。四是严格落实组织生活制度，按时高质量召开民主生活会，在深入进行自我批评的基础上，班子成员都畅所欲言、发表意见、开展相互批评。

3.完善综合考核评价体系。为全面科学地考核评价领导班子和领导人员，加强领导班子建设和领导人员管理，公司制定了《所属单位领导班子和领导人员综合考核评价办法》，运用综合测评、定量考核与定性评价、分析研判等方法，对公司所属各单位领导班子和领导人员的政治素质、履职能力、工作实绩、作风建设和廉洁自律等情况进行综合考核评价。综合考核评价结果作为领导班子奖惩、调整和领导人员选拔任用、教育培养、管理监督和激励保障的重要依据，在公司基层领导班子建设过程中发挥着重要作用。

二、党支部建设情况

1.建设学习型党支部，解决经营管理实际问题。基层党支部按照公司党委的决策部署，始终把党员的学习教育放在首位，坚持经常抓，抓经常。同时，注重理论联系生产经营实际，做到学以致用，较好地提高了党员自身的政治素质和业务能力。仓储分公司石楼油库党支部，定期组织党员开展理论学习、业务学习和向身边的典型学习，尤其是涉及经营管理工作中的一些难点问题，组织党员学习讨论，共同研究解决问题的方法，收到了较好效果。

2.建设服务型党支部，在基层工作中发挥作用。基层党支部坚持以服务员工、做群众工作为目标，建设服务改革、服务发展、服务客户、服务员工、服务党员的服务型党组织。第三分公司第三党支部，成立党支部帮扶小组和党员流动互助小组，建立"一个支部委员承包一个区域，一名党员承包一座加油站"的帮扶机制，互助帮扶、抱团作战，有效促进了油品销量的提高。

3.建设创新型党支部，永葆基层党组织生机活力。基层党支部结合经营管理工作实际，努力进行制度创新和管理创新，以改革创新精神大力推进基层党的建设，全面提高党的建设科学化水平。中油首钢公司结合经营业务"一业三地、一主两翼"的特点，把党建创新作为推动又好又快发展的核心因素，通过"抓住一条主线、实施一项工程、落实四大举措"，实现了"服务经营、深化党建、双促双优"的目标。

三、员工成才成长情况

1.在员工成长成才上动脑筋。一是加大后备干部培养选拔工作力度。公司结合实际先后制定了《中国石油北京销售公司领导人员后备人选管理规定》《关于加强和改进优秀年轻干部培养选拔工作的实施意见》等，通过建立正副处级干部后备培养机制，建立优秀年轻干部"五个一批"培养选拔机制，进一步满足当下使用和长远储备的需要。二是积极稳妥开展专业技术人员管理工作。多年来，公司始终支持和鼓励广大员工加强自我学习，不断提高学识水平和工作业绩，为公司实现稳健发展提供了有力的人力资源保障。目前公司拥有专业技术职称人员558人，其中正高级1人、副高级104人、中级245人、助理级184人、员级24人。

2.在薪酬待遇上想办法。根据集团公司基本工资制度和规范薪酬分配秩序的有关规定，研究制定了薪酬管理一系列制度，包括《薪酬管理办法》《绩效考核暂行办法》《控股公司绩效考核实施细则》《工资总额管理办法》《股权企业分类分级管理办法》《先进集体和优秀个人奖励办法》《管理人员绩效薪酬分配系数表》，建立了较为科学的公司薪酬分配制度体系。按照集团公司工作要求，根据公司总体部署，以推动公司经营管理工作为目标，坚持优化油品销售结构，坚持鼓励新兴业务发展，坚持向基层一线倾斜，坚持效率优先兼顾公平，进一步加大量效挂钩力度。召开专门的业务座谈会进行对接和宣贯工作，让各单位充分认识到低油价下公司面临的严峻形势，树立长期过紧日子、苦日子的思想，降低增资预期，在公司下达的工资总额计划和业务外包费额度内，科学制定考核发放标准，合理确定各类人员的薪酬分配关系，优先考虑员工总量控制指标完成，实现以最少人员的投入保证正常业务的开展。

3.在休假制度落实上花气力。为维护员工休息休假权利，调动员工工作积极性，根据国务院《职工带薪年休假条例》和股份公司《员工带薪年休假暂行规定》等有关文件精神，结合公司实际，研究制定《中国石油北京销售公司员工带薪年休假实施办法》。为进一步加强公司内部管理，严肃劳动纪律，维护正常的工作秩序，根据国家、地方政府和集团公司有关规定，研究制定了《中国石油北京销售公司员工休假和考勤管理办法》，对周休息日、法定节假日、事假、病假、工伤假、婚假、产假、计划生育假、丧假、探亲假、带薪年休假、补休假等假期进行了明确。这些制度、办法都是经过公司职工代表团（组）长会议审议、通过后进行实施。

4. 在规范劳动用工管理上下功夫。强化用工风险管理，研究下发了加油站优化排班指导意见，根据实际业务量合理投入人员，削峰填谷、合理配备，采取长短班加插班、间歇营业等形式，研究制定了 20 种排班模型，并组织分公司、控股公司推广实施。研究制定了现场人员配备公式，引导加油站根据销量，科学配置员工数量，科学安排各岗位工作时间，科学组织排班运行，提高劳动效率和员工工作满意度。第一分公司在总经理的带领下，逐站开展优化排班工作，收到了较好效果。同时，公司还严格按照程序规范做好员工劳动合同的签订、续签、变更、解除、终止工作，对各单位依法用工情况进行认真检查指导，加大力度清理、整改劳动用工管理中存在的问题，积极协助妥善处置劳动争议问题，有效规避劳动用工风险。

四、党员教育培训规划计划及落实情况

按照《2014—2018 年全国党员教育培训工作规划》要求，认真贯彻中央和集团公司党组安排部署，积极推进党员教育培训工作，将理想信念教育和能力建设贯穿始终，科学制订年度培训计划，精心组织培训项目，开展党员主题教育培训，增强了广大党员贯彻落实中央决策部署的自觉性。

1. 注重政治理论培训。党的十八大以来，公司党委广泛开展党员领导干部理论知识学习，先后举办十八届六中全会精神专题培训 2 期，同时辅助中心组学习、集中培训、网络选学和个人自学等方式推动理论学习，切实提升干部政治理论素质。公司党委书记还参加中共中央组织部全国组织干部学院举办的"提高做好国有企业党建工作水平专题培训班"。

2. 注重党的基层组织培训。关心重视党务干部的成长进步，加大对党支部书记和党务干部的培训力度，按照《关于做好基层党支部书记培训有关工

作的通知》要求，通过定期培训、座谈交流等方式不断强化能力建设。公司先后组织了党支部书记培训班、党建信息平台试点上线培训班；党的十九大闭幕后，举办了基层党支部书记培训班，集中学习了党的十九大精神，通过集中培训，不仅提高了基层党员干部的党性修养，而且进一步增强了政治意识、大局意识、核心意识、看齐意识。

3. 注重年轻干部培训。按照集团公司关于优秀年轻干部培养选拔和建设"对党忠诚、政治坚定、精通管理、善于经营"干部队伍的工作要求，选派公司 5 名优秀的年轻处级干部参加北京石油管理干部学院与中国人民大学合作举办的工商管理培训班，丰富其业务理论知识，为更好地开展管理工作奠定良好的理论基础。

五、员工岗位业务培训和素质提升情况

注重培训实效和技能鉴定工作。深入推进基层库站建设，坚持关爱一线、关注一线和倾向一线的总体思路，打通一线员工成长成才渠道，构建了三级培训教育体系，公司组织开展一级培训，各分公司、股权企业制定组织开展二级培训，加油站、油库组织开展三级培训。其中一级计划以公司两级机关、股权企业管理人员、关键岗位、新业务、重点项目培训、核心业务等项目为主。做好各级培训之间的有效衔接，一级培训学时不足的，由二、三级培训补充完成。每年公司还结合业务发展和队伍建设要求，将站经理培训作为操作人才队伍培训的重点，分专业重点加强操作服务员工专业技能培训。与此同时，公司统筹规划，科学安排，积极开展技能鉴定工作，并以技能鉴定工作总体得分 99 分、技能开发工作总体得分 95 分的优异成绩通过集团公司技能鉴定年度审核，员工队伍素质得以有效提升。

六、基层工会组织建设情况

1. 有效推进基层建设。近年来，公司共命名"五型"班组 152 个，合格率达 99% 以上；集团公司直属工会命名公司工会和中油首钢（北京）公司为先进职工之家，公司工会命名 47 个工会组织为先进职工之家；北苑、安燕

等加油站被集团公司直属工会授予"铁人先锋号"称号；亦庄、南湖加油站被评为"全国工人先锋号"；开展"促发展、上规模、增效益"劳动竞赛活动，物流优化、节能降耗等竞赛项目在销售公司劳动竞赛中取得好成绩。

2.畅通员工诉求渠道。开展"我为提升服务质量献一计""金点子征集"等合理化建议征集活动，对优秀合理化建议进行奖励；在《加油》杂志开辟"编读往来"栏目，定期召开加油站经理、员工代表座谈会，及时倾听员工呼声，理顺了情绪，化解了矛盾，受到员工好评。

3.落实关爱措施。深化送温暖活动，扩大帮扶工作覆盖面，各级党政工组织在重大节日走访一线员工，看望困难员工，每年为一线员工和管理人员进行职业病体检和健康体检；办理生日蛋糕卡并发放健康疗养费；推进"五小文化"工程建设，重点解决偏远加油站用水取暖问题，改善一线员工生活条件；与航空总医院和相关学校建立合作关系，为适龄儿童就学和员工就医提供方便。

4.组织丰富多彩的文体活动。每年组织书法绘画摄影作品展，评选优秀作品，基层员工参与度明显增强；"爱岗敬业、岗位立功"等演讲比赛，为员工展示才艺搭建了平台。面向一线选拔运动员参加乒乓球、羽毛球、运动会、歌咏等比赛，为年轻员工工作之余释放青春和活力提供了舞台，进一步增强了员工的归属感、荣誉感。

七、先进典型宣传推广情况

北京销售公司自 2009 年 12 月成立以来，先后选树、宣传、推广了甘莹莹、尹建荣、郭霞三名荣获国资委、集团公司荣誉称号的先进典型；中国青年志愿服务春运暖冬行动优秀志愿者京顺路加油站经理宋素振；2017 年集团公司优秀青年、第三届直属机关青年岗位能手和 2017 年北京市青年岗位能手称号获得者右安门加油站前庭主管王慧，销售公司（2017 年）"百名功勋站经理"称号获得者安顺加油站经理刘世敬等。

截至目前，有 2 座加油站荣获"全国工人先锋号"称号；2 座加油站荣获"全国青年文明号"称号；3 座加油站荣获"中央企业青年文明号"称号；

亦庄加油站摘取了销售公司"百座示范站"荣誉称号。为不断激发公司员工的责任感和使命感，更好地履行服务大局、服务首都的使命，公司上下，对内对外加大对先进典型的培育和宣传力度。主要做法如下：

1.用劳模精神引领公司实现新发展。多年来，公司选树了中央企业和集团公司劳动模范、十大杰出青年等先进典型，树立"全国工人先锋号"——亦庄加油站、"全国青年文明号"——南湖加油站等标杆，这些都是在已有的先进典型影响下成长起来的。在劳模精神、劳动精神的感召下，在先进事迹的鼓舞下，辛勤劳动、诚实劳动、创造性劳动，已成为公司各级干部的新理念；学习劳模、赶超劳模、争做劳模，成为员工的新时尚；增强创新意识，主动学习新知识、新技能，积极拓展新业务、开拓新市场，成为公司上下的新追求；优质服务、开口营销、发明创造，成为公司各个领域的新氛围。近年来，在复杂的市场环境下，公司取得了"市场网络保持稳定、营销质量得到提升、非油业务实现大幅增长、安全环保连续十三年无事故、劳动效率逐年提升"的非凡成就，实现了新跨越、新发展。

2.劳模精神多维度全媒体立体宣传。公司成立以来，近千个集体和个人受到公司和上级党政工团组织的表彰和嘉奖。公司各级党政工团组织，多措并举，通过事迹报告、座谈交流、专题讨论及开展主题征文活动等形式，在广大党员干部和员工中广泛开展学习宣传活动，大力宣传先进典型牢记宗旨、不忘初心的赤诚情怀，弘扬他们勤勉奋进、爱岗敬业的使命担当，优质服务、无私奉献的崇高精神。

多形态制作，多介质推送，全媒体传播，做强做活先进典型宣传，形成立体化传播优势。利用公司内部网站、手机APP、《加油》杂志等各种形式宣传劳动模范、生产经营管理能手和标杆集体的高尚情怀、感人事迹、优秀业绩，积极营造学习先进、争当先进的良好氛围。同时在《中国石油报》《汽车生活报》及集团公司网等业内主要媒体撰写稿件，通过专题、专版、图片的方式加以宣传报道，共计发表相关稿件168篇。制作《用爱点燃青春梦想的站经理——甘莹莹》专题片和反映第三分公司安顺加油站刘世敬忠诚、责任和奉献的微电影《不差钱》。并将这些宣传片刻制光盘，发放到每座库站进行轮回播放，让每名员工和每位进站加油的顾客都熟知他俩的故事，进而激发员工爱岗敬业、优质服务的热情。

3.宣传劳模注重实际统筹兼顾。公司在先进英模事迹宣传中注重结合实际，将开展学习宣传先进事迹活动同深入学习贯彻习近平新时代中国特色社会主义思想和党的十九大精神结合起来，与开展的"不忘初心、牢记使命"学习教育结合起来，与"重塑良好形象"活动周相结合，与培育和践行社会主义核心价值观结合起来，与推动公司和谐稳健发展结合起来，弘扬正能量，鼓舞新士气，带动广大党员干部和员工以实际行动为建设世界一流综合性国际能源公司贡献力量。

八、送书工程落实情况

集团公司"千万图书送基层、百万员工品书香"工程自2009年启动以来，公司收到5大类82册30704本图书。公司上下高度重视，领导干部和党员带头读书，党工团组织通过书评会、故事会、报告会、演讲会等学习平台，进一步激发员工读书学习的积极性，公司上下形成爱读书的热潮。

2010年5月北京销售公司党委制定了《"学习在石油·每日悦读十分钟"全员读书活动方案》，全面启动全员读书活动。活动以"学习在石油·每日悦读十分钟"为主题，以"创建学习型企业、培育知识型员工"为目的，培养全体员工崇尚读书、自觉读书的良好习惯，形成爱读书、读好书、善读书的浓厚氛围，员工在学习中进步，企业在学习中发展，努力建设学习型党组织和学习型企业，提升企业软实力。同时公司组织开展有奖征文活动，征集员工读书心得体会145篇，评选优秀读后感并推荐到《中国石油报》《石油政工研究》，刊发15篇。

注重每年的图书发放工作。发放过程中，公司各单位积极组织，在最短的时间内将图书下发到员工手中。第一分公司按照就近原则，确立了五个配书站点，各加油站到就近的站点领取丛书，顺利完成了领书和发书的任务。第二分公司接到配送图书的通知后，分公司党委确定领发方案，联系搬家公司，优化送书路线，妥善完成配书任务。仓储分公司根据油库地处分散的特点，确定由各油库同时到配书地点领书，分头发放的方案，并及时将书发到了员工手中。第三分公司辖区加油站分散，但经过周密研究，最后确定充分发挥党组织的作用，由各党支部领取分头发放的方案。第四分公司辖区大兴、房山两个边缘区县，员工人数最多，他们就分头安排两辆车来领取图书，并及时快捷地将丛书配送到员工手中。公司员工普遍认为这是集团公司党组为加强基层建设、提高员工队伍素质所办的一件实事、一件好事。

抓基层 强素质 夯实基层库站管理基础

上海销售公司

上海销售公司始终高度重视"三基"工作，继承弘扬大庆精神铁人精神，抓基层、打基础、强素质，健全工作体制机制，拓展基层建设工作内涵，完善基层组织建设，夯实基层库站管理基础，提高员工队伍素质，涌现出一批先进油站、先进个人，有力促进了上海销售整体管理水平的提升，保障了经营改革发展各项工作顺利推进。

一、体制机制建设方面

1.制度体系持续完善。将规章制度建设作为"基础管理建设工程"的一项重点工作，有针对性地完善公司各项管理章程，持续完善制度体系，常态做好制度废立改，持续提升制度体系的适应性，不断提高基层建设水平。先后出台《公司油品销售价格管理办法》《公司加油站库存油品管理暂行办法》等基层基础管理制度11项，下发《公司员工健康疗养管理办法》《公司劳动防护用品管理实施办法》等维护基层权益制度5项；制定下发《员工考勤与请假管理办法》《公司业绩考核管理办法（试行）》《公司工资管理细则（试行）》等制度，切实保障基层收入；多次修订《公司督查督办管理办法》《公司工作规则》《公司会议制度》和《公司机关员工下基层工作管理办法》，改善文风会风，提高解决基层问题能力。制度体系的持续优化完善，为公司"三基"工作做好制度支持。特别是2011年以来，上海销售制定下发《深化加油站"三核定"工作体系实施意见》，并以实施意见为中心，制定《加油站业绩指标体系及考核实施细则》《加油站薪酬管理实施细则》

《加油站民主管理实施细则》等一系列配套制度，形成了一套相对完整的管理体系及操作指南，赋予加油站站经理部分经营决策权、选人用人权、绩效工资二次分配权、日常费用审批权和突发事件应急处置权五大权利，创新加油站经理薪酬机制，改革加油站薪酬体系，创新加油站经营管理方式，发挥基层队伍主动性，全面提升基层库站创效能力。

2. 工作责任不断强化。为了持续深入加强上海销售"三基"工作，进一步夯实可持续发展基础，全面提升基层建设、基础管理水平和员工基本素质，上海销售成立"三基"工作领导小组，以切实加强公司对"三基"工作的组织领导。领导小组组长由党政主要领导担任，分管领导担任常务副组长，班子其他成员担任副组长，相关业务部门负责人担任成员。同时，成立"三基"工作领导小组办公室，负责日常工作，并结合落实情况进行监督与考核。上海销售还结合公司工作实际，持续对"三基"工作办公室成员进行完善调整，2013年增加仓储调运处为"三基"工作办公室成员，列入基础管理工作组，负责牵头组织推进公司仓储、调运、计量等方面基础工作。为了全面推进"三基"工作落地，形成上下联动、协调统一的步伐，各业务部门科学编制"三基"工作总体规划，明确工作目标，细化工作措施，突出年度重点工作及时间截点，使"三基"工作有序稳定推进。

3. 融入中心更加深入。发展是公司的第一要务，上海销售公司基层建设工作必须始终服务经营发展。几年来，上海销售公司始终坚持"三基"工作与公司战略规划和年度中心工作全过程融合，面对公司繁重的改革发展任务，公司党工团聚焦中心工作，与经营发展工作同频共振，深入贯彻"融入中心抓党建，抓好党建促发展"的党建工作思路，深入开展群众性岗位竞赛和经济技术创新活动，动员广大干部员工创新创业创优；以重塑形象、青年建功为主题，深化"号、手、岗、队"等共青团品牌工作，体现共青团的有效作为，实现了"三基"工作深入人心，公司经营持续向好。

二、基层队伍建设方面

1. 班子建设进一步夯实。始终把班子建设放在重要位置，着重抓好党组织书记这个"关键少数"，着力推进"四好"领导班子建设，学习型、服务型、创新型领导班子基本构建完成。坚定落实两级中心组学习制度，年度有计划，月度有安排，重要时段和重大事件有专题，人员、时间、场地、内容、效果做到"五落实"。同时围绕公司中心工作，把理论学习的落脚点放在提高认识、推进工作上，提高了学习实效。"三重一大"制度不断完善，党委议事规则和程序不断规范，民主生活会、干部述职述廉、重大事项报告、干部离任审计、谈心谈话、诫勉函询等制度执行到位。

2.组织建设进一步规范。上海销售机关成立党工委，各分公司成立党委，股权企业党支部全覆盖，基层组织进一步健全。加强党管系统信息维护，印发《党支部基础工作记录》《党支部组织生活记录》和《党员管理手册》，全部党组织按期换届，新老党组织书记定期培训，党务干部能力不断增强，支部基础工作进一步夯实。团组织不断健全、工作机制持续完善，工作平台日益成熟，工作成效日益显现。上海销售团委被评为集团公司五四红旗团委、上海市特色团委、上海市经信委五四红旗团委，所属8个团支部、20个青年集体、34人次获上级表彰。上海销售工会按照"哪里有员工，工会组织就延伸到哪里"的原则，在所属分公司建立了11个工会委员会，加油站、油库班组建立工会小组。浦西分公司、嘉定第一加油站、海滨油库获上海市经济和信息化工作系统工会"模范职工小家"荣誉称号。

3.队伍建设进一步强化。两级机关管理岗位开展竞聘220余人次，选拔专职客户经理23名；积极开展职称评审，累计晋升初级职称211人次、中级职称174人次、推荐高级职称26人次、推荐教授级高级职称1人次；专业技术队伍持续优化。党工团干部基本配齐，基层党组织书记全部配备到位，党务政工干部队伍持续优化。全面推行"百名大学生站经理计划"和站经理岗位资格认证制度，先后40余名大学生走上站经理岗位，35人通过认证考试，站经理队伍持续优化。2017年，上海销售着眼未来，做好人才战略储备工作，深入推进职业化站经理队伍、专业化经营管理队伍、知识化党务政工队伍和技能化操作人才队伍的四支队伍建设，为公司创新发展和稳健发展提供智力支持。

4.关爱体系进一步完善。维护员工健康安全权益,组织一年一度的健康体检,所有库站、两级机关员工都纳入健康体检范围,一线操作岗位专门进行职业病检查。为员工购买中意保险,将员工门诊住院纳入保险范围,降低员工医疗费用支出,减轻员工就医压力。落实员工定期疗养、休假政策,落实员工劳动保护责任,及时配发劳动防护用品,发放防暑降温费,千方百计保护员工健康。及时扶贫帮困和"送温暖"活动,建立健全困难员工动态管理体系,层层建立困难员工档案,制定了《扶贫帮困资金管理办法》,坚持重大节日向困难员工的走访慰问,高温严寒季节向一线员工走访慰问。形成"新春有慰问、盛夏送清凉、金秋有助学、严冬送温暖、平时有帮扶"的长效机制,切实把组织的关怀送到员工的心坎。深入"五小工程",一线员工工作生活环境持续改善,累计为加油站增配空调194台、冰箱94台、图书30000余册,"家"文化不断建成。

三、基础管理方面

1.基础管理更加规范。2011年,上海销售历时4个月时间反复调研和征求意见,编制完成《加油站内控管理手册》并在12座加油站开展试点。同年,结合公司现行制度和业务运行情况,结合内控自测发现的问题,按照ERP控制的总体要求,对流程步骤、控制措施、控制频率和实施证据等认真梳理,调整增加流程12个,删除流程2个,修改流程步骤204个。2012年4月1日,公司《加油站内控管理手册》正式发布,其内容涵盖39个末级流程,并将74张表单融合简化为48张,落实具体岗位,减轻员工负担,为加油站提供一本实用性强、便于执行的操作规范。2014年,上海销售在试点的基础上,将加油站49张业务表单依据岗位职责进行分类汇总,融合内控体系和HSE体系的台账要素,最终形成站经理台账、核算员台账和前庭主管台账三册大台账,进一步减轻加油站员工负担。此后,上海销售每年对《加油站内控管理手册》进行修订,累计修订6次,对加油站进销存、油品装卸、非油业务、加油卡管理等重大风险和特殊业务领域的流程进行整理,形成了加油站规范操作和执行标准,基层库站管理更加规范。持续开展"振兴"式加油站打造活动，成立加油站站经理专家组，结合实际进行"6S"标识标牌的定制，对加油站各个区域的标识标牌进行了规范化、统一化的更新，已经实现了 31 座加油站的全流程诊断，完成 16 座加油站的验收，预计打造 20 座"振兴式"加油站的任务，实现高端站的集群化打造，引领上海销售基层管理水平的提高。

2. HSE 管理不断加强。坚持"发现问题不整改就是安全环保事故"的理念，全面落实"有感领导、直线责任、属地管理"工作原则，坚持年初第一个工作日组织召开安委会，每季度召开专题安委会，坚持签订《安全环保责任书》，坚持开展新任职干部岗前安全谈话和考试，坚持开展安全环保联系点工作，坚持落实"个人安全行动计划"，创新开展主要负责人 HSE 述职评议，不遗余力落实安全责任。持之以恒推进 HSE 管理体系建设，通过内部交叉审核、上级审核和外部审核，梳理安全生产标准化、基层站队 HSE 标准化的体系要素，形成一体化的 HSE 体系量化标准。加油站应急预案"卡片化"模板的基础上，组织完成 42900 余项基层库站应急预案"一案一卡"转化工作；完善加油站应急物资的配备，防爆工具箱、吸油毡、消油剂、防爆手电筒、可燃气体检测仪等 19 类应急物资配备全部配备到位，提升加油站应急处置能力。持续组织"安全生产月""质量月""安康杯"等活动，公司多次获得安全生产先进单位和"安康杯"优胜单位。

3. 现场管理持续完善。方便快捷、优质服务是加油站的最大生命力。上海销售持续开展"全员开口营销、打造强大现场，服务创造价值"为主题的开口营销专项活动，突出团队配合、现场真实服务、开口营销 3 个特点，通过技能竞赛，展示员工风采，树立规范标准，切实地发挥开口营销的作用，全面提升加油站现场服务水平。加大神秘客户检查频次，从季度检查改为每两个月进行一次，从站容站貌、加油服务、安全管理、经营纪律、便利店 5 大方面对加油站进行全面的考核和评价，站容站貌、安全管理、经营纪律、加油服务和便利店服务得分有了显著提升。

四、基本素质提升方面

1.思想政治文化教育持续加强。持续深入开展"形势、目标、任务、责任"主题教育，采取编发宣讲材料、领导干部集中宣讲、会议宣贯等形式，集中时间、集中力量，引导全员认清形势、明确任务，激发广大员工实现全年业绩目标的拼搏热情。在公司网站、报纸上刊登知识答卷，开展全员职业道德教育，《员工职业道德承诺书》签订率100%。"四必访""五必谈"有效落实，经常性思想政治工作持续深入。成立党建思想政治工作研究会，召开会员代表大会，选举产生理事会，搭建党建和思想政治工作经验交流、探索规律、创新思路的重要平台。各会员单位每年一次党建思想政治工作研究形成惯例，累计征集优秀论文180余篇，近40个课题获得上级表彰。采取文化上墙、教育培训、参观交流、主题宣讲、媒体宣传、专题讨论等多种形式大力弘扬石油精神，企业文化上墙率100%，累计近万人次听取《石油魂——大庆精神铁人精神宣讲报告会》，"弘扬石油精神，做合格共产党员"专题学习研讨19次，石油精神知识竞赛合格率100%，弘扬石油精神的自觉性主动性坚定性进一步增强。

2.岗位培训体系初步建立。根据岗位技能需要和业务发展需求动态编制年度培训计划，培训的针对性进一步增强。建立公司、分公司、基层库站三级培训网络，搭建线上线下培训平台，三级培训互为补充，线上线下互动配合，全覆盖的立体培训体系进一步健全。69名同志拥有鉴定管理人员、质量督导员、考评员资质，其中高级考评员6名；"百名内训师"队伍进一步完善。持续开展技能鉴定，目前上海销售拥有技师12人、高级工80人、中级工345人，技能人才队伍结构和专业梯次不断优化。

3.全员学习氛围基本形成。扎实开展学习型党组织创建，深入推进"千万图书送基层、百万员工品书香"工程，坚持开展"学习在石油·每日悦读十分钟"全员读书活动，累计为基层增配图书30000余册，全部加油站配书到位。编制《员工基本知识体系丛书》三年学习规划，组织青年读书知识竞赛活动，将全员学习融入工作学习生活。搭建横向学习平台，开展管理人员挂职培训学习，累计进行 6 批次，3 人参加集团、市经信委青年干部培训班，6 名骨干赴 BP 公司，9 名骨干赴兄弟公司，25 名站经理赴江西销售，员工在挂职培训学习中不断进步。积极开展职称评审，累计晋升初级职称 211 人次、中级职称 194 人次、推荐高级职称 32 人次、推荐教授级高级职称 1 人次。全面推行"百名大学生站经理计划"和站经理岗位资格认证制度，先后 40 余名大学生走上站经理岗位，35 人通过认证考试，站经理队伍持续优化。

五、先进典型及荣誉方面

1. 多层次选树先进典型。2012 年，上海销售公司党委制定下发《关于进一步做好先进典型选树"立一树四"工作的通知》，明确"每个营销中心立 1 座以上标杆站，树 4 名先进个人"，树立一批"叫得响、立得住"的先进典型，着力加强基层建设、加强基层员工队伍建设，培育出一批综合示范站、单项示范站和英模员工群体，形成崇尚先进、积极向上、争创一流的良好局面。几年来，上海销售持续按照"立一树四"的工作要求，让新典型叫响一批、老典型更上一层。加强老的先进典型提档升级，针对庞爱宁、刘国超等先进典型，采用"深挖潜、精提炼、大宣传"加强后续培养，使其不断焕发新的活力。精心锻造新的先进典型，将张猛、王喜庆、虹莘梅莘加油站、常德路加油站等新的先进典型纳入"培养库"，按照"由小到大、由粗到精、由低到高"的梯次结构，构建先进典型"金字塔"，有计划、有重点地培养新典型。完善"发现、培养、成熟、宣传、表彰"的工作模式，保证先进典型培养工作系统化、制度化、长效化，力求打造一批系统叫得响、地方推得开、全国有影响的新典型。庞爱宁被评为中国石油首届"十大金花"加油站经理，并荣膺上海市"青年五四奖章"；刘国超荣获上海市劳动模范，并荣膺集团公司特等劳动模范和"优秀青年"；杨思加油站被国资委命名为"文明服务示范窗口"，并获得 2010—2014 年度上海市模范集体，站经理金玉杰和袁婷婷获上海市"五一劳动奖章"。第二届加油站经理论坛上，袁婷婷获得"十大感动人物"荣誉称号，刘国超、金玉杰、王喜庆获得"百名功勋站经理"荣誉称号，张猛获得"百名明星站经理"荣誉称号，振兴加油站获得销售公司"百座示范加油站"荣誉称号。

2. 全方位宣传先进经验。上海销售公司严格落实集团公司和销售宣传工作要求，宣传报道工作领导小组、宣传报道组、信息联络员三级宣传报道工作网络持续完善，实现全覆盖。公司立体式宣传阵地搭建完成，三个宣传阵地深度融合，实现全媒体宣传阵地同频共振。近 100 名专兼职通信员直通库站，及时收集整理先进经验和典型事迹。同时，上海销售密切与新闻宣传主管部门联系，求得地方政府在舆论引导上的理解与支持，庞爱宁代表中国石油在国资委"文明服务、央企先行"表彰会上作典型发言，在上海市经信委作"我的石油情中国梦"主题演讲，刘国超在上海市经信委青春建功励志故事会上作典型发言，刘国超、张猛参加销售企业首届加油站经理人论坛并获奖；庞爱宁、刘国超的典型事迹登载《劳动报》《解放日报》，在系统内外的知名度和影响力大幅提升。嘉定南区党支部宣传片《支部的力量》在上海图书馆集中播放，人民网上海频道推出《争做"明星小黄人，创新创效打造服务标杆》。此外，中国新闻网、人民网、《解放日报》及《劳动报》等媒体多次报道公司先进典型。

3. 全员对标先进模范。上海销售以扎实开展党的群众路线教育实践活动、"三严三实"专题教育、重塑形象大讨论、"两学一做"学习教育和"四合格四诠释"岗位实践活动等重点工作开展为契机，引导广大员工学先进、赶先进。先后组织对销售系统"十大标杆加油站"杨思加油站、"十大模范油库主任"海滨油库经理张戈、上海市经信委优秀党员、共青团上海市委优秀突击队员、股份公司明星加油站经理、上海市五四青年奖章和中央企业劳动模范刘国超的先进事迹进行学习。2015 年，落实集团公司部署，集中学习刘国超等 6 位英模事迹。"四合格四诠释"岗位实践活动中，各分公司党委委员在所属党支部带头讲述岗位故事，机关优秀党员和优秀党务工作者集体讲述岗位事迹，基层优秀党员代表走进机关支部讲述基层故事，让上海销售全体员工学有目标、行有示范。

通过以上 5 个方面的工作，上海销售基层建设水平得到切实提升，"三基工作"整体效能得到不断彰显，各项工作齐头并进，公司科学发展质量显著提升，呈现了效益好、质量优、根基稳、管理精、党建强、士气高的特点。公司自2009年体制调整以来，年年盈利，近三年，年均利润超过亿元，吨油利润、创效能力、控费水平始终在区外销售前列。管党治党全面从严，党工团组织建设全面加强，嘉定南区党支部获市经信系统"百强党支部"荣誉称号。思想引领、文化驱动、宣传鼓劲，发展成果惠及员工，员工队伍朝气蓬勃。公司首获市"文明单位"荣誉称号；振兴站获集团公司"铁人先锋号"荣誉称号；刘国超工作室被评为市劳模工作室，袁婷婷获市"五一劳动奖章"并当选市人大代表。

融入中心工作　实现效益发展

黑龙江销售公司

　　黑龙江销售公司认真研判基层建设工作面临的新形势新任务新目标，紧紧围绕企业中心工作，按照"抓基层、打基础、抓三基、强三基"的总体工作要求，在基层组织、队伍建设、企业文化和群团建设等方面，开展了一系列扎实富有成效的工作，取得了体制机制进一步健全、队伍建设进一步夯实、基层素质进一步提升和典型选树进一步取得突破的工作成绩，为公司打好"四大战役"、实施"四大工程"，实现全面振兴发展奠定了坚实的基础。

一、基层建设总体情况

（一）强化体制机制建设，实现基层工作规范化制度化

　　1. 加强制度建设。思想意识方面，制定印发《公司党委（党总支）意识形态工作责任制实施办法》，落实意识形态工作责任，强化对意识形态阵地管理，牢牢把握正确的政治方向，在思想上政治上行动上同党中央保持高度一致。基层党建方面，按照公司党委关于加强新时代党建工作的系列部署要求，结合公司和基层实际制定了《党建全面提升工程 2018 年实施方案》，明确了今后一段时期党建工作任务、要求和责任。群团建设方面，制定了公司《厂务公开实施办法（暂行）》，进一步加强基层民主政治建设，保障员工群众的知情权、参与权、表达权、监督权；修订了公司《帮扶工作管理暂行办法》，依照"扶真贫、帮真困"的原则，对帮扶对象严格界定、大幅提高帮扶标准，确保帮扶资金用到真正需要救助的人员身上；出台《员工慰问管理办法》《员工疗休养管理办法》等规定，合理合规为员工谋福祉。教育管

理方面，制定《管理人员违纪违规行为处分暂行规定》，逐条明确违纪违规责任和处分程序，为严格执纪问责提供了重要制度支撑。

2.加强量化考核。制定了《标准化党支部建设方案》，开展标准化党支部百分制考核，按期对落实"三会一课"、开展主题党日、民主评议党员、领导干部参加双重组织生活、召开党员组织生活会等方面进行考核评价，并将考核结果纳入作风建设和管理绩效考核，同奖金分配挂钩，实现与中心工作同部署、同考核、同奖惩。制定《管理绩效考核办法》，将机关和基层单位一同纳入到管理绩效考核中，实行全员绩效考核，通过科学考核，严格奖惩。出台《2018年薪酬分配实施办法》，建立以薪酬分配、绩效考核、专项激励、劳动竞赛"四位一体"的综合激励体系，发挥薪酬分配的导向作用，强化激励考核，树立多销多得理念，调动全员工作积极性。1—4月，加油站员工平均收入同比增长33.10%；加油站经理平均收入同比增长26.90%。哈尔滨分公司进一步体现同工同酬，努力实现市场化的站经理及副经理岗基工资执行同等岗位合同化用工的岗基工资标准，缩小了市场化员工与合同化员工的收入差距。

3.加强基础工作。公司党委将切实加强基层建设作为落实从严治党主体责任的重要内容，从加强党建基础工作管理着手，提升基层建设水平。一是学习上常抓不懈。学习宣贯党的十九大精神。把学习宣传贯彻党的十九大精神作为首要政治任务，组织收看大会盛况直播，对党的十九大精神和习近平总书记在会上所作报告进行专题学习。邀请党的十九大代表、大庆油田有限责任公司总经理孙龙德和省委党校副校长周英东分别进行党的十九大精神和习近平新时代中国特色社会主义思想专题辅导。从省市公司领导班子成员、处室长，到基层油库主任、加油站经理，都深入基层一线库站班组，层层宣讲党的十九大精神。在公司门户网站、《黑龙江销售报》等宣传平台开辟党的十九大精神学习专栏。为广大党员配发《习近平7·26重要讲话精神读本》《党的十九大精神学习辅导百问》《习近平谈治国理政（第二卷）》和《中国共产党章程》等学习辅导教材。加强"三会一课"制度落实。制定完善"三会一课"制度，定期检查通报"三会一课"组织开展情况。支部书记结合重大时事、公司重要部署，带头讲党课；创新开展"主题党日"活动，每月指定一天为主题党日，因地制宜开展各类主题活动。2018年1—5月，所属单位各级党组织累计开展各类学习3124次，较2017年同比增加212次，增幅6.8%。通过读书活动以学促用。深入推进"千万图书送基层、百万员工品书香"活动，历年来共为全系统库、站配发图书60万余册，组织印发了《"学习在石油·每日悦读三十分钟"全员读书活动方案》，培养崇尚读书、自觉读书的良好习惯。按照集团公司《关于配发〈中国石油员工基本知识读本〉丛书有关事项的通知》的要求，给每位员工配发了《中国石油员工基本知识读本》，帮助员工建立起人生基本知识体系和职业生涯基本专业知识体系。下发了《关于开展"双十"全员读书活动的通知》，明确读书学习活动的组织领导、方式方法、考核考评等内容，开展"青年员工应知应会知识竞赛"，并组队参加集团公司"双十读书活动知识竞赛"，取得佳绩。引导员工将读书的成效落实到提高素质、推进工作上，进一步增强了企业软实力、聚积了发展正能量。二是载体上丰富多样。为进一步更新观念、摒弃陋习、清朗风气，相继开展了转观念、求创新，除陋习、补短板，树新风、聚合力的"转、除、树"大学习、大反思、大讨论活动。广大干部员工结合工作实际在思想、观念、作风、责任、能力、执行6个方面进行查摆和反思，坚持问题导向，详尽查摆梳理问题，共查摆梳理共性问题19个、个性问题282个，建立整改台账，切实做到转观念、除陋习、树新风。组织开展了"知荣辱、知感恩、知敬畏"专题教育活动，引导全员以辛勤劳动为荣，以不劳而获为耻。营造全员遵守职业道德规范的自律意识，组织全体员工签订了《员工职业道德承诺书》，进一步强化员工职业道德教育。三是注重思想政治工作。将思想工作与经营管理、改革攻坚、员工队伍建设及企业文化建设深度融合。及时做好重大改革举措、重点工作部署的宣传解读、跟踪引导和成果总结。广泛开展"五必谈、六必访"，给各支部书记配发谈话谈心记录本，做好一人一事的思想工作。做到知员工情、答员工疑、解员工难、聚员工心。

（二）创新基层党建工作，充分发挥政治优势

公司党委坚持把基层建设融入到经营管理各个环节，不断提升基层工作水平。

1. 主题教育持续有效。精心组织党的群众路线教育实践活动、"三严三实"专题教育和"两学一做"学习教育，讲授专题党课，完成规定动作，落实整改措施，广大干部员工受到了深刻思想洗礼，为推进落实基层建设奠定了思想和政治基础。公司党委以"两学一做"学习教育为契机，将党内教育从"关键少数"向广大党员拓展延伸。两级公司党委制定有针对性的学习教育计划，组织公司广大党员参加"两学一做"知识答题等活动，开展集中研讨 345 次，选送的 2 份党课材料在集团公司优秀党课评比中获奖。公司党委成立督导组，党委委员深入各单位进行督导检查；召开片区推进会，总结交流情况，安排部署落实。以推进落实"基层党组织换届选举工作"等基层党建四项任务为重点，坚持问题导向，加强对党员的教育监督管理，实现党内教育常态化。公司开展"戴党徽亮身份，树形象作表率"创建活动，铭记党员身份，切实发挥党员先锋模范作用。通过"两学一做"学习教育，激活了基层党员细胞，党员干部的党性意识、身份意识、责任意识进一步增强，学习教育成果已转化为基层干部员工干事创业的热情和动力。

2. 基层组织建设得到加强。持续推进"三百工程"建设，规范基层组织设置，实现将"支部建在站上"的目标，确保经营战线延伸到哪里，党徽就闪耀在哪里，此项工作荣获集团公司党建创新实践成果奖。推行《基层党支部工作手册》，在片区、库站建立基层党建工作联系点 25 个，领导干部以上率下，责任落实到位。在地市公司大部制改革中，保留并加强党群纪检工作部门，夯实基层党建基础。通过数次调整，目前公司所属 19 个二级单位中，设立 17 个党委，2 个党总支；各二级单位共设立党总支 68 个、党支部 332 个、党小组 143 个。

3. 基层党员作用得以发挥。基层单位积极开展党员先锋岗、党员示范区创建等活动，增强了基层党员责任感使命感，引导广大党员积极发挥先锋模

范作用。加强培养、严格把关，五年来发展新党员 471 人，党员总数达到 4，807 人。公司先后涌现出了唐兴旺、姜艳玲等一批集团公司优秀基层党务工作者和优秀基层共产党员，哈尔滨分公司党委、香坊油库党支部等获得集团公司先进基层党组织荣誉称号，七台河分公司桃山加油站获得全国总工会授予的"全国五一巾帼标兵岗"荣誉称号。

（三）优化基层队伍建设，为公司发展奠定人才基础

公司党委始终坚持把建设高素质领导班子和干部队伍作为基层建设的重要任务，努力增强引领企业稳健发展的能力。

1. 强化基层班子建设。基层单位领导班子成员，以习近平新时代中国特色社会主义思想和党的十九大精神为指导，以落实准则和条例等党内法规法纪为重点，坚持民主集中制，落实"三重一大"制度，坚持中心组学习常态化，完善述职述廉、民主评议等制度，实现了党内政治生活严肃认真、党内政治生态风清气正。

2. 落实党管干部制度。强化党组织在选人用人的领导和把关作用，坚持正确用人导向，采取"一推两考"、竞争上岗的程序选拔配备中层干部，5 年来提拔调整处级干部 65 人次（正处 19 人次、副处 46 人次），一批会管理、敢担当的干部走上重要岗位。严格干部管理工作，夯实干部档案管理基础，完成干部"三龄二历一身份"审核工作，完成 840 页、近 85 万字的组织史编纂工作。

3. 加强优秀人才培养。先后选派 16 名处级干部和 30 名加油站经理分别赴中油碧辟公司、江苏、四川及山东销售挂职锻炼，开拓了眼界、增强了本领，成为推进企业发展的骨干力量。先后组织处级干部、后备干部、党组织书记培训班 10 余期，基层党员干部综合素质和业务能力进一步提高。强化培训教育，举办各类岗位培训班 158 期，培训 1.2 万余人，完成岗位技能鉴定 7,438 人次。有 163 人通过竞聘走上站经理岗位。公司持续加强加油站经理人队伍建设，先后涌现出吴锡云、王东明等一批在集团公司加油站经理论坛获奖的优秀加油站经理人。佳木斯分公司机关组织各部门业务骨干送培训到一线，

加强员工岗位基本功训练。把市区片区西林加油站设为加油站培训基地，叶子站设为站经理培训基地，有效地提高了加油员和站经理的综合能力。

（四）弘扬石油精神，筑牢企业文化基石

公司党委把传承"爱国、创业、求实、奉献"的大庆精神铁人精神作为企业文化的根和魂，多措并举促使以"苦干实干、三老四严"为核心的石油精神在基层建设中落地生根。

1. 弘扬大庆精神铁人精神。在公司经营形势严峻、经营管理任务繁重情况下，加大石油精神传播感染力度，先后承办了"弘扬石油精神，推进稳健发展"专题报告会、加油站经理先进事迹报告会，连续多年组织开展"弘扬石油精神、重塑良好形象"活动周、"戴党徽，亮身份，树形象，作表率"等系列活动，推进石油精神入脑入心，外化于行。引导基层员工树立"越是困难越有精气神、越有压力越要敢担当"的思想。

2. 打造立体文化矩阵。公司党委以《黑龙江石油销售》、省公司门户网站、黑龙江销售微信公众号等企业文化阵地，加强石油精神传播辐射面，使之成为广大基层员工的理念认同，开通企业文化微信公众号"油助龙江"，集中刊载公司企业文化建设方面的微信推文；按照公司领导要求，完成门户网站优化改版工作，增设了与基层工作相关的"龙虎榜""员工天地""基层动态"等栏目，2017年全年刊载新闻稿件1094篇。

（五）加强典型培养选树，引领基层建设风向标

1. 典型选树开花结果。公司党委注重在企业经营发展的实践中，挖掘、培育和选树一批传承、践行石油精神的代表性人物。为进一步规范和明确典型选树工作，2017年3月公司党委制定下发了《先进典型选树工作指导意见》及补充通知，创新先优模评选表彰机制，注重在基层一线培养选树典型，与地市公司携手共同畅通申报选送渠道，效果显著。2017年至今，共有3个基层单位获得"全国工人先锋号"、5个单位获得"省级工人先锋号"、4人获得"省级劳动模范"、1人获得"省级五一劳动奖章"、1个基层单位获得"集团公司铁人先锋号"荣誉称号，省公司再次获得省直文明单位称

号，公司典型选树工作取得历史性突破。

2. 推广交流典型经验。为加强"中国石油榜样·好工匠"先进典型宣传力度，公司采取传统媒体、新媒体合力宣传方式，强化榜样力量，实现宣传效果。在公司门户网站头条等显著位置集中宣传"中国石油榜样·好工匠"先进典型事迹，在员工天地栏目，集中宣传基层员工学习榜样事迹的心得体会文章；在先优风采栏目，集中宣传黑龙江销售自身的先进典型。结合开展"劳动模范""全国工人先锋号""铁人先锋号""销售名匠"等评选推荐工作，选树黑龙江销售各具代表性的先优典型。以宣传"最美龙江石油人"王海军夫妇扎根边疆、默默奉献，践行社会责任事迹，带动全省66座偏远加油站及10余座夫妻站；以宣传"工人先锋号"哈尔滨友谊加油站等管理先进、服务优良，经济效益显著事迹，带动其他中心区域加油站；以宣传春耕秋收、防汛抗旱、便民惠农方面效果显著的加油站先进事迹，带动其他粮食主产县（区）的加油站。

3. "百面红旗单位"单位情况。双鸭山城区中心的第一加油站，是一座五星级"万吨站"，曾被集团公司命名为"百面红旗加油站"。该加油站已创下了固守矿区油品销售超"万吨站"持续15年的佳绩，非油销售在10年间，从起步之年年销售额4万元，一跃攀升到135万元，增长34倍，油品和非油同列全区榜首。除获得集团公司"百面红旗加油站"外，多年来先后再次获得集团公司"双文明加油站""黑龙江省工人先锋号""黑龙江省青年文明号"及黑龙江销售公司"十佳加油站"等多项殊荣。历任站经理王福生、周伟东、刘喜斌分别曾获得"全国五一劳动奖章"、黑龙江省"劳动模范"、黑龙江销售公司劳动模范荣誉称号。目前，该站已经成为公司培养选树先进典型的"摇篮"和"学校"。

二、工作体会及建议

（一）工作体会

1. 融入中心是抓好基层建设的根本保证。企业改革发展和经营管理建设成果是检验公司基层建设工作成效的最终标准。只有坚持服务经营管理不偏离，紧密围绕企业中心任务来谋划基层工作，把企业经营管理中的难点热点作为基层建设工作的重点，把提高经营管理成效作为基层建设工作的出发点和落脚点，使基层建设与经营管理拧成"一股绳"，共频共振，同心同向，才能确保企业基层建设与经营管理中心任务相互促进、相得益彰，才能把基层建设工作的"软实力"变成企业发展的"硬支撑"，有效促进企业持续稳健发展。

2. 基层建设是发挥国企党建优势的迫切需要。基层党组织是党全部工作和战斗力的基础。基层建设的好坏，直接关系到公司各项政策执行和经营管理成败。只有坚持抓基层、打基础，不断加强基层党组织建设，才能推动各项工作落实、服务一线员工、确保员工队伍稳定，才能把党的政治、组织优势转化为企业竞争优势和发展优势，为企业提质增效和经营管理目标实现提供坚强保证和不竭动力。

3. 加快基层人才队伍培养是企业健康发展的根本保障。人才是企业发展的第一资源。我们在市场形势严峻复杂、经营任务日趋繁重、人工成本偏高等不利局面下，之所以实现了企业健康发展和各项工作水平的持续提升，一个重要原因就是有一支不畏困难、勇于担当、工作务实的基层干部队伍和坚守奉献、能打硬仗、勤勉敬业、踏实肯干的基层员工队伍。只有重视基层人才，培养基层人才，充分调动基层各类人才的积极性和创造性，弘扬好石油精神，保持好"苦干实干"的务实作风，才能克服企业发展中出现的各种困难和问题，保障企业各项发展目标实现。

（二）工作建议

1. 进一步加强教育培训，着力提升基层队伍素质。干部素质特别是基层干部综合业务素质，事关公司的兴衰成败。公司在配齐配强基层党组织书记，全省范围公开竞聘选拔关键岗位人员方面已经作出了一些实践，并取得了一定成效。但基于公司现行体制和客观条件，不可能大批引进高素质人才的现状，我们还应着眼现有人员素质的提高，大力挖掘现有人员的存量和潜能，全面提升思想政治、科技应用、业务技术、心理身体等各方面的素质。具体建议就是，要改变以往重专业知识培训轻职业道德教育、重时需性培训轻前瞻性培训的传统观念，建立"分层次、多渠道"的"大教育"培训模式。着力构建具有石油行业特色的学习教育培训机制，把培训的着眼点转到多能兼顾、综合提高、全员参与上。整合教育培训的师资力量，采取多种形式，利用不同载体，构建内部培训教育、远程网络教育、石油院校专训、高等院校联合办学的全方位、立体式的学习教育培训网络。将教育培训的内容从业务知识，延伸到政治理论、信息化应用和行政管理等方面。强化对基层班子特别是党政一把手的培训，提高其政治素质、业务水平和领导才干，使之从专一型的"人才"转为复合型的"将才"；建设好各级人才库，分层次、分步骤提高专业人才的综合素质，使之成为专家型人才，夯实理论功底，增加知识储备，实现厚积薄发，努力促成"教育培训—知识集成—能力转化"的再教育、再提高良性循环。

2.进一步强化服务基层，不断加大基层建设投入。深入开展机关为基层服务、领导为群众服务、管理为经营服务"三服务"活动。加大对基层建设的人员、经费、荣誉的倾斜。对扎根基层、爱岗敬业的一线员工在工作岗位、工作区域调整时优先照顾；对表现突出、兢兢业业的基层先进典型在选拔使用时优先任用；对业绩一流、奋发有为的基层单位在评先评优时优先考虑。树立起经费向基层投、物资向基层拨、人员向基层流、援手向基层伸的正确导向。作为我公司来讲，就是要坚持向边远和条件艰苦的基层单位的投入力度，着力改善边远条件艰苦的基层单位、库站的办公场地和工作生活条件，保证经营管理工作的正常运转和一线员工的福利待遇。要在各片区配置专职党支部书记和片区党建管理岗，强化基层党建工作，使党建工作落实、落靠，以党建工作为核心，促进企业经营管理工作有效提升，为企业发展提供坚强的组织和人才保障。坚持发掘在一线，培养在基层的典型选树基本原则，注重在基层一线最艰苦的地方培养选树先进典型。

3.进一步发挥考核作用，着力优化考评机制建设。在对岗位、职责、流程等进行认真梳理的基础上，围绕"岗位责任明确，流程运转顺畅，纵横评价结合，绩效考核科学"的岗责体系建设目标，按月对基层工作成效进行考量、评价，发挥考评机制对基层建设的风向标和指挥棒作用。定期开展员工背对背互评，专业线对口评价，领导班子和机关部门对下评价，通过多种方式、多种角度、全方位综合考评，真实客观反映员工的道德素养、工作实绩、群众基础，将评价排名拉出大榜，以适当方式公开，晒一晒、比一比，鼓励先进、鞭策后进。同时，应强化考核结果的应用，将之作为职务晋升、薪酬奖励、评先选优、末位淘汰的重要依据，并要建立相应的机制和制度。对连续排名后列的人员，及时进行组织调整，起立让位，将岗位让给优秀员工，通过待岗学习、加油站锻炼、调离原单位等方式，促使其端正态度、改进工作、提升素质。让那些埋头苦干、甘于奉献、拼搏进取的基层员工得到组织认可和回报，营造良好的干事创业氛围。

扎实打基础　认真抓落实
不断推进基层建设工作提档升级

吉林销售公司

为摸清公司基层建设工作情况，总结经验，发现问题，拓宽思路，吉林销售公司对下辖 9 个市州分公司、2 个直属公司进行了全面、深入、细致的基层建设情况调研。通过听取基层党委关于基层建设情况的介绍，查看党委基础资料，深入一线库站详细调查了解，召开座谈交流会，对基层建设情况有了较深层次的理解和认识。

一、体制机制建设情况

（一）加强规章制度建设

1.党建考评体系更加精准。建立的《党委工作目标综合考评实施细则》（以下简称《细则》），曾被评为集团公司思想政治工作优秀成果，入选 60 个典型案例。依据全面从严治党的新要求和企业经营环境的新变化，不断调整细化各级党组织的考评内容、评价标准和操作程序。现采取月、季、半年和年终考核相结合的方式，即分公司党委按月度自查自评完成情况，形成自查自评报告上报公司党委，公司党委按季度进行检查考核并通报检查考核结果，半年进行一次综合考核，年终对各所属单位落实《细则》情况进行综合考核并表彰奖励。在系统考评的基础上，定期召开党委工作例会，及时了解、协调推进基层党建工作；坚持党建联系点工作，每季度通报联系点调研帮扶情况；落实《中国共产党问责条例》，把责任落实情况作为领导班子的重要业绩指标，倒逼党建责任落实到位。

2.党风廉政建设"两个责任"得到加强。健全公司《党委落实党风廉政建设主体责任实施细则》《纪委落实党风廉政建设监督责任实施细则》《机关部门和所属公司落实监管责任实施意见》等配套制度18项。层层签订党风廉政建设责任状，并将党风廉政建设指标纳入绩效合同。定期召开专题会议，研究党风廉政建设工作，落实好签字背书、年度报告、党风廉政建设约谈、述廉评议等工作制度，发挥好反腐倡廉工作领导小组和反腐败协调小组作用。公司党委定期听取纪委工作汇报，定期向上级党组织和纪检监察部门报告责任落实情况。积极配合集团公司党组专项巡视，对巡视反馈的问题，认真剖析根源，制定专项方案，落实整改责任，坚决完成巡视整改政治任务。

3.领导干部"一岗双责"落到实处。健全完善《班子成员、总经理助理、中层管理人员落实"一岗双责"若干规定》，结合职责分工，建立责任清单。党委书记严格履行第一责任人责任，统筹谋划本单位党建工作。其他成员承担分管领域、部门党建工作重要领导责任。领导人员自觉做到"管业务必须管党建"，推动党建工作和业务工作一起部署、一起落实、一起检查、一起考核，紧扣业务运行特点和关键环节，认真排查党建薄弱点和廉政风险点，制定务实管用的防范措施；自觉做到"管工作必须管思想"，定期参加分管部门和所在支部的组织生活会，定期对分管同志开展廉洁自律谈话，始终做到"抓早抓小"，切实把管党治党的责任落到实处。

（二）健全责任体系

1.明责任，抓好基层建设工作领导责任制。由省公司党委统一制定相关制度，层层分解工作任务、目标，将基层建设工作纳入每年领导干部主要工作考核中，工作中逐项督查指导，增强了各级抓基层建设的责任感、压力感和紧迫感。

2.建制度，健全基层建设工作长效机制。健全基层建设工作专项述职制度，开展了各级领导干部面向员工述职基层建设工作。坚持实行"三会一课"制度，让发展党员、党内组织生活规范化、制度化。健全基层建设工作责任追究制度，强化党委领导班子抓基层建设、党员领导干部抓基层建设考核结果运用，确保各项部署落到实处。

（三）创新建设模式

1. 基本组织设置更加合理。公司党委每年至少开展一次基层党建调研，全面梳理各级党组织问题，逐家研究论证，"一地一策"设立基层党组织，绘制组织机构图。特别是在加油站党支部设置上，充分尊重点多、面广、线长的实际情况，综合考量位置、业绩、特色等要素，以"方便工作、就近管理、利于参与"为原则，实事求是地改革创新。对加油站党员人数多、销量大、效益好、能够独立发挥作用的，设立独立党支部；对加油站相距较近的，设立地域型联合党支部；对加油站相距较远、党员参加活动不便的，由党总支委员兼任党支部书记，设立协调型联合党支部；对大站周围遍布小站的情况，以大站帮带小站为初衷，以大站为核心设立业务型联合党支部。各单位机关、经营处、油库、其他所有制企业、劳务派遣及离退休人员，也根据业务特点和人员情况灵活设置了党支部，基本组织更加合理，组织生活回暖升温。

2. 基本队伍锻炼更加有力。深入推进"两学一做"学习教育常态化制度化。坚持正面教育，开展"学党章、学党规、学系列讲话"活动，印发"党章党规、系列讲话"双百题，以理论中心组学习为引领，组织党员领导干部读原著、学原文、悟原理，利用周例会等交流机会，组织机关干部学习双百题，开展系统内党的知识竞赛、演讲比赛，营造浓厚的学习氛围。坚持学做结合，以"践行四合格四诠释，弘扬石油精神，喜迎党的十九大"岗位实践活动为主线，号召广大党员在扩销上量、客户管理、安全环保、降本增效等具体工作中勇挑重担、改革创新，并适时组织岗位讲述活动，引导党员增强党员意识、擦亮党员身份，充分发挥先锋模范作用。分层次举办党组织书记培训班，不断提升党务干部履职能力。

3. 基本制度体系日益完善。从严规范党内政治生活，深入贯彻落实《关于新形势下党内政治生活的若干准则》和《中国共产党党内监督条例》，引导党员刚性执行党章党规确定的原则和程序，坚决贯彻落实党的路线方针政策和集团公司决策部署。进一步梳理现有制度，重新修订了《"三重一大"决策制度实施细则》《贯彻落实中央八项规定精神实施细则》等制度。开展"学习制度、落实制度"活动，组织制度执行情况专项检查，坚决纠正有令不行、有禁不止的行为，维护了制度的严肃性和权威性。

二、建设主题更加明确

在基层建设落实上，突出做到"固化一种模式、强化两种意识、坚持三个导向、筑牢四大工程"。

1. 固化"一个模式"，就是要固化"属地化管理、点环源考核"管理模式。管理模式是吉林销售"强身健体"的"筋"与"骨"，是稳健发展的"根"与"魂"。要通过推进属地化管理、实施点环源考核，理顺机关部门之间、上下之间的各自职责，明确不同界面的责、权、利，构建起上下之间、属地之间、专业之间有效衔接，人人有属地、人人有责任、人人都参与的管控模式，形成"千斤重担大家挑、人人肩上有指标"的管控格局，把企业管理的所有点、线、面紧密贯穿起来，形成全员、全过程、全方位、全天候、全覆盖的管理网络，实现员工自主管理、责任全面落实、活力充分激发、风险有效管控、企业快速发展，达到"做优省公司、做实市公司、做精经营处、做强加油站"的宏伟目标。

2. 强化"两种意识"，就是要大力强化商人意识与创新意识。一要强化"商人意识"。以"经商"为目的，摆正位置、放下身段，认真思考如何把油品、非油商品卖出去，而不是坐而论道，当"评论员"和"大官人"！要在公司上下大力弘扬"经商"文化，培育"商人"意识，从管理、文化、制度和流程等方方面面，淡化等级观念与行政色彩，按照市场规律办事，以效率效益为导向，引入优胜劣汰机制，激发内在活力动力。今年在公司上下相继开展了形式多样的"我是商人，我怎么经商"大讨论活动。二要强化"创新意识"。传统发展是在做加法，创新发展是在做乘法！用与时俱进的思想，在市场营销、网络开发、精细管理、降本增效、合资合作等方方面面，打破传统思维和惯性路径，用新理念、新思路、新探索，为吉林销售的发展拓展新空间、打开新天地、提升新境界！

3.坚持"三个导向"，就是要坚持业绩导向、坚持问题导向和坚持民心导向。一要坚持业绩导向，就是要坚决树立业绩至上、按劳分配的理念，依靠"属地化管理、点环源考核"，逐步破除分配上的"大锅饭"和"平均主义"，逐步改变过去薪酬与职务只能升，不能降的思维定势，逐步纠正"包容照顾""好人主义"的做法，用激励政策奖励先进，用惩罚机制鞭策落后，实现全员从"拿薪酬"到"挣薪酬"的根本转变。二要坚持问题导向，就是要认真研究解决工作思路研讨会提出的7大类5个方面问题，围绕"管理模式、28字方针、劳动用工制度、干部人事制度、薪酬分配制度"5个方面管理创新创效，逐项研究落实。三要坚持民心导向。就是要深化对"成就企业、福祉员工""人心是最大的生产力""站库是甲方、其他都是乙方"的理念认知，像对待亲人一样，关心员工的收入，关注员工的成长，关爱员工的生活，让员工更有获得感、幸福感和安全感，感受到受尊重、有尊严、体面劳动，用真心、真情和真意构建起全员利益共同体、事业共同体和命运共同体！

4.筑牢"四大工程"，就是筑牢"安全、网建、客户、服务"四大工程。安全是公司发展的生命工程，没有安全就没有一切。要牢固树立"安全是一，其他都是零"的理念，落实全员岗位安全责任，综合全面施策，用2～3年时间使公司本质安全水平有一个质的提升。网络建设是公司发展的支柱工程。没有网络建设的支持，销售业务将无从谈起。将系统研究网络建设中的重点、难点、痛点和梗阻点，用担当、务实、创新的精神，打好一套政企融合、内外结合、上下联动的"组合拳"，用2～3年时间使公司网点建设有一个大的发展。客户资源是公司发展的基础工程。没有客户就没有销量。用2～3年时间，着手建立客户"大数据"，推进吉林销售由"传统营销"向"数据营销"转变。

今年以来，吉林销售公司提出构建"万千百十"大营销管理格局，即"万人肩上扛指标、千名干部齐包保、百站营销出奇招、十大杰出逞英豪",作为全面推进属地化管理、全力实施"点环源考核"管理模式的重要载体,在基层单位已取得了明显成效。

三、基层队伍建设不断完善

(一)创新基层党组织建设

始终注重基层领导班子建设,全力提升班子履职能力。对上级召开的各类重要会议,都是第一时间全面传达贯彻到位,及时进行检查落实,推动了上级要求在基层落地生根。始终把加强学习作为履行好职责的第一需要,坚持强化理论中心组学习,深入推进"两学一做"学习教育,开展"党章党规、系列讲话"双百题学习等活动。认真落实民主集中制,健全和完善会议议事规则和决策程序,定期检查基层领导班子对于"三重一大"问题落实情况,保证了民主决策、科学决策。坚持求真务实的工作态度,突出效益核心,全力提高纯枪销售能力,使公司逐步回归到以效益为中心的良性轨道上来。坚持公道正派选人用人,完善干部评价和选拔体系,开展部分岗位竞聘,使一批能干事、肯干事的干部得到提拔。公司现有党委 11 个,党总支 57 个,党支部 293 个(其中:独立党支部 157 个,联合党支部 136 个)。党员4096 人,党组织的战斗堡垒作用和党员的模范带头作用得到充分发挥。

(二)加强人才队伍建设

公司高度重视加油站经理配备工作,积极引入竞争机制,通过竞聘竞标选拔优秀人才扛起加油站经理重任。制定了加油站经理公开竞聘竞标实施方案,明确了公开竞聘原则、竞聘条件、竞聘程序和竞聘上岗考核内容,突出抓好考试竞标、履职考核两个环节。严格执行竞聘规定要求,对竞聘上岗后第一个季度中,未完成任务指标的站经理,进行免职调离,加强了加油站经理的履职责任,维护了竞聘竞标方案的严肃性,在员工中产生了强烈的反响。

（三）完善规范关爱体系

在员工成长方面，以"解决管理短板，提升弱项指标，储备发展潜力"为目标，组织加油站经理及机关青年成立课题组，以加油站为试验场，对纯枪、非油、劳动效率等企业存在的关键问题进行了深入攻关，在某些领域也取得了突破性进展，促进青年员工尽快成长成才。

在评先选优方面，设置先进班组、先进便利店、先进工作者、销售能手等多种奖项，以"业绩""品德""作风"为重要考核依据，采取五级评定，即班组内、加油站、经营处（油库）、市公司、省公司，层层审查，层层评议，最终上班子会后确定人选并及时公示。

在薪酬待遇方面，坚持多劳多得，向一线、向苦脏累险岗位，向创效岗位、贡献突出的岗位倾斜，统一同类加油站合同化和市场化员工绩效工资标准，实现同工同酬，稳定了市场化员工，降低了员工流动性。

在休假制度方面，严格执行国家法律法规，设置工休假审批表、休假台账登记簿，严格审批流程，科学合理地处理员工例行休假和工作推进之间的关系。

四、典型示范作用充分发挥

1.完善典型培养机制。通过基层锻炼和教育培训，促进典型成长。一方面把个人素质好、能力强、有干劲的员工放在困难、重要岗位上使其经受实践锻炼，促进他们尽快成长；另一方面支持典型继续学习，创造条件、搭建平台让典型有更多的机会参加企业内部培训以及外出进修，提高其能力水平，为他们长远发展夯实根基。

2.扩大典型社会影响。每年组织评选优秀加油站、优秀便利店、优秀站经理、优秀青年、优秀女工、优秀党员、优秀通信员等各领域先进典型。通过表彰奖励，使先进典型人人熟知。利用网站、板报、画廊等宣传阵地，通过座谈、演讲、经验分享等形式扩大先进典型的宣传范围，激励员工队伍士气，营造比学赶帮超的氛围。

近年来，先后选树了延边分公司、长春分公司东岭加油站、四平分公司电厂加油站、白山分公司华山加油站、长春分公司普庆客户服务中心、通化分公司百里花加油站和杨晓明、王红、宁世桥、陈月霞、工玄德、王洪义、张清林、孙江虹和苏建、丁相春、杨洪科等200多个先进个人和先进集体，充分发挥了典型的示范带头作用。

五、素质提升工程全面落实

1. 科学制定培训计划。为了打造一支有理想、懂技术、素质高、业务强、服务佳的石油销售队伍，每年都会有针对性地制定年度培训计划，动态掌握员工技能变化情况，保证员工培训按照实战要求进行，培训结束后，对培训效果进行评估，找出薄弱环节，进行重点培训，提高了培训质量。

2. 积极完善培训体系。把员工培训列为"一把手工程"，成立了由主要领导亲自挂帅、相关部室分工负责的培训领导小组，定期分析员工素质状况，及时听取员工培训准备情况，跟踪检查员工培训落实情况，坚持做到准备不充分不开班，组织不力不开班，内容针对性不强不开班，保证培训的成功率和学习效果的最优化。

3. 突出把握培训重点。一是抓好标准化业务流程培训。加油13步曲、收银6步曲，是石油销售的经验总结，也是对一线员工的基本业务要求。公司始终把这项工作作为苦练基本功的重要内容来抓，制作形象直观的培训课件，建立员工培训档案，坚持反复抓，抓反复，使员工熟练掌握标准流程。二是实施结对帮扶。充分利用内部资源，拓宽技能培训渠道，开展"先进站带动落后站""一帮一""一带二"结对帮扶活动，坚持做到一面旗帜为引领、一拨能人做示范、一个站点为支撑、一批站点去突破的帮扶思路，全面提高营销技能，形成团队整体竞争优势。三是开展技能竞赛。以加油站为主体，采取初赛、复赛形式，检验技能培训成果。通过全员参与培训、全员参加竞赛，有效激发和调动了加油员苦练技能的积极性和主动性，促进了员工整体技能的提高。

4. 不断强化培训考核。一是对各单位、各部门培训组织情况进行考核，培训任务是否落实，培训过程是否合规，培训效果是否达标；二是对员工参加培训情况进行考核，培训态度是否端正，培训要求是否遵守，培训内容是否落实。每项考核都与薪酬考核挂钩，对成绩突出的单位和个人予以奖励，对考核不达标的单位和个人予以处罚。

六、意见和建议

一是建议给予基层党务工作者更多走出去交流学习、接受红色教育的机会，增强其开展基层党建工作的能力。

二是建议从制度建设入手，激发基层党支部书记、党务工作者从事党建工作的积极性，建立党支部书记考核、激励机制，增加党支部书记的工资补贴，完善党支部书记考核、奖励、晋升办法，增强党支部书记的责任意识，夯实党建基础，团结带领基层员工做出更大的贡献。

着眼基层建设　注重创新发展

河南销售公司

河南销售公司积极适应形势发展需要，不断加强基层建设，充分发挥政治核心作用，积极引导员工成才成长、干事创业，圆满完成了不同时期不同阶段肩负的各项任务，为公司创新发展供强有力的支撑。

一、党建工作情况

（一）核心作用有效发挥

修订完善了"三重一大"决策实施细则，领导班子成员带头执行民主集中制，严格执行民主决策程序，保证权力正确行使。规范选人用人程序，修订完善干部管理制度，健全任职回避、交流、监督等实施细则；严格落实中央"八项规定"精神，持续纠正"四风"问题，营造风清气正的发展环境。两级班子党校轮训率100%，严肃党内生活，年度民主生活会召开率100%，领导力、驾驭力、凝聚力不断增强。

（二）基层组织更趋完善

建立健全公司所属18家地市公司基层党组织，配齐地市公司党委书记（副书记）、纪委书记、工会主席、团委书记及党群纪检专岗人员，基层组织力量进一步得到加强。近年来，郑州、洛阳等5家单位被集团公司评为"先进基层党组织"，18个分公司党委、120名优秀共产党员、60名优秀党务工作者受到省、市两级党委表彰。

（三）管党责任层层落实

遵循"抓好党建是最大政绩"理念，把党建纳入全局工作同研究、同部署、同开展。制定《党建工作责任制实施办法》，明确了各级党政领导在党建工作中所肩负的责任和任务，将党内职务职责和工作程序制度化、规范化、具体化。制定实施公司《党风廉政建设责任制》《党风廉政建设党委主体责任实施细则》《党风廉政建设党委纪委监督责任实施细则》等有关制度细则16项，4张责任清单，落实"两个责任"。坚持每年逐级签订党风廉政建设责任书和廉洁自律承诺书，落实"一岗双责"。两级公司党员签订覆盖率100%。坚持领导干部述职述廉，年度述职述廉100%。大力开展廉洁教育，重要时段节点发通知、出禁令、敲警钟，确保近年来没有发生大的违纪行为。

（四）党建工作持续创新

一是以夜校为阵地，提升综合素质。从2013年开始，公司党委创办了"党员夜校"，聘请专家进课堂，每月组织1次，每次培训2个小时，截至目前，公司累计举办夜校培训班47期，培训人员2.5万余人次。二是以党校为平台，强化党员意识。依托地方优质教育资源联合办学，成立河南公司党校和特色分校，确保基层党员教育全覆盖。目前，已分别挂牌成立了漯河、焦作、南阳3所地市党校分校及开封焦裕禄党性教育基地、平顶山平煤安全教育基地、濮阳石油文化教育基地、红旗渠艰苦奋斗教育基地，举办党员培训班14期，2100多名党员干部接受了培训。三是以实践为基础，深化培训实效。深入当地的知名企业和红色教育基地，注重课题式、调研式的学习，将理论学习与落实工作、研究市场、制定措施紧密结合起来，实地、实景、实情，真人、真事、真情接触式教育，让书本上的精神变成了可以触摸的鲜活形象，让口口相传的经验变成耳闻目睹的成果展示。目前已经举办实践教育活动6期，300多名党员干部从中受益。四是以量化考核为手段，提升党建工作水平。制定了《基层党建工作量化考核办法》，将基层党建工作量化考核分为基层党委党建量化考核、党支部战斗力指数量化考核、党员积分量化考核 3 个层级，实施双向评议，通过明晰的考核将从严治党落到实处，不断提升党建科学化水平。河南销售党建工作量化目标考核项目获得集团公司 2017 年管理创新成果奖。

二、基层建设特色做法

（一）广泛开展基层建设示范点创建

为使基层建设工作更有效，工作更扎实，2018 年一季度以来，公司党委部署开展了基层建设示范点创建活动。这是公司基层建设工作重心下沉，着力终端，以创建基层建设示范点为主要内容。各单位共计上报 32 座基层建设示范点，基层管理示范站申报数量 13 座；企业文化建设示范站申报数量 12 座；管理创新示范站申报数量 7 座，筑牢公司改革发展基础，促进基层建设提档升级。

基层建设示范点的创建，主要是围绕零售系统开展的示范站建设和达标创星工作，融入基层组织职能发挥、员工团队建设、企业文化建设、库站环境改善等多项内容，涵盖了党员示范岗创建、五型班组创建、青年文明号创建、五小工程建设、五公开等工作，通过有计划地培植和选树一批党群工作先进基层库站，梳理基层工作流程，完善工作制度，把基层建设工作责任化、目标化、具体化，充分发挥其示范、带动和辐射作用，逐步把示范变规范，推动基层组织建设和党群工作水平的提升。

强化基础，丰富载体，突出特色，全面推进。郑州分公司切实加强和改进基层支部工作，片区党支部组织健全，工作扎实，党员主动亮身份、亮承诺，开展站与站之间"一对一亮剑"和班组之间"亮剑"活动，实现了促经营、促管理、促和谐的良好效应；洛阳分公司深入贯彻落实《基层党支部工作条例》，由部门主任担任片区党支部书记，践行参与式管理，有效推进基层组织工作，推进了加油站营销；平顶山分公司全面践行"走动式管理、跑动式服务"管理思路，以党建"三联"、挂点包站为平台，积极开展党员示范岗、员工之家创建活动，使基层党群工作充满活力；焦作分公司注重典型引领，对党员示范作用发挥好、销量提升较快的加油站在内刊开展专题宣传，推广经验，激励先进；仓储分公司重视党员发挥党员先锋模范作用，逐步把骨干发展党员，把党员培养成骨干。在加油站层面，打牢基础，突出特色。郑州 20 站基层建设工作围绕会议记录本、党工团活动本、学习记录本做文章，内容规范充实，图文并茂，各项创建活动资料齐全，有方案、有目标、有措施、有考核、有总结；洛阳 11 站坚持学习育人、文化铸魂，通过持续加强文化学习，打造一支思想意识强、整体素质高的员工队伍；平顶山 37 站发挥走动式管理看板作用，日销量曲线图、员工安全经验分享等内容丰富；南阳 25 站积极开展"八比八看"劳动竞赛，细化对标指标，营造争创氛围；信阳潢川 32 站设置党团员服务岗，用欢声笑语为客户提供热情周到的服务，成为一道靓丽的风景。漯河 6 站认真开展站务五公开，员工月度考核有方案、有评比、有奖惩。随着创建活动的深入开展，一系列好思路、好经验、好做法的总结推广，带动、培育了一批基层党群工作先进集体，有效推动了管理水平的提升，促进了生产经营目标的完成。

（二）推广郑州分公司"四个一"加油站民主管理经验

1. 制度创新，一项好细则规范民主管理。出台了《加油站站务公开和民主管理实施细则》，明确了加油站民主管理小组的职责，对加油站站务公开及民主管理的时间、内容、形式、程序进行了规定，采取自下而上、自上而下的办法，一方面分公司层面反复酝酿讨论，另一方面下发加油站多方征求意见，获得了分公司和加油站的一致认可，在文件下发后，又督促加油站组织员工学，使加油站每名员工都了解制度，熟悉制度，执行制度。加油站站务公开和民主管理实施细则的出台，为加油站民主管理提供了依据，同时也为加油站和员工以细则为准绳，加强自律，自我约束，相互监督，相互评价提供了一个有形的标准。

2. 运行创新，一本小日志管好站务活动。为减轻加油站负担，又使加油站民主管理活动有可记可查可阅可存的方式，要求加油站民主管理说事、议事、办事、评事等一切站务活动，统一在加油站日志上进行体现，一改过去加油站站务活动说过摞过，杂乱无章，无迹可寻的弊端。与此同时，要求加油站在记录民主管理活动时必须做到三点：一是记录必须规范。加油站在召开民主管理会议时，讨论的事项、摘要、民主小组成员的原始发言必须如实记录，真实反映民主活动全貌。二是必须签字确认。民主小组集中议事形成的决议、达成的意向，民主小组成员必须进行签字确认，加油站必须按协议结果执行。三是存档备查。当员工对加油站站务管理有异议时，民主议事的原始记录可以为站务管理提供真实依据。

3. 机制创新，一套好程序确保高效运行。重建立了 3 个方面的运行程序。一是规范费用审批程序。在将费用支出权下放加油站后，为对加油站经理进行有效约束，防止乱花钱现象发生，要求加油站发生的各项费用，必须由加油站民主管理小组审核，确认合理、合规、准确无误，由民主管理小组成员签字后，分公司财务才予以核销。对不合理、不合规的开支，加油站民主管理小组有权否决。二是规范站务公开程序。规定加油站必须对目标任务、绩效考核、薪酬分配、费用支出、评选选优及其他有必要公开的重要事项及员工要求公开和应该公开的内容进行公开。规定加油站目标任务以日、月、年为单位公布；薪酬、评先评优以月为单位公布；伙食费以日为单位公布；绩效考核以日、周、月为单位进行公布。三是规范员工议事程序。加油站民主管理会议，原则上每月召开一次，遇特殊情况和重大事务时应及时召开。要求加油站必须本着"凡是员工关心的，凡是员工想知道的，凡是员工有疑问的"都要公开的原则，对加油站事务进行全面、真实、彻底的公开，所有涉及人、财、物等重大事项，必须交由民主管理小组集体讨论决定，三分之二以上成员通过，方能生效。对于重大事项，一时意见难以统一时，则由站上员工直接投票决定，结果必须在加油站站务公开栏里进行公示。

4. 评价创新，一张评价表强化民主监督。搞好加油站民主管理，根本在态度，关键在执行，为确保加油站民主管理落到实处，分公司主管部门人事行政部专门设计了《加油站民主管理检查表》，每月对不少于六分之一的加油站民主管理开展情况进行检查，半年全覆盖，对员工知情率、满意率测评结果差的加油站，指明存在的问题，限期整改、定期复查。对加油站经理的履职情况则由人事行政部定期组织站上员工从专业技能、民主意识等8个方面进行测评，并纳入加油站经理评价体系，从机制上保证了加油站经理的各项权力必须在阳光下运行。

郑州分公司实践证明，加油站民主管理是增强员工主人翁意识，增进加油站和谐的有效方式，它促使员工主动参与到加油站的各项经营管理之中，员工自觉地将责任担在肩上，瞄着任务干、盯着指标算，加油站由一个人管理变成了全员管理，有力地促进了加油站经营发展。2017年加油站员工提出合理化建议214条，已采纳186条。郑州9站民主管理小组策划的油非互动促销，使该站的非油日销售由1.08万元增长到了1.26万元，平均每天增加1800元，效果明显。

（三）把员工之家建设作为基层建设的有效阵地

为员工建设一个温暖的"家"，营造和谐的氛围，提供交流的空间和展示的平台，对于凝聚员工，充分发挥员工的积极性和创造性有着重要的作用。"优秀员工之家"创建活动开展以来，各单位以员工需求为导向，以库站实际为依托，以"五小"工程建设为重点，因地制宜，为广大员工营造了温暖、和谐的工作环境，力求"员工之家"建得稳、建得牢、建得实。公司党委对"五小文化"建设提出了"做暖、做实、做优"的目标，要让家长放心、领导安心、员工暖心。周口分公司为加油站安装净水器，让员工喝上放心水，笑在脸上，甜在心里；濮阳分公司领导亲自为员工下厨做丰盛菜肴，以实际行动关爱护员工，营造家庭氛围；安阳分公司开展厨艺大赛和宿舍美化比赛，寓教于乐，为员工施展才能搭建了舞台；新乡分公司制作优秀员工风采展示墙，激发了员工的荣誉感和自豪感；三门峡分公司设置安全文化专栏，以亲人寄语提醒员工增强安全意识；鹤壁分公司机关开展义务劳动，装点美化加油站。安阳4站在员工之家建立书法彩绘墙，让员工自由挥洒心情，成了大家业余时间光顾最多的场所；许昌县2站制作时事新闻展板，让员工了解国际、国内新闻和近期重点工作；商丘66站坚持利用班前会组织学习，每天一个主题，提升员工的岗位技能。开封5站充分利用小菜园养殖鸡、鸭、兔等丰富员工餐桌，节约了伙食费；驻马店 2 站小菜园规划合理，管理精细，各种蔬菜长势喜人。

一个个小园地、小绿地、小宿舍、小浴室、小厨房，让员工看在眼里，乐在心里，深切地感受到了企业的关爱、家的温暖。员工们也各自在"家"里找到了自己的乐趣，增长知识、开发才智、锻炼身体。而通过"员工之家"建设，基层库站开展亲情化管理，也打造了和谐团队，营造了团结互助、积极向上的氛围，为各项管理工作注入了生机和活力。

（四）加强先进典型选树宣传

大力倡导劳模精神、工匠精神，持续推出"群星争辉 2018"先进典型事迹报道，在公司内网、微信公众号宣传先进典型 13 个，持续跟踪关注岳艳丽、季俊田、未树芳等典型发展，积极向上级推荐宣传"销售名匠"，壮大公司先进典型群体，更好发挥示范引领作用。《中国石油报》中国石油人物专版以《油站发明家的"秒"功夫》为题报道了洛阳销售分公司马卫强的先进事迹。以《一个加油站经理的爱心社》为题报道了集团公司道德模范、商丘市"感动商丘"十大新闻人物、河南省"五四青年"奖章获得者，商丘分公司毛堌堆站经理季俊田持续壮大公司先进典型群体，更好发挥示范引领作用。

三、基层建设存在问题

一是受工作机制、历史遗留等客观因素制约，"五型"班组、"五小工程"等建设工作虽然被有效推进，但距离预期目标仍有一定的差距，需要搭建由党群与相关专业线齐抓共管为特征的工作机制，探索建立更为完善和富有效率的"大政工"体系。

二是个别单位对班组建设认识不够，工作目标不明确、重点不突出、措施不到位、工作不扎实。

三是班长队伍建设力度不够，班组长的工作能力有待提高，员工队伍的综合素质有待加强，班组建设发展不平衡。

创新思路　丰富载体
为基层建设注入新活力

云南销售公司

一、体制机制建设

1. 基层建设总体情况。云南销售公司共有 21 个二级单位，其中：15 个地市公司、2 个专业公司、3 个控股公司、1 个参股公司。公司下设党委 18 个，累计配备党委书记、副书记、党委委员 86 人，其中：党委书记 17 人，党委副书记 17 人，党委委员 52 人。所属单位班子成员实行双向进入，除设立专职党委书记外，二级单位经理均兼任党委副书记，班子副职兼任党委委员。公司现有党支部 147 个，其中省公司机关党支部 15 个、分公司机关党支部 21 个、机关基层联合党支部 34 个，库、站独立党支部 32 个、片区党支部 45 个。其中党员 1489 名，占员工总量的 26%。

2. 基层制度建设情况。云南销售公司坚持强化基层组织建设，完善党建工作机制，持续推进党建工作制度化、规范化、标准化。一是不断完善党建工作责任制。制定下发了公司《党建工作责任制实施意见》《关于公司党委班子成员工作分工的通知》，明确公司党委、党委书记、党委副书记、党委班子其他成员和各部门的党建责任内容，齐抓共管、各负其责的大党建工作格局初步形成。二是从严落实党建责任，强化党建考核。2018 年将党建责任纳入业绩考核，系统梳理党建群团及党风廉政建设各项工作，提炼形成 KPI 指标，纳入公司业绩合同，每月考核兑现，提升各级党组织和党员干部抓党建的责任意识。三是创新党建量化考评体系。建立以"四好领导班子、四强党组织、六个一党支部、五心党支部书记、五带头共产党员"为主要内容的

"44655" 基层党组织建设体系，配套量化考评标准，每年开展量化考核，将考评结果与党建评先选优、业绩考核、选人用人相挂钩。在实施过程中不断细化考评标准，并逐步建立基层党委书记、群团工作量化考评标准。通过持续开展党建量化考评工作，基层党建工作优良率保持在 90% 以上。2018 年评定优秀"四好"领导班子 15 个、不达标 1 个，优秀"四强"党组织 15 个、不达标 1 个，优秀基层党委书记 17 人。通过考核评比，推动压力层层传导，倒逼责任落实。四是坚持以标准化引领规范化，与中心工作相融合，加强基层党支部建设。制定下发《关于加强基层党支部建设的实施意见》，围绕"五个规范化"目标，即活动阵地规范化、组织生活规范化、发展党员规范化、缴纳党费规范化和档案管理规范化打造标准化党支部，曲靖公司党委《打造标准化党支部　建强基层党组织》案例在集团公司推广交流。公司政研论文《切实强化以加油站为主体的基层党支部战斗堡垒作用》获集团公司政研论文一等奖。

3. "三基"工作创新管理情况。一是创新基层组织设置。促进基层党组织建设与生产经营工作深度融合，探索经营部片区服务型党支部、万吨站及全资库独立党支部、机关与基层联合党支部建设，进一步强化党支部服务职能，把组织覆盖到基层一线，提升党支部战斗堡垒作用。二是落实党建"三联"工作要求。建立基层挂蹲点机制，两级机关管理人员在春节、国庆、每月"10 惠"日等繁忙时段深入基层库站开展帮扶工作，把服务基层、服务一线落到实处，帮助加油站协调解决实际问题，紧密党群干群关系。三是积极推进党支部达标晋级管理。在"六个一"党支部量化考评的基础上，制定下发"示范党支部验收标准"，对公司 147 个党支部进行现场考评定级，评定示范党支部 10 个，优秀党支部 56 个，达标党支部 81 个，通过党支部达标晋级管理，有效推动了从严治党向基层延伸，进一步加强和改进新形势下党支部建设。四是引导基层党支部围绕中心工作。积极开展"4+X"主题党日活动，推进基层党组织建设与生产经营工作深度融合。非油公司便利店商品部党支部积极与分公司对接，抢抓"元旦""春节"传统节日销售商机，完成近 300 座高速路及旅游景区重点站"年味"氛围营造，其中打造粮油专区 53

个，年货大街 21 个，客单价同比增长 17.6 元。玉溪公司基层党支部延伸加油站服务标准化建设，推出 CN98 专职服务员、"白手套＋白毛巾"服务，为高端客户提供优质服务；针对单位客户、机构客户推行"管家"服务，提高服务效率，提升客户满意度。

二、基层队伍建设

1. 干部队伍建设情况。一是构建了系统完备、科学规范的干部选拔任用机制。几年来公司持续深化干部选拔任用机制改革，按照中组部、集团公司干部选拔任用的新要求，先后制定了《领导班子和领导人员综合考核评价暂行办法》《关于加强和改进优秀年轻干部培养选拔工作的实施意见》《领导人员管理办法》《领导人员选拔任用工作规范》《公司人才队伍建设体系优化实施意见》《关于在领导人员选拔和两级机关管理人员选聘工作中加强基层导向的实施意见》，公平公正、简便易行、运行良好，干部队伍建设在改进中持续加强，实现提档升级。二是 2016 年以来，根据公司干部队伍素质现状，委托北京石油管理干部学院、广州石油培训中心、中国石化销售江西培训基地、昆明市委党校等 6 家培训机构，举办了 2 期中层管理人员培训班、2 期中青年干部培训班、2 期党委书记及党群干部培训班、2 期领导人员党的十九大精神培训班、2 期党支部书记培训班，共培训中层干部、各层级业务骨干和党支部书记 568 人次。公司总经理、党委书记亲自准备《云南销售公司十三五规划》《如何做一名合格的领导干部》《成品油零售业态未来发展》《互联网时代的创新与企业发展》等课件，给学员上课。培训项目受到一致好评，学员满意率 98.7%。三是组织中层管理人员、党员干部参加中心组扩大学习，学习党的十九大精神学习、党章党纪、电子商务、信息化技术、安全领导力、市场营销、合规管理等各类专题，通过学习使干部队伍的综合素质与管理水平持续提升，并始终保持较高的思想政治觉悟。四是加大与兄弟单位、地方政府部门挂职、交流学习力度。2015 年以来与甘肃、广东、浙江、江苏、宁夏等 5 家兄弟销售企业开展双向挂职交流，选送了 18 名中层管理人员到兄弟单位挂职学习；寻求云南省委组织部的大力支持，选派 15 名优秀中层干部到昆明、曲靖、红河等9个地州市政府部门挂职；2017年以来针对公司各专业线管理难点问题、攻关课题，由专业处室牵头、公司领导带队组成的学习交流考察组，先后到西北、湖北、四川等14家兄弟销售企业学习取经，共152人次参加外出交流学习。

2.三支经理人队伍建设。一是适应以零售为核心体制机制要求，加快加油站经理人队伍建设步伐。在体制保障上先后出台《加油站经理 直销客户经理 油库经理职业化团队建设方案》《关于加强加油站经理人队伍建设的指导意见》，建立完善职业经理人薪酬激励机制、管理诊断机制、管理帮扶机制等配套保障措施，突出经理人队伍专业化能力培养及素养提升，让具备条件的油站经理、客户经理兼职兼岗，支撑营销业务持续快速发展。二是突出基层导向，将库站经理任职经历作为两级机关管理人员选聘和职务晋升的硬性条件，正式启动两级机关管理人员下基层挂（任）职库站经理岗位锻炼工作。三是2015年以来公开选拔307名油库、加油站后备经理，实行年度考核、滚动管理。四是在公司技能竞赛中专门设立加油站经理、客户经理竞赛项目，共268人参加分公司初赛、70人参加省公司决赛，12人获得表彰奖励。五是定期组织经理人培训。每三年组织一次加油站经理集中脱产轮训，2018—2020年计划采用与四川销售、宁夏销售、河南销售等兄弟单位联合办班的方式，实现加油站经理全员送外轮训。每月组织客户经理参加视频培训，2017—2018年分3期组织客户经理到中国石化销售公司江西培训基地参加集中脱产培训；油库主任除每年参加公司内部培训外，已全部参加完一轮销售公司组织的油库主任培训班。2015年以来，共选送85名优秀加油站经理赴中油BP、浙江销售、江苏销售、宁夏销售、甘肃销售、广东销售等地开展挂职学习；搭建加油站经理微信群、QQ群，建立微课堂学习交流平台。通过多措并举使得经理人队伍建设提质提速，推动了公司营销服务水平和扩销创效能力的提升。

3.党务工作人员队伍建设。落实全国国有企业党建工作会议精神，配强、强配党务工作机构人员，在党委组织部下增设"党建工作科"，党群工作处（企业文化处）加挂"党委宣传部"牌子，成立公司巡察工作办公室，与审计处、纪委办合署办公，在所属地市公司机关组建成立党群工作部（纪委办公室）。每年组织党群干部送外培训班，有效提高党群干部的大局意识、政治觉悟、政策水平和履职能力，2018 年组织 2 期中层管理人员党的十九大精神全员轮训班，2 期党支部书记上岗取证全员轮训班，培训合格率100%。集团公司组织的远程培训网"学习贯彻党的十九大精神专题班"和"学习贯彻党的十九大精神专题考试"，公司在岗 1430 余名党员全部完成学习和考试任务，其中 86 名处级及以上干部，146 名党支部书记考试成绩全部达到优秀。聚焦党的建设重点工作，连续 2 年通过"述、问、评、测"的 4 个步骤，组织开展对各单位党委书记、纪委书记述职评议考核工作，有效传导了管党治党责任和压力。

4.员工薪酬福利机制建设。一是建立岗技工资，提升基层员工技能水平。从工资总额受控可持续运行、保护全体员工工作积极性以及激发员工队伍整体活力的角度出发，根据员工岗位成长路径以及岗位设置的调整变化，按照薪酬分配向基层一线倾斜、向重点岗位倾斜、有利于引导员工从机关向基层流动的原则，建立操作人员岗位技能等级工资制，采取岗位序列与技能等级相结合的方式确定岗位固定工资，基层操作服务人员岗位序列工资按照操作服务一、操作服务二、操作服务三执行，未取得技能鉴定等级前，岗位序列工资不设档差，不予晋档，统一按所在岗位序列工资一档标准执行；取得技能鉴定等级后，岗位序列工资设置 5 个档级，初级工、中级工、高级工、技师、高级技师档差分别按照 20 元、40 元、50 元、60 元、70 元设置，经考核合格，每 2 年晋升一个档级，技能等级工资按照初级工 50 元、中级工 100 元、高级工 200 元、技师 400 元、高级技师 800 元的标准增幅，以此激励基层操作员工提升技能鉴定等级。二是建立与量挂钩的升（吨）油含量工资制。按照加油站分类、艰苦边远地区分汽油、柴油、高标号汽油制定不同的提成标准。加油站分 4 个类别（一类、二类、三类、四类）、四个级别（甲级、乙级、丙级、丁级）、4 个类区（艰苦一类区、二类区、三类区、四类区）共制定提成系数 192 个，绩效工资充分与员工工作量挂钩，提高员工工作积极性。三是建立专项考核机制，激励员工增收创效。制定扩销增量考核办法，分纯枪、直销、非油贡献单项奖励，针对双低摘帽、万吨站培育给予奖励，按照 8～30 元/吨标准给予加油站纯枪同比增量奖励，进一步激励纯枪上量，充分调动广大员工的积极性和主动性，促进纯枪销量持续有效增长；实行"以销定编""减人不减资"政策，下发《关于明确加油站控制用工总量与完善相关激励政策等有关事宜的通知》，严格落实标准定员以内，减人不减工资总额，进一步提高加油站控员增效增资的积极性。四是优化岗位设置，合理高效排班，有效减轻员工劳动量。将加油站岗位调整优化为加油站经理、值班经理、营业员三类岗位，通过优化岗位设置将加油站重心向现场前移，减少室人员，加强现场服务力量，同时建立起一套员工培训、素质提升、选人用人的标准和机制，在此基础上建立起"三类岗位"人才数据库，为一线经理人和关键骨干岗位以及后备人才的培养、管理和选拔奠定坚实的基础。同时，研究制定下发了《加油站优化排班指导意见》，督导分公司将指导意见下发到各片区各加油站组织学习，统一思想，科学排班是保证员休息、推行精干用工、提高劳动效率的前提。五是稳步提升员工福利待遇。研究制定了《地市公司客户服务中心等部分机构相关岗位设置及薪酬标准》《非油公司中央仓岗位人员绩效薪酬标准》，完善了薪酬激励约束机制；解决小站伙食费用不足及部分站点勤杂厨工待遇偏低的问题，对库站伙食费进行补助，统一调整勤杂厨工工时及薪酬标准，改善员工生活水平。坚决落实"三级"医疗保障体系，加大员工补充医疗保险项目宣传力度，在昆明、玉溪、大理举办 3 期补充医疗保险业务培训，举办 2 期员工健康知识讲座，为公司员工普及生活健康知识，单独核定费用为员工报销医药费，解决了基层库站员工治病难问题。定期开展以"春送慰问、夏送清凉、秋送助学、冬送温暖"为主题的四季常态化关怀体系，为生活困难员工解决集中诉求，在缓解员工经济困难的同时，注重创造条件培育员工脱贫能力。

三、先进典型及荣誉

1. 重选树打造典型品牌队伍。坚持围绕"做精本荷品牌、提炼最美理念、扩大劳模群体、打造先锋队伍"工作思路，着力挖掘具有云南民族特色的先进典型。公司创新加油站书屋建设，成果领衔销售企业独家获授中华全国总工会表彰；中央仓坚持创一流工作、一流服务、一流业绩、一流团队，获授"全国工人先锋号"牌匾；保山潞江坝加油站坚持优质服务，被交通运输部评定为"全国百佳示范服务区"；楚雄太阳女 QC 小组质量过硬，由中国质量协会等 5 家"国字号"单位联合授予"全国优秀质量管理小组"荣誉。近年来，公司"国字号""省字号"等层级荣誉实现从"零突破"到"新突破"，4 年累计获得国家级荣誉 9 项、省级荣誉 45 项、股份公司级荣誉 37 项等典型成果。

2. 凝聚典型智慧深化创新创效活动。公司用好从"百面红旗加油站"走出来的获集团公司"特等劳模"称号的优秀员工张本荷，申报由省总工会授牌，成立"张本荷劳模创新工作室"，拓展"中国石油特等劳动模范张本荷为您加油"的品牌和示范效应外延。在实践工作中，工作室以优化为途径，自 2015 年以来，连续 2 年分别以"优化提升百座站，非油增收一千万""将优化进行到底"为主题，围绕油站创新创效实施"U 计划"，从经营管理、现场管理、商品营销、商品布局等方面提升油站经营管理水平，引导一线员工开口服务、亲情服务，改善顾客消费体验，提升品牌形象。2 年来累计优化 204 座加油站，实现"优化百站、增收千万"的工作目标。2017 年度，工作室以发布英雄帖、招募代言人、开展线上闯关游戏、组织"来吐槽"微论坛、启动"百站双创"落地实践等活动推动全员创新，激发油站经营管理活力。围绕 U 计划重点工作采写的《彩云之南的承诺》《云南销售优化百站增效逾千万》两篇稿件在一周内两上《中国石油报》头版头条，《云南销售"骨头缝里"抠效益》《"U 计划"优化百站》等稿件在《中国石油报》重点位置刊发。

3. 探索新模式新路径塑造公司良好品牌形象。"金孔雀"引领企业文化。优化升级组建"金孔雀文化营销创意工作室"，发挥自身文化节目创编优势，将企业传统积淀与互联网思维有机融合，开发适应移动互联时代传播特点、展现公司价值形象的文化营销产品，探索出了一条亮化企业形象、传递企业口碑、聚集营销人气的路径。累计创编发布微电影《去大理》、沙画

《回家》等文化营销作品 19 个，其中多个作品点击率突破百万，《爱的驿站》《七彩云南等你来》分别荣获集团公司第二届新媒体内容创作大赛微电影类、其他作品类一等奖，自主策划编排的情景剧《全流程诊断与优化实践》在销售公司第二届加油站经理人论坛上演出好评如潮；选送文艺骨干创编云南原生态民族节目赴俄罗斯索契参加"火炬杯"艺术节系列比赛，古筝独奏《打虎上山》、舞蹈《朝圣》分获艺术节系列比赛民间艺术类二等奖、原生态类三等奖。

4. "五朵金花"结出品牌硕果。借鉴云南民族、地域特色文化打造以昆明干坝塘、曲靖安达、大理金花、大理富海、文山宝宁、楚雄太阳女、保山和顺、版纳景勐、丽江古路湾、德宏瑞丽等加油站为代表的"五朵金花"特色加油站群体，把加油站融入当地文化，在增强本地客户认同感的同时，吸引外地游客进站。油站结构上，特色站分别在罩棚立柱、山墙挑檐、梁枋屋脊等非主体结构处增加少数民族文化元素；员工形象上，由红黄蓝构成的特色服饰色彩不仅吸引眼球，更提高顾客辨识度；特色经营上，改造后的油站专门推出服务于少数民族重大节日的特色服务，销售地方名优产品，主非油销售提质上量。实现企业形象、经营效益、公众口碑等多重提升，摸索出文化建站、特色强站的建设新路。

当前，公司"百面流动红旗加油站"已经成为培养管理能手、业务骨干、销售精英的人才摇篮，从小菜园加油站走出来的张本荷、张艳芬、孙晓娜、谢刚等人相继走上培训、管理等工作岗位，以自身的成长带动一批人员的成长。特别是张艳芬还接棒任职张本荷加油站经理，在新老典型"传帮带"的影响下，荣获"全国青年岗位能手"荣誉称号。

四、基层素质提升

1. 强化岗位练兵，注重库站一线员工技能培养。2013 年以来公司持续推进"一日一题、一周一课、一月一测、一季一赛、一年一评"的"五个一"常态化岗位练兵活动。各分公司在"五个一"常态化岗位练兵中不断探索适合员工特点的培训切入点，昆明公司各片区经营部相互开展"开口促销 10

分钟""你比我看亮真功"等比拼，加油站间开展非油品促销、贴心增值服务、创意堆头等创意比武；玉溪公司采用微信讲堂、微课制作等方式，开展每周一课培训；红河公司开展"一定三换两提升"销售竞赛活动，即定期组织，换竞赛主题、换比赛场地、换参赛人员，提促销能力、提销售收入；楚雄公司采取油站现场销售竞赛、"走出油站靓形象"等活动方式培训练兵。公司将"五个一"岗位练兵作为一线员工日常培训的主要形式，将职业技能鉴定、岗位应知应会题库中的现场操作、单项技能、应急预案演练、紧急事故处理等作为主要培训内容，通过员工喜闻乐见的岗位练兵形式切实提高了员工实际操作水平，实现了技能鉴定通过率逐年稳步提升，由 2012 年的 73.1% 提升到 2017 年的 86.4%。

2. 坚持以赛促培，带动操作技能人才队伍技能提升。公司按照"归口管理、规模适度、规范运作、注重实效、安全节俭"的原则，完善竞赛选拔机制。自 2012 年起，连续 6 年举办省公司级技能竞赛，其中职业技能竞赛 3 届、信息系统应用技能竞赛 2 届、服务技能竞赛 1 届，选树各类技术能手 145 名、先进班组 12 个。通过竞赛涌现出了张本荷、张艳芬、伏雪蛟等一批在云南省、中国石油系统内叫得响、立得住的技术能手和榜样模范。在 2015 年销售系统"开口营销"服务技能竞赛上，一举斩获 1 金 3 银 3 铜，2 个杰出班组奖、1 个优秀班组奖，并以团体第 2 名的成绩获得优秀组织奖殊荣，充分展示了云南销售公司的整体实力和良好的精神风貌，体现了员工队伍过硬的技术素质。技能竞赛的连年举办为优秀技能人才脱颖而出创造了良性运行机制和成长环境，营造出人人皆可成才、人人尽展其才的良好氛围，有效推动了适应公司发展需要的高技能人才队伍建设。

3. 整合优秀师资，送培训进基层实现常态化。根据岗位培训需求，为发挥优势培训资源的辐射作用，公司吸收内部优秀师资力量，组建了"张本荷服务示范队""张本荷劳模创新工作室"，针对不同地区、不同时期的营销工作重点、难点，组织专家培训团队，每年定期到基层库（站）开展专项业务诊断、示范培训。连续 5 年，到 15 家分公司的加油站现场以住站、当班的形式开展"两服务一清洁""文化铸站、特色强站""零售创效、服务增效""城市中心站优化""加油站全流程诊断"等专题示范培训与考评，通过面对面地进行实际操作示范和指导，把先进营销理念和高招绝技送到一线。2016年、2017年公司为加强非油营销工作，开展了"三送三打造"和"四推进四提升"活动，每年组织非油专业线内训师队伍对14个分公司开展送服务下油站活动，根据各个分公司加油站非油业务开展工作中的"疑难杂症"，分批进行"上门寻诊"，分类"病症"，开具"培训处方"，现场示范解决。风趣、易懂、重沟通的"理论培训＋现场诊断及陈列实操＋小时PK赛"系列培训，为分公司及时送去了"提升营销新方法，创新营销新思维"的头脑风暴。2017年共开展业务培训41场次，召开一线员工座谈会48场次，培养非油专业骨干130人，辅导员工835名，现场帮扶便利店22座，打造便利店升级样板店28座，通过现场培训非油单店日均增收650.7元，增幅18.8%。

4. 持续推进技能鉴定体系建设，不断提升鉴定质量。公司职业技能鉴定站自2008年成立至今，始终把夯实鉴定基础、打造高标准鉴定环境、培养高技能人才创新创效能力摆在突出位置上，在中国石油销售企业中首批通过国家人力资源和社会保障部体系审核认证。已累计完成18000余人次的技能鉴定工作，8300余名员工通过职业技能鉴定考核并获得职业资格等级晋级和技能津贴。目前在岗初级工1902人，中级工1316人，高级工324人，技师16人。公司长期坚持强化鉴定质量管理，每年公示各分公司技能鉴定通过率排名，并纳入业绩考核，使得分公司领导对技能鉴定工作高度重视，将技能鉴定考前培训作为分公司年度重点培训项目，促进了公司技能鉴定通过率的逐年提升。通过夯实技能鉴定工作，有效提升了基层员工职业技能和业务素质，优化了公司技能人才梯次结构，充分发挥了技能人才在销售业务发展中的创新创效作用。

夯实管理基础　实现效益发展

重庆销售公司

一、以党的建设为统领，深入推进基层建设

（一）着力体制机制建设，组织工作建设制度建设成效明显

1. 优化基层组织设置。将 2016 年确定为"党的基层组织建设年"，召开了自重组上划以来首次党代会，选举产生了新一届党委和纪委。公司所属二级单位和直属党委相继召开党代会，完成了换届选举工作。出台《党的组织工作管理办法》，完成基层党组织优化设置，新设立直属党委、直属纪委。新设立党总支 20 个，调整优化和新设立党支部 45 个，各基层党组织顺利完成换届选举和委员增补，实现基层党的组织和党的工作全覆盖。同时，在所有党总支、党支部增设纪检委员，管党治党组织体系全面完善，为 5 个分公司党委和直属党委配备了专职党委书记。2017 年 4 月，针对公司党建工作力量薄弱的现状，公司党委研究下发了《关于党组织工作机构设置与党务工作人员配备的意见》，公司党委增设党委宣传部，党委工作部门增设专职岗位 3 人；在所有分公司增设党群工作部（纪委办公室），设专职岗位 4 人，其中纪检监察员（副科或正科级）1 人，由公司纪委派驻；在所有分公司增设党委组织部、党委办公室，分别与人力资源部、办公室合署办公，增设专职组织与干部管理岗 1 人，党组织工作机构设置和专职党务工作人员配备得到加强。随着基层党组织不断完善，公司印发了《关于规范党组织及工作机构形象标识的通知》《关于加强和规范基层党员（党团、员工）活动阵地建设的通知》，陆续规范库站党员（党团、员工）活动室建设，党的组织工作逐步走向专业化、规范化。

针对公司管理层级多、机关人员多、管理效率较低的问题，公司加快推进机构改革。2016年完成机关"定岗定编定员"三定工作，调整了配送中心职能，按"处室＋公司"模式设置了非油业务管理运营机构。稳步推进地市公司发展的"升级版"打造，完善了两级管理架构，明确了职能定位，地市公司领导岗位设置及职数、机关部门设置、职责及岗位，经营部、片区管理岗位设置、职责及编制定员，实现管理层次扁平化、集约化。截至目前，8家全资公司完成了"五定"方案，全部完成大部制改革，在精简机构、压缩层级、减少人员、提升运行效率方面见到实效，为落实岗位责任制打下了坚实基础。

2. 加快推进基层制度建设。针对公司制度建设的短板，把加强制度建设作为全面从严治党、依法治企的治本之策，修订《公司规章制度管理办法》，制定《公司党内规章制度管理办法》，建立健全制度的统筹规划、审议审核、动态清理、宣贯评估机制。按照制度体系化的要求，全面开展公司规章制度、党群规章制度的集中清理和评估，做好制度立改废工作。2017年，集中清理出公司规章制度128个、有效制度111个，党群规章制度128个、有效制度114个。印发《关于做好公司规章制度制修订工作的通知》及《公司规章制度制修订推进计划》《关于印发公司党的建设制度改革推进计划的通知》及《公司党的建设制度改革推进计划》，公司行政层面明确53个制度新建、修订计划，目前已完成起草43个，制定印发2个；将2017年确定为"党的建设制度建设年"，公司党委层面明确70个制度新建、修订计划，目前已完成起草22个，制定印发31个，重点领域规章制度制修订取得阶段性成果，在弥补制度短板方面迈出了一大步，体现决策机制、执行机制、监督机制、问责机制的现代企业科学先进的治理管理制度体系基本形成。近2年来，公司印发了《中共中国石油重庆销售分公司委员会关于开展"我是共产党员，请向我学习"主题实践活动的实施意见》《中共中国石油重庆销售公司委员会关于推进廉洁从业"玻璃房子"建设建立健全不敢腐不能腐不想腐有效机制的实施意见》《关于建立"一队两库"实施年轻干部培养选拔计划的意见》《重庆销售公司库站文化建设指导意见》等文件，这些重要文件的陆续出台，让基层建设有章可循。为落实考核机制，公司每年对基层党组织书记和纪委书记进行述职考评。同时，公司党委将 2018 年确定为"党建责任落实年"，加快建立以"完善责任制度、强化履责督导、开展履职述评考核、加大履职追责问责"为核心的闭环责任体系，积极制定重庆销售"党建工作责任制考核评价实施细则"，推动全面从严治党各项任务落实到基层、落实到支部、落实到党员。

3. 开展基层建设三项特色主题活动。一是开展"我是共产党员，请向我学习"主题实践活动。将推进"两学一做"学习教育常态化制度化总体要求，与弘扬"石油精神"、践行"四合格四诠释"有机统一起来，以"两做两当"的实践要求，深入推进"两学一做"向基层延伸、向纵深发展，即"我是共产党员，'两学一做'我作表率""我是共产党员，岗位实践我作示范""我是共产党员，急难险重我当先锋""我是共产党员，学做铁人我当标杆"。认真开展"六个一"学习教育活动，主要包括：开展一次"筑牢信仰之基，补足精神之钙"主题教育月活动，一次"红色家风·传统家风"宣传教育月活动，一次反腐倡廉警示教育月活动，一次党组织书记讲党课活动，一次党支部主题党日活动，一次"弘扬石油精神、重塑良好形象"活动周。主题实践活动开展以来，公司全体党员牢记共产党员的第一身份，以实际行动生动诠释了"两做两当"的精彩内涵，公司 2177 名党员在活动中接受精神的洗礼，为促进企业的转型升级高质量发展，做出了积极贡献。二是打造重庆销售库站文化品牌。2017 年 4 月，公司召开了库站文化研讨会，围绕库站文化建设开展交流和研讨，对库站文化为什么、建什么、怎么建提出了意见和要求，并提出了库站文化建设的总体要求：推进企业文化"六化七有"，即在推进企业文化理念化、人格化、物化、固化、外化、内化方面下功夫，形成和拥有一个先进的价值体系、一批叫得响的先进榜样群体、一批标志性的精神文化产品、一套科学有效的企业规章制度体系、一个统一规范的视觉识别系统、一套系统完备的行为规范体系、一条实用管用的传承传播渠道。2018 年 1 月，公司印发了《重庆销售公司库站文化建设指导意见》，库站文化建设进入了一个新阶段。为深化库站文化建设，公司充分挖掘库站独有的文化资源，倾力打造了人和加油站红姐作风展示厅和朝阳河油库历史展览馆 2 个企业精神教育基地。人和加油站红姐作风展示厅是以"全国五一劳动奖章""中国石油·榜样"陈鸣红事迹为基石，突出榜样引领，诠释油站伟大、加油光荣。朝阳河油库历史展览馆还原川渝地区首座在用油库的百年峥嵘岁月史，警示后人铭记历史、传承精神、永葆本色。三是全面推行"6S+ 服务"管理工作。2016 年，公司召开了"6S+ 服务"管理工作启动会，制定了《中国石油重庆销售公司全面实施"6S+ 服务"管理工作方案》，编印了库、站"6S+ 服务"管理手册，因地制宜将"6S+ 服务"与油库安全管理、现场管理有机结合，打造了伏牛溪油库发油场等特色亮点。启动"6S+ 服务"管理示范站打造，完成 200 座并追加 150 座加油站推广实施。"6S+ 服务"管理的全面实施，紧密融合"员工造就环境，环境影响客户，客户成就企业"的理念，潜移默化地持续推进规范管理升级，锁定打造强大现场的目标，进一步夯实了管理基础，优化了管理标准和工作流程，提高了基层工作效能，建立起良好的内外部工作经营环境，有效提升了员工整体职业素养，持续提升了顾客和员工满意度，为实现品牌价值最大化和公司有质量、有效益、可持续发展奠定了坚实基础。

（二）夯实基层队伍建设基础，构建和谐劳动关系

1.深入推进"一队两库"建设，打造年轻有为的干部职工队伍。为全面贯彻落实党中央、集团公司党组关于加强和改进优秀年轻干部培养选拔工作部署要求，结合当下发展实际，公司准确把握干部选拔任用的方针与原则，一方面配齐配强各级领导班子，另一方面着力改善干部年龄结构，提高干部素质能力，打造一支坚强有力、作风过硬、团结和谐的干部员工队伍。

重庆销售公司年轻干部队伍培养选拔工作的总体规划是：全面贯彻中央、集团公司关于加强和改进优秀年轻干部培养选拔工作要求，认真落实"对党忠诚、勇于创新、治企有方、兴企有为、清正廉洁"的要求，按照"分级分类、梯次配备，拓宽来源、战略储备，常态培养、提升质量，动态管理、制度保障"的工作思路，为重庆销售公司深化改革、稳健发展提供坚

强的人才保障。

2017 年,公司实施"313"人才储备计划的战略部署,印发了《关于建立"一队两库"实施年轻干部培养选拔计划的意见》,用 2 到 3 年的时间,逐步建立起 300 名左右、培养潜力大的处科级后备干部队伍,100 名左右能力素质好的青年骨干人才库和 300 名左右业务技能佳的加油站经理人后备人才库。着眼干部队伍建设实际需要,建立处科级后备干部队伍,建立 40 名左右正处级后备干部,60 名左右副处级后备干部,100 名左右正科级后备干部和100 名左右副科级后备干部队伍;着眼未来 5 至 10 年乃至更长时期需要建立青年骨干人才库,在全公司范围内遴选 100 名左右优秀青年,在公司层面建立青年骨干人才库,为干部有序接替储备人才;着眼基层一线人才资源地建立加油站经理人后备人才库。各二级单位按照现有加油站经理人数 1:1 的比例,在机关和加油站遴选优秀员工,建立本单位加油站经理后备人才库;在此基础上,各二级单位按照现有三星级及以上加油站经理人数 1:1 的比例,从本单位加油站经理后备人才库中推荐 300 名左右优秀员工,在公司层面建立加油站经理人后备人才库,为站经理有序接替储备人才。

在"一队两库"的建设上,公司秉持"干部人才优先发展"理念,把干部人才队伍建设放在优先发展的位置,做到布局优先谋划,空缺优先配备,结构优先调整,制度优先创新,为企业长远发展提供组织保障和人才支撑。

近 3 年来,公司提拔总经理助理 3 人,副处级以上干部 45 人,其中正处级干部 11 人,副处级干部 34 人,基层领导班子建设进一步得到优化加强。

2. 以 MSD 职工服务体系为抓手,依法维护职工合法权益。公司从物质激励(material incentives)、精神鼓励(spiritual drive)、发展动力(development power)3 个方面注重对职工的关怀服务,构建以"物质性服务、精神性服务、发展性服务"为主要内容的 MSD 职工服务体系。在物质激励上,一是推行工效挂钩改革。在保留职工基本公司和津补贴的基础上,充分发挥业绩的导向作用,将绩效工资总额与分公司主要经营指标挂钩考核兑现,实现绩效工资由公司"拨工资"为各单位根据经营业绩"挣工资"管理模式的根本转变。建立了一套与岗位序列相匹配的岗位价值绩效工资分配调控体系，完善了分层分类的机关员工绩效工资总额挂钩考核联动机制，形成了以提成制为主要分配方式的基层库站员工绩效工资总额挂钩考核联动机制。二是推动会员服务体系建设。构建会员关怀与激励的长效机制，加强走访慰问会员工作的规范管理。2018年1月，公司出台了《中国石油重庆销售公司工会会员慰问实施办法（试行）》，对工会会员开展逢年过节、生病住院、退休离岗等多种形式的慰问，保障了工会会员的权益。三是建立困难人员帮扶工作长效机制。切实做好对困难人员的帮扶工作，在2009年印发了《中国石油重庆销售公司困难人员帮扶工作管理办法》，帮助困难人员解决困难。四是做好加油站"五小工程"建设。打造"学习小园地""干净小食堂""卫生小浴室""温馨小宿舍""实用小场所"，改善基层员工的生产、生活条件，打造和谐的内环境。2018年，公司对7个全资分公司的空调使用情况进行了详实核查，计划采购252台空调，用于替换使用年限超过10年的空调或为加油站增加新空调，改善员工休息环境，让他们在炎热的天气中感受到一丝清凉。在精神鼓励方面，一是建立企业荣誉制度。公司出台了《中国石油重庆销售公司荣誉评选表彰办法》《中国石油重庆销售公司荣誉褒奖办法》《中国石油重庆销售公司劳动模范管理办法》，从制度上明确了对先进典型的评选和表彰，同时也体现了对劳动模范的尊重。二是保护职工休假的权力。公司在2008年出台了《中国石油重庆销售公司员工休假及考勤制度实施办法》。三是畅通员工诉求渠道。2018年，公司下发了《中国石油重庆销售公司厂务公开实施细则》《中国石油重庆销售公司党务公开实施细则》《中国石油重庆销售公司业务公开实施细则》，扩大民主监督，保障干部职工的知情权、参与权、表达权、监督权。在发展动力方面，一是在2017年提出了"一队两库"战略部署，为公司发展建立后备人才库；二是印发了《中国石油重庆销售公司员工自学成才奖励办法》，鼓励员工自学成才，推动学习型、知识型员工队伍建设；三是印发了《中国石油重庆销售公司员工合理化建议管理办法》。建立合理化建议申报、评审、应用、反馈、评价、奖励机制，调动和鼓励员工为公司经营管理活动献计献策的积极性、主动性和创造性，为公司经营管理活动的持续改善提供智力支持。

（三）优化企业荣誉体系，发挥先进典型示范作用

1. 开展"双示范双先锋"命名授牌仪式。自公司重组上划以来，涌现出了一大批先进典型集体和个人，形成了以全国和省部级荣誉为代表的先进典型群体。2016年11月，公司召开了"双示范双先锋"命名暨座谈会，命名了11个"党员示范窗口"，24个"党员示范岗"，7个"铁人先锋号"，2个"铁人先锋岗"。以本次活动为契机，唤醒榜样的身份意识、荣誉意识，把标杆立起来，把榜样树起来，发挥好先进典型的示范引领作用，让广大的干部员工感受到榜样的力量，自觉向榜样学习、向榜样看齐，凝聚起干事创业的正能量，同时也提出了构建先进典型发挥作用的长效机制的工作思路。按照"五个一"成功打造了"渝销网上榜样星空"，即一组先进典型的照片，一句先进典型的格言，一套先进的管理方法、服务方法或者绝技绝活，一组反映典型事迹的数据，一组反映典型的故事。重点宣传全国、省部级荣誉先进集体和个人，把先进典型身上的闪光点、所体现的精神内涵总结挖掘出来进行宣传，传播好声音，汇聚正能量。

2. 建立健全企业荣誉制度。2018年4月，公司先后印发了《中国石油重庆销售公司荣誉评选表彰办法》《中国石油重庆销售公司荣誉褒奖办法》，以制度的形式确定了先进典型的评选及奖励标准。荣誉表彰的评选包括劳动模范、党内先进、年度工作先进、专项工作先进、群团先进等5大类，由各基层单位民主推荐，具体承办部门提交相关会议进行审批，并书面征求审计监察处、质量安全环保处、维护稳定办公室、党群工作处、人事处（组织部）等有关部门意见，在上会审定、公示后颁授奖励。企业荣誉制度旨在褒奖在公司业发展中做出突出贡献的先进典型，荣誉褒奖实行分类、分项奖励，按照不同类别、项目、等级制定奖励标准，明确了《重庆销售公司先进集体（个人）荣誉褒奖标准》《重庆销售公司技能大赛荣誉褒奖标准》《重庆销售公司文化体育活动荣誉褒奖标准》，同时也明确了科（政）研创新成果、协会（学会）授予荣誉的褒奖标准。规范公司荣誉评选表彰工作，大力弘扬石油精神、劳模精神、劳动精神、工匠精神，同时激励员工干事创业的积极性和创造性。

3.建立先进典型受尊重有尊严的荣誉褒奖的长效机制。出台《中国石油重庆销售公司劳动模范管理办法》，公司劳动模范原则上每3年评选表彰一次，坚持"面向基层、面向一线、群众公认、兼顾各方"的原则，注重选树长期扎根基层一线、在平凡岗位上做出突出贡献、具有奉献精神和时代特点的普通劳动者成为劳动模范。除授予劳动模范相应荣誉称号、颁发荣誉证书、奖章和奖金外，还给予劳动模范一定的政治待遇、经济待遇和社会待遇。在公司党代会代表、工代会代表、团代会代表、职工代表中增加劳模的比例，在大会主席团成员中应有劳动模范代表；完善劳动模范慰问制度，建立劳模信息数据库，建立劳模动态信息及时报送制度、劳模宣传教育机制、劳模学习培训制度，推进"劳模创新工作室"建设，以这一系列的举措加强劳动模范管理服务工作，彰显公司对劳模的关怀。

（四）丰富活动形式，以"比赛＋培训"提升基层员工素质

1.搭建大赛平台，练兵比武掀高潮。近几年来，公司按照一年一次的频率，先后举办了员工岗位技能大赛、加油站经理人服务技能大赛、首届非油业务技能大赛暨员工内购节。这些大赛是为加油站员工精心搭建的交流平台、展示平台和成长平台。赛事期间，以业务论坛、加油站实操、理论考试、拓展训练等不同形式对站经理的能力进行检验，一方面展示了加油站员工努力拼搏的精神风貌，形成"尊重能力、尊重技术、尊重人才"的良好氛围；另一方面，借助比赛形成良好的宣传带动效应，进一步强化业务思维，形成了"重视业务、发展非油"的新气象。

2.举办站经理培训班，提高综合能力。公司始终把加油站经理人队伍建设摆在更加突出的位置，进一步完善站经理的培养选拔机制，更好地服务于基层加油站。今年以来，公司计划举办加油站经理人提升班6期，在2年半内对公司所有在岗加油站经理进行全覆盖培训。目前，已举办3期加油站站经理培训班，参训人数达120人。公司希望通过培训提高加油站经理人综合能力，促进加油站经理人队伍健康成长，为公司加快发展提供强大的加油站经理人才队伍支撑。

坚持党建引领　不断深化基层建设

湖北销售分公司

湖北销售分公司抽调精干力量组成基层建设调研组，按照与检查督导相结合、与总结提高相结合、与典型选树相结合的"三结合"要求，通过深入基层走访、召开座谈会、开展党建专项检查、七一党内评优等形式，扎实开展调研工作。

一、体制机制建设

（一）分公司党委基本情况

公司机关设 14 个职能处室，下设 4 个附属机构，13 个地市分公司，1 个仓储分公司，1 个非油公司，3 个控股公司。目前在用油库 13 座，投运加油（气）站 827 座（在营 773 座）。

公司党委下设 1 个机关党委，15 个基层党委，94 个党支部。现有党员 1011 人，占员工总数 6404 人的 15.8%，其中两级机关党员 532 人，库站一线党员 479 人，库站党员占比 47%，分布在 326 座油库和加油站。2016 年发展党员 23 名，其中基层库站党员 17 名，占发展党员总数的 74%。目前在营加油站 773 座，其中没有党员的加油站 458 座，占比 59%。

（二）推进基层组织建设

按照"地域相邻、工作互补、互为促进"的原则，建立 4 个片区党建工作指导站，实行党建工作联抓、联动、联检、联评，形成了横向结对共建、纵向指导到底的党建工作体系网。推进"1+5"体系，规范基层党支部建设，在汉口党支部、襄州党支部试点特色支部创建，创新开展"党员任务卡""7+X主题党日"等活动，打造了可推广复制的支部建设模板，推动了支部工作由"外力推动"向"自主首创"转变。截至目前，所属分公司党委全部完成1至2个"示范党支部"的打造任务，所属党支部全部达到"达标党支部"标准。"1+5"文件体系入选集团公司基层党建典型案例，公司党委获湖北省第一批"国有企业示范基层党组织"荣誉称号。为解决党员分布不均衡的实际问题，试行"党代表"工作制，从两级机关派驻党员到没有党员的加油站、油库参与支部建设和管理，确保了站站有党员。特别是对于部分委托站，"党代表"工作制从组织上确保了"委"而不"脱"，管理受控。

（三）狠抓组织制度建设

坚持从强化顶层设计入手，先后制修订了《加强党委建设"1+4"体系文件》《党委落实党风廉政建设主体责任分工》等多项规章制度，初步建立了多层次、全覆盖的制度体系，党建工作更有遵循和依据。每半年开展一次党建工作量化检查考核，严抓制度落实效果考评，通过监督检查、问题整改、追责问责，党建基础工作得到全面加强。建立基层党委书记、纪委书记季度例会机制，明确党委书记履行从严治党第一责任到位清单，形成"抓书记""书记抓"、一级抓一级、层层抓落实的党建工作格局，推动党建工作质量持续提升。

（四）推行加油站"党代表"工作制

目前公司在营加油站773座，库站一线党员479人，没有党员的加油站达到458座。为解决库站党员数量不足的情况，公司创新工作思路，从两级机关派驻一名党员到没有党员的加油站、油库开展党建工作，直接作为加油站党员参与支部建设和管理，确保站站有党员，党员全覆盖。所属武汉分公司党委率先推进加油站"党代表"工作制，为没有党员的所有加油站指定一名机关党员，"党代表"定期参加加油站所在片区支部的组织生活会，开展宣讲培训、员工谈心、加油站诊断、困难帮扶、入党积极分子和业务能手"双培养"等"五个一"工作。"党代表"所在的机关党支部将工作开展情况纳入年度党员民主评议，每季度进行集中座谈和单独谈话，并通过微信、网站等平台，总结、宣传"党代表"好的经验做法和先进典型，营造"我是党员，向我看齐"的党员意识和工作氛围。同时，片区党支部对"党代表"在加油站开展党建工作和服务基层情况进行反向评比，实现了"党代表"履职情况多维度监管，强化"党代表"作用发挥，特别是部分加油站实行委托管理后，"党代表"工作制从组织上确保了委托管理加油站"委"而不"脱"，管理受控。

二、基层队伍建设

全力推进人才强企工程，打造素质过硬干部队伍。坚持党管干部，以"好干部标准"为根本标尺，切实加强和改进各级领导班子和干部队伍建设，为能干事者"戴红花"，为担当者"开绿灯"，让慵懒者"腾板凳"，着力打造一支忠诚、干净、担当和奋发有为的领导干部队伍。打破身份界限，以业绩论英雄，择优提拔48名市场化员工，其中3人在正处级岗位、15人在副处级岗位上，干部队伍结构进一步优化，各级领导干部履职能力和两级班子整体功能持续增强。把基层作为年轻干部培养成长的"摇篮"，积极号召年轻干部到基层一线去砥砺意志，到市场前沿去增长才干，在急难险重中建功立业，一大批素质好、闯劲足、懂经营、善管理的年轻干部脱颖而出，在推动企业发展的同时，也实现了自身的同步成长。

近3年，选派13名年轻后备干部到基层锻炼充电，从基层提拔任用年轻干部25人，其中正处2人、副处12人，正科11人，目前公司中层干部平均年龄42.5岁，其中40岁及以下占43.5%，35岁及以下占19.6%，干部队伍更具工作活力。加强企地干部交流培养，在湖北省委开展全域优秀年轻干部比选确定的60名挂职干部中，公司工程建设处副处长涂德力同志作为其中之一，被选派到黄冈市红安县挂职副县长。挂职期间该同志主动作为，积极为地方经济发展出谋划策，在光伏扶贫、招商引资等方面取得了良好工作业绩，充分展现了"石油人"精神风貌，得到了地方政府的充分认可，今年4月份被交流重用到分公司经理岗位。

三、先进典型及荣誉

加强先进典型选树力度，2018 年统筹制定了公司先进评选工作方案，将"荆楚石油工匠""老黄牛""活雷锋""好媳妇""十大杰出青年""标杆单位""劳动模范"评选活动贯穿至全年，各项评先选优活动陆续开展，截至目前已有 500 余人参与评选活动中，通过选树典型培育和践行社会主义核心价值观和企业价值观。同时，主动占领舆论宣传阵地，依靠"一报一刊一网两微"全媒体宣传平台，策划党员就是一面旗、战高温斗酷暑、学习宣贯十九大精神、匠心写春秋等 30 多个专题宣传，在"315"等重要时间节点举办媒体开放日活动近 10 场，艺术团开展送欢乐下基层演出 34 场，通过提高舆论的传播力影响力，提升企业文化软实力。

2017 年获得省部级以上表彰 38 个，在销售公司 3 季度劳动竞赛中综合评比第 1 名、获得 7 面专项红旗，10 月份综合评比又得到 4 面专项红旗；全年在板块、集团等重大会议专题发言或经验交流 7 次，在集团公司网站等外部媒体发稿 150 余篇；汉口党支部书记的优秀党课材料、优秀党务工作者任巍事迹材料被收录集团公司党建丛书，公司党的十九大精神学习宣贯工作还被央视《新闻联播》播出。公司的发展成果被高度认可，进一步增强了大家身为湖北销售人的自豪感和荣誉感。

四、基层素质提升

（一）突出加油站经理人素质提升

连续 5 年开展经理人轮训，培训 5200 余人（次），培训内容既涉及油品销售、加油站量效分析、现场全流程诊断、便利店营销技巧、大数据分析与应用等业务管理，又补充了基层党群工作和廉政建设方面内容，着力提升加油站经理团队的市场开拓能力、公关协调能力、指标完成能力和风险管控能力。在销售企业率先推行加油站经理积分制，评定星级加油站经理 671 名，其中四、五星级加油站经理 57 名，四星级站经理所对应的岗位级别为主管，五星级站经理所对应岗位级别为高级主管，并可参加地市分公司领导班子或省公司副处长竞聘，进一步畅通晋升通道，打破了头顶"天花板"。同时，积极开展经理人任职资格认证、经理人论坛和万吨站经理竞聘等，多途径实现站经理职业规划，持续激发站经理队伍活力，不断提升站经理队伍的综合素质，着力打造一支懂经营、善管理、一专多能的职业经理人队伍。在销售公司第二届加油站经理人论坛上，16 名加油站经理获得 21 项殊荣，胡芳凯被选入中国石油加油站经理先进事迹报告团，在全国开展事迹巡回报告。

（二）注重创新人才培养，凝聚红色引擎新动力

对照"八种本领"要求，组织开展了 3 期领导力培训班、2 期十九大精神专题轮训班，持续强化中层管理人员改革创新和引领发展的本领。施行"一推双考"，畅通年轻干部发展通道，确定中层后备干部 96 名。选派 13 名年轻后备干部到基层锻炼充电，从基层提拔任用年轻干部 25 人，干部队伍更具活力。面向工程业务、油品储运业务和数据分析及运维业务方向，启动"百人计划工程"，通过"精鹰""飞鹰""雏鹰"计划，着力打造一支符合销售企业特点、独具湖北特色的专业技术人才队伍。在销售企业率先推行加油站经理积分制，并明确了星级对应的薪酬和可竞聘的岗位。近 3 年，有多名站经理交流到机关管理岗位，以及机关管理人员交流到片区、加油站经理岗位。强化高技能人才培育，试点建立技师工作室，聘任田柳等 26 名员工为技师，以优秀职业经理人为主体的"荆楚石油工匠"队伍初步建成。

（三）注重文化育人，不断提升员工素质

严格落实集团公司送书工程安排，确保基层站库图书及时发放到位。按照湖北省精神文明建设工作要求，在分公司范围内广泛开展读书活动，取得较好效果，大幅提升基层员工的业余文化生活，在基层员工中取得了积极影响。

注重载体创新　提升服务质量

广西销售公司

为进一步摸清情况、推出典型、找准问题、明确举措、推动落实，让基层建设从"全面体检"中，找出"症结"，"对症下方"，切实把基层建设工作推向纵深。广西销售公司坚持问题导向，采取座谈会交流、网上问卷调查、深入基层一线检查等方式，开展了基层建设调研工作。

一、体制机制建设

近年来，广西销售十分重视基层建设的体制机制建设工作，把基层建设的政治建设、思想建设、制度建设和文化建设作为主要抓手，出台系列制度文件。主要有《广西销售公司思想政治保障体系实施细则》《广西销售公司思想政治工作制度》《广西销售公司加油站民主管理办法》《广西销售公司库站文化建设实施指导意见》《广西销售公司加油站文化建设实施方案》《广西销售公司"四精五小家文化"实施细则》等9项制度和《广西销售公司"四精五小家文化"建设验收评分表》《广西销售公司基层党建工作量化评分表》等6项责任清单，为有效开展好基层建设提供了重要保障。

为切实有效提升基层建设质量，使集团公司党组、广西销售公司党委的各项决策部署在基层一线得到落地生根，公司建立了严格的监督考核机制。一是2017年5月至7月，利用两个月的时间，由公司党委书记、工会主席和公司纪委书记同志分别带队，兵分两路，对13家地市公司、2家专业分公司进行基层建设督查。特别是深入到基层34个党支部和29座库站进行现场查阅资料、员工访谈等，累计发现问题210个，提出整改建议24条，有效地促进了基层建设的提升。二是从 2006 年以来，开展了库站"四精五小家文化"建设，并坚持每年对审报的 100 座加油站进行验收检查，2 年来，由广西公司党群处、加管处、安全处等组成的验收检查组直接抽检加油站 158 座，直接面对面地指导加油站的各项管理提升。三是从 2016 年来，分批持续开展了加油站形象提升工作，从提升加油站的美化、亮化、绿化入手，着力打造服务规范化、管理信息化、环境园林化、品牌国际化、营销精准化的"五化"加油站。通过这些措施，确保了基层建设有机制保障、有领导主管、有落实载体、有监督考核、有整改提高。

二、基层队伍建设

把"既要政治过硬，也要业务高强"作为基层队伍建设的根本，从基层领导班子建设、党支部标准化建设、库站职业经理人建设以及员工关爱体系建设出发，多管齐下、统筹推进，使基层队伍建设得到了有效提升。

在基层领导班子建设上，一是切实加强干部管理。树立鲜明导向选干部配班子，认真落实"好干部"标准和企业家"十六字要求"，突出政治标准，注重专业能力和专业精神，选优配强基层领导班子。从严加强基层领导干部管理监督。强化年度考核、班子巡察、"一报告两评议"、经济责任审计结果应用等，做到严考核、硬约束。推进干部"能上能下"改革，坚持严管与厚爱相结合，加大对不适宜担任现职干部的调整力度，坚决治理不思进取、不接地气、不抓落实、不敢担当的"四不干部"。二是切实加强基层领导干部后备人才库建设，多措并举加大培养力度，按照一定比例持续做好人才储备。特别是坚持不拘一格选拔优秀人才，近几年来，组织推荐和跟踪掌握了一批德才素质好、发展潜力大的优秀年轻干部，真正让实干的干部得实惠、埋头的干部能出头、吃苦的干部不吃亏。

在基层党支部标准化建设上，一是坚持以政治建设为统领。持续抓好习近平新时代中国特色社会主义思想和党的十九大精神学习宣贯。组织开展 2 期基层党支部书记培训班，引导支部书记及广大党员干部深入理解和把握习近平新时代中国特色社会主义思想的科学体系、精神实质、实践要求，更加自觉地为实现党的历史使命不懈奋斗。以深化"三亮三比三树"承诺践诺评诺活动为抓手，推进"两学一做"学习教育常态化制度化。二是强化制度建设，层层压实管党治党责任。制定《构建"大党建"工作格局实施意见》和《党建工作责任制考核评价办法》，层层签订党建工作责任书，严格考核问责，强化考核结果运用。制定《党委（党总支）书记基层党建述职评议考核实施办法》，抓实现场述职。制定了《进一步加强党支部书记队伍建设实施办法》《党支部晋级达标管理办法》，实行党支部书记持证上岗，进一步加强基层党组织建设。制定了《党建工作经费管理暂行办法》，加强党建工作经费和党费的使用、管理与监督。制定《党员领导干部民主生活会若干规定》，进一步提高民主生活会质量。与此同时，广西销售不断深化控参股公司党建工作，规范党建工作标准，着力提升基层单位党建科学化水平，确保与公司党建工作同拍、同频、同步。三是推动基层党建机制创新，夯实战斗堡垒。深入开展"互联网＋党建"新模式，积极构建党建工作大数据体系，推进基层党建标准化体系建设，编制了《党支部标准化体系建设工作手册》，逐步将基层党建日常工作程序化、科学化，推动基层党支部建设迈上高质量发展台阶。

在基层职业经理人队伍建设上，面对激烈的市场竞争，把加油站职业经理人队伍建设作为加强基层队伍建设的根本，作为走内涵式发展的必由之路。从"重新认识加油站"到"重新认识加油站经理"展开了充分的探讨，统一思想，明确目标，采取系列措施，打造基层库站职业经理人队伍建设。一是明确加油站经理岗位定位。把加油站经理岗位区别于企业的班组长，定位为标准的职业经理人岗位，对加油站经理的选拔、培养、使用、考核、激励等收纳到公司层面统一管理。二是赋予了油站经理相应的责权利。按照责权对等、权责一致、责利匹配的原则，赋予了加油站经理人"五项权利"（选人用人权、二次分配权、价格建议权、费用支配权、站内考核权），极大地提高了职业经理人的工作积极性。三是做好油站经理的选聘和培养工作，让人尽其才、才尽其用。近年来，有200多名职业经理人在"职级"上得到了晋升；有近300多名职业经理人实现了收入的提升。2018年4月，公司召开了首届基层职业经理人大会，职业经理人在主题演讲、"秀我真彩"、情景演式等环节展示了自己良好的综合素质。

在员工关爱体系建设上，一是开展"四精五小家文化"建设过程中，让员工关爱体系深深融入其中。对基层一线库站要求围绕"五个场所"（员工食堂、员工宿舍、洗漱间、员工之家和小菜园）做好升级改造，从硬件上给基层员工以关怀。同时，倡导"五种关爱"，即生活上要关怀、情感上要关爱、心理上要关注、成长上要关心、利益上要关切；配齐"五小运动"器材（即呼啦圈、跳绳、拉力器、臂力器和俯卧撑等健身器材），丰富基层员工的业余文化生活。二是积极开展帮扶工作，持续完善员工关爱体系建设。健全扶贫帮困长效工作机制，巩固春有慰问、夏送清凉、金秋助学、冬送温暖的四季帮扶工作格局。持续做好元旦、春节、国庆、中秋等重大节日走访慰问，重点走偏远站，看双低站，温暖基层员工心坎。近5年来，广西销售共发放慰问金（慰问品）合计250多万元。三是广泛开展合理化建议和提案征集活动。每年，公司工会严格按照要求，认真开展了提案征集和合理化建议工作，所属各分工会，结合公司开展的重点工作、员工关切的焦点问题、阻碍公司发展的难点事项开展了广泛的合理化建议。确保了如加油站形象提升、五项权力下放、地市公司三项职能等重点工作的推进。

三、基层建设特色

通过本次调研，普遍反映了近几年来各单位在基层建设工作中能够结合实际、因地制宜、注重创新，务实开展基层建设各项工作，取得了一大批实实在在的成效，为建立健全系统完备、科学规范、运行有效的基层建设制度体系做出了一些有益探索、提供了一批可借鉴经验，有力推动了基层各单位各项任务指标的完成，总体上，基层建设呈现了不断加强的良好态势。

1.注重总体谋划，系统性稳步形成。各基层单位在基层建设中能够认真思考，注重顶层设计和整体布局，突出总体谋划和思路引导，助推基层建设更为系统全面、更加符合实际、更能融入中心。柳州分公司整体工作思路清、举措实，着力培育"实干苦干、拼搏担当"精神，初步形成了融入中心促发展、人才战略增动力、率先垂范齐拼搏等三大成效；钦州分公司党委立足当前，谋划长远，研究制定了"十三五"基层建设工作思路，扎实推进"五个一"工程，即围绕"一个目标"、突出"一个中心"、弘扬"一种正气"、贯穿"一条主线"、建设"一种文化"，全面推动基层建设工作科学化上水平。贵港分公司党委立足整体、做细措施，总结提炼出多看一眼、多听一言、多问一句、多想一步、多学一些、多做一点等"六多工作法"，指导基层党建工作开展，效果显著，反响强烈。

2.注重载体创新，时代性更加明显。工作中不固守原有的传统载体，而是更加注重员工喜闻乐见、易于接受、便于操作的新载体、新平台的打造和丰富，效果较为显著。仓储分公司在基层建设中，广泛开展形式多样、内容丰富、寓教于乐的文体活动，如开展演讲、气排球赛等赛事，编写员工风采电子刊物等，在干部员工中反响热烈。钦州分公司在基层建设中努力构建基层建设阵地"新窗口"，打造党建书屋、廉洁文化，五小工程、员工天地等活动专栏，并开设微课堂，成效明显。北海分公司充分利用微信平台，推送文件和各类知识，并围绕基层一线员工的先进事迹，制作微视频《平凡中弘扬正能量，萤烛之光点亮珠城》，传播正能量。百色分公司、贺州分公司通过采取"四联带动"工作法，扎实开展加油站联合党支部建设，实现了高效站与低效站互帮互助、共同发展。桂林分公司通过以"比降本增效、贡献优，比节能降耗、业绩优，比卡完成率、技能优，比非油完成率、服务优，比零售完成率、素质优"为主要内容的"五比五优"工作法促基层建设更加务实。

3.注重文化引领，多样性持续深化。各单位大力弘扬石油精神，认真贯彻落实公司党委提出"四精五小家文化"理念，持续加强企业文化建设，并不断丰富文化内涵和载体，文化建设呈现出多样化发展的良好态势。非油分公司结合业务调整实际，提出了"阳光非油"建设思路，全力打造阳光文化，进一步营造了风清气正的阳光氛围。南宁分公司坚持"当月有节日，必有活动，凡有活动，必有主题"的理念，积极开展三八趣味、五四拓展、六一亲子等活动，既丰富了员工的文化生活，又让基层建设工作变得更加接地气。钦州分公司着力打造油站现场文化，将石油优良传统与钦州精神紧密融合，培育形成了以"油味""家味""新味""苦味""海味"为主要内容的钦州特色油站文化。北海分公司积极打造文化走廊，精心创建、培育青年文明号，不断提升青年文明号品牌的示范性和影响力。仓储分公司、来宾分公司积极推进库站文化建设，充分利用库站空地，种植菜地、果树，开展养殖，丰富员工业余生活，补充员工伙食支出，进一步增强库站员工归属感。贵港分公司结合自身发展实际，提出了以"要照亮别人、先燃烧自己，要温暖别人、先燃烧自己，要点燃别人、先燃烧自己"的柴火精神。百色分公司在总结本单位发展经验的基础上，形成了"大庆精神铁人魂 百色传统石油人"特色文化。贺州分公司在企业文化的建设中提炼出了打造"精品贺州、活力贺州"的文化理念，文化引领作用进一步彰显。

4.坚持问题导向，保障性不断提升。各单位坚持问题导向原则，将工作的主要精力向一线投入，眼睛向下，注重一线各类问题的统筹解决，着重为基层解惑、减负。钦州分公司积极搭建帮扶机制，针对一线用工紧张实际，组织机关党员深入一线帮扶，自启动"10惠"活动以来，机关党员帮扶基层达到192人次。崇左分公司结合党建"三联"示范点，党总支委员每月到联系点调研，深入了解联系点员工思想动态、经营管理和销售上量情况，帮助新站和低效站解决工作中遇到的各种问题，深受员工欢迎。百色、柳州分公司结合"三亮三比三树"成立3个突击队，帮助基层解决实际困难和问题，并在油站开设了党员管理提升班、党员维修班、党员10惠帮扶班，一对一帮开展专项帮扶工作。河池分公司在工作中，总结以往工作经验，顺应一线员工呼声和所盼，建立了密切干群关系的"三联三问三帮"机制，有针对性地开展相关工作。

四、意见和建议

一是建议开展基层建设工作标准化体系研究。要想实现基层建设工作科学化发展，就必须要有一个标准化体系作为支撑，这也是推进企业实现可持续发展的有效途径。通过建立基层建设标准化管理体系，能够使基层建设各项要求有标准、有规范、有细则，便于考核评价和持续改进。

二是从顶层设计出发，建议加强党群干部的配备和培养。重点加强基层党支部书记和支委委员的培训，增强业务素养，提高履职能力。同时，按照能专则专、宜兼则兼的原则，逐步配齐配强基层党群力量。

三是研究网络技术在基层建设中的作用。针对基层一线员工，利用网络平台，发现需求、反馈、评价的企业治理问题，征集员工意见、收集员工建议，宣传、动员基层一线员工参与企业管理。

打造新体系　实现新发展

浙江销售公司

　　浙江销售公司始终把加强三基工作作为经营管理的重要内容、企业发展的原动力以及实现高质量稳健发展的重要途径，突出特色，探索机关＋库站联合支部建设，创新了互联网＋党建工作方式，推行了基层廉政从业联络员制度，落实了基层库站民主化管理，着力搞好顶层设计、强化宏观指导，着力转变机关作风，开展机关到基层帮扶，减轻基层负担，着力推进对标管理、普及先进水平，着力改善库站工作环境，有力地推动了基层建设、基础工作、基本素质的持续全面提升，有力地推动了公司稳健发展，实现了成品油销量、网络规模、发展质量的向好发展，公司呈现出蓬勃向上、健康发展、和谐稳定的良好局面。

一、围绕夯实稳健发展基础，以"机关＋库站"支部模式强化基层建设

　　公司库站分布点多面广，很多基层党员参加组织活动不是很方便，机关与库站党员交流较少，为了改变基层支部建设相对比较薄弱、党建工作人员少的情况，杭州、金华、宁波等二级分公司党委将所属二级单位机关部门和加油站的党组织建设统一规划，创建"片区站库＋机关部室"联合党支部。"片区站库＋机关部室"联合党支部创建，变横向联系为纵向融合，每个党支部由机关部室和加油站（油库）等单位联合组成，机关部室主任担任支部书记，骨干站经理担任党小组组长。支部所属单位按就近原则划分若干个党小组，每个党小组一般包括4～5座加油站的党员。这种新的党组织设置运

行方式，构建起机关与基层互动、基层与基层联动的党建工作格局。

联合党支部最大优势在于，机关、基层上下联动，组织党员诊断帮扶低效站、联合支部开展公益营销活动，实现了党建工作融入生产经营。

搭建民主化管理平台，推进党建工作、经营工作"两手抓，两头硬"。通过建立党支部民主化管理平台，推行《党员责任区活动写实登记表》，要求党员经常性参加责任区加油站的民主化管理会议，使党员融入加油站党支部的组织生活。通过民主化管理平台，推进了支部与加油站片区同步建设，保障了思想政治工作与经营管理同部署、同落实，思想政治工作触角延伸到基层每个库站，经营工作开展更加稳健。

积极落实"三联"责任示范点制度，开展党员责任区"五个包"活动。根据组织架构情况，确定了党委委员联系 1 个党支部、1～2 个加油站；支部委员联系一个党小组、1～2 个库站班组；党员联系基层 1～2 个岗位的"三联示范点"方案。通过示范点的联系，进一步转变作风，把工作重心放到基层。在落实"三联示范点"制度工作中，开展了"党员责任区五个包"活动，即：包思想政治、包安全教育、包爱岗敬业、包廉洁自律、包遵章守纪，不断拓宽"三联"责任示范点的广度和深度。同时组织党支部所在的机关及基层全体党员群众，坚持群策群力、集思广义，围绕价格、促销、陈列、培训等 4 个方面成立了 4 个功能团队。

加强区域联动，开展"互助工程"。成立了"党员攻关组""为民服务队"，组织优秀党员到各个站"会诊把脉"、帮助改进工作。建立党支部QQ 群。利用这一平台，消除了党员沟通的空间界限，增强了机关部门与站之间、站与站之间的联系，形成了情况互通、困难互帮的氛围。实施"1+1党员培养和发展"计划。针对党员比例偏低的实际，开展"1+1 党员培养和发展"活动，即每名党员通过培养、谈心、引导等方式发展 1 名优秀员工入党，注重把党员培养成骨干，把骨干培养成党员。

联手攻关，联合发展。比如在杭州分公司，在市场和指标的双重压力下，联合支部成立售卡小分队，联合机关党员、油站党员、积极分子帮助油站深入驾校、装饰材料城、广场、景区等地推加油卡。党员的带头作用有效发挥，形成全员推卡的氛围。如杭州分公司第一联合党支部2017年发卡量1.02万张，沉淀资金3297万元，卡销比26.4%，较去年同期发卡量增长了近3倍，提前7个月完成本年度发卡任务。由于各加油站尺有所长、寸有所短。为了提升油站整体经营管理水平，党支部集合各方面精英成立"党员攻关组"，帮助新站、管理较弱的站"会诊、把脉、开方"。如宁波分公司福洋加油站客户开发维护做得较好，党员站经理聂伟到其他站帮扶时主动分享经验，他们站《潜在客户及竞争对手分布图》的运用在多座市区站进行了推广。现在通过支部微信群、日常党小组活动会议，增加了油站之间联系，形成了情况互通、困难互帮的氛围。

目前，联合党支部模式通过在杭州分公司试点，在全省各地市分公司复制，"片区加油站+机关部室"支部工作模式得到了推广应用。通过联合党支部"机关+油站"的上下联动、横向互动，构建起机关与基层互动、基层与基层联动的党建工作格局，发挥整体优势，凝聚了人心，围绕中心促进了经营。这种联合党支部建设新模式，打破了机关与基层的界限，推动了上下双向互动，实现优势互补、共同进步，适用于广大企事业单位党支部、工程项目党支部、临时和流动党支部建设，让企业走出了党支部书记选配难、党组织活动开展难、党员带头作用发挥难的"三难"困境，成为生产经营快速发展的"助推器"。

二、以强配配强党务干部加强基层组织力量

一段时间里，国企党建工作弱化、淡化、虚化、边缘化，党务工作岗位往往被视作"过渡型""安置型"岗位，不受重视，配备不足。2017年之前，公司二级单位党务人员不到1个半人，1名专职党委书记、1名办公室行政管理兼党工团，承担着组织、宣传、工会、纪检、团委等多项职责。全国国企党建会后，公司党委下定决心，宁可压缩其他岗位人员，也要确保专职党务人员优先配备，我们以基层党委换届为契机，把政治素质好、业务能力强的党员骨干吸收到党委班子中，13个基层党委完成换届；注重配齐配强支部干部，57个党支部选举出了支部书记。为每家分公司增加2名党务人

员（党群管理岗和党建管理岗）编制，通过笔试、面试公开选拔，一律实行"取证"上岗，专职党务干部由原来的 28 人增加到 49 人，达到在岗职工人数的 1.1%。

积极探索建立兼职党务人员队伍，针对销售企业库站分散的特点，提出设立库站廉洁联络员的构想，经过几年的探索与实践，目前，在条件成熟的油库、加油站共设立了 342 名联络员。通过加强日常指导和工作考核，积极选树典型，提高基层联络员的工作积极性，使联络员成为国有资产的"守护员"、库站廉洁文化的"传播员"、上情下达的"联络员"、民主化管理的"监督员"。着眼于机制的建立完善。制定《廉洁联络员管理办法》，由员工根据聘任条件，民主推选出除站经理以外思想素质好、对企业忠诚度高、责任心强、群众基础好、敢于坚持原则、具有较强工作能力和组织协调能力的员工担任联络员。制定了《廉洁联络员工作手册》，对库站监督重点及防范措施、工作运行表等进行统一。由分公司党委具体负责联络员的选拔、组织、考核，定期召开联络员联席会，通过站与站、库与库的经验交流、相互观摩，有效地提高了联络员工作水平。着眼于典型培育引领。通过站级廉洁文化培训员的培育，突出联络员在加油站的廉洁宣传教育职能；通过工作运行表对联络员改造履职情况进行监督指导，提升联络员对加油站各岗位廉洁从业的监管效能；通过培养和发现联络员的典型、经验分享等措施，引导联络员队伍主动工作、创新工作。宁波公司把联络员职责细化为具体工作内容，制定了 2 张表，一张是《加油站廉洁联络员工作运行表》，由站经理对联络员日常工作进行评价和考核；另一张是《加油站工作信息反馈表》，通过这张表来反映加油站需监管、防控 8 大项工作内容的执行情况，由联络员每月填写，直接上报给分公司纪委，起到上情下达的通报作用。原杭州公司德胜路加油站联络员祝晶，按照杭州公司安排，结合油站实际，全面分析加油站可能出现的违规违纪问题，通过自己找、相互查、各部门研讨的方式，根据风险发生的机率和危害程度，梳理出加油站的 12 个关键风险点，对每个风险点剖析形成的原因，制定了 39 条防控措施；并将监督检查任务分解到岗位，制定各风险点的检查方式和检查频次，其工作方法在全省进行交流推广。原绍兴公司通汇加油站联络员汪德强，归纳整理出加油站风险防控点15个，分别是：加油卡套现、挪用营业款、虚开多开发票、虚假回罐、虚假自用油等，并将这些关键点绘制成一张风险防控措施图表，作为员工岗前培训必学材料，该图表也在全省推广使用。现在祝晶和汪德强都已成长为万吨加油站经理。着眼于与时俱进探索具体做法。为进一步推进工作，专门召开联络员代表座谈会。13家分公司27名基层库站联络员与公司纪委委员面对面畅谈库站廉洁文化建设、教育监督和廉洁风险防控等问题，持续探索公司纪检监察工作向基层延伸的具体做法。宁波公司甬昌站联络员李雪芬提出，要根据支付宝、微信等新型支付方式，关注新的更隐蔽的套现方式，提前制定防范措施。绍兴公司杨汛桥站联络员王高丽提出，为防范虚开发票的情况发生，建议开票时把POS机流水号写到发票备注栏上，方便核查。通过加强联络员队伍建设，使监督工作进一步向基层岗位延伸，有效地延伸了纪检工作的手臂，较好地解决了基层单位人员少、监督范围广的现实矛盾。

配备党务干部，既要保证数量，更要保证质量，必须把素质高、业务精的"强人""能人"选拔进来。打通机关与基层、行政与党务、业务骨干与党务骨干3条交流渠道，注重把会管理的机关负责人选配到党组织负责人岗位上，把业务精的行政负责人选配到党委书记岗位上，把党务优的党委书记选配到行政经理岗位。目前超过一半分公司经理有过党委书记任职经历，超过三分之一的党委书记有过行政负责人的任职经历，一批素质强、业务精、有激情、群众基础好的两级机关部门负责人和站经理当选党支部书记。公司文二西路加油站经理是集团公司优秀青年和优秀共产党员，2018年初公司将其任命为杭州分公司第一联合党支部书记，该同志在支部书记岗位上，充分发挥业务骨干优势，带动党支部所辖5座站销量效益不断攀升，发挥了模范引领作用，树立了良好导向。考虑到转岗配备的党务工作人员业务需要进一步熟悉强化，加大培训力度，依托公司官微、党群一家亲等网络平台搭建党员干部网络学院，依托集团公司党校、浙江省委党校开展基层党委书记、支部书记轮训，两级党务干部政治意识和业务能力得到明显提升。

三、以制度长效化保障基层组织战斗力

在发挥党委政治核心作用方面，积极落实两级党委对改革发展的引导权、重大事项决策的参与权、干部选拔任用的主导权、党员干部行为的监督权、思想政治工作的领导权，更好发挥党委领导作用，把方向、管大局、保落实。修订完善公司"三重一大"决策实施制度，4年来审议"三重一大"事项近1300项；制订和推行《基层党委工作考核办法》，修订完善考核项目19项，连续3年检查考核14个基层党委，发现问题468个、整改完成375个，党建基础工作稳步向好。坚持党委月度例会、党委书记季度例会制度，研究安排党委具体工作，定期听取纪委、工会、团委工作汇报。积极推进党建写入股权单位章程，已有86家股权企业陆续完成章程修订。安排参加集团公司行政领导干部党建"一岗双责"培训班学员分享学习心得，促进两级班子特别是行政干部准确把握"一岗双责"内涵，在分管领域落实党建责任。连续两年开展分公司党委书记述职考核，加大党建考核力度，基层党组织负责人"领头雁"作用得到提升。

在全面落实党建工作责任制方面，制定落实党建工作责任制考核办法、年度清单和党建目标责任书，确保党建工作与业绩合同同步考核，与领导班子业绩奖金挂钩兑现。全面落实党风廉政建设责任制，细化"四个责任"工作清单，加大执行监督，确保责任全覆盖、真落地。全面落实意识形态工作责任制，制定下发实施办法，加强意识形态阵地管理，掌握工作主动权，强化舆情管控，形成正确舆论导向，营造良好舆论环境。全面落实维稳信访工作责任制，突出责任落实和责任追究，确保维稳信访工作措施落到实处。

在标准化党支部建设方面，正在研究制定《基层党支部标准化建设实施意见》，推动党支部组织设置标准化、党内组织生活标准化、党员教育管理标准化、阵地基础建设标准化、工作载体建设标准化、工作运行机制标准化，力争用2年时间实现所有党支部规范达标。丰富"互联网＋党建"内涵，推广集团公司石油党建APP，改进"三会一课"、组织生活会等制度，把57个基层党支部建设成为宣传党的主张、实现基层治理、团结动员员工、

推动经营发展的坚强阵地。

四、以创新党建工作方式聚集基层建设新优势

以互联网为代表的新兴媒体迅速发展，带来了传播方式和媒体格局的深刻变革，这既为基层组织建设和思想政治工作开辟了新天地，也带来了新挑战。

在成品油销售企业的基层建设工作中，"互联网+"思维的运用大有可为。从企业发展来看，目前销售企业正处于深入推进稳健发展、转型升级的改革进程中，党建工作是国有企业的重要政治资源，是国企改革发展的重要内容和根本保证，企业党建工作只有做好"创新"这篇文章，才能把党的组织优势转化为发展优势、组织活力转化为发展活力，党建工作才能真正成为企业的核心竞争力。从组织架构来看，销售企业作为网络型企业，具有点多、面广、线长的特点，库站网点和员工分散成为基层党组织开展党建活动的共同难题。从队伍结构来看，近年来销售企业干部队伍和一线员工队伍越来越年轻化、知识化，"互联网一代"将成为企业员工的主体，他们对多元化、实时信息的高度敏感性和新鲜性决定了该群体更乐于从移动终端获取更多的信息，将传统的党建工作和时尚的互联网进行融合，可以使有意义的事情变得有意思，有效地把优秀青年群体更好地吸引到党组织中来。

"线上"党员教育提升学习"实效性"。"两学一做"学习教育开展以来，特别是开展十九大精神学习宣贯以来，我们充分利用互联网学习教育，提高了党员的学习自主性和实效性。一是干部"网络学院"建立线上学习新模式。今年9月份，我们搭建了党员干部在线学习网络学院，上线培训课程分为政治理论、政策法规、业务知识、技能训练、专题培训等多个类别，近3700多门课程，《将改革进行到底》《法治中国》《大国外交》《不忘初心、继续前进》等电视专题片均上线公司网络学院。学院设置了个人必修课、个人自选课。制定下发了党员干部网络学习制度，要求每人每月学习4学时，今年要完成16个学时的学习，明年开始将按照学分考核。学员还可以自主拟订学习计划，按照"缺什么，补什么，干什么，学什么"的原则，突出学习重点，对学习课程进行统筹安排。党群工作处每个月联合组织

部门、纪检部门对广大干部网络学习教育情况进行督查、考核，每个月一通报，每个季度一评比，有效克服了党员干部工学矛盾的问题，是"走出去、请进来"干部培训学习方式之外的一种有益补充，是全面完成中层干部 5 年轮训 1 次工作任务的现实需要。今年三季度，调运处长李世樑、绍兴分公司副经理冯鑫网络学院学习考核排在前两名，且学分达到了 36 分以上，被评为了优秀学员。我们就是要将干部在线学习情况作为干部年度考核和评先评优的重要依据。二是党员微平台推动网上"自主学"。十九大召开后，我们通过公司"浙里油微"官方微信公众号、"党群一家亲""党建工作之家"微信群等网络平台上传学习材料，开展"学习十九大，党员争先锋"网络竞答等活动，使广大党员同志利用碎片化时间进行学习。温州分公司开通了"微党建"学习平台，自动生成学习考试题和自动阅卷评分，使党员的集中学习从"集体课"转变为"网上 + 掌上"课，从集中考试转变为"网上考 + 自己测"，进一步提升学习效果；湖州分公司利用"我是党员"微信群举办十九大精神学测考活动，机关党委每天围绕党章、党规等内容发布微信试题，党员们踊跃参与答题，通过微信"接力答题"的方式，党员学习教育不受时间、地域限制，做到随到随学、随学随考，增强了学习时效性和参与度。

"网络"党建工作注重业务"规范化"。公司探索构建立体化、交互式、多层级和广覆盖的党建信息化平台，党员管理对接地方党建系统平台，搭建了资料完善、管理规范的党务管理平台。一是党员管理规范化。通过网上党支部，完善党员登记，实现全系统党员信息实时登记录入。重点加强对党员发展对象、入党积极分子、预备党员等监管，对基础性材料实行动态控管。对党组织工作流程各个环节进行跟踪记录，对党员资料完整率、党费收缴率、未处理转接审批数等项目实行动态统计，实现对党务工作办理情况的实时监督。在全省倡导开通了党员微信、支付宝缴纳党费的实践。二是党务开展规范化。将党员发展、"三会一课"、组织生活会、民主生活会、民主评议党员等纳入动态数据管理，对关键工作、关键环节推行痕迹管理，实现了党建工作的实时监管和量化评价。温州分公司"微党建"平台开展网上民主评议党员，即使在党员外出培训、出差中，都可以通过手机远程点评和投票，充分保障党员的基本权利。三是支部活动个性化。全省 13 个基层党委、60 个党支部都分别建立了微信管理群，920 名党员全部纳入网络管理，杭州分公司探索建立了"网络党支部"管理模式，党支部可以把将要开展的活动在互联网平台发布，微信通知党员在线上发表意见、反馈活动开展情况，比如组织党员对低效站集中进行诊断帮扶、联合支部开展公益促销活动等等，个性化的活动增强了平台及微信的活力和党员干部的参与度。四是群团活动个性化。公司团委成立了"智慧 e"青年服务工作室，发挥"互联网＋加油站"思维，释放和扩大优秀青年的品牌效应，推动了支付宝、微信支付系统在加油站的落地，努力推动油站上量增效。工作室成功成为阿里巴巴集团员工加油卡的独家供应商。公司团委与浙江省直机关团委主动合作，参与研发推出智慧团青 APP，打造省直 150 家厅局、驻浙央企 14 万青年的沟通、互动平台。青年员工足不出户可以完成交友、资讯、理财、众筹等环节，昆仑加油卡已经上线智慧团青 APP，接受广大省直青年的网络下单办卡，受到广泛好评。

"云端"廉政建设注重管理"信息化"。我们认真研究和探索廉政惩防体系建设，搭建反腐败的"玻璃房子"。一是管理信息化。致力渠道建设、畅通群众诉求，在门户网站和官方微信上开通举报网站或举报电子邮箱。充分利用集团公司联合监督信息系统、党风工作信息系统、信访案件管理系统，建立省公司、分公司、库站三级信访举报数据库，实时对廉政风险疑似数据进行筛选甄别，实现廉政建设信息管理系统的互联互通。二是教育信息化。在两级党群工作人员的微信群"党群一家亲"平台及时转发分享"人民日报""中央纪委监察部""学习小组"等公众号发布的社论和相关解读文章，确保党委书记、党务工作人员，先学一步，学深、学透。在两级纪委书记、纪检干事组成的"浙油清风"微信群，转发《打铁还需自身硬》专题片，通过群随时随地交流观后感，打造党组织信任、群众信赖的纪检监察队伍。

传统企业文化注重传播"数字化"。公司党委在办好办精门户网站、《加油报》两个宣传主阵地的基础上，制定了《公司新媒体注册管理办法》，推进完成了包括"浙里油微"官方新闻微信的新媒体注册 46 个，形成以"省公司官微为核心，分公司官微为骨干，库站微信号为基础、工作微信群为补充"的"1+N"的矩阵宣传效应，为企业发展营造良好舆论环境。积极探索新闻官方微信与营销微信的互融合作机制，制作了"老头张益明的幸福生活""温州新城站的胖蜀黍叶时进""6S管理必修课"等不同主题、多种形式的微信专题52期，利用微信公众号为公司劳动模范、杰出青年、书画作品点赞投票，连续2年举办新媒体制作大赛，推出图文作品50个，3个新媒体作品在集团公司获奖。拍摄了《我知遇的青春》《十年》《老张》《"网"罗油站新生活》《七宗罪——浙江销售成长进阶全纪录》等微电影，上传到公司新闻官方微信、微博上，在腾讯、新浪门户网站进行分享，大力弘扬以"苦干实干""三老四严"为核心的"石油精神"，引发广大干部员工的热议，受到了广大网友的点赞。

五、大力推进企业党建工作与生产经营双促进

在践行"四合格四诠释、弘扬石油精神，喜迎党的十九大"岗位实践活动中，公司将岗位讲述活动与"两学一做"学习教育结合，与党员党性观念培养结合，与"增汽稳柴提非油"中心工作结合，公司6名党委委员带头参加"三联示范点"党支部岗位讲述活动，在讲述内容上，融入"增汽稳柴提非油"中心工作，"讲""做"结合，在讲述形式上，利用班前班后会、组织岗位事迹征文、党员风采大赛、党员微信群分享讲述先进事迹等，强化讲述的多样性和感染力，全年举办党员岗位讲述活动130场，参与党员数930人次。全省各级党组织结合实际，围绕影响企业质量、效益、节能降耗、网络开发、安全环保等关键环节，持续推进"六个一"党支部创建、两级机关党员干部到基层帮扶等主题活动，各级基层党组织建立党员责任区150多个、示范岗360多个，起到了很好的示范引领和带动作用。

六、围绕高素质干部队伍建设，提升基本能力

坚持在落实党管干部、党管人才上发挥政治优势。坚持管标准、管程序、管集体决定、管用人导向，强化党委在选人用人中的领导和把关作用。

制定完善中层干部管理规定、选拔任用、异地交流，以及股权企业派出人员管理等制度，科学选人用人管人机制逐步完善。坚持好干部标准，端正选人用人导向，注重选拔优秀年轻干部和成熟干部。探索实践分公司经理助理选任模式，从优秀站经理中选拔，周爱娣、曹慧、王仁友3位站经理走上了分公司经理助理岗位，发挥更大作用；从机关选拔有一定工作经验和良好职业素养的专业、年轻人才到基层担任经理助理、副总会计师，形成良好的用人导向。党政干部交叉任职，锻造一批既精业务又懂党务的高素质干部，3年来，提拔任用干部17人，调整交流干部97人，增强了基层领导班子战斗力。大力实施人才强企，三级培训机制逐步建立，员工队伍整体素质显著提升，加油站经理队伍得到持续巩固，库站一线员工队伍的整体素质不断提高，现有技师增至19人、高级工增至340人。推进管理人员公开竞聘，加大横向纵向交流力度，选派骨干站经理、优秀年轻干部到云南等兄弟公司，以及内部样板站挂职学习，搭建人才成长平台。

七、围绕促进和谐企业建设，做实基础工作

发挥群团组织优势，广泛调动全员积极性创造性。坚持全心全意依靠员工群众办企业，认真落实职工代表大会制度，强化站务公开。开展非油业务、加油站现场管理、油库管理等4次职工代表督导检查，发现存在的各类问题81项，提出建议意见97条，都由业务部门进行答复处理整改，有效保障广大员工的知情权、参与权、表达权和监督权。成立10个文体协会，广泛开展运动会、读书会、书画展等文体活动，丰富员工业余文化生活，给员工建"家"。员工参政议政机制不断强化，开展"五小"工程、"五型"班组、推行民主化管理，让员工当"家"。开展形式多样的劳动竞赛活动，营造比学赶帮超的浓厚氛围。公司获得3次优秀组织奖，红旗数在销售企业中名列前茅，55个集体和109名个人获得板块表彰，展示了浙江销售的良好形象。4年来发放劳动竞赛奖金2531万元。坚持党建带团建，持续开展"青年文明号""青年安全生产示范岗""青年创新创效"等主题活动，96家单位被评为省市级"青年文明号"，58人被评为省市级"青年岗位能手"，徐桂

芳被评为全国青年岗位能手、浙江省十大杰出青年。着力打造"智慧 e"青年服务工作室，在 42 个省级青年文明号加油站启动助推"最多跑一次"改革服务主题活动，广获政府和社会各界好评。成立 13 支青年志愿服务队，持续进行"学雷锋树新风·学铁人立新功"系列志愿服务，覆盖全省 175 座加油站，青年生力军活力充分展现。

坚持以人为本原则，持续推进幸福和谐企业建设。把公司发展同员工成长相联系，坚持为员工谋福祉，让发展成果最大程度惠及员工。坚持"好事办好、实事办实"，与生产经营同布置、同落实。建立覆盖全员的带薪疗养、健康体检等福利保障体系。累计 1865 人次享受带薪疗养，疗养支出 615 万元。修订《公司扶贫帮困管理办法》，成立专项基金、健全困难职工档案，形成组织体系完善、帮扶体系健全、救助方式多渠道的三级帮扶救助网络，解员工燃眉之急，累计慰问困难职工近千人次，发放慰问品和慰问金 300 万元。定期开展职业病检查，重点做好基层库站员工的防护工作。连续 3 年调整完善基层薪酬体系，增加吨油工资，提高技能津贴，加油站员工收入从 2015 年的 48684 元增长到 2017 年的 57122 元，年均增长 5.78%。完善企业年金、补充医疗保险等制度，2017 年补充医疗保险覆盖全员，理赔 138 万元，1600 人次受益，员工获得感、幸福感、安全感得到稳步提升。公司积极参加"低收入农户奔小康工程""浙江青年诚信行动""央企在浙江，反哺社会情""春苗爱心助学"等活动，热心社会公益事业，让中国石油成为民众点赞、社会尊重的企业。

推进新体系 实现新发展

福建销售公司

福建销售公司以"6S"和"基础工作1.0体系"建设为中心,持续规范基层基础工作,是公司近年来推进基层建设的特色手段。

一、体制机制建设

1. 从2015年起强力推进以"6S"为中心的基层建设。公司出台了《6S管理办法》,按照"统一领导,归口负责,分级管理"的原则在全公司推进,并纳入公司业绩考核指标体系,委托第三方开展经常性检查,按照公司相关规定进行考核。

根据办法,公司分级成立"6S"推进领导小组,由主要领导担任组长,下设多个小组,分别负责机关、加油站、油库的6S推进工作。在"6S"推进的第一年,公司领导几乎每月召开一次会议,专题研究该项工作。日常工作由一名班子成员分管。经过初期3个月的强力推进,福建公司机关、库站迅速按照6S要求初步整理到位。经过近4年的强制执行,6S已经成为福建公司所有员工、日常工作的基本标准。

2. 从2017年下半年起精心打造基础工作1.0体系。以迎接厦门"金砖"会晤为契机,分地市公司机关、加油站油库两个层面,对基层单位基础工作进行全面清理、规范,打造公司基层基础工作1.0版本。金砖会晤结束后,召开金砖会晤及公司基础管理推进会,启动公司基础管理1.0建设。组织公司各个地市赴厦门学习,复制推广公司基础管理1.0体系。根据公司总体安排,2018年底将总结1.0体系,推出2.0版本;2019年将推出3.0版本。通过三年努力，打造福建公司精细管理体系。

二、基层队伍建设

1. 支部建设。2013—2017 年，公司共有支部 57 个。从 2013 年起，在所有支部推进样板支部，即根据企业基层支部的主要工作内容，对其基础工作的内容、标准、最终痕迹、硬件配备等进行明确规范、建立样板。2015 年召开了现场会，在全公司 57 个支部全面推广，当年全部推广到位。2018 年，根据实际工作需要，对 57 个支部进行了调整优化，目前初步设置为 38 个支部。

2. 骨干建设。对油库、加油站的负责人实行绩效考核、末位淘汰制度。从 2011 年起，公司全面启动"大学生培养计划"，每年都有意识地招聘一批大学生，充实到基层库站，将其优秀的人员逐步选配到加油站、油库经理岗位。2018 年又与泉州理工学院汽车与化工系签订战略合作协议，每年将从该学院引进 100 名毕业生，补充到库站队伍，作为未来库站基层组织负责人培养。

3. 队伍建设。高度重视基层队伍建设、基层员工成长。规定所有机关干部的提拔，必须要有基层库站工作经验，且担任一年以上基层库站负责人。所有新进员工，必须先在基层库站工作一年以上，才能选拔到两级机关。从 2011 年起，将有限工资向基层倾斜，连续 3 年提高一线收入的竞争力，目前基层已经实现一线员工收入略高于市场同行。

三、素质提升

1. 落实培训措施。全面启动培训体系建设，每个地市建立培训中心，省公司建立省级培训中心；由省公司统一开展培训课题建设，目前已经建立了覆盖所有工种、持续更新的培训题库；根据题库，依托当地培训中心，每年持续开展员工培训，提高一线操作技能。

2. 开展技能竞赛。连续 4 年举办开口营销技能大比武。大比武分油站、分公司、全省 3 个层面开展，与地方工会、团委联办，对于取得优异成绩的选手，授予福建省青年岗位能手称号。

3. 深化读书活动。集团公司开展百万图书下基层活动，丰富了员工的业余生活。目前福建销售公司为每个油站都建立了图书角，各油站很重视，管理也很规范。但从实际效果看，员工借阅的不多，不少书基本没有看过。建议集团公司利用微信等新媒体，开发网上图书馆，供员工方便阅读，并可以降低成本。

四、工作设想

今后 3 年，公司将继续贯彻整体安排部署，切实加强基层基础建设工作。一是结合"6S"管理，继续推进公司基础管理 1.0、2.0、3.0 体系建设，切实提升公司精细管理水平。二是结合专题教育，继续推进公司样板支部建设，突出服务生产经营，切实发挥党员先锋模范与支部战斗堡垒作用。三是结合公司生产经营需要，继续推进公司技能大比武，持续提升员工业务能力，并与典型选树相结合，推进更多先进竞先迸发。

发扬优良传统　丰富建设内涵
为质量效益发展夯筑坚实根基

宁夏销售分公司

宁夏销售分公司深入学习贯彻习近平新时代中国特色社会主义思想和党的十九大精神，紧紧抓住基层建设这个关键环节不动摇，不断创新工作思路、改进工作方法、丰富工作内涵、狠抓措施落实，做到了"像抓经营销售一样抓三基工作"，推动了企业综合实力的提升。

一、健全制度，落实责任，切实提升基层建设规范化管理水平

基层建设是一项复杂的系统工程，涉及诸多方面，与企业各项业务工作密切相关，是各级领导班子和机关部门的共同职责。一是健全工作体系，落实工作责任。自上而下健全完善公司基层建设的领导体系，明确了基层建设的主管领导和主管部门，由加油站管理处牵头，各业务部门分工负责、密切协作，形成了加强基层建设的工作合力。今年七月份，公司还将召开以基层建设为主题的专题工作会议，把基层建设作为一项系统工程进行整体安排，明确工作目标、实施步骤和主要措施，明确责任和标准，强化监督和检查，建立推进基层建设的长效机制，确保各项任务目标得到落实。二是完善管理制度，规范工作行为。以强化加油站规范管理精细管理为根本，从技术进步和管理实际需求出发，持续建立完善围绕加油站基础管理的基本制度，共制定涵盖运营管理类、油品及经营管理类、安全管理及风险防控类、财务和资产管理类、加油卡及客户服务类、非油经营管理类、党工群团类、员工管理类、信息化管理共9个类型的78项管理制度，形成了一套科学完整的制度体

系，为全面强化基础建设工作奠定了坚实基础，特别是在加油站形成了简明清晰的岗位职责、简捷严密的工作程序、科学规范的工作标准，做到人人有专责、事事有人管、过程受控制、工作高标准。在此基础上，全面抓好学习教育工作，坚持和落实岗位责任制，各专业线坚持经常性的督促检查，坚决维护各项规章制度的权威性，坚持做好"规定动作"，杜绝"自选动作"，创造良好的严格执行文化氛围，不断提高队伍的执行力。

二、强化力量，创新方法，充分发挥基层党支部战斗堡垒作用

注重发扬优良传统，不断赋予基层党建工作新内涵，使这一传统在新形势下得到了创新和发扬，在促进基层建设方面更好发挥作用。一是完善基层组织，增强工作力量。严格落实"四同步"的原则，做到终端零售业务拓展到哪里，党的基层组织就建到哪里，党的工作就开展到哪里，实现党的组织和党的工作全覆盖。2017年1月组织召开公司第二次党代会，完成两级党组织换届工作，专题研究部署企业党建工作。坚持"三同时"原则，基层党组织健全率、覆盖率达到100%，设置二级党委12个、党支部52个、党小组141个，各级党组织专职书记、副书记达到136名。除了在所属全部加油站片区建立区域化党支部外，还逐步在全部万吨级站内健全了党小组，在5000吨级以上站配备了党员，实现了党的组织全覆盖；片区党支部全部配备专职党支部书记，并且将能力强、作风实、业绩好的优秀加油站经理充实到党支部班子中，建立完善起一支支过硬的支部班子，将支部建设同加油站经营管理工作紧密结合、有效融入。在地市分公司增设党建工作部，把政治思想好、业务素质高的23名优秀人员调整到党建工作部门，进一步充实了党建工作力量。各党支部十分注重在基层发展政治素质好、业务能力强的新党员，一大批符合条件的加油站经理、班组长、技术能手和业务骨干成为党的新生力量和企业发展的骨干力量。二是完善党建制度，落实工作责任。像落实岗位责任制一样层层压实党建工作责任，制定党委班子成员职责、党委落实主体责任规范、星级基层党组织评定、党建工作考核、基层领导班子考核、党建述职评议考核等一系列制度，形成了基本完善的公司党建工作制度体系。对基

层党建工作，先后建立完善党支部建设规范、党建基础资料台账模板、党员佩戴党徽有关规定、党员组织关系转接程序等制度和规范，内容涵盖 12 项基本制度和党委 14 盒、支部 13 盒基础资料，基层党组织促进发展、服务员工的机制已经形成，能力进一步提升。三是创新工作载体，促进作用发挥。树立起党的一切工作到支部的鲜明导向，扎实开展"六个一"党支部创建活动，以支部为重点推动党建工作项目化管理，以项目化推动党建工作"精准化"，2018 年各党支部共申报立项党建项目 49 项，内容涵盖经营管理各方面，使党支部工作有效融入中心、服务大局。持续组织开展"六个一"标准化党支部创建活动，全部党支部健全活动场所；固化"三联"责任示范工程、优秀党员示范工程、党员承诺践诺评诺等做法，设立党员示范岗 45 个、党员责任区 303 个、党员先锋岗 181 个、三联责任点 397 个，构建了创先争优长效机制。加油站片区党支部以党小组和党员先锋岗、党员责任区为载体，采用"请进来、走出去、树样板、勤交流"四步工作法，挖掘潜在客户，提升油品销量，充分发挥了党支部在急难险重任务中的组织保证作用。"请进来"即邀请专业人员到支部授课，为党员讲解油非销售专业知识；"走出去"即组织支部党员到区内优秀加油站观摩取经、开拓眼界；"树样板"即在支部范围内打造样板站、样板店，成为支部培训示范基地；"勤交流"即利用微信群，引导广大党员在学习党建知识的同时，分享先进的销售理念和经验，取长补短、相互促进。

三、搭建载体，科学管理，不断夯实发展基础提升管理水平

加油站作为最基本的经营单元，是增量的基础，创效的基础，更是竞争的主体，建设更有质量、更具活力、更加和谐的地区销售公司关键在加油站。一是以"顾客在我心、服务看我行"基础管理提升年活动为抓手全面提升加油站基础管理水平。以持续推进和不断改进"顾客在我心、服务看我行"基础管理提升年活动，加油站考核项目主要分为加油站基础管理考核和客户满意度评价两部分内容，实行千分制考核，加油站基础管理考核主要以现场检查考核的方式进行，客户满意度评价考核以加油卡客户满意度评价、

神秘顾客检测、95504 客户投诉、视频扫站相结合的方式进行，其中加油站基础管理考核类包括加油站现场及服务管理、设备设施基础管理、加油站运营管理、非油业务管理、财务管理、卡业务管理、安全管理等 7 项涵盖加油站管理全方位的内容。公司已经连续 3 年在全部运营加油站开展基础管理建设年劳动竞赛活动，通过加油站自查、地市分公司检查、区公司考核的方式实现了"三个全面"，即全面落实日常细节管理要求，提升加油站服务水平，树立良好的中国石油加油站窗口形象；全面落实"三起来"标准，做到微笑服务笑起来、开口营销说起来、十三步曲做起来；全面对照服务承诺，践行"诚信、创新、业绩、和谐、安全"的中国石油核心经营理念，切实解决成品油销售企业因点多、线长、面广而造成的服务标准不统一问题，形成大团队带小团队，小团队帮大团队的格局。二是以加油站经理论坛为抓手改进和提升加油站基础管理水平。持续 3 年开展加油站经理论坛，定期为基层经理人搭建的舞台，交流经验、汇报成果、分享体会、展示风采，共同研究探讨改进和提升加油站运营水平的努力方向以及有效措施，鼓励基层经理人把聪明才智与实际工作紧密结合起来，通过大胆探索、精心实践，把一个个小思路、小灵感创造成一个个好方法、好经验，把一座座小油站打造成一个个创新、创意和创效的大平台。三是以 HSE 标准化建设为抓手强化加油站安全环保工作基础。把强化安全环保基础工作作为加强基层建设的重中之重。健全完善了安全责任管理体系，积极推行"有感领导、直线责任、属地管理"的安全管理理念，强化业务主管部门安全管理责任，完善安全管理职责范围和责任清单，健全绩效考核结果与安全履职能力评估、职务晋升、奖励惩处挂钩制度。大力推进 HSE 体系建设，开展全覆盖的体系审核和基层库站 HSE 标准化建设，不断提升 HSE 体系的管理和运行水平。加大技防设施投入力度，完成全部库站油气回收治理、推进全部加油站双层罐改造、全部库站安装高清视频监控系统、全部重点城市站安装防爆阻隔装置、全部加油站安全生产设备设施和可燃气体报警器检测。健全生产受控体系，突出抓好规范化管理，强力执行岗位操作规程，完善应急预案体系，开展全员岗位风险辨识活动，常态组织开展施工现场、库站设施设备、加油站"八小"和杜绝项问题、重大节假日和特殊时期等专项检查，今年"安全生产月"期间，组织开展全员的"大讨论、大教育、大排查"活动，有效防范了"三违"行为，提升了库站本质安全水平。

四、完善管理和服务机制，有效激发基层队伍活力提升队伍素质

牢固树立"加油站的管理代表公司的管理，加油站的形象代表公司的形象，加油站的作风代表公司的作风，加油站员工的素质代表公司的素质"的工作理念，建立"一切以加油站为中心"的管理机制和服务机制，把加油站经营管理作为基层建设的重点，想问题、作决策、抓落实以加油站是否欢迎、是否支持、是否满意作为出发点和落脚点，全方位提升加油站竞争能力和创效能力的同时，有效激发基层队伍活力，提升队伍整体素质。一是干部在油站成长。深化干部人事制度改革，确立了管理干部主要从加油站经理人队伍中选任的用人理念，完善和突出领导干部主要来自基层库站的选拔聘用机制，注重选任党委选人目标和群众推荐结果相一致、经过基层全方位锻炼的年轻干部，坚持把经历过油站多年锻炼、实绩突出、群众公认、基本素质好、发展潜力大的站经理培养成后备干部，并且逐步培养选任为基层管理岗位的干部，让更多优秀的站经理脱颖而出、有位有为。把畅通加油站经理成长通道、提高加油站经理待遇作为重点，全面推进加油站经理积分制，通过对站经理实施积分量化评价、星级动态管理，科学评价站经理工作业绩，客观反映实际工作能力，构建起站经理贡献与薪酬和发展挂钩的职级与薪酬体系，让更多有能力、有担当、有业绩的站经理努力有方向、奋斗有动力。二是作风在油站转变。完善领导班子成员挂点地市公司和主要大客户、管理干部挂点高效站、两级机关员工驻站跟班三项制度，推进两级机关工作人员驻站跟班工作制度。规定机关工作人员每年到加油站驻站时间不少于40天，驻站期间直接编入加油站班组值班，充实一线工作力量，提高劳动效率。三是激励向油站倾斜。建立起效益效率与全员奖金紧密挂钩的长效机制，按照集团公司工效挂钩要求，全面树立"效益升、薪酬升，效益降、薪酬降"的分

配理念，建立并完善"重业绩、重效益"的考核和薪酬分配制度。地市公司层面，在深入推进油品销售吨油含量兑现和非油销售收入提取兑现制度的基础上，将利润考核主体由地区公司细分到 6 个地市公司，地市公司利润完成情况与绩效奖金 100% 挂钩，完不成利润目标的按不同程度比例扣除地市分公司领导班子成员月度奖金。加油站层面，完善单站核算制度和类别评定制度，全面推进单站业绩考核，落实吨油奖金含量和百元商品销售收入奖金含量提成制度，加大超目标任务销量的奖励力度，直观体现"凭贡献挣收入，干多干少不一样"。四是效率在油站提升。以针对性的油卡非润一体化促销活动、"一站一策""一客一策"等措施，运用全流程诊断与优化、优化排班、加油提速等方法为抓手，着力培育高效站点。以运营天数管理为抓手提升运营效率，重点抓好检维修项目、油气回收治理和油卡非润一体化改造项目天数管控，2017 年 318 座运营站全年实际运营时率达到 98.1%，单站运营349.6 天。以全流程诊断与优化为抓手提升服务效率，以委托经营、家庭经营和租赁经营多种模式治理双低站，支持更多服务力量转向高效站点。五是管理在油站强化。动态推进加油站类别评定制度和站经理分级管理制度，以加油站创效能力为基础，以纯枪销量、人均销量、非油收入、吨油利润、量效增幅为考核内容，将站经理薪酬待遇、成长通道与加油站效益紧密挂钩。加油站类别每年评定一次，站经理待遇每年相应调整一次。一类站经理岗位基薪工资和奖金，高于科级干部一个档次；二类、三类、四类站经理分别执行科级干部、副科级干部、科员待遇标准，通过同步调整，引导站经理"算账"销售、精细管理、效率运营。六是人才在油站培养。扎实推进重点人才"三个一"工程，即选育一批优秀加油站经理人队伍、一批专业技术人才队伍、一批企业综合管理人才队伍，尤其是在选育一批优秀加油站经理人队伍方面，制订专项培养计划，实行多种平台、多种方式开展业务培训，集中办好站经理轮训班和骨干示范培训班，坚持走出去学习交流和挂职锻炼提升能力水平，切实提升新形势下加油站经理的专业思维、专业素养和专业能力；同时，理顺市场化员工薪酬待遇，完善优秀市场化员工留用机制，大力选拔优秀市场化员工充实到加油站经理队伍，全面提升增量创效、策略执行、现场管理、客户服务和团队建设的能力。我们还将加油站班组长队伍建设作为推动企业可持续发展的重要力量，不断加大着力培养和提拔使用力度，在基层加油站将销售任务分解到班组，再由班组长将销售任务细化到员工个人，将工作考核落实到员工个人，将奖金分配精准到员工个人已经成为一种受到基层员工普遍欢迎的工作方法，任务目标层层分解，优秀员工脱颖而出成为常态，近年来，公司新充实的加油站经理人，90%以上是从加油站班组长岗位选拔而来。不断加大培训工作力度，依托职业技能鉴定站，建立了现代化的员工培训基地，组建了50余人的专兼职培训师队伍；各二级单位也从实际出发，因地制宜地加强培训示范站和培训示范库建设，加强全员业务知识培训，员工培训率达到100%。同时，在培训上引入竞争和激励机制，对优秀岗位人员优先培训，核心骨干人员强化培训，业绩突出人员重点培训，并把各种理论学习、实际操作、模拟演练、技术比武等作为经常性工作来抓，使员工队伍中涌现出一大批技术能手和岗位明星。持续开展员工职业技能鉴定，一线员工持证上岗率达到71.2%，其中高级工达到458人。持续组织好全员读书活动，定期为员工推荐图书，定期组织读书心得交流和各类知识竞赛，激发和调动员工读书学习热情，使员工在学习中进步、企业在学习中发展。七是条件在油站改善。推进员工健康工程，全面落实员工定期体检、健康疗养、带薪休假等制度，深化"五小工程"建设，完成全部库站"洁净浴室"和"放心厨房"建设、供暖锅炉改造，解决干旱和偏远地区员工安全用水问题，开通 WIFI 信息网络服务，持续改善员工工作生活条件。落实员工民主权利，规范党务公开、厂务公开、站务公开，充分发挥好"党委书记和总经理信箱"在集聚民智、沟通民意、化解矛盾方面的作用，构建起和谐的劳动关系。

加强基层建设　推进管理提升

贵州销售公司

贵州销售公司围绕基层党支部建设这个核心，创新思路，改进方法，抓基层、提素质、补短板、强管理，有力促进了基层建设水平的提高。

一、体制机制建设

按照"四强"党组织建设要求，根据 2017 年对分公司领导班子的调整及基层党组织机构调整结果，对 10 个分公司党委、总支委委员进行明确，修订了基层党组织工作条例，进一步明确了基层党委、总支部、支部工作职责。加强公司机关党委自身建设，改选了公司机关党委，明确了机关党委书记，调整了机关党委委员，改选了机关支部。同时，结合地市公司升级版打造，强化加油站联合党支部建设思路的灌输，各单位结合各自实际，本着有利于开展工作的需求，对原有的油站党支部进行了调整和重新设置，探索和尝试建立加油站联合党支部 33 个，使基层党支部覆盖到所有加油站。此外，结合分公司机构调整，对 10 个分公司党建、党群岗及其职责进行了明确，保证了基层党组织工作机构的落实，有效提升工作服务水平。

在基层组织上，坚持问题导向，切实找准存在的突出问题，提出整改措施，补齐短板。一是强化政治功能。加强机制、阵地、力量等工作保障建设，强化"三会一课"，突出党支部活动的政治性、严肃性，夯实基层党建工作。二是健全党的基层组织，优化支部设置，全面推行"双向进入、交叉任职"，按时换届，支部书记与行政负责人"一肩挑"达到 90%，较好地形成了协调运转、有效制衡的决策和治理结构。三是发挥党员窗口示范作用，深入开展"做合格党员我先行"党员先锋行等主题实践活动，让党员亮身份、树形象、作表率，有效增强了基层党支部的吸引力和影响力。四是增强基层活力。创新学习、活动开展方式方法，引导广大党员干部积极参与，切实增强基层组织的凝聚力。

在加强基础工作中，一是建立"三基"工作制度，健全完善推动"三基"建设责任落实的工作手段和方法，实行"半年一考核、年度一考评"工作制度，重新制定了"三基"工作联系点制度和各党支部"三基"建设年度汇报工作制度，及时通报典型做法，督促检查责任落实，认真总结阶段性工作。二是配套建立加强"三基"建设工作台账，进一步细化工作进展及完成时限，实施"挂账销号"，确保各项任务件件得到落实，推动"三基"建设按既定方向和要求扎实开展、取得成效。三是健全规范机制流程。在健全完善部门机构、界定各部门职责、明晰工作流程的基础上，逐步完成对岗位职责及运行流程的编制，实现事事有人管、人人有专责、处处见规范。四是全面推行精细管理。重新检视现有制度，做好修订、制定和完善工作，实现靠制度管人、按流程办事、推进管理提升，用改革创新的精神，切实把制度短板补起来。

在基本能力提升上，一是强化培训。根据岗位不同，针对性地加强教育培训，提高专业知识水平，更有效地履行职责。二是注重实践锻炼。先后组织召开了学用习近平总书记系列重要讲话精神、维护核心见诸行动主题教育、"三基"建设等推进会，会前总结提炼好做法好经验，会上交流学习心得，会后实践应用。三是坚持对标一流。学习借鉴同领域、同行业、同专业中一流的管理经验、能力和水平，对标一流，提标升级。四是注重发挥新媒体作用，发挥党务工作QQ群和党员微信群作用，通过不断深入的学习教育，广大党员干部的思想觉悟和理论水平不断提高，政治理论素养和党性修养得到持续提升，理想信念更加坚定，政治意识、大局意识、核心意识和看齐意识有效增强。

二、基层队伍建设

认真贯彻落实集团公司党组关于党建"三同时"和"生产经营延伸到哪里，党的组织就建到哪里"的要求，聚精会神开展基层领导班子建设和加油站联合党支部建设，目前我们已经在两级机关和 10 个分公司组建 35 个加油站联合党支部，成为企业生产经营活动的骨干力量。

以基层为工作重点，统筹两级机关管理人才、加油站经理人队伍、操作技能人才队伍建设，建立基层人才引进、培养开发、选拔任用、激励保障机制。一是继续组织好大学生招聘和培养工作，首次通过网上招聘，完成两批次共 28 人的大学生招聘工作，并建立新招大学生培养机制，实施导师带徒"3+1"培养模式，帮助统招大学毕业生尽快完成身份转变，有力地促进了基层人才的培养。二是拓宽加油站经理发展通道，建立专家型加油站经理人，制定了《中国石油贵州销售公司专家型加油站经理人队伍建设实施方案》，选聘了李光梅、王小静、徐艳、苏远自等 4 名站经理为专家型加油站经理人，并通过成立专家型加油站经理人评审委员会，对专家型加油站经理人进行动态管理，定期考核。通过运行，专家型加油站经理人在站内业绩、"师代徒"培养目标完成、培训授课效果、经营管理合理化建议、工作管理法创建和专项课题研究等方面都取得了预期的效果。三是加强专业技术职称评审管理，坚持标准，规范程序，全面推行评价结果公示制度，做到评审、申报公开透明，完成了 29 名涉及工程、政工、会计、统计、审计类等专业技术系列的初级、中级、高级职称的评审和申报。四是持续加强核心骨干人才培训。以支持和保障生产经营主营业务为重点，设立重点培训项目，拓展培训方式，完成了加油站服务示范队能力提升、HSE 管理提升、安全资格证取证和一线员工上岗持证等项目的培训，全年培训内容涉及 13 个专业线、33 项、40 期、约 2000 人参加了培训。同时，利用中国石油远程培训网，认真落实板块组织的远程培训项目 3000 多人次。五是继续抓好职业技能鉴定工作，严格执行质量管理体系建设要求，加强考评员队伍建设，强化鉴定服务过程控制和质量提升。围绕油品储运调和操作工、油品计量工、油品分析工和加油站操作工 4 个工种，开展初、中、高级工的技能鉴定，全年共有 255

人通过了鉴定，其中初级工 116 人，中级工 106 人，高级工 33 人；合格率为 53.8%，其中初级工合格率为 53.5%，中级工合格率为 55.8%，高级工合格率为 49.3%。合格率 79.4%，较往年合格率提高了 11%。六是积极迎战 2015 年销售系统"开口营销"服务技能竞赛，通过普选、封闭强化训练、淘汰赛的层层选拔，最终从 ×× 人中选拔出 6 名选手参赛，取得丰硕成果，1 名选手获得银牌，3 名选手获得铜牌，1 名选手获得优秀选手奖，同时，还获得优秀班组奖。

通过搭建微信党课、微信党小组会、开设网上党课等学习平台，创新党员组织生活形式，解决了一线库站党员分布距离远、难集中的学习难题，营造了党员受教育、守纪律、讲规矩的氛围。按照中央提出的"控制总量、优化结构、提高质量、发挥作用"的党员发展总要求，控制党员发展指标，严把党员发展入口关，严格培养考察程序，提高党员发展质量，全年确立入党积极分子 80 名，发展党员 38 名，按期转正预备党员 35 名，3 名预备党员延期转正预备党员 3 名，取消预备党员资格 1 名。定期开展党员评先选优活动，党员的先锋模范作用得到有效发挥。涌现出李光梅、王小静、苟小亚等一大批集团公司、公司级各类先进个人。

三、先进典型及荣誉

公司十分重视典型选树工作，创新方法、活化载体，通过定制度、抓试点、立标尺、补短板、强宣传、勤关爱等措施，选树了观山、夏云、南湖加油站和贵阳油库等一批具有贵州特色的先进典型，总结提炼了"提篮销售工作法及 30 个怎么办""联合党支部五联带动工作法及 50 个怎么办""三定八步客户开发工作法""五精四细一讲评"精细化管理经验等一批立得住、叫得响的先进典型和经验，形成了典型千帆竞发、员工百舸争流的生动局面。

对库站进行模排，对整体工作不错，但某一项或几项工作有提升空间和潜力的库站，通过与规范对标、与系统内一流水平对标、与同行业先进指标对标的方法，制订整体提升计划菜单，设立"基本指标、跳脚指标、先进指标"，形成螺旋式上升的对标提升目标，指导库站对照先进找差距，瞄准一流补短板，逐项完善，并不断固化保持，长期坚持形成习惯。观山加油站总结出了客户开发"三定八步法"和"1∶20客户维护回访机制"，涌现出6名公司级技术能手，2名贵州省省级技术能手，1名集团公司级优秀青年、功勋站经理，培养出了10名加油站经理。启动了"联合党支部"创建，提炼出"五联带动工作法"，总结出"加油站联合党支部50个怎么办"等典型经验。湘江站当年实现了8平米非油销售300万元的惊人业绩，"提篮销售"工作法赢得了板块认可，并获得板块2016年度营销"金点子"奖。针对交流学习的加油站"怎么学、怎么用"，总结出"提篮销售30个怎么办"并编印成册。在学习宣传"提篮销售"经验的同时，公司鼓励各加油站争做先进、赶超先进，通过激励引导，甲秀站结合实际演绎出"挎包销售"，环东站把握客户需求创造出"推车销售"，五里冲站适应道路改造采用"板房销售"等等，出现了老典型与时俱进、新典型不断涌现的可喜局面。夏云加油站认真找准发展"坐标系"，明晰现场服务"四项推介"、商品陈列展示"五类堆头"，确立主打"五特"营销牌（打造旅游特色，做精服务；适应特殊环境，擦靓招牌；突出地方特产，精选商品；利用高速特点，提高效率；实施特别激励，提升动力），运用"四细四强一讲评"工作法，顾客进店率大幅提升，非油收入连续5年以57%的速度增长。这些加油站先后获得"全国青年文明号"，贵州省"五一劳动奖状""工人先锋号"，中国石油"百面红旗标杆站""千队示范加油站""基层绿色库（站）"等称号，演绎出"贵州精彩"。

四、基层素质提升

认真贯彻落实集团公司、销售公司的工作部署及总体要求，牢牢把握销售业务的培训需求，抓好重点培训项目的组织实施，对集团、销售公司安排的培训项目逐项落实，保证按计划完成培训任务。及时选派员工参加集团公司、销售公司组织的各类培训班，仅2017年就有80个，140余人次。每年制定下发《培训计划与培训要点》，计划内容涉及14个专业线、34项、52期、约1800人，基本覆盖了公司各专业线业务，培训计划完成率100%，新增培训计划5项，完成率100%。各基层单位按年度培训计划，及时组织实施，共计完成培训 140 期 2200 余人次，全部通过考试考核。

不断拓展培训方式，提高全员培训质量。一是继续利用中国石油远程培训网开展培训工作，认真落实板块组织的远程培训项目。推广远程培训手段积极依托中国石油远程培训网络，开展加油站经理岗位认证工作，安全作业许可审批人资格认证工作等，推动了资格认证工作的顺利进行，并指导分公司利用远程培训网络开展各自培训工作，加强了远程培训的推广力度。以加油站经理资格认证远程培训班和岗位资格认证远程培训班为契机，大力推动了远程培训方式的应用实施，切实提高了培训效率和效益，降低了培训成本，推动了培训工作的创新发展。二是抓好重点培训项目实施，持续加强核心骨干人才培训。公司培训项目继续以支持和保障生产经营主营业务为重点，设立重点培训项目，包括加油站服务示范队培训班、HSE 培训、安全资格证培训班和一线员工上岗资格证培训班等，重点培训项目紧扣公司发展主题，把握公司各项业务发展方向，有效解决发展过程中的人员素质和技能参差不齐问题。三是建立兼职培训师队伍，提高培训自我保障能力。通过内部强化和外送培训形式，从中油碧辟挂职干部、各专业线业务骨干、职业技能鉴定优秀考评员中选拔建立兼职培训师队伍。建立和完善培训师管理办法和考核制度，举办内训师培训班，对选拔出来的培训教师进行授课技巧、语言表达、课程设计等内容的专业培训，在具备条件的情况下外送到相应机构或培训项目中进行针对性培训，促进培训师授课质量的提高。对参加过国家或上级单位重点培训项目的人员送上讲台，让他们把学到的知识传授给其他员工，扩大培训覆盖面和影响度，提高培训效率，降低培训成本。四是开展岗位练兵、技术比武活动，引导基层人员走岗位成才之路。公司连续 2 年举办了加油站经理人服务技能大赛，2017 年底又参加了销售公司第二届加油站经理人论坛，部分单位也组织开展了小范围技术比武活动，活动充分营造了"抓学习、促培训、精技能、提素质"的浓厚氛围，为提升基层员工队伍业务技术素质，检验一线员工的理论水平和实际操作技能提供了一个好的平台，引导员工钻研技术、岗位争优，形成"比、学、赶、帮、超"的工作氛围，使得基层员工操作技能水平和整体素质得到了提高。

突出特色抓管理　优质服务求实效

山西销售公司

为全面摸清基层建设情况，山西销售公司结合公司实际，认真组织了基层建设调研工作。通过这次调研，掌握了基层建设工作现状，摸清了基层组织建设、队伍建设、员工基本素质建设现状，为进一步抓好新时期基层建设工作打下了坚实基础。

1.体制机制和基层建设得到进一步优化。健全完善基层党组织机构设置，完成基层党组织优化设置和换届选举，将 6 个基层党总支全部升格为基层党委。完成了 77 个党支部的换届选举，修订完善基层党组织创先争优和党员目标管理办法，党组织的政治核心、战斗堡垒作用和党员的先锋模范作用得到充分发挥。在体制瘦身方面，山西销售深入贯彻落实集团公司工作会议精神和有关政策要求，坚定不移地打好瘦身健体、提质增效攻坚战。针对部分职能处室业务交叉重叠的问题，撤销仓储分公司、培训中心、数质量管理中心和物资采购中心，将对应职能分别纳入到物流管理处、人事处、质量安全环保处和企管法规处，将原有的 13 个处室、5 个附属机构与 1 个专业分公司优化为 14 个处室，实现了相近业务深度融合，用数字"减法"换来管理效能"加法"，形成了机构精简、运行顺畅、管理高效的组织结构体系。修订完善加强基层建设的相关方案，修订完善改进工作作风，服务基层、领导干部调查研究，党务公开等制度，持续开展机关作风建设活动，两级机关作风建设不断得到加强。认真组织开展两级机关干部下基层实践活动，既帮助基层解决实际问题又锻炼了实际能力、增进了与基层员工的沟通与理解。

"五型"班组创建 3 年达标率达 90%，侯马油库荣获集团公司基层建设

"百个标杆单位"荣誉称号，太原 28 站被命名为"中国石油十大标杆加油站"，太原 35 站被集团公司授予"先进集体"荣誉称号。

2. 领导班子和队伍建设得到进一步增强。不断强化领导班子建设，及时充实调整所属领导班子，5 年来中层干部提拔 30 人次，交流 61 人次。"能上能下、能进能出"是山西销售人才队伍建设的创新做法。2017 年首次推行所属各单位领导班子副职"摘牌选秀"，以领导胜任能力测试、业绩访谈与近 3 年的年度测评结果评价为主要方式，对 31 人进行履职能力测评，并结合各单位党政主要领导的"摘选"意愿，其中 25 人被成功"摘选"，有力地激发了领导干部队伍的整体活力。率先在省公司机关开展"五定"工作，机关岗位定编 116 个，其中一般管理岗位 76 个。对机关一般管理岗位人员实施"全体起立，重新竞聘上岗"。借助第三方人力资源公司，以任职资格评审、胜任能力测试、无领导小组讨论等方式进行综合测评，按综合测评结果由用人处室择优选用。机关一般管理人员从 123 人减少到 76 人，减员率 38%，人浮于事的现象得到有效遏制，员工工作面貌焕然一新。与此同时，山西销售还积极畅通"上"与"进"的渠道，制定了《后备人才选拔和培养实施办法》，重点从"劳动模范""管理能手""岗位标兵"等英模群体中选拔人才，并面向全系统，借助专业人力资源公司，公开招聘油库物流、工程建设和数质量等专业管理人才，达到了"开渠引流活水来"的良好效果。

3. 新闻宣传和典型选树得到进一步完善。新闻宣传有声有色，各级骨干通信员笔耕不辍，"一网一微"不断释放正能量。建立地企、媒企沟通合作机制，成功处置化解多起新闻舆情危机事件。精神文明创建成果丰硕，集团公司"十大金花加油站经理"李霞的事迹在公司进行了巡回宣传演讲、"最美加油员"陈银平的事迹在公司内网进行了展播。勇于承担社会责任，"服务接力、助力三夏""对口扶贫"等活动得到集团公司的充分肯定以及省市政府、社会公众和媒体的高度赞誉，公司被授予山西省"诚信经营"领军企业，太原、大同、晋中、长治、晋城和临汾等分公司被授予"诚信经营模范企业"，48 座加油站被授予"诚信经营示范站"，43 名员工被授予"优质服务标兵"等荣誉称号。先进模范典型不断涌现，示范引领作用充分彰显。

2012 年以来，公司及所属单位、个人荣获上级各类荣誉 120 多项，形成了以集团公司"十大金花加油站经理""优秀共产党员"李霞，销售系统"十大模范加油站经理"岳树峰，股份公司"十大加油明星"陈银平，"全国五一巾帼标兵"、公司"劳动模范"房桂萍，公司"劳动模范"曹旭等为代表的英模群体。

4. 基层素质和员工能力得到进一步提高。在基层队伍素质提升方面，山西销售倡导培训就是最大的福利，开展多层面、多层次的培训，结合队伍的实际情况，制定切实可行的差异化培训方案，采取"请进来"和"送出去"多种方式为员工提供成长平台。2018 年，公司注重提升中层干部和站经理两支队伍的建设，制定了加油站经理轮训和中层干部"领导力"提高培训方案，实现了两支队伍培训工作的全覆盖。同时，注重公司内训师队伍的建设，邀请全国有名的内训师到公司进行授课，通过专家授课、案例分析和典型经验交流座谈等多种培训形式，切实提升参培人员的理论水平与实践能力。组织 21 名加油站经理到重庆销售挂职锻炼，选派两批 40 名优秀年轻加油站经理赴广州培训中心和四川销售经理人学院脱岗培训，不断提升站经理队伍的职业化水平，干部人才队伍素质能力不断提升。

畅通优秀人才脱颖而出的成长通道，制定了后备人才培养选拔实施方案，建立了各级各类人才库。与 2012 年相比，具有大专以上学历员工比例从 10% 提高到 24%，具有专业技术职称和职业技能等级员工比例从 19% 提高到 81%，126 名优秀员工通过竞聘走上加油站经理岗位。连续 5 年开展"增份额、提质量、增效益"主题劳动竞赛活动，持续开展争创青年岗位能手、青年文明号活动和青年合理化建议征集活动，助推企业发展不断迈上新台阶。

逐步形成独具特色的基层典型做法。晋中公司机关第二党支部组织青年先锋队在十惠日开展"机关员工下站帮扶活动"，助力加油站客户开发和服务能力提升；太原控股玉门沟油通过开展"我是党员，向我看齐"苦练技能鉴定实操活动，大大提高了员工的操作技能，实现了公司提倡的岗位融通，一岗多能目标。太原 35 站，坚持将基层员工的学习融入到每天的交接班工作中，常年坚持，日积月累，员工的素质能力得到很大幅度的提高。太原 28 站党支部，自发为顾客设置快递收发点，连续 3 年无偿为顾客提供服务，不仅重塑了中国石油的良好形象，也为加油站的销量提升打下了基础。

认真推进集团公司开展的"学习在石油·每日悦读十分钟"和"双十"全员读书活动，组织党员作表率带头学、号召身边的员工积极作为主动学，激励全体员工人人争做学习型、知识型员工的典范。深化集团公司送书活动，在全公司开展"书香宝石花、点亮青春梦"读书活动、知识竞赛，畅谈读书心得，分享读书成果，在公司上下掀起了全员爱读书、读好书、主动读书的热潮。

坚持问题导向　抓实基础管理

青海销售公司

一、公司基本情况

公司下设二级党委 12 个，党总支 5 个，党支部 70 个，党员 1242 人。其中女党员 480 人，在册在岗党员 932 人。

主要呈现几个特点：

1. 中青年是"主力军"。基层人员年龄结构得到改善，进一步展现出生机与活力。当前，基层队伍的主力是中青年群体，整体逐步趋向年轻化，公司一线员工老龄化的问题，在提前退休、内部退养、离岗歇业等 8 项分流机制出台后有了很大改观，在岗在职的中青年人在基层建设中发挥着重要作用。

2. 专技人员队伍薄弱。专业技术人员是企业创新的基础，对企业的发展起着至关重要的作用，但从统计数据不难看出，不论是一线还是两级机关，专业技术人员和拥有职称人员都在少数。

3. 党员分布不均。党员集中在两级机关，一线党员占比偏少。

二、工作亮点

（一）体制机制建设方面

为贯彻党的十九大部署的新时代党建工作总体要求和集团公司全面管党治党任务，进一步明确党建工作任务目标，自觉推动责任落实，提高党建质量。公司党委编纂了《党建工作手册》，收纳规范了 44 项党建制度，建立健全了"三会一课"制度、民主生活会制度、党建责任制考核及评价实施细则、党支部达标晋级管理办法等各项制度，进一步使党建工作岗位职责明晰化、业务办理流程化、工作秩序规范化，使党建工作更加有方向性，更加规范化，使公司全体党务工作人员把握方向，掌握制度，明确责任，落实党建任务。

坚持民主集中制，认真执行《集团公司"三重一大"决策制度实施细则》，确保各项重大事项集体决策；以问题为导向，把准脉搏，扎实开展党建工作责任督查，狠抓基层党组织思想、组织、作风、制度建设，明确责任，夯实基础；组织完成了覆盖全公司的党内巡察工作，切实推动"一岗双责"落地生根，促进基层党组织建设逐步走上正轨；持续推进选人用人制度执行和机制建设，选优配强各级领导班子，持续推进后备干部队伍建设工作，建立了干部培养、使用、调整、有进有出的机制，促进优秀人才脱颖而出；实践运用了"四种形态"，努力实现教育大多数、惩处极少数。

近两年，公司党建工作在公司整个经营管理中发挥的作用和地位逐步凸显，从"三重一大"决策，到具体工作的开展，从思想动员到组织推进、从决策建议到人员安排、从方案制定到实施推进，党建工作都发挥了积极的、重要的、不可缺少的组织保障和思想动员作用。

（二）基层队伍建设方面

面对严峻的成品油销售形势和艰巨的市场开拓任务，坚持用最新理论成果统一思想行动，以思想筑"魂"，以创业聚力，凝聚起队伍干事创业的激情。

一是"两学一做"学习教育常态化制度化，以知促行。两级党委以党委中心学习组为引领，紧密结合学习习近平总书记系列讲话精神、治国理政新思想新战略和党的十九大精神，持续推进思想政治教育向纵深发展，促进"知行合一"。先后组织8期培训班，实现处科级干部全覆盖。坚持开展"形势、目标、任务、责任"主题教育活动，大力弘扬"三老四严，苦干加实干"为核心的石油精神，加强思想政治教育，为公司发展改革稳定提供了可靠的思想保障。

二是学习宣传贯彻十九大精神，鼓舞人心。精心组织，统筹推动学习贯彻工作。2017年，组织听取集团公司宣讲团报告等各种活动20余次，公司

15个宣讲组基本实现了宣讲全覆盖，听众达到3000人次。党代表才仁吉藏先后18次深入油站、社区、扶贫村、企事业单位宣讲，听众达到1920人次。两级党委共组织十九大专题学习50余次，支部学习专题讨论200余次，参与人数达2000人次，掀起了学习热潮，鼓舞了工作干劲。

三是干部队伍业务素质持续提高。坚持教育、选拔、培养、使用、管理并重，打造忠诚干净担当的干部队伍，2017年以来，主营业务成绩突出，重要领域和关键环节合规管理取得突破。在增量增效数据的背后，体现出的是各级党员领导干部不断提升的政治素质和不断增强的经营管理水平，充分展现出了开拓创新、务实担当的精神。党建铸魂，指标领路，锻造了一支能打胜仗、敢打胜仗的好队伍，有效促进了青海销售公司快速、健康、平稳、和谐发展。

四是员工幸福指数普遍提高。坚持以员工为中心，陆续出台14项惠民政策，通过实施安居工程、同工同酬、五险两金全覆盖、住房公积金统一标准、取暖费全补贴、高海拔加油站配备富氧设施以及增加关键岗位补贴等一系列惠民措施，公司2015年以来实施的"十大惠民工程"顺利完成。涉及员工切身利益的养老、医疗、福利等民生问题得到解决，员工收入在工资总额趋紧和央企限薪的严峻形势下实现稳步增长，市场化一线员工收入累计增长18.8%，企业发展成果惠及每一位员工。在评先选优、薪酬待遇、休假制度落实、畅通诉求渠道等方面，严格按照公司制度要求，该公示的公示，该征求意见的征求意见；同时，及时公布电话、邮箱等举报和诉求渠道，及时、全面了解掌握员工诉求和思想动态。

（三）先进典型及荣誉

一是坚持榜样引领不松懈，推进党建工作典型化。注重先进典型的树立和引领作用发挥。员工坚守在一线付出了、做到了，就应该宣传他们、记住他们、褒扬他们、感谢他们，让他们得到尊重，得到升华。他们当中，有全国劳模尚丽群，全国劳模、党的十九大代表才仁吉藏，全国最美青工、全国青年岗位能手薛林娜、"天路英雄"颜世秀等。2017年玉树西杭加油站经理才仁吉藏当选党的十九大代表，到北京参加大会、参政议政，是青海销售历史上首次获得的特殊荣誉。充分说明了青海销售在赢得市场的同时，逐步得到政府和社会认可，这说明青海销售在带领队伍、培养人才、教育和管理党员的工作中，探索实践出一条行之有效的工作途径，也充分说明青海销售代表中国石油在助力当地经济发展的同时，认真履行"三大责任"，赢得了社会各界的尊重和好评。党代表为基层群众发声，替中国石油发声，成功讲述了中国石油好故事，不断传播"听党话跟党走"的好声音。

西宁分公司上新庄工业园区加油站获"青海省五一劳动奖状"；果洛分公司达日加油站经理杜晓琴获"全国五一巾帼标兵"和青海省劳动模范；格尔木公司胡艳梅荣获青海省职工职业道德建设标兵个人称号；西宁公司薛琳娜荣获集团公司"优秀青年"荣誉称号；玉树清水河加油站获集团公司"铁人先锋号"、才仁永措荣获第二十届"青海青年五四奖章"、才仁吉藏获得青海省脱贫攻坚先进个人；格尔木公司孙玲玲被评为集团公司"中国石油榜样·好工匠"。激发全体干部员工以先进典型为动力，以模范人物为榜样，不断增强集体荣誉感，凝心聚力，为公司稳健发展创先争优、贡献力量。她们立足岗位，身先士卒，发挥了很好的引领作用，带动着整个员工队伍，影响着整个员工队伍，是公司弥足珍贵的精神财富和资源。

二是坚持唱好旋律不偏离，推进党建工作阵地化。阵地是党建工作的据点。西杭加油站是全国劳模才仁吉藏工作过的加油站，该加油站被集团公司授予"企业精神教育基地"称号。公司将企业精神教育和党建学习教育相结合，对教育基地进行了拓展，丰富了教育素材和内容，凸显了党员阵地作用。

三是坚持开放融入不懈怠，推进党建工作开放化。坚持将工作开展情况及时宣传出去、展示出去。才仁吉藏当选党的十九大代表和唐古拉山段堵车救援、青海销售扶贫帮扶工作纪实等重点工作先后在中央人民广播电台、青海日报、新华网、青海新闻网等多家媒体广泛宣传报道，向社会和顾客展现中国石油良好形象，以更加开放的姿态、更加诚信的理念赢取市民和顾客的信赖。

（四）基层素质提升

一是市场驾驭能力明显增强。全面实施"全覆盖、网格化、责任制"的市场份额问责制，不断丰富"战略合作""一票结算""主动配送""小微众筹"等营销策略，有效遏制了竞争对手低价冲击，市场份额由2015年的67%提高到目前的71%。

二是融合加油站数据提升信息技术。在马坊加油站试点安装了智慧加油站信息系统，打破了以往的人工分析数据带来的片面性和局限性，可以一目了然地掌握实时的经营情况，提高了管理效率，拓宽经营了思路，丰富了服务手段。还可以将公司的促销信息、企业文化等更直观地传递给客户。"智慧屏"使员工从相对较多、较重的统计性工作中释放出来，给员工减负，让员工把更多的时间和精力用于维护和开发客户、提升现场管理水平上来。通过对相关数据的科学分析，可以提升经营、管理、销售水平，提升公司竞争力。

三是以劳动竞赛推进经营销售上台阶。提倡积极转化主题教育成果，以经营销售的实绩比贡献。在主题教育活动中，结合中心工作，增加了"劳动竞赛见成效"的实践要求，通过月比、月评、月奖惩、月兑现的方式激励销售队伍奋勇夺旗。1至5月，销售业绩良好，在销售公司中始终保持排在前列。

四是以降本增效促进经营成果创佳绩。降本增效也是促进经营成果的重要举措，结合"形势、目标、任务、责任"主题教育活动，要求全员树立责任意识、合规意识、节约观念，思想教育与实践措施并举，制度规范与主营创效共同发力，截至目前，实现了年度经营目标时间过半任务过半。

五是丰富载体推进党建工作多样化。组织开展了党委成员讲党课、重塑形象大讨论、员工摄影书法比赛、知识竞赛、主题党日、典型宣传等一系列活动，收效良好。

三、改进措施

探索基层党建工作的新途径、新方法是我党在新时代新阶段加强党员队伍建设，保持党员队伍先进性的需要，也是认识和解决党员队伍建设工作面临的新情况、新问题的迫切要求。

1.坚持全面提升员工队伍素质不放松。根据不同年龄、不同文化程度的实际需求，探索对员工进行科学文化知识和各种业务技能培训，努力提高运用理论指导实践，解决现实问题的能力。不断改进员工思想政治教育的方法，不断拓宽员工教育的渠道，深入总结工作成功经验，不断提高员工的基本功。同时，针对党员年龄不合理的情况，为党员队伍发展优秀青年入党，这是党员队伍建设中"改善结构"的要求，年青人有朝气、有活力，是新鲜血液，吸纳他们加入党组织，可以保持党员队伍的活力，也可以更好地发挥中青年在党员队伍中"主力军"的作用。

2.坚持继承与创新相结合步伐不停步。针对目前基层党建工作所面临的新情况、新问题，我们必须以不断创新的精神在实践中积极探索。根据新形势、新任务的要求，打破陈规陋习的影响，突破条条框框的束缚，着力创新工作思路，不断开拓党建工作新格局，通过创新的工作模式，充分体现党组织的核心地位。利用信息化、网络化的新媒体发展平台，积极宣传展示党建工作成果和先进模范事迹，以党建工作带动文化建设和团队建设，建立品牌效应，树立党建工作自信，提高党建工作科学化水平，促进公司软实力提升。

3.坚持"两手抓、两手硬"作风不改变。强化党委主题责任，严格落实管党治党主题责任，坚持党建工作与业务工作同谋划、同部署、同检查、同考核，努力形成党委负责同志负总责，党委成员结合分工抓好抓分管领域、支部书记落实支部建设的工作格局，将党建工作列入党委重要议事日程，围绕中心工作研究党建工作，持续抓好习近平新时代中国特色社会主义思想、党的十九大精神、党章、习近平总书记系列讲话精神的学习，进一步牢固树立"四个意识"、坚定"四个自信"，每周利用半天时间组织班子成员学习政治理论，研究公司改革、发展和主营业务中的重大问题，做到两手抓、两手硬、两不误、两促进。健全党建工作制度。狠抓"三会一课"制度落实，严格规范支部党日活动，实行支部党日活动经常化、主题化、纪实化。

4.坚持充分发挥党支部作用不动摇。着力解决和克服党的建设在国有企业虚化、弱化、边缘化的问题，加强对党组织书记的教育和传帮带，将党的建设摆上重要议事日程，与行政工作、销售工作、网点建设、安全环保一样同部署、同检查、同落实，党的建设才能落到实处。立足中心工作，结合工作侧重点、实情和差异有针对性抓工作。要广泛听取群众的意见和建议，和职工群众一道研究措施，把党的建设与销售、网络建设、安全等重点工作相结合，发挥党员特长和优势，助推公司党建工作上水平。

抓实基层党建　夯实发展基础

天津销售公司

天津销售公司党委始终把抓实基层党建工作放在检验党员领导干部是否对党忠诚的高度来抓，作为检验党员领导干部是否担当作为的重要标尺，持续推动全面从严治党向基层延伸。

做法和成效

牢固树立抓实基层的鲜明导向，聚焦基层党建工作特点，坚持分类指导、精准施策，在完善党建基础、狠抓监督考核上不断发力，在创设实践载体、搭建活动平台上持续创新，公司上下抓基层强基础的氛围日益浓厚，基层党建工作越来越严、越来越实。

（一）严密组织体系，夯实基层党建根基。公司党委针对企业特点，调整组织架构，建强基层组织，夯实党建工作基础

一是优化组织体系。顺利完成各级党组织按期换届选举工作，将股权企业党支部纳入直属机关党委统一管理，调整基层支部管理范围，采取大站一拖二、小站一拖三、设置联合支部等措施重组或增设，将 48 个支部拆分重组为 62 个，配齐专（兼）职书记、委员和纪检联络员，为进一步推动全面从严治党向基层延伸奠定坚实的组织基础。

二是完善党员信息系统。统一印制《基层党支部工作手册》，细化、量化、标准化支部基础工作。持续开展党组织关系、基层建设、党费和基层党组织班子作用发挥情况等排查工作，进一步夯实党建基础工作。以支部为单位完善党员信息系统，796 名党员基本信息全部实现上网，党组织关系的划转

也利用系统完成，实现基础资料可查、可控、可追溯，以组织建设信息化带动了支部建设规范化。

三是扎实开展党务培训。分期分批组织基层党组织书记和党务干部脱产培训，重点讲解党章党规、习近平总书记系列重要讲话精神以及"三会一课"制度、党员发展流程、支部工作实务等内容，指导基层把"规定动作"做准、做实、做到位，为推动基层党建工作提供有力支持。各支部认真开展组织生活，支部书记带头讲党课。两年来，在集团公司党课评比中，所属党支部的4个党课，分获集团公司一二三等奖。

（二）规范制度流程，补齐基层党建短板。认真落实上级党组织部署，逐步完善基层建设制度流程，补齐党建工作短板

一是完善规章制度。制定下发《关于落实全面从严治党要求加强党的建设的实施意见》《"三会一课"纪实报告检查制度》《健全主题党日制度》《建立党员档案实施意见》等办法，将基层党建工作固化下来，做到责任清晰、有据可依。明确支部纪检委员、库站纪检联络员岗位职责，对工作开展不力的，既追究书记责任也追究联络员的监督责任，初步形成自我监督和自我完善的机制。

二是建立考核体系。制定《基层党建工作量化考核办法》，分基层党委（总支）、党支部、党员三个层级设置指标体系，既自上而下逐级分层考核，又多维度双向互评，初步建立基层党建工作量化考核体系。基层党委（总支）采取季度检查、半年考核、全年总评的方式，从政治素质、支部作用等10个方面对支部进行战斗力指数考核。支部负责对党员进行积分量化考核。对考核不合格支部书记或党员诫勉谈话。通过量化考核，严肃了组织生活，确保了"两个责任"和党的建设工作落实到基层。

三是狠抓督查整改。公司党委督导组每季度对基层党委（总支）落实"两个责任"、基础资料以及阶段重点任务完成等进行全覆盖督查，在季度例会上通报考核结果和整改清单，盯住"问题"狠抓整改，发掘"亮点"打造典型，促进基层相互借鉴学习。季度考核成绩最后一名的书记，在会上作书面检查；

对出现重大失责失误的单位和个人严肃追究责任。通过多个层面的督查、讲评、整改、再督查，循环往复，确保从严管党治党工作逐步向基层延伸。

（三）创新工作载体，增强基层党建实效。继承发扬中国石油优秀党建工作经验，丰富工作载体，推动党建工作创新，基层党建工作更加务实高效便捷

一是依托"互联网+"搭建工作新平台。基层支部普遍建立党员微信群（QQ群），及时推送支部动态，探索开展网上组织生活，将学习内容、党课等资源共享给党员，党员将学习、工作情况反馈给支部，每1个支部都有1个党员乐于参与、充满正能量的网络互动平台。利用新媒体展示员工形象，在集团公司举办的"重塑形象、从心出发"新媒体大赛中，连续2年，基层单位的9个作品分获一二三等奖。

二是依托阵地建设打造活动新天地。认真摸排基层支部实际情况，下拨专项资金在7个二级党委（总支）18个支部建立了25间党员活动室，基层党组织阵地建设得到加强。将入党誓词、工作制度、组织架构、石油精神等内容上墙，公开党费使用情况，打造党员"集中活动、开展培训、交流信息"的主阵地，营造良好的组织生活氛围，提升了党员的归属感。

三是依托劳模工作室引领创建新业绩。2017年"七一"期间表彰16个先进支部、80名优秀共产党员（党务工作者）。持续开展党员示范岗创建活动，培育了集团公司劳动模范吴鹏、功勋加油站经理刘彬、明星加油站经理李立然等先进典型。组建吴鹏劳模工作室、张洪臣创新工作室等7个先进工作室，系统总结团队建设、现场管理、客户开发等经验和成果，推广运用SWOT分析法，引领员工开拓市场、增销创效，为党建工作更好地融入中心工作找到了切入点。

（四）开展生动实践，激发基层党建活力。融入中心，主动作为，扎实开展"四合格四诠释"等主题实践活动，在解决经营管理矛盾的过程中焕发基层党建工作活力

一是结合三联责任点推进基层建设。按照"哪里问题突出就联系哪里"

的原则，两级党委委员在基层支部建立了 76 个党建"三联"责任点，帮助解决实际问题，对发挥作用不合格的支部及时指导，将责任点打造成为管理、督导、服务基层的重要抓手。在牛道口服务区设立党支部、实行便利店商品自采试点，就是该联系点领导多次调研后提出的。目前该服务区的非油销售收入增幅已达 35%。

二是结合核心业务开展岗位讲述。确保讲述活动紧贴实际，确保党员讲述一个不少。市区分公司各支部到油站讲述，与员工客户面对面，机关党员讲服务基层，基层党员讲服务客户。滨海分公司突出先进典型重点讲，老弯道支部书记讲述对工作中"精准营销、精细管理、精心服务"的理解与贯彻。港泰支部书记讲述把"向三个终端发力"的思想高度转化为具体行动的过程。通过讲述，进一步增强了党员意识和责任使命，有效推动了基层党建工作与中心工作的有机融合。

三是结合劳动竞赛开展创先争优活动。开展了"保后路、增份额、增纯枪、增效益"劳动竞赛，在库站设立"龙虎榜"、开展"擂台赛"，持续开展"服务明星"评选，深化 95504 专项治理成果，形成立足岗位创先争优的浓厚氛围。目前已保持 625 天零投诉。全部加油站都已完成标准化建设达标工作，现场更加安全、清洁、高效，员工执行力明显提升，基础管理水平大幅提升。

四是结合基层帮扶开展主题实践活动。武清分公司采取机关员工轮换脱产式下站帮扶。静海分公司机关运用信息系统分析消费数据，指导基层有序开展电子券促销。党的十九大期间，分公司机关以支部为单位深入库站，服务自助加油岛，增强夜间人员配置，提高安检频次，帮助库站做实安保防恐工作。两级机关支部在"10 惠""最红星期五"等促销活动期间共计开展了600 多人次下站帮扶，有效化解了一线人员不足、工作量激增的矛盾。基层党建工作得到了党员群众的认同、响应和拥护。

弘扬石油精神　推进融合发展

国际事业公司

国际事业公司高度重视基层建设工作，始终将这项工作作为贯彻落实集团公司党组和公司战略部署的主要工作常抓不懈。在公司进入快速发展新时期，基层建设面临新机遇、新挑战的新形势下，"用7～8年时间再造一个中联油"的发展战略目标也给基层建设提出了新要求。为此，公司党委在继承发扬石油工业优良传统基础上，与时俱进，不断创新，大力加强以基层党组织建设为核心的基础建设，使基层党组织和党员的两个作用得到充分发挥，基层建设实现了新突破，生产经营取得了新成果，公司得到了新发展。

一、体制机制建设

（一）完善制度体系，实现规范化、制度化运行

公司有基层党组织 50 个，直接管理的党组织 24 个，其中基层党委 5个、党总支 2 个、党支部 17 个，党组织覆盖率 100%。共有党员 507 人，其中总部 173 人（占比 34%），境内 243 人（占比 48%），境外 91 人（占比18%），女党员 123 人，少数民族党员 26 人。

近年来，公司党委制定并完善了《党委工作制度》《"三重一大"决策制度实施办法》《关于推行党支部达标晋级管理的实施细则》《关于贯彻落实中央八项规定精神的实施细则》《党建工作责任制实施细则》《党风廉政建设责任制实施细则》《党委（党组织）意识形态工作责任制实施细则》等18 项党建制度规定，使基层党的建设和党风廉政建设责任制得到有效落实。由于公司境内外各分支机构党组织个体差异较大，公司党委发布制度时，要

求基层单位结合实际，制定操作性强、适合本单位、本地区特色的实施细则，维护了制度的严肃性。同时，加大制度执行力度，对规章制度计划的落实情况、现行制度的执行情况每年 2 次进行检查，细化监督考核和奖惩机制，使基层建设工作制度化、规范化和标准化程度不断提升。

（二）"三基"建设因地制宜，形成特色管理模式

围绕"三基"建设，立足自身实际，积极开拓创新，形成具有国际贸易特色的管理模式。

一是重视中外文化融合，推进属地化管理。公司海外分支机构多，分布广，公司十分注重从语言、文化等方面入手，促进中外员工交流与融合，将公司企业文化以当地语言在属地员工中宣贯，经常开展中外文化交流活动和多种形式的团队建设交流，增强了团队凝聚力，促进了公司海外业务的拓展。

二是持续强化思想教育，大力弘扬石油精神。通过"石油精神活动周"、专题参观学习、官方微信报道等多种渠道和形式，在全系统大力宣传和弘扬石油精神。先后开展中层干部"大庆行"等活动，组织他们深入钻井队、炼油厂和销售一线，到石油精神教育基地和生产作业现场，感受石油精神的深刻内涵，体悟大庆精神铁人精神思想精髓。

三是践行社会责任，塑造良好形象。境内外各单位积极参与公益活动，履行社会责任，促进当地经济社会发展，树立了良好的社会形象，为中国石油国际化品牌形象增光添彩。国际事业新加坡公司关爱弱势群体，连续 13 年赞助并举办"寿星新年宴会"，邀请养老院 300 多名各族裔老人欢度新年；长年资助"新加坡儿童社会"慈善组织，向当地福利促进会、回教社会发展理事会、新加坡肾脏和乳癌基金会等多家福利救助机构扶贫捐赠。2017 年，新加坡公司共投入各类援助项目约 68.8 万元人民币，志愿者累计服务时间 308 小时。国际事业哈萨克公司积极参与当地扶贫和公共事业，为当地孤儿院冬季送温暖，为残疾儿童购买音乐器材，为盲人协会提供残疾人车辆用油，为当地公共基金提供治疗重症儿童的资金支持，在当地政府和民众中树立了良好口碑。

二、基层队伍建设

（一）中层干部队伍素质高，选拔任用程序规范

全面加强中层干部队伍建设，狠抓选拔、管理等各项制度的落实，不断提高他们改革创新、驾驭风险等经营本领。经过探索实践，已培育形成与国际油气贸易相适应的交易人员、执行人员、管理人员3支队伍。截至2018年5月，公司签约人员1450人，其中总部221人、境内公司348人、海外公司881人。

一是积极创新选人用人机制，促进高素质人才脱颖而出。实行全球统一招聘管理，严格执行入司6项测试，把好入口关，确保员工质量、总量控制。公司目前共有中层干部143人（不含外籍高管），其中党员138人，占干部总数的97%，正职61人、副职82人，研究生以上学历96人。公司党委依照《干部管理办法》，严格坚持竞聘上岗与组织选拔相结合的程序，把好选人用人关，将政治过硬、德才兼备、业绩突出、勇于担当的业务骨干选拔到管理岗位。同时，注重70后、80后年轻干部选拔培养，为员工创造了公平发展的机会，综合素质较高、工作业绩较突出、群众信任拥护的干部人才脱颖而出。

二是注重人才国际化，多元文化融合效果明显。公司海外分支机构的中层干部队伍建设采取"中西结合"的模式，中方外派员工与属地员工相互配合，充分发挥属地员工更加熟悉当地市场、中方外派员工擅长与总部及兄弟单位协调沟通的优势，取长补短，为公司储备了大量的优秀人才。吸引了来自30多个国家和地区包括贸易、执行、金融、财务、风控、人力资源管理等专业的属地化国际人才。目前海外大区公司领导班子中聘有7位属地高管，并成建制引入国际贸易营销团队，如北美贸易团队、欧洲贸易团队，聘用属地化高级交易员100余人，其中20人担当团队带头人。

（二）基层队伍建设多措并举，员工管理以人为本

始终坚持员工队伍高素质、高水平标准，精细岗位职责描述，注重职业道德建设和能力素养提升，最大限度地让基层员工参与公司发展过程的管理

和监督，努力打造一支忠诚、干净、担当的员工队伍。

一是员工成长方面，坚持以人为本的原则，设立完整、科学的晋升通道和考核机制，鼓励员工多职业发展成长。对优秀员工委以重任，做到人尽其才、才尽其用，实现个人与公司的共同发展。在专业化对标基础上，聘请第三方顾问公司为全系统设计成长通道，制定统一的全球职级体系、绩效考核体系和薪酬福利体系，推动全球不同岗位人才流动，提升员工综合素质能力。

二是评先选优方面，始终坚持公开、公平、公正的原则，在"两优一先"等工作的评选表彰中，将先进向经营和管理工作一线倾斜，严格评选标准，以无记名投票的形式组织全体员工民主推荐，多方面征求员工群众和纪检部门意见。

三是薪酬待遇方面，按照"严考核、硬兑现"的原则，进行内部考核兑现，合理分配，加强重点岗位激励，持续鼓舞员工干事创业的积极性，确保国际贸易业务实现更好更快发展。为进一步推进市场化方向改革，吸引与保留人才，为人才发展创造空间，以问题为着力点，以市场化、国际化为导向，建立了全球统一的岗位职级体系、差异化的薪酬福利体系和全面的业绩考核管理体系。

四是畅通诉求渠道方面，公开设置举报电话和举报邮箱，由公司纪委统一受理各类信访举报，在评先选优、干部提拔之前，均要发布公示听取员工群众意见。开门纳谏，每年召开不同层面的基层干部员工座谈会，谈心谈话，及时了解基层员工心声，帮助基层单位和员工解决问题和困难。公司连续 19 年组织合理化建议活动，听取员工群众意见建议，促使广大员工积极参与公司治理，思考促进公司发展的良策，"合理化建议"被评为中国石油党建思想文化基层建设创新实践典范案例。

三、先进典型及荣誉

（一）先进典型重培养，荣誉嘉奖鼓人心

制定先进典型评选管理办法，对奖项设置、评选比例、评选条件等均有

明确规定，共设立先进个人、先进集体、岗位标兵、先进基层党组织、优秀共产党员等 9 种奖项。

国际事业东北公司 2003 年获得集团公司"百面红旗单位"荣誉称号，国际事业台湾办事处 2013 年被评为集团公司基层建设"百个标杆单位"，国际事业新加坡公司获得 2013 年"中国走进东盟十大成功企业"称号，2015 年 SPC 加油站获新加坡消费者满意度指数第一名。日本大阪合资公司获大阪市政府及海上保安厅颁发的"护林事业巨大贡献奖""防治气候变暖突出表现奖""安全生产新纪录"等奖项。哈萨克 Sinooil 合资公司获得第十九届独联体国际经济论坛"行业领导者称号"，在哈 2014 环保论坛上获"最佳油品品质公司"；2017 年被哈国社会公众荣誉基金授予"最佳经济成就和行业领先企业"荣誉称号，并被列为哈国 2017 年度最佳企业公司名单。国际事业广西公司先后获广西及云南政府授予的"对外贸易先进企业""广西外贸突出贡献企业""云南外贸进出口目标任务先进单位"等荣誉。国际事业西北公司获海关总署颁发的"进出口红名单企业"称号，以及新疆自治区政府颁发的"自治区优强企业""自治区外贸进出口先进企业""自治区边贸十佳企业""模范纳税功勋企业"等称号。

（二）多种途径促推广，榜样引领聚人心

通过多种方式广泛宣传先进典型事迹，推广经验，发挥引领示范作用。积极参加集团公司铁人先锋号、优秀青年、榜样领风尚等评选和新媒体大赛，取得良好成绩。配合央视财经频道、新华社巴西分社等外部媒体对新加坡公司、巴西公司的经营成果进行深度报道，提升了公司良好形象。利用公司官微、门户网站宣传先进事迹，开展了标兵挂牌活动，营造了弘扬先进、学习榜样的良好氛围，增强员工凝聚力和向心力。2019 年公司推荐巴西公司副经理刘强作为国际贸易战线的杰出青年代表参加了集团公司举办的"石油精神论坛"。刘强以"文化融合彰显文化自信、良好形象绽放桑巴之乡"为主题，将国际贸易业务用平实感人的讲述，展示了公司中外干部员工凝心聚力争做贡献的良好风貌，在观众和公司员工中引起了强烈反响，树立了公司的良好形象。

四、基层素质提升

（一）落实培训计划，发挥整体合力

在全面落实业务知识培训、岗位任职资格培训等年度培训计划的同时，根据业务发展需要，充分发挥整体优势，深挖系统内培训教育资源，助力业务发展。2019年上半年全系统组织开展培训219次，共计培训员工2960人次，较去年同期增长14%。

（二）创新培训模式，服务业务发展

实行内部培训师制度，定期组织业务单元、财务资产部、风险控制部、法律事务部、人力资源部等部门的同事，结合自身岗位实践经验，开展内部培训。同时邀请银行、期货公司、行业研究机构、律师事务所的外部专家，为员工开展贸易、财务、风控、合规以及规章制度等方面的知识讲座，丰富专业知识，降低运营风险。通过知识答题、讲座等方式对公司重要规章制度进行培训宣贯，加深员工对业务及制度的了解。海外分支机构根据自身业务发展特色和当地政策，组织员工学习所在国相关政策、法规，促进中外员工的跨文化交流，提高工作效率和工作质量。

（三）全员读书树新风，集体学习领思潮

认真抓好集团公司送书工程各项工作的落实，以"学习在石油·每日悦读十分钟"为主题，组织双十全员读书活动和知识竞赛，开辟网上"读书交流园地"，交流读书心得体会。持续推进"董事长荐书"活动，陆续推荐《习近平谈治国理政》《石油，石油》《当代中国政治经济学》《新时代新使命新作为》等书目500多种，把部分推荐书目以电子书的形式在内部门户网站进行共享，培养员工读书爱书的良好习惯。

强化基层管理　夯实发展基础

昆仑能源公司

一、体制机制建设

（一）基层建设总体情况

昆仑能源公司历来重视基层建设工作，连续3年开展了三基工作专项、基础管理建设工程、管理提升等3大活动，基层建设工作得到持续加强。在湖南常德召开三基工作建设交流会，确立"全面完成硬件建设，全面开展软件建设，突出基础管理和基本素质，突出机关与基层联动，苦练内功，提高技能，锤炼素质，增强本领，为建设国内一流、国际先进的专业化燃气公司奠定更加坚实的基础"的三基工作目标；开展了以"六化一配套"为主题的基础建设工作，继续深化对三基工作重要性的认识，深刻把握"当前和长远、硬件和软件、六化和三基、三基和安全、基层和机关"5种关系有机融合，把三基工作，"六化一配套"建设引向深入，成效显著，基层组织战斗力、凝聚力不断增强，基础工作进一步夯实，员工队伍基本素质明显提升，为公司稳健发展奠定了坚实基础。

（二）全面推进制度建设

公司完成资本整合与管理整合后，坚持"两个符合、上下结合、简政放权、优化流程"的制度建设原则，全面推进制度整合工作，下发覆盖治理、管理、监督等领域20大类的202项制度，形成了科学适用的规章制度体系，为公司规范管理提供了制度保证。按照"坚持问题导向、坚持风险保障、坚持源头管控、坚持持续改进、坚持提质增效"的理念，制定制度与流程优化实施方案并稳步实施。加大制度执行力度，按照依法治企、从严治企总要求，开展"学用制度流程 有效合规管理"活动，在公司上下形成了重章守制的浓厚氛围。

（三）大力加强基层组织建设

坚持四个意识，认真落实全面从严治党主体责任，勇于担当，结合上市公司特点和股权企业众多的实际，围绕中心，扎实开展党建工作，管方向、管大局、保稳定，建立健全基层党组织，落实将党建要求写入合资公司章程工作，推进党的领导与法人治理有机结合，强化基层和基础工作，保证了党组重大决策部署在本单位的执行和落实，保证了企业稳健发展，确保了全面完成年度的生产经营任务，取得很好的经营效益。特别是坚持融入生产经营抓党建，统筹推进体制机制、结构优化、资本运作、党的建设等"四个新突破"，从机关入手，大胆实施了三项制度改革，成为集团公司首家推行岗位与职级分离改革的单位，进一步增强了内部活力，促进了企业结构优化和提质增效。

二、基层队伍建设

（一）大力加强基层班子和队伍建设

优化基层领导岗位设置，配齐配强基层班子成员。拓宽干部交流渠道，对年龄结构偏大、专业结构不合理的领导班子进行优化，采取竞争上岗、组织调整的方式对超职数的领导班子进行人员分流。结合关键岗位交流，侧重在优秀年轻管理人才、一线艰苦岗位、高层次专业技术人才中培养选拔干部，领导班子专业结构、年龄结构趋合理，班子整体功能进一步发挥。积极开展"四好"班子创建和"五型"班组标准化建设，实现"四好"班子、"五型"班组达标率90%以上。把"五型"班组创建工作纳入企业管理体系，增强了基层班子领导力、凝聚力和战斗力，发挥了基层先进典型的示范作用，促进基层建设整体水平的不断提升。

（二）进一步加强和改进基层支部建设

以基层党组织建设为重点，按照党章及集团公司《党支部工作条例》等有关规定，创新基层党组织设置和党员教育工作方式，加强基层党支部书记的选拔培养和党员的教育培训，基层党组织健全率、党员教育管理覆盖率达到90%以上。完善工作措施，巩固党组织按期换届专项检查、党组织关系集中排查等成果，夯实党建基础，进一步加强基层党组织建设工作。严格"三会一课"等组织生活制度，研究制定党支部达标晋级管理、基层党组织按期换届提醒督促方案，进一步加强支部书记队伍建设，坚持用十九大精神武装头脑指导实践推动工作，切实提升支部书记履职能力，引领支部党员发挥作用，促进各项工作完成。通过党建考核、党建"三联"示范点工作，落实基层党建责任，助推基层党组织进一步抓好支部建设。

（三）高度重视基层组织负责人队伍建设

高度重视基层组织负责人队伍建设，特别是加强基层党务干部队伍建设，2017年，以支部工作实务和十九大精神为主要学习内容，组织举办5期支部书记培训班，培训支部书记409人次。2018年，组织2期处级干部学习十九大精神培训班，培训229人次。同时，创新党务干部培训模式，继续开展支部书记等党务干部培训班，加强党务干部培养教育，切实提升支部书记能力素质和工作水平。

（四）切实加强基层站队管理

按照"三控制一规范"要求，强化基层员工岗位管理。根据业务拓展、信息化应用和基层组织的新变化，科学合理设置和划分岗位，明确上岗资格和条件，持证上岗率100%。继续强化基层技术管理标准，用标准操作，按标准考核。开展基层站队HSE标准化建设，编制发布《基层站队HSE标准化建设及验收规范》，建立通用管理模块建设标准和天然气门站、支线管道等13种业务类型硬件管理模块建设标准。在通用规范基础上，创新内容形式，确立了"三册、三卡、一表、一清单"主要建设内容。2017年公司近1200座运行场站达标建设率为80%，其中评选出示范站10个、优秀站64个，并向全公司进行推广，有力促进了公司安全生产工作机制的完善，基层站队安全风险管控能力得到较大提升，员工安全责任落实到岗位的目标初步实现，作业现场"低、老、坏"问题得到明显改善，基层基础管理、安全管理水平显著提升。

（五）积极推动三项制度改革

积极推动人事劳动分配三项制度改革，明确机构能建、能撤，人员能进、能出，干部能上、能下，收入能增、能减的改革目标，研究提出了"一个核心、两个突破、四个路径"的总体改革策略。制定三项制度改革具体实施计划，全力推动改革，加快释放组织人事潜能，为企业发展注入活力。

三、先进典型及荣誉

（一）高度重视先进典型培养表彰

高度重视基层建设中的典型选树、培养和表彰，为此设置了年度先进班组、优秀党支部等奖励，每年从基层班组中评选 100 个先进班组、59 个优秀党支部进行表彰。公司不断完善先进评选表彰配套流程，完善现有先进评选的责任分工和考核标准，细化班组的入围口径，创新颁奖仪式，使先进集体等荣誉成为公司一年一度最具影响力和公信力的评选奖项。2017 年，黑龙江分公司红岗母站获得"中央企业青年文明号"称号。

（二）积极推进先进典型推广交流

注重对基层建设中的好经验好做法及先进个人进行选树和引领。2017 年专门从全公司优秀库站、优秀项目中评选出 6 名优秀库站长、项目经理，在领导干部会议举行了优秀事迹报告会，并在随后的一个月辗转公司东北、西北、华中等五大片区开展巡回宣讲，交流了工作经验，展示了基层风采，促进了基层管理水平不断提升，反响热烈。

四、基本素质提升

（一）强化操作队伍能力建设

以技能鉴定为抓手，进一步加强技能操作队伍的能力素质建设。一是按照生产业务单元建立公司工种目录，明确主体工种和辅助工种。二是将技能鉴定与生产实际紧密结合，完善操作员工职业技能等级评价制度，按照技术含量和实际贡献建立分级分类技能鉴定标准体系，将技能鉴定与操作人员上岗资格结合起来。三是组织开展公司技师职业技能鉴定及聘任工作，加强核心主体工种高技能人才培养。四是组织公司第二届职业技能大赛，参加集团公司油气管道专业技能大赛，发挥竞赛示范效应，推动岗位练兵，促进操作员工整体技能水平和创新能力不断提升。

（二）强化技能人才队伍建设

昆仑能源重组完成当年（2016年）即举办公司第一届职业技能大赛，30家单位的263名选手参加了9个工种的竞赛，共决出各类获奖选手90人。扎实推进技能鉴定工作，公司重组以来，先后有2258人参加10个工种的鉴定，其中1777人通过鉴定取得相应工种职业技能等级证书。通过技能大赛和技能鉴定，大力营造"练技能、比本领"氛围，提高了员工操作技能。

围绕效益发展主题　推进基础管理升级

天然气销售东部公司

天然气销售东部公司按照要求，精心编制方案，采取多种形式，围绕中心工作，认真开展基层建设调研，全面掌握了公司基层建设总体情况，为新时期基层建设工作提档升级打下了坚实基础。

一、总体情况

在各单位自主调研基础上，公司成立基层建设专题调研组，选取上海公司、江苏公司、安徽公司和山东公司进行现场调研。利用听取介绍、检查资料、座谈交流等形式，进一步了解情况、检查督导、征集意见。通过这次调研看到，各单位对基层建设工作高度重视，抓出了成效。能够把政治建设摆在首位，切实加强领导班子建设；健全"三重一大"决策机制，坚持民主集中制；多种形式开展员工培训、轮岗等，促进员工素质提升；贯彻落实公司规章制度，推进合规管理；积极组织评先选优活动，发挥奖勤促懒作用；开展各种主题教育活动，凝聚员工智慧力量。

总体上看，公司建立了公司—省公司两级管理体制，形成了公司总体统筹，综合办公室牵头推进，人事处密切配合，各单位具体实施的基层建设工作机制。通过加强基层建设，有效团结带领全体干部员工，紧紧围绕全年经营销售任务努力奋斗。2017年销量401.6亿立方米，同比增长18.4%，比全国平均增速高出3个百分点。实现营业收入742.6亿元，同比增长23.1%。2018年1—5月，销量189.7亿立方米，同比增长12.6%，每立方米价格同比提高0.074元，实现量价齐增，效益再创新高。

但不容忽视的是，公司成立时间尚短，基层建设工作仍存在不足和改进空间。尤其是各省公司基层建设工作水平参差不齐，需要加强提升。

二、基层队伍建设

坚持党管干部原则，建立处级干部管理办法等基础性制度。按照好干部"五条标准"，选拔聘任处级干部20名，配齐配强处级领导班子。把政治建设放在首位，把学习宣传贯彻十九大会议精神作为首要政治任务，基层领导班子成员带头学习、带头宣讲、带头贯彻、带头落实。坚持民主集中制，制定"三重一大"决策制度实施细则、党委会议事规则及总经理办公会议事规则，针对重大事项进行依法、集体、民主、科学决策。

全面落实"四同步"要求，保持党组织健全率100%。严格落实"三会一课"制度，严肃党内政治生活，进一步增强"四个意识"。先后组织支部书记讲党课、"七一"主题党日活动等，2篇支部书记党课课件在集团公司优秀党课评比中获奖。

加强党风廉政建设，认真落实签字背书制度。结合公司业务特点，制定并逐级签订党风廉政建设责任书，固化党风廉政建设责任传导链条。制定全年党风廉政学习教育计划，加大规章制度宣贯力度，确保大家"明规矩、知底线"。严格落实中央八项规定精神，组织反面典型案例学习，在节假日前进行廉洁风险提示，切实做到警钟长鸣。坚决反对"四风"，及时制止苗头性、倾向性问题，避免问题的发生和扩大。河南公司制定"十条禁令"、走接访用户"十不准"等，加强党风廉政建设。开展"转观念、塑形象、树品牌"大讨论活动，持续改进工作作风。

落实年轻干部选拔培养有关要求，严格限定年龄，在全公司范围内选拔任用年轻优秀人才到科级干部岗位。建立专业技术职务序列管理办法，形成管理和技术两条发展序列，拓宽员工成长通道。突出中心工作，评选5名标兵个人，其中2名营销标兵、3名市场开发标兵，发挥年轻员工"领头羊"作用。按照集团公司异地调动员工周转房有关标准，积极争取地方人才配套政策，成功申请公租房20套，各省公司租赁公寓满足无房职工居住需求。制定员工请销假管理办法，年初制定全体员工休假计划，有效保障职工权益。利用公司领导调研、工作会等契机，广泛开展意见建议征集活动，职工群众针对公司改革发展和个人诉求，畅所欲言，提出意见建议。坚持关口前移，建立信访管理办法，引导员工依法逐级合理表达诉求。

三、先进典型

注重发挥典型模范带头作用，突出市场开发与营销两项中心工作导向，公司成立第一年就评选出4家先进单位，其中2个机关部门、2个省公司。充分利用公文流转、展板宣传、公示板张贴、经验交流等形式，宣传先进单位典型事迹，分享先进经验，把典型宣传"做大、做强、做透"，让先进典型的影响更广泛、更具冲击力。

江苏公司基层建设工作能够较好完成各项规定动作，同时积极结合实际创新实践，保持了员工队伍积极向上的精神面貌，廉洁正气的团队氛围，营造了和谐的内外部环境，取得了突出的经营管理业绩。主要做法有，一是丰富载体，灵活形式，保持队伍朝气。与苏州管网进行党建联建，拓展党建工作载体。开展日常健步走活动评比，督促全体员工"动起来"。定期组织员工公寓聚餐，员工集体劳动、集体活动、集体交流，营造融洽氛围。精心开展工团活动，先后组织"凝心聚力，彰显团队精神；携手前行，共创优良业绩"主题拓展培训、与昆仑能源联欢晚会、与西气东输篮球赛、掼蛋比赛等，保持队伍朝气。二是密切沟通，建立机制，形成合作共赢。有力把握天然气政策性产业特点，充分结合江苏省燃气发电业务领先实际，与省发改委、经信委等主管部门保持密切沟通，每月定期汇报工作，安排专人轮岗协调业务，形成了良好的合作关系。2017年营造气电增发机会、优化发电节奏，在冬季大幅压减的情况下，发电用气84.86亿立方米，同比增长43.17%，突破公司销量的20%。保供期间发挥电厂调峰作用，发电用气从高峰时每日3500万立方米下降至每日1300万立方米，为公司完成保供甚至支持北方用气发挥了重要作用。2018年3月，随着集团公司总体资源供应逐步宽松，江苏经信委迅速调动燃气电厂开足马力，电厂用气最高提升至每日

4700 万立方米，公司天然气销售迅速打开市场，创造了 1.6 亿立方米的日销售记录，月销量首次突破 40 亿立方米。

四、基层素质提升

高度重视员工素质提升，特别是针对组建时间短、员工工作经历差异较大、专业基础薄弱等实际情况，加大岗位技能培训力度，大力开展轮岗、"师带徒""传帮带"等活动。

精心组织培训。配合公司发展战略和人力资源规划，开展全员、全岗位培训需求识别与分析，做好培训顶层设计，创建学习型企业。全年分层分类组织培训 20 班次，受训人员接近 400 人次，其中以岗位技能类培训为主，同时兼顾个人素质提升、思维拓展训练、文化修养等课程。

丰富培训形式。分批组织省公司员工到机关轮岗，全面熟悉公司业务流程，掌握工作程序和技能。开展"师带徒""传帮带"等活动，为每位新上岗员工指定责任师傅并制定个性化培训方案及培养计划，进行限期考核。组织员工到输气场站"驻站跟班"，学习天然气输送、计量知识，提升专业素养。组织员工到华润等下游用户驻点学习，拓展全业务链素质。河南公司固定每周四下午进行集体学习，邀请专家专题辅导、观看纪录片、学习上级文件精神，丰富了学习形式，形成了浓厚的学习氛围。严格按照集团公司明确标准落实送书工程。

五、有关建议

基层建设还存在人员力量不足等问题，建议加强基层建设工作组织和人员保障。

夯实基础管理　筑牢发展根基

天然气销售南方分公司

天然气销售南方分公司始终将基层建设工作作为一项重要内容来抓，做到基层建设工作与经营管理工作同部署、同落实，融入中心，服务大局，努力打造一批忠诚担当、敬业尽责的基层班子和干部队伍，为公司稳健发展筑牢根基，提供坚实的基础保障。

一、坚持精神引领，夯实干部员工思想基础

1.深入学习党的十九大精神。党的十九大召开期间，公司机关及各分公司组织全体员工集中收看电视直播，感受大会盛况。公司党委及时制定《学习宣传贯彻党的十九大精神近期工作方案》，精心做好教育引导，为了让广大员工更好地掌握党的十九大精神的精髓和内涵，更深入地学习领会习近平新时代中国特色社会主义思想，公司第一时间组织订购《党的十九大报告辅导读本》《习近平谈治国理政》第二卷等学习资料，分发到每名员工手中。在门户网站开设专栏，利用微信公众号等平台及时通报和交流学习动态，营造学习宣传贯彻十九大精神的浓厚氛围。公司员工参加学习贯彻党的十九大精神网络学习和网络答题活动，参与率达到100%，其中党员干部128人，党员网络答题优秀率达到100%。公司先后征集学习十九大精神论文7篇、学习十九大精神心得体会文章28篇、学习感悟360余条。

2.深入开展"形式目标任务责任"主题教育活动。结合自身实际，及时起草主题教育活动通知，公司班子成员带头学习，各基层党组织书记带头举办专题党课。推进活动落实。各单位充分利用党员学习日、部门工作会等

时机，采取观看专题片、座谈、讨论、制作宣讲课件等多种形式进行宣讲，并结合工作实际，研讨落实会议精神的具体措施和办法。公司第一时间联系订购了"形势目标任务责任"主题教育辅导读本《新时代、新使命、新作为》，及时组织广大员工收看反映中国石油稳健发展成就的电视专题片《新时代　新作为　新气象》，丰富学习宣讲资料，深化学习效果。通过主题教育活动的开展，干部员工进一步认清所面临的形势，明确目标任务，为全面完成各项工作目标，建设一流天然气销售公司，统一思想，凝聚力量，奠定了坚实基础。

二、坚持文化引领，筑牢企业发展根与魂

注重文化引领，在孕育形成公司特色企业文化的同时，深入开展大庆精神铁人精神再学习再教育，培养员工良好的职业态度、敬业精神和行为习惯，增强员工对企业的认同感，提振员工士气，激发企业发展活力。

1.按照弘扬传统、夯实根基、凝聚合力、打造品牌的原则，在公司成立之初就把企业文化建设与企业经营建设同步推进，引导干部员工参与公司企业文化建设，通过座谈讨论、文化格言征集等活动，汇聚全员智慧，不断丰富文化内涵，在全面融入中国石油企业文化、继承西气东输精神的基础上，紧密结合天然气市场开发、销售和经营管理实践，逐渐孕育、培植出南方分公司特色文化。

2.着力推进公司"一册一片"企业文化阵地建设，通过编印《南方公司企业文化手册》、制作公司宣传片、开展"企业文化故事征集""企业文化知识宣讲"等系列举措，促进文化理念的落地和传播，"客户的满意，就是我们努力的方向""严细实、稳准快"等特色文化理念逐渐根植于员工内心，成为员工共同遵循的价值理念体系，为公司创建一流天然气销售企业提供精神动力。

3. 以集团公司"弘扬石油精神　重塑良好形象"活动周为契机，聚焦"忠诚担当、风清气正、守法合规、稳健和谐"的目标，深入开展大庆精神铁人精神再学习再教育，引导广大员工不断深化对重塑良好形象的认识，自

党传承石油精神，切实把"四个诠释"和良好形象标准融入到工作、学习和生活中，融入到一言一行中，人人争做企业形象建设者、维护者和代言人，人人成为企业良好形象大使，进一步凝聚了队伍士气，筑牢了企业发展的根与魂。

三、落实管理责任，强化压力传导机制

做到队伍管理科学化、规范化。目标决定方向，责任诠释担当。南方分公司在基层建设工作中，注重建立科学有序的压力传导机制，细化指标分解，明确目标任务，层层把压力传递下去，把责任落实下去，实现职责目标清晰化，队伍管理规范化，把干部员工的思想和干劲凝聚到全面完成公司各项经营管理任务上来。

公司统一编制了《南方分公司重点工作任务分解表》《南方分公司党委党建重点工作任务分解表》；认真归纳梳理市场开发、经营管理、党建等重点工作 24 大类，80 余大项，300 余小项。每项工作都具体明确了责任部门、完成时限和责任人，使各项工作目标具体、任务清晰、职责明确。统筹推进"一部一册""一人一表"编制工作，建立起科学的绩效考核管理系统，大力加强绩效管理项目建设，积极推进绩效信息系统上线运行，充分发挥目标引领和激励约束作用，进一步激发公司各级领导、广大员工的工作积极性，形成"人人身上有动力，人人心中有目标，千斤重担大家挑，人人肩上有指标"的浓厚氛围。

四、加强基层组织建设，发挥战斗堡垒作用

将基层党建工作融入到市场开发和营销工作全过程，不断发挥基层党支部的战斗堡垒作用，为企业发展提供坚强组织保证。

1.加强基层班子建设。在基层建设中，把加强两级班子建设作为提升基层建设的核心，努力打造作风过硬、坚强有力的领导集体。公司以两级党委中心组学习为切入点，年初制定详细的中心组理论学习计划，通过"请进来""走出去"等方式，采取集中研讨、视频讲座、现场参观等多种载体，

认真落实中心组学习计划，不断增强"四个意识"；通过集中赴农讲所、中共三大会址等教育基地参观学习，增强党员干部的宗旨意识；通过邀请专家进行十九大精神专题辅导、举办廉洁风险防控知识讲座等多种方式，努力打造一批团结协作、高效廉洁、开拓进取的领导班子。

2.健全组织机构。公司成立之初，第一时间组建6个临时党支部，灵活设置联合党支部，及时明确支部负责人，并将党建任务与业务工作同部署、同督导、同检查，确保"三会一课"等党内生活正常开展。条件成熟后，及时调整设置，成立4个党总支、8个直属党支部、14个基层党支部，实现对21个销售分部党员的全覆盖。

3.扎实推进"两学一做"学习教育。制定专项方案，开展"践行四合格四诠释、弘扬石油精神"主题活动，扎实推进"两学一做"学习教育常态化制度化，围绕"如何做好党支部书记"开展专题讨论，各级党支部书记带头学理论、讲党课，注重引导党员在市场开拓、营销服务中当先锋作表率。同时，注重先进典型的挖掘培养与宣传，开展"我与南方共成长"故事征集活动，挖掘总结先进事迹和典型经验，进行事迹宣讲交流，在员工中引发广泛共鸣。

五、坚持正确选人用人导向，打造素质过硬的干部队伍

严格按照《干部选拔任用条例》相关规定，在职数范围内公布并按照空缺职位的任职条件和资格要求，制定工作方案，在进行民主推荐的基础上进行谈话推荐，按照规定的方式和范围开展工作。坚持民主集中制原则，严格执行领导班子集体讨论决定干部选拔任用人选，严格按照有关规定认真履行干部任职考察、谈话、征求意见、公示等程序，确保干部选拔任用工作严格规范。公司坚持选拔干部呈报审批备案制度，做到一次不漏、一项不漏、一人不漏。公司成立以来，在干部选拔任用管理工作中未发生违规问题，也未收到上级批转或群众关于此方面的投诉举报，做到了选人用人公开、公平和公正。2017年共选拔任用公司总经理助理1人、各单位正职11人、各单位副职11人、推荐合资公司董事1人、推荐合资公司监事会主席1人、委派合资

公司副总经理 1 人，机关部门高级主管 13 人、分公司销售分部经理 8 人。

六、坚持人文关怀，营造和谐氛围，激发员工队伍内在动力

1. 积极开展帮困送温暖工作。成立由公司主要领导任组长的慰问小组，利用春节、国庆节等节日，分赴湖北、湖南、江西、广东等分公司开展走访慰问活动，为广大员工送去慰问品，送上节日的问候，使大家感受到组织的关怀。在做好员工探亲休假和健康疗养工作基础上，开展金秋助学、扶贫帮困等送温暖活动，增强员工的归属感、幸福感，激发员工的工作热情。

2. 丰富员工文化生活。倡导"开心工作、健康生活"的文化理念，组织员工开展了羽毛球、乒乓球比赛等丰富多彩的文体娱乐活动，增进了友谊，增强了团队凝聚力和战斗力。筹建员工活动室，定期进行工间操活动，营造起全民健身浓厚氛围。开展以"巾帼心向党，建功新时代"为主题的巾帼建功活动和"书香三月，伴您同行"读书分享活动等，提升了基层女员工的素质，激发了她们立足岗位，建功立业的工作热情。

传承铁人基因　弘扬石油精神
不断提升基层队站科学管理水平

西部钻探公司

西部钻探公司是集团公司成立的第一家专业化工程技术服务公司。公司的前身是 1939 年成立的玉门钻井公司，"铁人"王进喜是这支队伍的典型代表，广大员工具有"铁人"的基因、"石油"的精神，公司有着传承铁人基因、弘扬石油精神、打造钻探铁军的历史积淀和特别优势。长期以来，公司党委始终坚持把继承铁人精神、加强基层建设作为推动持续稳健发展的根本保障，牢牢把握"抓基层、打基础、利长远"的思路，有效发挥基层建设对"三基"工作的引领带动作用。特别是今年以来，围绕集团公司基层建设总体要求，公司党委高度重视，组织召开专题会议，认真研讨新时期基层建设调研工作。决定由公司所属各二级单位进行自主调研基础上，公司党委成立专题调研组，深入现场进行全面调研，进一步了解和掌握基层建设现状和存在的问题，共同探讨新时期基层建设工作新思路新举措新方法。

通过这次现场调研来看，公司基层建设组织健全、体系完善，结构合理、管理规范，素质过硬、作风扎实。特别是面对高原、沙漠、风区、火洲、戈壁等极其艰苦的自然环境，基层队伍始终坚持弘扬"石油精神""铁人精神"，始终牢记"我为祖国献石油"的初心和使命，始终发扬钻探行业优良传统，在艰苦的环境中锻炼，在激烈的竞争中磨练，在风险挑战中历练，敢于担当负责、勇于攻坚克难、自觉担当奉献、努力开拓进取，是一支能打胜仗、敢打硬仗的"铁人式"队伍，为西部各油田持续增储上产做出了突出贡献。特别是近年来，随着市场不断扩大，工程技术服务工作量大幅攀升，公司党委进一步加大基层建设力度，充分释放基层组织活力，持续激发基层队伍动力，钻井进尺连创新高，安全环保保持良好态势，提速提效成果显著，创新成果推广应用，"四化"建设扎实推进，挖潜增效全员参与，基层党建纵深开展，建设市场竞争力强的工程技术服务公司的根基进一步夯实。

一、近年来基层建设重点工作开展情况

近年来，面对油价持续低迷、钻探行业"量价齐跌"、生产经营形势严峻、员工队伍思想波动等因素，公司党委始终把加强基层建设作为有效应对风险挑战的"压舱石""稳定器"，坚持继承创新、与时俱进的思路，在增强基层建设的实效性适应性上下真功、用实力。

（一）突出顶层设计，不断完善基层建设体制机制

一是切实加强基层建设组织领导。公司成立伊始，公司党委结合集团公司《基层建设实施纲要》总体要求，及时成立了以党政主要领导为组长，班子其他成员为副组长，机关相关处室（部门）负责人为成员的基层建设领导小组，明确了分管领导和主管处室，制定了《基层建设实施办法》，确立了每半年专题研究部署基层建设工作机制，构建了基层建设工作框架。各单位党委紧密围绕公司党委部署，全面梳理基层建设工作，切实加强组织领导，健全工作机构，完善工作体系，自上而下构建了一级抓一级、层层抓落实的工作格局。近年来，公司党委积极适应形势发展变化，及时调整和完善基层建设组织架构和工作机制，深入分析研判基层建设面临的形势，专题研究基层建设存在的问题，有针对性地制定加强基层建设工作制度、方案和措施，持续提升基层建设的深度和广度。同时，按照"融入中心、服务大局、明确主题、持续提升"的思路，2013年至2017年，公司党委紧密围绕生产经营中心工作，先后确定了"创建基层建设样板单位""创建绿色作业队""重塑良好形象""提质增效""加强基层党建"等基层建设主题，并通过召开经验交流会、工作推进会、编发案例材料等方式，总结经验、推广交流，以会代训、以会推动，注重基层建设、夯实基层基础、激发基层活力已经成为公

司各级组织和领导干部的思想共识和行动自觉。

二是探索建立基层建设长效机制。按照"继承创新、与时俱进，符合实际、讲求实效"的工作思路，坚持以集团公司《纲要》为指导，围绕强化基层建设、促进基础管理、提升基本素质重点，以建立长效机制为目标，不断健全完善制度体系。针对基层干部队伍建设，制定了《"四好"领导班子创建实施意见》《基层领导班子及助理副总师职数设置意见》《领导人员管理规定》等31项制度；针对基层党组织建设，制定了《"六个一"基层党支部创建达标活动实施办法》《服务型党组织建设实施办法》《创建"五型"班组 争当"五型"员工实施办法》等38项制度；针对基层基础管理，制定了《HSE培训管理办法》《污染源与环境风险管理规定》《井控安全管理考核办法》《标准化管理办法》《设备管理办法》等308项制度；针对基层员工队伍建设，制定了《高技能人才管理实施细则》《人力资源管理实施办法》《优秀技能人才管理暂行办法》等40项制度。公司成立以来，围绕加强基层建设制修订各项制度420余项。坚持把落实制度作为推动基层建设的重要途径，按照"区分专业、把握重点、统筹兼顾、持续推进"的原则，以专业为主体，以系统为重点，将基层建设要求融入到各专业、各业务系统当中，并作为重点考核内容，例如：在基层领导班子建设方面，建立并落实《党委中心组理论学习定期通报考核制度》《领导班子成员"一岗双责"考核实施细则》《领导班子综合考核评价办法》等；在基层党支部建设方面，建立并落实《"六个一"党支部创建考核实施细则》《服务型党组织建设考核办法》《党支部标准化建设考核细则》等；在基层基础管理方面，围绕HSE体系、井控安全、生产组织、质量计量、设备维护、成本核算等9项重点，建立并落实一系列的考核制度和办法等。近年来，通过建立健全并推进落实基层建设全领域考核机制和措施，有力提升了基层管理水平，规范了基层工作流程，激发了基层队伍士气。

三是围绕"三基"持续深化基层建设。公司党委始终把加强"三基"工作作为固本强基的战略任务，切实强化顶层设计，着力抓好推进落实。成立了"三基"工作领导小组，设立了专项工作办公室，并按照"减负、精简、合并、整合、实用、实际"的原则，研究制定了《加强"三基"工作实施纲要》，明确了总体思路、工作目标、主要内容，确定了"3836"工程，即：加强三项工作（加强以党支部建设为核心的基层组织建设、以班组为核心的基层队伍建设、以大庆精神铁人精神为主要内容的思想建设），完善八个体系（完善质量、计量和标准化体系、HSE管理体系、流程管理体系、制度管理体系、岗位责任制度体系、作业队伍三标管理体系、人力资源管理体系、经营管理运行体系），推进三项工程（推进员工培训体系建设、学习型企业建设、服务型机关建设），实现六大目标（基层组织坚强有力、基础管理科学规范、基本素质整体优良、HSE业绩显著提升、发展环境和谐稳定、服务型机关建设成效显著）。围绕推进实施"3836"工程，公司连续多年组织开展"精细管理年"活动，并结合形势发展和中心任务每年确定一个主题，2014年至2017年，确定了工程质量、管理提升、瘦身健体、提质增效等主题，今年，围绕市场开发、生产组织、安全监管等重点，组织开展了"精益生产管理年"活动。近年来，围绕持续推进"三基"工作，公司党委、公司探索并建立了一系列有效的管理模式，在基层党建方面，确定并落实"五抓"（抓班子领航、抓基层固本、抓作风塑形、抓文化铸魂、抓典型树旗）工作法；在生产组织方面，全面推进"三早一快"（早准备、早动员、早起步，快见效）和"无缝衔接"等运行模式；在井控安全和环保方面，坚持落实"两抓一早一提升"（抓基础、抓执行、早预防、提升管理水平）的理念措施；在队伍建设方面，以"控总量、调结构、提素质"为主线，推动实现"五引领五突破"；在设备管理方面，推进实施"五化"（标准化使用、机械化推广、集成化攻关、信息化应用、专业化服务）的保障模式。通过持续深化"三基"工作，基层组织和员工队伍组织力战斗力执行力显著增强，公司从最初的大幅亏损走向了连续5年盈利，并列入集团公司A级企业行列，稳健发展的基础更加牢固。

（二）突出抓实重点，不断加大基层队伍建设力度

一是建立健全基层队伍组织架构。目前，公司下设二级单位17个，公司

党委设立二级单位党委 17 个，党总支 36 个，党支部 535 个，党员 6857 名，专兼职党务工作者 1587 人；设立工会 1 个，二级单位工会 18 个、队站工会 486 个、工会小组 1116 个，会员 17703 人，专兼职工会干部 57 名；设立团委 1 个，二级单位团委 13 个，团总支 4 个、团支部 220 个，团员青年 5576 名。各二级单位结合专业和施工作业实际，设立基层队站（车间）700 余个，其中，钻井队 203 个、录井队 168 个、固井队 28 个、压裂试油队 11 个以及定向、钻研、钻井液等专业化作业队站（车间）77 个，配备队站车间负责人 1500 余名，班组长 2000 余名。基层队伍在国内主要分布在新疆、甘肃、青海、陕西、山西、四川、内蒙古等 7 个省区 10 余个油气田，在海外主要分布在哈萨克斯坦、乌兹别克斯坦、埃及、沙特阿拉伯等 8 个国家和地区，具有点多、面广、战线长、队伍分散的特点。严格落实集团公司组织机构设置规范标准，按照"机构精干、职责明确、运行顺畅、满足需要"的原则，全面梳理基层单位组织结构，推进实施基层队站优化整合，关停并转低效无效业务，推动基层瘦身健体。近年来，压减局处两级机关科室 38 个，压减附属机构人员 538 名，撤销三级机构"小机关"53 个，压减机构 64 个，减少管理人员 600 余名，降幅达到 13%，以业务结构调整带动队伍结构调整，一二三线队伍结构更合理、更具竞争力。严格落实用工政策，严控用工总量，坚持向高端高效业务及海外业务倾斜，持续优化新增用工投入方向，积极推进业务外包，提高了用工效率，用工总量同口径减少 21.8%，一线用工比例提高 16 个百分点，队伍结构更加科学合理，人员更加精干高效。

二是持续加强基层队伍建设。近年来，公司党委、公司紧密围绕"夯实基层基础，打造钻探铁军"的思路，持续加强基层队伍建设，做到"三个着力"。着力强化基层领导班子建设。围绕新时期好干部 20 字标准，严格落实《领导干部选拔任用工作规范》《领导人员管理规定》，结合干部新老交替、班子结构优化、业务重组整合的需要，研究制定《关于防止领导人员"带病提拔"的意见》《关于加强和改进优秀年轻干部培养选拔工作的实施办法》等，加大干部调整交流力度，一批年富力强、干事创业、担当作为的干部走上领导岗位。近年来，提拔处级领导干部 51 人，交流 39 人，调整兼任职务40人。涌现出优秀领导班子5个，优秀领导人员24名，确定处级后备干部213名。着力强化基层党支部建设。研究制定《加强和规范基层党支部建设的意见》《海外单位党建工作实施办法》《服务型党组织建设实施办法》等制度办法。坚持以实际案例教学和情景互动演练为重点，每年组织党支部书记集中轮训、党支部书记能力评估，确保党支部书记抓党建工作的素质能力合格达标。持续深化"四合格四诠释"岗位实践活动，扎实推进"互联网＋党建""我是党员我先行"、群团组织建功立业等7项重点任务。围绕党组织换届选举、执行"三会一课"制度、党组织关系转接等6个方面，深入开展基础工作专项治理，党支部基础建设更趋制度化规范化。着力强化基层组织负责人培养选拔。研究制定并推进落实《科级干部选拔任用工作规范》，进一步规范了科级干部选拔任用资格条件、动议、制定选拔工作方案及沟通报备、组织选拔和竞争上岗等环节和程序，确保了科级及以下干部选拔程序不走样、方式不变通、决策不违规，切实提高选人用人工作水平。

三是始终坚持"以员工为中心"的理念。牢牢把握"全心全意依靠员工办企业"宗旨，始终尊重和维护广大员工主体地位。在员工成长方面，通过帮助员工建立职业生涯规划、开展争当"五型"员工活动、深化员工能力评价、推进员工创新工作室创建等多种方式，大力支持和鼓励员工立足岗位成长成才。特别是高度重视青年员工成长，突出思想教育和理想信念教育，组织开展"不忘初心跟党走——青春出彩、创意无限"主题团日活动、定期编发团刊，开设"西部钻探青年"微信公众号等，引导广大青年员工投身企业、融入发展、爱岗敬业、勇于进取，充分发挥生力军和突击队作用。在评先选优方面，坚持"搭建平台、优中选优"的原则，连续11年开展主题劳动竞赛、"双立功"竞赛、"安康杯"竞赛和青年突击队竞赛，涵盖了公司所有专业和基层队站，创造了一批新指标新纪录，涌现出了克拉玛依钻井公司50017钻井队、青海钻井公司30554钻井队、玉门钻井公司40019钻井队等一大批敢于攻坚克难、勇于争创一流的基层队站。今年以来，公司筹集8000万元资金，组织开展了比安全、比质量、比速度"三比"劳动竞赛，极大地激发了基层队夺红旗、抢标杆、争第一的热情，一季度，涌现出钻井、井下、录井等9个专业31支红旗队。在薪酬待遇方面，做到"四钩挂"落实业绩责任、"四倾斜"实施差异分配、"四层面"加大考核力度。"四钩挂"，即：单位领导与单位考核结果挂钩、业绩考核与工资总额挂钩、业绩考核与单位领导薪酬挂钩、业绩考核结果与领导人员年度综合考评和任免使用挂钩；"四倾斜"，即：考核分配向管理难度大、经营效益好的单位倾斜，考核分配向关键岗位倾斜，考核分配向一线倾斜，考核分配向艰苦地区倾斜；"四层面"，即：加大利润考核力度，加大负向激励力度，加大指标完成情况与主管部门个性化挂钩考核力度，加大专项考核激励力度。通过强化业绩考核和激励约束，构建了薪酬待遇分配的良性格局。目前，基层队站长业绩奖是一般人员2倍，一线岗位奖金是二三线岗位1.5倍，艰苦地区奖金系数为1.2。在生产设施改善方面，近年来，积极争取和筹措资金1.4亿元，相继建成了井控实训基地、员工公寓楼、环玛湖区域物资共享服务中心、青海钻井公司一线野营房升级改造、克拉玛依录井地化实验室等一批生产生活设施。同时，坚定落实集团公司领导"四化"要求，扎实推进标准化、专业化、机械化、信息化建设，完成生产指挥中心及配套建设，为钻井队配置了动力猫道、铁钻工、平台钻架、排管装置等生产设施，有效提高了生产效率和效益。在畅通诉求渠道方面，每年按规定召开职工代表大会，职代会确认的提案和合理化建议，条条有落实、件件有回音。在职代会闭会期间，召开职代会团组长扩大会，审议通过了《公司劳动竞赛奖励办法》《工会会员发放节日慰问品的实施办法》等涉及员工切身利益的593项提案和合理化建议。严格落实厂务公开制度，注重将厂务公开向基层队站延伸，通过厂务公示栏、职工大会、腾讯通、微信群等方式，及时公开员工群众密切关注的各类事项，确保了广大员工的知情权、参与权和监督权。公司荣获"自治区厂务公开工作先进单位"称号。

（三）突出示范引领，着力打造先进典型英模团队

一是不断完善基层建设典型选树机制。认真贯彻落实集团公司《关于加强选树和宣传先进典型的意见》，坚持培育典型、榜样示范、统筹兼顾、

以点带面的思路，坚持时代性、先进性、群众性相结合的原则，坚持层层选树、重点培养、推荐公示、优中选优的方式，推动形成了不同层次、不同业务领域的先进典型群体。公司每两年评比表彰一次劳动模范、先进基层党组织、优秀共产党员、优秀党务工作者，每三年评选表彰一次"最美西部钻探人"、每两年评选表彰一次"十大杰出青年"。公司成立以来，连续10年保持自治区安全生产目标管理先进单位称号，先后5次被集团公司授予安全生产先进企业称号，荣获全国"安康杯"竞赛优胜企业、企业文化建设优秀单位、安全文化建设十强单位、安全文化管理典范单位、自治区模范劳动关系和谐企业等称号。涌现出"全国五一劳动奖状"2个、青年安全生产示范岗2个、"五一"巾帼标兵岗1个、自治区"开发建设新疆奖状"5个、"工人先锋号"19个、集团公司"铁人先锋号"2个、先进基层党组织18个、基层建设"百个标杆队"1个、"千队示范工程示范单位"16个、"绿色作业队"10个、标杆班组4个、先进班组14个，以及党的十八大代表、"中央企业劳动模范"吴平河，全国劳动模范、全国五一劳动奖章获得者周文，全国"五一标兵"、集团公司十大杰出青年徐慧，全国最美职工、"大国工匠"谭文波等为代表的一批英模团队。这些先进典型是基层队伍的杰出代表，是公司的宝贵财富，是引领发展的中坚力量。

二是大力营造学习宣贯争当先进典型浓厚氛围。近年来，按照"选得准、叫得响、学得好、树得牢、推得广"的思路，以服务生产经营为重点，以唱响"主旋律"、凝聚"正能量"为主线，以展示先进典型风采风貌为主题，充分利用新闻媒体、网络微信、内部刊物、主题教育等多种载体，通过文字、视频、图片、宣讲会、报告会等多种方式，全方位、立体化、深层次、多角度宣传各行各业涌现出的各类先进典型，引导广大员工学习典型、尊重典型、争当典型。克拉玛依钻井公司员工吴平河当选党的十八大代表，公司党委专门印发文件，号召广大干部员工向吴平河同志学习；准东钻井公司员工潘其兵被集团公司评为"感动石油"候选人，《中国石油报》作了专题宣传；试油公司员工谭文波被推荐为全国最美职工"大国工匠"候选人，受到中工网、中央电视台、中国石油报等主流媒体的专题采访报道，公司党委专题组织召开谭文波同志先进事迹座谈会，并通过网络专题、微信专栏、举办事迹报告会等多种方式广泛宣传谭文波的先进事迹。同时，每年结合"五一""五四""七一"等重大节日以及集团公司重塑良好形象活动周，推出先进典型专题宣传，邀请主流媒体深度报道，网络微信共同发力，广泛宣传"最美西部钻探人""劳动模范""杰出青年"和先进基层党组织、优秀共产党员等，大力营造宣传英模群体的浓厚氛围。通过持续深入的总结挖掘、学习宣传，全面展示先进典型身上体现出的铁人基因、工匠精神、石油传统、钻探作风，打造成西部钻探全体员工的共同价值取向。

三是持续发挥"百面红旗"引领示范带动作用。公司所属吐哈钻井公司固井工程公司是集团公司授予的"百面红旗单位"。现有员工 86 名，其中，党员 36 名，固井专用设备 40 台套，下设 7 个作业班组。近年来，固井工程公司以"红旗"为方向、为鞭策、为目标，继承弘扬石油精神、铁人精神，始终以优质的服务，过硬的技术，良好的作风，持续打造和升华固井"铁军"。坚持以科学技术谋发展，用优质服务创品牌。积极推广应用先进的固井装备和工艺技术，形成了盐膏层、低压易漏长封固、MTC、泡沫水泥浆、低密高强水泥浆、小井眼小间隙井固井等一系列满足不同环境、不同工况的特色工艺技术。先后创造了一次封固 3610 米 216mm/139.7mm 井眼、3000 米 311mm/244.5mm 井眼、5230 米 139.7mm 井眼等多项新记录新指标。近两年，累计固井作业 1025 井次，固井质量合格率达 100%，优质率达 95%。坚持以设备管理为重心，提升技术创新能力。坚持车辆"三查制度"和"三检制度"，建立完善设备网络专管制度，大力开展设备技术改造和技术创新，优化设备技术性能，逐步形成了一套具有固井"铁军"特色的设备管理模式。《固井水泥车输灰系统技术改造》《QC 方法改进消泡剂加注方式》《水泥车柱塞泵盘根润滑系统改造》等多篇论文获奖，《运灰车粉尘净化及回收装置》荣获自治区科技创新奖。坚持以岗位练兵为基础，打造员工人才队伍。研究制定年度培训计划，建立了培训跟踪记录，在坚持做好"日、周、月三练法""'土'、'洋'结合练兵法""岗位轮换、工种交叉练兵法""定时出师法""练兵台"等传统练兵方式的基础上，以岗前培训安全为基础，以上岗培训技能为重点，以定岗培训操作质量为目标，把课堂搬到现场，把讲台移到一线，在班组之间、岗位之间、师徒之间开展"比安全、比质量、赛作风、赛技能"活动，促进了安全生产，提高了员工技能。坚持以安全生产为根本，全面打造标准化流程。制定了《"强三基、反三违、除隐患、保安全"活动实施方案》，建立了"安全生产计时牌"、"三违曝光台"组织开展"学禁令、学原则"和安全隐患排查活动，推进实施"安全经验分享""平安文化创建""轮值安全员""安全家书""安全百家讲坛"等，推动形成了人人讲安全、反"三违"的良好氛围。通过落实一系列行之有效的措施，近年来，未发生一起安全生产事故，多次被公司评为"安全生产先进集体"。

（四）突出服务能力，大力提升员工队伍整体素质

一是持续完善员工培训机制。坚持"搞培训、提素质、练内功"的工作思路，结合员工队伍实际情况，研究制定员工技能等级与薪酬挂钩、职业技能竞赛建立员工发展绿色通道、技能竞赛获奖选手技能等级晋升等一系列管理办法，成立了员工实训中心，探索建立了"四合一"培训矩阵，构建员工能力评价体系，广泛开展"三大一提高"（大学习、大练兵、大比武，提高员工技能）活动，提倡"人人都做培训师"，营造了浓厚的学习、成长、成才氛围。积极推进技能鉴定工作，完善了技能鉴定题库内容，拓展了鉴定工种范围，可鉴定工种由最初的 33 个拓展到 61 个。畅通人才成长渠道，坚持每两年评聘一次技术专家和学科技术带头人，每年开展 3～5 个工种的职业技能竞赛，搭建了帮助员工成长成才的有效平台，培养享受政府特殊津贴的专家 4 名、自治区有突出贡献专家 1 名、先后选拔各级技术专家、学科带头人 115 名，聘任基层工程技术骨干人才 280 余名、技师及高级技师 400 余名，600 余名优秀市场化及劳务员工实现用工形式转换。连续 3 年开展讲学评转活动，有针对性地培养生产一线技术骨干，有效缓解了一线技术人员短缺的矛盾。近年来，公司及各二级单位共举办管理类、技术类、操作类培训班 1494 期、培训 3.9 万人次，员工培训率达到 118.2%。举办各类取证培训班

216 期 9500 人次，特种作业取证合格率达到 100%。

二是持续提升员工培训效果。通过调研、走访、座谈等多种方式，了解新增用工岗位培训、上岗操作等方面存在的问题，研究制定新增用工岗前培训管控措施，打破"课堂理论"常规教学，把理论教学、实操训练、双项考核相结合，建立"我做你学、你做我看、我再做你再学"的培训模式，推动新增用工快速掌握基础性、常识性的岗位操作，学习适应岗位工作基本技能。围绕公司内部业务结构优化调整总体部署，本着盘活人力资源，有效助力公司改革的目的，根据业务调整进度安排，将转岗培训定位为公司冬季培训重点项目，按照"集中理论、分组实操"的思路，坚持培训后即可上岗的标准，成立专门的转岗培训工作组，通过理论授课、现场观摩、模拟系统培训、实际操作等多种方式相结合，切实提升转岗培训效果。积极组织开发考核题库，检验培训效果，分理论和实操进行考核，实操按岗位分工序考核，为提升培训效果提供了有力保障。依托公司微信培训平台开发了"培训宝典"井控学习专栏，打破了员工学习时间和地点的界限，有效提高了井控培训效果。持续加大基层队站兼治培训师队伍建设力度，研究制定《基层队（站）兼治培训师选拔激励方案》，扎实开展换届选聘工作，连续 2 年举办兼职培训师教学竞赛，积极引导一线优秀员工参与培训工作，局处两级竞赛上百人参与，涌现出优秀选手 18 名，极大调动了广大兼职培训师参与培训教学的积极性和主动性。近年来，先后集中培训新员工 1900 余名，700 余名员工实现转岗培训再上岗，选拔聘任兼职培训师 1038 名，做到基层队站全覆盖。坚持把技能竞赛、技能鉴定作为提高员工队伍素质的重要途径，研究制定并推进落实《职业技能鉴定实施细则》，每年通过二级单位竞赛、举办公司竞赛和参加集团公司竞赛 3 个层面开展技能竞赛，为技能操作员工搭建学技能、练本领、提素质的平台。近年来，公司层面组织钻井工程技术专业、财务会计专业、地层测试工、石油钻井工以及井控班组等 8 个工种技能竞赛，有 3150 余人次参与了竞赛活动，完成 25 批次 41 个工种 7890 余人的技能鉴定，选拔公司技能专家 36 名、"青年岗位能手"127 名，41 人获得集团公司、公司"技术能手"称号。在集团公司井下作业工暨井控班组、钻井液工职业技能竞赛中，公司获得 1 金 1 银 3 铜和 2 名优秀选手的好成绩。

三是持续深化全员读书活动。公司党委坚持以建设学习型党组织和学习型企业为目标，以"创建学习型企业、培育知识型员工"为宗旨，抓住集团公司"千万图书送基层、百万员工品书香"活动契机，及时印发《关于开展"学习在石油·每日悦读十分钟"全员读书活动的通知》，周密部署读书活动。公司网页、微信、《党群工作》和《西部钻探青年》等同步分别开设了"学习在石油·每日悦读十分钟"专题专栏专辑，推进和深化读书活动。各单位党委把开展读书活动与员工思想教育结合起来，通过举办读书会、报告会、朗诵会等多种方式，引导员工爱读书、读好书、善读书。群团组织紧密围绕"双十"读书活动，持续开展"书香三八""品书青春"等系列活动，大力推进"职工书屋"建设，配发书柜 80 个、流动书架 140 组，投入 22.5 万元购置学习、工作、生活类图书和刊物。近年来，为 462 个基层队站配送图书 9 万多册，配发《中国石油员工基本知识读本》21360 套。通过开展一系列读书活动，有效帮助员工建立起人生基本知识体系和职业生涯基本专业知识体系，坚定理想信念，提升文化修养，提高技术能力水平，员工在学习中进步，公司在学习中发展，建设市场竞争力强的工程技术服务公司"软实力"显著提升。

二、基层建设存在的主要问题

近年来，公司党委始终坚持以集团公司《基层建设实施纲要》为指导，围绕"三基"工作总体要求，开展了一系列富有成效的工作，取得了一定的成绩，但是，面对新时期基层建设的新形势新任务新要求还存在一些问题，主要体现在：一是基层建设整体发展不够平衡，存在时紧时松的现象，还没有形成较为完整的工作机制、工作体系，长效机制有待于进一步完善；二是基层党支部建设还存在薄弱环节，"三会一课"、民主评议党员、组织生活会等制度落实还不严格，党支部书记抓党建工作的能力和素质还有待提升；三是基层党建工作与生产经营结合还不够，围绕生产抓党建，抓好党建促生产的要求落实不够，重生产、轻党建的现象还不同程度地存在；四是新进员工对现场作业安全风险认识还不足，安全意识树立得还不够牢固，安全技能操作水平还有待进一步提升；五是基层建设先进典型培养选树的力度还不够大，典型经验挖掘不够，特色理念提炼不够，树得牢、叫得响、推得开、传得广的先进典型还不够多；六是随着公司发展，国内市场与海外市场并存、关联交易市场与国内外部市场并存、常规油气市场与非常规油气市场并存的局面更加凸显，面对基层作业队伍点多、面广、战线长的实际，在管理方面还处在监管阶段，管理难度大、幅度宽、效果不佳。这些问题都需要引起高度重视，采取切实有效措施和办法加以解决。

实施"3461工程" 提升工厂化管理水平

长城钻探工程公司

为扎实开展此次调研活动，确保各项工作得到有效落实，长城钻探公司三基工作领导小组，高度重视，精心部署，抽调各专业人员组建基层建设调研小组，认真研究制定调研活动方案、工作目标和推进措施，结合公司年度基层建设考核验收，分二级单位、分公司（项目部）、基层队、班组、岗位员工5个层面，深入钻井一公司等21个国内二级单位，中东等4个海外大区，72个基层单位，对公司基层建设体制机制建设、基层队伍建设、先进典型及荣誉、基层素质提升等方面进行了全方位、多层次的调查研究。通过此次调研，公司更加坚定了建设"3461工程"的三基工作总体目标，将进一步持续推进基层建设工作，为公司应对低油价新常态，实现企业高质量稳健发展提供基础性保障。

一、调研内容及主要工作经验

（一）体制机制建设

1.发挥的作用和地位：切实将基层建设作为夯实企业发展的根基。公司自组建以来，一直把加强基层建设作为固本强基的战略任务，作为事关企业高质量发展的重大工程，作为夯实企业管理基础、提高经营绩效的有效利器。几年来，通过有力有序地组织、推进、落实基层建设工作，公司发展实现了稳中有进、稳中向好。公司三基工作取得了阶段性的成绩，先后获国资委、集团公司领导的认可和赞同。在2013年6月集团公司基层建设"千队示范工程"成果交流暨新疆现场会上，GW80被评为集团公司基层建设"百个标杆"单位；70166 队"嫁接国际先进理念'四字'准则保安全"的做法被评为集团公司基层建设"十大案例"。公司三基办公室的政研成果《基层建设一体化考核模式的创新与实践》在"中国石油第八届（2014—2015 年度）党建政治思想工作研究成果"评选中获得一等奖。《石油钻探企业基层建设工作体系的创新与实践》获得了石油企协（行业部级）"2016 年度全国石油石化行业管理现代化创新优秀成果"一等奖，成为 27 项一等奖中唯一一项基层建设的重要成果。40002 钻井队获得中华全国总工会工人先锋号、中国石油天然气集团有限公司先进集体、中央企业五四红旗团支部。

2. 领导体制和组织架构：切实将组织建设作为推进基层建设的前提。为全面加强基层建设工作，实现三基工作统一管理，公司成立了以主要领导任组长、班子副职任副组长、副总师以上领导为成员的三基工作领导小组，负责确定公司三基工作规划及工作目标，审议公司三基工作管理相关制度和重大方案，定期研究部署建设工作情况。目前公司三基工作主管领导为公司副总经理兼安全总监翟智勇同志，三基工作领导小组办公室设在企管法规处，负责牵头组织各职能部门、各基层单位开展三基工作，组织制定公司三基工作管理的相关制度和中期长期工作规划，开展三基工作的指导、检查和考核及三基工作的标准化建设工作。各二级单位基层建设工作组织建设显著加强，公司所属各单位党政主要领导高度重视三基工作，国内全部二级单位、境外 17 家项目部（作业区）均成立了由主要领导任组长的三基工作领导小组及其办公室，分管领导、负责人职责明确，三基办公室各成员部门在三基工作中有序配合。公司通过建立三基网络工作群，进一步落实工作责任，有效畅通交流渠道，拓宽基层信息来源路径。

3. 规章制度和监督考核：切实把建章立制作为增强基层建设的内在动力。公司先后颁布了《长城钻探工程公司基层建设指导意见》《长城钻探工程公司实施"基层建设跨越工程"纲要》《长城钻探工程公司基层建设工作境内外一体化考核暂行办法》《关于钻井队（国内）实施新报表制度的通知》《长城钻探工程公司三基工作指导意见》《长城钻探工程公司三基工作实施细则》《长城钻探工程公司基层队三基工作管理规范（钻井分册之车载钻机）》《长城钻探工程公司三基工作优秀基层队冠名管理办法》《长城钻探工程公司境外三基工作实施纲要》等 22 项规章制度。2015 年开始，公司开始有计划、分步骤组织开展一线各专业队种《基层队三基工作管理规范》的编制工作，搭建"基层队三基工作标准化模板"框架，共梳理出 3 个方面 242 个工作标准。管理规范内容包括目视化管理标准、硬件配备标准、软件管理标准、现场作业标准 4 个部分，其中现场作业标准包括《管理制度简编》《重点工序 SOP》《岗位指导书》《岗位巡回检查点图例》。按照"科学评价、控制总额、重点突出"的原则，公司每年度集中组织开展考核工作，考核内容分管理评审及基层队考核两部分，管理评审包括三基工作管理体系、管理规模、专业管理水平等内容。基层队考核包括基层建设、基础工作、基本素质三部分内容。几年来，公司共评选示范队 691 队次、先进队 1175 队次，查处未达标队 33 支，同时对未达标基层队，结合各基层单位生产实际，提出了淘汰、整改和优化建议。针对基层检查发现的重点问题，编制了《排位末端基层队原因分析及整改措施》等 5 个方面整改方案，形成《关于未达标基层队及安全隐患设备淘汰整合处理意见》等专题报告，不断推进基层队伍标准化。

4.管理模式和机制创新：切实创新管理模式，大力推进考核精细化。一是创新实施四级联动工作管理体系。在探索基层建设管理模式上，紧紧围绕市场化、国际化、标准化、管理提升的目标，不断强化顶层设计，构建了公司、二级单位、分公司（项目部）、基层队的"四级"联动工作体系。通过"四级"联动，全方位开展三基工作，形成公司上下齐抓共管的工作格局，使三基工作真正接地气，成为公司持续、快速发展的助推器。利用公司三基工作"四级联动"的管理优势，2017 年成功组织开展第一届三基工作大讨论活动，公司所属境内外各基层单位踊跃参加。各单位依托多种媒介组织开展大讨论、三基管理成果评选、三基管理知识竞赛活动，使公司广大员工特别基层员工对长城三基管理办法及相关理论知识有了更进一步的了解和认识，激发了广大员工参与公司三基管理工作的积极性和主动性，提升了三基工作意识。二是创新实施国内外一体化考核机制。在探索基层队管理机制上，公司强化一体化协同发展战略，创新地提出国内外一体化考核机制，制定了《长城钻探工程公司三基工作指导意见》和《长城钻探工程公司基层建设工作境内外一体化考核暂行办法》，统筹推进境内外三基工作。创新点体现在以下 5 个方面：一是创新基层建设考核体系，构建考核平台；二是创新工作思路，规范基层队管理，减轻基层负担；三是创新考核内容及标准，形成特色考核方法；四是创新激励机制，增强基层队内生活力；五是创新考核过程，注重考核成果的运用与复制。近年来，公司三基办公室始终坚持牵头组织相关职能部门深入基层发现并解决问题，累计对各二级单位、海外项目部开展 146 次管理评审，对一线基层项目部、基层队进行 906 次考核验收，组织各二级单位考核基层队 16150 次，公司基层队整体基层建设水平得到明显加强，队伍的凝聚力、班组的执行力、党员的战斗力得到了显著提升，为企业平稳度过专业化重组、石油低价寒冬并取得长足发展提供了坚实保障。

5.工作主题及目标：切实落实发展规划，探索基层建设工作长效机制。三基工作三步走的发展策略。一是 2014 年，为三基工作实现统一管理阶段，在实施"基层建设跨越工程"的基础上，公司对三基工作进行顶层设计，实现统一管理，制定公司《三基工作指导意见》和《三基工作实施细则》，公司所属单位根据本指导意见、实施细则，细化考核内容、考核标准并组织实施。二是 2015 年至 2017 年，为规范化建设阶段，逐步建立、推广公司主要专业队种的《基层队三基工作管理规范》。三是从 2018 年起，为一体化提升阶段，在逐步推广和普及《基层队三基工作管理规范》的基础上，全面提升基层队精准化和工厂化管理水平，逐步实现和提升基层队伍的自我管理意识和水平。全面实施三基工作"3461 工程"的工作目标。即：基层队管理实现"三化"：标准化软件管理，标准化硬件配置，标准化现场作业。队伍建设重点提升"四力"：重点提升基层党支部凝聚力，重点提升基层班子领导力，重点提升基层队伍的创造力，重点提升基层员工执行力。员工素质达到"六优"：优良技能的运用者，优秀管理的实践者，优质服务的提供者，优胜品牌的建设者，优异业绩的创造者，优越文化的体现者。打造"一支"国际化的"铁人式"钻探队伍。特别是 2017 年，公司开展了三基"五项"重点工作，集中力量解决了基层基础建设管理上的短板问题。通过调研指导、召开现场会、网站专栏、报纸期刊、微信公众号等多种形式的经验总结和交流，测井、固井和钻技服三家二级单位初稿编制工作进展顺利，40、50、70钻机《管理规范》审核工作圆满完成，基层队现场软件资料管理逐步规范，加快了基层工作标准化进程。

（二）基层队伍建设

长城钻探公司现有二级党委 29 个，海外党工委 14 个，党总支 76 个，党支部 695 个，共有党员 9008 人。其中，国内党员 7857 人，海外党员 1151 人。申请入党 771 人，其中入党积极分子 560 人。公司党委下设 3 个职能部门：党委办公室、纪检监察处、群众工作处；1 个直属部门：新闻中心。同时，在辽河分部和长庆分部分别设置辽河党群工作部和长庆党群工作部，纪检监察处下设监察中心。局处两级机关专职党群工作人员 261 人。目前各类基层施工队伍中，班组长共计 4890 人，基层党支部负责人共计 610 人。近年来，通过强化三个建设，基层队伍战斗力不断提高。

1.求索新方法，持续强化基层干部能力建设。建设高素质基层干部队伍，是企业抓住新机遇、迎接新挑战、实现新跨越的需要。在基层领导班子中，持续深化"四好"班子创建活动，狠抓理论学习和专业培训，不断提高基层干部的政治理论水平、经营管理水平和复杂情况下驾驭全局的能力。把选拔、培养、使用思想政治工作人员，作为加强干部队伍建设的重要组成部分，大力推进政工干部队伍的知识化、年轻化和复合化，以适应新形势的要求。落实干部岗位交流制度，进一步丰富内容，对基层干部进行交流挂职锻炼培训，促进他们在实践中增长才干、提升行为能力。突出抓好对基层干部的日常管理和监督，建立干部"能下"的机制，促进基层干部保持求真务实的工作作风，激发其勤学习、严管理、干实事、促和谐的积极性。

2.激发新活力，持续强化基层党组织建设。公司基层队数量大、分布广，常年担负着最繁重和艰苦的工作，对完成生产任务、经营目标起着绝对性的作用。公司优化组织设置，规范基础管理，落实工作责任制，突出考核评价的监督、导向和激励作用，进一步强化规范党支部建设。通过搭建星级党支部评比平台，互动党课、专题示范课、支部公开课等形式，消灭短板支部，提高党支部建设的整体水平。在共产党员"作表率、比贡献、创佳绩、争一流"争当排头兵创先争优活动中，围绕全年生产任务和重点工作，逐级确定创争企业示范平台、安全示范岗等主题，层层传递任务压力，人人岗位建功立业。通过抓好月度考核和月度写实点评、满意度测评、典型选树等环节，增强党员责任意识、身份意识，营造岗位奉献、岗位创新、岗位创效的创先争优浓厚氛围，让基层党组织活力迸发出来。把生产经营的重点和难点与党支部的具体工作结合起来，突出本行业本支部的特点，努力将堡垒作用体现到生产经营的全过程。

3. 探索新途径，持续强化基层队伍建设。在队伍管理上，着力完善和落实各项基础管理制度，对基层队实施对标考核，对单耗管理制定指标考核，对资产设备实行评优管理，对计量工作进行制度化、规范化管理，确保高标准完成各项业绩指标。在员工成长上，着力构建技术骨干培养发展规划，落实人才培养措施，有计划、有步骤、有考核地抓好生产骨干和技术尖子的选拔和培养工作，为推动企业科学发展提供人力资源保障。在基层减负上，深入挖掘"四力"潜能。公司三基办公室先后用了6年时间，组织优化了国内钻（修）井、科研单位、录井，固井、压裂、钻井液、钻技服、钻具等专业基层队报表规范工作，海外钻（修）井等9个专业基层队实行新报表制度。其中国内钻修井基层队基础资料报表从216张减到42张，压缩约80%。海外项目的9个专业基层队的报表由原来267张简化为175张，精简了约34%，切实地减轻了基层负担。在民主管理上，认真落实职代会和队伍公开制度，定期召开职工代表"知情议政恳谈会、领导人员热线"，畅通职工表达诉求渠道，切实解决员工队伍中的热点难点问题。

（三）先进典型及荣誉

1. 充分发挥典型示范作用。以集团公司"基层建设千队示范工程"为契机，健全完善基层建设"千队示范工程"的标准和规范，与各二级单位签订了示范建设任务书，定期组织相关处室对示范队建设进行考核、鉴定，精心培育的 40 支示范队全部验收通过。其中，GW80 被集团公司评选为"新时期基层建设百个标杆单位"，70166 队被选树为"新时期基层建设十大案例"。因公司在近年历经多次重组，原获得集团公司"百面红旗"荣誉称号的队伍相继划入其他兄弟单位，为进一步打造公司基层品牌，凝聚基层队战斗力，公司开展了释放生产能力示范标杆队冠名征集活动，颁布了《长城钻探工程公司三基工作优秀基层队冠名管理办法》，经过多次考核选拔，从公司 1000 余支基层队中优选出 13 支基层队作为长城钻探公司首批冠名队。"探井奇兵""磐石固井队"等具有行业特色的优秀队伍横空出世，典型引领作用凸显。下一步公司将从现有冠名队中进行择优定向培养，力争推荐至集团公司作为"新时代百面红旗单位"评选对象。

2. 大力开展先进经验推广交流。以基层标准化建设为工作主线，利用 2 年时间组织 4 家二级单位打造了 12 支可复制推广的不同类型钻井队三基工作标准化实体样板，以员工创造工程为有利抓手，近 3 年共涌现出革新创造、先进操作法、优秀节约方法、优秀修旧利废项目和管理提升金点子 481 项成果。钻井一公司代表公司参加 9 家石油企业组织的群众性经济技术创新活动，3 年来共有 60 项创新成果参与交流，有 120 项成果进行展示，理论化研究取得了初具成果。其中《石油企业服务职工长效机制的构建与实施》《石油企业实施"员工创造工程"，促进世界水平综合性国际能源公司建设》等分获石油石化企业管理现代化创新成果二、三等奖。公司先后组织召开"长城钻探公司基层建设推进视频会""长城钻探公司基层建设现场推进会"和"员工创造工程暨基层标准化建设现场会"，及时将典型做法进行推广，促进员工队伍素质不断提升。

3. 注重运用主流媒介的宣传推广。三基办公室牵头制作了长城钻探公司基层建设纪实专题片《跨越》。通过公司网页、《钻探长城》杂志专刊专栏大力宣传冠名基层队典型经验和成功做法。在公司门户网站上开设《长城钻探公司三基工作专题》、在《长城钻探报》上开辟"基层建设纪实专栏"，宣贯公司三基工作的规章制度，登载基层建设典型案例。截至目前，已连续登载基层建设先进典型事例 410 期，先后在《企业管理》等杂志上发表 8 个专面、1 期专刊，系列报道了公司境内外基层建设典型案例及主要做法。2016 年 6 月，公司以"在我眼中你最美"为主题，组织开展新媒体网络投票评选活动，短短 10 天的网络投票活动中，累计投票 21.9 万张，参与人数达 118.2 万人次。通过这次活动，在受低油价冲击，市场工作量相对不足、队伍停等的情况下，振奋了员工精神，激发了员工的向心力、凝聚力。

（四）基层素质提升

员工综合素质的高低往小处说决定着个人的就业和收入，往大处说关系到企业的生存和发展，是企业竞争力的决定性因素。公司始终将岗位培训和基本功训练立足于提高员工科学文化素质、基本技能和职业道德上。3 年来，公司先后组织举办完成各类培训项目 3600 个，培训班 7300 期，培训各类人员 23.43 万人次，投入培训经费 17300 万元。

1. 以服务一线为宗旨，狠抓培训资源建设。牢牢把握"立足生产、面向基层"的原则，急基层所急，想基层所想。坚持"送教上门"。公司组织相关教师远赴乌审旗、威远、榆林、苏里格、青海等 15 个地区举办培训班开展培训工作，新设定边、榆林（乌审旗）、威远和西部钻探 4 个 HSE 换证考点，解决边远地区基层学员难以集中参加取换证培训的困难，大幅度减少二级单位差旅费用成本。狠抓教学基础工作建设。为满足一线钻修井队不同岗位员工培训需求，编写了《长城钻探工程公司钻井队岗位培训大纲》及《现场培训指南》，利用 6 年时间完成了 635 个 SOP 的编写和审查工作，明确了基层队岗位员工培训的纲领和方向。创办"革新创造大讲堂"。选拔热爱创新工作、有一定创新成果的技能专家和能工巧匠，分层次、分专业建立起 40 多人的讲师队伍，几年来进行 50 多场次的集中宣讲和现场巡讲，先后有 10 人次到大庆油田、中国石油海洋公司等单位进行授课交流，3 位讲师被中国能源化学地质工会聘任为"能工巧匠大讲堂"讲师。

2. 以技能比赛为抓手，努力创造岗位成才的良好环境。积极开展岗位练兵、技术比武、劳动竞赛以及"千万图书送基层、百万员工品书香"等活动，鼓励员工学知识、学技术、钻业务，基层员工学习能力、知识水平和业务技能不断提高。在长城钻探公司去年组织的岗位员工操作技能"大练兵"活动中，来自一线各专业60多个岗位共计300多名选手分获金、银、铜牌。公司各二级单位也立足基层班队定期开展各工种技术比赛、擂台比武、"练绝技、展绝活"等活动，为公司输送出10位"长城工匠"，培育200余名"一岗多能"的操作能手。在国家重点工程建设项目"建设西部大庆"中，开展了以"六赛六创造"为主要内容的劳动竞赛，一批单位和个人受到全总和集团公司表彰。

3. 以素质提升工程为手段，进一步夯实基层基础工作。持续开展以"长城发展我有责、我为长城做贡献"等主题实践教育活动，不断增强干部员工的忧患意识、大局意识、责任意识和执行意识。持续开展法律法规教育、职业道德教育等活动，运用"法治小园地"、"与法同行"小报、午间小课堂"七笔帐"、专题演讲和知识竞赛等形式，让员工学法守法，提高全员的思想道德品质。把ABC需求式培训真正与员工岗位需求、岗位实际相结合，广泛征集员工培训意见和建议，理清每名员工需求培训计划，利用现有的练兵场、文化角等阵地组织开展培训，不断提升员工整体素质。凝练自己的队站文化，发动广大干部员工，把每一个活动阵地都建成具有特色的员工之家，把每一个班站都建成基层管理的新品牌。依托重大项目和重点工程培养一线紧缺人才，初步建立了以两级技能专家为龙头、技师和高级技师为骨干、中高级工为主体，专业分布优化、梯次结构合理、业务技能突出的技能人才队伍，公司两级技能专家人数逐年递增。几年来，公司共有4个集体荣获"全国五一劳动奖状"，6名个人荣获"全国五一劳动奖章"，18名个人被评为国资委、集团公司、辽宁省劳动模范，243人次被评为公司功勋员工、劳动模范。

突出管理特色，加强基层建设
夯实公司稳健发展基础

宝鸡石油机械有限责任公司

宝鸡石油机械有限责任公司高度重视基层建设工作，把抓基层、打基础作为公司推进深化改革、持续稳健发展的永恒主题和制胜法宝。尤其在新时代新形势下，面对"三基"工作的新要求新任务，宝石机械公司把强化"三基"工作作为巩固党的执政基础的重要保障，通过大力加强党建和班子建设、持续深化班组创建、全面加强员工教育培训，持续推动基层建设创新，使其焕发出新的活力。

一、加强"三基"工作的做法和成效

近年来，为了确保集团公司全面推进"三基"工作重大战略任务的有效落实，宝石机械公司根据新时代、新形势的变化，进一步结合实际，着力抓好以强化党建、班子建设为主要内容的基层组织建设；以深化班组建设、安全环保工程、质量自主提升、生产精益管理为主要内容的基础工作；以提升员工队伍政治素养和业务能力基本素质为主要内容的"三基"工作，各级党组织层层落实负责，形成了"年初部署安排、分工负责落实、季度自查改进、年中检查通报、年底考核验收、随时重点创新"的基层建设工作机制，不断推进"三基"工作规范化、制度化、长效化。

（一）强化以党建、班子建设为主要内容的基层组织建设

1. 有效推进党的群众路线教育实践活动、"三严三实"专题教育、"两

学一做"学习教育等重点专项工作。着力抓好党的群众路线教育实践活动、"三严三实"专题教育、"两学一做"学习教育等重点专项工作，及时成立主要领导为组长的活动领导小组，进行专题研究部署，全面落实工作推进和监督考核责任、责任人和时限，制定活动《实施方案》和《推进计划》，在做好规定动作的同时，结合实际开展一系列富有宝石特点的尝试。

（1）在党的群众路线教育实践活动方面：按照"一个保障、六个坚持、两个抓手"的思路，落实组织保障，坚持领导带头、坚持以整风精神开展批评和自我批评、坚持开门搞活动、坚持边学边改、坚持加强制度建设、坚持弘扬大庆精神铁人精神，以落实领导干部"三联"示范点和推进"星级"机关创建为抓手，扎实开展三个环节工作，保证了活动效果。开展教育活动以来，公司领导班子、机关各处室、直属 3 个党委、20 个党总支，3332 名党员（其中离退休党员 764 人），全部参加了教育实践活动，党员领导干部宗旨意识明显增强，工作作风得到进一步转变，群众路线教育实践的长效机制初步形成。

（2）在"三严三实"专题教育方面：通过领导带头示范（注重发挥领导干部在学习研讨中带头、示范作用）、拓宽专题教育范围（将教育范围扩大到全体党员、入党积极分子以及非党员领导干部）、坚持"六个结合"（与大庆精神铁人精神教育相结合展示了石油人风采；与"至诚为人、唯美做事"的企业核心价值观教育相结合展示了人格魅力；与"把责任留给自己、把满意留给用户"的企业经营理念相结合展示了宝石形象；与当天事当天完的工作要求相结合展示了严实作风；与学习全国劳模马新平同志的先进事迹相结合展示了进取精神；与个人言行相结合展示了教育效果）、突出实际效果（坚持问题导向，聚焦公司发展的重点难点）等一系列特色做法，广大党员领导干部的责任意识和担当意识不断加强，促进了公司生产经营的顺利推进。

（3）在"两学一做"学习教育方面：以"三个三"为载体（"三个三"即：做新时期"三型党员"、做好"三种人"、开展"三个一"活动。"三型党员"即：知识型、创新型、务实型党员；"三种人"即：员工群众的带头人、转型升级的领路人、和谐稳定的助推人；"三个一"活动即：在全体党员中开展一次党的基本知识答题，以支部为单位开展一次"重温入党誓词，明确党员义务"硬笔书法作品展，组织每名党员填写一次《"两学一做"学习教育登记表》），坚持"八个结合"（同"一四六六"党务工作法相结合、同"三严三实"专题教育相结合、同"弘扬石油精神、重塑良好形象"大讨论活动相结合、同党建"三联"示范点活动相结合、同"七讲七比七看"相结合、同全员学习活动相结合、同星级班组创建活动相结合、同"弘扬光荣传统，展示宝石形象"活动相结合），"两学一做"学习教育常态化制度化有效发挥了广大党员的先锋模范作用。

2. 坚持强化基层班子和干部队伍建设。公司党委严格落实"三同时"要求，坚持在组建新单位的同时建立党组织，坚持在聘任行政领导的同时任命党组织负责人，坚持在明确行政单位隶属关系的同时明确党组织的隶属关系。同时，在设立合资企业时，同步建立党组织、委派党组织负责人，实现了党的组织设置全覆盖。公司先后修订了《领导人员管理办法》，制定了《领导人员选拔任用工作规范》《关于规范所属单位干部选拔任免有关事项的通知》《进一步加强所属单位领导班子建设的实施意见》《关于加强和改进优秀年轻干部培养选拔工作的实施办法》《干部交流锻炼管理办法》等一系列加强干部管理及班子建设的文件，对加强领导班子建设提供了制度保障。始终把管干部聚人才、建班子带队伍作为工作落实的保障，坚持德才兼备、以德为先的选人用人原则，严格执行选人程序，严把五个关口（动议关、推荐关、考察关、决策关、监督关），健全完善干部选拔任用档案，实施干部选拔任用工作纪实，建立干部管理三个机制（鼓励激励机制、容错纠错机制、能上能下机制），确保选拔的干部"思想上信得过，工作上靠得牢"。突出抓好党支部建设，完善落实"三会一课"、组织生活会、党员民主评议等基本制度，在增强政治性、时代性、原则性、战斗性上下功夫，实现党内生活经常化规范化。

一是坚持各级党组织中心组学习制度。抓好公司班子成员思想教育，坚持党委（总支）中心组学习制度。按季度制定学习计划，每月落实学习内容。采取集中辅导、轮流授课（中心组成员轮流推荐学习文章进行共同学习、集中讨论和撰写体会文章）个人自学、知识讲座等形式，组织广大干部群众认真学习政治理论、现代企业管理、法律法规、商务合作等各方面经营管理知识，增强班子人员的基本素质和领导能力。

二是创新实践干部成长激励机制。近年来，公司积极尝试了干部任期制模式，在成都宝石分公司实施基层单位行政领导带经营指标竞聘上岗，有效激励了领导干部的责任心，提升了广大员工的工作主动性和积极性，为钻头厂扭亏为盈奠定了基础。2017年，首次试行主管级青年干部异地交流挂职锻炼，在全公司选拔了17名优秀年轻干部到异地进行挂职锻炼，参与所在单位管理决策等工作。同时，加强党政干部的双向交流和多维度年度绩效考核，公司基层班子的综合管理能力明显提升。

3. 实践创新了党建"三联"示范点"6+"工作法。公司党委在做好"四好"领导班子、"六个一"党支部建设工作的基础上，认真按照集团公司党建"三联"示范点的工作要求，制定了《"三联"示范点联系制度》，实践创新了党建"三联"示范点"6+"工作法（即：中心组成员深入三联点要了解掌握联系点学习情况、上级文件和领导要求落实情况、"三会一课"开展情况、《三清九明六注重》月报表内容落实情况、群众意见和建议落实反馈情况、党组织作用发挥情况以及其他专项活动和重点工作情况），要求各级中心组成员每季度至少一次到示范点指导工作，落实"6+"工作法，促进了班子成员带头作用发挥。

4. 持续加强学习型党组织建设。近年来，公司以中国石油"千万图书送基层、百万员工品书香"活动为契机，为94个班组送书4888册，积极开展了"创建学习型党支部，争做学习型党员"活动，探索出了公司"11416"学习型组织创建方法。即："营造一个环境"（营造尊重知识、尊重人才、尊重劳动、尊重创造的良好环境），"形成一个氛围"（形成全员学习、全程学习、团队学习的氛围），"树立四种理念"（终身学习的理念；员工中有智慧，学习中有财富，工作中有乐趣，成绩中有尊严的理念；工作学习化、学习工作化的理念；生活中有学习，学习中享受生活的理念），"建立一套机制"（学习制度健全完善，多项学习载体、多种学习形式相互融合，科学的促学、评学、考学、奖学机制有效建立，全方位的学习体系基本形成），"达到六个目标"（学习成为员工的自觉行为，员工学习力明显增强，知识结构更新速度加快，解决实际问题的能力进一步提升，员工潜能得到充分发挥，各类人才不断涌现）。

自学习型党组织工作开展以来，公司在高端技术研发、国际市场开拓等方面的人才迅速成长，储备了一批优秀的人力资源。同时，公司先后获得了"中国学习型组织示范单位""学习型城市创建工作先进集体"等一系列荣誉称号。

5. 不断创新党建思想政治工作方法。认真学习贯彻集团公司党建、思想政治工作要求，逐渐在实践中探索形成了"123365"工作法。即：紧盯"调动全员积极性，提高全员综合素质"一个目标，强化"大政工、大监督"两个格局，用实"三清九明六注重、三明六要三抓好、三增四强五做到"三张报表，用好"一四六六、七讲七比七看、七说"三种方法，做到"以'双十'全员读书活动为载体，实现学习活动全覆盖""以'双创双无'劳动竞赛为载体，实现劳动竞赛全覆盖""以党建'三联'示范点活动为载体，实现联系群众全覆盖""以'创一流、树品牌、塑形象'系列活动为载体，实现文化建设全覆盖""以凝智聚力活动为载体，实现文体活动全覆盖""以全员安全经验分享活动为载体，实现安全基础工作全覆盖"六个全覆盖，打造"诚信、创新、用心、温馨、欣慰"五种境界。

推行《基层党组织"三清九明六注重"月度报表》制度。公司党委根据"无形工作有形化、工作内容统一化、具体效果数字化"的工作思路，在基层党组织推行《基层党组织"三清九明六注重"月报表》制度。其内容由基本情况要"三清"（即：人员清、设备清、任务清）、日常工作要"九明"（即：政治理论学习要有明确主题、加强党的建设要有明确目标、宣传思想工作要有明确内容、员工思想动态和困难要明白、党务公开和厂务公开要明白、"两个建设"要有明显进展、群团组织作用要有明显发挥、安全质量作风纪律严明要求、其他工作部署和落实要说明）和工作过程"六注重"（即：注重抓住工作重点、注重各类人才培养、注重推动工作创新、注重排查异常情况、注重落实工作措施、注重受理群众建议）三个部分构成，包括单位人员、生产经营、党建、思想政治、企业文化、精神文明、基层建设、群团工作等18个方面190项内容。并确定各项具体内容的分值，进行综合考核。

办法规定所属基层党组织每月5日前报送"三清九明六注重"月度报表，每季度自查1次；公司党委每半年检查1次，进行检查考核情况通报，并将检查考评结果运用到基层单位奖金兑现、党政领导年度绩效考核、年度先进评选等方面。

（二）以深化班组建设、安全环保工程、质量自主提升、生产精益管理、机关作风建设为主要内容的基础工作

1. 大力推进星级班组建设。为进一步深化、延续"五型"班组创建活动，2013年公司组织开展了星级班组创建活动，推行实施了《班组"三明六要三抓好"月报表》制度、班组自主管理考核、班组长聘任制等，有效提升了班组建设水平。

（1）推行班组"三明六要三抓好"月报制度。公司按照"基础工作数字化、基层管理规范化、班组创建标准化"思路，形成了《班组"三明六要三抓好"月报表》。报表由基本情况要"三明"、日常工作要"六要"和班组管理"三抓好"三大部分构成，主要涵盖基层班组人员变动、设备使用、生产经营、安全环保、质量技术、学习培训、团结和谐、问题整改、现场管理、工作创新等12个方面195项班组管理主要内容。

（2）实现班组自主管理与考核。公司在推动星级班组创建过程中，始终着眼于班组创建的自主性，严格实行自我申报、逐级创建、晋级奖励和落后降级的动态管理机制。探索建立了以"公司总量控制，基层自检为主，公司复检为辅，百分比说话"为思路、以《班组"三明六要三抓好"月报表》为内容、以"真实看过程、数字看效果、观察看态度、创新有奖励"为方法的考核工作机制，全方位鼓励班组自主管理。

（3）实行了班组长聘任制度。为进一步提升班组长自身综合素质，充分调动其积极性，先后出台了《基层班组长管理办法》《基层班组"三长五

大员"职责》，从班组长配置数量、任职条件、选拔任用、岗位职责、业务培训、岗位待遇、考评管理以及"三长五大员"管理等方面进行了规定。在基层班组长培养选拔任用中，公司实行班组长聘任制度。聘任由基层单位自行组织，采取民主选举的方式产生，招聘方案报人事处、党委办公室备案，公司相关职能部门指导、配合。班组长民主选举的程序是：发布招聘公告、个人申请报名、基层审定人选、组织公开答辩、员工评议投票、公示选拔结果、发布聘任文件。

通过深入开展星级班组创建活动，激发了班组员工创建热情，夯实了基层管理基础，提升了基层队伍素质，促进了生产经营工作。目前公司班组总数 292 个，三星级及以下班组 106 个，占班组总数的 36%；四星级班组 144 个，占班组总数的 49%；五星级班组 35 个，占班组总数的 12%，远超过预期比例。

这些优秀班组先后获得了"全国工人先锋号""中国能源化学工会工人先锋号""中国石油铁人先锋号""集团公司千队示范工程示范单位""集团公司基层建设百个标杆单位""集团公司绿色基层队站、车间""集团公司质量信得过班组""集团公司青年文明号""陕西省工人先锋号""陕西省劳动竞赛优秀班组""陕西省青年安全生产示范岗""陕西省能源化工地质工会模范职工小家"等一系列国家级、集团公司级和省部级荣誉，《推动班组自主管理的实践与效果》论文获得了集团公司政研成果三等奖。公司优秀班组的先进典型经验和好的做法先后在《石油政工研究》《中国石油石化》《中国石油报》等国家级报刊中刊登。

2.毫不松懈地抓好安全环保工程、质量自主提升、生产精益管理等基础工作。近年来，公司从深化安全环保工程、质量自主提升、生产精益管理工作落实为立足点，不断推动各级管理人员履职尽责的自觉性，促进了基层单位执行力建设。

（1）安全环保工程：一是持续推进基层标准化站队建设。公司针对安全生产实际，制作了 25 项关键作业标准程序图册，图册明确了作业流程、关键步骤、作业标准和注意事项，并发到岗位员工手中，员工对标进行操作，最大限度降低"自选动作"带来的风险，同时，将文字版的岗位操作规程由员工自导自演拍摄成标准化作业视频 8 个，更加动态直观地规范操作行为，为员工培训教育、标准操作提供指导，员工养成了规范、精细、安全操作的良好习惯。二是坚持开展安全经验分享。成立了以厂领导为组长的"全员安全经验分享"活动小组。制定了安全经验分享活动方案，明确按工区、班组进行组织，逐人进行安全经验分享，做到了人人参与，先后编发《安全经验分享》读本 20 多万字 5000 多册。三是规范作业许可管理。将作业许可制度进一步延伸和细化，将高风险作业统一纳入许可审批范围，严格办理审批；制定逐点检查表，在作业前、作业中、作业后均有专人进行钻机各部位的检查，确保所有部件工作正常，厂领导和安全监督人员全程在场监护，确保安全措施落实到位方可进行下一步工作，有效控制了作业过程中的各类安全风险。

（2）质量自主提升：一是开展基层单位质量自主管理。公司建立完善了内部质量管理制度以及质量考核办法，组织开展了内部质量检查，对相关责任人进行考核，开展了质量改进活动，组织开展了 QC 小组活动和质量信得过班组相关工作。二是开展质量业绩考核工作。公司每年制定质量考核办法，考核的侧重点会根据上一年质量工作开展的情况进行调整，总体来说，质量业绩考核以体系运行监督和各单位的自主管理为重点，采用百分制量化打分的考核方式。考核结果与各单位的绩效工资挂钩。此外，公司持续开展群众性质量活动，连续多年公司的 QC 活动小组和质量信得过班组都获得集团公司奖励和认可。

（3）生产精益管理工作：形成精益管理"点、线、面、体、魂"推进路径。公司规划了"点、线、面、体、魂"的推进路径，确定了一个试点单位（精密加工厂）、两个中心（下料中心、刀具中心）、四条主线（流程优化、现场整顿、班组管理、降本增效）的具体方法。成立精益管理领导小组、精益管理办公室，各单位成立了推进小组，将改善任务落实到班组、员工；副总师以上领导和机关处室以挂点包干形式帮助基层单位推进；先后组织 45 批次 606 名管理干部到卡特彼勒、丰田公司、德国海瑞克、中国兵器、中国航天、重庆红江机械厂、渤海装备等 20 多个精益管理先进单位开展对标参观学习。并且邀请专业咨询公司，围绕全价值链改善，开展泥浆泵、钢结构、特车咨询，形成了领导推动、专家带动、基层发动、员工主动、上下互动、整体联动的良好态势。

3.大力深化"三型"机关创建。公司党委认真研究和总结长期以来在加强党员干部队伍作风建设中的一些有效做法，深化"三型"机关创建，推行《机关部门"三增四强五做到"月度报表》制度。"三增四强五做到"月度报表，就是结合"三型"机关建设的要求和机关部门职能、人员岗位特点，突出强化责任意识、创新工作方法、服务基层效率、有效提升个体素质，对机关建设工作的具体内容进行梳理、分类和细化。月度报表具体由增强全局、服务、创新三种观念，强化安全、质量、责任、纪律四种意识，落实学习调研、务实高效、勤俭廉洁、文明规范、总结提升五个做到等机关工作的12个方面136项内容。此举促进了机关部门和人员从点滴细微之处养成良好作风，主动改进工作作风，不断加强自身建设，工作主动性、积极性和创造性明显提升。

（三）以提升政治素养和业务能力为主要内容的员工队伍基本素质

1.注重员工政治素养教育。将政治学习作为首要任务。公司先后通过下发学习制度、年度学习计划、考核检查等方式，购买下发《习近平谈治国理政》（第一、二卷）、《决胜全面建成小康社会，夺取新时代中国特色社会主义伟大胜利》单行本、新的《中国共产党章程》《党的十九大报告辅导读本》、《学习明方向》等中国石油喜迎党的十九大丛书，进一步打牢了学习好、把握好、落实好党的十九大精神的思想根基，同时注重系统学习掌握中国特色社会主义理论体系，增强贯彻党的基本理论、基本路线、基本纲领、基本经验的自觉性和坚定性，不断提升广大员工的政治理论素养。每年坚持组织开展"形势、目标、任务、责任"主题教育，在创新活动载体基础上，制作了统一的PPT幻灯片宣讲课件，成立了由公司党委书记忽宝民同志、总经理郭孟齐同志为团长的公司"形势、目标、任务、责任"主题教育活动宣讲团，由公司党委委员分别带领6个小组对所属基层党组织开展宣讲。与此同时，公司所属的基层党组织也都按照要求，及时进行形势目标任务责任宣讲。

2. 注重员工企业文化培养。坚持做好社会主义核心价值观、石油精神、员工道德建设和企业文化培育工作。

（1）组织开展了全员性"爱党爱国爱企教育"。一是以社会主义核心价值观教育为统领，坚持做好核心价值观学习、宣传和教育践行工作。开展了"24字核心价值观"集中学习、"我们的节日"系列活动——"弘扬社会主义核心价值观暨未来宝石"元宵灯笼灯谜展、"社区文明公祭"、重阳节"共话宝石发展"等。二是以石油精神教育为核心，大力培育企业文化，多年来开展了大庆精神铁人精神再教育、"重塑良好形象"活动周、"中国石油劳模榜样人物"集中宣讲，从公司和基层单位两个层面编印了《故事汇》，举办了"弘扬石油精神，传承宝石文化"演讲比赛，组织班组长及新入职员工参观"中国石油教育基地"——厂史展厅等系列活动。三是深入宣传贯彻《公民道德建设实施纲要》，不断深化"四德"教育，积极实施"厚德陕西"工程，启动了"道德讲堂进车间"活动，积极开展"最美宝鸡人、最美产业工人""身边好人"评选、"善行义举榜"等活动。四是建立扶贫帮困送温暖长效机制。起草下发了《公司困难员工帮扶管理办法》，切实做好元旦、春节、中秋、国庆等重大节日送温暖工作。公司工会每年8月组织开展一次"金秋助学"活动，保证了公司困难员工家庭子女助学帮扶全覆盖。

（2）全覆盖推进和谐宝石建设。以"创一流，树品牌，塑形象"系列活动全覆盖和"凝智聚力"文体活动全覆盖为载体，全力打造和谐奋进宝石。

"创一流，树品牌，塑形象"系列活动全覆盖：在全体员工中开展"争做文明礼貌宝石人"活动；在青年员工中开展"尊师学技敬业"活动；在单职工家庭中开展"争做倾心支持宝石机械好工嫂（好丈夫）"活动；在双职工家庭中开展争当"和谐家庭"活动；在公司社区开展"邻里互助"活动；在未成年人中组织开展"出厂区、进社区、和谐宝石建设儿童作品展"及"未来宝石"元宵灯笼展等活动。"凝智聚力"文体活动全覆盖：公司充实完善了文联组织，重新调整设立了书法美术、摄影、文学等十几个专业协会。坚持全员运动会五年一次，公司层面"凝智聚力"文体活动做到每季都有，经常性的小型活动以各二级单位为主，根据生产经营情况适时组织。

通过不断提升员工思想教育水平和深入做好文化培育工作，公司连续4届通过了"全国文明单位"复检，先后涌现出了荣获"全国无偿献血奉献金奖"的生命救星张会刚，"集团公司道德模范候选人"刘晓敏，"宝鸡市道德模范人物"李宏，"宝鸡市我身边的青春榜样"、见义勇为标兵屈振强、拾金不昧优秀员工王斌等一大批道德模范以及11户市、区文明家庭。公司先后荣获了国家颁发的"企业文化创新优秀单位""'十二五'企业文化建设优秀单位""企业文化创新优秀成果奖"等一系列殊荣。

3. 加强员工技能培训。

（1）加强员工业务技能培训。通过深入开展大学生、复退军人岗前培训、外出委培、定向培养、专家授课等形式强化员工业务技能培训，多年来共培训电焊、钳工、铆工等40多个工种3200多名员工，在岗员工应知应会、操作规程、HSE 知识技能培训合格率达到100%，一线新增人员、关键岗位和特种作业人员100% 持证上岗。同时，加快国际合作项目关键岗位人员培训，不断搭建、拓展职工职业生涯平台，打造了一支忠诚事业、业务精湛、作风过硬的高素质员工队伍。

（2）持续开展各类劳动竞赛、岗位练兵、技术创新活动。公司先后下发了《"爱岗敬业明星员工"和"爱岗敬业好员工"评选办法》《先进集体、劳动模范和先进个人评选办法》等一系列文件，持续开展了"技术创新、管理创新、安全无事故、手中无瑕疵"的"双创双无"劳动竞赛，并在每两年的五一大会上进行表彰奖励，5 年来共表彰奖励600多人。在此基础上，公司工会还根据企业每年生产经营情况和阶段性重点难点，有针对性地开展了诸如"保工期、保质量，为中国装备制造争光""创一流、树品牌，确保 NDC 项目高效完成""追赶超越"等劳动竞赛。为了广泛调动员工的积极性和工作干劲，鼓励员工立足岗位多做贡献，开展了季度"爱岗敬业好员工"和年度"爱岗敬业明星员工"评选活动。每年表扬"爱岗敬业好员工"800 余人。表彰奖励"爱岗敬业明星员工"180 余人。公司工会每两年开展一次员工技术创新成果大赛评选活动，此项活动至今已坚持了 12 年。今年，还在工作实践中探索建立了钢结构分公司"劳模专家工作室"。

4. 提升员工待遇水平。近几年，公司在评先选优、员工成长、薪酬待遇、休假制度落实工作方面出台了一系列制度。坚持每年评选劳模、先进个人、优秀共产党员、优秀党务工作者、优秀团员、优秀工会干部等先进；在薪酬分配中，实行多劳多得和奖金分配向一线辛苦岗位、关键技术岗位倾斜；在休假制度方面，认真执行年休假、探亲假、婚假、事假、病假等制度，保证了职工权益。

近年来，先后涌现全国劳动模范 1 名、集团公司劳动模范 2 名、陕西省劳动模范 5 名、中国石油特等劳动模范 1 名、中国石油榜样 2 名以及多个中央企业红旗班组、全国工人模范先锋号等。一线职工中，3 人获得中国石油天然气集团有限公司高级技能专家，220 人取得了技师以上资格，取得中高级以上岗位资格的员工达 97.5%，员工队伍更加精干、结构更趋合理。

二、意见建议

1. 建议加强基层班组长理论、业务知识和管理能力培训力度，扩大培训规模、丰富培训方式、增加培训频次以及延伸培训范围。

2. 建议适当拓宽基层班组长职业生涯发展渠道，增加优秀班组长晋升机会，形成"人人争当优秀班组长"的良好竞争氛围。

坚持管理创新　推进转型升级

宝鸡钢管公司

一、基层建设总体情况

近年来，公司始终秉承石油精神和"干"字文化，围绕强身健体、提质增效、品质提升等主题，通过"找差距、补短板，选载体、建机制，重实践、树典型，稳步推、持续做"的推进方式，全面提升了各单位基层建设能力、基础工作水平和员工基本素质，实现了公司与员工的共同发展。5年来的实践表明，夯实"三基"工作是新时代提升企业核心竞争力的战略举措，是不断推进企业治理体系和治理能力现代化的重要途径，是实现企业稳健发展的坚强基石。

一是目标明确，思想统一。以宝管文化为纽带，致立于各企业间的深度融合，做优集团化管控，通过深化细化"三基"工作，建立起适用于全公司的标准化、规范化、可操作的基层管理模式。

二是措施具体，稳步推进。以《公司2012—2015年推进三基工作实施意见》（宝管党〔2012〕12号）为起点，着力落实"一融、两建、三创、四提升"10项重点工作。"一融"即加强宝管文化融合，"两建"即"四好"领导班子建设、五型班组建设，"三创"即创建"六个一"党支部、创建千队示范标杆单位、创建劳模（技师）创新工作室，"四提升"即全员素质提升、安全管理提升、产品质量提升、特色班组提升。

三是注重实践，成果丰硕。以问题为导向，加强顶层设计，围绕精益生产、向"制造＋服务"企业转型，大力推动基层实践，尊重基层的首创精神，形成了一批可借鉴可复制可推广的典型经验。特别是实现了5年无重大安全事故、质量稳步提升、装备持续改进、技术不断突破、成本持续下降、创效能力增强、队伍素质提高，确保了公司在"一基两重"市场的成功突围，实现了市场新常态下的整体扭亏增盈。

二、基层建设基本经验

一是以宝管文化为纽带，推动基层建设持续深化。公司60年厚重的历史，形成的独特"干"字文化，深深根植于基层土壤，在员工中得到了广泛的价值认同。各级党组织将"干"字文化融入队伍建设，以精神动力引领广大党员员工，立足岗位，攻坚克难，创先争优，不懈奋斗。各级党组织源源不断的凝聚力、战斗力、创造力，为公司历经冷市场残酷考验，依然屹立前行提供了坚强有力的组织保证。

二是以班组建设为抓手，推动基础工作落地落实。顶层设计的目标最终要体现在基层实践中。班组成为所有理想和愿景的最终承担者。通过"五型班组"创建和"特色班组"提升，明确了"抓生产、保安全，强技术、提质量，控成本、增合力"的班组管理方式，有效提高了班组创新创效的能力，确保了各项重点工作落实在岗位、见效于日常。

三是以骨干培养为重点，推动基本素质有效提升。企业的持续发展离不开人力资本，更需要人才保障。各基层单位重视技术人员、技术能手、班组长和劳模先进等骨干队伍的选择和培养，通过"搭台子、压担子、有样子"，有效提高了骨干队伍的综合素质。同时，以骨干带动，示范引领，促进全体员工共同提高岗位操作技能和文明素养，保证了文明生产、安全生产、高效生产。

三、基层队伍建设

一是建立健全基层组织和支部班子。所属12个基层单位，按照"四同步、四对接"的原则，同步设置了63个基层生产分厂（含直属机构）和57个基层党支部，并同步配备了分厂领导班子和党支部班子。在基层领导班子建设中，积极推进"四好"领导班子、"六个一"党支部创建，努力打造一支综合素质高、业务能力强的基层领导班子队伍。

二是重视班组、队站骨干队伍建设。目前共有班组 371 个，其中主要生产班组 305 个、辅助生产班组 63 个、后勤服务班组 3 个；班组长 487 个（含副班长 102 个），其中主要生产班组班组长 410 个、辅助生产班组班组长 74 个、后勤服务班组班组长 3 个。

建立《公司基层单位班组长管理办法》，班组长主要从所在基层单位内部选拔产生，采取公开竞聘、组织选拔或民主直接选举的方式产生。班组长主要采取岗位业务技能学习和送外参加综合素质提升培训相结合的方式进行培养。培训主要内容包括业务技能、安全、质量等方面专业知识；班组核算、班组管理等管理知识；法律法规、企业规章制度、事故应急处理、典型事故案例分析、经验交流等内容。

三是落实基层队伍建设要求。在操作员工中建立了初级工、中级工、高级工、技师、高级技师、企业技能专家、集团公司技能专家 8 级晋级体系，将技师以上技能等级作为高技能人才进行管理，发给岗位津贴；建立了班组长岗位津贴制度，根据班组性质和特点，分为主要生产、辅助生产、后勤服务三类，主要生产和辅助生产又分为 3 个档次，按不同标准发放岗位津贴。

四、先进典型及荣誉

1. 输送管公司制管一分厂。该分厂是中国焊管产业的"根"，"摇篮"文化成为其独特的精神动力。分厂党支部（书记、厂长一肩挑）重视文化传承对队伍建设的引领作用，通过打造特色班组、弘扬工匠精神、抓实重点工作、发挥党员作用，确保了"根"深"魂"健，创新创效能力比较突出。典型案例：守根铸魂的基层党建文化、班组管理"陈向阳"模式、"一岗双号"青年岗位实践。所获荣誉：陕西省"工人先锋号"、集团公司建设"西部大庆"劳动竞赛先进集体。

2. 输送管公司制管三分厂。该分厂是宝鸡钢管走向辉煌的起点，"铁军"文化是其特有的精神动力。分厂党支部以保持队伍凝聚力为核心，通过

"五铁管理"模式，持续深化基础管理，各项工作始终走在宝管前列，各项经营指标名列前茅，是当之无愧的排头兵。典型案例："五铁"铁军队伍建设 、劳模创新创效"曹文军"模式。所获荣誉："全国工人先锋号"、集团公司基层建设"百个标杆单位"、天车班陕西省总工会"五一巾帼标兵岗"、精焊二班集团公司"铁人先锋号"。

3.辽阳公司制管分厂。重组企业十年融合，"八三"精神与"干"字文化共同激励，形成其特有的"主人翁"意识。分厂党支部带领广大党员员工，以埋头苦干、真抓实干的作风和奋勇向前、永不言退的韧劲，通过"转变观念、解放思想，夯实基础、挖掘潜力，抓住骨干、整体创效"的管理方式，有力支撑辽阳公司历久弥坚，走出困境，再立新功。典型案例：分厂绩效考核激励机制、大学生技术员培养机制、劳模创新工作室。所获荣誉：焊管一班荣获"辽宁省优秀班组"称号。

4.资阳公司制管一分厂。重组企业十年融合，在油田优秀文化的传承中，融入宝管文化，形成其特有的"资钢的拳头"品牌。分厂党支部以"敢啃硬骨头、敢打硬仗、敢拼志气"的"三敢"作风，带领党员员工怀着对企业的深厚感情，积极转变观念，顶住生存压力，以改革创新的勇气和革命性的改革措施，向管理要效益，向社会市场要位置，是老国企转型发展的缩影。典型案例：落实岗位责任制的工段管理法、"一肩挑"书记"刘伟工作法"。所获荣誉：焊管三班中华全国总工会"工人先锋号"，集团公司基层建设"百个标杆单位"。

5.宝世顺公司直缝工厂。该分厂是全公司唯一的直缝钢管生产基地，是公司优化产品结构中不可或缺的重要支撑。十年磨砺，价值凸显。分厂党支部"以充满激情、充满智慧、充满阳光"的文化理念，以年轻员工与工厂共成长的历史积淀，形成了岗位创新、"两化"融合、青年建功的管理特点，是"互联网+"时代，新产业工人的代表，是一支有思想、有文化、有能力、有品质的阳光团队。典型案例：青年技术员的创新精神、两化"融合中的小改小革、金牌工人"柯星星"。所获荣誉：集团公司中亚西二线劳动竞赛"铁人先锋号"、"2013 年度绿色基层队（站）、车间（装置）"、河北省总工会"工人先锋号"、共青团河北省委"优秀青年安全示范岗"。

6.西安专用管公司管加工二分厂。作为公司产业结构调整的新兴企业，改写了输送管"一管独大"的历史，使宝鸡钢管从"横向发展"向"纵深挺进"，成为"干"字中的"支撑"力量。分厂党支部抓住青年员工"爱琢磨"的求知心，充分发挥主观能动性，大胆放手，给予员工施展才华的平台，使其能够在生产实践中"干得漂亮、干得精彩、干得快乐"，是公司党建工作与中心工作融合的典型代表。典型案例：精益生产带来的观念转变、"精一岗、会两岗、学三岗"技能培养机制、"六线促生产"支部工作法。所获荣誉：集团公司"青年安全生产示范岗""青年文明号"，西安市总工会"工人先锋号"。

7.宝管专用管公司OCTG工厂。中日合作17年，为公司合资合作开先河，作为精益管理标杆单位，积累了大量宝贵的先进管理经验，也淬炼了一支精干、高效、务实、懂管理、最认真的员工队伍。分厂党支部充分发挥基层党组织的凝聚力，将"质量＋成本"的经营理念贯穿于生产实践，通过设备维修保养、减少过程浪费、严控生产质量等措施，将基层建设的成果体现在经营效益之中。套管甲班看板管理与表单化管理经验、设备检维修精益管理方式，在全公司推广。

8.宝世威公司钢管制造部。公司第一个出海通道，15年来立足大都市上海这个改革开放的前沿，在华东市场独树一帜。分厂党支部班子思想统一，形成合力，带领党员员工逆境突破，具有紧跟市场的竞争意识，机动灵活的生产组织方式，超高素质的班组长队伍，成为独特的基层建设样板，具有较强的示范意义。典型案例：拥有管理者思维的班组长群体、适应社会市场的生产组织模式、党建工作企地共建共促、团结一心的支部（分厂）班子队伍、班组管理"陈伟"模式。

9.连续油管公司连续油管分厂。国内第一个连续油管生产基地，"不以吨位论价值"是其核心价值观，以在产业结构中的"唯一性"彰显其突出的价值。十年锤炼，队伍精干，结构优化，高素质技能人才辈出，形成"四精两创三高"的分厂特色。分厂党支部带领青年员工队伍，立足技术创新、提质创效、制造服务，形成"市场+研发+技术+质量+服务"的管理模式，是最具创新精神的创业团队。典型案例："四精两创三高"特色文化、分厂宝贝"高北京"技术经验。所获荣誉：集团公司"先进科技工作集体"、集团公司"2012年度绿色基层队（站）、车间（装置）"。

10. 生产保障服务中心动力分厂。该分厂作为辅助生产单位，在长期的生产保障服务实践中，打造了以"动力、努力、给力"为核心的"动力文化"，激励干部员工牢固树立了"保障生产不误一分钟、保障服务无一抱怨声"的服务意识。分厂党支部坚持传承特色文化，始终保持宝鸡钢管基础管理的鲜明特点，长期坚持不懈，展现了久久为功的管理特点。典型案例："十二点"服务法、党员突击队的管理经验、班组管理"110KV变电站"模式。所获荣誉：陕西省"五一巾帼标兵岗"。

五、基层素质提升

一是加强岗位培训和基本功训练。为新进人员和转岗人员指定高级工以上岗位操作员工作为师傅，实施不少于2个月的岗位师带徒培训；普遍建立了HSE培训矩阵，并以此为指导开展针对性培训；强化岗位作业指导书的日常培训和考核，不断规范操作，提升岗位员工技能水平；组织开展了形式多样的岗位练兵和技术比武，为优秀技能人才脱颖而出搭建平台。

二是努力员工素质提升。基层单位利用班前会、班后会的机会开展短平快的质量、安全、技能分享和培训，有效克服了工学矛盾。公司每年选择1至2个主要技术工种开展技能竞赛，近几年先后组织开展了天车工、无损探伤工、电焊工等工种的技能竞赛。

三是广泛开展读书活动。从2013年开始至2015年，开展了"双十"读书活动。各单位结合实际建立了职工书屋、图书室、读书角等。近3年来，主要是为党员配发了有关党建读物20余种，近万册。

六、有关建议

一要更加注重顶层设计，将基层建设与各业务口开展的活动融合，讲清彼此的关系，让基层能更好地理解。二要更加注重总结经验，成果共享，使其成为检验改革创新成果的平台。三要更加注重典型激励，为真正创效的单位和个人鼓掌撑腰，促进基层不断释放创新活力。

建设一流服务团队　打造一流服务品牌

昆仑银行

　　昆仑银行高度重视基层建设，将基层建设作为根本工程，在全行牢固树立"一切工作靠基层、一切工作为基层、一切工作到基层"的鲜明导向，基层成为教育员工的阵地、团结群众的核心、攻坚克难的堡垒。

一、基层建设情况

　　昆仑银行总行机关共 16 个部门，11 家分行级分支机构，86 家营业网点，员工总数 2984 人。下设基层党委 8 个、基层党组织 99 个，共有党员1092 人，占员工总数的 38.3%。近几年来在全行上下的共同努力下，行内基层建设以"四好举措"为抓手，呈现基层建设新局面。

　　1. 发展培养好队伍，历练素质过硬的生力军。坚决贯彻集团管好用好人才的要求，努力在知人善任上下功夫。一是发挥好班子"头雁效应"。召开第一次党员大会，产生了第一届委员会及纪律检查委员会，两委全面履新，实力不断增强。认真落实"三重一大"决策制度，2017 年召开党委（扩大）会 18 次，审议议题 117 项。出台《昆仑银行干部选拔任用管理办法》，举行职业经理人签约仪式，做到了科学管理，"头雁效应"明显。二是发挥好管理队伍"中坚效应"。加强基层班子建设，补充引进人才 12 人，实施内部选拔聘任 13 人次，管理团队更加完善。加大优秀年轻骨干的培养选拔力度，50名优秀青年干部入库总行储备干部。制定管理、专业、销售三类人才的"三个百人"计划，扎实推进培养工程，配套开展针对性培训 228 人次、外派培训 422 人次。管理队伍厚度进一步加强，承上启下的"中坚效应"明显。三是发挥好基层队伍"群体效应"。严把员工出入关口，层层选拔，为机关部门招聘急需岗位专业人才及优秀毕业生36人，为各分、村镇银行员工招聘 225人，及时补充关键岗位人才。出台工效挂钩办法，以绩效合约为主，增加超额利润分段累进和超额直营利润挂钩，切实用活用好绩效指挥棒，激励成效显现，"群体效应"明显。

2. 健全完善好制度，扎牢严密的"篱笆墙"。把制度建设始终贯彻工作的始终。一是从严党建制度落地实施。贯彻从严治党，全面梳理党建制度、党建流程，形成《昆仑银行党建制度管理文件汇编》《昆仑银行党建制度基础规范》，修订完善党建制度60项、流程29项。建立了党建例会制度、基层党组织书记述职述责评议制度，定期召开全行党建例会，总结、研究、部署党建工作。严格执行"三会一课"、组织生活会、党员民主评议等党的组织生活基本制度，初步形成一套党建制度体系。二是从严制度执行。以制度执行为靶心，出台员工违规行为处理、违规积分的"两规"办法，推出员工从业行为"20条禁令"，开展"学制度 守制度 用制度"等系列活动，发布从业告知书等，孕育了较好的制度执行土壤。实施违规积分825人，经济处罚金额大幅增加，较2016年增加1443734.61元，"专业 合规 尽责"制度文化深入人心，全行制度执行体系更加科学、完整、有效。三是从严完善制度体系。从完整性、合理性、合规性三个维度，完成了全行制度696项制度全面评价。全年共制修订制度156项，其中修订制度86项、制定制度70项，废止制度21项，现行有效制度745项，从源头上扎紧了制度篱笆，完善全行制度体系。

3. 做好企业形象建设，塑造形象勇担当。努力通过多种方式"大写"中国石油形象，传宝石花美誉。一是服务实体经济。落实"三去一降一补"政策，加大对基础设施、战略性新兴产业和环保等领域信贷投放力度，扶持小微和"三农"普惠金融发展。积极融入"一带一路"建设，坚决保障中伊结算通道安全。二是冲锋维稳一线。扎实做好"访惠聚"工作。举全行之力支持"访惠聚"工作，驻村工作队得到驻地政府和村民高度认可，在当地164个驻村工作队考核评比中排名第一。三是狠抓宣传报道。首次在中国石油报、石油商报、天山网等媒体连续发布产融结合特色宣传，加大品牌营销力度。利用集团在京单位运动会时机，开展现场咨询服务宣传。首次开展大型广告冠名，"昆仑银行杯"感动石油人物评选活动有65万人次和70余家企业参与投票，人物事迹分别在中国石油网、中公网、石油清风、新浪、腾讯等多家媒体同步转载，引发了行业内外的广泛关注。四是投身社会公益。抽调两名骨干承担新疆深度扶贫项目，制订计划并在全行开展向贫困地区捐物活动；克拉玛依、西安等6家分行开展绿化植树活动；大庆、运营服务中心开展了儿童福利院捐助活动；总行营业部、西安分行积极参与地方生态保护活动；运营服务中心实施资助贫困大学生等活动，传播了企业好声音好故事，努力为宝石花增光添彩。

4.用好"阵地"工程，建和美家园。阵地聚民心，营造同心同德、奋发向上的良好企业氛围。一是保障工程提能力。实现职工小家建设制度化、困职帮扶常态化、文体活动投入增长化"三化"，和谐幸福企业建设取得实效。实施关爱员工行动计划，以让员工吃上一顿热乎饭为目标，投入87万元用于各分支机构职工小家建设，一线员工就餐问题基本得到解决；以真情实意帮扶困职为目标，投入82.9万元实施了844人次困职帮扶，对近70名病患困难员工实施了专项帮扶，送到了组织关爱，有力凝聚了人心，稳定了队伍。二是素质工程强基础。在总行层面上成功组织开展全行第四届员工技能大赛，规模、选手逐年增加，共计11支代表队、160余名选手参赛，规模和人数均创历史之最。以青年为主力军，成功组织开展"创新 创效 创未来"青年创新论坛，共收到立项申请32个，经过多轮次审核答辩，第一期立项9个，目前进入成果申报验收阶段，为青年素质提升、青年挑头创新进行了积极有益的尝试。各基层单位在员工基本功提升方法上不断推陈出新，比如，国际业务结算中心推出"微讲堂"培训，打造特色品牌，加强人才培养；运营服务中心打造5个内训工作室，培育一支出彩内训师队伍；总营以老带新，带出一支精干新工队伍。三是文化工程添动力。扎实开展"弘扬石油精神、重塑良好形象"大讨论活动，引导员工充分认清形势、改革任务和肩负使命。大力培育"六类文化"，举办"昆仑大讲堂"系列讲座，设立企业文化展厅，制作企业形象宣传片，编辑企业文化手册和企业宣传手册。投入 130 万元支持员工艺术、体育、健身等活动，参与员工 5000 人次以上，有效丰富员工文化生活，增加了企业文化内涵。

仅去年行内基层单位分别荣获了集团公司铁人先锋号、优秀青年，直属机关青年文明号、思想政治工作先进单位等 26 项集团及外部荣誉称号，基层员工荣获 14 个厅局级及外部荣誉。行内也选树了先进集体 51 个，先进员工 142 名，可以说行内基层涌现出一大批先进人物、先进典型，为我行基层建设工作奠定了良好的"基因"基础。

二、典型案例

1. 成功搭建指尖上党支部。运营服务中心创建党建微信公众号，搭建"指尖上的党支部"，开办"党员 e 家"专栏，具备听读党章、政策解读、活动宣传、心得发布、在线考试、互动式党课、掌上党课等特色功能。定期组织全体党员微信在线开展党史、廉洁从业知识问答，引导党员主动学习更新党建知识。发挥线上和线下优势，提高"三会一课"活动参与率，确保了党员受教育 100%、信息公开 100%、活动参与 100%。中国石油报、中国石油新闻中心对"指尖上的党支部"的做法进行了专题报道，同时已纳入集团公司组织部"两学一做"典型案例。

2. 打通金融服务最后一公里。西安分行以"贴近油区、贴近市场、贴近客户"为宗旨，针对陕、甘、宁、蒙、晋五省石油一线员工金融业务办理需求，全方位打造"3+3"本异地服务模式，既有"分、支、社区"为一体的本地服务深植点，又有"服务家、服务车、远程终端"为一体的异地服务辐射圈。流动银行车以车辆为载体，通过 4G 无线传输方式与行内主机进行业务联通。驾驶区配备的影音设备，让流动车具备了"业务办理点"和"普惠金融宣传点"的双重功能。车内配备柜员 1 ~ 2 名，运营主管 1 名和司机 1 名，便可走乡串户进行异地金融服务。历时三载，行程近 20 万公里，服务了 3 万名油田员工，办理了近 5 万笔业务，通过服务车的流动作业和远程终端的拷包服务，打通了石油一线异地金融服务的"最后一公里"。

3.营销宣传联动的新媒体运营。大庆分行微信平台是以订阅号为主，服务号为辅，按照自媒体方式运营的平台号。微信团队有正式成员12人，分为内三部，外三组，同时在17家支行和5家拓展部设立兼职微信联络员。在团队能力的培养上，微信团队实行开放式培养模式，建立了专门微信工作室，配备了齐全的软硬件设备；在组织微信活动时，由外联部寻找适合的外部商家支持，编辑部负责活动的整体策划，并与软文组一起制作相应的软文推送；在外联客户上，"普惠商联"联系外部商户，仅2017年外联部组织大型微信活动10余场，商户遍及大庆市各行顶级商家，提供活动赞助品价值10万元；编辑部和软文组现推送各项内容累计达3000条，累计阅读量超500百万次，成功举办大庆油田工会"昆仑银行喊你来包粽子"的端午节有奖游戏活动、大庆石化公司职工"最美瞬间"运动会摄影投票大赛等大型活动。该平台已成为宣传产品和业务的利器，定向营销的杀手锏，宣传金融知识，普及金融风险的平台。

创新基层建设模式　打造一流科研团队

勘探开发研究院

为了全面深入贯彻党的十九大精神和习近平总书记关于国企党建及改革发展的系列重要讲话精神，适应新时代集团公司改革发展的新要求，勘探开发研究院开展了全面深入的基层建设调研活动。本次调研活动，旨在全面摸清基层情况，发现工作中存在的问题，寻求解决办法，制定改进措施，努力实现新时代基层建设工作永葆先进性、迈向新征程。

多年来，勘探院党委高度重视基层党建工作，一直坚持"抓基层、打基础、苦练基本功"的"三基"工作，注重以党支部建设为核心的基层建设，以岗位责任制为中心的基础工作，以岗位练兵为主要内容的基本功训练，并且以实际行动充分诠释着"苦干实干""三老四严"的石油精神，以其作为夯实石油管理基础、推进企业发展的重要载体。在新时期，基层建设工作面临新机遇，在机会与挑战并存的大环境下，勘探院开展基层建设调研活动，就是要在新时期继承优良传统，总结提炼多年来基层建设的管理模式和典型经验，明确新的工作目标，有效发挥基层建设对"三基"工作的统领作用，推动基层建设工作持续创新，呈现新活力。

一、强化组织建设，全面夯实党建基础

强化理论学习，提升党建保障。基层党组织坚持"三会一课"制度化，"两学一做"学习常态化，学习集团公司和院党委的重要文件，提高支部党员的思想政治修养，积极开展"践行四合格四诠释，弘扬石油精神，喜迎党的十九大"的岗位实践活动，采取有效措施，引导广大党员统一思想、凝聚

共识。

完善体制机制，健全各项制度。各基层党组织严格按照集团公司党组与院党委要求，建立了一整套基层建设的规章制度，并按照制度严格执行，为党支部建设和平稳有序运行奠定了良好的基础。与此同时，各基层按照集团公司与院党委部署，逐层逐个落实，保质保量按时完成上级组织部署的各项基层建设工作，并探索基层建设工作新思路、新举措，持续推进基层建设工作达到新高度。

创新"三基"工作，提升管理模式。各基层党组织在各自的工作中，结合工作性质与岗位职责，逐渐形成了符合各部门工作特点的管理方式和机制，这不仅有助于党支部队伍建设、领导班子建设、基层组织建设的有效提升，也对科研管理的成果起了很大促进作用。院党委创建了"表单式"台账思想管理，各基层单位领导、党支部委员和党小组组长以身作则，定期开展与普通党员的谈心谈话，拉近距离，及时掌控思想动态。同时做到党建带团建，齐头并进，确保正能量在思想意识形态领域始终占领制高点。通过完善表单式管理模式，保证每位党员及群众的思想意识心态都能被及时掌握，并根据不同党员的实际情况，采取有针对性的措施，党员、群众做到相互监督、相互促进和提高。紧密围绕集团公司关于"四合格四诠释"的精神内涵，制定了"四合格四诠释"党员量化考核标准，并对党员领导干部提出了更高的标准和要求，也为年度党员民主评议和评优创先与奖惩工作提供参考依据。定量化考核激发了党员干事创业激情，扎实推进了党建工作的实施。基层党建活动中，党支部做到了科研现场工作与党支部工作的完美融合，一方面让大家身临其境感受到革命先辈通过艰苦奋斗而实现的伟大创举，另一方面也锻炼了队伍，促进了基层建设，更有利于科研工作的顺利展开。

总结经验教训，建立分享平台。非常重视青年人才的培养、选拔与成才，为引导青年主动设计与思考个人职业发展，提升各方面自我管控能力，同时挖掘优秀青年成长经历和成功经验，院团委会定期在全院范围内开展青年成才优秀案例分享活动。主要是针对科研和管理服务工作中的有效方法、经验做法和成功范例进行分享，也可以包括青年在学习和生活中的成长成功经验，重点围绕青年成长成才、职业生涯设计、时间和情绪管理等内容进行案例征集分享。院团委坚持用科学发展观指导和推动青年工作，坚持以青年为本，充分尊重青年的主体地位，促进青年的全面发展，不断开创共青团和青年工作的新局面。

二、加强基层建设，积极打造人才队伍

配备齐全干部，注重青年成才。院党委严格遵照集团公司的要求，给每个党支部（党总支）都配备了齐全的领导班子与党支部委员，保证行政管理机构与党支部机构健全完善合理，能够充分发挥作用。同时各基层党组织严格按照集团公司及院级干部的选拔任用标准和规定，坚持党管人才，坚持德才兼备、以德为先，通过民主集中制、"三重一大"，所级内选拔出政治素质、专业素质过硬的优秀候选人，向院人事部门报告，通过上级组织考察、审批、院公示等流程，最终选择出可以胜任该岗位的合适干部。在此基础上，各基层党组织注重科室长等基层组织负责人队伍的培养，长期坚持为年轻人搭建成长平台。鼓励年轻人亲自下油田，在深入研究资料、发现问题、分析问题和解决问题的过程中，逐渐成长为干事创业的一把"能手"；其次，以院国际项目为大平台，支持鼓励一部分专业素质过硬、外语能力强的青年人到国外大学做访问学者，通过学习国外院校的先进技术、科研管理等方面优秀的经验，培养具有国际视野的专业领军人才；最后，以国家（省部）、集团等重点项目为平台，让想干事、乐于干事的年轻人承担课题长、项目长等职务，通过压担子，在工作实践中发现科研和管理的好苗子。

强化政治理论，注重评先选优。各基层党组织加强党的全面领导，强化思想政治工作，坚持以院党委中心组学习引领党支部学习，以党支部学习带动党员政治理论学习为原则，及时贯彻落实中央、集团、院党委重要工作部署和会议精神，保障支部党员政治理论的先进性，并且创新政治理论学习形式，注重学习成效。同时，院里加强青年人培养，为基层队伍注入新鲜血液，定期对年轻人进行相应的职业规划指导，找准未来方向，通过搭建多种国内国外平台，组织"专家讲坛""青年讲堂""学术交流会"等系列品牌

活动，活跃青年文化生活，促进青年成长。

落实休假制度，畅通诉求渠道。严格贯彻落实关于休假的各种规章制度，按照员工网上申请、主管领导审批、线下纸质申请、休完假员工线上按时销假4步走的步骤，对于每年10月前还没休（完）年假的员工，各基层单位会督促大家及时休假，享受应有的年假福利。在诉求渠道方面，一是各基层单位会定期或不定期组织谈心谈话活动，建立员工思想动态"表单"；二是每年以民主生活会、组织生活会为契机，至少召开两次征求意见座谈会，让员工畅所欲言，自由发表意见建议和工作生活方面的诉求；三是各路领导每年会召开一次院领导分管单位党政主要领导民主生活会征求意见座谈会，征求各路领导代表的意见与建议；四是我院开通了网上员工信箱，员工如果有意见与建议可以随时发送邮件，我院党群部门会定期查阅邮箱，并处理员工提出的各种问题。

三、表彰先进典型，树立模范发挥表率

培养表彰机制，内外推广经验。各基层党组织陆续制定了"四合格四诠释"等党员量化考核标准，党支部对党员进行年度量化考核，为培养表彰基层建设先进典型提供依据；为了充分调动和发挥普通党员的积极性和能动性，党政工团联席会议同时制定了具体激励措施，规定各基层支部开展评选优秀党员活动，通过优秀党员先进事迹评选，加强对优秀党员的表彰，以先进促后进，形成赶学比超与争先创优的良好氛围；在先进典型经验推广交流及在内外部媒体宣传方面，采用各单位内部推广交流、勘探院内部推广交流、勘探院外部推广交流三种方式。单位内部推广交流主要以党支部电子党报、所网页、党支部大会和党小组会议为平台，进行先进典型推广。院内部推广交流主要充分利用院网页平台、各种院级会议和活动的机会，进行支部的先进经验交流。院外部推广交流通过在国内外期刊杂志上发表文章、在国内外会议上做报告，进行先进典型推广。

完善组织体系，发挥两个作用。以"组织建设、思想发动、文化传承、保障监督"为抓手，围绕中心工作，结合各单位工作特点与性质，开拓思

路，做实党务，保证基层组织建设明显加强，凝聚力进一步提升。

结合队伍现状，把握思想动态，围绕调整、整顿、提高等环节，完善组织体系，党支部战斗堡垒作用和党员模范带头作用得到充分发挥。一是加强党的全面领导，用创新思维强化党支部建设，推动党建工作不断向下延伸，不断提高广大党员的参与度和积极性，将工作重心由党支部向党小组延伸，激活"末梢神经"，充分发挥基层价值链条功能，使党小组作用进一步增强。二是进一步加强党的组织建设，充分发挥每名党员的积极性和主动性，调动党员的参与深度与广度。三是坚持从严治党，及时掌握党员意识心态和思想动态，做到有的放矢，保证每位党员及群众的问题和困难都能及时得到解决，且党员与群众做到相互监督、相互促进、不断提高。

四、丰富创新岗位培训，确保基层素质提升

积极开展培训，创新工作方法。为提升每位员工的专业技能、综合能力，从2015年开始实行全员培训体系，立足全院各单位科研生产和服务管理工作，根据员工职业生涯发展不同阶段和岗位层次，建立分专业的培训矩阵图，以岗位要求牵引员工培训，实行"量身定制"式针对性培训，通过培训促进员工知识体系的完整和岗位任职能力的提升。我院构建了基于岗位胜任能力的、分专业的专业矩阵图，使培训贯穿员工整个职业生涯的始终，不仅分层分级开展培训，而且通过课堂（案例）学习、师带徒、岗位实践、自学等多种形式使培训更加多样化和行之有效。为保障全员培训的顺利实施，人事处、技术培训中心共同制定了《中国石油勘探开发研究院全员培训管理办法（暂行）》及相应的培训管理细则，根据全员培训体系要求，每位员工每5年需要完成60培训学分，每年只需要完成10学分，其余学分为弹性学习，由员工自行调节。同时，将培训学分纳入单位及员工年底业绩考核。这四年来，每位员工在单位业绩合同中全员培训考核指标完成率几乎达100%，培训不仅实实在在成为提升员工工作能力、扩展员工知识的有效手段，也培养了一大部分青年人才，为勘探院的科研生产奠定了扎实的基础。

立足活动引导，推动形式转变。除全员培训外，积极开展形式多样、

种类丰富的活动，提升培训效果。如在党建培训上，采取支委培训、身体素质培训、专业技能比赛、在线授课、参观学习、专题讲座、集中研讨、知识竞赛等方式，进一步拓宽员工接受教育的渠道和深度，不仅提高了员工的科研水平、专业技能，也提升了每位员工的政治理论水平、思想觉悟、身体素质。近几年来，开展的多项培训效果显著，在各方面的技能比赛与业务竞赛中均取得了优异的成绩。

加强基层建设　筑牢发展根基

规划总院

规划总院（以下简称"总院"）下设 1 个党总支、18 个党支部，员工共计 600 余人，其中中共党员 350 多人，占全院员工总数的近 60%。具有硕士学位的占全院员工的 62%，高级职称占 45%，享受政府特殊津贴人员 9 人，集团公司高级专家 17 人，院两级技术专家 27 人。总院共获得国家级和省部级奖励近 200 项，专利 10 余项，技术秘密等 41 项，曾被评为首都精神文明单位。所属基层党支部、团支部先后被授予集团公司基层先进党组织、青年文明号等称号。

一、主要工作

1. 体制机制建设进一步完善。一是组织设置合理。在基层党组织建设上，具备人员规模的各支部能够根据组织结构和管理模式的新变化，按照四同步原则，建立健全基层党组织，保证了党组织覆盖面达 100%，人数较少的党支部通过结合实际加强党组织建设。二是基层建设部署到位。各党支部能够做到将党组织建设工作纳入每年部门工作计划中，党支部班子通过党支部委员会、班子碰头会等，能够做到定期研究部署基层建设工作情况。海外所党支部能够坚持做到固定每周碰头一次，对各自分管的生产、管理和党组织建设工作互相通气并进行讨论或安排。三是规章制度健全。在原有"三会一课"、党员教育管理等基本制度的基础上，各基层党组织能够结合实际进行细化和落实，使基层党建工作做到了有章可循，规范有序。总工办党支部研究制定了《总工办员工业绩考核实施细则》《总工办处务会、周例会规定》

《总工办请休假管理细则》等内部规章制度，并做到了全面落实。四是考核体系完备。年初组织各党支部制定全年工作目标和重点工作计划，各党支部按月形成月度重点工作计划（月报），年底前组织对全体员工进行年度业绩跟踪考核。截至 2018 年，总院各党支部已建立起全员业绩考核机制，有效激发了基层员工的积极性、主动性和创造性。

2.基层队伍建设进一步夯实。一是配全配强支部班子。积极推进基层党支部书记队伍建设，配强配齐基层党组织书记，并扎实做好基层党支部书记轮训工作，广泛开展党支部书记讲党课、主题征文评选等活动，使基层党支部书记能力素质得到明显提升。各党支部认真按照集团公司关于进一步加强企业领导班子建设的若干意见要求，坚持民主集中制，注重维护领导班子的团结统一。各级领导班子成员坚持多交流、多商量、多补台，自觉做到了职责明确、团结协作、相互支持，班子的集体智慧和力量得到充分发挥。二是优选科室负责人队伍。总院科室负责人队伍都是兼职，既要承担具体研究工作，又要履行相应管理职责。为从源头上把好选人用人关，各党支部始终做到"三个坚持"，即坚持把政治品德靠得住、能力业绩突出、群众基础好作为选人用人的基本条件；坚持落实"三重一大"决策制度，务必做到集体决策、民主决策；坚持严格规章程序执行，扩大考察谈话的人员范围，确保科室负责人工作质量。据统计，近年来总院选人用人工作满意率均在 96.75% 以上，且呈逐年上升趋势。公开、公正、民主的选人用人环境的构建，进一步优化了队伍结构，增强了整体力量。三是优化留人聚才环境。在留住用好现有人才基础上，总院坚持树立"不求所有，但求所用"的用人理念，大刀阔斧使用各类人才。先后建立了管理、专业技术、操作服务三大序列，涵盖 9 大类共计 39 个具体岗位的岗位体系，进一步明确了每个序列岗位的晋升通道，拓展人才成长空间，形成留才的良好环境。为提高人才招聘质量，我院与清华大学、中国石油大学等建立了研究生联合工作站。各基层部门充分借助这个工作站，年均优选 30 名在校硕博士研究生参与研究院科研项目，提前考察优选毕业生。各基层部门大力返聘行业内退休专家，充分发挥老专家理论知识扎实、科研水平高超、现场经验丰富等优势，有效提升项目成果质量。四是完善绩效考核体系。指导炼化信息部等部门，不断优化绩效考核方式，建立并实施了与市场接轨的薪酬管理体系，重点解决了岗位体系、薪酬管理和绩效管理三方面问题。在此基础上，各基层部门针对专业技术人员队伍特点，设置了工作量、项目质量、进度等方面考核指标，并以此为考核标准严考核、硬兑现，不以学历、职称、资历、工龄论长短，而以工作业绩、项目成果论英雄，真正实现了多"劳"多得的分配原则，有效调动了基层员工队伍的积极性和创造性。

3.典型示范引领作用进一步发挥。依靠先进典型的示范力、感召力、引领力，鼓舞队伍士气，激发工作干劲，是行之有效的工作方法和宝贵经验。在推进三基工作的过程中，各级党组织紧密结合实际，注重抓好典型的培养选树，并广泛推广先进经验和做法，全面营造了"以典型带一般，把示范变规范、标杆变标准、经验变制度"的良好氛围，提升了基层建设管理水平。院党委根据基层先进典型建设的特点，先后选树了"规划专家""青年英才"为榜样标杆，通过院门户、中国石油报、微信群等媒介，大力宣传先进典型事迹。特别是将"十年磨一剑"的"青年英才"刘定智作为重大典型，对其研究成果入围国际运筹学和管理科学协会最高奖决赛的事迹进行内外宣传，引起强烈反响，营造了"学习先进、争当先进、赶超先进"的浓厚氛围。管道所党支部2018年先后承担中俄东线、远东管道、西气东输四线等多项大型可研项目，科研人员在工作量大幅增加的情况下，自觉加班加点，比肩典型，主动争先，按时保质保量完成节点任务，为项目顺利验收做出了重要贡献。

4.队伍基本素质得到进一步提升。一是抓紧抓实党员队伍教育管理。各级党组织采取上党课、传帮带、主题实践活动等方式，不断强化对党员的教育和管理。每月召开党员大会，集中学习党中央、国家、集团公司及院党委的重要思想理论、重要会议精神及重大部署，确保全体党员群众统一思想和认识，用习近平新时代中国特色社会主义思想武装头脑；通过精选推送12371网站、石油清风公众号的重点学习文章，开展系列答题巩固学习、现场参观弘扬优良传统、重温入党誓词不忘初心等多种形式的教育活动，强化全体党员忠诚、担当、奉献的品格塑造和党性修养；广泛开展党员责任区、党员先锋岗等活动，发挥了党员先锋模范作用。战略所党支部启动"形势、目标、任务、责任"主题教育活动后，精心组织、创新形式，在组织集中学习的同时，坚持每周党政时政微文学习，利用新媒体建立党员微信学习群，认真筛选，每周分主题推送文字材料与视频材料。二是构建"大培训"格局。针对基层各部门差异化的培训需求，逐步创建了分类分层培训模式，明确培训各方职责，积极构建党委领导、人事处主抓、各基层部门积极推动的"大培训"工作格局。各基层部门按照培训考核办法，通过走出去、请进来和内部分享等多种有效形式，大力开展区块链、大数据、云计算等新知识培训和项目管理、质量管理等岗位适应性培训，员工队伍的基本素质和专业技能得到大幅提升，有效推进科研成果上水平。近几年，院各基层部门年平均完成内部培训 100 余项、每人年均培训 3 次，培训层次和质量稳步提升，有效支撑了各项业务的顺利推进。三是搭建传帮带平台。为促进青年人才队伍快速成长、成为骨干，总院大力实施"师带徒"计划，要求基层部门第一时间为新入院毕业生制定为期 1 ~ 2 年的培养计划，指定经验丰富的师傅精心开展业务指导，每年组织评估开展师带徒情况，直到通过考核，能够独立开展工作。各基层部门认真贯彻落实总院"双项目负责人制"制度，选择院专家或经验丰富的科研人员担任第一项目负责人，大力支持有能力、有担当、有作为的青年人才担任副项目负责人，进一步帮扶和引导他们通过 2 个以上项目的实战历练，迅速提高科研组织能力，逐步担负起独立组织科研攻关的责任，不断推进科研项目高标准、出成果、上质量。四是搭建交流平台。专家队伍是总院基层建设的支撑力量，也是总院的宝贵财富。为充分借助院内专家的专业特长和业务水准，促进青年科研人员拓展视野、汲取经验、快速提升，总院每年都会针对各专业领域前沿技术和最新研究成果，组织开展专家交流活动，从最初的专家自选题目，到如今"命题作文"，从院内研讨交流，到积极选派青年员工参加国内和国际技术交流，既提升了经验交流的深度和广度，也丰富了技术进阶的方式和平台。近年来，随着相关技术成果的相继成熟，基层部门一批 80 后、90 后研究人员先后被邀到各类讲坛作报告、交流经验，使总院"加油站全流程诊断优化方法"等成果受到业内的高度评价。2017 年，营销所外派培训授课或交流发言 20 人次以上，进一步树立了总院的良好的口碑和品牌。五是搭建实践平台。实践锻炼是人才成长的必修课。为提升青年员工的实践能力，总院相继出台了《规划总院员工实践锻炼管理办法》等制度，规定青年员工在院工作 1 年后、5 年内须赴基层项目参加实践锻炼，并要求在实践锻炼前，根据岗位情况制定实践计划；实践后，及时汇报实践情况，严格考核。近几年，各基层部门累计选派了 40 余名青年员工赴油田、炼厂、设计院、销售公司等基层单位实践锻炼，使他们进一步增强了对生产现场的认知，弥补了缺乏现场经验的业务短板。海外所针对海外项目线路探勘实践机会少的实际情况，专门为从事线路专业人员协调到国内线路踏勘机会，逐步让其担任基础项目负责人等工作，帮助其快速增强实战中的能力。

二、相关建议

加强对科研单位基层建设工作的指导，加大基层建设方面的培训与交流力度，促进基层建设工作上水平；推进石油党建平台建设，多运用平台开展基层党建工作，不断丰富党建工作的载体；拓宽对基层党建工作者的激励方式和鼓励通道，增强党建工作者的自我认同感和岗位自豪感。

着眼固本强基　锻造科技先锋

石油化工研究院

石油化工研究院（以下简称"石化院"）认真落实集团公司加强"三基"工作部署，坚持抓基层、强基础、提素质，以加强基层领导班子和党支部建设为核心，以夯实基础管理为重点，以提高员工素质为根本，努力打造学习型、安全型、清洁型、节约型、和谐型基层团队，不断增强基层执行力和凝聚力，为实现"一流石化院、和谐石化院"奠定了坚实基础。

一、体制机制建设

（一）构筑制度体系，确保基层建设工作有效推进

一是修订完善制度。制定颁布了《基层建设实施办法》和《基层建设考核细则》《关于加强"三基"工作的实施方案》《关于和谐石化院建设的实施方案》以及科研流程管理、QHSE 体系建设、人事、财务、内审、内控等150 余项制度，形成了《管理制度汇编》。特别是在 2017 年集团公司党组对石化院巡视过程中，石化院针对巡视问题认真整改，集中制修订各项制度 25 项，形成了完善的基层建设制度体系。

二是抓好制度落实。加大制度宣贯和培训，作为中心组、党支部"三会一课"的重要学习内容，做到人人熟知；把制度执行贯穿到科研和日常管理工作全过程，加强督查督办，做到人人遵守；领导干部带头执行、率先垂范，要求员工做到的自己首先做到，要求员工不做的自己坚决不做，实现了"做到的必须写到，写到的必须做到"。规章制度执行力明显增强，各项规章制度得到严格实施，基本杜绝严重违章行为，树立了规章制度的权威性。

三是加大考核力度。以和谐石化院建设考核为总抓手，成立基层建设考核组，把党支部作为基本考核单位，通过现场打分、基层负责人述职答辩、员工互评等方式，采取上下结合、逐级考核的办法，研究室所月考核、中心季考核、全院年度综合考核，实现基层建设考核全覆盖，并将打分排名作为年底业绩兑现的依据。

（二）加强组织领导，推动"三基"工作有效实施

一是成立石化院"三基"工作领导机构。成立了以院长、党委书记为组长、院班子成员为副组长、机关各部门负责人为成员的"三基"工作领导小组。成立以企业文化处负责人为主任、院长办公室和人事处负责人为副主任、机关各部门业务主管为成员的"三基"工作办公室，负责开展日常工作。兰州、大庆中心也成立了相应机构，组织中心工作的具体实施。

二是形成机关部门牵头，上下协同配合的运行机制。通过职代会、党建工作会、民主生活会、工作研讨会等，把"三基"工作特别是基层党支部建设作为一项重要内容，摆到重要议事日程，精心谋划、认真部署。机关各部门以"三基"工作为抓手，切实把"三基"工作与日常组织开展的各项工作紧密结合，同时加强部门沟通协调，形成推进"三基"工作合力，切实夯实管理基础，提高管理水平。各单位按照院统一部署，把加强"三基"工作的各项要求不折不扣地落实，每年年底，各党支部把本单位党建、科研、管理等各项工作进行全面汇总，述职报告。

三是院、中心两级班子成员深入开展调查研究。建立院、中心领导联系基层室所制度，经常深入基层岗位倾听员工群众的意见和建议，落实部门责任，责成完成时限，形成《员工意见建议落实措施汇总》，从重点解决员工关切的问题入手，切实在科研管理、队伍建设、条件平台、改进作风、员工生产生活等方面见实效。

（三）创新管理模式，激发"三基"工作内生活力

一是树立了"围绕科研抓党建，抓好党建促科研"的理念。坚持以科技创新为中心，以党支部建设为抓手，确立了"15587"总体工作思路，突出党

建与科研工作的有机融合，形成了党委履行主体责任、班子成员分工负责、职能部门牵头抓总、相关部门齐抓共管、全体党员积极参与，一级抓一级，层层抓落实的工作格局，促进了领导班子凝聚力、党员干部执行力、员工队伍战斗力、企业成长力明显提升，创新能力显著增强。

二是全面推行"四有工作法"。确保工作有计划、行动有方案、步步有确认、事后有总结，把这一方法贯穿到全院科研、成果、条件、党群等各项工作的全过程，形成了科研项目、重要会议、QHSE 管理等 8 个方面 200 余项标准工作流程和模板，410 余份工作表单，促进了工作规范化、标准化和表单化。

三是建设"学习型石化院"。树立"学习能力就是创新能力，学习速度就是创新速度"理念，采取多种学习方式，开展了学习日活动、创新讲堂、党员读书实践等特色活动。搭建了科研人员学习交流的新平台，邀请知名院士讲述前沿科技动态、专家分享研究成果、青年骨干探索新领域。形成了常态化的运行机制，确定每周五为学习活动日，周期运行，学习交流与文体活动交替开展，能力提高与身心健康相得益彰。建立了学习日活动新模式，主动报名、自愿参加、随机提问、探讨互动，现场点评的方式激发了科研人员学习热情。院部 2017 年开展学习交流主题 60 个，1600 余人次参加，青年员工主讲 40 期，占比 67%。

（四）明确活动主题，赋予基层建设工作新动力

加强基层建设工作与中心工作的有机融合，突出基层建设"围绕中心、融入大局"作用的发挥。结合实际，每年确定一个活动主题，相继开展了"学习型石化院建设年""机关作风建设年""科研诚信文化建设年"等基层建设活动。大庆中心拓展和丰富了活动内涵，组织开展了"赛科研、争一流""身在大庆学大庆、铁人身边做铁人""品评经典、传承文化、树立新时期党员形象"等活动。这些主题既贴合科研中心工作实际，又是基层建设的重要组成部分，收到了良好效果。

开展"打造科研诚信文化"活动。在石化院党建工作会上提出了开展以"科研诚信"为主题文化建设，把求实诚信打造成石化院人的"金字招

牌"。开展学术诚信辩论赛，选树诚信典型，持续在院报、点赞台、门户网站宣传，营造浓郁的求实诚信文化。渣油加氢室党支部积极倡导干工作要有"傻劲"，做学术诚信的表率，十几年如一日，确保催化剂评价每一项数据真实可靠，每一批产品性能指标全优，攻克了炼油系列催化剂最难啃的"硬骨头"——渣油加氢催化剂，PHR 系列催化剂在大连西太成功应用。

开展"机关转作风树形象"活动。机关人员增强服务意识，改进工作作风，制定落实"限时办结制""首问负责制"，加快报销、合同等审批速度，规范审核程序，效率提高 30%。开发了移动协同办公系统，业务办理更加及时、快捷，更好地为基层服务。实现院领导、机关部门深入一线，贴近员工，帮助解决科研、生产、员工生活等实际问题。例如，2017 年解决了院部员工加班用车、用餐等问题，提供加班用车和用餐总计 3000 余次，机关作风形象明显改善。

二、基层队伍建设

坚持抓基层打基础，加强基层领导班子和党组织建设。

一是配齐配强基层领导班子。强化"四个意识"，大力加强班子建设，打造政治坚定、勇于担当、作风过硬、团结有力的领导集体。按照德才兼备、以德为先原则，坚持标准，严格程序，选优配强，一大批业务骨干特别是优秀青年人才走上领导岗位，班子结构更加合理，表率和引领作用更加突出。对基层领导班子职数空缺进行及时补充调整，确保配齐配强、结构优化、高效运行。2017 年，进一步加大工作力度，共选拔任用 19 名处级干部，其中 40 岁以下 5 名，10 名科研骨干提拔至领导岗位，在同一岗位 6 年以上的 3 名干部得到交流，调整补充 6 名专兼职党务干部，干部年轻化和调整交流都迈出实质性步伐。

二是建立健全基层党组织。坚持"两优一先"评选活动，全力打造坚强的战斗堡垒，始终将基层党组织建设作为贯彻决策部署、组织推进工作、联系服务群众的重要抓手。始终保持党组织健全率和党员教育管理覆盖率 100%。严格组织程序，两个中心党委和 34 个党支部完成了换届选举工作。

党支部增设了纪检委员和青年委员，组织结构进一步优化，为基层党建工作科学化、民主化、制度化提供了组织保证。

三是发挥党支部战斗堡垒作用。认真贯彻落实《基层党组织工作条例》，规范做好基层党支部各项工作。扎实开展"三会一课""六个一"党支部创建等基层党建规定动作，创新开展"党员群众结对子""党员先锋岗"等自选动作。建立党支部书记工作例会制度，制作《党支部工作手册》，制定下发并实施《基层党支部党建工作考核实施细则》，组织开展了基层党组织书记述职评议活动，提高了基层党组织书记抓党建工作能力，有效促进了党支部战斗堡垒作用的发挥。大庆中心化工所建设"四心"党支部，即对班组工作要放心、员工之间要诚心、思想生活要关心、科技创新要尽心，党支部有6名成员全身心投入到"高性能润滑油生产关键技术攻关及应用"国家项目的研发工作，该所己烯-1项目团队被授予"中央企业青年文明号"称号。

四是树立党员队伍新形象。坚持"把业务骨干培养成党员、把党员培养成业务骨干"的双培养方针，选拔科研一线和青年优秀分子加入党组织，党员队伍不断壮大。强化党员干部培训，连续10年举办党支部书记培训班，提升了党支部书记履职能力。注重发挥党员先锋模范作用，以"岗位讲述"为载体，明晰岗位职责，提升工作标准，领导班子带头讲、领导干部率先讲、党员骨干主动讲，讲述活动具体化、精准化、形象化，到装置、进现场，贴近工作实际。兰州中心通过"公开承诺"，党员带头树立"四个意识"、带头弘扬石油精神、带头践行"四合格四诠释"，立足岗位建功立业，受到广大群众好评。以集团公司优秀共产党员张海涛等为代表的一大批优秀党员在科技创新中承担重任、发挥作用。

五是积极应用党建信息化平台。按照集团公司直属党委的要求，作为首批党建信息化建设试点单位，成功上线"石油党建"信息化平台，初步实现全院34个党支部，684名党员全覆盖。各党支部积极运用信息平台组织党员开展学习，机关一支部等党支部依托党建平台认真开展党费收缴、党员管理等工作，不断提高基层党建工作科学化、信息化水平。

三、先进典型及荣誉

（一）加强培养机制建设，发挥先进典型的引领示范作用

一是深入调查研究，突出先进典型的群众性。在选树先进典型过程中，石化院着重从科研一线员工、艰苦岗位中选树和培育先进典型，从班组开始自下而上推荐，详细收集先进典型的感人事迹，挖掘先进典型事迹中对全体员工有强烈号召力和感染力的闪光点，用身边事激励身边人。

二是发挥引领作用，突出先进典型的示范性。通过先进典型的示范引领作用，进一步激励带动全院干部员工更好地为科研创新服务，使先进典型效应成为群体效应。为了更好地发挥先进典型的示范带动作用，石化院每年利用职代会和七一大会表彰先进，同时充分利用门户网站、《中国石油报》《石化院报》、微信群等新媒体进行了广泛宣传，以先进典型的精神影响和带动广大员工。

三是强化培养提高，突出先进典型的成长性。石化院坚持做好对先进典型的培养工作，开展经常性政治教育，使先进典型进一步树立正确的人生观、世界观和价值观，经受住各种考验，确保政治上的坚定性；为先进典型不断成长创造良好的条件和氛围，给他们交任务、压担子，修正自我，完善自我，促进先进典型成长的持续性。

（二）基层组织获得的集团公司及以上荣誉

石化院先后荣获"首都文明单位"、集团公司"四好班子"称号，涌现出全国创新工作室——兰州中心催化裂化创新团队，中央企业青年文明号——己烯1项目组，中国石油百面红旗、千队示范单位——兰州中心石油炼制研究所，中国石油千队示范单位——大庆中心化工研究所，中央企业劳动模范、集团公司首届"杰出成就奖"高雄厚，集团公司"十大科技金花"兰玲，集团公司劳动模范王斯晗，集团公司优秀共产党员张海涛、模范党务工作者赵向阳，集团公司"十大杰出青年"王宝杰、钟海军，集团公司"杰出科技工作者"李长明等一批先进典型。百面红旗单位兰州中心炼制所

紧紧围绕集团公司重大需求，在重油高效转化、清洁油品生产、低成本化工原料生产方面取得重要成果，开发出 6 个系列 57 个牌号，在国内外 100 余套装置实现成功应用。同时，凭借优异的性能，系列催化剂产品远销美国、新加坡、澳大利亚、加拿大等 11 个国家，成功打入埃克森美孚（Exxon Mobile）、雪佛龙（Chevron）等国际一流石油公司的炼厂，实现了自主催化剂由中低端产品到高端产品、由欠发达市场推广进入到发达国际市场竞争、由"中国制造"向"中国创造"的跨越，已成为中国品牌走向世界的一张闪亮名片。

四、队伍素质提升

（一）持续开展岗位练兵，全面提升干部员工业务技能

一是系列化技能竞赛促进科研管理提升，激发员工创新活力。坚持每年一个主题，结合科研工作特点，在一院三地先后开展了色谱技术运动会、聚烯烃科研技能竞赛、专利知识竞赛、专利漫画大赛、青年创新论坛、知识产权辩论赛、开题报告评比、科技论文竞赛、实验记录竞赛等注重实践、提升技能的系列活动，切实提高科研基础管理水平，加强了科研人员基本功训练，为科研人员提供了展示才华的舞台。系列技能竞赛已连续开展 11 年，打造成为岗位练兵和素质提升的重要平台。

二是拓展活动载体，丰富活动形式和内容，注重活动实效。大庆中心开展的"科研操作、生产实践"活动、"工艺流程我来写、我来画、我来答"活动、"安全文化进班组"活动、"读书月活动"、"典型在我身边"主题活动、"员工技能培训"活动、科研报告评比、论文竞赛、演讲、员工拓展运动会等活动，都为员工素质的提升创造了有利条件。

（二）开展全方位教育培训，持续提升员工综合素质

一是培训重心下移，提高培训针对性。技术业务领域按照"谁主管，谁负责"的原则，将培训管理重心下移，明确基层在全员培训中的职责，突出培训主体地位，切实提高培训的针对性。员工岗位培训坚持面向科研、面向

实际，做到干什么、学什么，缺什么、补什么，按需施教、学用结合、务求实效，提高了培训的针对性和有效性。

二是创新培训方法，提高培训效果。以全员培训为基础，以提高员工的素质和能力建设为重点，为员工营造一个学的氛围，创造一个学的条件，搭建一个学的平台，建立一个学的机制。遵循"按需培训、鼓励自学，便于操作、注重实效"的原则，建立专题网络学习平台，推行网络学分制管理。并对学分高的员工进行奖励，大大提高了员工培训的参与率。

三是开展员工赠书促学活动，激发员工读书热情。在集团公司"千万图书送基层、百万员工品书香"活动中，石化院认真落实，把丛书发到了每一位员工的手中。同时，还结合员工实际需求，发放了《成功的科研协作》《英汉汉英化学化工词汇》《政务礼仪》等数十套图书，分期分批为研究室所配备了科研工具书，征集读书心得数百篇，帮助员工通过读书提升业务技能，丰富快乐人生。大庆中心读书实践活动形成了"管理方式联动化、活动形式多样化、学习内容实效化、读书活动常态化、科研创新有形化"的经验做法，得到了广大党员和干部员工的普遍认可。

五、意见和建议

一是要加大对弘扬石油精神的学习教育。要继承和发扬大庆优良传统，注重用大庆精神铁人精神塑造人、用发展目标激励人、用石油文化培育人。

二是要切实抓好基层建设。提高对新时代基层建设重要性、艰巨性、长期性的思想认识，健全组织体系，落实工作责任，形成主要领导负总责、党政工团齐抓共管、各部门密切配合、层层抓落实的长效机制。

三是注重基层建设与科技创新有机融合，避免基层建设与科研开发工作形成"两张皮"。

四是先进典型的学习宣传教育要求真务实。要多宣传一些员工群众身边的先进典型，让这些先进典型更加真实可信和接地气，提升先进典型宣传教育的质量和效果。

推进智慧院所建设　提升科研创新能力

经济技术研究院

为适应新时代集团公司质量效益发展新要求，经济技术研究院（以下简称"经研院"）在全院范围开展了基层建设调研。调研中，院党委严格按照要求，注重做到"三结合、三促进"：即调研与检查督导相结合，围绕问题指导帮带，促进基层单位建设基础更加夯实；调研与推陈出新相结合，及时发现总结新的典型经验，促进兄弟单位之间的交流学习；调研与评先选优相结合，大兴"比学赶帮超"之风，促进全院创先争优的荣誉意识。

一、坚持创新发展，依托现有框架模式，不断加强和完善体制机制建设

1. 职能定位及基础架构。经研院是集团公司直属科研院和主要从事发展战略研究的决策支持机构，业务功能定位为"一部三中心"，即集团公司把握内外部环境，研究制定竞争对策和发展战略的"参谋部"；谋划全局性重大战略问题的研究中心，国内外石油石化信息资源开发中心，经济和技术信息的对外交流与合作中心。采用院—所两级管理体制，有所（处）级机构19个。

2. 组织架构。目前全院311名党员，其中，在职党员197名，离退休党员114名，实行党委、党支部两级组织架构，即院党委1个，所属党支部18个（包括单独支部16个、联合支部2个）。3. 党建机制建。依据集团公司党建工作责任制实施办法，制定下发院党建工作责任制实施办法和考核实施细则两项制度，建立健全院党委履行主体责任、书记履行第一责任、班子其

他成员履行分管领域党建责任，由综合办公室（党委办公室）和人事处（党委组织部）两个党建职能部门具体落实抓总、各党支部齐抓共管，一级抓一级、层层抓落实的党建工作责任制格局。

二、抓实基础工作，提升科研基础能力，持续拓展高端智库建设路径

将科研基础能力和科研质量管控作为筑牢科研管理基础的两个重要抓手，"两手抓、两手硬"，持续推动科研管理依法合规和能力提升。

1. 持续完善科研组织结构。在现有业务部门组织机构框架的基础上，着力推动与中国科学院、外交学院以及集团总部相关部门、板块等联合共建能源与环境政策、石油地缘政治、亚太天然气市场等12个研究中心，共同开展相关领域研究。

2. 坚持夯实智库学科支撑。面向国家和集团公司发展需求，着力加强经济与科技研究的融合，持续优化科研结构与学科设置，努力打造传统与前沿、基础与应用相互促进的学科体系，基本形成了能源战略与政策、油气市场与营销、国际化经营与地缘政治、科技发展战略与创新管理、信息资源开发与利用等5大研究领域、32个专业以及50多个研究方向，构建起了以信息资源开发为基础、以发展战略研究为核心的决策支撑科研业务体系。

3. 大力推进智慧经研院建设。建有国内最大的石油石化信息资源开发中心，与国内外120多家机构建立了稳定的信息渠道，拥有各类研究产品、中外专业期刊、国际会议资料600余种，馆藏文献40多万册。以软科学实验室建设为重点，加强研究方法、分析工具、预测模型的开发，目前建设有中国石油唯一软科学研究重点实验室——油气市场模拟与价格预测实验室，以及海外投资风险、战略与政策、石油科技等4个软科学研究实验室；自主开发了宏观经济、能源统计、油气市场、海外投资环境等20个数据库；建成国际油价预测、油气供需预测、海外投资风险预测等16个经济分析预测模型；建成基于大数据的全球能源信息系统，基本形成较为完整的国内外能源信息开发与共享体系；建有经研院大数据共享平台，可实现院内科研资源的共享

利用。

4.深入开展国际合作交流。作为集团公司国际合作与交流中心，紧紧围绕院智库建设"三步走"的目标，注重发挥职能部门作用，积极对接与国内外政府、企业、大学及各类组织机构的交流合作，搭建与多方的合作平台，有力地支持了我院综合科研能力的提升。一方面，重视产学研用优化互补，建立交流合作网络，把研究"孤岛"变为智慧"群岛"。先后与中国社会科学院、日本能源经济研究所、沙特国王研究院、IHS 等 10 多家国内外机构签订了战略合作协议，与 IEA、GE、丰田、中国工程院、国务院发展研究中心、清华大学等数十家国内外机构开展了机制性交流活动，还与中、日、印、韩等多个国家的研究机构合作开展联合项目研究，每年接待国内外来访交流团组 50 多个、200 多人次。另一方面，注重强化成果集成，举办高端会议、国际论坛、成果发布等，增强对外传播能力和行业话语权。例如，全方位参与我国"一带一路"国际合作高峰论坛，发起举办文明古国能源合作智库论坛等；连续多年举办国际油气发展高峰论坛、全国石油经济学术年会、油气行业报告发布会、石油科技发布会、技术创新管理国际研习会等，承办 IEA、国家能源局的国际论坛，有效发挥了"小机构、大网络"的作用。

三、坚持基层至上，注重发挥党支部战斗堡垒作用，不断强化企业人文建设

1.党建责任制得到有效落实，基层党建力量充实坚强。明确各级党组织书记要严格履行第一责任人责任，全面负责本单位党建工作，重要工作亲自部署、重大问题亲自过问、重要环节亲自协调，行政主要领导要履行好"一岗双责"，承担起单位工作的重要领导责任。强配科研一线党支部书记，新任命发展战略所、石油市场所、天然气市场所、海外投资环境所、石油科技所、企业传媒部、国际石油经济和商报联合支部等 7 名专职支部书记，有专职支部书记的党支部占院支部的三分之二，2017 年初，各党支部陆续完成了换届改选工作，优选配齐支部委员，支委分工明确，基层党建工作力量得到有效加强。2017 年 11 月，按照集团公司的统一部署，院所属 4 家公司全

部完成了党建工作进章程的修改工作，明确了党组织在公司治理结构中的法定地位和职责权限。严肃党内政治生活，规范支部活动，研究制定《院基层党支部工作条例》，发放《党支部工作手册》，各党支部认真落实"三会一课"、组织生活会等党内政治生活制度，建立了党员登记台账和党费收缴台账。定期召开党支部书记交流座谈会和党群工作例会，及时了解各党支部工作动态并研究部署推进相关工作，连续2年开展党支部书记抓党建述职评议工作，对评议结果进行公开，对评议靠后的几位支部书记采取谈话诫勉。强化对支部党建工作和组织生活会的督导，全程跟进指导，做到年初有计划，阶段有部署，年末有总结。鼓励各支部开展形式多样的党日活动，赴革命胜地、赴纪念馆开展活动，组织知识竞赛，讲述革命故事，交流学习心得体会，等等，通过党日活动，强化了党员意识，增强了基层活力。注重党员发展质量，坚持把骨干培养成为党员、把党员培养成为骨干，3年来，共发展党员8名、转正7名。

2. 加强对干部队伍的培养选拔。始终坚持德才兼备、以德为先、群众公认的原则，修订中级管理人员选拔任用办法，规范干部选拔任用工作，注重加强对年轻干部的培养储备，合理构架干部队伍建设梯队。3年来，共研究干部37名，其中，交流调整9名处级干部；选拔正处级10人，副处级5人；调入5名处级干部，退休5名处级干部，离职1名处级干部，调出2名处级干部，用人满意度创近年新高。

3. 员工福利待遇稳中有升。两次修订《经研院劳动管理暂行办法》，详细规定了员工假期及工资待遇，除国家法定的休息日和节假日外，明确年休假、病假、事假、婚假、产假、探亲假、疗养假和丧假等假期。在政策允许的范围内，每年元旦、春节、五一、端午、国庆、中秋，分3次组织对员工进行节日慰问，发放一定节日慰问品；在三八节和儿童节来临前，组织慰问女员工和职工14岁以下子女；在员工生日时送上生日贺卡和蛋糕等，充分体现组织温暖。关心员工身心健康，每年组织一次员工健康体检和健康讲座，针对职工群众反映多年的体检机构过远的问题，走访调研多家市内体检机构，最后优选一家地理位置较近、服务水平较高的体检机构；针对员工夏季加班无空调的问题，积极与华油北京服务总公司沟通，购买设备装置，在去年夏天得到了有效解决。

4.企业文化建设有效巩固。持续开展"弘扬石油精神，重塑良好形象"活动，加强意识形态、新闻宣传和网评队伍建设，新修订中英文宣传画册，通过自媒体宣传报道280余篇，获新媒体大赛漫画一等奖、微电影三等奖。充分发挥群团桥梁纽带作用，组织开展自导自演的新春联欢、植树健步走、在京科研单位够级羽毛球比赛等活动，组织参加在京单位运动会、歌咏比赛、善行者和乒乓球比赛等活动，篮足球、瑜伽等8个协会活动丰富。召开全院青年大会，选树青年典型，下发加强青年工作指导意见，组织爱国主义教育和英语演讲比赛。帮扶困难党员群众81人次，真情关心离退休老同志，员工获得感进一步提升，全院上下勇于担当、争创一流的文化氛围更加浓厚。

四、坚持荣誉至上，有效发挥先进团队和典型人物的示范效能，大力开展创先争优

始终把"石油精神"作为持续发展的文化优势，不断赋予其新的时代内涵，构筑起"勤思善谋、服务决策"的软科学特色的共同思想基础。坚持典型引路，定期召开先进表彰活动和典型经验交流会，一批批具有鲜明特色的先进典型成为展示科研一线风采、激励科研人员斗志的楷模。通过开展教育，宣传引导和体制激励，一大批积极践行"石油精神"、勇于担当奉献的先进单位、优秀团队和模范个人脱颖而出。持续深化"六个一"党支部、"四优"共产党员和"亮身份、作表率、建功业"等争创活动，抓好标准化党支部建设。多家单位和个人荣获集团公司百个标杆单位、青年志愿者团队、先进工会组织、铁人先锋号、劳动模范、百名优秀青年、百佳爱心人物、青年岗位能手等荣誉称号。3年来，22个集体获得集团公司党组、直属党委、院党委先进基层党组织或先进集体荣誉称号，院团总支连续多年获评"集团公司直属机关'五四'红旗团支部"，其中2015年荣获"中央企业五四红旗团支部"。105人次获得集团公司级院级优秀共产党员、优秀党务工作者或先进个人荣誉称号。

五、加强人才建设，依托高端智库科研优势，狠抓人员素质能力提升

1. 绩效考核优化研究全面推进。创新性地开展了经研院绩效考核管理研究，建立了一套以业绩为导向的绩效评价指标体系，各部门各单位分类评估、全员考核，考核结果将与薪酬全面挂钩，目前已在院职代会上审议通过并于今年正式实施。

2. 双序列改革扎实推进。建立专业技术岗位序列管理和考核测评制度，全面落实专业技术人员薪酬等待遇政策，两级专家牵头负责智库课题和公司级课题。

3. 人才培养方式更加丰富。开辟了与国家能源局的人才"旋转门"，互派干部挂职交流，与中国石油大学共建博士后工作站，新增享受政府特殊津贴人员 1 名和正高级职称人员 4 名，推荐 12 名副高级职称人选。

4. 培育青年成才力度持续加大。选拔 5 名青年科技英才培养人选，派出 3 名青年骨干分赴 IEA、沙特国王研究院和伊朗油气项目公司工作，推动青年人才在重大项目中担当重任、国际会议发表演讲、国际期刊发表论文、接受电视台专访。

5. 培训工作取得新进展。开设专家论坛，组织各类培训 90 余项、千余人次，院内专业培训和学术交流更加丰富，外语口语培训更具实效，人才队伍素质进一步提高。

加强基层对标建设　提升企业发展质效

运输公司

运输公司有基层党组织 517 个，其中基层党委 45 个、党总支 12 个、党支部 460 个，党员 6743 名。2015 年开始基层站队 HSE 标准化建设，截至 2018 年 430 个基层站队，262 个基层站队通过 HSE 标准化验收，占基层站队总数的 60.9%，达到集团公司推进计划要求。基层班组（分队）1223 个，达到"五型"班组（分队）标准 1116 个，占 91.25%，符合"五型"班组创建目标。面对新的形势，公司持续抓基层、打基础、强"三基"，大力加强基层建设，基层的凝聚力、战斗力和执行力明显提升。

一、以基层党支部建设为主体，全面促进公司稳健发展

1. 强化学习教育。深入学习宣传贯彻党的十九大精神，坚持把学习宣传贯彻党的十九大精神作为首要政治任务，全面安排部署了学习宣传贯彻各项工作。2017 年以来运输公司两级党委开展党的十九大精神专题中心组学习研讨 260 场次，举办宣讲报告会 590 场次。制定了运输公司党委中心组学习年度计划，将理论学习与专题讲座、研讨有机结合，基本形成了每月一专题、每季一研讨的学习机制，2017 年以来各级党委中心组学习 926 场次，专题研讨 150 场次。

2. 健全党建工作制度。将党建工作总体要求写入了运输公司章程，明确了党组织在公司法人治理结构中的法定地位和职责权限。制定了《基层党支部考核规定》等 17 项制度，建立了党建工作三级考核体系，公司党委对二级单位党委进行季度考核、二级单位党组织对党支部、党支部对党员进行月度

考核。严格落实季度政工例会，加大对党群工作的通报考核力度，压实了党建工作责任。编写了基层党委书记、党支部书记工作手册，规范了党组织书记履职尽责标准。

3. 夯实思想政治工作。推进"两学一做"学习教育常态化，持续开展了"四诠释四合格"岗位实践活动和"形势、目标、任务、责任"主题教育，2017 年以来党员岗位讲述 512 场次，组织集中学习、群众性大讨论 500 场次。举办党支部书记、党务工作者集中培训班 3 期，培训党务工作者 658 名。安排党支部书记讲党课活动，党课教育 625 场次，4 篇党课获集团公司奖项。

4. 从严加强党员管理。严格落实"三会一课"、党员民主评议、组织生活会等制度，517 个基层党组织召开了专题组织生活会，评议党员 6743 名。开展了党费收缴、组织关系排查等 7 项基础工作专项集中整治，排查出各类问题 167 项，全部跟进整改。制定了《发展党员工作专项整治实施方案》，开展了党员档案核查整改工作，累计核查党员档案 5978 册，使党员档案基础管理水平大幅提升。

二、以基层站队 HSE 标准化建设为推手，全面促进公司安全发展

1. 全面梳理制度。制（修）订《安全环保履职考评管理办法》《生产安全风险防控管理规定》、"四条红线"管控方案等制度 45 项，确保 HSE 标准化建设目标落实到基层、岗位、人头、车头。印发了《运输公司基层站队 HSE 标准化建设工作实施方案》，加强基层对标建设，建立实施基层站队 HSE 标准化建设达标工作机制，推进基层安全环保工作持续改进。

2. 加强系统培训。通过举办基层管理干部、班组长、安全管理人员培训班，深入讲解基层站队 HSE 标准化和安全生产标准化的内涵、标准、目标、方法和步骤，举办培训班 16 期，培训各级管理人员 2134 人，为 HSE 标准化建设工作筑牢统一思想基础和标准基础。

3. 完善企业标准。将 HSE 管理理念与运输业务流程深度融合，紧扣运输作业现场实际，对照法律法规、国家及行业标准、集团要求，修订发布了 51

项标准，转换了《公司动火作业安全管理办法》等 11 项公司级标准。不断强化员工上标准岗、干标准活的自觉意识，在防控风险、消除隐患、预防事故等方面发挥基础保障作用，打牢安全环保基础。

4. 突出建设重点。对 3 万多条运输线路重新进行了实地描绘、勘察，根据不同时段、不同车型、不同路段明确不同的限速规定，统一了"三规一限"警示图的制作标准。有效发挥运输主业单位 47 个监控中心，基层单位 526 个监控平台功能，对车辆进行全天候、全过程实时监控，做到"人、车、路、法、环"全面达标，有效促进了运输生产全过程 HSE 标准化建设。

三、以基层"五型"班组建设为助力，全面促进公司和谐发展

1. 齐抓共管局面形成。制定下发了《关于创建"五型"班组的实施意见》《"五型"班组建设达标考核细则》等 7 项制度文件，规范了班组建设考评标准。树立"抓班组就是抓基础"的理念，建立了"党政总体抓，工会牵头抓，团委配合抓，部门专项抓，配送中心、车间、车队直接抓"的班组建设机制，形成了党政工团齐抓共管、全员共同参与班组建设的工作格局。

2. 推动特色班组建设。针对运输公司点多线长面广，员工高度分散的现实，在推进"五型"班组创建中，深入开展特色班组建设，生产一线班组围绕"安全、生产、高效"创特色，生产辅助班组围绕"设备三率、安全运行、系统顺畅"创特色，窗口服务班组围绕"服务一线、环境美化"创特色，创新了"四有九能"工作模式，形成了独具特色、主题鲜明的基层班组文化。

3. 加强指导培训力度。充分发挥工会"大学校"作用，以员工技能竞赛为主要形式，全力打造"岗位、班组、车间、公司"四级竞技平台，全面推行"班组循环赛、专业分片赛、集中总决赛"的竞赛方式，突出全员参与，按照"缺什么，比什么"的原则，有针对性地设置技能比赛项目，形成全员大练兵、技术大比武、素质大提升的热潮，有效提高了一线员工的业务水平和操作技能。

4. 助推成才机制建立。始终坚持员工推荐、民主评议、组织考察和任前

公示的程序，公开、公平、公正地选拔班组长。建立健全班组长优胜劣汰、动态管理机制，建立班组长后备人才库，保持了班组长队伍的活力。坚持运用激励手段，注重在党员培养、干部选拔中优先考虑基层班组长，将薪酬分配比例向一线、特别是向班组长倾斜，有效激发了班组长工作热情。大力选树优秀班组长典型，使广大班组长学有方向，赶有目标，工作有劲头。

5.活动形式不断创新。坚持与创建"工人先锋号"、劳动竞赛、"安康杯"、"五小"、合理化建议等活动相结合，形成创建合力，提高了"五型"班组创建活动的整体水平。近5年，运输公司有2个集体获得全国"工人先锋号"称号，有3个基层班组、分队荣获新疆维吾尔自治区"工人先锋号"称号。运输公司已连续7年获得了全国"安康杯"竞赛优胜单位，先后有9个基层单位、班组获得了国家级、自治区级"安康杯"竞赛优胜集体。近5年，共有52个基层班组、分队获得省部级以上荣誉。

四、意见和建议

一是基层站队HSE标准化建设仍需深入。一些低水平、重复性、普通性的问题仍然存在，制约了公司整体HSE标准化建设绩效的持续改进。

二是班组建设仍需强化。由于班组长素质参差不齐，班组管理方法方式缺乏创新，个别单位没有形成整体思路，缺少持之以恒、一抓到底的精神。

夯实基础管理　提升队伍素质

石油工业出版社

石油工业出版社高度重视基层建设工作，坚持把基层建设作为重点工作来抓，定期研究基层建设情况，加强制度建设，完善监督考核机制，大力传承石油行业优良传统和作风，把加强"三基"作为夯实基础管理、提高经营绩效、提升队伍素质的"压舱石"和"传家宝"，作为落实"严细实恒"要求的重要抓手和基本载体，坚持以党支部建设为核心狠抓基层建设不放松，大力加强"三基"工作，为企业发展提供坚实基石和基础支撑。面对出版行业严峻形势，出版社坚持稳健发展，坚持深化改革，坚持市场导向，围绕"八个方面创新"，大力实施"四大战略"，突出主营业务发展和提质增效，大力加强党建和思想政治工作，图书出版、经营管理等各项工作呈现稳中有进、稳中向好的发展态势。

一、加强基层领导班子建设，争当奋飞"头雁"

深入开展"四好"领导班子创建活动，严格落实民主生活会制度，落实政治纪律和廉洁规定。制定《出版社处级领导人员选拔任用实施办法》，提职、调整和退出干部，严格按照程序由社党委集体研究决定。加强党风廉政建设，全面落实"两个责任"。认真落实中央八项规定和集团公司二十条要求，逐级签订廉政从业责任书。改进选人用人工作，补充和完善处级干部选拔任用工作流程，组织选拔处级干部均严格按照制定工作方案、民主推荐、党委讨论确定提名人选、组织考察、党委讨论决定任用、任前公示和谈话、履行任职手续程序进行选拔。推进优秀年轻干部培养和选拔工作，制定出版社《关于加强和改进优秀年轻干部培养和选拔工作的实施办法》，不拘一格选拔优秀人才，组织推荐和跟踪掌握一批德才素质好、发展潜力大的优秀年轻干部。加大竞争性选拔年轻干部力度，选取部分重要职位，不设行政级别，适当放宽资格条件，为优秀年轻干部脱颖而出提供机会、搭建平台；加大年轻干部交流挂职力度，搭建年轻干部交流挂职、多岗锻炼平台，丰富工作阅历。2017年选派赴大港油田挂职年轻干部2人，赴西南油气田挂职年轻干部1人。

二、加强基层党支部建设，构筑坚强堡垒

坚持开展党支部"六个一"创建活动，认真做好党支部换届工作，针对部门机构调整情况，及时调整支部书记人选，做到组织健全；每年对支部书记进行集中培训，重温党章、党史，学习工作思路和方法；加强基层党支部学习，发放《习近平谈治国理政》第二卷、十九大报告和辅导读本以及新党章等学习材料，组织党员认真学习十九大报告和党章等内容，规范落实"三会一课"等项制度；制定《出版社党委（支部）意识形态工作责任制实施细则》，明确出版社党委及各党支部领导班子、领导干部意识形态工作责任；年度绩效考核党建工作列入一定权重，进行党支部书记述职，制定《出版社基层党支部工作考评细则》，完善《出版社党支部工作检查评分表》，组织支部书记述职，考评结果与年终绩效直接挂钩，作为评比"双优一先"的必要条件和干部晋升的重要条件。各党支部结合实际开展党日活动，落实"三会一课"，创新方式讲党课，党性教育不断加强。坚持开展"党员先锋岗"创建活动，120多名党员挂牌上岗，亮身份、树形象、作表率。深入推进"践行四合格四诠释"岗位实践活动，在职党员认真开展岗位讲述。认真做好组织发展工作，5年来发展新党员15名。认真开展党员民主评议，落实民主监督。党支部战斗堡垒作用、党员先锋模范作用不断增强，2012年以来，有2人被评为集团公司优秀共产党员，2个党支部被评为直属单位先进基层党组织，6人被评为直属单位优秀共产党员，2人被评为直属单位优秀党务工作者。

三、加强基层班组长建设，打造"兵头将尾"

截至 2018 年基层组织负责人队伍基本情况是：彩色印刷有限责任公司 10 人，展览有限公司 6 人，均严格遵循民主、公开、竞争、择优原则，采用内部组织选拔产生。基层组织负责人根据综合考评结果，决定续任、改任或退出，选拔任用工作程序：一是用人部门领导集体研究提出推荐人选，以书面形式报人事处（党委组织部）。二是人事处（党委组织部）组织对被提名人选进行信任投票。信任投票会由人事处（党委组织部）主持，参会人员范围为被提名人员所在部门班子成员及员工代表，部门人数较少的，可以由全体员工参加。与会人员对提名人选按赞成或不赞成进行信任投票，赞成率达到或超过 70% 的提名有效，视为拟聘任人选；赞成率不足 70% 的提名无效。三是人事处（党委组织部）将拟聘任人选报请党委书记、总经理同意后，履行聘任手续。

四、加强薪酬用工管理，畅通发展渠道

一是深化分配制度改革。针对以往薪酬管理中存在的问题，大力推进岗位薪酬绩效体系改革，与专业管理咨询公司合作，实施岗位薪酬绩效考核体系优化项目，统一各类员工基本工资体系、绩效考核管理体系，建立六大系列 12 个序列岗位任职资格管理体系，建立 14 级 17 档绩效奖金薪级薪档管理制度，出台岗位任职资格管理、薪酬管理、绩效管理、岗位退出等 6 项制度，突出岗位业绩管理，完善以绩效为导向的考核评价机制，构建以效益创造为核心的市场化激励约束机制；实施岗位管理，制定差异化薪酬分配方案，逐步淡化身份界限，实现由身份管理向岗位管理转变，畅通员工职业生涯双通道，调动激励干部员工干事创业热情。

二是加强劳动用工管理。按照岗位薪酬绩效考核体系优化项目工作的要求，指导实施各部门人岗匹配工作。进一步提升岗位管理水平，健全机构和岗位管理制度，制定《出版社驻外业务机构管理规定》《出版社岗位退出实施办法（暂行）》《出版社岗位管理办法（暂行）》等办法。完善绩效考核

机制，统筹年终奖金、季度奖金发放方案设计，体现多劳多得，绩效考核结果与奖金兑现挂钩，向效益好的部门和一线队伍倾斜。

五、落实全员培训，提升整体素质

落实员工培训工程，以学习习近平总书记系列讲话和党性教育、提升岗位履职能力为重点，以提高关键岗位人员素质、适应出版社发展需要为目标，重点围绕编辑业务提升、图书质量保障体系和新员工培训主题，组织员工参加各类培训。一是组织员工参加集团公司培训；二是组织处级以上和支部书记培训班，结合出版社改革发展形势，以党性修养、形势任务、领导能力、作风建设等为主要内容开展专题培训；三是组织近三年入职员工专题培训，包括出版社企业文化、职业人基本素质、编辑业务等内容；四是组织新入社员工培训，落实集团公司新员工培训工作和出版社"走出去、走上去、走下去、走进去、走到位"工作要求，重点开展拓展训练、油田企业实习参观以及出版社内部培训等内容。

出版社完善员工培养导师制，结合专业和岗位特点，鼓励各部门、各单位自主开展职业资格培训、岗位适应性培训、继续教育培训等，引导激励员工提高自主学习意识。在部门内部综合运用讲授式、研究式、案例式、师徒帮带等培训方法，提高自主培训质量。以提升人才队伍职业化水平为目标，推进远程培训网建设，制定配套管理办法，对重复性、理论性、参加人次多的培训班依托远程网开展，降低培训成本。通过持续开展培训工作，基层员工工作主动性、自觉性、积极性充分发挥，整体素质稳步提升。

六、实施送书工程，促进全民阅读

把实施"千万图书送基层、百万员工品书香"送书工程作为加强基层建设、提升员工队伍素质的重要内容，在为集团公司实施送书工程做好服务的同时，认真开展本单位的读书活动，组织员工系统阅读《中国石油员工基本知识读本》，配发《人民的名义》《追问》《思考的技术》等图书，受到基层单位普遍欢迎。各党支部制订读书计划，组织读书分享会，引导大家撰写读书体会，使读书活动开展得扎实深入、生动活泼。

结合出版社组织开展的送书工程基层调研情况，基层单位对送书工程主要有如下几点建议：一是提高所送图书的针对性和实用性，根据基层站队工作性质，适当调整送书结构和比例，适当加大通用类图书的配备数量，满足员工阅读需要；二是加强石油企业文化方面的选题开发，从集团公司层面研究石油企业文化的完整体系、核心内容和丰富机制，不断完善相关图书出版；三是创新送书形式，完成送书阅读平台升级，实现直播互动、阅读分享、书评、荐书、阅读大数据分析等多种功能，使送书工程发挥更大作用。

七、加强民主管理，营造和谐氛围

一是落实民主管理监督。充分发挥广大职工民主决策、民主管理、民主监督的作用，保障员工知情权、参与权、表达权、监督权。每年组织召开出版社工作会暨职代会，审议年度工作报告、财务预决算情况报告和提案处理落实情况报告，组织协调落实职工代表提案。职代会闭幕期间，召开职代会主席团成员、团组长会议及工会分会主席会，审议与职工权益密切相关的各类事项。运用多种形式推进社务公开，充分发挥厂务公开在企业改革发展稳定中的重要作用。

二是加强和谐企业建设。开展送温暖献爱心活动，看望患病困难员工，用好扶贫帮困基金，认真做好困难员工帮扶工作。帮助员工子女就近入托，为职工发放电影卡，为员工和家属办理公园年票。向考入大学的员工子女赠送纪念品，八一前夕为复转军人和军属发放慰问品，对符合享受疗养条件的员工按时发放疗养费，把关爱落到实处。开展健康向上的群众性文化体育活动，举办迎新春扑克比赛和游艺会等系列文化活动，开展纪念三八妇女节文艺汇演、五四青年节青年篮球赛、庆七一党章知识竞赛、喜迎党的十九大歌咏比赛及登山健身活动。参加集团公司直属机关乒乓球比赛、安贞街道地区辩论赛、羽毛球比赛，以及集团公司在京单位第一届运动会，并获得优秀组织奖和最佳风采奖，组织开展篮球、乒乓球、羽毛球、游泳、健身等兴趣小组活动。

八、意见和建议

一是建立基层建设纵向责任清晰、运行规范、执行顺畅、一级抓一级、层层抓落实的"三基"建设工作体系，形成横向分工明确、相互配合、协同推进、齐抓共管的工作格局。

二是丰富基层员工培训内容和手段，拓宽培训渠道和形式，增强培训针对性和实用性，提高员工综合素质和实际操作能力。

三是加强对员工队伍人文关怀和心理疏导，做到入耳入脑入心，提升员工归属感、认同感和责任心。

加强政治引领　突出组织能力
全面推进基层建设的科学化水平

广州培训中心

广州培训中心（以下简称"中心"）认真落实建设"行业领先、特色鲜明、价值一流培训基地"发展目标，把加强基层建设与做有价值培训紧密结合，全面提升基层管理水平和员工素质，持续提升培训质量，擦亮培训品牌，提高了基层建设工作水平。四年来，中心培训规模、培训效益连年创出新高，赢得集团公司和成员企业高度认可，成为企业忠实贴心发展伙伴。

一、完善体制机制，加强顶层设计，为促进基层建设提供有力保障

中心领导班子高度重视基层工作。主要领导亲自挂帅，成立基层建设工作领导小组，全面负责基层建设工作的组织领导。落实专人负责，明确各方责任，形成推动基层工作的整体合力，确保基层建设工作持续有效开展。制定《三基工作方案》，以加强基层领导班子和党支部建设为核心，以夯实基础管理为重点，健全完善党委工作基本制度和党支部工作制度，构建基层建设长效机制，推动基层组织建设科学全面发展。

根据职能定位、业务性质和工作管理需要，中心设办公室、财务处、人事处（党委组织部）、培训管理处和研发处5个机关职能部门；国际业务教学部、管理业务教学部和安全工程教学部3个培训实施单位；信息管理部、后勤处2个培训保障和服务单位。相应设立10个党支部并配强党支部书记。

用工 160 人，其中党员总数 118 人，在职党员 76 人，占员工总数 69%。基层党组织机构健全，党组织建立健全率 100%，党员教育管理覆盖率 100%。

近年来，中心陆续出台多项制度，提升基层的科学化管理水平。一是压实责任。制定党建（党风廉政建设）、安全环保等责任书和个性化清单，编印《党支部工作指引》《基层党支部"六个一"创建考评标准（试行）》《党员民主评议制度》《基层作风建设考评办法》等。二是考核激励。签订年度业绩考核合同，坚持党支部书记、基层干部年度述职制度，出台并实施先进党支部、先进集体、优秀干部、优秀党务工作者、优秀党员、先进工作者、优秀培训师、优秀项目长等考评奖励办法。三是文化引领。培育中心核心文化，编制宣贯《员工文化手册》，建立完善员工行为规范，培养良好道德风尚和价值取向，有效促进了队伍作风转变和绩效提高。

二、充分发挥基层党支部的战斗堡垒作用，基层建设硕果累累

围绕中国石油国际化战略的实施和中心建设"行业领先、特色鲜明、价值一流培训基地"奋斗目标的实现，坚持党建助力培训转型升级，做有价值的培训，重点开展学习型党组织建设，本着围绕讲政治、谋发展，优选主题、丰富内涵、务求实效的原则充分发挥党支部战斗堡垒作用。国际业务党支部的行动学习结构化研讨、安全工程党支部学习分享、管理业务党支部精品项目经验分享及名师传帮带、机关第二党支部"走一线转作风"主题党日活动、机关第一党支部日日作风锤炼、后勤党支部集体技术岗位比武等，有效引导教育广大党员立足岗位做贡献，在推动中心稳健发展的同时实现自我价值。支部书记作为党支部核心，不仅抓党建，在业务工作中也发挥排头兵作用。信息管理部党支部在勒索病毒爆发期间，带领支部党员干部夜以继日制订预案并采取应急处置措施，确保中心全部办公电脑安全运转，2016 年该支部获得省直工委先进党支部。国际业务党支部主持打造国际化培训团队，主动送培到中国石油境外企业。安全工程党支部强化责任担当，打造优秀团队，带领党员骨干攻坚，将安全管理打造成了中心培训业绩新的增长点。管理业务党支部倡导"一个严明，两种精神"，在支部开展"我为党旗添光

彩"系列活动，突出党支部在团队的主心骨作用，PMP 教学团队指导的学员在全球考试通过率持续居前列水平。后勤党支部深入开展政治思想工作，针对深化改革后社会化员工思想状况，及时开导教育思想波动的员工，解决存在问题，确保改革稳妥推进。各党支部在推进中心改革发展中展现了强大的组织力、凝聚力和动员力。四年来，由于用工指标所限，中心除退休人员的新老更替，几乎没有增加用工，而中心的培训规模实现翻番，同时培训质量持续提高，充分体现了基层员工强大的战斗力。

三、建立流程标准、制度规范，全面推进各项工作运行合规顺畅高效

紧紧围绕集团公司发展战略和目标任务，集中全员智慧，谋划战略目标，注重顶层设计，中心确立了"质量、创新、品牌、市场"发展战略，"团队、专业、价值"核心文化，"强强联合、人才培养、内部模拟市场化运作"发展思路以及建成"中国石油行业领先、特色鲜明、价值一流培训基地"的奋斗目标，统一了全员思想和行动。

不断加强和完善质量、内控、HSE 体系，规范经营行为，保证工作质量，防控经营风险，杜绝安全事故，防控经营风险。先后制定并实施涉及党建、人事、财务、教科研、培训、信息、后勤及基建投资等管理制度 78 项，使中心各项工作有规可依。坚持勤俭做培训，推进精细化管理，将节支指标完成情况与年度薪酬增量直接挂钩；建立月度收支分析制度，及时监控财务收支指标；完善基建投资管理办法，加强和优化项目设计及结算管理，委托第三方复核设计造价和开展结算审计，扩大公开招标范围，形成公平竞争格局，提高了工程质量，降低投资。各项业务井然有序，有规可循。特别是质量、内控、HSE 管理体系，坚持年度组织优化流程和作业标准，全面推进了各项工作的合规合法，顺畅高效。

四、坚持全员培训，展现岗位价值，全面提升员工政治素养和业务能力

作为培训单位，始终将打造政治合格、业务精湛的高素质人才队伍建设作为重要抓手。制定"十三五"人才规划，实施人才成长环境优良、人才结构优化、人力资本投资优先的"三优"战略，抓好"培养人才、吸引人才、用好人才"三个环节，采取培养与引进并举、重在内部培养的举措，优先引进高层次、高学历、重点专业和紧缺人才，四年新进员工15人，一支结构合理、规模适度、忠诚企业、勇于创新、专业能力强、综合素质高的人才队伍正在形成。注重员工职业发展，将个人发展与中心发展相结合，建立员工分层分类培训计划，坚持内训与送培相结合，提高员工适应发展和市场竞争能力，增强员工自信心、成就感、归属感。

基层党支部把"四个意识"作为政治建设、党员干部教育培训的首要任务，作为检验政治方向、立场、要求、素养的试金石。深化拓展"两学一做"学习教育，开辟"广培党建大讲坛"，开展"四合格四诠释"岗位特色实践，坚持学习教育抓在经常、严在日常。鼓励员工进修提高，四年累计培训员工3145人次，取得各类证书31人次。通过机构调整岗位合并，队伍结构优化，激发人才活力，23人充实到教学研发队伍。加强干部队伍建设，出台《中层领导干部任期考核管理办法》，严格干部管理监督、任期监督及竞争上岗选拔，员工对选人用人满意度提升，中层干部尤其是正职形成了"讲政治、抓作风、带队伍、谋发展、创业绩"的目标导向，员工队伍自身素质、履职能力、工作效率也明显提高。

五、践行民主管理，发展成果惠及员工

坚持职代会制度。积极推行厂务公开，民主管理得到进一步深化。坚持员工主体地位，制定《职工代表大会实施细则》，健全民主管理制度体系，深入推进厂务公开，中心重大决策、重大改革举措、重大政策必须通过职代会审议，切实维护职工权益。把满足员工对美好生活的向往作为奋斗目标，

健全员工收入正常增长机制，在中心效益增长和劳动生产率提高的同时实现员工收入同步增长。举办丰富多彩的文体活动，丰富员工业余生活。加大投入，改善培训硬件及员工生活办公条件。四年来，除集团公司的支持外，中心自筹资金3千多万元，完成消除安全隐患及改善培训条件等项目近40项。积极关注惠及员工群众的切身利益，出台《关心群众生活若干规定》，做好困难帮扶，坚持为员工做好事、办实事、解难事，创造更好的工作生活条件。四年来，用于员工培训费用200多万元、工会经费100多万元、慰问及困难帮扶金24万元、员工医疗保险投入130多万元。员工薪酬年均增长10.4%。